Peter Harry Brown ist freier Journalist und Autor mehrerer Bücher über Hollywood und seine Stars.

Patte Barham ist langjährige Hollywood-Journalistin und preisgekrönte Sachbuchautorin. Sie hat eines der letzten Interviews mit Marilyn Monroe geführt.

Dieses Buch wurde auf chlor- und säurefreiem Papier gedruckt.

Mit einem aktuellen Nachwort versehene,
vollständige Taschenbuchausgabe Juli 1994
Droemersche Verlagsanstalt Th. Knaur Nachf., München

Redaktionelle Bearbeitung: Reiner Pfleiderer, Tübingen
Titel der Originalausgabe »Marilyn: The Last Take«
Originalverlag Dutton, New York
Umschlaggestaltung: Atelier ZERO, München
Umschlagfoto: © Transglobe Agency, Hamburg
Druck und Bindung: Ebner Ulm
Printed in Germany
ISBN 3-426-75065-1

2 4 5 3 1

Peter Harry Brown
Patte Barham

Marilyn: Das Ende, wie es wirklich war

Eine Dokumentation
der letzten 14 Wochen

Aus dem Amerikanischen von
Andrea Galler und Thomas Pfeiffer

Knaur

Für meine Frau, Pamela Twedell Brown
Peter Harry Brown

Für meinen Mann, Capt. Harris Boyne
Patte B. Barham

Inhalt

Teil 3: Juni

Teil 4: Juli und August

Teil 5: Nachspiel

Anhang

Vorwort

Eines Abends im August 1988 wurden aus dem Archiv der Twentieth Century-Fox fünf Originalvideokassetten mit angeblich »verlorengegangenem« Filmmaterial von Marilyn Monroe entwendet und im Kofferraum des Wagens eines Studioangestellten vom Gelände der Filmgesellschaft geschmuggelt.

Die Kassetten wurden quer durch die Stadt zu einem Bürogebäude in Hollywood gebracht, in dem ein handverlesenes Publikum – vorwiegend Mitglieder des Marilyn Remembered Fan Club – vor einem überdimensionalen Bildschirm wartete.

»Ein Tusch wurde zwar nicht geblasen,« erinnerte sich der Presseagent Rupert Allan, der sich auf Umwegen eine Einladung zu der Privatvorführung besorgt hatte. »Aber sie schnitten dem Redner mitten im Satz das Wort ab, verriegelten die Türen, dunkelten den Raum ab und zeigten eine Reihe atemberaubender Filmsequenzen.«

Die Szenen waren ungeschnitten. Statt eines Vorspanns war eine Filmklappe zu sehen: »Spule 17, *Something's Got to Give,* 14. Mai 1962«.

Eine Welle der Erregung lief durch das Publikum. Bis auf wenige kurze Ausschnitte in Dokumentarfilmen der Fox waren alle Aufnahmen aus Marilyn Monroes letztem, unvollendetem Film *Something's Got to Give* seit 26 Jahren vor der Öffentlichkeit versteckt worden.

Als eine strahlende Marilyn Monroe über die Leinwand schlenderte, stockte dem Publikum der Atem. »Es war gerammelt voll – rund 170 Leute«, erinnerte sich Marilyns Ziehschwester Bebe Goddard, »aber keiner rührte sich. Wir fühlten uns um viele Jahre zurückversetzt, als wir diesen Film sahen, der nach Auskunft des Studios in den sechziger Jahren angeblich vernichtet worden war.«

»Wir wußten nicht, was uns erwartete«, erzählte die Kolumnistin May Mann, in den sechziger Jahren eine der engsten Vertrauten Marilyn Monroes unter Hollywoods Journalisten. »Wir alle kannten die Version, die das Studio verbreitet hatte – daß Marilyns Arbeit an diesem Film grauenvoll gewesen sei und daß man ihr angesehen habe, daß sie unter Drogen stand.«

Der Film war unscharf und stellenweise ziemlich verblaßt, aber der

Inhalt war überragend. Marilyn sah blendend aus – in der Blüte ihrer Jahre.

Der Mann, der die Ausschnitte zusammengefügt hatte, verstand offensichtlich sein Handwerk. Einstellungen mit technischen Mängeln und kurze Dialoge wechselten sich ab mit einigen der komischsten Szenen aus der Karriere des Stars: Marilyn, wie sie auf dem Boden eines Schuhgeschäfts stürzt und im Schoß eines übernervösen Wally Cox landet; Marilyn, wie sie Dean Martins Gepäck schleppt und sich mit einem Greta-Garbo-Akzent darüber beschwert; Marilyn, wie sie im Bett von Dean Martins Braut sitzt und mit ihm flirtet – in der Hochzeitsnacht des Paares!

Eine Szene war besonders beeindruckend. »Marilyn mußte mit einem Hund arbeiten – einem ausgesprochen unkooperativen Tier«, erzählte Mann. »Aber sie ließ nie eine Betonung oder ein Wort aus. Kein einziges Mal in sage und schreibe elf Einstellungen. Sie verpatzte keine Zeile! Nach allem, was ich über den Film gehört hatte, war ich schockiert – und überrascht.«

Gegen Ende der Vorführung wurde eine elfminütige Einstellung gezeigt, in der eine offensichtlich nackte Marilyn Monroe in einem azurblauen Pool schwamm. Die Augen weit offen und die Spitzen ihrer Brüste gerade so unter der Wasseroberfläche, paddelte sie wie ein kleiner Hund hin und her. Dann stieg sie, in die Kamera winkend, aus dem Wasser und schlüpfte in ein braunes Frotteekleid.

Als das Band zu Ende war und ein graues Flimmern die Leinwand füllte, brandete Applaus auf.

Ohne zurückzuspulen, packte der Studioangestellte die Bänder zusammen und brachte sie auf dem schnellsten Weg in die Studioarchive zurück – von wo sie gleich darauf erneut verschwanden.

»Alles, was wir über *Something's Got to Give* bisher gehört hatten, war offensichtlich falsch gewesen«, sagte May Mann. »Es dauerte ein paar Tage, bis wir begriffen hatten, was eigentlich passiert war.«

Neugierig geworden, versuchten die Mitglieder des Monroe-Fanklubs die Fox zu einer öffentlichen Aufführung des Films zu bewegen. »Wir wollten wissen, wieviel Material es noch gab und was darauf zu sehen war«, sagte Carl Schreiner, Präsident der locker organisierten Monroe-Fangemeinde. »Wir wollten die Fox dazu bewegen, den Film zu restaurieren und für die Öffentlichkeit freizugeben.«

»In meinen Augen wurde Marilyn durch den Film rehabilitiert«, sagte Bebe Goddard, die Ziehschwester Marilyns, die als Teenager das Zimmer mit der Schauspielerin geteilt hatte. »Er bewies, was wir immer geglaubt hatten: daß sie nämlich am Ende ihrer Karriere noch genauso gut war wie am Anfang.«

Aber das Studio bestritt immer noch hartnäckig die Existenz des Films. Wer nachbohrte, erhielt den Bescheid, daß es »nur etwa zehn Minuten Filmmaterial« gebe und daß alles in dem Dokumentarfilm *Marilyn* aus dem Jahr 1963 veröffentlicht worden sei.

Daraufhin wandten sich die Fans an Bekannte, die bei der Twentieth Century-Fox arbeiteten. Sie erfuhren, daß der Film und alle von ihm gezogenen Bänder verschwunden waren.

Dann, im Frühjahr 1990, tauchten die Bänder plötzlich wieder auf. Henry Schipper, ein junger Produzent der Fox News in Los Angeles, stöberte auf der Suche nach Material für einen Beitrag zu Marilyn Monroes Geburtstag in den Archiven. Dabei fand er Hinweise auf den Verbleib von *Something's Got to Give.* Schipper hatte allen anderen gegenüber, die vor ihm Detektiv gespielt hatten, einen entscheidenden Vorteil: Er hatte Zugang zum neuen Computer der Filmgesellschaft. So konnte er, während er in der Fox Entertainment News bequem vor dem Bildschirm saß, einen der größten Filmfriedhöfe der Welt durchwandern. Er entdeckte eine wahre Fundgrube mit Monroe-Filmen.

Anscheinend waren die Fox-Kameras dem Lieblingsstar überallhin gefolgt, von Supermarkteröffnungen bis in die Hochzeitssuite, von den ersten Probeaufnahmen bis vor die Türen des Leichenschauhauses von Los Angeles.

Schippers Finger flogen nur so über die Tasten und gaben Kode auf Kode ein, während er nach dem wertvollsten Schatz in diesem Bildergrab suchte. Dann endlich fand er ihn, ganz am Ende einer langen Liste. Der Computer hatte ihn in die Tiefen eines Salzbergwerks irgendwo in Kansas geführt. Dort, in einem Gewölbe gut 100 Meter unter der Prärie, lagerten die Spulen von *Something's Got to Give.* (Wie die meisten großen Filmstudios bewahrt die Fox ihre Kopien in einer Salzmine in Kansas auf. Das Salz absorbiert die Feuchtigkeit und verhindert so eine Qualitätsminderung der Negative und Kopien.) Auf dem Bildschirm erschien ein detailliertes Verzeichnis. Der technische Fortschritt triumphierte über die Schlamperei eines halben Jahrhunderts, und der Computer listete jeden Meter Film auf, der in den unterirdischen Gängen lagerte – ein Milliardendollarverzeichnis.* Schipper begriff sofort, daß er einen wichtigen Schlüssel zu Marilyn Monroes rätselhaftem Leben gefunden hatte. Für einen Hollywood-Chronisten

* Als nach der Vorführung des Fanklubs in Hollywood Gerüchte kursierten, erklärten Anwälte der Fox den Film *Something's Got to Give* für »tabu«. Er wurde sogar aus dem Bestandsverzeichnis der Firma gestrichen. Als die Studioarchive 1989 jedoch auf ein neues Computersystem umstellten, wurden die gesamten acht Stunden Filmmaterial wieder erfaßt und in den aktuellen Katalog der Fox-Filmbestände aufgenommen.

war der Fund gleichbedeutend mit der Entdeckung einer lange verschollenen Mumie eines ägyptischen Pharaos.

Der Wert des Fundes war für die Fox Entertainment News gar nicht abzuschätzen. Er war eine Sensation ersten Ranges. Schipper wollte sich den Film unbedingt ansehen und, wenn möglich, sogar retten.

Die Sicherheitsmaßnahmen, mit denen die Gesellschaft ihre Monroe-Filme hütet, sind geradezu legendär. Alles, was mit Marilyn Monroes letzten Tagen bei der Fox zu tun hat, ist von einer geheimnisvollen Aura umgeben. Akten wurden gesäubert, Dokumente zurückgehalten, Fragen mit eisernem Schweigen bedacht. Die Monroe-Sammlung war der wertvollste Schatz des Archivs und hatte großen Einfluß auf den Kaufpreis des ganzen Unternehmens. Deswegen war sie nur sehr wenigen Leuten zugänglich.

Gleichwohl gab es beunruhigend viele Lücken im Sicherheitssystem. Die Anwälte der Fox waren zuletzt im Mai 1990 alarmiert worden, als in der Fernsehsendung *A Current Affair* eine ganze Szene aus *Something's Got to Give* gezeigt wurde.

Zu sehen war eine komische Auseinandersetzung zwischen Marilyn Monroe, Dean Martin und Wally Cox. Da die Szene nie zuvor in der Öffentlichkeit gezeigt und zudem komplett bearbeitet worden war, konnte sie nur ein Mitarbeiter der Fox herausgegeben haben. Allerdings war die Kopie so schlecht, daß das Trio fast hinter einem Technicolor-Schleier verschwand. Umfassende Bearbeitungen am Computer waren notwendig gewesen, um die Qualität der Bilder zu verbessern.

Besorgt über diese erneute Lücke im Sicherheitssystem, reichten die Fox-Anwälte eine Unterlassungsklage gegen die Produzenten von *A Current Affair* ein und verhinderten jede weitere Ausstrahlung des Films. Obwohl die Bänder noch am selben Nachmittag an die Fox zurückgegeben wurden, hatte man nur mit Hilfe einer erneuten Klage verhindern können, daß dieselbe Szene in der CBS-Sendung *Hard Copy* gezeigt wurde.

Schipper war also auf Schwierigkeiten gefaßt. Doch wider Erwarten kam er problemlos an den Film heran. Es kostete ihn nur ein Telefongespräch. Das Personal in der Salzmine hatte offenbar vollstes Vertrauen zur Fox Entertainment News. »Wohin wollen Sie es haben?« fragte der Mann zuvorkommend. »Wir schicken es Ihnen mit dem Paketdienst.« Am nächsten Morgen um neun Uhr stand Schipper im Wareneingang der Fox Broadcasting vor sechs schweren Kisten mit Filmen.

Hastig schaffte er die Kisten in den Vorführraum – den er die folgenden zwei Tage nicht mehr verließ.

Auch er war fasziniert von dem ungeschnittenen Film. Und beinahe noch mehr begeisterte ihn die Tatsache, daß fast jedes einzelne Bild gut erhalten war, darunter improvisierte Sessions, die Regisseur George Cukor bei der Arbeit zeigten. Es gab unzählige Aufnahmen von Marilyn, in denen sie immer wieder die gleiche Szene wiederholte – manchmal bis zu zwanzigmal –, niemals ihren Einsatz verpaßte und nur ganz selten im Text hängenblieb. »Das Studio hatte behauptet, Marilyn sei von Drogen benebelt durch die Szenen geirrt«, erzählte Schipper. »Seitdem hatte jeder geglaubt, daß ihre Arbeit an *Something's Got to Give* das traurige Ende einer spektakulären Karriere gewesen sei. Dieser Film beweist, daß das Studio gelogen hat. Tatsächlich hat Marilyn nie besser ausgesehen. Ihre schauspielerische Leistung war so gut wie alles, was sie zuvor gemacht hatte – sie ist komisch, ergreifend und manchmal einfach hinreißend. Sie brachte die Leinwand zum Strahlen wie keine andere.«

Schipper zog daraus den Schluß, daß »die Studiobosse aus irgendwelchen Gründen gelogen haben«. Unausgesprochen blieb, daß sie den Beweis dafür eilends hatten verschwinden lassen, denn wie sagte schon Louis B. Meyer: »Filme lügen nicht.«

Als Schipper den Film sah, begriff er sofort, daß die Geschichte über die letzten Tage im Leben Marilyn Monroes komplett umgeschrieben werden mußte: »Offensichtlich hat niemand an der Version des Studios gezweifelt.«

Glaubt man der Chronik Hollywoods und 42 Biographen, so war Marilyn Monroe zu Beginn der Dreharbeiten an *Something's Got to Give* ein stotterndes, mit Pillen vollgepumptes Wrack. Als die Fox ihren Star nach acht tumultartigen Drehwochen feuerte, spielte ihre gefürchtete PR-Abteilung den damaligen Klatschkolumnisten häßliche kleine Geschichten zu und verbreitete die Meldung, daß der Film absolut unbrauchbar sei.

Schipper hatte erwartet, eine stammelnde Monroe zu sehen, die nicht mehr wahrnahm, was um sie herum vorging. Statt dessen sah er eine Schauspielerin, die sich auch in den schwierigsten Szenen bemerkenswert gut unter Kontrolle hatte.

Er führte Teile des Films seinem Chef William K. Knoedelseder, Produktionsleiter der Fox Entertainment News, vor. Knoedelseder, ein altgedienter Hollywood-Journalist, kommentierte: »Dieser Film ist Teil einer typischen Hollywood-Geschichte. Fox hat Marilyn gezwungen, diesen Film zu machen. Und das hat sie umgebracht.«

Kurz nach Schippers Privatvorführung gelangte eine Kopie des Films in das Manhattaner Büro der Klatschkolumnistin Liz Smith. Nachdem sie sich den Film schweigend betrachtet hatte, erklärte sie: »Das ist einfach wundervoll, eine Offenbarung. Allerdings frage ich mich jetzt, wieviel wir eigentlich über Marilyns letzte Wochen wissen. Ja, das frage ich mich wirklich.«

Dieses Buch erzählt die wahre und vollständige Geschichte jener 14 Wochen, eine Geschichte von verliebten Superstars (glücklichen wie unglücklichen), von rivalisierenden Filmzaren an der Ost- und Westküste, von vertuschten Selbstmordversuchen und skrupellosen Geschäftemachern. Es schildert den Niedergang der großen Studios, die letzten Versuche der alten Studiogründer Darryl Zanuck und Spyros Skouras, an der Macht zu bleiben, das finanzielle Debakel des Films *Cleopatra* und die verschlungenen, promiskuitiven Wege der Kennedys.

Das Buch führt hinter die Kulissen der Fox-Studios. Es zeigt, warum und wie Marilyn ihren letzten Kampf mit dem Studio verlor und warum Elizabeth Taylor den ihren gewann, warum die Fox *Cleopatra* abdrehte und *Something's Got to Give* opferte und warum schließlich Mitarbeiter des Studios in einer Nacht- und Nebelaktion an dem Ort, an dem Marilyn Monroe starb, wichtige Beweise vernichteten.

Und es zeigt auch, wie die törichten Bosse eines riesigen Studios gegen den wichtigsten und kommerziell erfolgreichsten Star in der langen Geschichte des Studios intrigierten.

Es erzählt eine Geschichte, die bisher noch nie erzählt wurde.

Peter Harry Brown
Patte Barham
Hollywood, Januar 1992

Teil 1

April

1

Im Fuchsbau

Es war erst vier Uhr, der Tag hatte noch kaum begonnen, doch schon ergoß sich Licht aus den Fenstern des Hauses an der Fifth Helena Drive in die Nacht. Schatten fielen auf die glasierten mexikanischen Kacheln des Fußwegs. Die Haushälterin, eine quirlige kleine Frau namens Eunice Murray, eilte geschäftig durch die Küche. Sie setzte starken italienischen Kaffee auf, schlug zwei Eier in die Pfanne und ließ im Badezimmer ein lauwarmes Bad einlaufen.

Als das Wasser den oberen Rand der Marmorwanne erreicht hatte, goß sie eine Kappe Johnsons Babyöl und eine ganze Unze Chanel No. 5 hinein.

Durch die geschlossene Tür des Schlafzimmers drang kaum hörbar eine Ballade Frank Sinatras – ein sicheres Zeichen, daß Marilyn Monroe wach war und ihr allnächtliches Ringen um Schlaf wieder einmal überstanden hatte.

In der Einfahrt vor dem Haus wartete eine königsblaue Limousine. Der Motor surrte leise, und die Heizung wärmte die tiefen, mit Samt bezogenen Sitze vor. Der Fahrer stand in einer schicken schwarzen Uniform daneben. Auf der linken Seite des Wagens, fast unsichtbar, war ein kleines Schild aus massivem Gold angebracht. Darunter prangten in geschwungenen Lettern die Worte »Twentieth Century-Fox«.

Die Luxuskarosse des Studios wirkte in dieser mittelständischen Gegend deplaziert. Nicht wenige Nachbarn – vorwiegend Anwälte und junge Angestellte – sollten sich in den nächsten Wochen noch über diesen Stilbruch wundern. Aber noch nahm die Öffentlichkeit keine Notiz von dem Haus am Fifth Helena Drive, noch wurde es nicht mit Intrigen, Tragik und Tod in Verbindung gebracht. An diesem 10. April 1962 war es nur eine von vielen Hazienden aus falschen Adobeziegeln am Ende einer Sackgasse in einem wahren Labyrinth von Sackgassen. Es unterschied sich durch nichts von den anderen Häusern in diesem Gewirr aus Straßen, Wegen und Alleen, das sich vom Pazifik landeinwärts erstreckte.

Noch war es nicht in die bunten Filmstarführer aufgenommen, die arbeitslose Schauspieler auf dem Hollywood Boulevard und an

Ständen in Bel Air verhökerten. Weder die Touristenbusse hatten hierher gefunden noch die Privatdetektive und die in Heuschreckenschwärmen auftretenden Paparazzi, die davon lebten, den Prominenten nachzuspionieren. Noch war das Haus nicht in den kitschigen »Zu-Hause-bei«-Serien vorgestellt worden, die in den Fanmagazinen der Zeit so beliebt waren. Das Geheimnis war so gut gehütet, daß nicht einmal Hedda Hopper, die findigste Klatschkolumnistin unter Hollywoods Reportern, wußte, daß die berühmteste Filmschauspielerin der Welt in die ruhige Anonymität dieser Vorstadt geflüchtet war.

Das Haus selbst war nur über eine verwinkelte kleine Gasse zu erreichen, die man nicht einmal eines Straßenschilds für würdig befunden hatte. Es lag versteckt hinter einer hohen Mauer und einem Eukalyptuswäldchen, das um die Jahrhundertwende, als sich Brentwood noch fest in der Hand von Viehzüchtern und Farmern befand, gepflanzt worden war.

Marilyn Monroe hatte sich schon immer nach so etwas gesehnt. Ihrem Immobilienmakler sagte sie, sie wolle kein »großes Haus wie andere Filmstars«. Deshalb kamen Beverly Hills und Bel Air ebensowenig in Frage wie Trousdale und die neue, vornehme Künstlerkolonie in Malibu. »Ich möchte ein Versteck, einen Platz, wo ich hingehen und ganz für mich sein kann.«

Seit Anfang Februar 1962 war das unscheinbare Haus in Brentwood ihr Versteck und ihre Zuflucht vor dem Ruhm. Wer hätte auch nur im Traum daran gedacht, daß die platinblonde Göttin der Leinwand ein Haus beziehen würde, das sich ein Studiobuchhalter gebaut hatte? Das Täuschungsmanöver funktionierte prächtig. Der Justizminister und Bruder des Präsidenten, Robert Kennedy, besuchte sie hier. Und niemand bemerkte es. Weitere Besucher waren Marilyns Exehemann Joe DiMaggio und ihre Freunde Frank Sinatra und Carl Sandberg.

Frank Sinatra vertraute Marilyn einmal an, daß sie sich hier »endlich sicher, endlich zu Hause« fühle.

Seit Beginn ihrer Karriere hatte sie in vierzig verschiedenen Apartments, Häusern und Hotelsuiten gewohnt. Sie hatte im CVJM-Heim in Hollywood genächtigt und in den teuersten Hotels in Beverly Hills gelebt, in einem Eisenbahnwaggon im kalifornischen Van Nuys und in Luxusapartments in Manhattan. Sie hatte in renovierten Garagen geschlafen und im Bett des Präsidenten. Aber niemals hatte sie ein eigenes Zuhause besessen.

Nie hatte sie ein Haus gesehen, das ihr wirklich gefallen hätte, bis sie an einem kühlen Januarmorgen vier Monate zuvor das Haus im Fifth Helena Drive besichtigte. »Das ist es«, jubelte sie. »Es ist ideal.«

Ihre vier Ärzte bemerkten, daß sie im Schutz der anonymen Vorstadt aufblühte. Marylins Arzneischränkchen, das vor Plastikröhrchen überquoll – ihr heimlicher Vorrat an Seconal, Demerol und Nembutal – blieb monatelang praktisch unberührt. Gegen die Schlaflosigkeit, unter der sie ein Leben lang litt, nahm sie jetzt nur noch Chloralhydrat, ein sehr schwaches Beruhigungsmittel.

Aber an diesem prachtvollen Morgen des 10. April 1962 begann der Alptraum von neuem. Um 9 Uhr sollte sie zum erstenmal seit sechzehn Monaten wieder ein Filmstudio betreten. Bei den Dreharbeiten zu ihrem letzten Film *Misfits (Nicht gesellschaftsfähig)* war sie zusammengebrochen, nachdem sie unglaubliche Dosen von Barbituraten und Amphetaminen geschluckt hatte.

Täglich zwei Sitzungen mit Dr. Ralph Greenson, einem renommierten Psychiater aus Beverly Hills, und ein zehntägiger Aufenthalt in einer psychiatrischen Klinik waren nötig gewesen, um das Trauma dieses einen Filmes, in dem sie ihre erste dramatische Rolle in elf Jahren gespielt hatte, zu überwinden. Immer deutlicher zeichnete sich ab, daß ihr lähmendes Lampenfieber im gleichen Maße gewachsen war wie ihre darstellerischen Fähigkeiten. Je mehr Anerkennung sie als ernsthafte Schauspielerin fand, desto größer wurde auch ihre Angst.

Welch bittere Ironie des Schicksals, daß die fotogenste Frau aller Zeiten sich vor der Filmkamera fürchtete, jenem Gerät, das sie berühmt gemacht hatte.

Marilyn hatte sich schon als Kind von der Macht und Magie des Films unwiderstehlich angezogen gefühlt, doch sie hatte immer Angst gehabt: Angst vor der Kamera, Angst vor den Schauspiellehrern, Angst vor den Regisseuren. Als John Huston sah, wie sie vor einer simplen Szene zu *The Asphalt Jungle (Asphaltdschungel)* von einem heftigen Zittern befallen wurde, fragte er sich laut, »ob es das wert ist«.

Bei den Vorbereitungen zu *Something's Got to Give* nahm ihre Angst fast bedrohliche Formen an. Der Regisseur des Films, George Cukor, erzählte Reportern: »Marilyn ist so mit den Nerven runter, daß sie eine Einstellung nicht von der nächsten unterscheiden kann.« Als ein Kolumnist nachhakte, schnauzte ihn Cukor an: »Woher soll ich wissen, was mit ihr los ist? Ich bin Regisseur, kein Psychiater.«

Aber selbst die Psychiater waren ratlos. Greenson, der Arzt, der Marilyn dazu überredet hatte, wieder vor die Kamera zu treten, sprach von einer »Phobie, die wieder vorübergeht«. Billy Wilder, Regisseur von *Manche mögen's heiß*, schickte Marilyn während der Dreharbeiten zu einem Psychoanalytiker. Dessen Befund: »Im Grunde ist es ziemlich einfach. Sie will einfach kein Filmstar mehr sein. Sie will nicht länger Marilyn Monroe sein.«

Insgeheim befürchtete sogar Greenson, daß Norma Jean Baker bereit war, »Marilyn Monroe zu ermorden« – jenes schwer faßbare Wesen, das die Schauspielerin mit stillschweigender Einwilligung der Twentieth Century-Fox selbst geschaffen hatte.

Was tatsächlich in ihr vorging, war umstritten. Eines freilich war an jenem Morgen vor dreißig Jahren klar: Marilyn Monroe wollte nicht mehr für die Twentieth Century-Fox arbeiten.

Im Jahr 1946 hatte sie, damals gerade zwanzig Jahre alt, ihren ersten Vertrag mit der Fox unterzeichnet. Ein halbes Jahr lang erhielt sie 75 Dollar pro Woche – den von der Filmschauspielergewerkschaft ausgehandelten Mindestlohn und genau die Hälfte von dem, was sie zuvor als Fotomodell verdient hatte. Sie war eine von zweihundert namenlosen Schauspielerinnen und Schauspielern, die Fox zu ähnlichen Konditionen verpflichtet hatte. Das Studio verlängerte ihren Vertrag um weitere sechs Monate, doch nach Ablauf des ersten Jahres wurde sie ausgemustert.

Columbia gab ihr eine Rolle in dem Film *Ladies of the Chorus*, und Metro-Goldwyn-Mayer engagierte sie für John Hustons *Asphaltdschungel*, aber weder MGM noch Columbia boten ihr einen Vertrag an. Marilyn arbeitete immer noch als freie Schauspielerin, als die Fox ihr abermals eine Rolle anbot – diesmal für eine recht freizügige Szene in *Alles über Eva*. Darryl Zanuck, der Produktionsleiter des Studios, sah die Schnellkopie des Filmes und schloß mit Marilyn einen weiteren Vertrag für sechs Monate. Aber erst als sie mehrere kleine Rollen in seichten Komödien zu PR-Zwecken nutzte, offerierte ihr das Studio einen Siebenjahresvertrag. Das Gehalt lag anfangs bei 500 Dollar pro Woche und stieg mit den Jahren auf 1500 Dollar.

Noch 1954, als der Name Marilyn Monroe weltweit die Kinokassen zum Klingeln brachte, pochte Zanuck auf die Einhaltung des Vertrags und fror ihr Gehalt bei 1500 Dollar pro Woche ein.

Aus Rache floh sie von Hollywood nach New York und boykottierte das Studio. Auf Druck des Fox-Verwaltungsrats handelte Zanuck schließlich widerwillig einen neuen Vertrag mit ihr aus, der ihr für die nächsten vier Filme jeweils eine Gage von 10 000 Dollar garantierte. Im Jahr 1962, als das Studio Elizabeth Taylor 1 Million (für *Cleopatra*), James Stewart 700 000 pro Film und Dean Martin 500 000 Dollar (für *Something's Got to Give*) zahlte, waren die Konditionen ihres Vertrags hoffnungslos überholt.

Andere Studios lockten Marilyn mit Millionenbeträgen. Außerdem lag *Something's Got to Give* so weit unter dem Niveau eines Stars von ihrem Format, daß sie es zweimal ablehnte, ihn zu drehen. Als sie sich im Winter 1961 ein drittes Mal weigerte, schickte ihr die Fox ein dreiseitiges Telegramm. Es war voll mit juristischem Kauderwelsch und gespickt mit herablassenden Bemerkungen. Die Botschaft freilich war unmißverständlich: Drehen Sie *Something's Got to Give,* oder Sie stehen die nächsten zehn Jahre vor dem Richter. Ein solcher Rechtsstreit hätte das Ende ihrer Karriere bedeutet.

Das Studio, das sie groß gemacht hatte, besaß jetzt die Macht, sie wieder in der Versenkung verschwinden zu lassen.

Im Dezember 1961 gab Marilyn Monroe schließlich nach und unterschrieb den Vertrag für *Something's Got to Give,* obwohl sie das Studio und alles, was mit ihm zusammenhing, inzwischen verabscheute. Selbst das Fox-Logo in einem Briefkopf oder auf einer Reklametafel verursachte ihr Übelkeit.

Um sich für die Schlacht mit ihrem Erzfeind zu wappnen, verbrachte sie Stunden vor dem Spiegel. Sie klammerte sich an die vergebliche Hoffnung, mit einem makellosen Äußeren die Ängste in ihrem Inneren zu besiegen.

Modemacher und Coiffeure eilten in das Haus am Fifth Helena Drive und umschwärmten sie wie Drohnen eine Bienenkönigin. Der Friseur Pearl Porterfield, der für Jean Harlow »hot platinum« erfunden hatte, griff zu Wasserstoffperoxid und Wäschelauge, um ihre Haare noch blonder zu färben. Später legte ihr ein Team von Elizabeth Arden Schlammpackungen und heißes Wachs auf, während ihr Modeärzte aus Beverly Hills beruhigende Tranquilizer und Multivitaminpräparate verabreichten.

Marilyn engagierte den befreundeten Masseur Ralph Roberts und bezahlte ihn dafür, daß er seine ganze Zeit für sie reservierte. Während sie stundenlang auf dem Massagetisch lag und im Drehbuch blätterte, knetete er ihr die Muskeln und gab ihr die Einsätze.

Ein ähnliches Arrangement traf sie mit Greenson. Manche Sitzungen mit dem Psychoanalytiker dauerten den ganzen Nachmittag. Meistens saß sie auf der Couch in seinem Arbeitszimmer in Santa Monica und klagte, welche physischen und psychischen Anstrengungen es sie koste, in die Rolle Marilyn Monroes zu schlüpfen.

Dazu die Haushälterin Eunice Murray: »Anscheinend brauchte sie die parfümierten Bäder, das Make-up und die leise Hintergrundmusik, um diese sinnliche Person zum Leben zu erwecken.«

Die Vorbereitungen nahmen unglaublich viel Zeit in Anspruch. Am Morgen des 10. April war Marilyn Monroe bereits drei Stunden auf den Beinen, bevor sie in den Wagen stieg, der sie durch die unbelebten Straßen von Los Angeles zur Twentieth Century-Fox bringen sollte.

Ihr altes Studio kämpfte damals ums Überleben. Belastet mit einem

Wasserkopf gutbezahlter Autoren, die kein Wort zu Papier brachten, berühmter Regisseure, die keine Regie führten, und Manager, die keine Ideen hatten, stand das Studio kurz vor dem Bankrott. Als Marilyns Limousine die Vorberge von Brentwood hinunterfuhr, tauchten am Horizont riesige Staubwolken auf. Um die explodierenden Kosten für Elizabeth Taylors Film *Cleopatra,* der gerade in Rom gedreht wurde, zu decken, hatte die Fox ihr Freigelände an einen Konzern verkauft, der beabsichtigte, die ganze Gegend mit Zweifamilienhäusern und sterilen Bürotürmen zu überziehen.

Während der Dreharbeiten zu *Something's Got to Give* fraßen sich die Bulldozer mit jedem Tag näher an die Aufnahmestudios heran. Sie machten eine komplette amerikanische Kleinstadt und ein mittelalterliches deutsches Dorf dem Erdboden gleich, walzten eine verwitterte herrschaftliche Südstaatenvilla nieder und schütteten einen künstlichen See und einen Fluß zu. Tyrone Powers Hazienda aus dem Film *Das Zeichen des Zorro* machte einem Kino Platz, auf der argentinischen Pampa-Ranch, auf der Betty Grable und Don Ameche in *Galopp ins Glück* getanzt hatten, entstand ein Feinkost-Supermarkt, und auf Lana Turners malerischem Dorfplatz aus *Glut unter Asche* wurde das glitzernde Century Plaza Hotel aus der Erde gestampft.

Als Marilyn Monroe durch das Tor fuhr, das aus der Zeit stammte, als Tom Mix hier durchs Gelände ritt und das Studio unter dem Namen »Movietone City« bekannt war, wurde ihr schmerzlich bewußt, daß ihr Film das einzige Projekt war, an dem hier noch gearbeitet wurde. Rund 150 gutbezahlte Jobs hingen von ihren Launen, ihrer Gesundheit und ihrer erlahmenden Energie ab. Es kostete rund eine Million Dollar pro Woche, die Fox-Studios am Laufen zu halten – und außer *Something's Got to Give* lief hier nichts mehr. Die Lage war so dramatisch, daß sogar die weltberühmte Studiocafeteria geschlossen und das Wachpersonal auf wenige Männer reduziert worden war.

Zwei Tage nach Drehbeginn ließ die Studioleitung sogar das Wasser für den aus zigtausend Bäumen bestehenden Wald und die zehn Hektar großen Rasenflächen auf dem hügeligen Gelände abdrehen. Ein Wäldchen aus Königspalmen, ein halber Hektar Farne und ein tropischer Baumgarten drohten ebenso zugrunde zu gehen wie das Studio selbst.

»Mit der Fox ging auch das alte Hollywood unter«, erinnerte sich Walter Bernstein, der Nunnally Johnsons Drehbuch für *Something's Got to Give* überarbeiten sollte.* »Es war, als schaute man dem Untergang des Römischen Reiches zu. Die Straßen wimmelten einst von Piraten

* Irving Shulman und Gene Allen hatten Entwürfe für das Drehbuch geschrieben, bevor Nunnally Johnson im Winter 1961/62 seine Fassung zu Papier brachte.

und Tänzerinnen, von Cowboys und Indianern. Und die Luft vibrierte vor Erregung.«

Jetzt waren die Straßen still und verlassen. Sie erinnerten, wie Bernstein es ausdrückte, an »ein kleines mexikanisches Dorf während der Siesta«.

Der drohende finanzielle Kollaps, die Unfähigkeit des Managements und die um sich greifende Angst hatten das Filmgelände der Fox in eine Geisterstadt verwandelt – und Marilyn Monroe war das letzte Revuegirl im letzten Saloon am Platz.

Als Marilyn Monroe 1946 zur Fox gestoßen war, betrieb die Firma das größte und erfolgreichste Studio in Hollywood. Nicht einmal das traditionsreiche Studio von Metro-Goldwyn-Mayer konnte ihm damals das Wasser reichen. Im gleichen Jahr spielten die Filme der Fox 185 Millionen Dollar ein, 25 Millionen Dollar mehr als die des nächstgrößten Konkurrenten Paramount. Rund 75 Filme waren in Arbeit, und die klangvollen Namen der Stars, die unter Vertrag standen, reichten von Betty Grable bis Gene Tierney, von Tyrone Power bis Clifton Webb (alle vier gehörten zu den zwanzig zugkräftigsten Kassenmagneten.) Die Fox war ein Imperium mit einem 125 Hektar großen Freigelände und 16 Aufnahmestudios. Im Boom der Nachkriegsjahre dachte wohl keiner der über 4000 Fox-Angestellten, daß der Erfolg eines Tages ausbleiben könnte.

Als Marilyn endlich Zutritt zu dieser Traumfabrik erhielt, versteckte sie sich hinter den Kulissen und sah zu, wie Betty Grable tanzte und sang – der glanzvolle Mittelpunkt in einem Heer von Statisten und Technikern. »Es war ein faszinierender Anblick«, hatte Marilyn ihrem damaligen Liebhaber Robert Slatzer anvertraut. »Und genau dort will ich auch hin.«

Jetzt kehrte sie als Königin eines erniedrigten, besiegten Imperiums zurück. Im Jahr 1962 mußten sich die verbliebenen 900 Beschäftigten mit weniger als 20 Hektar Gelände begnügen – und selbst die hatte das Studio für 1,5 Millionen Dollar pro Jahr von der Aluminium Corporation of America gepachtet. Die Fox stand viel dichter vor dem finanziellen Abgrund, als irgend jemand an der Westküste ahnte. Zwischen 1959 und 1962 hatte die Gesellschaft 61 Millionen Dollar verloren, davon 21 Millionen allein 1961. Noch bedrohlicher, zumindest für die Aktionäre, war die Tatsache, daß der Wert einer Fox-Aktie in den ersten 90 Tagen des Jahres 1962 von 39 auf 20 Dollar gesunken war. Im April fiel der Kurs um weitere 6 Cents pro Tag.

Aktienbesitzer belagerten mit ihren Anwälten den Hauptsitz der Gesellschaft in New York und drohten, den Vorstand zu entlassen, und Spyros P. Skouras, den Präsidenten, in die Wüste zu schicken.

Der Bankrott des Studios wurde durch die immensen Kosten, die der Film *Cleopatra* verursachte, rapide beschleunigt. Das Monumentalwerk über die ägyptische Pharaonin war ursprünglich mit 5 Millionen Dollar veranschlagt worden, hatte aber bereits 25 Millionen verschlungen und sollte am Ende gar mit über 40 Millionen Dollar zu Buche schlagen. Um die Liquidität des Unternehmens zu sichern, wurde das gesamte Freigelände in Hollywood verkauft, und als selbst das nicht genügte, beliehen Skouras und Kollegen praktisch alle noch verbliebenen Wertobjekte – darunter auch die nicht in Gold aufzuwiegende Filmbibliothek.

Als mit den Dreharbeiten zu *Something's Got to Give* begonnen wurde, betrugen die Kosten für *Cleopatra* rund 150 000 Dollar pro Tag.

Wenn kein Wunder geschah, war die Twentieth Century-Fox spätestens am 5. August nicht mehr in der Lage, Gehälter zu bezahlen, die laufenden Unkosten zu decken oder ihren New Yorker Wolkenkratzer zu unterhalten. Unter dem Siegel der Verschwiegenheit hatten alle Angestellten, die mehr als 20 000 Dollar verdienten, einer 50prozentigen Gehaltskürzung zugestimmt.

In Anbetracht dieser trüben Aussichten war es verständlich, daß das Management alle Hoffnungen auf den letzten verbliebenen Star des Studios setzte: auf Marilyn Monroe. Ihre Filme hatten seit 1950 über 40 Millionen Dollar für die Fox eingespielt – mehr als die Filme Betty Grables oder Shirley Temples.* »Bei der Fox war man verzweifelt, so verzweifelt wie nie zuvor bei einem der großen Studios«, erinnerte sich der Produzent David Brown. »Wenn Marilyn bis zum Ende der Dreharbeiten durchhielt, konnte sie die Firma vor dem endgültigen Aus retten.«

Wie aus einem vertraulichen Bericht an Spyros Skouras hervorging, plante das Studio, *Something's Got to Give* im Oktober 1962 in die Kinos zu bringen, also gerade rechtzeitig, um mit den Einnahmen die letzten Rechnungen für *Cleopatra* zu bezahlen.

Hätte Marilyn von diesen Plänen gewußt, so hätte sie diesem letzten Film wohl noch ablehnender gegenübergestanden. Sie war von der Fox ausgenutzt und gedemütigt worden und hätte bestimmt nicht den Wunsch verspürt, die Firma zu retten.

Für die Dauer der Dreharbeiten zu *Something's Got to Give* hatte man Marilyn auf dem Studiogelände einen Bungalow zur Verfügung gestellt. Auf der Fahrt dorthin mußte ihre Limousine die Verwaltungs-

* Ihre Filme *Niagara, Blondinen bevorzugt* und *Wie angelt man sich einen Millionär?* spielten weltweit rund 25 Millionen Dollar ein. Der Filmautor Maurice Zolotow schätzte Marilyn Monroes Wert für die Fox auf rund 10 Millionen Dollar jährlich.

gebäude passieren, die das Filmgelände wie Gefängnistürme überragten. Die Bosse residierten im obersten Stockwerk eines mausgrauen Baus. Ihre Büros waren mit dicken Teppichen ausgelegt und mit luxuriösen Möbeln ausgestattet. Um sie zu betreten, mußte man langgestreckte düstere Vorzimmer durchqueren. Die Filmmogule, die einst hier regiert hatten, hatten das so beabsichtigt. Die Atmosphäre in diesem Protzbau hatte jedenfalls noch jeden kleinen Schauspieler eingeschüchtert, der hierher zitiert wurde. Und forsche junge Assistenten und wortkarge Sekretärinnen trugen das ihre dazu bei.

Von strategisch günstig gelegenen Fenstern aus konnten die Fox-Manager bequem das Kommen und Gehen ihrer Stars überwachen. Marilyn Monroe war sich dieser Kontrolle von Anfang an bewußt gewesen, doch nun fühlte sie sich regelrecht verfolgt. »Ich kann fühlen, wie sie mich beobachten und dann ihre verlogenen Berichte schreiben«, vertraute sie ihrem Chauffeur Rudy Kautsky an. »Ich finde das widerlich. Warum machen sie nicht einfach ihre Arbeit und lassen mich meine machen?«

Wenn die Twentieth Century-Fox für Marilyn jemals eine Art Familienersatz gewesen sein sollte, so wurde sie nun zu einem verhaßten Symbol der Autorität, gegen die das Kind in ihr rebellierte. Kurz nach Drehbeginn kam ihr zu Ohren, daß Sicherheitsleute des Studios – großteils alte Kollegen – in vertraulichen Berichten penibel ihre Ankunfts- und Abfahrtszeiten notierten. Die gleichen Berichte, so erfuhr sie, enthielten auch Einzelheiten über ihr Aussehen.

Diese Entdeckung versetzte sie in Panik. Manchmal ließ sie den Wagen vor dem Haupttor halten, stieg aus und schlich sich durch einen alten Seiteneingang auf das Gelände, während der Chauffeur ohne sie durch das Haupttor fuhr. Dieses Versteckspiel nahm immer absurdere Züge an, je länger die Dreharbeiten dauerten. Sogar an Tagen, an denen Marilyn gar nicht erschien, rollte die Limousine durch das Tor und stand den ganzen Tag vor ihrer Garderobe.

Kaum hatte Kautsky das Haupttor passiert, griff der Portier zum Telefon und informierte die Chefetage. Die Nachricht »Marilyn ist da« verbreitete sich wie ein Lauffeuer von Schreibtisch zu Schreibtisch, von Büro zu Büro. Wenig später steckten die Mitarbeiter des Filmteams die Köpfe zusammen und erörterten aufgeregt die neuesten Wahrheiten, Halbwahrheiten und Gerüchte über Marilyns Verfassung.

Sätze wie »Sie ist mit Drogen vollgepumpt« oder »Sie muß eine schlimme Nacht gehabt haben« machten so oft die Runde, bis sie schließlich in den vertraulichen Berichten standen, die zwischen den Bossen an beiden Küsten hin- und hergingen. Aus irgendeinem abwegigen Grund schien das mittlere Management Marilyn für die Schwierigkeiten des Unternehmens verantwortlich zu machen. Die meisten hielten sie immer noch für eine Verräterin, weil sie Mitte der fünfziger Jahre der Fox den Rücken gekehrt hatte.

Anfang 1955 war Marilyn untergetaucht und hatte sich vor der Fox versteckt, weil sie meinte, das Studio wolle ihr »unmoralische Rollen in geschmacklosen Filmen geben und ihre Hollywood-Karriere ruinieren«. Einen Monat lang stellte die Presse die wildesten Spekulationen über ihr Verschwinden an, dann tauchte sie in Manhattan wieder auf und gab die Gründung der »Marilyn Monroe Productions« bekannt. Außerdem erklärte sie, daß sie nur dann zur Fox zurückkehren werde, wenn ihr das Studio mehr Geld bezahle, erstklassige Produktionen anbiete* und ein Mitspracherecht bei der Auswahl der Regisseure einräume.

Gleichzeitig vertraute sie Louella Parsons an: »Für Fox stelle ich mich nie wieder vor die Kamera, nie wieder!«

Aber die Fox machte Stimmung gegen den widerspenstigen Star. Darryl Zanuck war verärgert und drohte: »Wir legen sie auf Eis. In den nächsten drei Jahren und vier Monaten wird sie keinen einzigen Film drehen. Marilyn Monroe steht bei uns unter Vertrag, und ich werde dafür sorgen, daß sie ihre Verpflichtungen auch erfüllt.«

Der verbale Schlagabtausch zwischen Hollywood und Manhattan, zwischen Zanuck und Monroe dauerte sechs Monate. Doch dann, im August 1955, setzte sich der Monroe-Film *The Seven Year Itch (Das verflixte 7. Jahr)* an die Spitze der Filmhitliste. Fox lenkte ein und akzeptierte alle ihre Bedingungen.

»Aber niemand empfand das gleiche für sie wie zuvor«, sagte Lee Hanna, Zanucks Produktionsassistentin. »Sie war eine Verräterin. Sie hatte uns im Stich gelassen.«

Niemand bei der Fox, von der Chefetage bis hinunter zur studioeigenen Autowerkstatt, verstand Marilyns brennenden Wunsch, als ernsthafte Schauspielerin anerkannt zu werden. In den Augen der Angestellten war sie immer noch die vollbusige Blondine, deren Qualitäten auf ganz anderem Gebiet lagen. »Die Bosse der Fox wollten sie ins Bett kriegen. Das war alles, woran die dachten,« sagte ihr Maskenbildner Whitey Sander.

Henry Weinstein, der Produzent von *Something's Got to Give*, erinnerte sich daran, wie er ihr bei einer Besprechung in seinem Büro ein-

* Sie hatte schon in einigen künstlerisch wertlosen Filmen mitgewirkt (*Fluß ohne Wiederkehr* und *Rhythmus im Blut*) und hätte in dem Jahr, bevor sie Hollywood verließ, einen dritten drehen sollen. *How to Be Very, Very Popular,* so der Titel, wurde schließlich mit Marilyns Studiodouble Sheree North realisiert. Der Film war ein Flop.

mal anbot, sie könne sich auf seine Couch legen. »Sie war sehr erschöpft, und wir hatten einen langen Nachmittag vor uns.« Marilyn, den Tränen nahe, schaute zu Weinstein auf und sagte: »Wissen Sie Henry, Sie sind der erste Produzent, der mir sagt, daß ich mich hinlegen und ausruhen soll, und der es auch wirklich so meint.«

Als Marilyn Monroe in den vierziger Jahren zum erstenmal einen Job bei der Fox bekam, war sie für die Herren lediglich ein Sexualobjekt – im wahrsten Sinne des Wortes. Für 75 Dollar die Woche mußte sie an Rommé-Abenden des Produktionsleiters Zanuck und des früheren Fox-Präsidenten Joe Schenck Drinks servieren, Zigaretten herumreichen und Feuer geben. Die mit Netzstrümpfen und schwarzen Satinkostümen bekleideten »Gin Rummy Girls« (vergleichbar den Playboy-Häschen) wurden zur Zielscheibe geschmackloser Firmenwitze. Dazu Regisseur John Huston: »Für diese Leute blieb Marilyn immer ein billiges Showgirl.« Und Produzent David Brown sagte: »Sie sprachen ihr jede persönliche Würde ab.«

Dennoch kehrte Marilyn in den Boomjahren nach dem Zweiten Weltkrieg, als sie ständig die Büros der Filmstudios abklapperte, immer wieder zu Fox zurück. Zanucks Anspruch, gute Filme zu machen, faszinierte sie. *Laura,* einen Klassiker des Film noir mit Gene Tierney, sah sie siebenmal – bis sie die Dialoge auswendig kannte. Betty Grable hatte sie in dem eindringlichen Weltkriegsdrama *I Wake Up Screaming* so beeindruckt, daß sie das Drehbuch immer wieder bei Schauspieler-Workshops verwandte.

Anfangs war sie voller Bewunderung für Zanuck, denn er verkörperte für sie die beste Seite Hollywoods. »Später verursachte mir Mr. Zanuck Alpträume«, erzählte sie Eunice Murray. »Ich wachte morgens auf und dachte nur daran, wie ich seine Anerkennung erringen konnte. Aber ich bekam ihn nie zu Gesicht, nicht einmal, als ich ein großer Star war.«

Sie konnte noch nicht wissen, daß ihr Alptraum wahr werden sollte.

Marilyn Monroe kämpfte ihr ganzes Leben als Erwachsene mit der Twentieth Century-Fox. Mitte der vierziger Jahre kämpfte sie um Aufmerksamkeit und darum, aus der endlosen Reihe von Blondinen, die an den Türen der Besetzungsbüros der großen Studios anklopften, ausgewählt zu werden.

Sie war gerade aus ihrer unglücklichen ersten Ehe mit James Dougherty, einem Matrosen bei der Handelsmarine, ausgebrochen, als sie im Juli 1946 zum erstenmal die Fox-Studios betrat. Ben Lyon, der Besetzungsdirektor der Fox, hatte sie zu sich bestellt. Sie trug ein aufreizendes weißes Sommerkleid und hatte ihr braunes Haar zum erstenmal goldblond gefärbt.

Lyon, einstiger Schwerenöter des Stummfilms, hatte sie »entdeckt«, als er an einem Zeitungsstand auf dem Hollywood Boulevard Zeitschriften durchblätterte und dabei bemerkte, daß ein und dieselbe attraktive junge Frau die Titelseiten der Juliausgaben von vier Herrenmagazinen *(Click, Pic , Laff* und *Sir)* schmückte. Nachdem er sie mit Hilfe ihrer Agentur Blue Book Models ausfindig gemacht hatte, lud er sie am 28. Juli zum Lunch ein und vereinbarte mit ihr für den nächsten Morgen um 5.30 Uhr einen Termin für Probeaufnahmen.

Der Talentjäger war von Marilyns schauspielerischen Fähigkeiten so überzeugt, daß er einen teuren Technicolor-Test vorbereiten ließ. Gedreht wurde in den Aufbauten eines Betty-Grable-Films *(Mother Wore Tights)*, und Marilyn trug ein rotes Kleid, das für den einstigen Musical-Star Alice Faye entworfen worden war.

Kameramann Leon Shamroy, der die sechsminütige Aufnahme drehte, war begeistert: »Ich sah sofort, daß sie das Zeug zum Star hatte. Sie hatte eine erotische Ausstrahlung, wie ich sie seit den Probeaufnahmen mit Gloria Swanson in den zwanziger Jahren nicht mehr erlebt hatte. Eine solche Ausstrahlung ist sehr, sehr selten. Harlow hatte sie, und Clara Bow. Und jetzt die Monroe.«

Lyon schmuggelte die Aufnahmen in eine Serie von Filmausschnitten, die Zanuck noch am gleichen Abend ansehen wollte. Zanuck hatte es bereits abgelehnt, Marilyn auf der Grundlage der Zeitschriftenfotos unter Vertrag zu nehmen, doch die Probeaufnahmen gefielen ihm so gut, daß er ihr einen Starletvertrag anbot.

»Zuerst hatte Marilyn keine Ahnung, was es hieß, ein Starlet in einer Stadt voller Starlets zu sein«, erzählte der Autor Maurice Zolotow. »Sie wußte nicht, daß ihre Chancen praktisch gleich Null waren und daß die meisten Starlets heirateten oder in einem Drive-in-Restaurant endeten.«

Aber Marilyns Hunger nach Ruhm war größer als der eines durchschnittlichen Starlets. Dieses Mädchen ohne wirkliche eigene Identität setzte sich in den Kopf, in die Fußstapfen Betty Grables zu treten und dem Tanz- und Gesangsstar nachzueifern, der damals die Nummer eins bei der Fox war. Sie hatte die Grable als »tanzendes Kätzchen« in *Mother Wore Tights* gesehen, seitdem war sie überzeugt: Was die Grable konnte, konnte sie auch – vielleicht sogar mit mehr Schwung, auf jeden Fall aber mit mehr Sex-Appeal.

Das Problem war, daß die Fox zu der Zeit von Blondinen geradezu überrannt wurde. Neben Grable, die gerade im Zenit ihres Ruhmes stand, warteten June Haver und Vivian Blaine auf ihre große Chance.

Als die »Ersatz-Blondine« des Studios durfte Marilyn alles machen, bloß keine Filme. Sie fuhr auf Flößen, marschierte in Paraden und eröffnete Supermärkte. Meistens aber posierte sie immer noch für Fotos – in Badeanzügen und trägerlosen Abendkleidern.

Tag für Tag ging sie die Besetzungslisten durch, doch vergeblich. Sie wurde immer verzweifelter. Eines Tages, nachdem sie stundenlang bei den Dreharbeiten für einen Grable-Film zugesehen hatte, faßte sie Ben Lyon am Arm und bedrängte ihn: »Was muß ich tun, um ein Star zu werden? Sagen Sie mir, wie ich ein Star werde.«

Lyon war erstaunt über den verzweifelten Ton in ihrer Stimme. »Sie hatte sich in den Kopf gesetzt, die Königin des Studios zu werden«, erzählte er später Maurice Zolotow. »Die Fox war ihr Zuhause geworden. Sie ersetzte ihr die Familie, die sie nie gehabt hatte.«

Lyon hatte keinen todsicheren Plan, aber immerhin eine Idee. Er stellte Marilyn Monroe dem früheren Fox-Präsidenten Joseph Schenck vor. Schenck, nach wie vor ein einflußreicher Mann, wurde die erste von mehreren Vaterfiguren, die ihr zum Aufstieg verhalfen. »Man könnte es auch anders ausdrücken«, sagte Zolotow. »Um ihren Traum zu verwirklichen, ließ sie sich auf sexuelle Abenteuer ein.«

Schenck sorgte nicht nur dafür, daß die Fox im Februar 1947 ihren Vertrag verlängerte, darüber hinaus überredete er Zanuck, ihr eine Nebenrolle in dem Musical *Scudda Hoo! Scudda Hay!* zu geben (freilich konnte auch Schenck nicht verhindern, daß Zanuck Marilyns Szenen bis auf den Sprachfetzen »Hallo« zusammenschnitt).

Am 25. August 1947 setzte Zanuck, der Marilyn inzwischen als »Schencks Mädchen« titulierte, ihren Vertrag ohne Ankündigung außer Kraft – nur dreizehn Monate, nachdem Lyon sie als Covergirl entdeckt hatte.

»In vielerlei Hinsicht war das ihre letzte Zurückweisung«, erinnerte sich Robert Slatzer, Marilyns früherer Liebhaber. »Sie schwor sich, zur Fox zurückzukehren. Und sie schwor sich, ihr größter Star zu werden, egal wie.«

Doch zunächst schien alles schiefzugehen. Einigen kleinen, unbedeutenden Rollen in drittklassigen Filmen bei Columbia, United Artists und Metro-Goldwyn-Mayer folgten keine Vertragsangebote. Warner Brothers und Paramount schickten ihre Bewerbungsfotos kommentarlos zurück.

Dann aber begegnete sie der zweiten Vaterfigur ihrer Karriere – dem eleganten »Doyen der Hollywood-Agenten«, Johnny Hyde. Marilyn lernte Hyde auf einer Cocktailparty kennen und begann eine Affäre mit ihm, die sie einen großen Schritt voranbringen sollte. Hyde, einer der Topmänner in der Agentur William Morris, überredete seinen alten Spezi John Huston, ihr eine wichtige Rolle in seinem neuen Film *Asphaltdschungel* zu geben.

Bei der Voraufführung von Hustons Film sorgte Marilyns Darstellung der Gangsterbraut Angela Philney im Publikum für Furore. Dennoch bot ihr Metro-Goldwyn-Mayer keinen Vertrag an.*

Hide, der von Marilyn und ihrer Karriere besessen war, bat Darryl Zanuck um einen großen Gefallen: einen Vertrag für Marilyn Monroe. Was dabei herauskam, verdiente kaum den Namen Vertrag. Aber immerhin, es war ein Vertrag.

Erneut kämpfte sie mit der Fox – diesmal um Rollen. Anfangs war ihr keine Rolle zu klein oder zu erniedrigend: Sie spielte eine tolpatschige Sekretärin, eine Stricherin und eine naive Teilnehmerin an einer Miss-America-Wahl. Zwischen 1950 und 1953 wirkte sie für die Fox in sieben Filmen mit. Jeder war etwas besser als der vorhergehende, aber der große Durchbruch wollte ihr nicht gelingen.

Zanuck blieb stur. Obwohl Betty Grables Stern im Sinken war, lehnte er es ab, Marilyn groß herauszubringen. Zu seinem Sohn Richard sagte er: »Vielleicht habe ich ihr ja wirklich unrecht getan. Aber meiner Meinung nach war sie einfach nicht ausbaufähig.«

Lee Hanna, Zanucks Produktionsassistentin, sah das etwas anders: »Für Zanuck blieb sie immer ›Schencks Mädchen‹.«

Im Jahr 1951 war es für jeden bei der Fox offensichtlich, vor allem auch für Marilyn selbst, daß Zanuck nicht die Absicht hatte, ihr wirklich wichtige Rollen zu geben oder einen Film zu drehen, der ganz auf sie zugeschnitten war. »In ihren Augen war Zanuck die Ursache dafür, daß sie nicht weiterkam«, erinnerte sich Zolotow. »Er wollte einfach nicht, und sie sah ein, daß sie wenig dagegen tun konnte.«

Also machte sie durch eine Reihe geschickt inszenierter Publicity-Auftritte von sich reden. Sie tauchte Arm in Arm mit vielversprechenden Newcomern wie Robert Wagner in Nachtclubs auf, servierte der Klatschkolumnistin Louella Parsons pikante und exklusive Geschichten aus ihrer Vergangenheit, posierte für Anzeigen von Max Factor und führte durchsichtige Kleider von Frederick's vor. Die Wirkung war umwerfend. Bald erhielt Marilyn mehr Fanpost als die berühmten Stars der Fox, obwohl sie bisher nur unbedeutende Nebenrollen in zweitklassigen Filmen gespielt hatte.

Aber nichts und niemand konnte den Studioboß davon überzeugen, daß in Hollywood eine neue Zeit anbrach und daß das Publikum auf eine zweite Harlow wartete.

* In den Jahren, in denen Marilyn Monroe ohne festen Vertrag arbeitete (von 1947 bis 1950), wirkte sie in folgenden Filmen mit: *Dangerous Years*, *The Fireball* und *A Ticket to Tomahawk* für Fox; *Ladies of the Chorus* für Columbia; *Glücklich verliebt* für United Artists und *Asphaltdschungel* und *Right Cross* für MGM.

Marilyn beschloß, alles auf eine Karte zu setzen, und wandte sich Ende März 1951 an den Kostümbildner des Studios, William Travilla. »Willy, Sie wissen doch, daß Skouras zu dem wichtigen Lunch der Kinobesitzer kommen wird. Ich brauche für diesen Anlaß ein Kleid, etwas ganz Besonderes ...«

»Sie wußte, daß Zanuck ein mächtiger Mann war. Aber sie wußte auch, daß Spyros P. Skouras noch mächtiger war«, erzählte Travilla. »Skouras war der Finanzmann, und in Hollywood ist Geld das Maß aller Dinge. Aber normalerweise war Skouras in New York, und damit unerreichbar.«

Marilyn wußte, daß sie bei dem Lunch nur ein paar Minuten haben würde, um Skouras auf sich aufmerksam zu machen. Ein paar Minuten, das war alles, was sie brauchte.

Während Travilla ein Abendkleid aus Chiffon und Satin entwarf, las Marilyn alles über Skouras, was sie in die Hände bekam. Skouras war ein griechischer Einwanderer, der sich vom Laufburschen zum Kinogewaltigen und Präsidenten der Twentieth Century-Fox hochgearbeitet hatte. Sie fand heraus, daß er Metro-Goldwyn-Mayer stets um die gefeierten Sexidole Lana Turner und Ava Gardner beneidet hatte, die bei dem Konkurrenten unter Vertrag standen – Stars, die durch ihre bloße Mitwirkung einen zweitklassigen Film in einen Kassenschlager verwandeln konnten.

Marilyn wollte Skouras in aller Öffentlichkeit beweisen, daß die Fox einen solchen Star längst unter Vertrag hatte, aber keinen Gebrauch von ihm machte. Der Lunch war schon anderthalb Stunden im Gang, und die Kinobesitzer hatten sich an Anne Baxter, Jeanne Crain und Clifton Webb satt gesehen, als an der Tür zur Fox-Kantine Unruhe aufkam: Marilyn Monroe, umringt von einer Schar von Fotografen, stieg in einem hautengen Kleid von Travilla die Treppe herab.

Unten angekommen setzte sie sich zu einer Gruppe von Kinobesitzern aus dem mittleren Westen an den Tisch. »Die Kinoleute«, erzählte Zolotow, »lehnten sich begierig nach vorne und stellten immer wieder die gleiche Frage: ›Und in welchen Filmen werden Sie zu sehen sein, Miss Monroe?‹ Marilyn klimperte nur mit ihren Wimpern und antwortete: ›Das müssen Sie schon Mister Skouras fragen.‹«

Skouras, dem die Aufregung natürlich nicht entgangen war, stellte ein Westküstenboß dieselbe Frage. Als er zur Antwort bekam, daß Marilyn für keine der anstehenden Produktionen vorgesehen sei, warf er einen finsteren Blick in die Richtung, in der Zanuck saß.

»Wenn die Kinobesitzer sie mögen, dann mag sie auch das Publikum«, sagte er knapp. Er bahnte sich einen Weg durch die Menge, verbeugte sich vor Marilyn und führte sie an seinen Tisch.

Die Clique um Zanuck sah hilflos zu, wie Marilyn Skouras in eine angeregte Unterhaltung verwickelte, die den Beginn einer leidenschaftlichen Affäre zwischen dem 25jährigen Starlet und dem 53jährigen Filmzaren markierte. Skouras sollte bald ihr wichtigster Wohltäter in Hollywood werden. »Die Affäre war zwar nur von kurzer Dauer«, erinnerte sich der Schauspieler Nico Minardos, zeitweise Marilyns Liebhaber und selbst ein Skouras-Schützling. »Aber sie trug dazu bei, daß Marilyn ein Star wurde.«

Wenige Tage nach dem Lunch mit den Kinobesitzern befahl ein bis über beide Ohren verliebter Skouras Zanuck: »Ich möchte, daß Marilyn in dem nächsten Film mitspielt, in dem eine schöne Blondine vorkommt.«

Zanuck sträubte sich: »Ich finde, daß sie zu wenig Talent hat.«

Skouras geriet in Wut: »Ich will es aber, das ist ein Befehl. Lassen Sie sie irgendwo mitspielen, und zwar sofort.«

Damit begann ein fünf Jahre währendes Ringen zwischen Skouras und dem mächtigen Zanuck, der sich mit den meisten seiner Getreuen darin einig war, daß Marilyn keine Beachtung verdiente. Zanucks bester Freund, der Drehbuchautor Nunnally Johnson, brachte die vorherrschende Meinung auf folgenden Nenner: »Marilyn Monroe ist ein Naturereignis, wie die Niagarafälle oder der Grand Canyon. Und mit einem Naturereignis kannst du nicht reden. Und es nicht mit dir. Du kannst dich nur hinsetzen und vor Ehrfurcht erstarren.«

»Sie schlief mit Skouras und akzeptierte seine Protektion«, erinnerte sich Minardos. »Damit hatte sie ihre Wahl getroffen und Zanuck verschmäht.«

Dennoch wurde Marilyn Monroe zu einem Weltstar, der, als die Ära des Fernsehens anbrach, die Fox fast im Alleingang vor dem finanziellen Ruin bewahrte. Was sie wert war, hatte schon die Publikumsreaktion auf die schlichte Komödie *Monkey Business (Liebling, ich werde jünger)* gezeigt. Dieser zweitklassige Film, dessen Produktionskosten bei knapp 250 000 Dollar lagen, spielte rund drei Millionen Dollar ein – eine enorme Summe für einen Film, der eigentlich als der schwächere Teil eines Doppelprogramms vorgesehen war.

Durch *Niagara,* den ersten Film, in dem Marilyn Monroe eine Hauptrolle spielte, wurde sie binnen einer Woche nach der Premiere zu einem richtigen Star. Und wenig später folgten *Gentlemen Prefer Blondes (Blondinen bevorzugt)* und *How to Marry a Millionaire (Wie angelt man sich einen Millionär?)* Die Zeitschrift *Photoplay* wählte Marilyn Monroe zur »Senkrechtstarterin des Jahres 1953«, und ein Jahr später kürte sie dasselbe Blatt für ihre Rollen in *Blondinen bevorzugt* und *Wie angelt man sich einen Millionär?* zur »besten Schauspielerin«.

Aber der plötzliche Erfolg führte zu neuen Belastungen im Verhältnis zwischen der Fox und Marilyn Monroe.

Der neue Star wollte um jeden Preis das Image der Blondine loswerden, »die nur Karriere machte, weil sie mit jedem ins Bett ging«. Dazu Robert Slatzer: »Natürlich hat Marilyn diesen Ruf nie wirklich verdient. Sie hatte nichts anderes getan als Dutzende von Schauspielerinnen vor ihr.«

Die Feministin Gloria Steinem befaßte sich intensiv mit Marilyns Zeit bei der Fox. »Was Marilyn mitmachte, würde man heute ›sexuelle Belästigung‹ nennen. Damals hielt man das für ganz normal.«

Anfangs machte Marilyn alles mit und zog sich mit bemerkenswertem Geschick aus der Affäre. Sie spielte simple Rollen in erschreckend schlechten Filmen wie *Niagara* oder *River of No Return (Fluß ohne Wiederkehr)*. Sie trug aufreizende Kleider und war geschminkt wie eine Prostituierte. Sie wirkte bei seichten Musiknummern wie »Heat Wave« in *There's No Business Like Show Business (Rhythmus im Blut)* mit und war sich selbst für billige PR-Gags, die vor allem auf ihre Oberweite abhoben, nicht zu schade.

Obwohl sie inzwischen ein richtiger Star und Kassenmagnet war, begnügte sie sich weiter mit einer »Statistengarderobe« und dem armseligen Salär von 1 500 Dollar pro Woche (während die meisten anderen Stars ihres Kalibers 10 000 Dollar pro Woche verdienten). Die Agentur William Morris überredete sie, alles stillschweigend hinzunehmen.

»Das Studio spielte sich wie ihr Vormund auf«, sagte Gloria Steinem. »Doch Marilyn wollte ernstgenommen und respektiert werden. Sie wollte nicht mehr das blonde Dummchen sein, über das man sich lustig machte.«

Als die Fox ihr 1955 erneut eine Rolle in einem zweitklassigen Film aufdrängte – sie sollte ein aufgedonnertes Tingeltangel-Girl in *How to Be Very, Very Popular* spielen –, floh sie nach New York und tauchte unter. Die Paparazzi und die Informanten der bekannten Kolumnisten suchten vergeblich nach ihr. Als sie wieder auf der Bildfläche erschien, hing sie am Arm des Fotografen Milton Greene, ihres zukünftigen Produzenten.

Sie lud die Fernsehkameras von Edward R. Murrows Talk-Show *Person to Person* in Greenes Wohnzimmer ein und hielt eine flammende Rede gegen die Fox. Sie forderte gute Rollen in guten Filmen, Mitspracherecht bei der Auswahl der Regisseure und mehr Geld – soviel Geld, wie ihr als Star von Weltruhm zustehe.

Eine Lawine empörter Briefe ging im Studio ein, selbst die Kinobesitzer protestierten. Die öffentliche Meinung und fast die gesamte Filmbranche ergriffen für Marilyn Partei, so daß der Twentieth Century-Fox kaum etwas anderes übrigblieb, als nachzugeben. Ein Vertrag über vier Filme wurde ausgehandelt: Die Fox garantierte Marilyn 100 000 Dollar pro Film, Mitspracherecht bei der Verpflichtung der Regisseure, eine eigene Künstlergarderobe und – wenn auch nur in geringem Umfang – Einfluß auf die Rollen, die sie spielen sollte.*

Something's Got to Give sollte der letzte Film im Rahmen dieses Vertrags werden, dessen Bedingungen bereits 1962 hoffnungslos überholt waren. Marilyn, mittlerweile der kommerziell erfolgreichste Star im internationalen Filmgeschäft, bekam für *Manche mögen's heiß* 300 000 Dollar plus 10 Prozent Gewinnbeteiligung und für *Misfits (Nicht gesellschaftsfähig)* die gleiche Summe plus Spesen.

Verglichen damit waren 100 000 Dollar eine lächerliche Summe.

Marilyn Monroe wußte, daß sie sich unter Wert verkaufen mußte, und das belastete sie bei den Dreharbeiten zu *Something's Got to Give* zusätzlich.

Aber es gab auch gute Nachrichten: Peter Levathes, ein loyaler Jurist, war mittlerweile der neue starke Mann in der Produktionsabteilung des Studios.**

Marilyn Monroe hatte allen Grund zu der Annahme, daß es bei diesem Film keine Schwierigkeiten geben würde. Er enthielt keine dramatischen Szenen, keine ausgefallenen Tanz- oder Gesangsnummern und keine tiefschürfenden Monologe wie ihre letzten Filme.

Something's Got to Give war eine leichtverdauliche Hollywood-Komödie simpelsten Zuschnitts. Die Handlung folgte dem bewährten Strickmuster: Ehefrau erleidet Schiffbruch und landet mit attraktivem Mann auf einer tropischen Insel; Frau wird für tot erklärt, Ehemann heiratet wieder; Frau wird durch eine wundersame Fügung gerettet, kehrt zurück und will ihren Ehemann zurückhaben.

Der Regisseur Garson Kanin hatte 1939 die ursprüngliche Version *My Favourite Wife (Meine Lieblingsfrau)* mit Irene Dunne und Gary Grant in den Hauptrollen in knapp einem Monat abgedreht. Der Film war eine der klassischen »Screwball«-Komödien der dreißiger

* Marilyn Monroes anhaltende Verbitterung gegenüber der Fox kommt besonders gut in der Klausel 11 des Vertrages von 1956 zum Ausdruck. Dort heißt es: »Marilyn Monroes Leistungen haben einen speziellen, einmaligen, außergewöhnlichen und intellektuell anspruchsvollen Charakter. Sie sind für die Fox von großem und besonderem Wert. Das Talent und die Arbeit der Künstlerin sind unersetzlich.«

** Zanuck trat 1956 zurück und ging nach Europa, um dort Filme für die Fox zu produzieren. Sein Nachfolger Buddy Adler *(Verdammt in alle Ewigkeit)* starb 1959 an Krebs und wurde durch Robert Goldstein, den Chef der Auslandsabteilung des Studios, ersetzt. Goldstein wiederum machte 1961 Levathes Platz, dem damaligen Direktor der Twentieth Century Fox Television. Levathes, ein Günstling Skouras', hatte unmittelbar nach dem Jurastudium als 26jähriger im New Yorker Büro des Studios seine Karriere begonnen.

Jahre (die letzte, um genau zu sein) und wurde von der Academy of Motion Picture Art and Sciences sogar für das beste Originaldrehbuch nominiert.

»Marilyn war gesund, und wir hatten ein Drehbuch, das ihr gefiel«, erinnerte sich der Produzent von *Something's Got to Give*, Henry Weinstein (der Starautor Nunnally Johnson hatte frühere Fassungen auf ihren ausdrücklichen Wunsch hin umgeschrieben). »Wer will es uns verübeln, daß wir das Gewitter, das sich am Horizont zusammenbraute, übersahen?«

2

Scheinwerfer, Kameras ...

Um 9.00 Uhr an diesem ersten Morgen drängte sich eine kleine Armee von Helfern in Marilyns kleinem Studiobungalow. Kaffeetassen in der einen, Kämme, Bürsten und Make-up-Töpfe in der anderen Hand, umschwirrten sie den Star und schufen mit Dutzenden kleiner Handgriffe den unverwechselbaren »Marilyn-Monroe-Look«.

Der Star selbst lag zurückgelehnt auf einer gepolsterten Liege, lediglich mit einem durchsichtigen hautfarbenen Bikini bekleidet – der Unterkleidung für jenen seidenen Badeanzug, der bald weltberühmt werden sollte.

Whitey Snyder, der Maskenbildner, der Marilyn seit ihren ersten Probeaufnahmen für Fox 1946 betreute, hob mit zarten Pinselstrichen ihre Wangenknochen hervor – der Abschluß des aufreibenden, zweistündigen Rituals.

Bunny Gardel stand an einer Arbeitsplatte direkt vor der Liege und mixte das Körper-Make-up. Zu einem Liter Sonnencreme von Max Factor's gab sie eine halbe Tasse Elfenbeintönung und einen Tropfen Clownweiß. Diese Zutaten vermischte sie zu einer Masse, deren Farbe exakt Marilyns Hautton entsprach.

Im Vorzimmer des Bungalows legte Monroes Garderobiere letzte Hand an die sechs Kleider, die ihre Feuertaufe vor den Kameras noch zu bestehen hatten. Den gewagten limonengrünen Badeanzug, mit Schleifchen an der Seite, hatte sie bereits gedämpft und imprägniert.

Viele Helfer sollten sich später daran erinnern, daß sie an diesem Morgen eine unterschwellige Spannung empfanden. Die meisten hatten gerüchteweise gehört, daß George Cukor, der Regisseur des Films und einer der ganz Großen aus Hollywoods Glanzzeit, sich angeblich geweigert hatte, die ersten Probeaufnahmen zu überwachen, obwohl bei solchen Aufnahmen über viele Details entschieden wurde, bevor die eigentlichen Dreharbeiten begannen.

»Wir wußten nichts Genaues«, sagte Hazel Washington, Marilyns Mädchen für alles im Studio. »Man hört doch immer die wildesten Geschichten und Gerüchte, bevor die Arbeit an einem Film losgeht. Aber ich war gewarnt und hielt meine Ohren offen.«

Marilyn wollte sich gerade unter den Haartrockner setzen, als aus dem Produktionsbüro ein dringender Anruf für sie durchgestellt wurde. Das Gerücht erwies sich als richtig. In einem knappen Schreiben, das Cukor am Vorabend seiner Assistentin diktiert hatte, entschuldigte er sich höflich und bedauerte, daß er aufgrund »dringender anderer Termine« an den Probeaufnahmen nicht teilnehmen könne.*

Marilyn zuckte nur mit den Schultern, als berühre sie die Nachricht nicht im mindesten. Aber das hatte nichts zu sagen. Sie gehörte nicht zu den Menschen, die offen zeigten, wenn sie in Schwierigkeiten waren.

Wilde Spekulationen machten die Runde. Warum hatte Cukor seinen Star in diesem frühen Stadium versetzt? Einige behaupteten, er mache Probeaufnahmen mit den Kinderdarstellern, die in *Something's Got to Give* eine wichtige Rolle spielten, andere waren der Ansicht, er habe noch am Drehbuch zu arbeiten. Leute, die Cukor besser kannten, wie etwa seine Assistentin Lee Hanna, verstanden sein Verhalten als Ausdruck seines Hasses auf Marilyn Monroe. »Er verachtete sie«, sagte Lee Hanna.

Thomas Tryon, der Marilyns schiffbrüchigen Partner spielen sollte und sich später mit Cukor anfreundete, sah es ähnlich: »Für Cukor waren die Probeaufnahmen reine Zeit- und Geldverschwendung. Farbfotos hätten seiner Meinung nach völlig ausgereicht. Daß Marilyn auf diesen aufwendigen Probeaufnahmen bestand, war für ihn ein maßloser Egotrip, und dabei wollte er nicht mitmachen.«

Was immer auch sein Motiv gewesen sein mag: Marilyn war jedenfalls entsetzt, auch wenn sie es sich nicht anmerken ließ. Solche Probeaufnahmen waren für sie immer ein wichtiges Ereignis. Sie war geradezu von ihnen besessen.

Wie Marlene Dietrich, Greta Garbo und Joan Crawford, wie überhaupt alle Stars, die ihre ersten Erfolge der Schönheit ihres Gesichts und ihrer Figur verdankten, war sie davon überzeugt, daß sich an den Probeaufnahmen ablesen ließ, wie der Film später wurde.

Betty Grable hatte Anfang der fünfziger Jahre zu ihr gesagt: »Die Leinwand lügt nicht. Erst wenn du da oben gut aussiehst, siehst du wirklich gut aus.« Welche Bedeutung Marilyn solchen Probeaufnahmen beimaß, hatte sich bei ihrem letzten Film *Nicht gesellschaftsfähig* gezeigt. Kaum hatte sie die katastrophalen Probeaufnahmen gesehen,

* Cukors Assistentin Lee Hanna, die auch für Zanuck gearbeitet hatte, bestätigte, dieses Schreiben getippt zu haben. Allerdings finden sich weder in den Archiven der Twentieth Century-Fox noch in Cukors Akten an der Academy of Motion Picture Art and Sciences Kopien dieses Briefs. An den zweiten Probeaufnahmen einige Wochen später nahm der Regisseur teil.

rannte sie aus dem Vorführraum und schloß sich fünf Stunden in ihrer Garderobe ein. Weder der Regisseur John Huston noch ihr damaliger Ehemann Arthur Miller, der *Nicht gesellschaftsfähig* speziell für sie geschrieben hatte, hatten sie zu trösten vermocht.

Cukors Verhalten ließ in der Chefetage der Fox die Alarmglocken läuten. Alles deutete darauf hin, daß es Schwierigkeiten geben würde. Und die Manager hatten guten Grund, wegen der Probeaufnahmen nervös zu sein. Immerhin wollte das Studio der Welt eine neue Marilyn Monroe präsentieren.

Zwölf Jahre lang hatte man sie dem Publikum in vierzehn kommerziell erfolgreichen Filmen als blonde Sexbombe verkauft, die vom Pfad der Tugend abgekommen war. Sie hatte Nutten, Revuegirls und reizende Fotomodelle verkörpert, die nur darauf aus waren, reiche Ehemänner zu ergattern. Aber nicht ein einziges Mal hatte sie eine ganz normale Hausfrau und Mutter gespielt.

Stets hatte sie aufreizende und verführerische Kleider getragen – meist glitzernde Satinkreationen des hauseigenen Modedesigners William Travilla, dazu passend Make-up und Frisur: dick geschminkte rote Lippen, viel Puder und Variationen des toupierten Pagenschnitts.

Jetzt, in *Something's Got to Give,* sollte alles anders werden. »Es war ein großes Risiko, sie als Ehefrau und Mutter aus der gehobenen Mittelschicht zu bringen«, erinnerte sich Levathes. »Wir hatten keine Ahnung, wie die Öffentlichkeit auf eine Marilyn Monroe reagieren würde, die ganz anders aussah und angezogen war als sonst.«

Monatelang bastelten Modeschöpfer Jean Louis, Friseur Sidney Guilaroff und Withey Snyder an dem neuen, klassischen Image.

Jean Louis, der ehemalige Pariser Couturier, der schon die modebewußten vierziger Jahre mit dem Rita-Hayworth-Look beglückt hatte, verwandte chinesische Seide (in sechs verschiedenen Farben und Drucken), Kaschmir und Nerz, um Marilyns Kostüme, die wie »von der Stange« aussehen sollten, dem Diktat von Nunnally Johnsons Drehbuch zu unterwerfen.

Guilaroff, der von Joan Crawford in den zwanziger Jahren entdeckt worden war und eine Zeitlang exklusiv für Greta Garbo gearbeitet hatte, entwarf passend zu den Kleidern sieben recht konventionelle Frisuren.

Die Frau auf den Wasserfarbenskizzen von Jean Louis und Guilaroff (die als Vorlage für die Kleider und Frisuren diente) erinnerte eher an Grace Kelly als an Marilyn Monroe – eine gepflegte Erscheinung in langen Schals und dezenter Nachmittagsgarderobe.

»Die Veränderung war atemberaubend«, gestand Jean Louis ein. »Außerdem hatte Marilyn gerade über 20 Pfund abgenommen. Das machte die Sache noch aufregender. Ich hatte sie noch nie so schlank und so blühend gesehen. Da sie in manchen Szenen einen Bikini tragen mußte, hatte sie ihren Körper trainiert und Sport getrieben. Sie freute sich wie ein kleines Kind, daß sie endlich, zum erstenmal in ihrer Karriere, Haute Couture tragen durfte.«

»All diese Dinge aufzugeben – das üppige Make-up und die figurbetonten Kleider – muß ihr Angst eingejagt haben, denn schließlich verdankte sie ihnen einen Teil ihres Erfolgs«, sagte Marilyns Kollegin Sheree North, selbst eine aufregende Platinblondine, die von der Fox ursprünglich unter Vertrag genommen worden war, um Marilyn unter Druck zu setzen. »Ich glaube, sie wäre besser gefahren, wenn sie ihr altes Image beibehalten hätte.«

Marilyn und die Studiobosse waren gespannt darauf, wie der neue »Look« auf der Cinemascope-Leinwand rüberkommen würde. Um so mehr befremdete Cukors Entscheidung, den Probeaufnahmen fernzubleiben.

Auch Travilla konnte Cukor nicht verstehen. »Das war ein unverzeihlicher Verstoß gegen die Studioetikette. Als mir Marilyn davon erzählte, war ich schockiert. Die meisten anderen Stars hätten nach einem solchen Affront alles hingeworfen. Wenn so etwas Elizabeth Taylor passiert wäre, hätte sich das Studio nach einem neuen Star umschauen können. Liz wäre gegangen.«

Henry Weinstein, 27jähriger Senkrechtstarter aus New York und Produzent von *Something's Got to Give,* mußte die Probeaufnahmen selbst leiten. »Ich bin nie dahintergekommen, warum George sich so stur stellte. Aber das war nur eine von vielen unerklärlichen Entscheidungen, die diesen Film belasteten.«

Viele langjährige Mitarbeiter des Produktionsteams sahen in dem Vorfall die Fortsetzung eines erbitterten Kleinkriegs, der Anfang 1960 bei den Dreharbeiten zu dem Musical *Machen wir's in Liebe* zwischen Marilyn und Cukor ausgebrochen war.

»Die Arbeit an dem Film war eine Katastrophe. Marilyn und George bekämpften sich bis aufs Blut«, erinnerte sich Evelyn Moriarity, die von Cukor als Marilyns Double für *Machen wir's in Liebe* engagiert worden war (sie doubelte Marilyn auch in *Nicht gesellschaftsfähig* und *Something's Got to Give).*

Die Probleme begannen damit, daß die Fox Marilyn zwang, in diesem wohl schlechtesten Film ihrer späteren Karriere mitzuspielen. Damals, im Spätsommer 1959, war Marilyn dank des Riesenerfolgs von *Manche mögen's heiß* die unbestrittene Königin der Leinwand. Diese geistvoll-witzige Komödie mit Jack Lemmon und Tony Curtis in den männlichen Hauptrollen stand drei Monate ununterbrochen an der Spitze der Filmhitliste und spielte zwölfeinhalb Millionen Dollar ein.

In der Hoffnung, auf dieser Welle weiterreiten zu können, beauftragte die Fox den Produzenten Jerry Wald, so schnell wie möglich mit den Dreharbeiten zu dem Film *The Billionaire* zu beginnen. Obwohl an diesem Projekt bereits über ein Jahr gearbeitet wurde, war es dem Studio noch nicht gelungen, Marilyn Monroe auf einen Drehtermin festzunageln.

Marilyn hielt die Story für langweilig und abgeschmackt, für einen Rückfall in die Zeit der Musical-Komödien, die sie seit den frühen fünfziger Jahren hinter sich gelassen zu haben glaubte. Marilyn sollte ein Revuegirl spielen, das von einem spießigen Industriellen (für dessen Rolle Gregory Peck verpflichtet worden war) stürmisch umworben wird.

Um sie gefügig zu machen, drohte Fox, rechtliche Schritte zu unternehmen und ihr eine Mitwirkung in anderen Filmen zu untersagen, bis *Let's Make Love (Machen wir's in Liebe)*, so der abgeänderte Titel des Films, abgedreht war.

Nur widerstrebend gab sie nach – und nur unter der Voraussetzung, daß bestimmte Forderungen erfüllt wurden. Die erste Drehbuchfassung aus der Feder des Oscar-Preisträgers Norman Krasna lehnte sie ab. »Von Anfang an war sie darauf aus, ihre Rolle aufzuwerten,« sagte Filmhistoriker Patrick McGilligan. »Deshalb stieg Gregory Peck aus.« Und plötzlich war *Machen wir's in Liebe* ohne männlichen Hauptdarsteller.

Während Krasna das Drehbuch umschrieb, machte Marilyn von den Rechten Gebrauch, die man ihr 1956 zugebilligt hatte, und forderte die Verpflichtung von George Cukor als Regisseur. »Cukor«, so Marilyn, »hat die nötige Sensibilität für ein solches Projekt.«

Doch die männliche Hauptrolle war immer noch vakant. Aus Angst, daß ihnen die Schau gestohlen werden könnte, hatten nacheinander Yul Brynner, Cary Grant, Rock Hudson und Charlton Heston Angebote der Fox abgelehnt. Es war Cukor, der schließlich einen Ersatzmann für Gregory Peck auftrieb: Yves Montand, einen französischen Schauspieler, der in den USA nahezu unbekannt war. Der Regisseur hatte Montands Auftritt in der *Ed Sullivan Show* gesehen und war begeistert. »Dieser Mann wird ein ganz großer Star«, sagte er zu Marilyn. »Er ist genau der richtige für *Machen wir's in Liebe*.« Obwohl sie Montand nur einmal bei seinem Kabarettdebüt in New York gesehen hatte, stimmte sie sofort zu.

Monroe und Cukor verstanden sich anfangs blendend, scherzten bei den Proben miteinander und legten gemeinsame Teepausen ein.

Dann kam Montand. Der Franzose erschien in Begleitung seiner Frau, der berühmten Simone Signoret. Schlank, gutaussehend und charmant, trieb er binnen kurzer Zeit einen Keil zwischen Monroe und Cukor. Es dauerte nur Tage, bis beide um Montands Aufmerksamkeit buhlten. Sie luden ihn getrennt zum Essen ein, und Marilyn bestand sogar darauf, daß die Montands in der Gartenanlage des Beverly Hills Hotel in einem Bungalow untergebracht wurden, der an ihren eigenen angrenzte.

Montand war mit einem ehrgeizigen Ziel nach Hollywood gekommen. Seit den vierziger Jahren, als ihn die Sängerin Edith Piaf in einer Pariser Musikhalle entdeckt hatte, kämpfte er um internationalen Ruhm. Zwischen 1946 und 1959 hatte er in Frankreich fünfzehn Filme gedreht, doch im Ausland war er kaum bekannt.

Norman Mailer schrieb über Montand: »Durch Marilyn Monroe konnte er berühmt werden. Dreieinhalb Jahre war sie Arthur Miller treu geblieben. Jetzt war sie für Versuchungen anfällig.«

Nicht lange, und Montand machte ihr leidenschaftlich den Hof – auf der Bühne, hinter der Bühne, sogar unter Simone Signorets Augen, die nach Hollywood gekommen war, um für ihre Darstellung in *Der Weg nach oben* den Oscar für die beste Schauspielerin in Empfang zu nehmen.

»Es war eine Schande«, erinnerte sich Rupert Allan, Marilyn Monroes Presseagent, der sich ihr zuliebe zeitweise um Montand kümmerte. »Montand verführte sie nicht nur, er erzählte auch Hedda Hopper davon, um absichtlich einen Skandal zu provozieren.«

Vor Freunden prahlte Montand mit seiner Eroberung: »Wenn ich rufe, kommt Marilyn. Und zwar pünktlich!« Anderen vertraute er an: »Bei den Dreharbeiten macht sie alles, was ich will. Sie sieht dauernd zu mir herüber, weil sie wissen will, ob ich sie gut finde.«

Aber Montand bemühte sich auch um Cukor.

»Es ist vielleicht nicht sehr nett, wenn ich so etwas sage«, meinte Cukors Freund Travilla, »aber Cukor war ganz verrückt nach dem Franzosen. Natürlich nicht offen, aber man sah es daran, wie er ihn behandelte – oft auf Marilyns Kosten.«

Cukor, der einzige namhafte Hollywood-Regisseur, der sich zu seiner Homosexualität bekannte, war empfänglich für die Aufmerksamkeiten des Franzosen. Montand übernahm die Rolle des willigen Schützlings – gefügig und wachsweich in den Händen des erfahrenen Regisseurs.

Für Marilyn wiederum war der Franzose eine große Eroberung. Sie hatte ihn sogar auf eine Wunschliste »künftiger Liebhaber« gesetzt, die sie in den fünfziger Jahren mit ihrer Freundin Shelley Winters aufgestellt hatte. »Damit begannen die eigentlichen Animositäten zwischen Marilyn und Cukor«, sagte Allan. »Er war außer sich, als ihre Affäre mit Montand bekannt wurde. Montand benutzte beide, den Weltstar und den Regisseur, um in Hollywood Fuß zu fassen.«

Aber auch Marilyn war nicht ganz unschuldig daran, daß es bei der Arbeit an *Machen wir's in Liebe* böses Blut gab.

Sie hatte dreißig Pfund Übergewicht und konsumierte Unmengen von Alkohol und Schlaftabletten. Außerdem hatte sie die Launen und Allüren einer Primadonna angenommen.

Kaum war sie zur Fox zurückgekehrt, ließ sie direkt neben den Kulissen für Arthur Miller ein Büro einrichten. Dort arbeitete er mit Feuereifer an zusätzlichen Dialogen für seine Frau – und mitunter sogar für seinen Nebenbuhler Montand. »Einmal mehr versuchte der Dramatiker Miller, witzige Dialoge für einen Film zu schreiben, der kein bißchen witzig war«, urteilte der Schriftsteller Norman Mailer. (Eine ähnlich unangenehme Aufgabe hatte Miller schon 1957 bei dem Film *Der Prinz und die Tänzerin* übernommen.)

Außerdem überredete Marilyn den Produzenten Jerry Wald, sie (und manchmal auch Arthur Miller) an Vorführungen der Arbeitskopien von *Machen wir's in Liebe* teilnehmen zu lassen. Dabei deckte sie Cukor geradezu mit Vorschlägen und Forderungen ein. Murray Schumach, Reporter der *New York Times*, wohnte einer solchen Vorführung bei, in deren Verlauf Marilyn ununterbrochen Kommentare abgab, was Cukor zu tun habe, um den Film zu verbessern. Ihre Vorschläge klangen eher wie Befehle und wurden gewöhnlich wie folgt eingeleitet: »Wissen Sie George, Arthur und ich denken, es wäre besser, wenn Sie ...«

Schumach war auch anwesend, als Marilyn eines Nachmittags in den Vorführraum platzte und Cukor barsche Anweisungen gab, wie er den Film zu schneiden habe. Der Journalist empfand die Situation als äußerst unangenehm. Cukor blieb zwar ruhig in seinem Lehnstuhl sitzen und ließ die Tirade höflich über sich ergehen, aber Schumach sah ihm an, daß er seine Wut nur mühsam in Zaum hielt.

Cukor schlug zurück und verlegte seine Vorführungen in die Mittagszeit – in einen geheimen Vorführraum.

Ab Februar 1960 sprachen Cukor und Marilyn kein Wort mehr miteinander. Jack Cole, der Choreograph, fungierte als Mittelsmann. Er überbrachte ihr die Anweisungen des Regisseurs – und ihm ihre Antworten.

»Ich sag' es nicht gerne«, erinnerte sich Cutter David Bretherton, »aber es war eindeutig: Marilyn hatte sich nicht mehr unter Kontrolle. Während der Aufnahmen trank sie Gin aus einer Teetasse – ein billiges Täuschungsmanöver, auf das schon lange niemand mehr hereinfiel.«

Einmal sah er sie »total apathisch« neben den Kulissen stehen, ein andermal rannte sie auf einen Komparsen zu, packte ihn am Arm und flehte: »Helfen Sie mir. So helfen Sie mir doch. Ich weiß nicht mehr, was ich tun muß!«

Da sie mit Cukor immer noch kein Wort sprach, bedrängte sie auch Cole mit ähnlichen Bitten. Schließlich wurde ihr Verhalten so unerträglich, daß auch dem Choreographen, der über ihre kleinen Ticks und Starallüren sonst großzügig hinwegsah, der Kragen platzte. An einem Tag im März, als sie ihn wieder einmal um Hilfe anflehte, fuhr er sie an: »Soll ich dir sagen, was du tun sollst? Okay, Marilyn, das kannst du haben: Steck dir doch den Finger in den Arsch!«

An manchen Tagen dauerte es mehrere Stunden, bis die Wirkung der Schlaftabletten so weit nachgelassen hatte, daß Marilyn fit genug zum Drehen war. Als man dann sage und schreibe elf Tage brauchte, bis die sechsminütige Gesangs- und Tanznummer *My Heart Belongs to Daddy* im Kasten war, warf Cukor das Handtuch und übertrug Jack Cole die Leitung bei den restlichen Musikeinlagen.

»Als der Film fertig war«, erzählte Marilyns Double Evelyn Moriarity, »ließ Cukor nicht einmal die übliche Abschlußparty steigen. Wir schlichen uns mehr oder weniger einfach davon.«

Jetzt, bei den Dreharbeiten zu *Something's Got to Give*, zahlte Cukor ihr alles erbarmungslos heim.

Seine erste Maßnahme war der Boykott der Kostümproben. Doch überraschenderweise steckte Marilyn das weg und vertiefte sich in ihre Make-up-Rituale.

Während die Maskenbildner noch dabei waren, sie herzurichten, wurde am anderen Ende des Filmgeländes letzte Hand an die Dekoration für *Something's Got to Give* gelegt. Hoch oben auf der Arbeitsbrücke überprüfte Kameramann Franz Planer die richtige Einstellung der fünfzig Scheinwerfer, die wie ein riesiger Weihnachtsbaum über den Kulissen hingen: bernsteingelbe für ein weiches Licht, rosafarbene, die jünger machten, und Dutzende von kleinen Strahlern, die dazu dienten, Schultern, Nasenrücken, Arme und Beine hervorzuheben.

Weinstein war nervös – und das nicht ohne Grund. Kameramann Planer, der schon bei drei Monroe-Filmen Probeaufnahmen gemacht hatte, beruhigte ihn: »Gemeinsam helfen wir ihr da durch. Es wird schon klappen.«

Wenig später stand Planer hinter der Kamera, und Weinstein ging nervös auf und ab. Die Minuten verstrichen.

Unterdessen kokettierte Marilyn in ihrer Garderobe und flüchtete sich in die üblichen Ausreden. »Sehen Sie mal, Whitey, direkt unter meinem Kinn ist ein dunkler Fleck.«

»Aber nein, Marilyn. Es ist gut so.«

»Whitey, ich finde, daß meine Augenlider zu sehr betont sind.«

»Aber nein, Marilyn. Es ist gut so.« Später erinnerte sich Whitey, daß ihn Marilyn oft »zu sich hereinrief, die Tür schloß und anfing, an allem herumzunörgeln. Hier stimmte was nicht, dort stimmte was nicht. Angeblich war eine Augenbraue anders. Aber natürlich war alles perfekt, auch die Augenbrauen. Es war nur ein Vorwand, eine Verzögerungstaktik, die Marilyn und viele andere große Stars immer wieder anwendeten.«

Als Weinstein zum zweitenmal in ihrem Bungalow erschien, fuhr ihn Marilyn an: »Mister Weinstein, was müssen Sie tun, wenn Sie morgens aufstehen? Müssen Sie vielleicht Make-up auflegen? Oder Lidschatten?« Evelyn Moriarity sah zu, wie sie langsam auf den Produzenten zuging und ihm schließlich mit dem Finger drohte. »Und was ist mit Ihrem Haar? Brauchen Sie auch fast eine Stunde für Ihre Frisur?« Weinstein suchte schleunigst das Weite.

Gegen 11.00 Uhr packte Snyder Marilyn schließlich an den Schultern und schob sie, wie schon so oft zuvor, zur Tür hinaus. »Der erste Schritt war immer der schwerste. Marilyn sah atemberaubend aus. Aber sie war nie zufrieden, sie wollte die perfekteste Marilyn Monroe sein, die es nur geben konnte.«

Sie trug den limonengrünen Badeanzug, dazu ein passendes Strandcape, und ihre Füße steckten in hochhackigen Sandalen. Sie stieg in die wartende Limousine und ließ sich den kurzen Weg zum Aufnahmestudio fahren.

Ein rote Lampe brannte über der Tür, neben der zwei kräftige Wachmänner standen. Auf einem Schild prangte in großen orangefarbenen Buchstaben: »Achtung Dreharbeiten. Zutritt nur für Schauspieler und Mitarbeiter und nur mit ausdrücklicher Genehmigung Henry Weinsteins.« Die Tür blieb während der Arbeit an *Something's Got to Give* immer streng bewacht.

Anders als bei früheren Monroe-Filmen blieben Journalisten diesmal außen vor. Allerdings hatte nicht Marilyn darauf bestanden, sondern die Manager im New Yorker Büro hatten es so angeordnet – als ob sie geahnt hätten, welche Schwierigkeiten und tragischen Ereignisse dieser Produktion bevorstanden. Oder wollten sie nur die natürlichen Verbündeten Marilyns, die Damen und Herren von der Hollywooder Presse, ausschließen?

Der Effekt war jedenfalls derselbe. Die Twentieth Century-Fox konnte unwidersprochen ihre Version der Vorgänge verbreiten, die sich hinter den verriegelten Türen von Studio 14 abspielten. Ihre Version sollte sich bemerkenswert lange halten.

Marilyns Auftritt in dem limonengrünen Bikini erinnerte an ein Ereignis, das schon Jahre zurücklag. Damals war sie in einem sehr engen roten Kleid zu den Dreharbeiten für *Niagara* erschienen und hatte mit jener typischen Geste den Kopf zurückgeworfen, die später ihr unvergeßliches Markenzeichen werden sollte. Da laut Zensurbestimmungen ihr Bauchnabel bedeckt sein mußte, hatte Jean Louis einen zweiteiligen Badeanzug aus Stoffdreiecken entworfen, die in der Mitte breit und an den Seiten schmal waren. Jean Louis selbst sagte über seine Kreation: »Es war der gewagteste Badeanzug, der bis dahin auf der Leinwand zu sehen war. Und mit ihrer neuen, gertenschlanken Figur sah Marilyn darin einfach sensationell aus.«

Wie schon 1952 bei den Dreharbeiten zu *Niagara* ertönten auch diesmal bewundernde Pfiffe, und neben den Kulissen brandete Applaus auf. Die Beleuchter standen da und verbeugten sich vor ihr. Planer, ein alter Freund von ihr, schaute hinter der Kamera hervor und strahlte. »Willkommen daheim, Marilyn.«

»Die Pfiffe sorgten dafür, daß es Marilyns Tag wurde«, erinnerte sich Henry Weinstein. »Sie war sich ihres Sex-Appeals niemals sicher. Aber schon ein, zwei anerkennende Pfiffe gaben ihr den Glauben an sich selbst zurück und rechtfertigten die viele Mühe, die sie auf ihre betörende Aufmachung verwandt hatte.«

Ermutigt durch den Beifall, posierte Marilyn sechs anstrengende Stunden vor den Cinemascope-Kameras. Sie mußte sechsmal das Kostüm und siebenmal die Frisur wechseln. Beobachtern fiel auf, daß Marilyn seit *Blondinen bevorzugt,* und dieser Film lag nun schon zehn Jahre zurück, nicht mehr so konzentriert aufgetreten war.

Später behaupteten die Fox-Manager, Marilyn habe bei den Probeaufnahmen unter Drogeneinfluß gestanden, Einsätze verpaßt und sich nur mit Mühe auf den Beinen halten können. Wer sich heute die Aufnahmen anschaut, kann deutlich erkennen, daß sie eine tadellose Arbeit ablieferte. Ihre Augen waren klar, ihre Bewegungen sicher. Sie stand im Zenit ihres Könnens.

Als Weinstein sich noch am selben Abend die Probeaufnahmen ansah, war er ganz außer sich vor Freude. Nie zuvor hatte Marilyn so sensibel gespielt. »Marilyn hatte bisher in vielerlei Hinsicht auf die eindeutigeren Ausdrucksmittel der Sexgöttin gesetzt. Aber jetzt probierte sie etwas Neues.« Als Weinstein sah, wie sie sich in den Kleidern von Jean Louis bewegte, begriff er, daß sie es jetzt mit Stars wie Audrey Hepburn, Grace Kelly oder Deborah Kerr aufnehmen konnte.

Sheree North war überrascht, daß Marilyn es tatsächlich gelungen war, das Image der blonden Sexbombe abzustreifen. »Die übertriebene Sexmasche der fünfziger Jahre hatte ausgedient. Marilyns Stil war jetzt viel natürlicher, aber dieser Schritt muß sie eine unglaubliche Überwindung gekostet haben. Schon in *Bus Stop* hatte sich dieser Wandel angedeutet, aber damals war sie noch zu unsicher gewesen. Inzwischen war sie viel selbstbewußter. Trotzdem war ich damals der Meinung, und bin es noch heute, daß sie einen Riesenbammel davor gehabt haben muß. Alles, was sie erreicht hatte, verdankte sie ihrer atemlosen Stimme und ihrem Betty-Boop-Stil. Und damit war es jetzt vorbei. Ich bewunderte ihren Mut.«

Weinstein war sich nicht bewußt, wieviel Selbstüberwindung hinter dieser unglaublichen Veränderung steckte. Er wußte nur, daß die Probeaufnahmen zum Besten gehörten, was jemals von Marilyn Monroe gedreht worden war.

»Ich war wirklich davon überzeugt, daß wir es geschafft hatten«, erinnerte er sich. »Wir hatten allen Grund zum Optimismus.«

Merkwürdigerweise verschwendete keiner der erfahrenen Filmleute auch nur einen Gedanken an die möglichen Folgen von Cukors Weigerung, die Probeaufnahmen zu leiten. Die ersten Schüsse in einem erbittert geführten Krieg waren abgefeuert worden. Und nicht von Marilyn Monroe.

3

Drohende Vorzeichen

Henry Weinstein, der Produzent von *Something's Got to Give*, fühlte sich prächtig an diesem Morgen des 10. April.
Noch in der Nacht waren die Probeaufnahmen entwickelt und in den Vorführraum des Managements gebracht worden. Philip Feldman, Vorstandsmitglied und verantwortlicher Mann für den Studiobereich, und Stanley Hough, Vorstandsmitglied und Direktor der Produktionsabteilung waren begeistert gewesen.

Feldman nannte die Aufnahmen »überwältigend«. Und Hough meinte: »Wir sind auf dem richtigen Weg. Nur weiter so.« Kopien waren bereits unterwegs nach New York, wo Fox-Präsident Spyros Skouras noch für den gleichen Tag eine Vorführung angesetzt hatte.

Weinstein konnte es nicht erwarten, Marilyn die gute Nachricht zu überbringen. Sie war mit dem Produzenten auf dem Studiogelände zum Lunch verabredet – und er hatte vor, ein Fest daraus zu machen.

Seit dem Beginn der Produktion im Januar hatte sich zwischen den beiden eine lockere, freundschaftliche Beziehung entwickelt. Er war ihr »Held« in der Firma, und sie machte sich einen Spaß daraus, ihn mit seiner neuen Beschützerrolle aufzuziehen. »Bevor du kamst, stand ich allein gegen sie.« Mit »sie« meinte sie die Bosse der Fox.

Eine Zeitlang waren sie Verbündete gegen den unpersönlichen Giganten Twentieth Century-Fox.

Sie besuchte ihn oft auf ein kleines Schwätzchen in seinem Büro im Produktionsgebäude, den tiefschwarzen Nerz um die Schultern geschlungen und in eine Wolke Chanel No. 5 gehüllt. Außerdem führte sie mit Weinstein häufig vertrauliche Telefongespräche – meist spät in der Nacht.

Aus Gründen, die niemand wirklich verstand, ließ sie, der gefeierte Hollywood-Star, den Nachwuchsproduzenten Weinstein nie warten – zumindest nicht lange. Weder Frank Sinatra noch Marlon Brando, mit denen sie in dieser Zeit eine Romanze hatte, konnten das von sich behaupten.

Aber an diesem Morgen war alles ganz anders. Die Limousine, die

Marilyn Monroe abholen sollte, kehrte leer zurück. Nach Auskunft des Fahrers hatte im Haus kein Licht gebrannt. Er hatte geklingelt, aber niemand hatte geantwortet.

Am frühen Nachmittag geriet Weinstein allmählich in Panik. Von allen Fox-Mitarbeitern war er als einziger befugt, Marilyn in ihrem Haus in Brentwood anzurufen.

Er wartete noch eine Stunde, dann griff er zum Hörer. Er ließ das Telefon 20mal klingeln, aber niemand nahm ab – nicht einmal Eunice Murray, die Haushälterin.

Die Gedanken überschlugen sich in seinem Kopf. Im Studio hatte er schon öfter von Marilyns angeblichen Selbstmordversuchen gehört, von Notarzteinsätzen um Mitternacht und Zwangseinweisungen ins Krankenhaus.

Er versuchte es erneut, aber diesmal wählte er eine Geheimnummer, die nur wenigen Leuten bekannt war. Er atmete auf, als nach dem elften Läuten der Hörer abgenommen wurde.

Zuerst einige Sekunden Stille. Dann hörte er verschwommen und undeutlich ihre Stimme: »Hallo?«

Weinstein erschrak. »Dann schien sie wieder wegzutreten. Mir war zwar sofort klar, daß etwas nicht in Ordnung war, aber ich wußte nicht, was. An Drogen dachte ich überhaupt nicht. Sie müssen bedenken, daß ich damals noch ein ziemlich naiver Bursche war und keine Ahnung hatte, wie es in Hollywood zuging.«

Zweimal war Marilyn drauf und dran, den Hörer aufzulegen, aber Weinstein redete beruhigend auf sie ein. »Mach dir keine Sorgen, ich komme gleich rüber«, sagte er schließlich.

»Mhmmm«, raunte sie ins Telefon »aber ich habe nur ein Bett. Wo willst du schlafen, wenn du die Nacht über hier bleibst?« Ihre Stimme klang jetzt noch weiter weg.

Jetzt wußte Weinstein, daß die Lage ernst war. Draußen war heller Tag.

»Ich komme trotzdem vorbei, Marilyn.«

»Sei vorsichtig, Henry. Bitte sei vorsichtig. Fahr nicht so schnell, es regnet. Versprich mir, daß du keinen Unfall baust.«

»Ich war gerührt, richtig gerührt«, erinnerte sich Weinstein. »Es regnete nämlich wirklich. Diese Kombination von Traum und Wirklichkeit berührte mich sehr.«

Er verständigte den Psychiater Ralph Greenson und fuhr mit ihm hinaus nach Brentwood. »Als ich ankam, war sie in einer Art Drogenkoma«, erzählte Weinstein.

Sie fanden Marilyn auf dem Bett liegend, das Haar aufgelöst, eine Hand in die Satindecke verkrallt. Aus dem Bericht einer der Psychiater, die später Marilyn Monroes Tod untersuchten, ging hervor, daß sie in ihrem verzweifelten Ringen um Schlaf eine Mischung aus Nembutal, Demerol, Chloralhydrat und Librium geschluckt hatte. Die Dosis war allerdings nicht lebensgefährlich. Marilyn hatte diese Mittel schon Dutzende Male kombiniert – eine erschreckende Vorstellung für alle, die nicht wußten, wie gut sie sich mit Arzneimitteln auskannte. »Marilyn wußte ganz genau, wieviel ihr Körper vertrug«, erinnerte sich Robert Slatzer.

Jede Art von Zurückweisung verschlimmerte ihre Schlaflosigkeit. Ohne Zweifel hatte George Cukors unverständliche Weigerung, die Probeaufnahmen zu leiten, die paranoide Angst in ihr wiedererweckt, die ganz dicht unter der Oberfläche ihrer Psyche schlummerte. Lähmende Anfälle von Schlaflosigkeit waren die Folge. Eine Zurückweisung durch Cukor, den sie einmal als den »besten Komödienregisseur in der Geschichte Hollywoods« bezeichnet hatte, gehörte mit zum Schlimmsten, was ihr widerfahren konnte.

Greenson hatte mehr Mühe, Weinstein zu beruhigen als Marilyn. Der zurückhaltende Arzt mit dem leichten Wiener Akzent (der von einem mehrjährigen Studienaufenthalt in Wien herrührte) klopfte dem Produzenten auf die Schulter und sagte: »Keine Sorge, morgen ist sie wieder auf dem Damm.«

Dennoch war Weinstein schwer erschüttert, als er zur Twentieth Century-Fox zurückfuhr. Die ganze Episode hatte nur anderthalb Stunden gedauert, doch er sollte sie nie vergessen. Henry Schipper, Produzent und Regisseur bei der Fox Entertainment News, meinte 29 Jahre später, daß Weinstein über das Erlebnis noch immer nicht hinweggekommen sei. »Der Vorfall brachte ihn deshalb so aus der Fassung«, so Schipper, »weil er sich unmittelbar nach den glänzenden Probeaufnahmen ereignete.«

Als Weinstein wieder in seinem Büro saß, begriff er die ganze Tragweite des Vorfalls: Marilyn Monroe war nicht in der Lage, *Something's Got to Give* zu drehen. Warum sie also dazu zwingen?

Er setzte sich an die Schreibmaschine und tippte einen Brief, in dem er dringend dafür plädierte, das Projekt zu verschieben.

»Die Sache machte mir ziemlich angst«, erinnerte er sich. »Ich war überzeugt, daß Marilyn noch labiler war, als man mich glauben gemacht hatte. Ich sah einfach keine Möglichkeit mehr, noch im Frühjahr an dem Film weiterzuarbeiten. Marilyn brauchte mehr Zeit, um sich zu erholen, und die hatte sie sich auch verdient.« (Marilyn hatte ohne große Pause zwei aufreibende Filme gedreht: im Winter und Frühjahr 1960 *Machen wir's in Liebe* und Ende 1960 bis Anfang 1961 in Nevada *Nicht gesellschaftsfähig.)*

Weinstein wußte, daß er sich damit im Studio nicht gerade beliebt machen würde, doch er sah keine andere Möglickeit. Er schrieb eine Reihe von Berichten und führte zahlreiche Telefongespräche mit dem Ziel, eine Verschiebung um mehrere Monate zu erwirken.

Um Weinstein dazu zu bewegen, mit der Arbeit an *Something's Got to Give* fortzufahren, setzte Philip Feldman, zweiter Mann in der Hierarchie hinter Studioboß Levathes, der gerade wegen Schwierigkeiten bei den Dreharbeiten zu *Cleopatra* in Rom weilte, eine Krisensitzung auf höchster Managementebene an.

Die Sitzung fand in dem grau getäfelten Konferenzraum des Verwaltungsrats statt, direkt neben Darryl F. Zanucks früherer Suite. Teilnehmer waren außer Feldman der langjährige Studiosyndikus und Verwaltungsdirektor Frank J. Ferguson sowie Vorstandsmitglied Stanley Hough. In letzter Sekunde stieß auch noch Marketing-Chef E. Charles Einfield dazu.

Feldman übernahm die Leitung und schilderte zunächst das Problem. »Miss Monroe hat seit *Blondinen bevorzugt* leichte psychische Probleme. Hätten wir wegen jeder kleinen Krise die Arbeit eingestellt, wäre keiner ihrer Filme fertig geworden.«

Weinstein hielt leidenschaftlich dagegen und wies darauf hin, daß er den Star in einem »komaähnlichen Zustand« vorgefunden habe. »Alles, was ich möchte, ist ein Aufschub. Wenigstens bis zum Sommer, eventuell bis zum Frühherbst.«

Später erinnerte er sich: »Sie waren sehr herablassend und warfen mir vor, ich hätte einen Hang zum Melodramatischen.«

»Nein, Henry«, sagte einer der Manager. »Ganz unmöglich. Wir machen weiter.«

Darauf fragte Weinstein, ob die Versicherungen, die Fox für die Produktion (und das Leben von Marilyn Monroe) abgeschlossen hatte, jetzt überhaupt noch gültig seien.

»Haben wir nach einem solchen Vorfall überhaupt noch Anspruch auf Versicherungsleistungen?« wollte er wissen. »Wenn sie einen Herzinfarkt gehabt hätte, hätten wir den Film sofort abgeblasen. Wo ist da der Unterschied?«

Die Produktion von *Something's Got to Give* war mit 10 Millionen Dollar bei der Continental Casualty Company versichert, Marilyns Körper bei Lloyd's in London.

Feldstein, Jurist und Harvard-Absolvent, sah Weinstein in die Augen. »Wenn Miss Monroe einen Herzinfarkt gehabt hätte, würden wir keinen Cent von der Versicherung sehen. Aber abgesehen davon, daß sie hin und wieder eine zu starke Dosis nimmt, ist sie aus medizinischer Sicht absolut fit.«

Weinstein behielt das Verhalten der Manager bei der Sitzung als kalt und herzlos in Erinnerung, besonders im Licht der späteren Ereignisse. »Wäre ich heute in einer ähnlichen Situation, würden sie mich nicht mehr so leicht herumkriegen. Wenn nötig, würde ich New York einschalten. Außerdem würde ich kündigen. Aber damals war ich noch jung und dachte, die hätten das alles schon mal mitgemacht. Wer war ich schon, um mich mit den Bossen anzulegen?« Weil er ein unerfahrener Neuling war, nahmen ihn die Fox-Manager nicht ernst. Er war keiner von ihnen.

Als das Studio Henry Weinstein als Produzent des Monroe-Films nach Hollywood schickte, war er ein gewissenhafter und begabter junger Mann aus der New Yorker Theaterszene. Er war eng mit Marilyns Ehemann Arthur Miller befreundet und hatte dessen Stück *Blick von der Brücke* in einem seiner eigenen Theater inszeniert.

Er war (und ist) eine gepflegte Erscheinung mit tadellosen Manieren, trug selbst an heißen Tagen maßgeschneiderte Anzüge und bediente sich einer sehr gewählten Ausdrucksweise. In einer Stadt, in der alle maßgeblichen Leute enge Anzüge von Sy Devore und Krokodillederschuhe trugen und einen derben, knappen Jargon sprachen, fiel der introvertierte junge Produzent aus dem Rahmen.

Weinstein hatte damals erst einen Film produziert, die Cinemascope-Version von F. Scott Fitzgeralds Roman *Tender is the Night* mit der unkomplizierten Jennifer Jones in der Hauptrolle. Insider schüttelten den Kopf, als bekannt wurde, daß er für *Something's Got to Give* als Produzent verpflichtet worden war. Vorherrschende Meinung war, daß ein Film mit der unberechenbaren Marilyn Monroe in der Hauptrolle und dem leicht erregbaren George Cukor als Regisseur einen besonders energischen Produzenten brauchte.

Ursprünglich war ein solcher für diese Aufgabe auch vorgesehen gewesen: David Brown, ein ehemaliger Zeitschriftenverleger, der unter Darryl F. Zanuck zum Chef der Drehbuchabteilung avanciert war und Marilyn schon seit längerem kannte. Als die Ära unter Zanuck sich dem Ende zuneigte und das Fernsehen dem Kino zunehmend Konkurrenz machte, bewies Brown ein glückliches Händchen und wählte für die Stars der Fox Projekte aus, die so gut waren, daß die Kinokassen wieder klingelten. In der Frühphase des Cinemascope-Films grub er einige Stories aus, die beim Publikum sehr gut ankamen, darunter *Wie angelt man sich einen Millionär?*, *Fluß ohne Wiederkehr*, *Höllenriff* und *Prinz Eisenherz*.

Doch mit dem Abschied Zanucks, der sich »künstlerisch und beruflich ausgebrannt« fühlte und den Sitz seiner Produktionsfirma nach Paris verlegte, erlitt Browns Karriere einen Knick.

Im Jahr 1961, kurz nachdem Levathes den Posten des Produktionsleiters übernommen hatte, brachte Brown *Something's Got to Give* erstmals ins Gespräch. Doch als Levathes vorschlug, *Meine Lieblingsfrau* mit Marilyn Monroe als Zugpferd neu zu verfilmen, ahnte Brown bereits, daß man ihn von dem Film abziehen würde. »Einen Monroe-Film, noch dazu einen großen, würden die nie einem aus der alten Riege überlassen.«

Kurz vor Produktionsbeginn fiel dann der Vorhang für Brown. Richard Zanuck rief Brown an und sagte: »Paß auf, David. Ich habe gerade eben dein Skript für *Something's Got to Give* bei Henry Weinstein gesehen.« Zanuck junior hatte im Aufzug dicht neben Weinstein gestanden und dabei den Titel des Drehbuchs gelesen, das dieser in der Hand hielt. »Es sieht gar nicht gut aus für dich, Kumpel«, warnte er ihn.

Obwohl Brown mit seiner Ablösung rechnete, war er dann doch überrascht, wie schnell alles ging – und daß ein Neuling den Job bekam. Er beschloß, der Sache auf den Grund zu gehen. Dank seiner Kontakte als ehemaliger New Yorker Journalist hatte er bald herausgefunden, was hinter der merkwürdigen Personalentscheidung steckte.

Allem Anschein nach war Weinstein auf Anweisung des New Yorker Büros engagiert worden. Die maßgeblichen Leute dort hatten mit Marilyns Psychiater Ralph Greenson, einer der rätselhaftesten Figuren unter den Prominentenärzten, eine unselige Allianz geschmiedet.

Weinsteins Verpflichtung war Teil einer Abmachung, die auf der Couch des Psychiaters ihren Anfang genommen hatte. Ob Marilyn diese ungewöhnliche Abmachung billigte? Es ist unwahrscheinlich. Später, als ihre Beziehung zur Twentieth Century-Fox sich weiter verschlechterte, hatte sie offenbar nicht die leiseste Ahnung, woher Weinstein seine Macht bezog.

Bei den Recherchen zu diesem Buch sichteten die Autoren Tausende von Dokumenten in den Fox-Archiven, den Akten des Präsidenten Spyros Skouras und den Unterlagen des British Film Institute in London. Dabei stießen sie überall auf den Namen Greenson. Aus Transkripten von Telefonaten geht hervor, daß der Psychiater spät in der Nacht zahlreiche Gespräche mit führenden Mitarbeitern des Studios führte.

Beweismaterial, das sich in den Studioarchiven fand und später auch der Kommission vorgelegt wurde, die den »Selbstmord« untersuchte, deuten darauf hin, daß Greenson bei der sich anbahnenden Katastrophe eine zentrale Rolle spielte. Während der gesamten Filmarbeiten und selbst noch danach stand der Analytiker in Kontakt mit den Firmenanwälten, mit Weinstein und sogar mit Theodore Strauss, dem Drehbuchredakteur bei diesem Projekt.

Soviel ist heute klar: Marilyn hätte die Arbeit an dem Film erst gar nicht aufgenommen, wenn ihr Greenson »um ihrer emotionalen Gesundheit willen« nicht dringend dazu geraten hätte.

Ihre Rückkehr zur Fox, Weinsteins Verpflichtung als Produzent und der Drehplan waren Teil einer bizarren Therapie des Arztes. »Greenson«, so erinnerte sich Strauss »sagte zu mir, daß es für Marilyn aus psychologischer Sicht sehr wichtig sei, wieder zu arbeiten. Und er meinte das in vollem Ernst.«

Joan Greenson, die Tochter des Analytikers, war überzeugt, daß es ihrem Vater in erster Linie darum ging, »Marilyn dabei zu helfen, ihre letzte Verpflichtung gegenüber der Fox zu erfüllen, damit sie in ihrem Leben und ihrer Karriere weiterkam. Die Sache lastete schwer auf ihr.«

Den Fox-Managern waren Greensons Motive egal. Marilyn schuldete ihnen noch einen Film, und den wollten sie haben. Wenn Greenson ihnen dabei helfen konnte, um so besser.

Für die Fox-Manager war Ralph Greenson kaum mehr als eine Stimme am Telefon. Persönliche Begegnungen fanden nie statt. Doch die Stimme des Psychiaters hatte Gewicht.

Als Marilyn Monroe 1960 in Greensons Leben trat, war er 50 Jahre alt und stand auf dem Höhepunkt einer glänzenden Karriere. Er behandelte sie erstmals während der turbulenten Dreharbeiten zu *Machen wir's in Liebe*. Zu der Zeit hatte sie die Affäre mit ihrem Filmpartner Yves Montand. Beunruhigt über den Verlauf dieser kurzen Liaison und voller Schuldgefühle gegenüber Arthur Miller, nahm sie große Mengen von Alkohol und Beruhigungsmitteln zu sich und erlitt schließlich einen Zusammenbruch. Greenson machte gegen seine sonstige Gewohnheit sogar einen Hausbesuch in ihrem Bungalow im Beverly Hills Hotel.

Er diagnostizierte eine »gefährliche Abhängigkeit« von Barbituraten und »enormen Mengen von Scotch-Whiskey und Champagner«. Angeblich aus Gefälligkeit gegenüber Frank Sinatra, seinem früheren Patienten, blieb er zwei Stunden bei der hysterischen Marilyn, tätschelte ihre Hand und beruhigte sie. Doch sein Hausbesuch war lediglich eine Art psychologischer Erster Hilfe. Er empfahl Marilyn dringend, sich möglichst bald in regelmäßige psychotherapeutische Behandlung zu begeben. Er war erschüttert über seine Eindrücke. Später äußerte er gegenüber Fox-Managern, daß Marilyn eine schwere Zeit vor sich habe. Insgeheim stieß er einen Seufzer der Erleichterung aus, daß nicht er ihr Psychiater war. Aber Marilyn war tief von ihm beeindruckt.

In ihrem Alkohol- und Tablettenrausch hatte sie sofort Vertrauen zu Greenson gefaßt. Obwohl er sie mehrmals zurückwies, bedrängte sie ihn, ihr Therapeut zu werden, und trug seinen Namen und seine private Telefonnummer in ihr Notizbuch ein, in dem bereits die Adressen zahlreicher anderer Ärzte aus New York und Beverly Hills standen. Da sie immer auf ein schnelles Rezept angewiesen war, hatte sie eine fünfseitige Liste verschreibungswilliger Ärzte zusammengetragen. Der Analytiker freilich weigerte sich standhaft, ihr Pillen zu verschreiben, und das flößte ihr noch mehr Respekt ein.

Als Sinatra seine Empfehlung wiederholte, belagerte die Schauspielerin förmlich Greensons Büro. Schließlich gab der Psychiater nach und nahm sie trotz aller Bedenken als Patientin an.

Eine Entscheidung mit katastrophalen Folgen für beide.

Greenson, der seine Ausbildung in Wien und in der Schweiz erhalten hatte, verfügte über beeindruckende Referenzen. Zahllose Abhandlungen und Lehrbücher wiesen ihn als einen der führenden Psychoanalytiker seiner Zeit aus (er schrieb später *Technik und Praxis der Psychoanalyse*, ein Buch, daß zu einem Meilenstein der psychoanalytischen Literatur wurde).

Ein Jahr später trieben die Strapazen des Films *Nicht gesellschaftsfähig* Marilyn erneut auf die Couch des Psychiaters. In *Nicht gesellschaftsfähig* spielte sie zum erstenmal seit elf Jahren, seit *Versuchung auf 809*, wieder eine dramatische Rolle. In 22 Filmen hatte sie immer wieder Variationen der Lorelei Lee aus *Blondinen bevorzugt* auf die Leinwand gebracht. Ob sie nun in *Wie angelt man sich einen Millionär?* als kurzsichtiges Mannequin reichen Männern nachjagte oder in *Bus Stop* eine müde Sängerin mimte, in allen Rollen hatte sie die blonde Sexbombe verkörpert.

Jetzt, in *Nicht gesellschaftsfähig*, mußte sie die schwierigste aller Rollen spielen – sich selbst. Arthur Miller hatte das Drehbuch speziell für sie geschrieben und dabei sogar Sätze einfließen lassen, die sie selbst benutzte. Ihr Lampenfieber war schlimmer denn je. Also versuchte sie, die Angst mit Tabletten zu betäuben. Paula Strasberg, ihre Schauspiellehrerin, fand sie einmal mit Dutzenden von Seconal-Tabletten im Mund. Strasberg holte die Pillen mit dem Finger heraus und ließ sie sofort in ein Krankenhaus bringen. Wenig später nahm Marilyn eine Überdosis und mußte in der Notaufnahme eines Krankenhauses in Las Vegas wiederbelebt werden.

Bald konnte mit den Dreharbeiten nicht mehr vor 10.00 Uhr morgens begonnen werden; so lange brauchte Marilyn, bis sie sich von der Wirkung der Tabletten erholt hatte. Nicht lange, und sie erschien erst um 13.00 Uhr, schließlich sogar erst um 16.00 Uhr am Drehort. Die Studioärzte waren hilflos. »Dabei traf die Ärzte zumindest ein Teil der Schuld«, sagte Presseagent Rupert Allan. »Sie verschrieben ihr gegen die Schlaflosigkeit hohe Dosen Seconal, Demerol und Nembutal.« Es dauerte geraume Zeit, bis Regisseur John Huston begriff, daß die Schlaftabletten nicht die Lösung des Problems, sondern das Problem selbst waren. Er rief Greenson an und setzte Marilyn in ein Flugzeug nach Los Angeles. Der Psychiater mietete ihr eine Suite im schicken Westside Hospital und unterzog sie einer radikalen Entwöhnungskur.

Die Kur dauerte nur eine Woche. »Marilyn wies zwar Anzeichen einer schweren Abhängigkeit auf, aber sie war nicht im üblichen Sinne abhängig«, erinnerte sich der Arzt später. »Sie konnte die Barbiturate von heute auf morgen absetzen, ohne daß es zu körperlichen Entzugserscheinungen kam.«

Von da an war Greenson für sie verantwortlich.

»Sie nannte ihn den ›Wunderheiler‹«, erzählte George Cukor 1979 einem Reporter. »Von allen Ärzten, die ich kannte, war Greenson der einzige, der ihr nicht auf die eine oder andere Weise schadete. Auf ihn hörte sie.«

Ab dem Frühjahr 1962 hielt sich Marilyn strikt an Greensons Empfehlungen. Er sagte ihr, daß New York nicht gut für sie sei. Also verließ sie Manhattan, wo sie sich eigentlich immer ganz wohl gefühlt hatte, und zog wieder nach Los Angeles, wo sie schon immer unglücklich gewesen war.

Greenson sagte ihr, sie brauche ein festes Zuhause – ein Haus mit einem kleinen Grundstück. Und schon am nächsten Morgen machte sie sich auf die Suche und fand in Brentwood schließlich die kleine Hazienda, die, obwohl viel kleiner, große Ähnlichkeit mit Greensons Haus hatte. (Es ist kaum bekannt, daß sie ihr Refugium im Zuge der Renovierungsarbeiten, die sie den ganzen März und April in Anspruch nahmen, immer mehr dem Haus des Psychiaters anglich.)

Schließlich besorgte ihr Greenson eine Haushälterin, die durchaus in einen Schauerroman gepaßt hätte. Eunice Murray war zwar ausgebildete Psychiatrie-Krankenschwester, doch der Psychiater benutzte sie vor allem als Spionin und ließ sich von ihr regelmäßig Bericht erstatten. »Marilyn hatte keine Ahnung, daß Eunice Murray Psychiatrie-Krankenschwester war und die Aufgabe hatte, sie in Brentwood zu überwachen«, berichtete Dr. Robert Litman, der später für den Coroner des County Los Angeles Marilyn Monroes Tod untersuchte.

Greenson wirkte mit seinen Empfehlungen, Anordnungen und Vorschriften bald bis ins Marilyns Privatleben hinein. Er empfahl ihr, mit welchen Männern sie ausgehen sollte (er riet ihr von weiteren Kontakten zu Frank Sinatra und ihrem Exehemann Joe DiMaggio ab) und in welchen Filmen sie mitwirken sollte. De facto wurde er sogar ihr Agent. Ende 1961 hatte Marilyn ihren langjährigen Vertrag mit der bekannten Schauspieleragentur MCA gekündigt. Der Zeitpunkt war schlecht gewählt. Nach zwei kapitalen Fehlschlägen – weder *Nicht gesellschaftsfähig* noch *Machen wir's in Liebe* brachten den gewünschten Erfolg – stand sie ohne Agent da. Greenson und sein Stiefbruder, der Anwalt Milton Rudin, sprangen in die Bresche.

Vielleicht glaubte Greenson, er könne als eine Art physischer und emotionaler Puffer zwischen der Fox und Marilyn Monroe, die dem Studio inzwischen zutiefst mißtraute, zu einer Entkrampfung der Situation beitragen.

Als er den Fox-Managern Henry Weinstein als Produzent für *Something's Got to Give* empfahl, gab er gleichzeitig eine überraschende Garantieerklärung ab. Falls man Brown durch den jungen Mann aus New York ersetze, so Greenson, würden er und Weinstein dafür sorgen, daß Marilyn Monroe immer pünktlich zu den Dreharbeiten erschien und der Film im vorgesehenen Zeitrahmen abgedreht werden könnte.

Langjährige Fox-Mitarbeiter amüsierten sich köstlich über diese bemerkenswerte Abmachung. Noch nie war jemand so unpünktlich gewesen wie Marilyn Monroe. Sie war sogar zu ihrer ersten Kameraprobe zu spät gekommen. Und später als Star verpaßte sie die Premiere von *Blondinen bevorzugt*. Zu einem Auftritt in Jack Bennys Fernsehsendung erschien sie sogar mit solcher Verspätung, daß sie durch eine Öffnung im Vorhang auf die Bühne geschoben werden mußte. Marilyn selbst hatte Freunden gebeichtet, daß sie »psychisch« nicht in der Lage sei, pünktlich zu sein. Kein Wunder also, daß man sich im Studio vor Lachen bog.

Regisseur George Cukor fand die Situation allerdings weit weniger amüsant. »Cukor war außer sich, als er hörte, daß Brown gefeuert worden war«, erinnerte sich Walter Bernstein. »Er brauchte einen erfahrenen, hochbegabten Produzenten an seiner Seite. So jemanden wie Brown. Für ihn war es belanglos, ob Henry Weinstein, der Produzent, Marilyns Psychiater kannte.«

Als Cukor von Weinsteins Ernennung erfuhr, ließ er seine Wut an dem Angestellten aus, der ihm die Nachricht überbracht hatte: »Ihr glaubt also, daß ihr es schafft, Marilyn pünktlich vor die Kamera zu bringen? Ich will euch mal was sagen. Ihr könnt Marilyns Bett vor die Kameras stellen und alle Scheinwerfer darauf richten, und sie bringt es immer noch fertig, zur ersten Aufnahme zu spät zu kommen.«

Nach dem ersten Treffen mit Weinstein verlor Cukor in seinem Bungalow die Beherrschung. Weinstein wollte gerade einige unwichtige Details durchsprechen, als Cukor die Besprechung in einem herablassenden Tonfall für beendet erklärte. Weinstein hatte kaum die Tür hinter sich zugezogen, da packte der Regisseur ein wertvolles

Queen-Anne-Tintenfaß und schleuderte es gegen die Tür. Das Kristallglas zerbrach, und Cukor fluchte. Die Antiquität, ein Geschenk von Greta Garbo, war unersetzbar.

Bis zum heutigen Tag bestreitet Weinstein, daß seine Beziehung zu Greenson etwas mit seiner Verpflichtung als Produzent zu tun hatte. »Meiner Ansicht nach hatte das eher damit zu tun, daß ich Marilyn aus New York kannte.« Dem widersprach Cukors rechte Hand und Coproduzent Gene Allen: »Uns wurde mitgeteilt, daß Weinsteins Hauptaufgabe darin bestand, Marilyn vor die Kamera zu bringen – und zwar pünktlich. Außerdem hatten wir gehört, daß er den Job wegen seiner guten Verbindungen zu Marilyns Psychiater bekommen hatte.«

Tatsächlich finden sich in den Fox-Archiven Dokumente, die darauf hindeuten, daß Henry Weinstein auf Anraten Greensons verpflichtet wurde. Weinstein war seit Jahren eng mit der Familie Greenson befreundet. Er und der Arzt liebten Kammermusik und besuchten jede Woche gemeinsam ein Konzert. Die beiden hatten sich kennengelernt, als Weinstein Theaterproduzent am Broadway war.

Weinsteins Verpflichtung ruinierte die ohnehin schon gestörte Beziehung zwischen Cukor und Marilyn Monroe vollends. Cukor war überzeugt, daß die Schauspielerin für David Browns Rausschmiß verantwortlich war und dafür gesorgt hatte, daß er durch den jungen Weinstein ersetzt wurde. Dies vergiftete die Atmosphäre bei den Dreharbeiten zu *Something's Got to Give* zusätzlich.

4

Der Regisseur

Als die schweren Außentüren von Studio 14 zur Sonne hin aufschwangen, erstrahlte das höhlenartige Innere in einem gespenstischen Rosa. Die Kulissen, die zum Vorschein kamen, hätten ein Fußballstadion füllen können – sie gehörten zu den größten Innenkulissen, die bei der Twentieth Century-Fox jemals gebaut worden waren.

Und zu den teuersten. Für 200 000 Dollar hatten die Bühnenbildner dem übersteigerten Geltungsbedürfnis des Regisseurs George Cukor ein bizarres Denkmal errichtet.

Cukor hatte geklagt, daß er einfach nicht das richtige Gefühl für *Something's Got to Give* finden könne. Also ließ Art Director und Coproduzent Gene Allen kurzerhand die mediterrane Villa des Regisseurs im Studio nachbauen.

Als die widerlich-rosafarbenen Mauern im Februar zu wachsen begannen, wurde der Szenenaufbau bald zu einer der Attraktionen, die man bei einer VIP-Tour durch das Filmgelände unbedingt gesehen haben mußte. Kaum waren die Stukkateure fertig, gingen die Glaser mit liebevoller Sorgfalt daran, die Flügelfenster im Stil des 17. Jahrhunderts zu kopieren, die Cukors Domizil am Sunset Strip schmückten.

Landschaftsgärtner schafften seltene Sträucher und Sukkulenten derselben Arten herbei, die auf Cukors ummauertem Grundstück wuchsen. Selbst der Swimmingpool mit seinem eigenwilligen, asymmetrisch geschnittenen Becken wurde originalgetreu nachgebildet, bis hin zu den rosa Wasserbällen, die Vivien Leigh dem Regisseur einst geschenkt hatte.

Die Villa füllte das Aufnahmestudio komplett aus. Drehbuchautor Walter Bernstein fühlte sich bei ihrem Anblick an »ein aufgeblasenes Barbie-Puppenhaus« erinnert. Voll ausgeleuchtet glich sie einer Vision aus lachsrosa Stein, nur unterbrochen durch üppige Stuckverzierungen, ein dekoratives Element, das sich in den »Goldenen Zwanzigern«, als Cukor vom Broadway nach Hollywood gezogen war, großer Beliebtheit erfreut hatte.

An den Rändern der Szenerie waren dunkle Nischen, und über dem Dach der Villa spannte sich ein Netz aus Arbeits- und Beleuchtungsbrücken. Dieses Gewirr war wie geschaffen für eine heimliche Überwachung und die Verbreitung des Klatschs, der die Dreharbeiten zu *Something's Got to Give* bis zum bitteren Ende begleiten sollte. Heimliche Beobachter konnten in die dunklen Nischen und Ecken schlüpfen und von dort unbemerkt die zahlreichen Kämpfe und Gefühlsausbrüche verfolgen.

Die ausgefallene Filmkulisse war ein deutliches Zeichen, daß *Something's Got to Give* zuallererst eine Produktion George Cukors war. »Damit müssen wir uns abfinden, Honey«, sagte Paula Strasberg zu Marilyn. »Cukor muß ein absoluter Egozentriker sein.«

»Als ich zum erstenmal das Studio betrat«, sagte Walter Bernstein, »stand ich vor einer originalgetreuen Kopie von George Cukors Haus am Sunset Boulevard, und wenn ich orginalgetreu sage, dann meine ich es auch so. Es hat mich schon immer fasziniert, wie man mit Kulissen die Wirklichkeit nachbilden kann. Aber das verblüffte mich. Am ersten Tag, als ich dort war, bemalten sie die Bäume und Sträucher, damit sie genau den gleichen Grünton hatten wie die Pflanzen um Cukors Haus.«

Die Fox-Verantwortlichen taten sich immer schwerer, die Vorgänge zu rechtfertigen: Die Dekoration war nicht nur unästhetisch, es war auch fast unmöglich, mit ihr zu arbeiten. So mußten sich die Kameraleute in vielen Szenen mit Nahaufnahmen und Vignetten behelfen.

Aber Cukor war für die Studiobosse – wie viele aus dem Hollywooder Establishment – ein Buch mit sieben Siegeln. Das Leben, das er führte, orientierte sich an längst überholten Vorstellungen von Luxus und Überfluß.

An jenem Morgen, als Cukor angeblich zu beschäftigt war, um an den Probeaufnahmen teilzunehmen, räkelte er sich, umhüllt von Seidenlaken, in einem britischen Regency-Bett, schlürfte bitteren französischen Kaffee und las in der *New York Times*, umschwärmt von einer Schar Bediensteter, die ihm jeden Wunsch von den Augen ablasen. »Nie zuvor hatte ich einen Menschen in solchem Luxus leben sehen«, sagte Bernstein. »Es war, als hätte man das Rad der Zeit zurückgedreht.«

Cukors luxuriöser, mit Kitsch überladener Besitz lag am Ende eines engen, gewundenen Sträßchens und umfaßte zweieinhalb Hektar. Das Haus selbst war eine jener schrulligen Villen, die in den ersten Boomjahren der Stummfilmzeit hier errichtet worden waren. Im Garten, der sich terrassenförmig den steilen Hügel hinaufzog, wuchsen Narzissen, Hyazinthen und rosa Kamelien. Das Herzstück der Anlage bildete der Swimmingpool, umgeben von italienischen und griechischen Statuen, eingetopften Gardenien und seltsamen Rokoko-Gartenmöbeln. Hier hatten schon die nackte Greta Garbo, Tallulah Bankhead und Katharine Hepburn gebadet.

Der Garten war berühmt (oder besser gesagt berüchtigt) für die exzentrischen Schwulenparties, die Cukor hier gab und zu denen er kräftige Matrosen aus Long Beach und gutaussehende Schauspieler einlud. Seine großzügige Gastfreundschaft und die Aussicht, eine kleine Rolle in seinem nächsten Film zu ergattern, lockten stets viele Männer an.

Im Innern glich die Villa einer in Unordnung geratenen Schmuckdose voller ausgefallener Antiquitäten – Samt, Kristall und Perlmutt, wohin das Auge blickte. Der Kontrast zu Marilyns schlichtem Bungalow spiegelte die soziale Kluft zwischen Regisseur und Filmstar wider.

Am Morgen der Probeaufnahmen stand Cukors Diener mit einem Block neben dem Bett seines Herrn und notierte sich dessen Wünsche für den Lunch. Minuten später erfüllte hektische Geschäftigkeit die Küche. Der Koch bereitete kleine Sandwichs vor, dazu eine dünne Scheibe Pastete und ein Silberschälchen mit Salade niçoise. Alsbald war die Mahlzeit in einem Weidenkorb verpackt und auf dem Rücksitz des Rolls-Royce verstaut.

Unterdessen legte der Diener Cukors Garderobe für den Tag heraus: ein Leinenhemd, ein Paar Freizeithosen von Saville Row und italienische Lederschuhe. Schließlich verließ Cukor sein fürstliches Boudoir, stieg in den Rolls und machte sich lustlos auf den Weg zur Twentieth Century-Fox.

In jenen Tagen machte Cukor gerade eine kräftezehrende Hungerkur. Er war erschöpft und reizbar.* Hinzu kam, daß er den Höhepunkt seiner Karriere bereits überschritten hatte und wie Marilyn zur Mitarbeit an *Something's Got to Give* gezwungen worden war. Die Fox hatte mit ihm einen Vertrag über zwei Filme abgeschlossen, als er sich bereit erklärt hatte, bei *Machen wir's in Liebe* Regie zu führen. Das war jetzt zwei Jahre her. Seitdem hatte er sich mit Erfolg vor seiner Verpflichtung gegenüber dem in Not geratenen Studio gedrückt.

Dann bot ihm Richard Zanuck, Darryl Zanucks Sohn, *The Chapman Report* an, einen gewagten Film über Sexualforscher und ihre Objekte. Cukor hatte das Projekt bereits zur Hälfte fertiggestellt, als es von Spyros Skouras mit der Begründung gestoppt wurde, es sei »zu schlüpfrig, um den Namen der Twentieth Century-Fox zu tragen«. Die Warner Brothers übernahmen den Film, und Skouras erinnerte Cukor mit

* Dank der strengen Diät nahm Cukor bei den Dreharbeiten zu *Something's Got to Give* zehn Pfund ab, nicht zuletzt auch deshalb, weil er zusätzlich Appetitzügler und starke Abführmittel schluckte und obendrein ein anstrengendes Fitneßtraining absolvierte. Die Folge waren Hyperaktivität, Depressionen und Gefühlsausbrüche. Besonders Marilyn Monroe sollte darunter zu leiden haben.

schroffen Worten daran, daß er der Fox noch immer einen zweiten Film schulde. Kaum war *The Chapman Report* 1961 abgedreht, schickte er Cukor ein Telegramm, in dem er ihn aufforderte, *Something's Got to Give* zu übernehmen. Doch Cukor wollte unter keinen Umständen einen weiteren Film mit Marilyn Monroe drehen und instruierte seine Anwälte, gegen die Entscheidung Einspruch zu erheben.

Skouras tobte. Er ging nochmals die absolut wasserdichten Verträge mit Cukor durch und schrieb dann an das Vorstandsmitglied Philip Feldman: »Cukor hat keine Chance. Er muß kommen, sonst nageln wir ihn auf Jahre hinaus vor Gericht fest.«

Der Regisseur kapitulierte, machte aber aus seiner tiefen Verachtung für Marilyn Monroe keinen Hehl. Er wandte sich sogar an Darryl F. Zanuck in Paris, weil er hoffte, Zanuck könne seinen Einfluß geltend machen und Skouras dazu überreden, ihn von *Something's Got to Give* zu entbinden. Schon während der Dreharbeiten zu *Machen wir's in Liebe* hatten sich Cukor und Zanuck jede Woche Telegramme geschickt. »Marilyn«, hatte Cukor über den Atlantik gekabelt, »ist die unprofessionellste Schauspielerin, mit der ich jemals gearbeitet habe.« Und Zanuck hatte geantwortet: »Ganz meine Meinung. Wenn ich könnte, würde ich von hier aus einen Torpedo abfeuern und ihre Garderobe in die Luft jagen.«

Der Drehbuchautor Nunnally Johnson bestätigte, daß Cukor die Schauspielerin verachtete. Ihm zufolge soll der Regisseur gesagt haben: »Ich kann Marilyn Monroe nicht mehr ausstehen. Sie ist ein verzogener, verhätschelter Superstar und verkörpert alles, was an Hollywood heute schlecht ist.« Aus Cukors Worten, so Johnson, habe blanker Haß gesprochen.

Auch Marilyn vertraute sich Johnson an: »Nunnally, mir graut davor, wieder mit ihm zu arbeiten. Sie machen sich ja keine Vorstellung, was er mir bei den Dreharbeiten zu *Machen wir's in Liebe* angetan hat. Er hat mich so mies behandelt.« Johnsons Witwe sagte: »Sie war mit den Nerven fertig. Einmal, als sie mit Nunnally darüber sprach, brach sie sogar in Tränen aus. Mein Mann war überzeugt, daß Cukors feindselige Haltung die Ursache für die schlimmen Dinge war, die später passierten.«

Der Star und der Regisseur saßen in der Falle. Sie mußten gemeinsam einen Film drehen, obwohl sie beide nicht wollten.

Diesem femininen Mann aus der Glanzzeit Hollywoods, der bei Dreharbeiten mitunter sehr laut wurde und sich wie ein Diktator gebärdete, die Regie in einem Monroe-Film zu übertragen war eine katastrophale Fehlentscheidung, zumindest zum damaligen Zeitpunkt. Cukor arbeitete seit 1929 in Hollywood und hatte sich durch eine Reihe erfolgreicher Filme mit Greta Garbo, Katharine Hepburn und Norma Sheer einen Ruf als »Frauen-Regisseur« erworben. Seine Favoritinnen umhegten und umpflegten ihn, tranken bei ihm Tee und schenkten ihm Nippes für das Kuriositätenkabinett in seinem Haus. Und er revanchierte sich dafür bei den Dreharbeiten, kümmerte sich rührend um ihre Kostüme und ihr Make-up und war für jeden Klatsch zu haben.

Mit starken Frauen arbeitete er am besten. Fasziniert von der Erfindung des Tonfilms, hatte er als junger Mann einige der besten Filme der dreißiger Jahre gedreht, so etwa *Eine Scheidung* und *Vier Schwestern* für RKO oder *Kameliendame, Dinner um acht* und *Romeo und Julia* für Metro-Goldwyn-Mayer.

Das einzige, was Cukors Karriere zeitweise behinderte, war seine Homosexualität. Sie war der Grund, warum er keine Filme mit männlichen Darstellern von Draufgängertypen wie Clark Gable, Errol Flynn und Gary Cooper drehte. Cukor war damals der einzige Regisseur, der sich öffentlich zu seiner Homosexualität bekannte. Als Gerüchte über angebliche Affären mit Somerset Maugham und Christopher Isherwood aufkamen, zitierte ihn der erklärte Schwulengegner Louis B. Mayer, sein Boß bei Metro-Goldwyn-Mayer, zu sich.

»Stimmt es, daß Sie schwul sind?«

»Ja.« Cukor hielt dem stechenden Blick des Studiobesitzers stand. »Aber das beeinträchtigt nie meine Arbeit. Fragen Sie Barrymore. Oder Leslie Howard. Sie können alle Männer fragen, mit denen ich zusammengearbeitet habe. Ich bin immer fair.«

Dies eine Mal gab Mayer nach. Er hatte praktisch alle Homosexuellen aus seinem Studio verbannt. Viele waren, um den Schein zu wahren, Affären mit bekannten Glamourgirls eingegangen. Einige jedoch, wie der Matineestar Billy Haines, mochten dieses Versteckspiel nicht mitmachen und kehrten der Firma den Rücken.

An einem Wochenende gegen Ende der dreißiger Jahre wurde Cukor einmal nach einer Schlägerei mit Matrosen verhaftet. »Nach diesem Skandal«, berichtete sein Biograph McGilligan, »war eine Aussprache auf der höchsten Ebene unvermeidlich.« Nach Angaben von Cukors Freund Joseph Mankiewicz mußte der Regisseur bei den Bossen von Metro-Goldwyn-Mayer antanzen (vermutlich wurde er erneut von Mayer in die Mangel genommen) und sich sagen lassen, er solle sich künftig in seinem Privatleben um mehr Diskretion bemühen.

Marilyn Monroe war fasziniert von den Gerüchten, die über den Regisseur kursierten, und bemühte sich um eine Einladung zu seinen legendären Poolparties, die schon Greta Garbo und Vivien Leigh so beeindruckt hatten. Aber Cukor lud sie nie ein.

»Sie konnte es nicht verstehen«, erinnerte sich Presseagent Rupert Allan. »Selbst Yves Montand erhielt während der Dreharbeiten zu *Machen wir's in Liebe* eine Einladung.« Sie aber nicht. »Marilyn wertete das als Affront. Davon abgesehen glaube ich, daß er zu der Zeit ein denkbar ungeeigneter Regisseur für Marilyn war – seine Art, Filme zu machen, war zu verkünstelt, zu ausgefallen. Und trotzdem zwang die Fox die beiden zusammen.«

Cukors sexuelle Neigungen standen seiner Karriere nur einmal im Weg. Aber dies eine Mal hatte es in sich. Auf Wunsch seines Freundes David O. Selznick sollte Cukor bei *Vom Winde verweht* Regie führen. Doch schon nach zehn Tagen mußte er seinen Hut nehmen. Der Public-Relations-Direktor von Metro-Goldwyn-Mayer, Howard Strikking, berichtete, daß Clark Gable, verärgert über das pausenlose Getratsche des Regisseurs mit Vivien Leigh und Olivia de Havilland, aus den Kulissen stürmte und sich wutschnaubend beschwerte: »George gibt seinen beiden Lieblingen Vivien und Olivia alle Szenen. Einer von uns beiden muß gehen.«

Glaubt man allerdings dem Drehbuchautor Francis Marion, so fiel Gables Beschwerde doch etwas deftiger aus. Nach seiner Darstellung stürmte Gable in Louis B. Mayers Büro und sagte zu Mayer und Selznick: »Einer muß gehen: Entweder ich oder die kleine Schwuchtel.« Wie dem auch sei: Am nächsten Tag wurde Cukor jedenfalls gefeuert, und Victor Fleming, mit dem Gable gelegentlich zur Jagd und zum Angeln ging, übernahm die Regie.

Alles in allem war diese Niederlage aber nur ein unbedeutender Rückschlag in einer sonst glänzenden Karriere, in deren Verlauf Cukor als Regisseur für Filme wie *Nacht vor der Hochzeit, Ein neuer Stern am Himmel* mit Judy Garland, *Ehekrieg* und *Happy-End ... und was kommt dann?* verantwortlich zeichnete.

Nach den schwierigen Dreharbeiten zu *Neuer Stern am Himmel* hatte Cukor eine Pechsträhne. Jeder neue Film war schlechter als der vorangegangene. Der schlechteste von allen war *Machen wir's in Liebe*. Im selben Jahr landete Cukor zusammen mit seinem Freund, dem Drehbuchautor Walter Bernstein, einen weiteren Flop. *Die Dame und der Killer,* ein Kostümfilm mit Sophia Loren, fiel beim Publikum durch.

Die Vorbereitungen für *Something's Got to Give* waren bereits in vollem Gang, als das Gerücht kursierte, die Fox habe Cukor die Verfilmung von *My Fair Lady* angeboten, dem damals erfolgreichsten Musical in der Geschichte des Broadways. Bedingung sei aber, daß er zuvor seine Verpflichtung dem Studio gegenüber erfülle.

Cukor fühlte sich von der Fox gedemütigt. Als er einen Monat später die Arbeit an *Something's Got to Give* aufnahm, sann er auf Rache.

Erschwerend kam hinzu, daß er strenggenommen Angestellter der Marilyn Monroe Productions war. Dieser Status ließ ihm wenig Handlungsspielraum. Doch er schlug zurück: Er forderte alle Vergünstigungen, die ein altgedienter Starregisseur wie er verlangen konnte. Ein Wink genügte, und schon erhielten die Szenenbildner des Studios die Anweisung, sein Büro mit dicken Teppichen, alten Stilmöbeln, edlen Stoffen und speziell angefertigten Holztäfelungen auszustatten.

»Man hatte ihm einen heruntergekommenen Bungalow zugewiesen. Also ließ er nicht locker, bis alles von Grund auf renoviert war«, sagte David Brown, der sich über die ganze Aufregung wunderte. »George«, fragte er den Regisseur, »was regen Sie sich über die Vorhänge auf? Sie haben doch mit *Something's Got to Give* schon Probleme genug.«

Cukor lächelte. »Eines zumindest habe ich in diesem Geschäft gelernt: Man muß alles, was man will, in den ersten fünf Minuten verlangen. Später geht nämlich keiner mehr ans Telefon, wenn man anruft.«

Und Brown zufolge bekam Cukor alles, was er wollte, »und noch mehr«.

Viele von Cukors Kollegen wunderten sich, daß er den Auftrag überhaupt annahm. »Zu der Zeit war George mit Marilyn schon fertig«, erinnerte sich der Schauspieler Thomas Tryon, den Cukor dazu überredet hatte, bei *Something's Got to Give* mitzuwirken. »Ich war sehr überrascht, daß er es nicht auf einen Rechtsstreit ankommen ließ und sich bereit erklärte, den Film auf jeden Fall zu machen.«

Doch Cukor wehrte sich auf subtilere Weise. Schnell und ohne viel Aufhebens begann er, fast jede Szene von *Something's Got to Give* umzuschreiben.

Marilyn war sich darüber im klaren, daß der Film nicht zu ihren besten gehören würde. Dafür war das Drehbuch nicht gut genug. Doch wenigstens hatte sie die Befriedigung, daß sie an seiner Entstehung nicht unerheblich beteiligt gewesen war. Außerdem war sie der Ansicht, daß Nunnally Johnson das Beste aus der müden Geschichte gemacht hatte.

Cukor kümmerte das wenig. Nur wenige Tage nach den Probeaufnahmen ging er mit dem Rotstift durch Johnsons Skript.

Coproduzent und Art-director Gene Allen war gerade bei ihm, als er das Drehbuch auf den Schreibtisch knallte.

»Marilyn hat an dem Drehbuch herumgepfuscht«, polterte der Regisseur. »Wissen Sie, was ich glaube? Ich glaube, daß Marilyn und Nunnally sich heimlich getroffen haben – und das da«, er deutete auf das Drehbuch, »ist dabei herausgekommen. Das Drehbuch enthält Szenen, über die Nunnally und ich nie gesprochen haben. Die beiden haben das hinter meinen Rücken ausgeheckt. Das ist ein Vertrauensbruch.« Cukor stapfte wütend durch seinen Bungalow.

Nunnally Johnson war einer der namhaftesten Drehbuchautoren in der Geschichte Hollywoods. Doch Cukor war überzeugt, daß er unter Marilyns Bann stand und das Drehbuch nach ihren Vorgaben geändert hatte.

»Das Drehbuch mag für Marilyn ja ganz gut sein – doch für den Film ist es schlecht. Damit arbeite ich nicht«, wütete er.

Da er unter Zeitdruck stand, stoppte er vier Tage nach den Probeaufnahmen die Arbeit an *Something's Got to Give* und verlangte eine komplette Überarbeitung des Skripts.

Cukor bestellte Henry Weinstein in sein Büro und eröffnete ihm, daß er Walter Bernstein, einem New Yorker Intellektuellen, den Auftrag gegeben habe, daß Skript zu überarbeiten.

Weinstein geriet in Panik. So kurz vor Produktionsbeginn noch einmal alles über den Haufen zu werfen! Außerdem hatten sich Dean Martin und Marilyn Monroe auf einen Drehbeginn am 14. Februar eingestellt.

»Aber Marilyn gefällt das Drehbuch«, protestierte er. »Und mir auch.«

Cukor schaute ihm in die Augen und sagte: »Aber Sie müssen nicht Regie führen, sondern ich. Und ich sage, daß einige Szenen einfach nicht hinhauen.«

Weinstein mußte nachgeben. Laut Vertrag hatte Cukor in Sachen Drehbuch das letzte Wort. Und so begann ein Krieg um Worte zwischen Marilyn und Cukor, ein permanentes Ringen um Silben, Sätze und Kosenamen, das die Atmosphäre im Studio vergiften und die Produktion schließlich zum Scheitern bringen sollte. Gekämpft wurde in Marilyns Wohnzimmer in Brentwood und in Cukors Büro, gekämpft wurde aber auch im Studio 14, vor den Augen der anderen Darsteller und Techniker. Bevor die Schlacht geschlagen war, mußte die Schauspielerin drei verschiedene Versionen des Drehbuchs einstudieren. Allein die Kosten für das Skript beliefen sich auf 400 000 Dollar.

Marilyn Monroe kämpfte, indem sie sich heimlich an Produktionsleiter Peter G. Levathes wandte und von ihrer Schauspiellehrerin Paula Strasberg Nachrichten verbreiten ließ. Cukor wiederum argumentierte mit seiner 30jährigen Berufserfahrung und dem glänzenden Text seines Autors Walter Bernstein.

Marilyn Monroe mußte diesen Kampf verlieren, denn sie stand von vornherein auf verlorenem Posten. Als Cukor unmittelbar vor Drehbeginn kaltlächelnd erklärte, daß Johnsons Drehbuch unbrauchbar sei, rüsteten sich Marilyn und ihre Anwälte für das bevorstehende Duell. Doch bald entdeckten sie den entscheidenden Schwachpunkt in ihrem Vertrag: Sie hatte keinerlei Mitspracherecht am Drehbuch. Sie hatte Einfluß auf die Besetzung und die Kostüme, die Auswahl der Friseure und die Ausstattung ihrer Garderobe, nicht aber auf das Drehbuch. Ihre Anwälte, einige der besten juristischen Köpfe Hollywoods, hatten schlichtweg vergessen, diesen Punkt mit in den Vertrag aufzunehmen. Die Sachlage war klar: Marilyn mußte den Text sprechen, den ihr Cukor vorschrieb.

So endete die erste und einzige Zusammenarbeit zwischen Marilyn Monroe und einem Drehbuchautor. Nicht einmal bei *Nicht gesellschaftsfähig* hatte sie ein Mitspracherecht gehabt. Und dennoch hatte sie Nunnally Johnson, aus dessen Feder *Eva mit den drei Gesichtern* und *Schlüssel zum Himmelreich* stammten, an der Ausarbeitung von *Something's Got to Give* beteiligt. Seine Gründe hat er nie dargelegt. Vielleicht war es ein Akt der Höflichkeit gegenüber einer verzweifelten Frau. Bei ihrem ersten Gespräch Anfang 1962 hatte Marilyn seine Hand ergriffen und gesagt: »O nein, jetzt hat man auch Sie in die Falle gelockt.«

Johnson war tief berührt. »Nein, Marilyn, ich bin freiwillig hier. Ich kenne die Geschichte, und sie hat mir schon immer gut gefallen. Man hat mir ein halbes Dutzend anderer Projekte angeboten, aber ich habe mich für das entschieden.«

Marilyn machte große Augen. Johnson hatte ihr Interesse geweckt. Sie vergrub sich noch tiefer in ihrer schwarzen Nerzstola und fragte: »Was gefällt Ihnen daran? Warum sollte ich es machen?«

Sie saßen an einem Tisch in der Polo Lounge des Beverly Hills Hotel, und Johnson breitete seine Vorstellungen von *Something's Got to Give* vor ihr aus. Während an den Nachbartischen Tony Curtis, Zsa Zsa Gabor und Charlton Heston ihren Lunch bestellten, vertieften sich Johnson und Marilyn mit Hilfe von drei Flaschen Dom Pérignon in die Geschichte Ellen Ardens und ihrer wundersamen Rettung von einer Südseeinsel.

»Nunnally überzeugte sie davon, daß die Rolle wunderbar zu ihr paßte«, erinnerte sich seine Frau Dorris. »Nachdem sie ein paar Wochen zusammengearbeitet hatten, ganz gut miteinander auskamen und sich gegenseitig inspirierten, machte sie eigene Vorschläge, und er übernahm sie gewöhnlich. Bald war sie genauso begeistert wie er.«

Johnsons Tochter Nora erinnerte sich, daß er »besonders von Marilyns Vorschlägen zu den Figuren beeindruckt war. Dad sagte mir, daß sich darin ein wachsendes Selbstvertrauen widergespiegelt habe, das Marilyn nie zuvor gezeigt habe.«

Gegen Ende dieser kurzen Zusammenarbeit schickte sie eine Rohfassung des Drehbuchs an Dean Martin. Ihre Augen strahlten triumphierend, als er meinte, das Skript sei »erstklassig«.

»Nachdem Dean das gesagt hatte, lebte sie förmlich auf«, sagte Johnson später. »Bei unserem ersten Gespräch war sie zunächst sehr skeptisch und mißtrauisch. Als ich sie verließ, ging es ihr richtig gut. So glücklich hatte ich sie nie zuvor erlebt.«

Marilyn war in der Tat so glücklich, daß sie Johnson ein spektakuläres Abschiedsgeschenk machte.

»Wann fliegen Sie?« fragte sie am Abend vor seiner Rückkehr nach London.

»Um 8.30 Uhr, viel zu früh für Sie.«

»Lassen Sie sich überraschen«, sagte sie lächelnd.

Um 8.25 Uhr am nächsten Morgen machte sie ihm ein seltenes Geschenk – sie war pünktlich. Doch der Portier spielte nicht mit. »Sie wollen mich nicht zu Ihnen hochlassen«, informierte sie Johnson über das Haustelefon im Beverly Hills Hotel.

Er lachte und meinte: »Sagen Sie ihnen, Sie seien eine Prostituierte und ich hätte Sie bestellt.«

Kurz darauf war sie wieder am Telefon: »Nunnally, stellen Sie sich vor, es hat geklappt. Ich bin gleich oben.«

»Mein Mann öffnete die Tür, und sie stand vor ihm, völlig ungeschminkt«, sagte Dorris Johnson. »Er erzählte mir, daß sie wie ein hübsches Kind ausgesehen habe, wie um zehn Jahre jünger.«

Auf der Fahrt zum internationalen Flughafen von Los Angeles schwatzte Marilyn aufgeräumt über das fertige Drehbuch. »Selten habe ich so fröhliche Momente mit einer Frau erlebt«, schrieb Johnson seiner verständnisvollen Frau. »Sie war vergnügt und ausgelassen. Sie stellte kluge Überlegungen zu einigen Stellen in der Geschichte an. Aber sie gestand mir auch, daß sie fürchterliche Angst vor Cukor habe.«

Als der Wagen am Eingang der British Airways vorfuhr, bemerkten sie, daß sie den mitgebrachten Champagner nicht angerührt hatten – so sehr waren sie in ihre Unterhaltung vertieft gewesen. Zum Abschied küßten sie sich. Johnson brachte es nicht über das Herz, ihr die schlechte Neuigkeit mitzuteilen. Produzent Henry Weinstein hatte ihm nämlich am Vortag gesagt: »George will bei den Dreharbeiten einen Autor dabei haben. Für die üblichen kleinen Änderungen.«

Johnson hatte ihn gewarnt. »Sie können tun und lassen, was Sie wollen, Mr. Weinstein. Aber wenn Sie einem Regisseur beim Drehen einen Autor zur Seite stellen, verlieren Sie Ihren Film, ganz gleich, was er Ihnen erzählt.« Er sah, daß Weinstein erschrak, aber ratlos war.

»Kaum war mein Flugzeug in der Luft«, sagte Johnson, »ließ George den neuen Mann mein Drehbuch umschreiben. Henry konnte sich einfach nicht durchsetzen. Als die ersten Änderungen reinkamen, war Marilyn wie vor den Kopf geschlagen. Sie fühlte sich schmählich verraten.«

»Für Schauspielerinnen wie Marilyn ist der Regisseur eine Art Gott«, erklärte Johnson seiner Tochter. »Marilyn war über die Änderungen so erschüttert, daß sie nicht einmal mehr das Bett verlassen konnte. Sie war entsetzt.«

Aber nicht nur Marilyn fühlte sich verraten. Allen, ein Schützling und Vertrauter Cukors, erzählte, daß Cukor von der Vorstellung besessen war, daß Johnson und Marilyn sich heimlich hinter seinem Rücken trafen. »Cukor war der Ansicht, daß Johnson ihn verraten habe.«

»Er hatte das Gefühl, daß ein großer Star wieder einmal seinen Willen bekommen sollte«, sagte Bernstein. »Cukor mochte das Originalskript von *Meine Lieblingsfrau*. Und ich hatte die Aufgabe, das ursprüngliche Flair wiederherzustellen.«

Welchen Maßstab man auch anlegen mag: Bernstein war gewiß nicht der geeignete Pointenlieferant für Marilyn Monroes überschäumenden komödiantischen Stil. Bernstein, ein sehr ernster und hektischer Mensch, hatte vier Kassenflops in Serie geschrieben, bevor ihn Cukor für dieses Projekt angeheuert hatte. Diese Fehlschläge – *So etwas von Frau, Die Dame und der Killer, Prinzessin Olympia* und *Paris Blues* – waren alles, was er an Referenzen vorzuweisen hatte. Im Gefolge der Anhörungen vor dem Kongreßausschuß für unamerikanische Umtriebe war er von der Filmindustrie boykottiert worden und hatte deshalb von 1948 bis 1958 nicht für das Kino arbeiten können. In dieser Zeit hatte er lediglich Skripts für Live-Sendungen im Fernsehen geschrieben.

Noch am selben Tag, als Bernstein in Hollywood eintraf, beraumte Weinstein eine Sitzung mit Cukor, Allen und dem neuen Drehbuchautor an. »Weinsteins Gesicht war rot vor Erregung«, erinnerte sich Bernstein. »Er war sehr besorgt und warnte vor zu vielen Veränderungen am Skript.« Weinstein ging nervös in Cukors Bungalow auf und ab und sagte: »An dem Drehbuch muß nicht viel gemacht werden. Nur hier und da ein paar Verbesserungen, einverstanden?« Weder Cukor noch Bernstein sagten ein Wort.

Kaum hatte der Produzent den Raum verlassen, da beugte sich Cukor zu Bernstein hinüber. »Unsinn. Wir müssen das Drehbuch auseinandernehmen, Zeile für Zeile. Ich will, daß es dem Drehbuch von *Meine Lieblingsfrau* möglichst nahekommt. Leider haben wir für eine detaillierte Überarbeitung keine Zeit, aber wir sollten unser Bestes versuchen.«

Bei der Fox war man völlig ahnungslos, daß Cukor ein starkes persönliches Interesse an dem Drehbuch von *Meine Lieblingsfrau* hatte. Cukors bester Freund innerhalb der Branche, Garson Kanin, hatte Teile davon geschrieben und bei der Verfilmung mit Cary Grant und Irene Dunne Regie geführt. (Die anderen Autoren des ursprünglichen Films waren Sam und Bella Spewack sowie Leo McCarey.)

Auf Anweisung Cukors ging Bernstein in die Filmbibliothek und sah sich die Verfilumg aus dem Jahre 1939 an. Sein Auftrag war, die Stimmung von damals so gut wie möglich einzufangen. »Die Originalversion war einfach zauberhaft«, gab er zu.

Als Marilyn am nächsten Tag erfuhr, was los war, geriet sie in Panik. Sie hatte berechtigten Grund zu der Annahme, daß Cukor ihre Arbeit sabotieren wollte. Außerdem wußte sie, daß eine Rückkehr zur Originalversion gefährlich für sie war. Da die weibliche Hauptrolle speziell für Irene Dunne (eine von Cukors Lieblingsschauspielerinnen) geschrieben worden war, würde man zwangsläufig Vergleiche anstellen. Und das wollte sie unter allen Umständen verhindern. Deshalb stritt sie in den folgenden Wochen mit Cukor und Bernstein um jedes einzelne Wort.

Bernstein saß bereits seit mehreren Tagen an dem Drehbuch, als Produktionsleiter Peter Levathes von der umfangreichen Überarbeitung erfuhr. Er verlangte, die Änderungen zu sehen, und war nicht wenig erstaunt über ihr Ausmaß. Er rief Weinstein zu sich. »Hören Sie sofort damit auf, das Drehbuch zu verstümmeln. Machen Sie Mr. Bernstein begreiflich, daß er das Drehbuch überarbeiten und nicht total umschreiben soll.«

Damit geriet Levathes in die Vermittlerrolle bei dem erbitterten Streit zwischen George Cukor und Marilyn Monroe.

Der 50jährige Peter G. Levathes, der als Gründer und Präsident der Fox Television auf eine Traumkarriere zurückblicken konnte, hatte das Pech, daß er bei seiner Beförderung zum Produktionsleiter eine halbes Jahr zuvor die beiden Filme *Something's Got to Give* mit Marilyn Monroe und *Cleopatra* mit Elizabeth Taylor geerbt hatte. Weder im Jurastudium noch in den sechs Jahren als Spyros Skouras' Assistent hatte er gelernt, mit Streitigkeiten umzugehen, wie sie bei den Dreharbeiten zu *Something's Got to Give* bereits in vollem Gange waren.

Nachdem er den Posten des Produktionsleiters von Robert Goldstein übernommen hatte, traf er sich mit Marilyn und ihrem Anwalt Milton Rudin in der Polo Lounge des Beverly Hills Hotels zum Mittagessen – und stand mit glänzenden Augen wieder vom Tisch auf. »Ich gebe zu, daß ich in ihr nur die Filmschönheit aus *Das verflixte 7. Jahr* sah. Ich blickte nicht hinter die Fassade.« Und das war ganz in Marilyns Sinne. Sie hatte ihn mit allen Reizen des Glamourgirls betört, einschließlich schwarzem Nerz, hautengem Kleid von Pucci und atemloser Stimme.

»Levathes gab manchmal Marilyns Forderungen an Cukor weiter«, erinnerte sich Bernstein. »Und weil er das Studio vor einem Skandal bewahren mußte, tat er so, als seien es Vorschläge von ihm.«

Cukor war darüber sehr aufgebracht: »Warum sagen sie uns nicht: ›Legt euch hin, und laßt euch von Marilyn auf der Nase herumtanzen?‹ Wenn es keinen anderen Weg gibt, diesen Film zu machen, von mir aus. Das wäre wenigstens ehrlich. Aber so! Lügen, nichts als Lügen.«

Es ist durchaus möglich, daß Cukors Anschuldigungen nur Ausdruck seiner zunehmenden Paranoia waren. Jedenfalls behauptete Levathes später, daß er dem Regisseur nur eigene Vorschläge machte. »Meines Wissens hat Marilyn ihre Forderungen durch Henry Weinstein überbringen lassen.«

Auch aus Bernsteins Erinnerungen geht hervor, daß sich Marilyn mit einigem Geschick zur Wehr setzte. Er hatte mindestens zwei persönliche Gespräche mit ihr, eines davon sogar in ihrem Refugium in Brentwood. Vermutlich fand es um den 19. April herum statt, kurz nachdem Cukor die Überarbeitung des Drehbuchs angeordnet hatte. Marilyn lud den New Yorker Autor telefonisch in das Haus am Fifth Helena Drive ein und signalisierte damit, daß sie durchaus willens war, mit ihm genauso eng zusammenzuarbeiten wie zuvor mit Nunnally Johnson.

Bernstein, der drei Filme für Sophia Loren geschrieben hatte, war Stars gegenüber nicht schüchtern. Aber er war sehr neugierig auf Marilyn Monroe – und nicht wenig schockiert, als sie ihn ganz ohne das glitzernde Beiwerk eines Filmstars an der Haustür empfing. »Sie zog keine Schau für mich ab«, erzählte er. »Ich war nur ein Drehbuchautor. Und für einen Autor hätte sie sich nie herausgeputzt.«

Sie empfing ihn in schwarzen Freizeithosen und einer einfachen weißen Baumwollbluse. »Ohne Make-up sah sie erfrischend jung aus«, erinnerte sich Bernstein. Als er das leere Wohnzimmer sah, errötete sie leicht und erklärte: »Ich habe einen ganzen Lastwagen voll mexikanischer Möbel bestellt. Aber die meisten sind noch nicht fertig.«

Bernstein bemerkte, daß es nur einen Stuhl gab. »Aber sie bestand darauf, daß ich ihn nahm. Sie selbst setzte sich auf den Boden. Das Skript lag vor ihr auf einem niedrigen, behelfsmäßigen Couchtisch.«

Wie sie mit gekreuzten Beinen auf dem weißen Teppich saß und helles Tageslicht ihr Gesicht beschien, wirkte sie frisch und ausgeruht. »Sie sah aus wie eine Kleinstadtschönheit«, sagte Bernstein, »oder vielleicht sollte ich sagen, wie viele Kleinstadtschönheiten. Sie hatte sich nicht schön gemacht und unternahm keinen Versuch, ihren Charme spielen zu lassen.« Als das Gespräch jedoch auf das Drehbuch kam, erwachte der Filmstar in ihr. »Viele ihrer Ideen waren gut für sie, aber schlecht für die Story. Doch wenn ich darauf hinwies, verschwand für eine Sekunde jeder Ausdruck aus ihrem Gesicht, und dann fuhr sie fort, als hätte ich überhaupt nichts gesagt.«

Ohne eine Spur von Schüchternheit spielte sie dem Autor Szenen aus *Something's Got to Give* vor. Besondere Mühe gab sie sich mit einer Szene, in der sie mit einem schwedischen Akzent sprechen mußte. Bernstein stellte bewundernd fest, daß sie »wie die Garbo klang«, und applaudierte spontan.

Sie bediente den Mann, der Nunnally Johnsons Drehbuch ruinierte, sehr zuvorkommend. Sie servierte ihm Tee, stellte sich für ihn in die Küche der kleinen Hazienda und brachte ihm, später am Abend, mexikanisches Bier und Appetithäppchen.

»Marilyn war nett zu mir«, sagte Bernstein. »Als ich ihr meinen kleinen Sohn zeigte, war sie ganz reizend und lieb zu ihm.«

Aber Marilyn hatte ihre Zeit verschwendet. Walter Bernstein hatte das Haus am Fifth Helena Drive voller Skepsis betreten und unbeeindruckt wieder verlassen. »Alles, was wir besprachen, hätten wir auch im Studio besprechen können«, meinte er etwas bitter. »Marilyn bekräftigte ihre Autorität und ihren Status als Star, aber ansonsten war das Treffen sinnlos.«

Bernstein erinnerte sich, daß er »klar zwischen der überaus zuvorkommenden, attraktiven Frau und dem Wesen namens ›Marilyn Monroe‹ trennte. Wenn ich ihr einen Vorschlag machte, fing sie an, in der dritten Person von sich zu reden. Etwa so: ›O nein! Marilyn würde das nie tun‹ oder ›Ja, das würde Marilyn tun.‹«

Auch dreißig Jahre später blieb Bernstein bei seinem negativen Urteil über den Star: »Marilyn hatte wenig Talent. Damit will ich sagen, daß sie keine Schauspielerin war wie etwa Bette Davis. Aber sie war sich ihrer Macht bewußt. Sie stand vor der Kamera und wußte, daß sie der größte Filmstar der Welt war und daß ihr das eine Menge Macht verlieh.«

Nur ein einziges Mal traf sich Marilyn mit Cukor und Bernstein. Am Freitag, dem 13. April, ließ sie durch Weinstein ausrichten, daß sie ins Studio kommen würde, um über das Drehbuch zu sprechen – ein Gespräch, das ursprünglich von Cukor angeregt worden war. »Miss Monroe wird um 10 Uhr hier sein«, sagte Weinstein. »Es wäre nett, wenn alle pünktlich wären.«

Die einzigen, die dann pünktlich waren, waren Bernstein und Cukor. Weinstein kam fünfundvierzig, Gene Allen fünfzig Minuten zu spät. Marilyn trudelte erst gegen Mittag ein. »Sie war ganz außer Atem und entschuldigte sich«, sagte Bernstein. Sie hatte sich regelrecht verkleidet – schwarze Freizeithose, geblümte Bluse, das platinblonde Haar unter einem Kopftuch und das Gesicht hinter einer riesigen Sonnenbrille versteckt. Die Maskerade erfüllte zumindest teilweise ihren Zweck. Bernstein jedenfalls bemerkte: »Sie war überhaupt nicht glamourös, sie war nicht einmal hübsch.«

Sie durchschritt in ihren hochhackigen Sandalen den Raum und verlas dabei eine Liste von Vorschlägen zum Drehbuch. Viele waren identisch mit denen, die sie bereits Johnson gemacht hatte.

Dann gab sie einen Entschluß bekannt, der Weinstein aufs höchste beunruhigte. Sie rollte das neue Drehbuch, das ihr Bernstein soeben ausgehändigt hatte, zusammen und sagte in beiläufigem Ton: »Ach übrigens, ich fliege nach New York. Ich möchte das neue Drehbuch mit Lee Strasberg durchsprechen.« Strasberg, Gründer und Direktor des Actor's Studio, war seit längerem Marilyns Berater.

Dann beugte sie sich zu Weinstein hinüber und küßte ihn auf die Wange. »Ich muß die Maschine mal wieder ölen. Sie wissen schon, an der Technik feilen.«

Weinstein, der Strasberg aus seiner New Yorker Theaterzeit kannte, nickte, behielt aber seine starken Vorbehalte gegenüber Strasbergs Schule des »Method-Acting« für sich, die von einem Schauspieler verlangte, das Verständnis für die Figur, die er spielte, in sich selbst zu suchen. Außerdem hatte ihm Cukor von Strasbergs »enervierenden Einmischungen« bei den Dreharbeiten zu *Machen wir's in Liebe* und davor bei den Außenaufnahmen zu Billy Wilders *Manche mögen's heiß* erzählt.

Marilyns Entscheidung, Strasbergs Rat einzuholen, paßte Cukor noch weniger ins Konzept als Weinstein. »Ich weiß nicht, was ich mit den beiden anfangen soll«, sagte er aufgebracht zu Lee Hanna, seiner ehemaligen Sekretärin und jetzigen Produktionsassistentin bei *Something's Got to Give*. Besonders Paula Strasberg war ihm ein Dorn im Auge. Seit *Bus Stop* begleitete sie Marilyn zu allen Dreharbeiten. »Egal, wo sie auftaucht«, murrte Cukor, »sie macht einem die Arbeit zur Hölle.«

Shelley Winters hatte Marilyn bereits 1955 im Actor's Studio eingeführt. Seitdem war sie von Lee Strasberg fasziniert, dem Hohenpriester des Method-Acting, dem Guru von Stars wie Marlon Brando, James Dean, Eva Marie Saint, Maureen Stapleton und Eli Wallach.

Marilyn saß damals in einem abgetragenen Matrosenmantel, mit einem Schal um den Hals und ungeschminkt neben Shelley Winters und sah sich die Aufführung eines Einakters mit Eva Marie Saint an – Paula

Strasberg spielte die anderen Rollen. »Marilyn war hingerissen«, erzählte Winters. »Sie hatte nicht gewußt, daß man die Schauspielerei so wissenschaftlich angehen konnte – oder daß man lernen konnte, eine gute Schauspielerin zu werden.«

Von ihrer Freundin ermutigt, fragte Marilyn schüchtern, ob sie Stunden nehmen könne. Lee Strasberg drehte sich um und war verblüfft, den Filmstar vor sich zu sehen. Zunächst zögerte er, weil er fürchtete, die Filmschauspielerei hätte ihr natürliches Talent verkümmern lassen. Doch dann stimmte er einer unverbindlichen Probesitzung zu.

Was er zu sehen bekam, erstaunte ihn. »Ihr Talent wartete nur darauf, geweckt zu werden«, berichtete er später dem Produzenten David L. Wolper. »Nach dieser einen Sitzung erkannte die Filmschauspielerin, daß sie ihre Technik verbessern konnte, und sie merkte, daß sie bei der Filmerei ihr wirkliches Talent nicht richtig entfalten konnte.«

Der Prophet des Method-Acting, ein kleingewachsener Mann, der in den zwanziger Jahren seine Karriere als Schauspieler begonnen hatte, empfing Marilyn zu einer Reihe von Gesprächen unter vier Augen in seiner New Yorker Wohnung. Während das Kaminfeuer prasselte und die Flammen Marilyns Gesicht beschienen, saß Strasberg in einem bequemen Sessel und ließ sie von ihren Wünschen und Träumen erzählen.

»Dann sagte ich ihr, was ich in ihr sah – ihr grenzenloses Talent«, berichtete er der Kolumnistin Cindy Adams. »Es war fast, als hätte sie nur darauf gewartet, daß jemand auf einen Knopf drückte. Und als es geschah, öffnete sich eine Tür zu ihrer Seele und gab den Blick auf einen Schatz aus lauter Gold und Edelsteinen frei.«

Drei Monate lang trafen sich Monroe und Strasberg jeden Tag zu Privatstunden. Später führte sie im Actor's Studio Szenen aus *Anna Christie*, *Golden Boy* und *Endstation Sehnsucht* auf. Das Publikum war begeistert.

Marilyn glaubte mit geradezu religiösem Eifer an die Strasberg-Schule. Bald beschäftigte sie sich intensiv mit der Motivation ihrer Figuren – selbst wenn sie so geistlose Geschöpfe wie Sugar Kane in *Manche mögen's heiß* zu spielen hatte. »Die Leute waren der Ansicht, daß es nichts brachte und daß die ganze Mühe zu keinen sichtbaren Ergebnissen führte«, sagte John Huston. »Aber sehen Sie sich nur an, wie nuanciert Marilyns Darstellung in *Manche mögen's heiß* ist.«

»Ob die Monroe von dieser Methode profitierte, war umstritten, und die Filmteams [ab *Bus Stop*] waren in dieser Frage tief gespalten«, sagte Dr. Carl Rollyson von der City University von New York, der Marilyn Monroes Karriere und Stil als Schauspielerin untersuchte. »Einige waren der Ansicht, daß Strasbergs Methode, die Marilyn dazu zwang, sich an frühere Erlebnisse zu erinnern, an ihrem fortschreitenden Persönlichkeitsverlust schuld war.«

Anfangs zahlte Marilyn Strasberg nur symbolische Beträge. Doch das änderte sich bald. Marilyn wollte eine ständige Betreuung bei den Dreharbeiten. Sie wollte jemanden, der immer da war, wenn sie wirklich Hilfe brauchte, und bat Lee Strasberg, diese Aufgabe zu übernehmen.

Doch Strasberg war am Actor's Studio nicht immer abkömmlich. Deshalb schlug er vor, daß seine Frau Paula, selbst eine ehemalige Schauspielerin, den Job übernehmen solle. Sie hatte mehr Zeit und konnte Marilyn vor jeder Szene, vor jeder Einstellung über ihr lähmendes Lampenfieber hinweghelfen.

Marilyn war einverstanden, und so begann eine enge künstlerische, emotionale und geschäftliche Beziehung zu den Strasbergs, die bis zu ihrem Tod andauern sollte. Für ein Anfangssalär von 1 500 Dollar pro Woche (bei *Bus Stop*) und später für 3 000 Dollar (bei *Something's Got to Give*) betreute Paula Strasberg die Filmschauspielerin bei allen Dreharbeiten.

»Bald fühlte sie sich ohne Paula verloren«, schrieb Arthur Miller später. »Tatsächlich kümmerte sich Paula wie eine Mutter um sie. Sie war wie eine Phantasiemutter, die alles bestätigte, was Marilyn hören wollte.«

Marilyn agierte vor der Kamera mit einer Leidenschaft und Intensität, die sie nie zuvor gezeigt hatte. »Was meine Mutter bewirkt hat, sehen Sie auf der Leinwand«, sagte Susan Strasberg. »Schauen Sie sich nur an, wie sie sich in *Bus Stop, Manche mögen's heiß, Nicht gesellschaftsfähig* und *Something's Got to Give* verändert hat.«

Aber der Fortschritt hatte seinen Preis.

Paula Strasberg untergrub den Einfluß der Regisseure auf Marilyn. »Marilyn hörte nicht mehr auf die Regisseure, egal bei welchem Film«, erzählte der Liebhaber der Schauspielerin Robert Slatzer. »Sie hörte nur noch auf Paula.« John Huston gab beispielsweise zu, daß er bei der Arbeit an *Nicht gesellschaftsfähig* fast jede Szene vorher mit Paula absprechen mußte.

»Bei *Machen wir's in Liebe* schenkte Marilyn Cukor keinerlei Beachtung«, berichtete Coproduzent Gene Allen. »Immer, wenn sie eine Szene gespielt hatte, schaute sie an Cukor vorbei auf Paula, die an der Seitenbegrenzung stand. Wenn Paula den Kopf schüttelte, bestand Marilyn darauf, die Szene zu wiederholen, und zwar so lange, bis Paula endlich mit dem Kopf nickte.«

»Bald war sie bei allen gefürchtet«, sagte Maskenbildner Whitey Snyder.

Als Monroe zu den Probeaufnahmen für *Something's Got to Give* ohne Paula Strasberg erschien, ging ein Seufzer der Erleichterung durch das Studio – von der Chefetage bis hinunter zu den Schneideräumen. »Die Leute jubelten«, erinnerte sich Tom Tryon. »Wir alle dachten: ›Wenn die Hexe in New York bleibt, kann der Film sogar richtig Spaß machen.‹«

Dann ließ Cukor das Drehbuch umarbeiten und verschob den Drehbeginn. Dazu Tryon: »Zehntausend neue Worte im Skript und drei Wochen Verzögerung wurden dem Film zum Verhängnis.«

»Marilyn war da und wollte arbeiten«, sagte ihr Double Evelyn Moriarity. »Sie war gesund, und sie war glücklich über Nunnally Johnsons Drehbuch. Hätte man rechtzeitig mit dem Drehen begonnen, dann wäre die Katastrophe vielleicht noch abzuwenden gewesen.«

Als Marilyn bei der erwähnten Unterredung am 13. April sagte, daß sie nach New York fliegen wolle, hatte Weinstein eine böse Vorahnung. »Bitte bleiben Sie«, bat er sie. »Wir machen so bald wie möglich weiter.«

»Aber Henry«, schalt sie ihn, »Sie haben noch nicht einmal das Drehbuch fertig, und die Kinderrollen sind auch noch nicht besetzt. Und ich habe in New York zu tun.«

Weinstein wußte nur zu gut, daß Marilyn bei ihren letzten vier Filmen von solchen Kurztrips krank zurückgekehrt war – ein Umstand, der die betroffenen Studios Hunderttausende von Dollars gekostet hatte. Doch er konnte ihr die Reise nicht verbieten. Ihre Anwesenheit war nicht erforderlich. Bernstein arbeitete zwar täglich zwölf Stunden am Drehbuch, aber noch nicht einmal die Eröffnungsszene stand, und der Drehbeginn war auf den 23. April verschoben worden.

»Ich wußte, daß der kleinste Klimawechsel bei ihr zu einer Erkrankung der Atemwege führen konnte«, erinnerte sich Weinstein. »Ich hatte ein ungutes Gefühl.«

»Machen Sie sich keine Sorgen, Henry«, sagte sie zum Abschied, küßte den unglücklichen Weinstein auf die Wange und verschwand in der bereitstehenden Limousine.

Weinsteins schlimmste Befürchtungen sollten sich bestätigen. Als Marilyn am 19. April zurückkam, litt sie an einer schweren Viruserkältung und hatte Paula Strasberg im Schlepptau.

Doch Marilyn hätte sich durch nichts von diesem Wochenendausflug abhalten lassen, selbst wenn die Dreharbeiten pünktlich begonnen hätten. Der Besuch im Actor's Studio diente ihr nur als Tarnung für eine Liebesaffäre, die dramatische Folgen haben sollte, nicht nur für die Zukunft des Films, sondern auch für die Zukunft der Fox.

5

Der Präsident

Marilyn Monroe kam gerade noch rechtzeitig auf dem International Airport von Los Angeles an, um den Direktflug nach New York zu erreichen. Mit einem Tweet-Autocoat, Sonnenbrille und einem Kopftuch von William Travilla verkleidet, hastete sie die Gangway hinauf in die erste Klasse, dicht gefolgt von Hazel Washington, die über einem Arm ein glitzerndes Abendkleid von Jean Louis und über dem anderen ein Nerzcape trug.

Marilyn hatte zwar tatsächlich die Absicht, mit Lee Strasberg darüber zu sprechen, was Cukor und Bernstein mit dem »wunderbaren Drehbuch« anstellten, doch der eigentliche Grund ihrer Reise war ein ganz anderer. Sie flog auf ausdrücklichen Wunsch des Präsidenten der Vereinigten Staaten nach Manhattan.

Zwischen Marilyn Monroe und John F. Kennedy hatte sich eine Liebesaffäre entwickelt, die nun schon ein ganzes Jahr dauerte, aber bemerkenswert geheim geblieben war. Marilyn war so verliebt, daß sie alle anderen privaten und beruflichen Seiten ihres Lebens zu vernachlässigen drohte.

»Sie flog zu einem exklusiven Sponsorendinner für die Schönen und die Reichen von Manhattan. Ein Gedeck kostete 10 000 Dollar«, erzählte Marilyns PR-Berater Rupert Allan, der am 14. April in New York mit Marilyn zu Abend aß. »Der Präsident hatte seinen gutbetuchten Anhängern versprochen, daß sie Marilyn Monroe zu sehen bekommen würden. Er hielt sein Versprechen: Marilyn kam, und er hatte sie nicht lange bitten müssen.«

Fred Lawrence Guiles, einer von Marilyns Biographen, pflichtete dem bei: »Zu der Zeit brauchte der Präsident nur mit dem Finger zu schnippen, und Marilyn kam.«

Marilyns Auftritt bei dieser privaten politischen Soiree sollte einen neuen Höhepunkt in ihrer heimlichen Affäre mit dem Präsidenten markieren. Kennedys engste Berater, sein Schwager Peter Lawford, Lawfords Agent Milt Ebbins und David Powers erhielten den Auftrag, dafür zu sorgen, daß die Märchenprinzessin aus Hollywood unterwegs nicht verlorenging. Außerdem traf Lawford alle Vorkehrungen, damit sich Marilyn nach der Party unauffällig in Kennedys New Yorker Apartment absetzen konnte. »Marilyn«, so Hazel Washington, »schlief mit dem Präsidenten bei jeder sich bietenden Gelegenheit.«

Die Vorbereitungen für den Galaabend nahmen den ganzen Nachmittag in Anspruch. New Yorks Kosmetik-Gurus gaben sich in Marilyns Apartment in der 57. Straße die Türklinke in die Hand. Den Anfang machten die Visagisten (eine Gefälligkeit Elizabeth Ardens), dann folgten ein Spezialist für Körper-Make-up (eine Leihgabe Marlene Dietrichs) und schließlich Kenneth, der führende Hair-Stylist in der Stadt.

Als Ebbins die Schauspielerin um 19.30 Uhr abholen wollte, saß sie noch immer mit ihrem Dienstmädchen im Schlafzimmer. Um 20 Uhr rief Lawford an: »Schafft sie sofort her!« Er war außer sich. »Alle warten nur noch auf sie.«

Hazel Washington stellte Ebbins einen Drink hin und versuchte ihn zu beruhigen: »Es dauert bestimmt nicht mehr lange.«

Eine Stunde später klingelte das Telefon erneut. Wieder war Lawford am Apparat: »Wo zum Teufel bleibt ihr? Der Präsident tobt.«

Fünf Minuten lang ging Ebbins in dem ganz in Weiß gehaltenen Wohnzimmer auf und ab, dann faßte er sich ein Herz und öffnete die Tür zum Schlafzimmer. Marilyn Monroe saß splitternackt auf einem Hocker. Sie starrte in den Spiegel und probierte ohne große Begeisterung verschiedene aquamarinblaue Ohrringe.

Ebbins und Washington brauchten eine knappe Viertelstunde, um ihr das perlenbesetzte Kleid anzuziehen, einen Mantel überzuwerfen und sie in den Aufzug zu verfrachten.

Als Ebbins und Marilyn vor dem Wolkenkratzer in der Park Avenue, in dem die Party stattfand, vorfuhren, hielten über 50 Reporter die Lobby besetzt. Sie hatten Wind davon bekommen, daß Marilyn an diesem Abend hier aufkreuzen würde. Ebbins fluchte. »Was sollen wir bloß tun?« Marilyn lächelte ihn an, setzte ihre Sonnenbrille auf und stülpte sich eine rote Perücke über Kenneths Meisterwerk. Dann hakte sie sich bei Ebbins unter, und die beiden rauschten unerkannt an den wartenden Fotografen vorbei zu den Aufzügen.

Als Marilyn den Saal betrat, erstarben alle Gespräche. Die Band auf der Bühne spielte zwar noch weiter, aber niemand schenkte ihr mehr Gehör. »Das Dinner war vergessen, alle hatten nur noch Augen für Marilyn Monroe«, sagte Rupert Allan, der sich in Manhattan gerade von seinen Pflichten als Berater der Fürstin Gracia von Monaco erholte. »Als Marilyn sich bis zum Präsidenten vorgearbeitet hatte, wechselten die beiden ein paar Worte. Da wurde mir schlagartig klar, daß sie in ihn verliebt war. Die Vorstellung war erschreckend, denn ich wußte, daß Marilyn keine halben Sachen machte.«

Gegen 4.00 Uhr morgens verließen die letzten Gäste die Party. Marilyn fuhr in einer Limousine des Präsidenten zu ihrem Apartment in der 57. Straße zurück. Der Chauffeur begleitete sie noch bis zum Aufzug, bevor er sich höflich von ihr verabschiedete.

Kaum in ihrem Zimmer, schlüpfte Marilyn aus dem Abendkleid, zog sich Hosen und eine einfache Bluse an, bestellte ein Taxi und ließ sich zum Carlyle Hotel bringen, in dem Kennedy zwischen den Bäumen und Sträuchern des Dachgartens eine Junggesellenwohnung hatte. »Marilyn«, so ihr Freund und Masseur Ralph Roberts, »war mit seiner Suite bald sehr vertraut.«

Rupert Allan wollte unbedingt Näheres über Marilyns Beziehung zu Präsident Kennedy erfahren und rief bis etwa 7.00 Uhr mehrmals in ihrem Apartment an. Ohne Erfolg. Als er später von Monaco aus anrief, hatte er mehr Glück, und Marilyn erzählte ihm alles über die sich rasant entwickelnde Affäre.

Der berühmte Filmstar und der Präsident der Vereinigten Staaten waren sich erstmals im Haus von Peter und Patricia Kennedy Lawford in Santa Monica begegnet. Was dort mit einer Reihe von Flirts begonnen hatte, führte bald zu ersten Rendezvous im Beverly Hills Hotel oder an Bord der Air Force One, der offiziellen Boeing 727 des Präsidenten.

Nach dem 15. April, und möglicherweise wegen ihres Erfolgs bei dem Galaabend in der Park Avenue, behandelte Marilyn die Affare nicht mehr mit der gleichen Heimlichtuerei wie zuvor. Hatte sie bisher nur in ihrem Schlafzimmer mit John F. Kennedy telefoniert, so rief sie das Oval Office des Präsidenten jetzt von ihrem oft überfüllten Bungalow auf dem Fox-Gelände aus an.

Bei einer dieser Gelegenheiten saß Fox-Choreograph Stephen Papich, einer ihrer engsten Vertrauten, direkt neben ihr. Es war Ende April, und sie rief Kennedy an, um mit ihm über seine bevorstehende Geburtstagsparty im Madison Square Garden zu sprechen. Sie hatte die Nummer des Oval Office gewählt und schwatzte gerade mit Kennedys Privatsekretärin Evelyn Lincoln, als Papich bemerkte, wie sie einen Schmollmund zog. Doch schon im nächsten Moment lachte sie und strahlte Papich an: »Er sagt, daß er jetzt keine Zeit habe, darüber zu reden. Er sagt, er sei mitten in einer wichtigen Besprechung.« Sie zwinkerte ihm zu: »Aber für ›Du-weißt-schon-Was‹ hat er immer Zeit, Stephen.«

Als die Hollywooder Zeitungen in dicken Lettern Marilyns Teilnahme an Kennedys Geburtstagsparty ankündigten, witterten viele

Insider Gefahr. »Warum mußten die das an die große Glocke hängen?« fragte Drehbuchautor Nunnally Johnson. »Viele von uns empfanden Marilyns angekündigten Auftritt im Madison Square Garden so, als würde sie mit dem Präsidenten vor den Augen der Öffentlichkeit ins Bett gehen, nachdem sie es monatelang heimlich getan hatte.«

Es kam zu weiteren kleinen Indiskretionen und Gerüchten, die einen Skandal heraufbeschwören und unter Umständen sogar Kennedys Wiederwahl 1964 gefährden konnten. Papich staunte über die Offenheit, mit der Marilyn von ihrer Garderobe aus im Weißen Haus anrief. »Sie sagte geradeheraus: ›Hier spricht Marilyn Monroe, kann ich bitte mit dem Präsidenten sprechen?‹« Außerdem führte sie Ferngespräche über die Telefonzentrale der Fox.

Telefonistinnen, die im Sommer 1962 dort arbeiteten, vermittelten »Dutzende von Gesprächen zwischen Marilyns Garderobe und dem Weißen Haus«. Die Telefonistin, von der diese Angaben stammen, wollte anonym bleiben. Nach ihrer Auskunft gab Marilyn Monroe während der Dreharbeiten zu *Something's Got to Give* über 66 Dollar für Ferngespräche mit dem Weißen Haus und dem Justizministerium aus – für damalige Verhältnisse eine enorme Summe.

Über das Telefon, für Marilyn seit jeher eine wichtige Brücke zur Außenwelt, hielt sie nun Kontakt zu ihrem Liebhaber John F. Kennedy.

»Sie erzählte mir«, sagte Marilyns Freundin, die Schauspielerin Terry Moore, »daß sie über eine Geheimnummer den Präsidenten direkt im Oval Office anrufen könne. Sie fand das sehr aufregend und war unglaublich stolz darauf.«

Nach den Bürostunden wurden Marilyns Anrufe automatisch in die Privaträume des Präsidentenehepaars durchgestellt. »Oft war Jackie Kennedy am Apparat, wenn Marilyn den Präsidenten sprechen wollte«, erinnerte sich Patricia Seaton Lawford, Peter Lawfords dritte Frau. »Marilyn konnte sogar mit ihm reden, wenn Jackie dabei war. Das beweist, daß Marilyn für ihn mehr war als nur ein Abenteuer.«

Zwar hatten Kennedy und Marilyn Monroe bereits im Strandhaus des Präsidentenschwagers Peter Lawford heftig miteinander geflirtet, doch richtig ernst wurde ihre Beziehung erst bei einer Weihnachtsparty, die Patricia Kennedy Lawford im Dezember 1961 gab.

Die Gelegenheit war günstig, denn die First Lady hatte beschlossen, Weihnachten an der Ostküste zu verbringen. Niemand stand Marilyn und dem Präsidenten im Wege, als sie sich aus dem mit einem Tannenbaum und zahllosen Weihnachtssternen geschmückten Salon stahlen und in das größte der insgesamt vierzehn Schafzimmer in Lawfords Villa zurückzogen.

Nach einem gemeinsamen Schaumbad, bei dem Marilyn den Präsidenten mit Champagner übergoß, verbrachten sie eine lauschige Stunde in jenem Bett, in dem einst der Filmzar Louis B. Mayer, der ursprüngliche Besitzer der Strandvilla, geschlafen hatte. Der Privatdetektiv Fred Otash behauptete später, er habe Wanzen in Lawfords Haus installiert und das Bettgeflüster zwischen dem Politiker und der Schauspielerin am Abend der Weihnachtsparty belauscht. Otash machte sogar Andeutungen, daß über »Staatsgeheimnisse« gesprochen worden sei.

In Hollywood kursierten bald Gerüchte, wonach »der Präsident und das Showgirl« mal hier, mal da zusammen gesehen worden seien. Tatsächlich verbrachten Marilyn Monroe und John F. Kennedy Anfang 1962 eine Nacht im Hilton in Beverly Hills, wo sie sich vom Zimmerkellner Hummer servieren ließen. Ein andermal hatten sie ein Rendezvous nach Mitternacht in einem Penthouse des Beverly Hills Hotels. Und schließlich trafen sie sich zu einem Stelldichein am Strand von Santa Monica.

Doch am unverfrorensten gingen die beiden während eines offiziellen Besuchs des Präsidenten in Palm Springs zu Werke, nur zwei Wochen vor den Probeaufnahmen für *Something's Got to Give.* Nachdem die Air Force One ihre Passagiere in der Wüste abgesetzt hatte, machte der Präsidententroß einen Umweg über Los Angeles und las dort Kennedys Schwager Peter Lawford und eine perfekt verkleidete Marilyn Monroe auf.

Marilyn trug eine brünette (und noch dazu billige) Perücke, eine Sonnenbrille und ein strenges graues Kostüm von der Stange. Um die Maskerade perfekt zu machen, hielt sie sogar einen Stenoblock und gespitzte Bleistifte bereit. »Einen Tag später rief sie mich an«, sagte ihr Freund Ralph Roberts, »und wir rissen Witze darüber. Sie sagte, Lawford habe ihr sogar etwas diktiert, wie einer richtigen Sekretärin. Sie konnte sich vor Lachen kaum halten.« Später, als sie im Wagen des Präsidenten saßen und vor neugierigen Blicken geschützt waren, klärte sie Kennedys Schwager auf.

Die Anwesenheit des Secret Service und mehrerer junger politischer Mitarbeiter rechtfertigte diese Vorsichtsmaßnahmen durchaus. Der Präsident wurde in Bing Crosbys geräumiger Villa untergebracht. Doch obwohl das Haus streng bewacht wurde, gelang es ihm mehrere Male, sich unbemerkt davonzuschleichen und mit Marilyn zu treffen. Einige Reporter sahen sie eng umschlungen im Sonnenuntergang spazierengehen. Ein anderer bemerkte im Schatten eines nahegelegenen Bungalows Agenten des Secret Service und erhaschte einen Blick von einer platinblonden Frau, die hinter den Vorhängen im Schlafzimmer hervorschaute.

Nach Beendigung des offiziellen Dinners in Crosbys fürstlichem Speisezimmer gab der Präsident in dem etwas abseits gelegenen Gästehaus, das durch Büsche und Bäume vom Hauptgebäude getrennt war, eine Party für einen exklusiveren Kreis. Kennedy hatte inzwischen den Smoking abgelegt und trug jetzt Khakihosen, einen blauen Rollkragenpulli und leichte Slipper ohne Socken.

Ein vielversprechender junger Demokrat namens Philip Watson (später Coroner des County Los Angeles) gehörte zu den Auserwählten. Obwohl Marilyn mit einer weißen Seidenbluse und Hosen von Coco Chanel zu einfach angezogen war, durchschaute Watson sofort, daß sie die eigentliche Gastgeberin war.

»Es war offensichtlich«, erinnerte sich Watson später »daß die beiden ein Verhältnis miteinander hatten und Marilyn über Nacht bleiben würde.« Er war darüber keineswegs schockiert, denn er hatte das Liebespaar bereits bei einer politischen Veranstaltung in einem Hinterzimmer des Hilton zusammen gesehen.

Marilyn weilte immer noch in Palm Springs und lag immer noch mit dem mächtigsten Mann Amerikas im Bett, als sie ihren Freund Ralph Roberts anrief: »Ralph, da ist ein Freund von mir, der mit dir sprechen möchte. Wir haben uns gerade darüber unterhalten, wie ich meinen Gang entwickelt habe, du weißt doch, den ›Marilyn-Walk‹. Mein Freund will wissen, welche Muskeln ich dafür trainieren mußte.«

Roberts dachte, er wüßte, was ihn erwartete, geriet dann aber doch ein wenig ins Stottern, als der unverwechselbare Bostoner Akzent des Präsidenten aus dem Hörer drang: »Hallo, Mr. Roberts. Nun, was können Sie mir darüber sagen?«

Roberts erklärte ihm in allen Einzelheiten, wie Marilyn jahrelang ihre Muskeln im Hüftbereich hatte trainieren müssen, um jenen fließenden, wiegenden Gang zu entwickeln, den unzählige Starlets zu imitieren versucht hatten. Er war nicht wenig erstaunt, als Kennedy von sich aus die Unterhaltung fortsetzte und nach einer Spezialmassage gegen seine Rückenschmerzen fragte, an denen er seit dem Zweiten Weltkrieg fast unausgesetzt litt.

»Mr. Roberts, ich danke Ihnen vielmals«, sagte der amerikanische Präsident, bevor er den Hörer an Marilyn zurückgab.

»Ich werde dir später alles erklären«, flüsterte Marilyn und beendete das Gespräch.

Später zog sie den Präsidenten auf: »Roberts könnte dich viel besser massieren als ich, er ist ein richtiger Profi.«

Kennedy grinste: »Na ja, es wäre jedenfalls nicht dasselbe, meinst du nicht auch?«

»Wenn ich richtig verstanden habe«, sagte Roberts, »verbrachten die beiden das ganze Wochenende miteinander.« Ein paar Tage später erzählte ihm Marilyn, wie schwierig es für sie und den Präsidenten gewesen sei, den wachsamen Augen des Secret Service zu entkommen. »Es wird mit jeder Woche schwieriger«, klagte sie.

Je länger die Affäre dauerte, desto mehr gab sich die Schauspielerin der Hoffnung hin, der Präsident würde sich von Jackie scheiden lassen und sie zur First Lady des Landes machen. Sie vertraute diesen Traum sogar ihren Freunden Robert Slatzer, Stephen Papich, Terry Moore und Ralph Roberts an.

»Man muß sich einfach klarmachen«, sagte Roberts, »daß Marilyn in einer Traumwelt lebte und arbeitete. Also fing sie an, ihre Träume zu leben. Und ihr neuester Traum war eben, Jackies Stelle einzunehmen und John F. Kennedy zu heiraten.«

»Warum hat der Präsident nur diese Gipsstatue geheiratet?« fragte sie Roberts. »Ich gehe jede Wette ein, daß er ihr niemals unter den Rock faßt wie mir. Niemand tut das, wetten? Mein Gott, Jackie ist doch steif wie ein Brett.« Und später sagte sie zu ihm: »Ich bin sicher, daß ihre Familien sie zur Heirat gezwungen haben. Stell dir vor, in einer Ehe gefangen zu sein, die keiner von beiden will. Wenn er mit mir zusammen ist, spüre ich, daß er Jackie nicht liebt.«

Dem Kostümbildner William Travilla fiel auf, daß »Marilyn ein schadenfrohes Gesicht machte, als sie hörte, daß der alte Joe Kennedy eine Million Dollar an Jackie habe zahlen müssen, damit sie weiter mit John im Weißen Haus lebte.«

Träume gehen in Hollywood leichter in Erfüllung als anderswo. Und vielleicht war ja Marilyns Vorstellung gar nicht so abwegig. Gene Allen, Coproduzent von *Something's Got to Give*, sagte: »Welche Chancen hatte sie schon, Joe DiMaggio zu heiraten, einen der großartigsten Sportler der Welt? Sie, das kleine Mädchen aus Weißgottwoher. Aber sie bekam ihn. Und welche Chancen hatte sie, Arthur Miller zu heiraten, einen der berühmtesten Bühnenautoren? Er und Marilyn? Unvorstellbar! Und was ist passiert? Sie hat auch ihn gekriegt. In Anbetracht dieser Erfolge hätte sie eventuell sogar Amerikas First Lady werden können – wenn alles perfekt gelaufen wäre.«

Aber zunächst einmal mußte sich Marilyn gegen die schönen und berühmten Frauen durchsetzen, die den Präsidenten unaufhörlich umschwärmten und sich ihm an den Hals warfen.

Mit John F. Kennedys Präsidentschaft hatte eine bedauernswerte Serie von Sexgeschichten, ausschweifenden Parties und Alkohol- und Drogenexzessen begonnen, die beispiellos ist in der Geschichte des Weißen Hauses. Zu der Zeit, als der Präsident einer blauäugigen Marilyn Monroe den Hof machte, war er auf die eine oder andere Weise mit Dutzenden von anderen Frauen intim – bekannten und unbekannten, schönen und weniger schönen, jungen und alten. In dem ereignisreichen Jahr 1962 hatte er nicht nur sein undurchsichtiges Techtelmechtel mit der Freundin des Mafiabosses Sam Giancana, Judith Campbell Exner, sondern auch eine intensive Beziehung zu der Schauspielerin Angie Dickinson.

»Ihre Liaison mit John war die brutalste und destruktivste Beziehung, die sie je hatte«, sagte Patrica Seaton Lawford über Marilyns Affäre. »Sie kapierte nicht, daß John nicht mit Marilyn Monroe schlafen wollte, sondern mit der berühmtesten Filmschauspielerin der damaligen Zeit. Sie war für ihn nur ein Symbol. Mehr nicht.«

»Die Kennedys faszinierten die Schauspielerin, denn sie repräsentierten eine Bühne, auf der zu spielen sogar noch großartiger war als in Hollywood«, sagte Carl Rollyson. »Die Kennedys gaben ihrem Leben einen zusätzlichen Glanz.«

Und nie sonnte sich Marilyn mehr im Glanz der Präsidentenfamilie als in jener Woche, die sie in New York verbrachte – eine Atempause, die sie dem Umstand verdankte, daß Cukor mit dem Drehbuch von *Something's Got to Give* beschäftigt war.

Bevor Marilyn am 19. April widerwillig nach Hollywood zurückflog, traf sie sich mit Lee Strasberg. Gemeinsam gingen sie Nunnally Johnsons Drehbuch für *Something's Got to Give* durch, Szene für Szene, Figur für Figur. Strasberg sagte ihr, welche Szenen sie auf keinen Fall verändern lassen durfte und welche sie vernachlässigen konnte. Am Ende war Marilyns Kopie des Skripts mit Anmerkungen und Randnotizen vollgekritzelt.

Während ihrer Abwesenheit waren alle Seiten, die Walter Bernstein umgeschrieben hatte, von einem Boten in das Haus nach Brentwood gebracht worden, und Eunice Murray hatte sie über alle Änderungen auf dem laufenden gehalten. Was ihre Haushälterin berichtete, überzeugte sie davon, daß sie bei der bevorstehenden Auseinandersetzung einen Verbündeten brauchte. Am Abend des 18. April überredete sie Paula Strasberg beim Dinner, mit ihr nach Hollywood zu fliegen und zum fünftenmal die Rolle ihrer privaten Schauspiellehrerin und Regisseurin zu übernehmen.

Doch Marilyn Monroe brachte bei ihrer Rückkehr aus New York noch ein weiteres Geschenk von Lee Strasberg mit: eine Viruserkältung, die schon bald auf ihre Lungen und Nebenhöhlen übergreifen sollte. Strasberg hatte ihr zwar gesagt, daß er krank sei, und deshalb vorgeschlagen, alles am Telefon zu besprechen. Doch Marilyn hatte seine Warnung in den Wind geschlagen und praktisch in seinem New Yorker Apartment gewohnt.

Bereits auf dem Weg zum Flughafen sagte sie Paula: »Ich glaube, ich habe mich bei Lee angesteckt.«

Unterdessen war die Twentieth Century-Fox in Hollywood erneut in ernste Zahlungsschwierigkeiten geraten. Stanley Hough und Philip Feldman informierten ihre Vorgesetzten, daß die Gesellschaft voraussichtlich nicht über genügend Mittel verfüge, um die drei Produktionen *Something's Got to Give*, *Cleopatra* und *Der längste Tag*, Darryl Zanucks Weltkriegsepos über die Landung der Alliierten in der Normandie, zu Ende zu führen. Die Zukunft des Studios hing jetzt von Marilyn Monroes angegriffener Gesundheit ab.

6

Die Krankheit

Zitternd vor Kälte kämpfte Marilyn unter ihrer Satindecke stundenlang gegen die Schmerzen an – und gegen die Schlaflosigkeit. Als sie schließlich gegen 3.30 Uhr aufgab und sich über ihr Bett beugte, um die Nachttischlampe anzuknipsen, spürte sie, daß das Bettzeug schweißdurchtränkt war. »Es war tropfnaß«, erinnerte sich später ihre Haushälterin Eunice Murray.

Seit über vier Stunden, seit die Wirkung des Nembutals nachgelassen hatte, litt sie abwechselnd unter Fieberanfällen und Schüttelfrost. Ein Sturm fegte über das Vorgebirge, und in dem Haus in Brentwood war es feucht und zugig.

Marilyn hatte nicht einmal die Kraft, aufzustehen und Eunice, die am anderen Ende des langen Flurs schlief, um Hilfe zu bitten.

Es war Samstag, der 20. April, der Tag nach Marilyns Rückkehr aus New York. In fünfzig Stunden sollten die Dreharbeiten zu *Something's Got to Give* beginnen.

»Sie wollte nicht zugeben, daß sie ernstlich krank war«, erzählte die Haushälterin später der Journalistin Hedda Hopper. »Sie wollte unbedingt diesen Film hinter sich bringen und sich auch von einer Erkältung nicht abhalten lassen.«

Aber jetzt, praktisch außerstande, das Bett zu verlassen, griff sie zum Hörer und rief Henry Weinstein an – der bald darauf den Studioverantwortlichen die unangenehme Nachricht beizubringen hatte, daß Marilyn diesmal nicht simulierte, wie schon mehrmals zuvor, sondern tatsächlich krank war.

Aber noch schlummerte Weinstein friedlich in seinem komfortablen Reihenhaus in Beverly Hills, zehn Kilometer von Brentwood entfernt. Er hatte sich auf das freie Wochenende gefreut – sein erstes, seit er als Produzent diesen schon jetzt in Schwierigkeiten geratenen Film übernommen hatte.

Noch bevor er den Hörer abhob, wußte er, daß es Marilyn war. Später sagte er: »Es war einer dieser Anrufe, von denen man weiß, daß sie irgendwann kommen. Die Frage war nur, wann.«

Ohne sich dafür zu entschuldigen, so spät in der Nacht zu stören, zählte Marilyn ihre Symptome auf: Hustenanfälle, heftige Kopfschmerzen, die Sehstörungen verursachten, und Kehlkopfentzündung. »Ich wollte es Ihnen so früh wie möglich sagen«, flüsterte sie mit heiserer Stimme. »Ich kann am Montag nicht zu den Dreharbeiten kommen.«

Während sie unzusammenhängendes Zeug über ihre Mattigkeit redete, fühlte sich Weinstein an den Tag erinnert, als er sie mit einer Tablettenvergiftung gefunden hatte. Sie klang jetzt kein bißchen besser.

Weinstein empfand eine Mischung aus Mitleid und Panik – Mitleid, weil sich Marilyn wirklich krank anhörte, und Panik, weil die Folgen eines Produktionsstops am ersten Drehtag nicht abzusehen waren. Nach vier Monaten ohne nennenswerte Produktionen war das riesige Studio endlich aus seinem Winterschlaf erwacht. Die Kameras der Twentieth Century-Fox standen für *Something's Got to Give* bereit. Und jetzt, zwei Tage vor Drehbeginn, war die Hauptdarstellerin, die in fast jeder Szene mitwirkte, so schwer erkrankt, daß mit ihrem Erscheinen am Montag nicht zu rechnen war.

Seit Tagen machten die Studioarbeiter Überstunden, damit die Nachbildung von Cukors Villa rechtzeitig fertig wurde. Am Mittwoch war eine Naht des Fiberglas-Schwimmbeckens geplatzt und hatte das Studio unter Wasser gesetzt. Die Arbeiter hatten kaum genug Zeit gehabt, den Pool leer zu pumpen, den Riß zu flicken und das Becken wieder mit dem speziellen blaugefärbten Wasser zu füllen, auf dem Cukor bestand.

Hoch über den Kulissen turnten die Elektriker in den Gerüsten und installierten zusätzlich sieben bernsteinfarbene und neun blaue Scheinwerfer. Die Technicolor-Probeaufnahmen hatten nämlich gezeigt, daß die Kulissen unzureichend ausgeleuchtet waren. Alle Szenen, die im und um das Haus spielten, sollten im Inneren des riesigen Aufnahmestudios gedreht werden, und die Beleuchter standen vor der schwierigen Aufgabe, die Illusion strahlenden Sonnenscheins zu schaffen.

Vier Meilen entfernt, in der Werkstatt des Kostümbildners Jean Louis in Beverly Hills, änderten Näherinnen das geblümte Kleid, das Marilyn in den ersten Szenen tragen sollte. Die Schneiderin Elizabeth Courtney legte selbst mit Hand an, damit das Kleid und der dazu passende Mantel auch wirklich bis Montag morgen fertig wurden.

Am späten Freitag abend, als Paula Strasberg mit dem Flugzeug aus New York eintraf, warteten die Schauspieler und Techniker nur noch auf den Startschuß. Wie vor jedem Monroe-Film herrschte im Filmteam eine gewisse Nervosität. »Wir warteten darauf, daß es losging«, sagte Marilyns Double Evelyn Moriarity. »Wie immer. Es herrschte die übliche Unruhe und Nervosität.«

Jetzt, nach Marilyns nächtlichem Anruf, hatte das Warten ein Ende. Schon als sie nach New York geflogen war, hatten die Verantwortlichen der Fox die Luft angehalten. Es war bekannt, daß Marilyn häufig unter Erkrankungen der Atemwege litt – wie Elizabeth Taylor, deren labile Gesundheit die Dreharbeiten an *Cleopatra* bereits um sieben Monate verzögert hatte. Elizabeth Taylors Bronchitisanfälle und Lungenentzündungen sollten das Studio acht Millionen Dollar kosten – ebensoviel wie die abgebrochene Londoner Version von *Cleopatra.*

Marilyns Erkältungen und Halsentzündungen hatten schon bei *Manche mögen's heiß, Machen wir's in Liebe* und *Nicht gesellschaftsfähig* kostspielige Verzögerungen verursacht. Weinstein wußte das und wurde deshalb immer besorgter, als Marilyn am Telefon über ihre Erkältung sprach und klagte, daß sie jetzt noch schlechter schlafen könne als zuvor. Er tröstete sie, so gut er konnte, und versprach, sie später zurückzurufen.

Als Weinstein den Hörer auflegte, wußte er: Marilyn mußte ernstlich krank sein, wenn sie die Verantwortlichen der Fox dazu überreden wollte, den Beginn der Dreharbeiten zu verschieben. Gegen 16 Uhr rief er sie zurück und stellte mit Schrecken fest, daß sie sich noch schlechter anhörte. In der Nacht zum Sonntag erkundigte er sich noch zweimal nach Marilyns Befinden.

Am Sonntag nachmittag rief schließlich Eunice Murray bei Weinstein an und sagte: »Marilyn kann morgen unmöglich kommen.«

»Eunice, wie krank ist sie wirklich?« fragte er.

»So krank, daß sie die ganze Woche im Bett bleiben muß«, antwortete die Haushälterin »Sie ist sogar zu schwach zum Aufstehen. Außerdem hat sie starke Kopfschmerzen und hohes Fieber.«

Gegen zwei Uhr nachmittags stieg das Fieber auf 38,5 Grad. Im Krankenhaus Cedars of Lebanon wurde ein Bett für sie reserviert.

Als dann auch noch Marilyns Internist anrief, blieb Weinstein nichts anderes übrig, als die Diagnose zu akzeptieren und die fälligen Anrufe zu tätigen. Während er mit Cukor, Levathes und Dean Martin telefonierte, beschlich ihn ein ungutes Gefühl. Es sah ganz danach aus, als sollte *Something's Got to Give,* wegen der Querelen zwischen Star und Regisseur ohnehin schon ein wackeliges Projekt, nun endgültig einem Virus zum Opfer fallen.

In Marilyns Haus in Brentwood gingen die Ärzte aus und ein. Schon nach ihrer Rückkehr aus New York drei Tage zuvor hatte Marilyn über »unerträgliche Schmerzen hinter den Augen« geklagt, und in der Nacht zum Samstag hatten die ersten Schüttelfröste eingesetzt. Während Eunice Murray sie dick in Decken einpackte, stellte ihr Hausarzt Dr. Hyman Engleberg die vorläufige Diagnose »Nebenhöhlenentzündung«.

Eine korrekte Diagnose, wie tags darauf die Untersuchung im Krankenhaus Cedars of Lebanon ergab. Eine akute Virusinfektion hatte sich zu einer Nebenhöhlenentzündung entwickelt, hervorgerufen durch Streptokokken, die in die Nebenhöhlen eingedrungen waren. Marilyn litt unter hohem Fieber, Schwindelanfällen, starken Kopfschmerzen und Erschöpfungszuständen. Außerdem ergaben die Untersuchungen, daß sie eine »chronische Sinusitis« hatte, die schwerste Form der Krankheit, die normalerweise eine einmonatige Behandlung mit Antibiotika erfordert.

Noch am Sonntag nachmittag erschien der Studioarzt Dr. Lee Siegel, um sich selbst ein Bild zu machen. Wie immer mißtrauten die Bosse in New York den Diagnosen unabhängiger Ärzte. Marilyn Monroe galt so lange als gesund, bis ein Studioarzt sie untersucht hatte. Siegel, ein hochgewachsener, attraktiver Mann, der gut mit Kranken umgehen konnte, behandelte Marilyn bereits seit 1951.

Siegel nahm ihre Temperatur und maß 38,3 Grad Fieber. Den Zustand ihrer Atemwege beschrieb er als »stark verschleimt«, außerdem konstatierte er eine »Sekundärinfektion im Hals«. »Wir müssen mit einer mehrwöchigen Behandlung rechnen«, schrieb er in seinen offiziellen Bericht. Zusammen mit einem anderen Arzt des Studios schickte er umgehend ein vertrauliches Telegramm an die Zentrale in New York. Darin empfahl er, die Arbeit an *Something's Got To Give* um mindestens einen Monat zu verschieben. »Andernfalls«, fuhr er fort, »kann nicht ausgeschlossen werden, daß das Projekt wegen Marilyns Krankheit ganz eingestellt werden muß.«

Eunice Murray erzählte Siegel, daß Marilyn wegen ihrer Kopfschmerzen nicht arbeiten könne. Später erinnerte sie sich, daß »Marilyn jeden Morgen gegen 3 Uhr mit Kopfschmerzen aufwachte und hohes Fieber hatte. Jeden Tag versuchte sie, ins Studio zu gehen, aber sie konnte einfach nicht.« Aus den Akten des Studios geht hervor, daß sie in der ersten Woche viermal den Wagen vorfahren ließ. Aber immer kehrte er ohne sie zurück. Einmal wurde dem Chauffeur Rudy Kautsky mitgeteilt, daß Marilyn in der Badewanne ohnmächtig geworden sei. »Marilyn wußte, daß sie krank war«, sagte ihr Masseur Ralph Roberts. »Trotzdem hatte sie Schuldgefühle, weil sie nicht vor der Kamera stand.«

Bei der Fox war man verzweifelt. In Studio 14, wo 104 Mitarbeiter ungeduldig auf den Drehbeginn warteten, herrschte Untergangsstimmung. Drehbuchautor Bernstein bemerkte in einer Mischung aus Wut, Angst und Sorge: »Weinstein schlich um den Swimmingpool und sah aus, als würde er jeden Moment hineinspringen. Keiner machte Witze. Jetzt, wo die Dreharbeiten beginnen sollten, war es gefährlich, Witze zu reißen.«

»Marilyn wird sich die ganze verdammte Woche nicht blicken lassen«, fluchte Buck Hall, Regieassistent und erklärter Feind der Schauspielerin. »Und nächste Woche wird sie kurz hier aufkreuzen und dann wieder für den Rest der Woche verschwinden. In der dritten Woche wird sie dann vielleicht, aber auch nur vielleicht, wieder arbeiten.«

Halls Prognose sprach sich herum, und niemand nahm sie aufmerksamer zur Kenntnis als die Manager. In den Büros des Darryl F. Zanuck Building machte sich allmählich Panik breit. »Alle wußten, daß Marilyn erst drehen würde, wenn sie wieder ganz auf dem Damm war«, sagte Weinstein. »Unser Schicksal lag in den Händen der Ärzte.«

Wie es das Schicksal wollte, erwies sich Buck Halls Prognose als richtig. Marilyn hütete volle zwei Wochen das Bett. In der zweiten Woche kam sie, wie von Hall vorhergesagt, ins Studio, wurde aber unter der Trockenhaube ohnmächtig und umgehend wieder in ihr Bett verfrachtet.

Die Richtigkeit von Halls Prognose bestärkte die Leute in dem Glauben, daß Marilyn nur simulierte. Zwischen den Studioärzten und den argwöhnischen Managern wanderten Berichte hin und her, in denen über die Art ihrer Erkrankung spekuliert wurde. Sie enthielten Fieberkurven, detaillierte Analysen ihrer Symptome und eine medizinische Beschreibung der chronischen Sinusitis, der, wie es hieß, »schlimmsten Erkrankung der Atemwege«. Fox-Präsident Spyros Skouras präsentierte dem skeptischen Verwaltungsrat nur die pessimistischen Berichte Dr. Siegels, um die Herren davon zu überzeugen, daß Marilyn Monroe wirklich krank war.

»Mein Mann konnte es nicht fassen, daß sie ihm nicht glaubten«, erinnerte sich Noreen Nash Siegel, die Witwe des Arztes. »Lee hätte nie eine falsche Diagnose gestellt, nicht einmal, um Marilyn zu helfen. Er wußte, daß sie sehr krank war. Und es hat sich ja dann auch gerächt, daß sie ihm damals nicht geglaubt haben.«

Bald war Marilyn Monroes Fieberkurve für das Unternehmen wichtiger als die Notierung seiner Aktien an der Börse. Interessanterweise fielen oder stiegen die Kurse der Aktie tatsächlich, wenn ärztliche Bulletins aus Hollywood in die Presse gelangten.

»Jeden Morgen gegen sieben Uhr rief ich drei von Marilyns Ärzten an«, sagte Weinstein. »Ich notierte mir alle Symptome und die verschiedenen Meinungen dazu und erstattete der Fox darüber Bericht. Marilyn hatte einen Hals-Nasen-Ohren-Arzt, einen Internisten und sogar einen Augenarzt, denn inzwischen litt sie auch noch unter einer Augenentzündung.«

Zum erstenmal in seiner Karriere gehörte Studioarzt Siegel fest dem Produktionsteam eines wichtigen Films an. Bei vielen Entscheidungen, die Marilyn betrafen, spielte er eine Schlüsselrolle. Er wurde zu Besprechungen gebeten und beriet sich täglich mit Philip Feldman, Vorstandsmitglied der Fox. Außerdem fungierte er als Kontaktmann zu Greenson und Hyman Engleberg, Marilyns Ärzten.

Siegel, seit den vierziger Jahren Studioarzt, genoß seinen neuen Status aber kaum länger als einen Tag. Dann begriff er, was die Führung der Fox vorhatte: Sie wollte Marilyn zwingen, vor die Kamera zu treten, ob nun gesund oder nicht. »Denen ging es nur darum, den Film fertigzustellen, und zwar so schnell wie möglich«, sagte Siegel dem Schriftsteller Maurice Zolotow. »So nach der Devise: ›Marilyn kann ruhig zusammenklappen, Hauptsache, wir sind vorher fertig.‹ Sie wußten, daß es so oder so der letzte Film war, den Marilyn für sie drehte.«

Siegel war im Kreis der maßgeblichen Leute der einzige, der den Ernst der Erkrankung Marilyn Monroes erkannte. Er fand nur wenig Verbündete.

Wie Wochen zuvor schon Weinstein, so plädierte jetzt auch er für eine Verschiebung der Dreharbeiten. »Lassen wir ihr ein paar Wochen Zeit, damit sie sich erholen kann. Dann können wir problemlos an dem Film weiterarbeiten«, sagte er zu Feldman. Und seine Frau Noreen, die Marilyn seit ihrer Zeit als Starlet kannte, erinnerte sich: »Lee wollte die Fox dazu überreden, mit Marilyn erst später am Tag zu drehen, von mittags bis acht Uhr abends, so wie es die Europäer machten.« In einer Notiz an Feldman schrieb Siegel: »In Italien und in Frankreich ist das üblich. Sogar die Studioarbeiter sind damit zufrieden.«

Nach Noreen Siegels Darstellung weigerte sich das Studio, den Vorschlag auch nur in Betracht zu ziehen. »Einer sagte zu ihm: ›Wir sind hier in Amerika. Und daran hat sich auch die Monroe zu halten.‹« Zur selben Zeit arbeitete Elizabeth Taylor bei den Dreharbeiten zu *Cleopatra* in Rom mit Erlaubnis des Studios von elf Uhr vormittags bis sieben Uhr abends.

Statt auf den Vorschlag einzugehen, setzte das Studio (auf Betreiben Feldmans, wie viele meinen) Siegel und einen seiner Mitarbeiter unter Druck, Marilyn mit Hilfe von Aufputschmitteln soweit aufzupäppeln, daß sie trotz ihrer Krankheit wieder arbeiten konnte. Diese Behandlung, mit der bereits am 23. April begonnen wurde, zerstörte Marilyn Monroes Abwehrkräfte, verschlimmerte ihre Schlaflosigkeit und verschleierte die Symptome der weiter fortschreitenden Nebenhöhlenentzündung.

Siegel erhielt Order, mit zwei Injektionen täglich, im Studio-Jargon als »Hot Shots« bekannt, zu beginnen – zu einer Zeit, als sie noch das Krankenbett hütete. Die besondere Ironie dabei war, daß Cukor mit demselben Drogencocktail auf den Beinen gehalten wurde. Außerdem mußte Siegel wegen der Versicherung zweimal am Tag Marilyns Temperatur messen.

Stars und Regisseure mit Drogen vollzupumpen hat in Hollywood Tradition. Schon in der Zeit des frühen Stummfilms, als Schauspieler wie Rudolpho Valentino, Mary Pickford oder Clara Bow achtzehn Stunden täglich vor der Kamera standen, verteilten die Ärzte der Studios Pillen an die gestreßten Stars: Schlafmittel gegen Schlaflosigkeit, Barbiturate gegen nervöse Anspannung, Morphiumderivate gegen Schmerzen und Amphetamine gegen Erschöpfungszustände und Gewichtsprobleme.

Weder die Konzentration noch die genaue chemische Zusammensetzung der Injektionen, die Marilyn bei den Dreharbeiten zu *Something's Got to Give* erhielt, ist jemals bekannt geworden. Aber für die Beteiligten war die rasch einsetzende, aufputschende Wirkung unübersehbar.

»Marilyn stand lustlos und apathisch neben den Kulissen«, erinnerte sich Cutter David Bretherton. »Und wenig später wollte sie plötzlich loslegen – sie strotzte vor Energie.«

Bei Cukor zeigten die Injektionen noch dramatischere Wirkungen. »Man sah ihm förmlich an, wie sein Energielevel stieg«, sagte Kostümbildner William Travilla. Aber Cukor machte eine kräftezehrende Hungerkur und brauchte die Aufputschmittel deshalb.

Presseagent Rupert Allan, der schon bei den Dreharbeiten zu *Nicht gesellschaftsfähig* beobachtet hatte, daß Marilyn solche Injektionen erhielt, fragte den Arzt nach ihrer Zusammensetzung. »Nach seiner Auskunft enthielten sie Methamphetamine, einige Vitamine und Traubenzucker für die unmittelbar belebende Wirkung, dazu geringe Mengen Librium, um die Wirkung der Aufputschmittel abzufedern.«

Natürlich waren das Filmteam und die anderen Schauspieler von der Wirkung dieser Wunderdrogen fasziniert. Eines Nachmittags, als Evelyn Moriarity sich besonders schlapp fühlte, bat sie den Arzt, ihr einen »Hot Shot« zu verabreichen. Der Arzt weigerte sich mit den Worten: »Darling, das ist nichts für dich.«

Wahrscheinlich war den meisten Fox-Managern gar nicht klar, mit welchen Gefahren der regelmäßige Gebrauch von Aufputschmitteln verbunden war. Schließlich war es seit Jahrzehnten üblich, Stars mit Drogen vollzupumpen. In den dreißiger Jahren schluckte Tyrone Power bei den Aufnahmen zu *Im Zeichen des Zorro* Amphetamine gleich röhrchenweise, damit er in seine enggeschnittene Kavallerieuniform paßte. Tagelang bestanden seine Mahlzeiten aus zwei halbpfündigen Steaks, etwas grünem Salat, vier Kapseln Benzedrin und zwei Tabletten Phenobarbital zum Einschlafen – serviert vom Arzt des Studios.

Einige Jahre später, als Betty Grables Hüften die Wespentaillenkleider zu sprengen drohten, die sie in *The Shocking Miss Pilgrim* zu tragen hatte, drückte ihr ein Arzt zwei Umschläge mit Pillen in die Hand. Die grünen Pillen nahm sie morgens, die dunkelroten abends. »Der Himmel weiß, was das war«, sagte William Travilla, der mit Betty Grable befreundet war.

In der goldenen Ära Hollywoods wurde von den Stars, die bei den Studios unter Vertrag standen, geradezu erwartet, daß sie Drogen nahmen. Später, als Marilyn Monroe berühmt wurde, war das Pillenschlucken an der Tagesordnung. Da es noch keine strengen staatlichen Kontrollen gab, wurden die Hollywood-Studios von Drogen förmlich überschwemmt. Die Darsteller halfen sich mit Methamphetaminen, Kodein und Morphium, oft unter Beigabe von Traubenzucker und Vitaminen, durch den strapaziösen Achtzehnstundentag.

Die vielleicht wichtigste Droge war Methamphetamin, ein starkes, künstlich hergestelltes Aufputschmittel, das die Leistungsfähigkeit weit über das normale Maß hinaus steigert. Es setzte im richtigen Moment neue Kräfte frei. Es verlieh Schwung für Musiknummern, und in der richtigen Mischung half es, endlose Retakes durchzustehen.

Jeder, der eine größere Rolle spielte, konnte einen »Fox Hot Shot« bekommen – manchmal sogar ohne zu fragen. Dazu Sheree North: »Wenn man morgens ins Studio kam und der Arzt fragte: ›Wie fühlst du dich?‹, brauchte man nur ›groggy‹ zu sagen, und schon bekam man einen Schuß. Und, wow, ein paar Minuten später hatte man das Gefühl, man könnte Bäume ausreißen. Wir alle ließen uns solche Schüsse setzen. Marilyn, ich, alle.«

Im Jahr 1956, bei den Aufnahmen zu dem Musical *How to Be Very, Very Popular,* bekam Sheree North Injektionen und Fläschchen mit Benzedrin für die langen, anstrengenden Nachmittage und Nembutal zum Einschlafen. »Damals hatten wir keine Ahnung, wie gefährlich das Zeug war«, meinte sie. »Immmerhin waren es ja Ärzte, die es uns gaben. Ich wurde abhängig, Marilyn auch. Trotzdem stellten wir keine Fragen. Das Wort ›Nebenwirkungen‹ fehlte in unserem Wortschatz.«

Marilyn Monroe begann 1954, Drogen zu nehmen. Bei den Außenaufnahmen zu *Fluß ohne Wiederkehr* in den Bergen Montanas litt sie an einer leichten Unterkühlung und nervösen Erschöpfungszuständen. Der Arzt der Filmgesellschaft verschrieb ihr das Schlafmittel Nembutal, dazu Demerol gegen die Schmerzen und aufputschende »Vitaminspritzen«, wie sie damals genannt wurden.

Nachdem Marilyn auf diese Weise mit Barbituraten, Aufputsch- und Schlafmitteln in Berührung gekommen war, legte sie sich ein tragbares Giftschränkchen zu, in dem sie Rezepte aufbewahrte und Pillen hortete. Der Journalist Maurice Zolotow entdeckte bei den Dreharbeiten zu *Rhythmus im Blut* auf ihrem Schminktisch vierzehn Fläschchen und Röhrchen, die unter anderem Kodein, Morphium, Percodan und diverse Schlafmittel enthielten. »Die meisten Mittel hatte ihr der Studioarzt gegen die schmerzhaften Krämpfe verschrieben, unter denen sie litt, wenn sie ihre Tage hatte«, sagte Zolotow in einem Interview. »Aber das war noch nicht alles. In ihrer Handtasche hatte sie einen ähnlichen Vorrat versteckt.«

Auch Siegel schrieb, daß Marilyn »während ihrer Periode zeitweise unter unerträglichen Schmerzen litt. Der Fachausdruck dafür lautet Endometriose. Dabei bildet sich verschlepptes Schleimhautgewebe der Gebärmutter außerhalb der Gebärmutter, etwa in den Eileitern oder im Eierstock. Die dabei entstehenden Schmerzen sind oft unerträglich.« Siegel blieb nichts anderes übrig, als ihr Schmerztabletten, Amphethamine und Schlafmittel zu verschreiben. »Man darf nicht vergessen, daß es damals ganz normal war, Tabletten in solchen Dosen und Kombinationen zu verabreichen«, verteidigte er sich. »Weder bei Metro-Goldwyn-Mayer noch bei Paramount wurde das anders gehandhabt. Tabletten gehörten ganz einfach zu den Mitteln, mit denen die Stars fit gehalten wurden. Wir Ärzte saßen zwischen den Stühlen. Wenn sich einer weigerte, ein Rezept auszustellen, dann machte es eben ein anderer. Als ich Mitte der fünfziger Jahre Marilyn zum erstenmal behandelte, verschrieb jeder Pillen.«

Marilyns Interesse an Tabletten und Medikamenten wurde schon bald zur Besessenheit. Stundenlang studierte sie den *Physician's Desk Reference,* ein Nachschlagewerk für Ärzte und Apotheker. »Sie kannte die Eigenschaften aller Barbiturate und Schmerzmittel, die auf dem Markt waren«, sagte ihr Exliebhaber Robert Slatzer. Mit ihren pharmazeutischen Kenntnissen versetzte sie ihre Freunde häufig in Erstaunen. Anfang 1962 hörte Peter Lawford zufällig, wie sie mit Präsident Kennedy über verschreibungspflichtige Medikamente sprach. Beide bekamen zu der Zeit Amphethamin-Spritzen, die Schauspielerin von ihrem Studioarzt, der Präsident von New Yorks »Dr. Feelgood«, dem Arzt Max Jacobson. Lawford mußte schmunzeln, als Marilyn den Präsidenten über Dosierung und Nebenwirkungen aufklärte.

Im Frühling desselben Jahres schockte sie Peter Levathes, als sie in seinem Beisein ihren »Schlaftrunk« zubereitete. Sie füllte einen Cocktailmixer zur Hälfte mit Champagner, öffnete eine Nembutal-Kapsel, schüttete den Inhalt hinein und gab noch eine Chloral-Tablette hinzu, bevor sie das Gebräu in einem Zug leerte. Dann erklärte sie ihm, wie lange es dauern würde, bis sich die erste Wirkung einstellte. Als Levathes ging, war er gleichzeitig fasziniert und erschreckt: »Sie nahm das alles ganz locker.«

Die Pillen, die sie von den Studioärzten und ihren eigenen Ärzten bekam oder aus ihrem privaten Giftschränkchen hervorzauberte, verschlimmerten die Nebenhöhlenentzündung, die ihrem Körper immer mehr zusetzte. In der ersten Woche nach dem Beginn der Aufnahmen (als ihr Fieber nach Siegels Berichten nie unter 38 Grad sank) konnte sie nicht ins Studio kommen, und Cukor war gezwungen, einige Szenen mit Cyd Charisse und Dean Martin zu drehen.

Am 30. April wagte sie sich gegen Siegels Rat ins Studio, brach aber nach eineinhalb Stunden in ihrer Garderobe zusammen und mußte nach Hause gebracht werden. Vom 5. bis zum 11. Mai hütete sie auf ausdrückliche Anordnung Siegels wieder das Bett. Siegel konnte sie an manchen Tagen nur mit Mühe davon abhalten, ins Studio zu fahren.

Nach drei Wochen wurde man in der Chefetage der Fox nervös, und Cukor begann zu murren: »Sie simuliert, genau wie damals bei *Machen wir's in Liebe.*«

»Keiner glaubte, daß sie krank war«, sagte die Produktionsassistentin Lee Hanna, durch deren Hände fast alle Papiere gingen, die *Something's Got to Give* betrafen.

»Obwohl Marilyn die ganze Zeit über hohes Fieber hatte und an den meisten Tagen kaum sprechen konnte«, sagte Joan Greenson, »dachten alle, sie wolle nur ihren Kopf durchsetzen und treibe sich die ganze Zeit auf Parties herum. Aber das stimmte nicht. Sie blieb zu Hause, fühlte sich elend und bedauerte es, daß sie nicht drehen konnte.«

Während Marilyn sich bemühte, wieder gesund zu werden, und Cukor nach Sequenzen suchte, die er ohne sie filmen konnte, vergaßen die Studiomanager vorübergehend ihre Sorgen wegen *Something's Got to Give.* Ein anderer Film verlangte jetzt ihre ganze Aufmerksamkeit – ein Film, der die Twentieth Century-Fox zu ruinieren drohte.

7

Cleopatra

Milton Gould, Finanzier aus New York und Vorstandsvorsitzender der Twentieth Century-Fox, erfuhr am Morgen des 20. April, daß der Film *Cleopatra*, der gerade mit Elizabeth Taylor in der Hauptrolle in Rom gedreht wurde, alles in allem 42 Millionen Dollar kosten würde.

Gould, ein Wall-Street-Anwalt, der sich einen Namen damit gemacht hatte, angeschlagene Unternehmen – wie die Fox – zu sanieren, war fassungslos. Jeder Drehtag kostete die Gesellschaft zwischen 50 000 Dollar und 150 000 Dollar, je nachdem, wie viele Komparsen (manchmal mehrere tausend) gebraucht wurden.

Da Gould von den Aktienbesitzern, die nun um ihre Einlagen fürchteten, in den Verwaltungsrat gewählt worden war, beunruhigte ihn diese Nachricht aufs höchste. Wenn die alarmierenden Fakten und Zahlen stimmten, dann drohte dieser eine Film das Studio zu ruinieren, und zwar noch bevor Elizabeth Taylor in ihrer Rolle als todgeweihte ägyptische Königin in den mit Feigen gefüllten Korb faßte, in dem die Giftschlange versteckt war.

»Als ich das Ruder übernahm, war der Film bereits außer Kontrolle geraten und der Löwenanteil des zur Verfügung stehenden Geldes bereits ausgegeben«, sagte Gould. »Wir hatten keine andere Wahl, als den Film so vernünftig wie möglich fertig zu drehen.«

Von diesem Tag an hing *Cleopatra* wie ein drohender Schatten über dem Studio 14, in dem *Something's Got to Give* gedreht wurde. Alle Mitarbeiter der Firma, vom Skriptgirl Teresa Brocheta bis zu Marilyn Monroe, verfluchten die aufgeblähte Produktion in Rom, die mehr Geld verschlang als jeder Hollywood-Film zuvor.

Marilyn empfand es als persönliche Beleidigung, daß die Fox jeden verfügbaren Dollar in *Cleopatra* steckte. »Für sie war das ein Schlag ins Gesicht. Sie, der letzte große Star, der bei der Fox unter Vertrag stand, erhielt gerade ein Zehntel der Gage, die Elizabeth Taylor kassierte«, erinnerte sich Robert Slatzer. Zudem hatte das Studio Marilyns Lieblingskameramann Leon Shamroy und die handverlesenen Beleuchter, die sie seit *Blondinen bevorzugt* in allen Filmen ins rechte Licht gerückt hatten, nach Rom beordert.

Die unglaubliche Verschwendung und skandalöse Ineffizienz bei den Dreharbeiten in Rom führten bald dazu, daß bei *Something's Got to Give* der Rotstift angesetzt wurde. So wurde zum Beispiel eine zauberhafte Szene auf der einsamen Südseeinsel mit Marilyn und Tom Tryon ersatzlos gestrichen. Und eine Traumsequenz, für die man künstlichen Nebel und aufwendige pyrotechnische Effekte gebraucht hätte, wurde in letzter Minute unter Hinweis auf die Kosten abgeblasen. »Das Budget für *Something's Got to Give* wurde immer weiter zusammengestrichen«, erzählte William Travilla. »Mit dem Geld, das dabei eingespart wurde, wurden noch mehr Elefanten für *Cleopatra* angeschafft.«

Aber das Geld war nicht der einzige Grund für Marilyns Zorn. Sie war wütend und zutiefst beleidigt, weil die Fox ihren leidenschaftlichen Wunsch, selbst die Kleopatra zu spielen, ignoriert hatte. Seit sie Ende 1959 gerüchteweise gehört hatte, daß Spyros Skouras sich mit der Absicht trug, das Kleopatra-Epos neu zu verfilmen (die Vorläuferfirma William Fox Films hatte die Geschichte 1917 mit dem Leinwandvamp Theda Bara gedreht), hatte sie auf diese Rolle gehofft und alles daran gesetzt, sie auch zu bekommen. Sie hatte sogar Skouras in New York angerufen. »Darling«, antwortete er, »wir wollen das so billig wie möglich machen, mit alten Kostümen und noch älteren Kulissen. Die Hauptrolle besetzen wir mit einem Starlet – Joan Collins. Glaub mir, dieser Film ist unter deinem Niveau.«

Als sie später erfuhr, daß das Budget auf 210 000 Dollar festgesetzt worden sei, also noch schmaler ausfallen sollte als bei der Erstverfilmung mit Theda Bara, verlor sie das Interesse. Doch mißtrauisch wie immer gegenüber der Geschäftsleitung, erteilte sie George Chasin von der MCA, der damals größten Schauspiel- und Talentagentur der Welt, den Auftrag, das Projekt im Auge zu behalten – »nur zur Sicherheit«. Mit Chasins Hilfe hatte sich Marilyn bereits 1954 um die weibliche Hauptrolle neben Marlon Brando in *The Egyptian* beworben. Sie erklärte sich sogar bereit, für die Probeaufnahmen eine schwarze Perücke aufzusetzen und in ein zeitgenössisches Kostüm zu schlüpfen. Doch es half nichts, Gene Tierney erhielt den Part. Da Zanuck sich weigerte, die Rolle mit Marilyn Monroe zu besetzen, sprang auch Marlon Brando ab und wurde durch Edmund Purdom ersetzt. Der Film fiel beim Publikum durch.

Mit den Dreharbeiten zu *Cleopatra* wurde Ende 1958 begonnen. Vor billigen Pappmaché-Kulissen agierten Joan Collins als Kleopatra, Peter Finch als Julius Cäsar und Stephen Boyd als Markus Antonius.

Zur gleichen Zeit begann Metro-Goldwyn-Mayer in Hollywood und im Ausland mit der Produktion von *Ben Hur*. Skouras erhielt die

Gelegenheit, in einer Vorabschau das berühmte Wagenrennen zu sehen. Der Auftritt der zehntausend Komparsen, die monumentale, religiöse Ausstrahlung und Starbesetzung verfehlten ihre Wirkung auf den Präsidenten der Fox nicht. Kurzerhand ließ er die Billigproduktion *Cleopatra* stoppen, teilte Joan Collins aber höflich mit, daß sie gute Chancen habe, die Hauptrolle in der neuen, mit einem erheblich größeren Budget ausgestatteten Version zu spielen.

Skouras heuerte Walter Wanger an, einen Produzenten, der sich die ersten Sporen im Stummfilm verdient hatte, und beauftragte ihn, *Cleopatra* in ein bombastisches Monumentalwerk zu verwandeln.

Als George Chasin, Marilyns Agent, ein internes Papier der Fox auf den Tisch flatterte, dem zu entnehmen war, daß das Studio nach einer passenden Hauptdarstellerin für *Cleopatra* suchte, erinnerte er sich an sein Versprechen gegenüber Marilyn und benachrichtigte sie.

Im Mai 1959, als Marilyn von der Fox gerade gezwungen worden war, den Vertrag für *Machen wir's in Liebe* zu unterschreiben, wandte sie sich an Buddy Adler, Zanucks Nachfolger als Produktionschef. Aus Connecticut, wo sie zusammen mit ihrem damaligen Ehemann Arthur Miller auf einer Farm lebte, flog sie nach New York und versuchte, Adler im persönlichen Gespräch für sich zu gewinnen. Sie trug ein enges schwarzes Kleid und eine Halskette aus falschen Perlen. Eine halbe Stunde lang redete sie auf Adler ein. Danach sagte er: »Meine Stimme haben Sie. Aber diese Sache war von Anfang an Skouras' Projekt, und bisher hat er mich noch nicht einmal um Rat gefragt.«

Also wandte sich Marilyn an ihren Exliebhaber Skouras. Sie schickte ihm eine Farbaufnahme von sich, auf dem sie wie Theda Bara kostümiert war, deren Stummfilmversion von *Cleopatra* der Filmmagnat kürzlich erst dem Verwaltungsrat der Fox vorgeführt hatte. Marilyn trug auf dem Foto eine schwarze Perücke, schwere Perlenketten, ein hauchdünnes Haremsgewand und Lidschatten. Das Bild gehörte zu einer Fotoserie des berühmten Modefotografen Richard Avedon, die am 22. Dezember 1958 im *Life Magazine* erschienen war. Für die Aufnahmen hatte Marilyn unter anderem auch als Clara Bow, Jean Harlow und Marlene Dietrich posiert.

Skouras gab offiziell keinen Kommentar zu Marilyns Vorstoß ab. Aber kurz nach ihrem Treffen mit Adler zählte er in einem Papier die »fünf Favoritinnen für die Hauptrolle in *Cleopatra*« auf: Joanne Woodward, Elizabeth Taylor, Marilyn Monroe, Brigitte Bardot und Gina Lollobrigida.

»Sie wollte diese Rolle unbedingt haben«, erzählte Marilyns Double Evelyn Moriarity. »Die Darstellung der Kleopatra wäre für sie die einmalige Gelegenheit gewesen, endlich aus der stereotypen Rolle auszubrechen, auf die man sie in Hollywood festgelegt hatte.«

Aus Unterlagen in der Skouras Sammlung geht hervor, daß der Fox-Präsident mit Susan Hayward, die noch in letzter Minute in die engere Auswahl gekommen war, Elizabeth Taylor und Gina Lollobrigida zum Essen ausging und dabei das Terrain sondierte. »Marilyn war für diese Rolle niemals ernsthaft in Betracht gezogen worden«, sagte William Travilla. »Die maßgeblichen Leute befürchteten, daß man sie im Kino auslachen würde. Aber um ehrlich zu sein, war sie die einzige Vertragsschauspielerin der Fox, die diese Rolle hätte spielen können.«

Skouras ließ sich einige Szenen mit Gina Lollobrigida aus *Solomon and Sheba* vorführen und verglich sie mit Liz Taylors Darstellung der Maggie in *Die Katze auf dem heißen Blechdach*.. Daraufhin bot er »La Lolla«, der italienischen Sexbombe, die Rolle an und stockte gleichzeitig das Filmbudget auf fünf Millionen Dollar auf, eine Maßnahme, die allgemein als maßlos übertrieben bewertet wurde.

Wanger war mit der Wahl unzufrieden und gab zu bedenken, daß die Italienerin in Amerika möglicherweise nicht bekannt genug sei, um aus *Cleopatra* einen Erfolg zu machen. Skouras nahm Wangers Bedenken ernst und beschloß, die Meinung der größten Verleiher einzuholen. »Wer bringt mehr Umsatz, Liz Taylor oder Gina Lollobrigida?« fragte er in 250 Telegrammen, die er an die Geschäftsführer der wichtigsten Filmverleihe in aller Welt schickte.

Die Antwort fiel deutlich aus: »Liz Taylor!« Skouras beauftragte Wanger, Elizabeth Taylor unter Vertrag zu nehmen – ohne Rücksicht auf die Kosten.

Kurt Frings, einer der gewieftesten Agenten Hollywoods, setzte einen Vertrag auf, der in die Filmgeschichte eingehen sollte: Liz Taylor sollte für die ersten 16 Drehwochen insgesamt 125 000 Dollar und für jede weitere Woche 50 000 Dollar erhalten – und außerdem zehn Prozent des Bruttoeinspielergebnisses, was bedeutete, daß sie selbst dann abkassieren würde, wenn der Film keinen Gewinn abwarf. Dazu kamen noch 3000 Dollar Spesen pro Woche, ein eigener Friseur, eine Sekretärin und ein Arzt. (Da sich die Dreharbeiten außerordentlich in die Länge zogen, betrug Liz Taylors Gage am Ende unglaubliche zwei Millionen Dollar.)

Während Liz Taylor ihren Namen unter den Vertrag setzte, drehte Marilyn Monroe unter der glühenden Wüstensonne von Nevada *Nicht gesellschaftsfähig*. Sie war wütend und verbittert. »Mich lassen sie einen so katastrophalen Streifen wie *Machen wir's in Liebe* drehen«, beklagte sie sich bei Rupert Allan. »Aber Elizabeth geben sie den größten Film, den sie je gemacht haben.«

Und zu Robert Slatzer sagte sie: »Ich stehe bei ihnen unter Vertrag, aber mich behandeln sie wie ein Stück Dreck. Liz ist nicht die einzige, die eine Rolle gut spielen kann.«

Elizabeth Taylors Sieg, Gesprächsthema Nummer eins im Showbusineß, riß bei Marilyn eine alte Wunde auf. Seit Mitte der fünfziger Jahre verübelte sie Liz, daß sie ihr ein paar Rollen, die sie selbst unbedingt haben wollte, vor der Nase weggeschnappt hatte, insbesondere die Hauptrollen in den Filmen *Die Katze auf dem heißen Blechdach* und *Plötzlich im letzten Sommer,* beide nach Theaterstücken von Tennessee Williams. Marilyn sprach mit Williams in Rupert Allans Haus in Bel Air, und er räumte ein, daß sie die ideale Besetzung für die Rolle der Maggie in *Die Katze auf dem heißen Blechdach* sei. Aber dann hatte Elizabeth Taylor beide Rollen bekommen.

«Die beiden berühmtesten Filmschauspielerinnen der Welt befehdeten sich«, sagte Randall Riese, Autor des Buches *The Unabridged Marilyn.*

Die Abneigung beruhte auf Gegenseitigkeit. Als der Schriftsteller Max Lerner in der *New York Times* einmal schrieb: »Elizabeth Taylor ist eine Legende, aber Marilyn Monroe ist ein Mythos«, schrie Elizabeth Taylor ihn an: »Was fällt Ihnen ein zu behaupten, Marilyn sei ein ›Mythos‹ und ich nur eine lausige ›Legende‹. Ich bin viel schöner, als Marilyn jemals war, und eine viel bessere Schauspielerin obendrein.«

Wenn man sich Liz Taylors lange Karriere und ihr skandalöses Privatleben in Erinnerung ruft, wird klar, daß sie sich für die Rolle der Kleopatra geradezu aufdrängte. Im Jahr 1959 hatte sie bereits mehrere Ehen hinter sich und war der Welt berüchtigste Femme fatale. Ehemann Nummer eins war Nicky Hilton gewesen, der Hotelkettenbesitzer. Sein Nachfolger hieß Michael Wilding und war ein britischer Schauspieler. Ehemann Nummer drei, der extravagante Produzent Michael Todd, starb unter tragischen Umständen. Und vor kaum einem Jahr hatte sie ihrer besten und treusten Freundin Debbie Reynolds den Mann ausgespannt.

Debbie hatte ihren Mann Eddie Fisher gebeten, die »arme Elizabeth« über den Tod ihres Ehemanns hinwegzutrösten. Eine Woche später lag Fisher in Taylors Bett. Debbie Reynolds wandte sich daraufhin an die Weltpresse und veranstaltete in dem Vorgarten ihres Hauses ein öffentliches Tribunal, auf dem linken Arm ein Baby und auf dem rechten eine Windel. Die gleichen Zeitungen, die Liz nach dem Tod von Michael Todd noch als Madonna porträtiert hatten, nannten sie jetzt eine »Hure«.

Die Kolumnistin Hedda Hopper prophezeite das Ende ihrer Karriere, und Metro-Goldwyn-Mayer prüfte die moralischen Klauseln in ihrem Vertrag. Aber das Millionenheer ihrer Fans hielt zu ihr. Wenn sie Frauen mit Haaren auf den Zähnen spielte, wie etwa in *Die Katze auf dem heißen Blechdach* oder *Telefon Butterfield 8*, strömten noch mehr Leute in die Kinos. Als ihr Walter Wanger die Hauptrolle in *Cleopatra* anbot, war sie die unbestrittene Königin Hollywoods. Sie lag gerade in der Badewanne, als ihr rosa Telefon klingelte. Sie hörte Wanger zu und gurrte dann: »Gut, Walter, ihr könnt mich haben – für eine Million.«

Die Verantwortlichen der Fox schluckten schwer, und Skouras holte erneut die Meinung der Verleiher ein. Seine Frage diesmal: »Ist Liz eine Million Dollar wert?« Und die Antwort der Verleiher: »Auf jeden Fall!« Der Fox-Präsident wurde enthusiastisch. »Das wird der größte Erfolg aller Zeiten«, jubelte er vor Journalisten.

Buddy Adler, zu der Zeit Produktionsleiter, stimmte seinem Boß keineswegs vorbehaltlos zu. Der coole und erfahrene Produzent von *Verdammt in alle Ewigkeit* hatte sich mit Elizabeth Taylor zum Essen getroffen und war beunruhigt über ihre hochtrabenden Ideen zu dem Film. »Paßt auf«, warnte er Skouras. »Elizabeth könnte bald unrealistische Forderungen stellen. Wenn es dem Studio nicht gelingt, den Film ohne ständige Einmischungen der Taylor zu produzieren, kann niemand garantieren, daß dabei ein Gewinn herausspringt.«

Doch seine Warnung wurde nicht beherzigt. Nach Peter Levathes zählten die Bosse im Geiste schon die 60 Millionen Dollar, die *Cleopatra* einspielen sollte. Das Budget wurde auf zehn Millionen Dollar verdoppelt, der Film war jetzt Chefsache. Das Forum Romanum und Kleopatras Palast wurden in den Pinewood Studios in der Nähe von London komplett nachgebaut – obwohl bekannt war, daß es dort häufig regnete und der Himmel fast das ganze Jahr über wolkenverhangen war.

Die Dreharbeiten begannen am 28. September 1960 – und natürlich regnete es. Regie führte Rouben Mamoulian, ein Altmeister, der sich auf Gangsterfilme und Musical-Komödien spezialisiert hatte.

Der Regen, der eiskalte Wind und die Auswirkungen der Witterung auf Elizabeth Taylors empfindliche Atemwege hielten den Fortgang der Dreharbeiten fünf Wochen auf. Doch die Schauspielerin war immer noch gut genug bei Stimme, um einen neuen Regisseur, ihren alten Freund Joseph Mankiewicz, und neue männliche Hauptdarsteller zu fordern; Stephen Boyd und Peter Finch, die aus der abgebrochenen Version mit Joan Collins übernommen worden waren, gefielen ihr nicht. Mamoulian, der seit Oktober 1959 an dem Projekt arbeitete, verabschiedete sich wie ein Gentleman: Er lobte Elizabeth Taylors Ausstrahlung und Sinnlichkeit.

Für die Rolle des Cäsar schlug Liz Taylor Rex Harrison vor, mit dem sie seit ihrer Zeit bei Metro-Goldwyn-Mayer befreundet war, und für die Rolle ihres Liebhabers Markus Antonius einen Schauspieler, den sie gerade in dem Film *Camelot* gesehen hatte. »Richard Burton wäre ideal«, sagte sie zu Wanger. »Ich weiß zwar nicht viel über ihn, aber ich glaube, daß er einen glänzenden Markus Antonius spielen würde.«

Gerade als man die Produktion wiederaufnehmen wollte, erkrankte Elizabeth Taylor an einer schweren Lungenentzündung – eine Folge der eisigen Winde, die von der Nordsee herüber bliesen. Drei Tage rang sie mit dem Tod. Königin Elizabeth schickte ihren Hofarzt, und Eddie Fisher wachte nächtelang an ihrem Bett. Ein im letzten Moment vorgenommener Luftröhrenschnitt rettete ihr schließlich das Leben. Die Presse bezeichnete ihre Rettung als ein Wunder, als habe Gott dieser Frau alle Verfehlungen verziehen.

Für die Fox und Skouras waren die Neuigkeiten weniger erfreulich: Elizabeth Taylor fiel für die nächsten fünf Monate aus, und zudem erklärte ihr Arzt, daß die Schauspielerin nicht mehr in Großbritannien arbeiten könne und daß die Dreharbeiten in ein sonnigeres Klima verlegt werden müßten.

Für das Studio bedeutete dies, daß es zum drittenmal ganz von vorne anfangen mußte. Die Kulissen der ersten Version in Hollywood waren längst vernichtet worden, und in London machte man sich jetzt daran, Kulissen im Werte von drei Millionen Dollar abzubauen und zu verkaufen, darunter Paläste, ganze Straßenzüge und sogar ein künstlicher Palmenwald.

Als das Studio Inventur machte, stellte es fest, daß die acht Minuten Film, die in London gedreht worden waren, 8 Millionen Dollar gekostet hatten. Lloyd's in London, bei der die Produktion versichert war, übernahm lediglich 1,6 Milionen Dolllar. Und was noch schlimmer war: Die angesehene Firma weigerte sich, Elizabeth Taylor bei einer eventuellen Wiederaufnahme der Produktion noch einmal zu versichern.

Der mit der Schadensregulierung befaßte Ausschuß von Lloyd's bat Skouras sehr dringlich darum, »die Rolle der Kleopatra an Miss Monroe zu vergeben. Für dieses Arrangement könnten wir Ihnen vollen Versicherungsschutz bieten.«

Der einzige Lichtblick für die Twentieth Century-Fox war, daß Elizabeth Taylor, deren wundersame Rettung in Hollywood eine Sympathiewelle ausgelöst hatte, für ihre Darstellung in *Telefon Butterfield 8* mit dem Oscar ausgezeichnet wurde.

Wenn es jemals eine günstige Gelegenheit gab, das Projekt *Cleopatra* zu stoppen, dann jetzt. Doch wie ein verzweifelter Spieler, der das Glück mit immer höheren Einsätzen erzwingen will, setzte Skouras alles auf einen Neuanfang – diesmal in Rom.

Mankiewicz und Liz hatten das sonnige Italien als neuen Drehort vorgeschlagen, und die Idee war auf allgemeine Zustimmung gestoßen. Was konnte besser sein, als das Epos dort zu verfilmen, wo es sich wirklich zugetragen hatte? Die Stadt Rom mit ihrem blauen Himmel und ihrem milden Klima schien der ideale Ort zu sein. Elizabeth Taylors *Cleopatra* mußte einfach ein Knüller werden.

Natürlich konnte niemand ahnen, daß der römische Winter 1961/1962 einer der kältesten, regnerischsten und windigsten seit Generationen werden würde. Und niemand machte sich die Mühe, die Fox darauf hinzuweisen, daß die sizilianische Mafia die Gewerkschaften kontrollierte und daß die römischen Handwerker bekannt dafür waren, das Geld zum Fenster hinauszuwerfen.

Doch selbst wenn Skouras sich dieser Probleme bewußt gewesen wäre, hätte er seine Entscheidung wohl kaum revidiert. Wenn man heute, dreißig Jahre später, in den Archiven die Belege, Budgetüberziehungen und dazugehörigen Berichte durchschaut, könnte man fast den Eindruck bekommen, daß Mankiewicz, Wanger und Liz Taylor sich mit dem kostspieligen Sex- und Sandalenepos für alles schadlos halten wollten, was ihnen Hollywood jemals angetan hatte.

Mankiewicz, sonst ein eher vorsichtiger, sparsamer Filmemacher, machte den Anfang. Er verwarf das bisherige Skript und fing noch einmal ganz von vorn an. Kostenpunkt: rund 15 Millionen Dollar.

Die Kulissenbauten sprengten alles bisher Dagewesene. Liz Taylor spendete Mankiewicz Beifall, als er in vielen Überstunden das antike Alexandria und das Forum Romanum in den römischen Cinecittà-Studios nachbauen ließ, und zwar um vierzig Prozent größer als die Originalbauwerke.

Die Kulissen allein kosteten schon 5,5 Millionen Dollar – Ausgaben, an denen die Fox noch schwerer zu schlucken hatte, als herauskam, daß ein Drittel der riesigen Aufbauten in dem Film niemals zu sehen sein würde.

Elizabeth Taylor selbst trieb die Kosten allein dadurch um schätzungsweise 10 Millionen Dollar in die Höhe, daß sie darauf bestand, das Spektaktel in »Todd A-O« zu filmen. Dieses Breitwandverfahren zwang den Regisseur, noch mehr Komparsen, noch mehr Aufbauten und größere Dekorationen zu verwenden, damit die Leinwand ausgefüllt war. Da dieses Verfahren von Liz Taylors verstorbenem Ehemann Michael Todd entwickelt worden war, kassierte sie vom Studio nicht unbeträchtliche Lizenzgebühren. Die Fox hätte es vorgezogen, in Cinemascope zu drehen, nicht zuletzt deshalb, weil das Studio die Rechte an diesem Verfahren besaß.

Elizabeth Taylor, die verhätschelte Königin Hollywoods, genoß alle Privilegien eines Superstars. Ein Wink von ihr genügte, und ein Dutzend unterwürfiger Fox-Angestellter rutschte vor ihr auf den Knien. »Sie hoben Liz auf einen Altar und brannten Weihrauch vor ihr ab«, sagte Aldo Novarese, einer der italienischen Szenenbildner bei dem Film. »Wie konnte man da von ihr erwarten, daß sie sich noch normal verhielt?«

Als sie Spesen verlangte, lieferte sie gleich eine Definiton mit, was darunter zu verstehen war. Am Ende zahlte die Fox ihrer modernen Kleopatra 228 000 Dollar Spesen, mehr als das Doppelte von Marilyns gesamter Gage für *Something's Got to Give*.

Liz Taylors Ansprüche waren in der Tat königlich. Um in Rom mobil zu sein, verlangte sie einen Rolls Royce Silver Cloud. Die Fox stellte gleich mehrere bereit. Ihr neuer Ehemann, der etwas aus der Mode gekommene Schlagersänger Eddie Fisher, brauchte einen Job. Gesagt, getan. Das Studio stellte ihn als »Assistenten« mit einem Wochengehalt von 1 500 Dollar ein. Liz bekam eigene Ärzte, Köche und Butler, Sekretäre und Friseure.

Elizabeth Taylor, das Mädchen, das in den Studios von Metro-Goldwyn-Mayer groß geworden war, übertrug die Scheinwelt des Kinos auf die Wirklichkeit. Die Unterschiede zwischen der ägyptischen Königin im Film und der Schauspielerin in der Villa Papa verwischten sich. Und die Aktionäre der Fox und in geringerem Maße auch Marilyn Monroe mußten für ihre Phantasien bezahlen.

Elizabeth Taylor residierte wie eine Fürstin in ihrer 14-Zimmer-Villa. Lieferwagen, die unablässig zwischen Roms Feinschmeckertempeln und ihrer Villa pendelten, schafften jeden Tag Delikatessen im Wert von mindestens 150 Dollar herbei. Allein die Rechnung für Alkoholika belief sich auf über 500 Dollar pro Woche.

Ihre beiden italienischen Butler, erfahren im Umgang mit Fürsten und Herzögen, verzweifelten angesichts ihrer ausgefallenen Wünsche. So bestand sie darauf, daß alles bei Tisch – Tischdecken, Servietten, Kerzen und Blumen – farblich zu dem Kleid paßte, das sie zu tragen beliebte.

»Wenn man morgens aufsteht und den ganzen Tag über so tut, als sei man die Königin von Ägypten, dann verschwimmt die Grenze zwischen Realität und Traum. Und genau das ist Elizabeth Taylor passiert«, sagte Peter Levathes, Produktionsleiter der Fox-Studios.

Selbst Spyros Skouras gab zu: »Ich bin der König eines großen Reiches. Aber sein Schicksal hängt ab von den Stimmungen und Launen der Königin. Und meine Königin ist, wie könnte es anders sein, Elizabeth Taylor.«

Auch Marilyn Monroes Schicksal blieb von den skandalösen Vorgängen in Rom nicht unberührt. Liest man die verzweifelten Telegramme, die Berichte über die explodierenden Kosten und andere Unterlagen in den Archiven des Studios, so wird klar, warum die Fox damals ihr Freigelände verhökerte, praktisch das gesamte Gesellschaftsvermögen mit Hypotheken belastete und das Unternehmen schwer verschuldete, um das Schiff *Cleopatra* auf Kurs zu halten. Das gesamte Studio, bis auf den letzten Mann, war praktisch in die Schauspielerin mit dem rabenschwarzen Haar und den violetten Augen verknallt.

Liz ging aus jedem Kampf mit dem Studio als Siegerin hervor. Als die Buchhalter bei einem der ersten Treffen an einzelnen Posten im Budget herumkrittelten, fiel sie ihnen ins Wort: »Warum feilschen Sie um Dollars und Cents, wo es doch darum geht, einen der größten Filme aller Zeiten zu drehen?«

Elizabeth Taylors fürstliche Garderobe, die mitten in der Cinecittà für sie eingerichtet worden war, war wohl das augenfälligste Beispiel für die Verschwendung. Anfang August 1961 besetzten Maler und Tapezierer, schwer beladen mit Brokatstoffen, französischen Tapeten und Farbe die sechs Räume eines Bürogebäudes in der Cinecittà. Sie arbeiteten rund um die Uhr und verwandelten das Innere des Hauses in die Miniaturausgabe einer Villa aus dem Frankreich Ludwigs XVI. Zu der Suite gehörten neben der komplett eingerichteten Küche zwei Badezimmer, ein Schlafzimmer, ein Perückenraum, ein Schmink- und Frisierraum sowie ein Besprechungsraum, alle ausgestattet mit kostbaren Antiquitäten.

Als Elizabeth Taylor im September 1961 für erste Probeaufnahmen in Rom eintraf, führte sie der Produzent Walter Wanger mit stolzgeschwellter Brust von Raum zu Raum und wies hier auf die Orientteppiche, dort auf die venezianischen Spiegel hin.

Die Schauspielerin schritt hinter ihm her wie eine Königin. Dann blinzelte sie Eddie Fisher zu und sagte: »Walter, habt ihr da nicht ein bißchen übertrieben?«

Zu der Zeit, als man in Hollywood mit den Dreharbeiten zu *Something's Got to Give* begann, gaben Elizabeth Taylor und ihr Regisseur Joseph L. Mankiewicz in Rom 575 000 Dollar aus. Das Geld aus dem Verkauf des Freigeländes war ausgegeben, die Kredite ausgeschöpft, und was an laufenden Einnahmen hereinkam, wurde Woche für Woche fast vollständig zur Deckung der Löhne nach Rom transferiert.

Im Mai 1962 machte Elizabeth Taylor Überstunden – für 10 000 Dollar am Tag. »Sie wußte, daß die Fox in einer Finanzklemme steckte«, erklärte Brad Geagley, ein Filmhistoriker, der sich fünf Jahre lang mit *Cleopatra* beschäftigt hatte. »Als die Fox dann mit dem Monroe-Film begann, bekam sie Zweifel, ob die Fox sie überhaupt noch bezahlen konnte. Deshalb bestand sie darauf, daß man ihr jeden Morgen die vereinbarten 10 000 Dollar – oder 50 000 Dollar am Anfang jeder Woche – bezahlte. Erst wenn sie sich vergewissert hatte, daß die Summe auf ihr Konto überwiesen worden war, erschien sie am Drehort.«

»Das Geld wurde mit vollen Händen zum Fenster hinausgeworfen«, erinnerte sich der Schauspieler Cesare Danova. »Da hatte keiner mehr den Überblick.«

Interne Dokumente aus den Fox-Archiven belegen, daß *Cleopatra* und *Something's Got to Give* in einer engen, allerdings auch sehr einseitigen Wechselbeziehung zueinander standen. Je mehr Geld in *Cleopatra* hineingepumpt wurde, desto mehr wurde an *Something's Got to Give* gespart. Tolerierte man in Rom die Unpäßlichkeit der Hauptdarstellerin, so wurde in Hollywood um so nachdrücklicher darauf bestanden, mit den Dreharbeiten fortzufahren. »Die beiden Filme waren wie siamesische Zwillinge«, sagte Geagley, der seine Doktorarbeit über die Verschwendung und das Mißmanagement bei dem Film *Cleopatra* schrieb.

Monate später, als die Verschwendung publik wurde und die Verantwortlichen der Fox wie dumme Jungen dastanden, behaupteten einige von ihnen, daß die Kostenentwicklung sich quasi verselbständigt habe. Produktionschef Levathes gefiel sich in der Behauptung: »Die Kosten stiegen einfach und gerieten außer Kontrolle.« Solche Aussagen sind barer Unsinn. Wie die Recherchen für dieses Buch ergaben, existierte ein vorläufiger Budgetplan für *Cleopatra*, von Spyros Skouras selbst geschrieben. Danach wurden die Kosten für Mankiewiczs Version schon zu Beginn mit 28,75 Millionen Dollar veranschlagt. Das Fiasko war also kein Zufall, bei der Fox hatte man es ab einem bestimmten Zeitpunkt regelrecht darauf angelegt, den teuersten Film in der Geschichte Hollywoods zu drehen. Zu einem Zeitpunkt, als man den Aktionären sagte, daß der Film weniger als 15 Millionen Dollar kosten würde, hatte Skouras bereits entschieden, das Studio Stück um Stück zu veräußern, damit die Rechnung für das leichtfertige Unternehmen in Rom beglichen werden konnte.

»Man kam sich vor wie bei einem Manöver, überall Reiter und Leute, die exerzierten«, sagte Tom Mankiewicz, der Sohn des Regisseurs. »Die Italiener beklauten uns – und wir merkten nichts, weil alles viel zu groß war. Für die war ›Hollywood‹ eine Gelegenheit, sich um Millionen zu bereichern. Man kann doch nicht hingehen und sagen: ›Okay, ich brauche hier noch fünfhundert Uniformen für die Prätorianergarde und dort noch sechshundert Kostüme für die nubischen Sklaven.‹ Damit lädt man ja förmlich zum Diebstahl ein.«

Und gestohlen wurde in großem Maßstab. So verschwanden beispielsweise 1400 römische Schwerter und 800 Lanzen. Aber es kam auch zu kleineren Transaktionen. So ließ Darryl F. Zanuck, als Berater für die Fox tätig, seine Pariser Wäschereirechnungen über das Budget von *Cleopatra* laufen. Und Spyros Skouras stellte der Fox Verpflegung in Rechnung, für die sie bereits bezahlt hatte.

»Da wurden Tausende von Dollars, die mit dem Film rein gar nichts zu tun hatten, über das Budget von *Cleopatra* abgerechnet«, sagte Levathes. »Kaum hatte ich meinen Posten als Produktionschef angetreten, nahm ich mir die Bücher vor und fand bald Beweise, daß hier Betrug mit im Spiel war. Ich sagte der Führung in New York, daß ihr Verhalten illegal sei. Aber sie sagten nur, das sei ihr Unternehmen und sie könnten damit tun, was sie wollten.«

Levathes machte Mankiewicz für zusätzliche Kosten in Höhe von 15 Millionen Dollar verantwortlich, weil der Regisseur eine komplette Überarbeitung des Drehbuchs verlangt und darauf bestanden hatte, daß die Szenen in chronologischer Reihenfolge gedreht wurden. »Die Kulissen wurden in vielen Überstunden fertiggestellt und standen dann monatelang nutzlos herum«, sagte Levathes. »Schauspieler, die volle Bezüge erhielten, saßen wochenlang herum, ohne auch nur eine Textzeile zu sprechen.«

Richard Burton kam in den ersten siebzehn Wochen nur fünfmal zum Einsatz und arbeitete im gesamten ersten Jahr nur an dreißig Tagen. Und die Schauspielerin Carroll O'Connor stand in vierzehn Monaten gerade zweimal für Großaufnahmen vor der Kamera und erhielt in dieser Zeit volle Gage und Spesen.

Kameramann Leon Shamroy beklagte sich bei Walter Wanger über Dutzende »überflüssiger Szenenaufbauten«, aber der Produzent winkte ab.

Wie Cukor wollte auch Regisseur Mankiewicz auf niemanden hören. Und wie Cukor verstrickte er sich in einen Kampf um Worte und Sätze. Er arbeitete einundzwanzig Stunden täglich und schrieb jede Nacht fast fünf Seiten des Drehbuchs um.

Tom Mankiewicz sah mit Schrecken, wie seinem Vater langsam aber sicher die Kontrolle entglitt. »Am meisten litt er darunter, daß er den Film nicht in den Griff bekam. *Cleopatra* war kein Film mehr, bei dem er das Sagen hatte, der Film hatte sich zu einem internationalen Ereignis ausgewachsen. Aber als Regisseur will und muß man die Kontrolle über seinen Film behalten.«

Der junge Mankiewicz wartete ständig darauf, daß sein Vater Liz endlich an die kurze Leine nahm, »damit sie morgens pünktlich zu den Dreharbeiten erschien und nicht ständig blaumachte. Aber dazu kam es nie.«

Manchmal kehrte die Taylor »total betrunken« vom Mittagessen zurück. »Aber selbst dann sagte mein Vater nichts. Ich glaube, er hatte Angst, daß sie wieder krank werden könnte, deshalb faßte er sie mit Samthandschuhen an. Schließlich war sie diesmal nicht versichert.«

Nationale und internationale Versicherungen bieten den Filmstudios einen sicheren, aber kostspieligen Schutz für den Fall, daß ein Film abgebrochen werden muß, etwa bei Hochwasser und Feuer oder bei Krankheit und Tod eines Stars. Zusätzlich bieten sie Lebensversicherungen für die Hauptdarsteller jedes Films an. Marilyn Monroes Leben war während der Dreharbeiten zu *Something's Got to Give* mit drei Millionen Dollar versichert. Doch nach dem Desaster in London fand sich keine Versicherungsgesellschaft mehr, die *Cleopatra* versichern wollte, solange Elizabeth Taylor die Hauptrolle spielte.

Am selben Tag, als Marilyn Monroe in Hollywood ihre Probeaufnahmen machte, erlebte Tom Mankiewicz, wie sein Vater zum ersten und einzigen Mal in seiner Karriere in aller Öffentlichkeit die Beherrschung verlor.

Man war gerade dabei, die Szene von Kleopatras Ankunft in Italien zu drehen. Die ägyptische Königin thronte dabei auf einem imposanten, knapp siebzig Meter langen Segelschiff mit vergoldeten Aufbauten, das exakt nach den Beschreibungen des griechischen Geschichtsschreibers Plutarch rekonstruiert worden war. Drei »Todd A-O«-Kameras waren auf das Schiff gerichtet, das von Schleppkähnen durch das Wasser gezogen wurde. Dann öffneten sich die Vorhänge und gaben den Blick auf eine atemberaubend aussehende Elizabeth Taylor frei.

Im selben Augenblick bemerkte Tom auf dem Gesicht seines Vaters einen Ausdruck des Entsetzens. »Mit kaum hörbarer Stimme sagte er: ›Schnitt!‹ Dann drehte er sich fassungslos zu einem Mitarbeiter um, der hinter ihm stand, und schrie hysterisch: ›Die Segel! Die Segel sind nicht gesetzt. Wie soll das Schiff denn fahren?‹« Der Regisseur sank verzweifelt in einen Stuhl. Jemand faßte ihn an der Schulter und versuchte ihn zu trösten: »Joe, das war nicht Ihr Fehler.«

Mankiewicz brüllte: »Das ist mein gottverdammter Film. Alles hier gehört mir. Sie arbeiten für mich. Und diese Nutte mit den großen Titten«, dabei deutete er auf Liz Taylor, »arbeitet auch für mich. Also versuchen Sie nicht, mir weiszumachen, daß es nicht mein Fehler ist. Diese Scheiße ist eine Katastrophe und geht auf meine Kappe.«

In der Chefetage der Fox machte sich langsam ein ähnliches Gefühl breit.

»Mankiewicz weigert sich, Kürzungen im Drehbuch vorzunehmen«, warnte Levathes Skouras in einem Telegramm. »Wenn das so weitergeht, wird der Film noch ein sechsstündiges Monumentalwerk.«

Levathes äußerte später die Ansicht, daß der Regisseur seinen Sinn für die Realitäten verloren habe. »Wenn ihm die Farbe der Vorhänge in einer Szene nicht gefiel, sagte er: ›Ich mag die Farbe nicht!‹ Die Arbeit wurde unterbrochen, bis Näherinnen neue Vorhänge angefertigt hatten. In der Regel dauerte das ungefähr zwei Tage und kostete die Fox rund 250 000 Dollar. Und dann waren die Vorhänge im Film nicht mal zu sehen.«

Am 20. April legte der Chefbuchhalter Skouras einen alarmierenden Bericht vor. Sollte sich an der Ausgabenentwicklung nichts ändern, so das Fazit des Berichts, würde das Studio Anfang Juli die Arbeit an allen Filmen einstellen müssen. Skouras geriet in Panik. Anfang Juli! Damit blieb ihm kaum genügend Zeit, um sowohl *Cleopatra* als auch *Something's Got to Give* zu Ende zu drehen.

Mit dem Bericht in der Hand rief er Stanley Hough an und sagte: »Mit der Arbeit an *Something's Got to Give* muß unbedingt am Montag, dem 23. April, begonnen werden – so wie in Cukors geändertem Drehplan vorgesehen.«

»Kein Problem«, antwortete Hough. »Wir können am Montag loslegen.« Eine allzu optimistische Zusicherung, wie sich sehr schnell erweisen sollte.

Teil 2

Mai

8

Kinderstunde

Am späten Vormittag des 4. Mai saß Marilyn Monroe in ihrem Bett, durch ein Kissen gestützt. Sie hatte Tränen in den Augen. Hazel Washington, die sie auch zu Hause betreute, hatte sie nicht mehr so verstört gesehen, seit ihre Ehe mit Arthur Miller in die Brüche gegangen war.

Um Marilyn herum lagen Zeitungen aus Hollywood und New York, Paris und Berlin. Es war nicht mehr zu leugnen: Die Presse hatte sich auf die Monroe gestürzt.

Den ganzen Vormittag hatte sie im Bett gelegen und die Klatschkolumnen gelesen. Sie trug einen Frotteebademantel und hatte sich ein Heizkissen auf die Brust gelegt. Auf dem Nachttisch stand eine ganze Batterie von Nasensprays.

Die Schauspielerin war verletzt und wütend. Nie zuvor war sie in den Klatschkolumnen so erbarmungslos zerrissen worden – nicht einmal vor sieben Jahren, als sie Hollywood und ihrem Studio den Rücken gekehrt hatte. Doch jetzt machte sich die gesamte Weltpresse über ihre Krankheit lustig.

Ihre Nebenhöhlenentzündung hatte seit ihrer Rückkehr aus New York die Schlagzeilen erobert. Die berühmtesten Klatschkolumnisten – Louella Parsons, Walter Winchell und Hedda Hopper – hatten in ihren Spalten ausführlich darüber berichtet. Allerdings waren ihre Artikel gespickt mit hämischen Andeutungen, daß die Monroe eine eingebildete Kranke sei.

»Sie glauben nicht, daß ich krank bin«, sagte sie zu Hazel Washington. »Ich weiß nicht, was ich davon halten soll.«

»So sind die Reporter nun mal«, antwortete Washington. »Sie können nicht einfach schreiben, daß du krank bist, Honey, dann wäre die Story nur die Hälfte wert. Also lassen sie sich Gemeinheiten einfallen.«

Marilyn hatte sich aufgerafft und war am 30. April und 1. Mai zu den Dreharbeiten erschienen, an beiden Tagen jedoch erschöpft zusammengebrochen. Nur ein paar Minuten ihrer ersten Szene konnten abgedreht werden.

Die Schlagzeilen der Zeitungen, die jetzt um sie herum lagen, lauteten: »Bosse haben von ›kranker‹ Marilyn genug«, »Fox will nur ein gesundes Glamourgirl« und »Leidet Marilyn an einer Krankheit oder an schlechten Ratschlägen?«

Die Klatschspalten spiegelten den Zynismus der Fox-Leute wider. Philip Feldman beschrieb ihre zweiwöchige Abwesenheit in einer Notiz für Spyros Skouras als »Blaumachen«.

Am Morgen des 5. Mai geriet Monroe unter dem Druck der Presse und des Studios in Panik. Die öffentliche Kritik in den Zeitungen hatte sie so getroffen, daß sie beschloß, am nächsten Morgen zum Drehort zurückzukehren.

Doch während der Nacht verschlimmerte sich ihre Nebenhöhlenentzündung. Um 5 Uhr morgens bekam sie Schüttelfrost; ihr Bettlaken war naßgeschwitzt. Aus ihrer Krankenakte geht hervor, daß sie an diesem Morgen 38,5 Grad Fieber hatte. Sie klagte über starke Schmerzen und Sehstörungen. Murray und Lee Siegel rieten ihr, das Bett zu hüten.

Marilyn befolgte ihren Rat nicht. »Weckt mich um 6 Uhr«, sagte sie. »Ich gehe heute ins Studio.«

Monroe sank in ihr Kissen zurück, und Eunice Murray verständigte telefonisch den Chauffeur Rudy Kautsky, Dr. Hyman Engleberg und den Regieassistenten Buck Hall. Damit setzte sie die aufwendige Maschinerie in Gang, die notwendig war, um Marilyn für die Dreharbeiten vorzubereiten.

Als Kautsky Marilyn sah, weigerte er sich, sie zum Studio zu fahren. »Sie sehen immer noch zu krank aus«, meinte er. Aber Marilyn bestand darauf. »Ich kann nicht länger wegbleiben.« Schließlich gab Kautsky nach, und eine mit Antibiotika, Amphetaminen und Schmerzmitteln vollgepumpte Marilyn Monroe verließ Brentwood. Außerdem stand sie noch unter der Wirkung der Schlafmittel Nembutal, Chloralhydrat und Phenobarbital, die sie am Vorabend eingenommen hatte.

Um 7.30 Uhr stieg sie vor ihrem Bungalow aus dem Wagen. Sie war so schwach, daß Whitey Snyder ihr in den Schminkstuhl helfen mußte. Doch eine Viertelstunde später begann das Aufputschmittel zu wirken, das Siegel ihr verabreicht hatte. Eine wohlige Wärme durchflutete ihren Körper, und mit einem Mal fühlte sie sich wieder fit und voller Energie.

Als Marilyn das Studiogelände betrat, erreichte dieses Gefühl seinen Höhepunkt. Die Amphetamine erhöhten ihren Blutdruck und setzten Endorphine in ihrem Gehirn frei. Außerdem steigerten die Drogen die Leistung ihrer Atmungsorgane und überdeckten somit die Symptome der Nebenhöhleninfektion.

Um 8.30 Uhr verließ Monroe ihren Bungalow. Sie trug das aufregende Seidenkleid, das Jean Louis für die Szene entworfen hatte, in der Ellen Arden ihre Kinder wiedersieht.

In den dunklen Ecken von Studio 14 hatte sich eine beachtliche Menschenmenge versammelt. Wer einflußreich genug war, um sich Zutritt zu verschaffen, war anwesend. Niemand wollte sich das Spektakel entgehen lassen, wenn Marilyn Monroe zum erstenmal in ihrer Karriere eine Mutter spielte. Endlich bekam sie die Chance, Kinder zu haben – wenigstens im Film.

Nach den vielen Fehlgeburten (mindestens vier) und Abtreibungen (sieben) war zu erwarten, daß Marilyn das Filmwiedersehen unglaublich ergreifend spielen würde. Von Anfang an hatte ihr diese Szene besonders am Herzen gelegen. Sie hatte sogar ihr Krankenbett verlassen und mit Drehbuchautor Bernstein über die Interpretation der Szene gestritten, in der die schiffbrüchige Mutter ihre Kinder wiedersah. Nach Bernsteins Neufassung von Johnsons Skript sollte Marilyn die Zuneigung der Kinder durch dumme Mätzchen zurückgewinnen.

»So würde sich das nie abspielen«, beklagte sich Monroe bei Henry Weinstein. »Die Mutter würde sie sofort für sich gewinnen. Die alten Erinnerungen sitzen einfach zu tief.« Ähnliche Bemerkungen finden sich auch am Rand ihres Skripts. Obwohl dem Produzenten nicht entging, daß wieder einmal Paula Strasberg hinter der Sache steckte, stimmte er Marilyn zu und gab Bernstein entsprechende Direktiven.

Der New Yorker Autor kochte vor Wut. »Das macht die Geschichte nicht besser. Schließlich haben die Kinder ihre Mutter seit sieben Jahren nicht gesehen.« Noch dreißig Jahre später ärgerte sich Bernstein darüber. Für ihn war das nur ein Beispiel von vielen, wie eine verhätschelte, außer Kontrolle geratene Monroe ihren Willen durchsetzte.

Cukor bestätigte diese Ansicht, als er feststellte: »Marilyn hat das Skript umgeschrieben, weil sie nicht einmal die Andeutung einer Zurückweisung ertragen kann – auch nicht in einer Filmszene. Wenn es irgendwie in ihrer Macht steht, ändert sie die Szene so, daß sie nicht zurückgewiesen wird, obwohl es gar nicht um sie persönlich geht.« Und genau das passierte.

»Wir haben Marilyn mehr oder weniger erlaubt, diese Szenen nach ihren Vorstellungen zu ändern«, sagte Weinstein. »Das erschien uns sinnvoll.«

Für die Fox war das nur ein weiterer Papierkrieg. Doch Marilyns engsten Freunden dämmerte allmählich, daß diese Wiedersehensszene katastrophale emotionale Folgen für sie haben würde. Robert Slatzer bemerkte, daß seine frühere Geliebte »im letzten Frühling und Sommer verrückt nach allem war, was mit Kindern zu tun hatte«.

Der Tratsch über Marilyns erste Begegnung mit den Kinderdarstellern Chris Morley und Alexandra Heilweil am ersten Drehtag wirkte unwiderstehlich auf die Neugierigen. Die Fox-Manager und ihre Sekretärinnen zog es magisch zum Studio hin, in dem sich Marilyn auf ihren Auftritt vorbereitete.

Seit den frühen fünfziger Jahren war es eine Art Sport, der Monroe beim Drehen zuzusehen. Sie war das Objekt zahlreicher Firmenwitze. Sie hatte einst das Studio gerettet, und dafür begegnete man ihr mit Mißgunst. Und jetzt, in den sechziger Jahren, schien sie in der Lage, das Studio noch einmal zu retten. Selbst Mitarbeiter der PR-Abteilung kamen und standen dicht gedrängt hinter den Elektrikern auf den Arbeitsbrücken, und ihr Getuschel vermischte sich mit den boshaften Bemerkungen unten im Aufnahmestudio.

»Der Haß war mit Händen zu greifen«, erinnerte sich Marilyns Double Moriarity, die direkt hinter dem Star die Szenerie betrat. »Es war wirklich erschreckend.«

»Marilyn wurde überall verspottet«, sagte die Schauspielerin Sheree North. »Im ganzen Studio, in jeder Abteilung zerrissen die Leute sich die Mäuler über sie.«

Die Verantwortlichen der Twentieth Century-Fox sahen in Marilyn Monroe nie etwas anderes als eine Edelnutte. Ein Produzent, der damals im Studio Marilyn und die Kinder beobachtete, tat ihre schauspielerische Leistung mit der Bemerkung ab: »Warum um Gottes willen lassen sie diese Frau eine Mutter spielen, wo doch jeder weiß, daß sie die größte Hure der Welt ist?«

Bei der wöchentlichen Pokerrunde der PR-Abteilung galt es als Standardwitz, darüber zu spekulieren, wie oft die Monroe den Herren einen blasen mußte, bis sie die Rolle in ihrem ersten großen Film *Alles über Eva* bekam. Man witzelte auch über Joe Schencks Begeisterung für ihre Brüste und über Skouras' Affäre mit ihr Anfang der fünfziger Jahre.

Marilyn wußte, daß ihr viele feindlich gesinnt waren. »Die Studiobosse wachen eifersüchtig über ihre Macht«, erklärte sie dem Magazin *Life* im Juli 1962. »Sie sind wie Politiker. Sie wollen sich die Stars selbst aussuchen. Sie mögen es nicht, wenn die Öffentlichkeit aufsteht und ihnen ein Mädchen in den Schoß wirft und sagt: ›Macht aus ihr einen Star. Wir wollen, daß sie ein Star wird.‹ Aber genau so war es in meinem Fall.«

»Die Kinder in *Something's Got to Give* erinnerten sie an ihre Unfruchtbarkeit«, meinte Slatzer. Er erinnerte sich, daß er sie oft auf einem Spielplatz in der Nähe ihres Hauses in Brentwood traf, wo sie »stundenlang Kinder beobachtete«. Ihre Freundin Pat Kennedy Lawford vertraute anderen einmal an: »Marilyn litt anscheinend sehr unter ihrer Kinderlosigkeit. Sie erkundigte sich ständig nach meinen Kindern, wie überhaupt nach allen Kennedy-Kindern.« Peter Lawford fand sie manchmal auf dem Spielplatz seines Strandhauses, wo sie »still die Spielzeuge und Bücher meiner Kinder bewunderte«.

Um 10.30 Uhr betrat Monroe die Szenerie, die durch weiße und bernsteinfarbene Scheinwerfer ausgeleuchtet wurde. Das gleißende Licht glänzte auf ihrem blonden Haar und brachte die fuchsienroten und grünen Farbtöne des Kleides von Jean Louis noch besser zur Geltung. Sie trat durch die Tür, blickte sich um und lächelte breit.

Cukor, der Wert darauf legte, vor der großen Zuschauermenge höflich und galant zu erscheinen, eilte ihr entgegen und küßte ihr die Hand. Das Team spendete spontan Beifall, und bald applaudierten auch die Leute auf den Arbeitsbrücken und in den hintersten Winkeln des Studios.

»Sie sah trotz ihrer Krankheit wunderbar aus«, erinnerte sich Plecher. »Ihre Schönheit war gereift und hatte jetzt ein inneres Leuchten, das vorher nicht dagewesen war.«

Marilyn ging auf Alexandra Heilweil und Chris Morley, die beiden Kinderschauspieler, zu. »Ich kann mich noch gut erinnern, daß ich zu ihr aufblickte«, sagte Alexandra Heilweil. »Es war, als tauche sie aus dem Nebel vor mir auf. Bis heute ist sie für mich der Inbegriff von Weiblichkeit. Das liegt vermutlich an ihrer Haltung und an ihrer wunderbaren Stimme – ausgesprochen feminin und elegant.«

Für Chris Morley war Marilyn Monroe eine »betörende Fata Morgana aus starkem Parfüm und das schönste Gesicht, das ich je gesehen hatte«.

Monroe kniete vor den Kindern nieder und flüsterte ihnen zu: »Wir werden bei diesem Film viel Spaß miteinander haben. Das verspreche ich euch.« Dann umarmte sie beide.

Die Schauspielerin blickte zum Kameramann Franz Planer hinüber, zwinkerte ihm zu und parodierte ihren eigenen berühmten Gang. Zum zweitenmal brandete Applaus auf.

Am Montag, dem 5. Mai, um 11.05 Uhr, begannen die Aufnahmen zu *Something's Got to Give.*

Marilyn mußte sich direkt vor dem Hoftor aufstellen. Die Kinder rannten um den Pool und spielten Fangen. Marilyn trat langsam durch das Tor und trippelte eine kurze Treppe hinauf. Sie hielt ihre Handtasche fest umklammert und blickte verwundert auf das Haus, das die Frau, die sie spielte, fünf Jahre zuvor verlassen hatte.

Sobald sie die Kinder erblickte, traten ihr Tränen in die Augen. Es waren echte Tränen der Rührung, und Marilyn bekam bei allen 27 Takes dieser ersten Szene feuchte Augen.

Als glühende Anhängerin des »Method-Acting« mußte sich Marilyn bei der Vorbereitung auf die familiäre Wiedersehensszene in Studio 14 mit den traumatischen Erlebnissen ihrer eigenen Jugend auseinandersetzen. Hier kam alles zusammen: die Erfahrungen in den Pflegeheimen, die Abwesenheit der Mutter, das Fehlen des Vaters. Der Schmerz mußte einfach aus ihr hervorbrechen, wenn sie sich den Kindern zum erstenmal näherte. Ihre Neider jedenfalls rechneten fest damit.

Aber in der Menge standen auch Freunde. Kurz bevor die Kameras lossurrten, schlüpfte der Drehbuchredakteur Theodore Strauss in das Aufnahmestudio. Er war fasziniert, wie ehrlich Monroes Gefühle wirkten. »Es war wirklich eine bewegende Szene«, sagte er. »Nicht gezwungen, nicht übertrieben.«

Strauss stellte fest, daß es auch im Film so etwas wie eine Wirklichkeit gibt. »Mir wurde klar, daß in dieser Szene Marilyns eigene Vergangenheit wieder lebendig wurde. Sie hätte genausogut eines dieser mutterlosen Kinder sein können.« Strauss mußte an seine erste Begegnung mit Marilyn vor 15 Jahren zurückdenken – damals war er Reporter gewesen und Monroe noch ein aufstrebendes Starlet.

»Wir trafen uns an einem Ecktisch in dem alten Restaurant Romanoff«, sagte Strauss. »Sie erzählte mir eine der verschiedenen Versionen über ihre Kindheit. Die Intensität dieser Gefühle hatte all die Jahre überdauert, und trotz aller Erfolge hatte sie ihre schwere Kindheit immer noch nicht verarbeitet.«

Jetzt, im Studio 14, sah ihr Strauss voller Bewunderung zu. »Nur wenige Schauspielerinnen hätten ihre Verletzlichkeit so offen gezeigt.«

Auch Marjorie Plecher, Marilyns Garderobiere, bemerkte, daß das persönliche Unglück der Schauspielerin nun beinahe sichtbar wurde. »In einer Drehpause kam sie zu mir herüber und sagte, ihre Tochter wäre jetzt im gleichen Alter wie die jüngste Darstellerin, wenn sie am Leben geblieben wäre. Das war ein sehr wunder Punkt in ihrem Gefühlsleben.«

Der Cutter David Bretherton stand knapp außerhalb des Aufnahmefeldes der Kameras. Auch er hatte Tränen in den Augen. »Mitten in der Szene mußte ich weinen«, sagte er. »Ich konnte mich nicht mehr beherrschen. Sie war sehr lieb zu den Kindern und harmonierte wunderbar mit ihnen. Sie war so liebevoll, daß man es kaum beschreiben kann. Sie wünschte sich so sehr, geliebt zu werden.«

Cukor filmte Marilyns ersten Auftritt mehrere Stunden lang – die meiste Zeit widmete er der Szene, in der sie mit weit aufgerissenen Augen nach Hause zurückkehrt.

Alexandras Mutter, Eva Wolas Heilweil, erinnerte sich: »Marilyn war wunderbar. Man merkte ihr überhaupt nicht an, wie krank sie war. Und ich sage Ihnen, sie war wirklich krank. Einmal beobachtete ich, wie sie sich zwischen den Aufnahmen gegen die Wand lehnte. Ihr Gesicht war aschfahl.«

Henry Schipper, Produzent bei der Fox Entertainment News, studierte jede Filmszene und jedes Dokument von *Something's Got to Give*. Er kam zu dem Schluß, daß Marilyn Monroe die Arbeit an diesen Szenen nur deshalb durchgehalten habe, »weil sie die mütterlichen Gefühle erkunden wollte, die ihr im Leben vorenthalten wurden«.

Monroe wurde mißtrauisch, als dieselbe Szene ständig wiederholt wurde. Als sie am späten Abend von Ralph Roberts massiert wurde, sagte sie zu ihm: »Cukor ließ immer wieder die gleichen Einstellungen wiederholen. Dabei wußte ich schon nach dem zweiten Take, daß alles perfekt war. Ich glaube, er führt etwas im Schilde.«

Nach einer kurzen Mittagspause wurde der neunjährige Cockerspaniel Jeff unter großem Trara in die Szenerie geführt. Er sollte bei Marilyns Begegnung mit den Kindern eine zentrale Rolle spielen.

Rudd Weatherwax hatte die vier Hunde für die Fernsehserie *Lassie* dressiert und sich dadurch einen Namen gemacht. Sein Schützling Jeff hatte eine leichte Aufgabe. Marilyn sollte zum erstenmal seit fünf Jahren wieder das Haus betreten und leise den Namen des Hundes rufen. Daraufhin sollte Jeff hervorstürzen, zweimal bellen und ihr einen Kuß auf das Kinn geben.

Jeff wurde mit Regisseur Cukor und den beiden Kindern vertraut gemacht, während Marilyn noch in ihrem Bungalow auf der anderen Seite des Filmgeländes weilte.

Cukor wirkte während der Proben wie geistesabwesend. Er hatte Amphetamine eingenommen und zitterte. Außerdem hatte er kaum geschlafen und war halb verhungert. Ruhelos lief er in den Kulissen hin und her.

»Er war nicht wie sonst«, erzählte Eva Wolas Heilweil. »Mir kam er älter vor, als er tatsächlich war, und die Dynamik, die ich sonst von ihm kannte, war verschwunden.«

Marilyn kam um 14.10 Uhr. Sie wurde von Paula Strasberg und Pat Newcomb begleitet, ihrer persönlichen Pressereferentin. Der Regisseur nahm kaum Notiz von ihr. Weatherwax führte Jeff zu ihr. Sie beugte sich instinktiv hinab und nahm Jeff auf den Arm. »Schaut euch das an!« sagte Cukor zu Kostümbildner William Travilla. »Jetzt will sie sogar den Hund bezirzen. Sie macht daraus einen Wettbewerb zwischen ihr und dem Dresseur.« Cukor wandte sich angewidert ab.

Binnen weniger Minuten begann ein weiterer Wettstreit – ein Durchhaltekampf zwischen Cukor und Monroe, bei dem der zwischen ihnen schwelende Konflikt endlich offen ausbrach. Marilyn sollte in dieser Szene langsam auf den Swimmingpool zugehen und den Kindern »hallo« zurufen. Jeff sollte sie erkennen und mit wildem Schwanzwedeln auf sie zulaufen, während sie niederkniete. Marilyn schaffte die Szene schon im dritten Anlauf.

Doch dann begannen die Probleme. Jeff rannte zu ihr, wedelte mit dem Schwanz und ließ sich dann bequem vor ihr nieder. Er verpatzte seinen Einsatz – keine Begrüßung, kein Kuß auf das Kinn. Auf dem nicht freigegebenen Filmmaterial von *Something's Got to Give* ist zu sehen, wie Weatherwax Jeff auf den Arm nimmt und noch einmal die Rolle mit ihm übt.

Cukors Stimme ist zu hören. Er macht dem Hundedresseur scharfe Vorwürfe und befiehlt dann den Kameraleuten, für einen zweiten Versuch zurückzufahren. Nach Robert Slatzers Erinnerung achtete der Regisseur überhaupt nicht auf Marilyn, sondern ließ die Kameras hin- und herfahren und probte die Szene mit Jeff dreimal. Marilyn kniete derweil in ihrem schweren Seidenmantel und ihren hochhackigen Schuhen auf dem Boden.

Schließlich ließ Cukor die Kameras wieder laufen, obwohl sich Jeff noch immer nicht so verhielt, wie es das Drehbuch von ihm verlangte. Auch bei den nächsten drei Takes patzte Jeff. Außerdem wurde es ihm unter den riesigen Scheinwerfern allmählich zu heiß. Eine Stunde später begann er zu japsen und sich immerzu im Kreis zu drehen. Cukor ließ nicht locker, und Marilyn kniete immer noch in unbequemer Haltung auf dem Boden. Elf Takes wurden bei diesem zweiten Versuch gedreht, und keiner war brauchbar.

Als man eine kurze Kaffeepause machte, war Marilyn völlig erschöpft. Man brachte sie zu ihrem Bungalow. Dort angekommen, sank sie auf das Sofa. Zur Stärkung erhielt sie Kaffee und eine zweite Spritze von Lee Siegel. Weinstein hatte zum erstenmal seit zwei Wochen den Eindruck, daß Monroe jetzt kräftig genug war, die Woche durchzustehen. Alle wollten dazu beitragen, daß sich ihr Zustand nicht wieder verschlechterte.

Alle – außer George Cukor.

Um 15.30 Uhr ordnete er einen dritten Versuch mit Jeff an. »Man hätte auch andere Szenen drehen können. In der Zwischenzeit hätte man mit dem Hund proben oder Ersatz für ihn besorgen können«, sagte Evelyn Moriarity, Marilyns Double. »Meiner Meinung nach hätten sie einen Ersatzhund besorgen sollen.«

Doch Cukor machte weiter. Drei Stunden und 20 Minuten filmte er die Szene mit Marilyn und dem Hund. Sein Verhalten war mit Sicherheit beabsichtigt. Kameramann Franz Planer bekam bei 20 anstrengenden Takes nicht eine brauchbare Sequenz in den Kasten (möglicherweise waren es sogar 32 Takes, aber nur 20 sind erhalten geblieben).

Die Beleuchtung sollte einen hellen Sommertag simulieren. Eine Batterie von 100 Scheinwerfern trieb die Temperatur unten in den Kulissen auf 35 Grad. Inzwischen war es 16 Uhr geworden. Bei sorgfältiger Betrachtung der 20 Takes kann man sehen, daß Monroe buchstäblich dahinwelkte.

Zehn Einstellungen lang versuchte sie zu helfen und den Hund dazu zu bringen, daß er seine Rolle spielte. »Jeff, Jeff«, flüsterte sie. »Komm schon, komm schon.«

Beim zehnten Take blickte sie den Regisseur flehend an und wischte sich mit der linken Hand über die Stirn. Erschöpft ließ sie den Kopf hängen.

Cukor schrie nun beinahe. »Bell endlich, Jeff! Du sollst endlich bellen!« Doch er gab nicht auf. Er ließ den Ton abschalten. Offenbar plante er, das Hundegebell später von einem kooperativeren Tier synchronisieren zu lassen.

Im fünfzehnten Take ist Monroes Lachen zu hören, aber es ist ein schrilles, gezwungenes Lachen. Bei dem Kommando »Cut« warf sie dem Regisseur aus schmalen Augen einen Blick zu. »Warum hören Sie schon auf?« versuchte sie zu witzeln. »Jetzt wird er doch erst richtig gut.«

Cukor machte weiter, obwohl sein Star immer schwächer wurde. Er ging hinter der Kamera in die Hocke und starrte Marilyn aus dunklen Augen direkt ins Gesicht. Dann äffte er jede ihrer Gesten nach und vollführte eine bizarre, tuntenhafte Pantomime ihres atemlosen Stils.

Marilyn zog den Hund an sich und sagte noch einmal: »Tippy, wie dick du geworden bist! Womit haben sie dich gefüttert?«

Cukor sprach die Zeilen leise nach – ein spöttischer, herausfordernder Singsang.

Robert Slatzers Fotografien, die er an jenem Tag aufgenommen hatte, zeigen, wie Jeff Monroe umstößt und sich auf den Regisseur stürzt. Cukor behauptete später, daß der Hund während der Proben wunderbar gespielt, bei den eigentlichen Aufnahmen aber unfähig gewesen sei, seine Tricks vorzuführen (Slatzer nahm sämtliche Fotos während der Proben auf).

Inzwischen war die Atmosphäre im Studio von Haß erfüllt. Der um sich greifende Widerwille, so Evelyn Moriarity, »war bis in die Knochen zu spüren«.

Cukor war von Natur aus eingebildet. Seine Gewohnheit, die Rollen seiner weiblichen Stars mitzuspielen (was er übrigens bei Männern nicht tat), ging auf seine Glanzzeiten bei Metro-Goldwyn-Mayer zurück – damals war er ein verwöhnter Star gewesen. Wenn er sich beim Schauspielen vergaß, schnitt er Gesichter und rollte wild mit den Augen.

Marilyn reagierte nicht darauf. Sie sah einfach an dem Regisseur vorbei zu Paula Strasberg.

Beim Drehen selbst blieb sie bemerkenswert gelassen. Doch später explodierte sie vor Wut: »Allmählich wird es lächerlich, Ralph«, beschwerte sie sich bei Ralph Roberts. »Weißt du, wie oft wir die Szene gedreht haben? Dreißigmal!«

Später an diesem Tag, als Roberts sie massierte, war sie immer noch deprimiert. »Wenn sich eine Schauspielerin so benommen hätte, wäre sie schon bei der zweiten oder dritten Klappe gefeuert worden. Warum zum Teufel haben sie keinen anderen Hund herbeigeschafft?«

Hazel Washington bemerkte, daß sich Marilyns Meinung über Cukor aufgrund der nutzlosen Retakes gründlich geändert hatte. »Marilyn biß die Zähne zusammen«, sagte sie, »als habe sie jetzt erst erkannt, wie Cukor wirklich war. Sie betrachtete ihn jetzt als ihren Feind – den Regisseur, den sie einmal als den ›besten Komödienregisseur in Hollywood‹ bezeichnet hatte.«

Möglicherweise wollte der Regisseur sogar Nutzen aus Marilyns Krankheit ziehen und hoffte, sie zu einem Wutausbruch zu provozieren, indem er auf ihre Schwächen anspielte. Aber er zeigte keinerlei Verständnis für die empfindliche Psyche seines Stars.

Genauso hatte sich Cukor auch gegenüber der ebenfalls kranken Judy Garland bei den Dreharbeiten zu *Ein neuer Stern am Himmel* verhalten. Er erinnerte sie an ihre unglückliche Kindheit, an ihre Alkohol- und Drogenabhängigkeit und an die Fehlschläge in ihrer Karriere wie etwa den Kinoflop *Annie Get Your Gun*.

Del Armstrong, Maskenbildner bei dem Garland-Film, erzählte dem Schriftsteller Patrick McGilligan später: »Cukor wußte, wie er eine Frau tief verletzen konnte. Er benutzte das als Taktik, um sie in Stimmung für eine Szene zu versetzen, in der sie weinen mußte.«

McGilligan enthüllte in seiner Cukor-Biographie, daß »der Regisseur es regelrecht zu genießen schien, Garland bis zum Äußersten zu treiben. So fragte er sie beispielsweise: ›Begreifen Sie eigentlich, wie unglücklich und verzweifelt die Frau ist, die Sie hier spielen sollen?‹ – obwohl er ganz genau wußte, daß ihr das klar war. So reizte er sie, bis sie fast verrückt wurde.« Und dann ließ er die Szene immer und immer wieder drehen.

Monroe kannte diese Horrorgeschichten. Garland selbst hatte sie ihr erzählt.

In den folgenden Wochen beobachtete sie Cukor genauer, und allmählich gelangte sie zu der Überzeugung, daß er *Something's Got to*

Give bewußt sabotierte. Nach der blamablen Vorstellung mit dem Hund kommentierte Paula Strasberg trocken: »Wenigstens wissen wir jetzt, woran wir sind.«

Am selben Montag abend spitzte sich die Auseinandersetzung um Nunnally Johnsons Drehbuch weiter zu. Von der ursprünglichen Version blieb kaum noch etwas übrig. Statt einer oder zwei Seiten lieferte Bernstein jetzt Nacht für Nacht eine ganze Handvoll neuer Skriptseiten.

»Die Boten kamen mehrmals in der Nacht«, erinnerte sich Eunice Murray. »Die neuen Seiten mit den Änderungen waren auf farbigem Papier getippt, und Marilyns Kopie des Drehbuchs war bald so bunt wie ein Regenbogen.« Die Dialoge wurden auf blauem Papier geliefert, technische und die Garderobe betreffende Hinweise auf gelbem Papier.

Marilyn beschwerte sich bei Robert Slatzer: »Sie ändern sogar die Änderungen. Gestern abend habe ich eine Szene auswendig gelernt. Später, gegen acht, bekam ich eine geänderte Fassung, und heute morgen noch mal eine.«

Monroe hatte mit Levathes vereinbart, ihn über die Änderungen regelmäßig auf dem laufenden zu halten. Am 15. Mai überbrachte Phil Feldman dem Regisseur eine Nachricht von Levathes, die nur aus drei Worten bestand: »Hört auf damit!«

Aber Cukor arbeitete wie besessen weiter. Abend für Abend ging er in seinem Bungalow auf und ab und diktierte Briefe, Berichte und seine Einfälle für neue Szenen. Die Sekretärinnen gaben ihm den Spitznamen »Der Große Diktator«. Manche Schreibkräfte mußten bis ein Uhr morgens arbeiten, um das neue Material zu tippen.

Der Regisseur war entschlossen, trotz Levathes' Anweisung das Drehbuch weiter zu verändern. Er griff zu einer neuen List: Statt auf dem üblichen blauen Papier schickte er die Änderungen jetzt auf weißem Papier. Offenbar wollte er Marilyn glauben machen, daß der Text unverändert geblieben sei.

Aber die Schauspielerin durchschaute sein Spiel sofort. »Marilyn wurde hysterisch«, erinnerte sich Eunice Murray, und Nunnally Johnson schrieb: »Für sie war das der endgültige Verrat. Sie war viel zu clever, um auf einen solchen Trick hereinzufallen. Nur ein törichter und egozentrischer Regisseur konnte einen verunsicherten Star auf diese Weise hintergehen und schockieren. Sein Verhalten war mehr als ungeschickt.«

Moriarity hatte das Gefühl, daß George Cukor »immer recht behalten mußte. Er war überzeugt, daß er alles besser konnte als alle anderen. Deshalb ließ er auch nicht die Finger von dem Drehbuch.«

Susan Strasberg, die von ihrer Mutter erfuhr, was sich bei den Dreharbeiten abspielte, brachte es auf den Punkt: »Da hat der Regisseur seinen Star endlich wieder, und was tut er? Er bringt den ganzen Tag damit zu, eine Szene mit einem unfolgsamen Hund zu filmen, und die ganze Nacht, um das Drehbuch umzuschreiben!«

Cukors Taktik – was immer auch seine Motive gewesen sein mögen – verlangte Marilyn immer neue Anstrengungen ab und schwächte sie körperlich. Als sie an jenem Abend erschöpft auf ihr Bett fiel, hatte sie wieder Fieber. Der Studioarzt Siegel und ihr Leibarzt Engleberg rieten ihr dringend, noch eine Woche im Bett zu bleiben. Aber die kurzen überzeugenden Szenen, die sie am 30. April gedreht hatte, sprachen gegen sie. Als Levathes und Feldman das Material sahen, meinten beide, daß der Star niemals gesünder ausgesehen habe. »Sie wußten nicht, ob ihre Krankheit echt oder nur eingebildet war«, sagte Henry Schipper von der Fox Entertainment News.

»Im Management der Fox kam man zu der Überzeugung, daß sie nicht wirklich krank war«, sagte Noreen Siegel. »Aber natürlich war sie diesmal wirklich krank, nur hatte sie schon zu oft blinden Alarm geschlagen.«

Der Rückfall zwang Marilyn, bis Montag, den 14. Mai, das Bett zu hüten.* Doch als sie wieder zu den Dreharbeiten erschien, wirkte sie nicht nur gesund, sie sprühte geradezu vor Energie.

* Über Marilyn Monroes Fehlzeiten bei den Dreharbeiten wurde viel spekuliert; tatsächlich aber fehlte sie fast nie »unentschuldigt« im Sinne der von der Schauspieler-Gewerkschaft ausgehandelten Regelungen. Vom 23. bis zum 27. April blieb sie auf Anweisung des Studioarztes Lee Siegel den Dreharbeiten fern. Am 30. April kehrte sie für kurze Zeit zurück und drehte ihre erste Szene. Die Krankheit zwang sie jedoch bald wieder, nach Hause zurückzukehren. Als sie am 1. Mai einen weiteren Versuch unternahm, wurde sie ohnmächtig, während sie unter der Trockenhaube saß, und mußte schnell in ihr Haus nach Brentwood zurückgebracht werden. Auf Anweisung der Studioärzte blieb sie bis zum 4. Mai im Bett. Am folgenden Tag arbeitete sie fast neun Stunden lang an der Szene mit den Kindern und dem Cockerspaniel. Am 6. Mai erlitt sie einen Rückfall. Siegel verordnete ihr erneute Bettruhe bis zum 14. Mai. Danach konnten die Dreharbeiten wiederaufgenommen werden, und Marilyn Monroes Abwesenheiten galten als »entschuldigt«, wie Dean Martin nach dem Abbruch der Dreharbeiten betonte.

9

Die Dreharbeiten

Am Montag, dem 14. Mai, betrat Monroe um 7.30 Uhr das Studio. Es war menschenleer.

Ein Wachmann ließ sie ein und rief dann sofort Cukor an, der sich noch in seiner Wohnung befand. »Monroe ist eben angekommen«, sagte der Mann. »Und sie ist bereits geschminkt.«

Marilyn hatte sich an jedem der vergangenen fünf Tage krank gemeldet, aber immer erst in letzter Minute. Jetzt war das Studio nicht auf sie vorbereitet. Cukor wollte an diesem Tag eine Strandszene mit dem jungen Schauspieler Tom Tryon und fünf Starlets der Fox drehen.

Tryon war bereits auf dem Weg zum Hafen von Newport, etwa 50 Meilen von der Filmstadt Century City entfernt. Er saß in einem Kleinbus, eng zusammengedrängt mit den Schauspielerinnen und einem Maskenbildner. Sein Kostüm, eine Lycra-Badehose, lag in einer kleinen Schachtel.

»Als wir den Balboa Bay Club (im Hafen von Newport) erreichten«, erinnerte sich Tryon, »erhielten wir die Nachricht, daß wir wieder zum Studio zurückkehren sollten. Die Monroe war wieder da!«

Marilyn war in bester Stimmung, doch im Filmteam hatte sich Resignation breitgemacht.

»Einhundertundvier Menschen hatten seit dem 15. Mai bereitgestanden«, schilderte Gene Allen die Situation. »Jeden Tag warteten wir darauf, daß sie sich blicken ließ, und jeden Morgen um 6 Uhr rief sie an und meldete sich ab. Die Arbeitsmoral war auf dem Tiefpunkt.«

Cukor hatte zahlreiche Szenen mit Cyd Charisse (die Martins neue Frau spielte), Dean Martin und den Kindern abgedreht. Bald hatte er keine Szenen mehr, in denen Marilyn nicht mitwirkte.

»Cukor glaubte allmählich, daß er die Kontrolle verloren hatte. Er zog sich zurück und schottete sich ab«, sagte Weinstein. »Ich hatte vorgeschlagen, die Dreharbeiten zu unterbrechen, bis die Monroe wieder völlig gesund war, aber das Studio winkte ab. Cukor saß in der Klemme.«

Cukor hatte bei seinem ersten Monroe-Film (*Machen wir's in Liebe*) die Fehlzeiten seines Stars dadurch ausgeglichen, daß er die Szenen in geradezu aberwitzigem Tempo abdrehte, wann immer sie sich am Drehort blicken ließ. Diesmal versuchte er das erst gar nicht.

In den folgenden dreieinhalb Tagen erschien Marilyn pünktlich. Sie war darauf vorbereitet, 15 Seiten des Drehbuchs zu drehen. Doch Cukor vergeudete einen Großteil der Zeit – er brauchte fast 27 Stunden und mehr als 100 Takes, bis er zweieinhalb Skriptseiten, ganze neun Zeilen Dialog, im Kasten hatte.

Um das schleppende Tempo zu rechtfertigen, sagte der Regisseur zu Phil Feldman, daß Marilyns Arbeit unbrauchbar sei. »Sie bringt es einfach nicht fertig, ihre Takes aufeinander abzustimmen. Sie schafft es nicht, genau da weiterzumachen, wo sie im vorigen Take aufgehört hat.« Um ihre Unfähigkeit auszugleichen, erklärte Cukor, müsse er jede Aufnahme unzählige Male wiederholen.

Liest man Cukors Aufzeichnungen über die Produktion und vergleicht sie mit dem tatsächlichen Film, so gewinnt man den Eindruck, daß der Regisseur seinen Star sabotierte – vielleicht unbewußt.

Cukors Bemerkungen gegenüber Feldman wurden fast 30 Jahre lang für bare Münze genommen – bis der Fox-Produzent und Regisseur Schipper die sieben Stunden Filmmaterial von *Something's Got to Give* fand. Aus diesem Material wird ersichtlich, daß mindestens drei Viertel der 131 Takes, die noch vorhanden sind, einander sehr ähnlich sind. Cukor drehte manchmal bis zu fünf Nahaufnahmen, in denen Marilyn immer wieder die gleichen Worte wiederholt. Und zwischen diesen Takes besteht praktisch kein Unterschied.

Das Filmmaterial, das die Fox aufbewahrte, enthält nur vier gravierende Fehler. Tatsächlich agierte Marilyn mit erstaunlicher Präzision. Nicht einmal in den nervenaufreibenden Szenen mit dem Spaniel änderte sie auch nur im geringsten den Tonfall. Sie wiederholte vierzehnmal die Zeile: »Tippy! Wie dick du geworden bist! Was haben sie dir zu fressen gegeben?« Und sie versprach sich nur einmal, als ihr der Hund unerwartet auf den Schoß sprang.

»Beim Schneiden des Materials fiel mir kein größerer Fehler auf«, sagte David Bretherton, der Cukor jeden Abend einen Rohschnitt liefern mußte. »Marilyn Monroe hatte nie besser ausgesehen oder besser gespielt. Natürlich wußte ich, daß sie in *Machen wir's in Liebe* in ziemlich schlechter Verfassung gewesen war, aber davon konnte jetzt keine Rede mehr sein.«

Als Bretherton im Frühjahr 1960 *Machen wir's in Liebe* geschnitten hatte, war es ihm schwergefallen, die einzelnen Takes zusammenzufügen. Der Grund war Marilyns Alkohol- und Tablettenmißbrauch.

Manchmal wirkte ihr Gesicht morgens gegenüber dem Vortag um fünf Jahre gealtert, und dieser Eindruck ließ sich auch durch das dickste Make-up nicht beseitigen. Ihr Gewicht schwankte beträchtlich – um bis zu zehn Pfund von einer Woche zur anderen.

In der Zeit, als in Hollywood Gerüchte über Marilyns Alkohol- und Tablettenmißbrauch kursierten, drehte sie einige körperlich sehr anstrengende Szenen mit dem Kinderdarsteller Chris Morley. Laut Drehbuch mußte der Junge einen schmerzhaften Bauchklatscher in den Swimmingpool machen. Marilyn sollte vor Schreck Handtasche und Mantel fallen lassen, um den Pool herumrennen, niederknien und ihn aus dem Wasser ziehen. Das enge Seidenkleid und die hochhackigen Schuhe erschwerten die Rettungsaktion erheblich. Aber Cukor drehte diese Szene 26mal, und Marilyn patzte nicht einmal.

»Am Anfang klangen die Berichte sehr gut«, gab Levathes zu. »Wir alle waren optimistisch.«

»Cukor brauchte zwei Wochen, um Marilyns erste Szene zu drehen«, erinnerte sich Moriarity. »Und das war weniger als eine Drehbuchseite.« Von der Wiedersehensszene zwischen Marilyn und den Kindern ist rund eine Stunde Film erhalten geblieben.

Aus den Archivunterlagen über die Produktion geht hervor, daß Cukor die Swimmingpool-Szene mit Marilyn und Chris Morley am 30. April zu drehen begann (als sich Marilyn für ein paar Stunden zur Arbeit zurückmeldete). Am 21. Mai war er immer noch mit Teilen der Szene beschäftigt. Selbst wenn man die häufige Abwesenheit des Stars berücksichtigt, hätte Cukor in dieser Zeit die meisten ihrer Szenen für *Something's Got to Give* drehen können, wenn er in normalem Tempo gearbeitet hätte.

»Marilyn glaubte allmählich, daß der Regisseur den Film irgendwie sabotieren wollte«, sagte Ralph Roberts. »Aber sie verstand nicht, warum. Sie konnte es nicht begreifen.«

Als Marilyn von Evelyn Moriarity erfuhr, daß Cukor nach eigenem Bekunden den Film eigentlich gar nicht drehen wollte, meinte sie: »Mein Gott, Evy, hättest du mir das doch gleich gesagt! Das hätte alles verändert. Ich hätte auf einem anderen Regisseur bestanden.«

Nach dem verblüffenden Vorfall mit dem Hund Jeff herrschte im Studio ein rüder Umgangston. Die Kinder, Alexandra und Chris, mußten als erste darunter leiden. Der Regisseur schien völlig zu vergessen, daß sie Laiendarsteller waren. Als sie im Pool herumplanschten und einen Einsatz nach dem anderen verpatzten, brüllte er sie wütend an. Weil er die Kameras vor und nach einer Szene stets ein paar Minuten laufen ließ, ist sein ausfälliges Benehmen im Rohschnitt festgehalten.

»Marilyn war sehr empört darüber, daß Cukor die Kinder anbrüllte«, sagte Roberts, der den Star an jenem Abend massierte. »Sie schaute zu mir auf und sagte: ›Weißt du, Ralph, am liebsten würde er mit mir so umspringen. Aber das wagt er nicht.‹«

Etwa einen Tag später brach die Verständigung zwischen Regisseur und Star endgültig ab. »Er schickte sie in eine Szene, sagte ihr aber nicht, wann sie wieder herauskommen sollte«, erinnerte sich Moriarity. »Er ließ sie einfach stehen. Ich habe nie erlebt, daß ein Star so behandelt wurde. Es war eine Schande. Auch einer der Regieassistenten ließ sich von den Grobheiten anstecken. Statt Monroe zu einer Szene zu rufen, stand er nur einfach da, starrte sie an und klopfte ungeduldig mit dem Fuß auf den Boden. Und dann kam es zum großen Krach. Dabei hätte er nur zu sagen brauchen: ›Entschuldigen Sie, Miss Monroe, wir warten auf Sie.‹ Man verweigerte ihr alle Vorrechte, die Stars normalerweise genießen.«

Marilyns Panik nahm zu, und Robert Slatzer erschien immer häufiger im Studio, um seine moralische Unterstützung anzubieten. »Ich habe noch nie einen Regisseur gesehen, der so verunsichert war«, erklärte Slatzer. »Von manchen Szenen drehte er 30 oder 40 Takes. Das hatte Marilyn nicht verdient. Aber am Schluß war natürlich sie an allem schuld.«

Marilyn mißtraute Cukor und war durch die ständigen Änderungen des Drehbuchs frustriert. Die Folge war, daß sich ihre Temperamentsausbrüche und Angstzustände wieder einstellten, die schon die Dreharbeiten zu *Machen wir's in Liebe, Nicht gesellschaftsfähig* und *Manche mögen's heiß* beeinträchtigt hatten. Obwohl sie wegen ihrer Krankheit häufig zu Hause blieb und nur sporadisch am Drehort erschien, trieb sie Weinstein mit ihren Wutanfällen und Nörgeleien fast zum Wahnsinn. Wie schon bei den früheren Filmen waren die Temperamentsausbrüche anscheinend auch jetzt eine Art Sicherheitsventil für sie.

Seit Beginn der Dreharbeiten war Marilyn eifersüchtig auf Cyd Charisse. Cyd war eine klassische Hollywood-Schönheit und konkurrierte in dem Film mit Marilyn um die Gunst Dean Martins. Obwohl sie ihre Karriere als Musical-Star bei Metro-Goldwyn-Mayer bereits hinter sich hatte und fünf Jahre älter als Marilyn war, wirkte sie um Jahre jünger.

Cyd Charisse war bereits ein beliebter Star gewesen, als das Starlet Monroe noch um Anerkennung rang. Zu ihren früheren Erfolgen gehörten *Du sollst mein Glücksstern sein, Broadway-Melodie* und *Vorhang auf.* Sie besaß eine unglaubliche Disziplin, die Marilyn völlig abging, tanzte jeden Tag vier Stunden lang und hatte einen makellosen Körper.

Im Krankenbett hatte Marilyn erfahren, daß Cyd und Dean Martin »sensationelles Material« gedreht hatten. Sie wurde so neugierig, daß sie sich eines Abends die Aufnahmen vorführen ließ.

Am nächsten Morgen wurde Weinstein noch vor Tagesanbruch durch den Anruf der wütenden Marilyn aus dem Schlaf gerissen. »Henry, ich habe gesehen, daß Cyd Charisse ihre Brüste polstert. Ich hatte sie schon immer im Verdacht, aber jetzt weiß ich es genau.«

»Was?« fragte Weinstein. »Wovon reden Sie?« fragte Weinstein.

»Es hat keinen Zweck, Henry. Ich habe mir die Aufnahmen angeschaut. Sie polstert ihre Brüste. Das sieht doch jeder.«

Weinstein seufzte. »Wir zeigen sie in einem hauchdünnen Negligé, Marilyn. Wie soll sie sich da die Brüste polstern?«

Monroe kicherte. »Oh, Henry, wie naiv Sie sind! Das macht man mit Klebestreifen von unten. Die Wirkung ist verblüffend.«

»Wirklich sehr interessant, Marilyn, aber wenn Sie sich jetzt einbilden, daß ich Miss Charisse erkläre, ihre Brüste seien zu groß, dann haben Sie sich getäuscht.«

»Okay, Henry«, antwortete Monroe. »Dann werde ich meine auch polstern.«

»Aber Marilyn!« sagte Weinstein. »Ihre herrlichen Brüste! Sie werden doch nicht Ihre herrlichen Brüste polstern!«

»Doch, das werde ich. Und Sie werden alle meine Kostüme ändern müssen.«

»Wissen Sie eigentlich, wie lächerlich Sie sich damit machen?« fragte Weinstein.

Monroe lachte laut. »Ja, wahrscheinlich haben Sie recht.«

Weinstein war froh, daß er die Krise so leicht abgewendet hatte. Doch zwei Tage später rief Monroe erneut an.

»Henry, ich weiß jetzt, daß Cyd Charisse sich ganz langsam die Haare blond färbt«, sagte Marilyn. »Streiten Sie es nicht ab, ich habe mir jeden Tag die Schnellkopien angesehen. Ich weiß, was los ist.«

»Unsinn«, antwortete Weinstein. »Ihre Haarfarbe hat sich seit den Probeaufnahmen nicht verändert. Und da waren wir ja alle dabei.«

»Nein, das stimmt nicht«, erklärte Marilyn. »Sie färbt sich blonde Strähnen hinein. Ich will, daß sie damit aufhört. Ich will, daß sie ihr Haar sofort wieder dunkler färbt.«

Diesmal kam der Produzent nicht so leicht davon. Bei sorgfältiger Betrachtung des Filmmaterials von *Something's Got to Give* kann man feststellen, daß Charisses Haarfarbe etwa ab der Mitte des Films auf wundersame Weise immer dunkler wird. Und da Weinstein schon einmal dabei war, ließ er zur Vorbeugung auch gleich das Haar der Schauspielerin dunkler färben, die die Sekretärin spielte.

»Diese Vorfälle brachten Cukor fast um den Verstand«, erinnerte sich Drehbuchautor Bernstein. »Es waren die typischen Launen eines egozentrischen Filmstars. Marilyn merkte, wie schön Cyd Charisse war, aber ich glaube nicht, daß sie bewußt gemein sein wollte.«

Ein weiterer Streit um die Haarfarbe fiel noch heftiger aus. Er kostete das Team einen halben Drehtag.

Der Vorfall verlangt eine detaillierte Schilderung, denn das Studio benutzte ihn später als Beweis für Marilyns Labilität und zunehmende Paranoia bei den Dreharbeiten zu *Something's Got to Give.* Außerdem war er der einzige Vorfall dieser Art, der sich vor vielen Zeugen abspielte.

Cukor hatte zahlreiche Statisten versammelt. Sie sollten Kunden in einem Schuhladen spielen. Marilyn agierte in dieser Szene zusammen mit ihrem Freund, dem Charakterschauspieler Wally Cox. Die Probleme begannen damit, daß Whitey Snyder sich auf dem Weg zum Schminkwagen durh die Menge drängte. »Plötzlich«, so erinnerte er sich, »entdeckte ich ein plantinblondes Mädchen. Sie sah umwerfend aus und war toll angezogen. Und sie hatte die gleiche Haarfarbe wie Marilyn – ein echtes Platinblond.«

Snyder hielt es für besser, Marilyn sofort zu informieren, damit es später beim Drehen nicht zum Krach kam. »Im Grunde war der Zwischenfall vermutlich meine Schuld«, sagte Snyder. »Aber ich wußte, was passieren würde, wenn Marilyn das Mädchen plötzlich entdeckte.«

Als Snyder eintrat, halfen zwei Garderobieren Marilyn gerade in ein Wollkleid mit Bordüren aus Nerz und Seide. »Marilyn, da draußen ist eine platinblonde Statistin. Die Sache gefällt mir gar nicht.«

Monroe fuhr herum. »Mir auch nicht.«

Regieassistent Hall wurde vom Drehort herbeigerufen. Marilyn war bereits geschminkt und trug ihr Kostüm. »Mr. Hall«, sagte sie, »ich will die Sache nicht unnötig dramatisieren, aber da draußen ist ein Mädchen, das mir zu ähnlich sieht. Sie müssen sie wegschicken.«

»Wie die meisten Stars reagierte Marilyn sehr empfindlich auf andere Schauspielerinnen, die ihr ähnlich sahen«, erinnerte sich Snyder. »Damals wurde sie von vielen jungen Starlets kopiert. In dieser Beziehung war sie wie alle großen Stars. Betty Grable hätte genauso reagiert.«

Hall zahlte die Schauspielerin aus und schickte sie nach Hause. Die Angelegenheit hätte damit beendet sein können, denn es gab genug Statisten für die Szene im Schuhladen (sie sind auf den Aufnahmen von dieser Sequenz übrigens gar nicht zu sehen).

Aber Cukor wollte die Sache offenbar aufbauschen. Obwohl Marilyn einsatzbereit war, brach er die Arbeit an diesem Morgen ab und gab Anweisung, die Blondine durch eine Brünette zu ersetzen. Das dauerte vier Stunden.

Der ganze Vorfall war verdächtig. Es war ein ungeschriebenes Gesetz, daß in Monroe-Filmen keine Blondinen mitwirken durften. Schon bei den Dreharbeiten zu *Niagara*, also elf Jahre zuvor, hatte eine blonde Schauspielerin, die für eine Nebenrolle vorgesehen war, durch eine Rothaarige ersetzt werden müssen. Und Gene Allen hatte bei *Machen wir's in Liebe* ähnliche Erfahrungen gemacht.

»Wir bauten ein Foyer für die Theatersequenz auf«, erinnerte sich Allen. »Wir besorgten uns ein paar Fotos von Schauspielerinnen und hängten sie im Foyer auf. Die Fotos sollten Schauspielerinnen darstellen, die in diesem Theater aufgetreten waren. Marilyn monierte ein Foto, weil es eine blonde Schauspielerin zeigte. Ich sagte: ›Kein Problem, Marilyn‹ und tauschte das Foto gegen ein anderes aus.«

Vor Beginn der Dreharbeiten zu *Something's Got to Give* hatten Cukor, das Besetzungsbüro der Fox und alle Regieassistenten eine Mitteilung erhalten, wonach in keiner Szene blonde Schauspielerinnen eingesetzt werden durften. Diese Regelung war bei jedem anderen Monroe-Film eingehalten worden.

Cukor mußte sein kostspieliges Manöver also absichtlich inszeniert haben. »Das Mädchen sah Marilyn wirklich verblüffend ähnlich«, erzählte Snyder. »Mit einem Unterschied: Sie war fünfzehn Jahre jünger und sah auch so aus.«

Später, nach dem endgültigen Scheitern der Produktion, grub die PR-Abteilung der Fox diesen Vorfall wieder aus und informierte alle wichtigen Kolumnisten in Hollywood. Die Journalisten behaupteten, eine durchgedrehte Monroe habe die Statistin beschuldigt, ihr Haarfärbemittel gestohlen zu haben. Außerdem schrieben sie, der Angriff sei absichtlich erfolgt und das Mädchen habe der Monroe überhaupt nicht ähnlich gesehen.

»Ich kann Ihnen versichern, daß es sich wirklich nicht so abgespielt hat«, sagte Snyder. »Die Sache wurde sofort beigelegt. Marilyn wechselte mit Hall ein paar Worte, das Mädchen erhielt ihre Gage und ging nach Hause. Man zahlte ihr die volle Tagesgage.«

Diese unwürdige Episode kam zu all den anderen Unhöflichkeiten hinzu. Marilyn war gewarnt. Als sie am nächsten Tag am Drehort erschien, brachte sie ein kleines Heer von Gefolgsleuten mit, die sie von da an ständig begleiteten. Zu Paula Strasberg sagte sie: »Jetzt geht es ums Ganze: Wir oder sie.«

Als Marilyn Monroe zu den Dreharbeiten zurückkehrte, nahm sie nach einer Pause von über einem Monat auch wieder ihr gesellschaftliches Leben auf.

Am Dienstag, dem 15. Mai, verließ sie das Studio in einem schwarzen Kleid von Norman Norell und mit einer Hochfrisur von Sidney Guilaroff. Sie wollte an einer Reihe von Dinnerparties teilnehmen. Eine der Parties fand in den Hollywood Hills statt; Ehrengast war der frühere LSD-Guru und jetzige Harvard-Professor Timothy Leary. Kaum hatte Marilyn erfahren, daß der Professor in der Stadt weilte, hatte sie sich eine Einladung zu der Party besorgt.

Wie üblich traf sie mit Verspätung in dem Haus auf dem Hügel ein. Leary, so erfuhr sie, hatte sich zu einem Nickerchen in eines der Schlafzimmer zurückgezogen. Sie bestand darauf, ihn dort aufzusuchen.

Leary hörte ein leichtes Rascheln und roch gleichzeitig einen Hauch von Chanel No. 5. Das Schlafzimmer war verdunkelt, doch er wußte sofort, daß es Marilyn Monroe war. Sie warf ihren Nerzmantel ab, setzte sich auf die Bettkante und wühlte verspielt in seinem blonden Haar.

»Sie sind also Timothy Leary.« Sie ergriff seine Hand, spielte aber weiter mit seinem Haar. »Hören Sie, Sie müssen mich anturnen. Ich habe noch nie jemanden in mein Hirn gelassen.«

Leary nannte den Namen eines Professors in Los Angeles. Marilyn antwortete: »Ich will niemand anders. Ich will es mit Ihnen machen.«

Er lehnte ab.

Marilyn sagte enttäuscht: »Wahrscheinlich kommen ständig Leute wie ich zu Ihnen und wollen sich anturnen lassen, stimmt's?«

Leary nickte.

»Und Sie wissen nicht, ob die Leute Sie mögen oder nur Ihre Drogen?«

Er nickte wieder.

»Das Gefühl kenne ich gut«, sagte sie.

Die Verletzlichkeit des Professors faszinierte sie. »Sie turnen doch überall Leute an. Aber jetzt, nachdem ich Sie kennengelernt habe, glaube ich, daß Sie selbst angeturnt werden müssen.« Sie griff in die Tasche ihres schwarzen Nerzmantels und sagte: »Ich habe genau die richtigen Wunderpillen für Sie. Meine Spezialität, ›Randy-Mandys‹ (der Straßenname für das starke Beruhigungsmittel Mandrax). Sie schalten das Gehirn ab und den Körper an.«

Monroe gab Leary eine ockerfarbene Pille, die aussah wie ein Hustenbonbon. Er spülte die Pille mit zwei Schlucken aus ihrer Flasche Dom Pérignon hinunter.

»Woher stammen die Pillen?« fragte er.

»Weiß nicht«, sagte Monroe. »London, Frankreich, Mexiko. Ich bekomme sie von einem guten Freund südlich der Grenze.«

Kaum zehn Minuten später wurde es Leary immer wärmer. Er fühlte sich »wie ein Ballon voll Honig«. Als er aufstehen wollte, knickten seine Beine ein. Er fiel zu Boden und verlor langsam das Bewußtsein. Wie aus der Ferne hörte er Marilyn kichern. »Dann«, so erinnerte er sich, »fiel ich in einen tiefen Schlaf.«

Zwölf Stunden später wachte Leary wieder auf. Marilyn hatte inzwischen von zu Hause aus mit seiner Gastgeberin telefoniert und ihn zum Lunch eingeladen. Später an diesem Tag gingen die beiden unerkannt am Venice Beach spazieren und sprachen über ihre Drogenerfahrungen. »Sie war voller Widersprüche, lustig und neckisch, aber auch sehr klug«, sagte Leary später in einem Interview.

Auch bei diesem Spaziergang am Strand bat ihn Marilyn Monroe um LSD. Sie sagte: »Ich habe fast alles probiert – mindestens einmal.«

Der Drogen-Guru lehnte erneut ab, und sie verabschiedeten sich voneinander. »Aber es hat Spaß gemacht, mit ihr am Strand spazierenzugehen«, erinnerte sich Leary wehmütig.

Wie die meisten Menschen, die Marilyn in jenem Frühjahr begegneten, hatte auch Leary den Eindruck, daß sie bemerkenswert scharfsinnig war und sich völlig unter Kontrolle hatte.

10

Es geht um Ehebruch

Am 15. Mai, also am Tag nach Marilyns Rückkehr ins Studio, drängten 319 Aktionäre in den Konferenzsaal der Fox-Zentrale. Die konfliktreichste Jahreshauptversammlung in der Geschichte des Unternehmens stand bevor.

Ein erbitterter Kampf um die Stimmen der Aktionärsvertreter war ausgebrochen – ein Kampf, der schließlich mit dem Sturz der Unternehmensleitung endete. Die Notierungen der Fox-Aktien waren seit zwei Jahren kontinuierlich gefallen, und die Qualität der Fox-Filmproduktionen war seit 1959 gesunken. Dennoch hatte erst der internationale Skandal um *Cleopatra* eine größere Zahl von Aktionären mobilisiert.

Seit Februar hatten Elizabeth Taylor und Richard Burton ehebrecherische Beziehungen unterhalten. Der Skandal wuchs sich zu einer PR-Katastrophe aus und erregte den Zorn von Frauenvereinen, Kirchenführern und Mitgliedern des amerikanischen Kongresses.

»*Cleopatra* wurde zum Symbol für alle Fehlentwicklungen bei der Fox«, erläuterte der Filmforscher Brad Geagley. »Und die Affäre zwischen der Taylor und Burton wurde zum Symbol dafür, daß die Fox-Manager ihre Stars nicht mehr unter Kontrolle hatten.«

Das Fox-Management beging den Fehler, eine Farbaufnahme von Taylor und Burton auf den Umschlag des Jahresberichts 1961 zu setzen. Der Bericht wurde Anfang Mai verschickt und wirkte auf die ohnehin unzufriedenen Aktionäre wie ein rotes Tuch.

Bei der dreistündigen Jahreshauptversammlung winkten die Aktionärsvertreter aufgeregt mit ihren Stimmkarten und brüllten Spyros Skouras jedesmal nieder, wenn er von *Cleopatra* oder den Zigmillionen sprach, die der Film seiner Meinung nach einspielen würde.

Skouras merkte, daß er so nicht weiterkam. Er gab dem Filmvorführer ein Zeichen, den Raum zu verdunkeln und eine Zusammenstellung von Szenen aus dem ägyptischen Epos zu zeigen.

Elizabeth Taylors Gesicht erschien auf der Leinwand. Sie trug eine schwarze Perücke und war stark geschminkt. Die Aktionäre begannen zu zischen. Als Burton neben der Taylor erschien, ertönten Buhrufe und Pfiffe.

Nach der Vorführung des Taylor-Films blieb die Leinwand ein paar Sekunden lang dunkel. Dann erschien Marilyn Monroe. Sie bewegte sich lässig in ihrem Jean-Louis-Bikini. Die Ausschnitte, das einzige geschnittene Material von *Something's Got to Give,* wurden zunächst mit Schweigen aufgenommen. Doch dann begannen die Zuschauer wieder zu zischen.

Skouras ließ die Beleuchtung wieder einschalten. Er seufzte enttäuscht, denn er hatte seine ganze Hoffnung auf *Cleopatra* und die Ausschnitte aus dem Monroe-Film gesetzt. Nun sah es so aus, als sei er am Ende. »Monroe und Taylor werden die Fox retten«, hatte er zuversichtlich vorausgesagt.

Skouras hatte mit der Vorschau auf die beiden Filme den Zorn der Aktionäre nur noch verstärkt. Liz Taylor und Marilyn Monroe waren der sichtbare Ausdruck der Unfähigkeit der Unternehmensleitung. Und für die Journalisten waren sie schlicht zwei verwöhnte Stars, die auf dem besten Weg waren, das Studio zu ruinieren.

Die anwesenden Aktionärsvertreter verfügten bei dieser Jahreshauptversammlung nicht über genügend Stimmen, um den Verwaltungsrat der Filmgesellschaft entlassen zu können. Aber die Revolte setzte sich bis in den Sommer hinein fort.

Der Verwaltungsrat fand später heraus, daß die Affäre zwischen Burton und Taylor ursprünglich wie ein routinemäßiger PR-Gag begonnen hatte – nach dem Motto »Die Stars verlieben sich ineinander«. Auf solche Geschichten griffen die Presseagenten schon seit den Tagen der frühen Schmierenkomödien immer wieder gern zurück. Bereits im Februar, eine Woche, bevor die erste Liebesszene der beiden Stars gedreht werden sollte, befahl Skouras den PR-Leuten der Fox in Rom, New York und Hollywood, aus dem ersten Kuß zwischen Burton und Taylor ein internationales Medienereignis zu machen.

»Burton und Taylor wurden einander in die Arme getrieben«, sagte Geagley, der für seine Doktorarbeit über *Cleopatra* über 100 Interviews geführt hatte. »Das Studio erwartete geradezu, daß sie sich verliebten.«

In den ersten Pressemitteilungen wurde die Liebesszene als »elektrisierender Moment« beschrieben. »Burton vergaß seine Rolle«, telegrafierte der für das Projekt zuständige Presseagent Nathan Weiss an Harry Brand, den Publicity-Chef der Fox in Hollywood. »Es hatte ihn erwischt. Elizabeth nahm seinen Arm und sah ihm fast eine Minute lang in die Augen.«

Joseph Mankiewicz, der Regisseur des Films, sagte später: »Eine Liebesszene ist viel leichter zu drehen, wenn sich die Stars vor unseren Augen ineinander verlieben.«

Die frühen Pressemitteilungen der PR-Leute Weiss und Jack Brodsky sowie die vertraulichen Notizen von Skouras und andere interne Papiere verdeutlichen, daß die Fox ursprünglich nur einen ausgiebigeren Flirt zwischen den Stars geplant hatte – ein paar Küsse, ein paar gemeinsam verbrachte Abende auf der Via Veneto in Rom und ein paar zweideutige Hinweise für die Klatschkolumnen. Dann sollten beide wieder pflichtschuldig zu ihren Ehepartnern zurückkehren – Liz Taylor zu ihrem Mann Eddie Fisher, und Burton zu seiner Frau Sybil.

Aber die Presseagenten der Fox informierten unklugerweise auch Sheilah Graham, die Globetrotterin und ungekrönte Königin unter den internationalen Klatschkolumnisten. Von Weiss unterrichtet, reiste sie sofort aus London an und verfolgte die Dreharbeiten, bis der Film fertig war. Schon bald eroberte die Liebesaffäre die Schlagzeilen.

Der PR-Gag mit dem »ersten Kuß« funktionierte im alten Hollywood genauso wie heute. Niemand nahm sie ernst, genausowenig wie heute. So wußte jeder, daß Rock Hudson nicht wirklich in Doris Day verliebt war und Kim Novak nicht in Frank Sinatra. Doch die Stories über ihre angeblichen Affären außerhalb des Filmstudios wurden überall gedruckt.

Weder Skouras noch die PR-Leute der Fox hatten ihre Hausaufgaben gemacht. Denn sonst wäre ihnen aufgefallen, daß Burton schon so manche Ehe zerstört hatte. Kurz bevor der Schauspieler in Rom in die Schlagzeilen geriet, wurde in dem amerikanischen Skandalblatt *Confidential Magazine* behauptet, der Herzensbrecher Burton aus Wales habe in den Vereinigten Staaten und in Großbritannien 30 Ehen auseinandergebracht.

Burton zeigte schon am ersten Tag der Dreharbeiten mehr als nur beiläufiges Interesse an Liz Taylor. Als sie mit einem Gefolge von Sekretärinnen, Friseuren, Dienstmädchen und Maskenbildnern hereinrauschte, verfolgte Burton aufmerksam die glanzvolle Prozession. In einem Interview mit der Londoner *Times* stellte Brodsky fest: »Burton starrte Elizabeth gierig und neidisch an. Ich hatte den Eindruck, daß ihn der Starrummel verblüffte und daß er einen solchen Rummel auch für sich wollte.« (Brodsky und Weiss schrieben später eine wichtige Studie zu dem Film mit dem Titel *The Cleopatra Papers.)*

Burton war damals 37 Jahre alt. Eine Reihe von Filmflops lag hinter ihm, darunter *Blick zurück im Zorn, Meine Cousine Rachel* und *König der Schauspieler.* Er sah in *Cleopatra* seine letzte Chance, internationalen Ruhm zu erlangen. Anfänglich gierte er mehr nach diesem seltenen Status als nach Taylor.

Eddie Fisher gegenüber gab er das eines Nachmittags sogar offen zu. »Burton trank meinen Brandy, genoß meine Gastfreundschaft, und am Schluß sagte er: ›Sie sind schon ein Star. Ich noch nicht‹«, erinnerte sich Fisher in einem Interview. »Dann sagte er noch: ›Ihre Frau wird mich zum Star machen.‹«

Tom Mankiewicz wohnte damals in Elizabeth Taylors Villa. Er beobachtete, daß »Richard bald nur noch tat, was er wollte. Er wußte, daß dies seine große Chance war, ein Filmstar zu werden. Es war offensichtlich, daß er in sie verliebt war, aber sogar das gehörte zu seinem Plan.«

Liz Taylor und Richard Burton hatten während der ersten sechs Wochen ihrer Affäre ein perfektes Alibi. Ihre Beziehung galt als PR-Gag – jeder wußte das, und das Studio betonte es immer wieder.

Louella Parsons, die Skandalkönigin von Hollywood, fiel so sehr auf die Geschichte herein, daß sie es ablehnte, erste Berichte über ein ernsthaftes Techtelmechtel zu veröffentlichen. Auch die Klatschkolumnisten in Rom begriffen nichts. Eines Tages wurden Taylor und Burton in einem Straßencafé beim Austausch von Zärtlichkeiten fotografiert. Am nächsten Morgen berichtete die Presse, »die eigentliche Affäre spielt sich zwischen Liz Taylor und ihrem Regisseur, Mr. Joseph L. Mankiewicz, ab. Ihre gemeinsamen Abendessen mit Mr. Burton sind nur ein Ablenkungsmanöver.«

Die Presse hielt sich an diese Version. Als die Paparazzi die beiden Stars am Strand fotografierten, hielt man die Aufnahmen für einen weiteren PR-Gag.

Der wirkliche Schmutz wurde jedoch bei den Dreharbeiten zu *Something's Got to Give* aufgetischt. Die Handwerker, die ständig zwischen Hollywood und den Drehorten Rom und später Ägypten hin- und herflogen, brachten stets den neuesten Klatsch mit. In Rom verbreiteten sie Geschichten über die Monroe, in Hollywood Geschichten über Taylor und Burton.

Im März erschien Burton bei den Dreharbeiten zu *Cleopatra* und verkündete: »Ich habe endlich Elizabeth Taylor gevögelt, auf dem Rücksitz meines Cadillacs.« Cukor erzählte die Geschichte zwei Tage später dem Kostümbildner William Travilla.

Marilyn Monroe war von Elizabeth Taylor fasziniert. Deshalb war sie immer gierig auf Neuigkeiten aus Rom. In den Drehpausen eilte sie gewöhnlich zu ihrem Bungalow zurück, um mit ihren alten Freunden Travilla und dem Choreographen Stephen Papich ein Schwätzchen zu halten. Marilyn setzte sich in einen altmodischen Lehnstuhl, um die Kostüme von Jean Louis zu schonen, und Papich und Travilla nahmen in den lavendelfarbenen Sesseln Platz. Dann tauschten sie Neuigkeiten aus allen Abteilungen des Studios aus.

Marilyns wichtigste Informationsquelle war der PR-Mann Frank Neill, ein ehemaliger Journalist, der für Harry Brand unentbehrlich geworden war. »Die Neill-Berichte«, wie Marilyn sie nannte, waren bemerkenswert zuverlässig. Und sie waren immer auf dem neuesten Stand. In der Tat wußten die Teilnehmer an dieser Kaffeeklatschrunde in Marilyns Bungalow schon vor den Bossen, daß die Ehe der Taylor mit Fisher auseinandergebrochen war.

Als Burton die Taylor vor Fishers Augen küßte und der Sänger daraufhin fluchtartig aus Rom abreiste, wußte es Marilyn schon am nächsten Morgen. »Der französische Kuß«, wie der Vorfall bei der Fox genannt wurde, veranlaßte Fisher, die Journalisten auf seine Seite zu ziehen und sie mit sensationellen Einzelheiten über den nunmehr publik gewordenen Ehebruch zu versorgen.

»Zu diesem Zeitpunkt geriet die Sache außer Kontrolle«, sagte Levathes, der sich gerade in Rom aufhielt, als das eigentliche Theater begann. »Ich war an dem Abend in Walter Wangers Hotelsuite. Um Mitternacht erhielt ich einen Anruf von Fisher.«

Fisher erzählte Levathes: »Dieser Hurensohn Burton brachte letzte Nacht Liz nach Hause und sagte zu mir: ›Ich mag deine Frau, und ich werde sie dir wegnehmen.‹«

Levathes wußte nicht, wie er Fisher beruhigen sollte. Als einer der führenden Fox-Vertreter in Rom mußte er versuchen, den sich immer weiter ausbreitenden Skandal einzudämmen. »Ich fragte Eddie, was er gegen Burtons unverschämtes Verhalten zu unternehmen gedenke«, erinnerte sich Levathes. »Eddie sagte: ›Ich habe natürlich versucht, Burton davon abzubringen.‹«

Levathes und seine Managerkollegen glaubten zwar nicht, daß der Skandal um *Cleopatra* zu einer Belastung für das gesamte Unternehmen werden würde, doch sie befürchteten, daß der Film weit hinter den erhofften Einspielergebnissen zurückbleiben könnte. »Wir hatten fast alles auf diesen Film gesetzt«, gestand Levathes.

Fishers erster Protest richtete sich nicht gegen seine Frau, sondern gegen die Filmgesellschaft. Die Twentieth Century-Fox hatte die Affäre leichtfertig in Gang gesetzt; vielleicht hoffte Fisher nun, sie könnte die Sache wie eine mißlungene Szene wieder herausschneiden.

Aber der »PR-Gag« war Wirklichkeit geworden. »Im späten Frühjahr war Elizabeth absolut verrückt nach Burton«, erinnerte sich Tom Mankiewicz. »An jedem Blick von ihr konnte man sehen, daß sie bis über beide Ohren verliebt war.«

Fisher fügte sich bald in das Unvermeidliche. »Wenn die Fox sie offiziell dazu aufgefordert hätte, die Hände voneinander zu lassen, hätte das auch nichts geändert«, sagte er in einem Interview. »Sie konnten die Sache nicht mehr stoppen. Sie waren machtlos.«

Ende April drohte Elizabeth Taylor als »unerwünschte Person« aus

Italien ausgewiesen zu werden. Zuerst nahm Radio Vatikan, ein Sender mit immerhin fast einer Million Hörer, zu der Affäre Stellung und bezeichnete sie als »moralisch bankrott«. Dann druckte die Wochenzeitung des Vatikans, *L'Osservatore della Domenica*, einen »offenen Brief« an Taylor und die Twentieth Century-Fox ab, in dem die Schauspielerin als »erotische Vagabundin« und »schlechte Mutter« bezeichnet wurde.

Da der Radiokommentar und der Artikel von Papst Johannes XXIII. persönlich gebilligt worden waren, ging Levathes fest davon aus, daß sich die ganze Welt der Verurteilung anschließen würde. »Die Sache war so ernst«, sagte er, »daß wir uns eingehend mit den moralischen Klauseln in den Verträgen von Taylor und Burton befaßten.«

Auf dem Höhepunkt des Skandals drehte Elizabeth Taylor den Einzug Kleopatras in Rom. In dieser Szene stellten 7 000 katholische Statisten die römischen Massen der Antike dar. Die Sorge um die Sicherheit des Stars war so groß, daß Spezialeinheiten der römischen Polizei Scharfschützen auf den Dächern der Filmbauten postierten. Weitere Sicherheitsbeamte versteckten sich, mit Perücken und römischen Togas verkleidet, hinter Säulen oder mischten sich unter die Komparsen.

Am Abend, bevor diese Szene gedreht wurde, ging eine telefonische Morddrohung in Liz Taylors Villa ein. Bei der Fox erwog man, die Dreharbeiten an einen anderen Ort zu verlegen, doch wurde bald klar, daß dies unmöglich war.

Drei Architekten, 24 Designer, 111 Gipser und 200 Maler hatten ein römisches Panorama errichtet, das sich über annähernd fünf Hektar erstreckte und 60 Szenerien umfaßte. Weitere Handwerker bauten in einem Flugzeughangar eine 23 Tonnen schwere Sphinx auf Rollen, auf der Liz Taylor, mit einem goldenen Kostüm bekleidet, triumphal in Rom einziehen sollte.

Abgesehen von der Morddrohung hatten die Römer die Verlautbarungen aus dem Vatikan schweigend hingenommen. Es gab keinerlei Hinweise darauf, was der Durchschnittsrömer über Elizabeth Taylors ehebrecherisches Verhältnis mit Richard Burton dachte. »Niemand wußte, was passieren würde«, sagte Mankiewicz später.

Liz Taylor war verängstigt. In ihrer fürstlichen Garderobe wurden letzte Änderungen an dem Goldkostüm vorgenommen, das 6 000 Dollar gekostet hatte. Dabei beklagte sie sich bei der Kostümbildnerin Irene Sharaff: »Wissen Sie schon, daß ich gestern auf der Straße angespuckt wurde?«

Burton stürzte in den Raum, als die Maskenbildner letzte Hand an Liz Taylors aufwendiges Make-up mit fünf verschiedenen Lidschatten legten. Er trug das Kostüm eines Prätorianergardisten.

Die Schauspielerin erzählte später, Burton habe sogar sein römisches Kurzschwert schärfen lassen: »Ob er tatsächlich gedacht hat, daß er damit etwas ausrichten könnte, weiß ich nicht.«

Die riesige Sphinx rollte eine Stunde später durch einen Triumphbogen aus Gips. Die Massen der Statisten waren zunächst wie gebannt von Liz Taylors Anblick. Dann lief ein Gemurmel durch die Reihen, und schließlich brach lauter Jubel los. Die Menge skandierte: »Liz, Liz! Baci, baci!« (»Küßchen, Küßchen!«)

Mehrere Wochen später, am zweiten Montag im Mai, gaben Sybil Burton und Eddie Fisher bekannt, daß sie sich von ihren jeweiligen Ehepartnern scheiden lassen wollten. Nur wenige Tage vor der Jahreshauptversammlung der Aktionäre der Twentieth Century-Fox lud Elizabeth Taylor Journalisten in ihre römische Villa und gab folgende Erklärung ab: »Ich empfinde einen furchtbaren Schmerz. Aber auch ohne Richard haben Eddie und ich nur noch versucht, den Anschein zu wahren. Die Ehe war eigentlich schon am Ende.« Fisher und Elizabeth Taylor haben seither nicht mehr zusammengelebt.

Skouras versuchte, vor der Aktionärsversammlung eine PR-Katastrophe zu verhindern. Er telegrafierte Mankiewicz, dafür zu sorgen, daß Burton und Liz Taylor sich abends nicht in der Öffentlichkeit sehen ließen. »Die Weltpresse verurteilt nun ganz offen diese Romanze«, ließ er den Regisseur wissen. »Und ich glaube nicht, daß sich Richard oder Elizabeth der Risiken bewußt sind, die sie eingehen.«

Am selben Tag schickte Skouras auch ein Telegramm an Nathan Weiss, einen der PR-Leute des Films. »Sobald Sie in Rom ankommen«, befahl er ihm, »müssen Sie Wanger davon überzeugen, daß sich Burton und Taylor nicht in der Öffentlichkeit sehen lassen dürfen.«

Gegen Ende der Jahreshauptversammlung witzelte Skouras über die Affäre um Burton und Taylor. »Cäsar wurde ermordet, Markus Antonius beging Selbstmord, und Skouras wird abgesetzt. Und alles wegen Kleopatra.«

Levathes erklärte: »Insgeheim hatte ich Angst um die Firma. Die Affäre schuf eine explosive Situation.«

Während der Aktionärsversammlung verließ Milton Gould, Vorstandsvorsitzender der Fox, für kurze Zeit den Konferenzraum, um sich kundig zu machen, wie die Rechtssache betreffs Monroe vorankam.

Kurz zuvor hatte Gould erklärt: »Noch ein weiterer Skandal, und wir verlieren wirklich die Kontrolle.« Er wußte, daß sich ein solcher Skandal bereits zusammenbraute.

In der Fox-Zentrale hatte sich das Gerücht verbreitet, daß die Monroe bereits am Donnerstag den Drehort wieder verlassen wolle, obwohl sie erst zwei Tage zuvor zurückgekehrt war, und die Absicht habe, am Samstag, dem 19. Mai, bei Präsident John F. Kennedys Geburtstagsgala aufzutreten.

Die Klatschkolumnistin Dorothy Kilgallen hatte bereits am Montag abend den Rundfunkhörern berichtet, daß Marilyn Monroe bei der Feier zum 45. Geburtstag des Präsidenten im Mittelpunkt stehen solle und daß aus diesem Anlaß ein »spektakuläres Kleid« für den Star entworfen worden sei.

Gould und die anderen Vorstandsmitglieder beauftragten Frank Ferguson, den Syndikus der Gesellschaft, die Monroe davor zu warnen, am Donnerstag den Drehort zu verlassen und nach New York zu fliegen. Zwar sollte die Gala erst am Samstag stattfinden, doch waren die Proben schon für Freitag abend angesetzt.

»Wäre sie gesund gewesen und regelmäßig zu den Dreharbeiten erschienen, hätten wir gesagt: ›In Gottes Namen, geh hin‹«, sagte Peter Levathes. »Aber sie hatte fast drei Wochen lang gefehlt und war eben erst an die Arbeit zurückgekehrt.«

Ferguson, dessen Büro sich im Century City-Studio befand, brauchte fast den ganzen Dienstag abend, um die Warnung an Marilyn Monroe zu formulieren. Sein Brief umfaßte zwei engbeschriebene Seiten. Der Schauspielerin wurde mit Entlassung gedroht für den Fall, daß sie die Dreharbeiten verließ.

Angeblich hatte einer von Marilyns Rechtsberatern die Fox davon informiert, daß sie am Donnerstag schon um die Mittagszeit abreisen wolle. Also wies Ferguson in seinem Brief darauf hin, daß sowohl am Donnerstag nachmittag als auch am Freitag Szenen mit Marilyn und Dean Martin geplant seien. »Sollte sich Miss Monroe entfernen ... wird dies als eine bewußte Verweigerung der Dienstleistungen gewertet [die in ihrem Vertrag beschrieben sind].«

Ohne direkt auf Marilyns Krankheit Bezug zu nehmen, warnte Ferguson: »Auch in dem Fall, daß Miss Monroe zurückkehrt und die Dreharbeiten zu dem Film fortgesetzt werden ... bleiben die Rechte der Gesellschaft davon unberührt [die Rechte der Fox, Marilyn Monroe entsprechend den Regelungen in ihrem Vertrag zu feuern].«

Mit anderen Worten: Die Fox könnte Marilyn Monroe nicht nur entlassen, wenn sie am Donnerstag abreiste, sondern nach Gutdünken auch auf Schadenersatz verklagen.

Am Mittwoch morgen, dem 16. Mai, rief Hedda Hopper Harry Brand an, den Publicity-Chef der Fox in Hollywood. Sie wollte wissen, ob an den Gerüchten über Marilyn Monroes Auftritt bei der Kennedy-Gala etwas dran sei.

»Da muß ich erst mal bei Cukor nachfragen«, antwortete Brand.

Cukor teilte Brand unter dem Siegel der Verschwiegenheit mit, daß Marilyns Auftritt abgesagt worden sei. »Dean Martin hat seine Teilnahme [an der Gala] ebenfalls abgesagt«, erklärte der Regisseur. »Wir sind im Zeitplan viel zu weit zurück.«

Cukor war absolut sicher, daß seine Informationen stimmten. Deshalb hatte er für Freitag, 11 Uhr, eine komplizierte Traumsequenz angesetzt, die vielleicht teuerste Szene des ganzen Films. Sie erforderte die Mitwirkung von Marilyn Monroe, Dean Martin und Thomas Tryon.

Die Szene mußte mindestens 24 Stunden im voraus geplant werden, denn die Arbeiter hatten dafür einen tropischen Baum mit falschen Äpfeln aufzustellen und ein strohgedecktes Baumhaus zu bauen. Außerdem mußten sie einen Ast abstützen, damit er Tryons 1,85 Meter langen und 83 Kilogramm schweren Körper tragen konnte.

»Es wäre untertrieben zu sagen, daß ich aufgeregt war«, sagte Tryon. »Meine Karriere hatte eben erst begonnen, und plötzlich bekam ich die Chance, mit Marilyn Monroe zu filmen!«

Am späten Mittwoch abend wurde Tryon ein knapper Lendenschurz aus Leopardenfell angepaßt. In diesem Kostüm sollte er die Szene spielen, in der Marilyn davon träumte, mit ihm auf einer einsamen Insel zu sein.

11

Eine Einladung des Präsidenten

Am Donnerstag, kurz nach 12 Uhr, ertönte vor dem Studio ein lautes, knatterndes Geräusch. Ein riesiger Helikopter landete auf dem Zementplatz neben dem Studio 14. Die Rotoren wirbelten Staub und Papierfetzen durch die Luft und in die Gesichter der Mitarbeiter, die gerade auf dem Weg zur Kantine waren.

Peter Lawford hatte den Helikopter von dem Milliardär Howard Hughes ausgeliehen. Der Hubschrauber war das neueste Modell seiner Art – ein königsblaues Luftgefährt, wie geschaffen für ein Aschenputtel aus dem Raumfahrtzeitalter.

Die Rotoren drehten sich noch langsam, als Lawford heraussprang. John F. Kennedy hatte ihn beauftragt, Marilyn Monroe nach New York zu holen. Er rannte durch den Hintereingang in das Studio. Eine oder zwei Minuten später trat er wieder heraus, Hand in Hand mit Marilyn. Sie trug kein Kostüm mehr, sondern Jax-Hosen, hochhackige Schuhe, den weiten fast platinfarbenen Nerzmantel und eine überdimensionale Sonnenbrille. Newcomb und Strasberg folgten einige Schritte hinter ihr.

Der Hubschrauberpilot begrüßte Marilyn und geleitete sie zu einem tiefen Sessel. Nach ihr stiegen auch Newcomb, Strasberg und Lawford ein. Lawford blickte ständig nervös zu den Studiotüren hinüber, als erwarte er jeden Augenblick, daß Cukor herausstürzen und seinen flüchtenden Star zurückfordern würde.

Aber sie hatten Glück. Der launische Regisseur ließ sich nicht blicken. Der Helikopter schraubte sich langsam in die Luft und flog in Richtung des Flughafens von Los Angeles davon.

Die Produktionsassistentin Lee Hanna blickte auf ihre Uhr. Es war genau 12.40 Uhr. Nach dreiwöchiger Krankheit hatte Marilyn Monroe dreieinhalb Tage gedreht.

Dieser wirkungsvolle Abgang markierte den Beginn einer in aller Öffentlichkeit diskutierten Eskapade, die Marilyn Monroes Schicksal bei der Fox besiegelte – gemeint ist ihr legendärer Auftritt bei Präsident Kennedys Geburtstagsparty. Marilyn mißachtete die direkten Anweisungen aus New York und unterbrach die Dreharbeiten, um in einem

Düsenjet nach Osten zu fliegen, wo zweitägige Proben auf sie warteten. Diese Demonstration ihrer Unabhängigkeit sollte sich später als sehr kostspielig erweisen.

Noch bevor der Hubschrauber aus Cukors Gesichtsfeld verschwunden war, bekam er einen Wutanfall. »Wohin zum Henker fliegt sie?« fragte er den Regieassistenten Buck Hall.

»Sie will dem Präsidenten zum Geburtstag ein Ständchen bringen«, antwortete Hall und zuckte geringschätzig die Schultern.

»Aber das haben wir doch schon geregelt«, sagte Cukor. »Ich habe nein gesagt, das Studio hat nein gesagt. Damit hat sich's. Sie kann doch nicht einfach verschwinden!«

»Ich war damals mit Cukor zusammen«, sagte Drehbuchautor Bernstein. »Wir waren beide verblüfft, daß Marilyn gegangen war. Cukor war völlig außer sich. So langsam überkam ihn ein Gefühl der Ohnmacht. Er hatte das Gefühl, daß Marilyn immer ihren Kopf durchsetzte, egal, was das Studio machte oder sagte. Aber der Schein trog.«

Zwei Wochen lang hatte das New Yorker Büro der Fox versucht, Marilyn daran zu hindern, bei der Gala im Madison Square Garden aufzutreten, zu der auch viele andere Stars erwartet wurden. Es war ein erbitterter Kampf zwischen den Direktoren der Fox auf der einen Seite und Monroes Rechtsanwälten sowie den berühmten Kennedy-Brüdern auf der anderen Seite.

Levathes und Weinstein hatten Marilyn Monroe im Februar etwas voreilig eine vorläufige Erlaubnis für ihren Auftritt bei der Gala erteilt. Allerdings hatten sie die Zusage von raschen Fortschritten bei den Dreharbeiten zu *Something's Got to Give* abhängig gemacht, die damals zehn Tage hinter dem Zeitplan lagen.

Nun telegrafierte man grimmige Warnungen an Marilyn, ihren Rechtsanwalt und sogar an den Psychiater Ralph Greenson. Ein Kurier der Fox überbrachte der Anwaltskanzlei des Stars in Beverly Hills eine Kopie der Warnung.

Die Botschaft bestand aus 120 Zeilen und war von Frank Ferguson unterzeichnet, dem Syndikus der Fox. Sie war in juristischem Kauderwelsch abgefaßt. Im wesentlichen hieß es darin: Wenn Marilyn Monroe die Dreharbeiten wegen der Gala verlassen habe, werde man Schritte zu ihrer Entlassung einleiten.

Die beiden entscheidenden Passagen lauteten wie folgt: »Sollte Miss Monroe am 17. und 18. Mai abwesend sein, müßte dies als bewußte Verweigerung aufgefaßt werden, die in ihrem Vertrag festgelegten Dienstleistungen zu erbringen.« Und: »Ein solches Verhalten würde für Twentieth Century-Fox schwere Verluste und materiellen Schaden nach sich ziehen.« In einem Zusatz wies Ferguson darauf hin, daß eine »Vertragsauflösung« und ein Prozeß die unausweichlichen Folgen seien.

Marilyn, die 12 000 Dollar für ihr Kleid und eine dazu passende Hermelin-Stola ausgegeben hatte, geriet in Panik. Sie rief sofort das Weiße Haus an. Schon seit Wochen ließ sie sich von Präsident Kennedy beraten. Er hatte ihr bei der Wahl des Kleides geholfen und sie gebeten, in ihrem atemlosen Monroe-Stil ›Happy Birthday‹ zu singen. »Der Präsident bevorzugt meinen alten sexy Stil«, kicherte sie in Anwesenheit des Kostümbildners William Travilla.

Sie las dem Präsidenten Auszüge aus dem Telegramm vor und wiederholte dabei den Absatz, in dem ihr »ernste Konsequenzen« angedroht wurden, falls sie die Filmarbeit für den Ausflug nach New York unterbrach. Marilyn sagte später, Kennedy habe ihr versprochen, die Sache in Ordnung zu bringen.

Sie telegrafierte dem Weißen Haus den vollen Wortlaut, und schließlich landete die ganze Angelegenheit auf dem Schreibtisch des Justizministers Robert Kennedy, dem man in Washington bereits den Beinamen »Mr. Fix-It« gegeben hatte. In der Vergangenheit hatte er ähnliche politische Aufgaben mit großem Geschick gelöst. Aber er war auch dafür bekannt, daß er ausfallend und wütend wurde, wenn er sich nicht durchsetzen konnte.

Bobby Kennedy, dessen eigene Beziehung zu Marilyn Monroe erst später beginnen sollte, war begeistert von der Idee, daß die Filmschauspielerin mit dem größten Sex-Appeal der Welt dem Politiker mit dem größten Sex-Appeal der Welt ein Geburtstagsständchen bringen sollte. Doch gleichzeitig muß er sich im klaren darüber gewesen sein, daß ein solcher Auftritt die Affäre des Präsidenten mit Marilyn Monroe der Öffentlichkeit preisgeben würde – eine Affäre, die bis dahin sowohl in Washington als auch in Hollywood als ein wohlgehütetes Geheimnis galt.

Mickey Song, der Friseur von Jack, Bobby und Teddy Kennedy, sagte, er habe damals den Eindruck gehabt, Bobby wolle mit Marilyns Auftritt eine Botschaft vermitteln. »Ich glaube, Marilyn sollte den Mittelpunkt des ganzen Abends bilden. ›Hier ist dein Geschenk, JFK – die erotischste Frau der Welt!‹«

»Niemand war schlimmer als Bobby, wenn er wütend war«, sagte Song, der als Friseur über die meisten Verhandlungen informiert war. »Bobby war entschlossen, die Monroe bei der Gala auftreten zu lassen. Und dafür wollte er alle Hebel in Bewegung setzen.«

Der Justizminister nahm zuerst Kontakt mit Levathes in Hollywood auf. »Ich bitte Sie, bei Marilyn Monroe eine Ausnahme zu machen«, sagte er. »Für den Präsidenten der Vereinigten Staaten ist das eine sehr, sehr wichtige Angelegenheit.«

»Das kann ich nicht. Diesmal nicht«, sagte Levathes. »Der Verwaltungsrat hat ein Machtwort gesprochen.«

Bobby bat: »Ich kann nicht genug betonen, wie wichtig die Sache für den Präsidenten ist.«

Levathes, der mit dem Justizminister bei der Verfilmung seines Buches *Gangster drängen zur Macht* eng zusammengearbeitet hatte, war in einer heiklen Situation. Die Aktionäre der Gesellschaft beschwerten sich bereits über die lange Krankheit der Monroe und ihr ständiges Fehlen bei den Dreharbeiten. Und die Journalisten in Hollywood hatten ihre Stifte gespitzt. »Alle glaubten, sie hätten es hier mit einem zweiten Fall *Cleopatra* zu tun«, erinnerte sich Levathes.

Bobby überging schließlich Levathes und wandte sich direkt an Milton Gould, den damals mächtigsten Mann der Fox.

»Bei seinem ersten Anruf war er noch recht höflich«, erzählte Gould. »Er sagte, der Auftritt sei für die gegenwärtige Regierung von größter Bedeutung. ›Der Präsident will diesen Auftritt und ich will ihn auch‹, sagte Bobby.«

Doch auch Gould lehnte ab. »Wir können uns das nicht leisten. Marilyn ist gerade eben vor die Kameras zurückgekehrt. Ihr Auftritt bei der Gala könnte uns Millionen kosten.«

»Denken Sie darüber nach«, sagte der Justizminister. »Ich rufe später noch einmal an.«

Robert Kennedy rief später wieder an, doch diesmal gab er sich keine Mühe mehr, höflich zu sein. Als Gould seine Ablehnung wiederholte, bekam Bobby einen Wutanfall.

»Das wird Ihnen noch leid tun, Sie verdammter jüdischer Bastard!« brüllte er. »Sie haben es hier mit der ersten Familie Amerikas zu tun!«

»Ich kann da gar nichts tun«, antwortete Gould. »Der Verwaltungsrat hat in dieser Sache bereits entschieden.«

»Ich weiß, was Sie tun können«, schrie Bobby. »Sie können sie gehen lassen.«

Gould, ein Gentleman durch und durch, versuchte weiter, vernünftig mit dem Justizminister zu reden. »Diese Schauspielerin hat bereits zwei Wochen gefehlt, weil sie krank war – und sie ist immer noch nicht ganz gesund. Verstehen Sie denn nicht, daß wir nicht zulassen können, daß sie in der Öffentlichkeit und noch dazu im Fernsehen auftritt?«

Wieder schrie der Justizminister: »Die Sache ist sehr wichtig für den Präsidenten. Das wird Ihnen noch leid tun!« Dann knallte er den Hörer auf die Gabel.

Gould seufzte. »Ich wußte, daß die einzige, der die Sache noch leid tun würde, Marilyn Monroe war. Ich hatte bereits beschlossen, sie zu feuern, falls sie aus Hollywood abreiste und bei der Gala auftrat. Meiner Meinung nach hatten wir keine andere Wahl. So schlimm stand es um die Studios.«

Robert Kennedy unterrichtete Marilyn Monroe nicht über seine Auseinandersetzung mit Milton Gould – möglicherweise mit voller Absicht.

»Er ließ sie in dem Glauben, daß sich das Weiße Haus um die Sache kümmerte«, sagte Kostümbildner William Travilla. »Sie hatte den Eindruck, daß das unangenehme Telegramm widerrufen worden sei. Und deshalb ignorierte sie es völlig.« Die Folgen sollte sie erst Wochen später zu spüren bekommen.

Henry Weinstein wies darauf hin, daß Marilyn auf jeden Fall nach New York fliegen wollte. »Na ja, da ist ein Mädchen, das buchstäblich aus der Gosse stammt, die Mutter so gut wie nie da, der Vater verschwunden, ein Mädchen, das die ganze Armut dieser Welt zu spüren bekommen hat. Und nun soll dieses Mädchen im Madison Square Garden für den Präsidenten der Vereinigten Staaten ›Happy Birthday‹ singen. Wie soll sie da widerstehen?«

Während Marilyn Monroe im Flugzeug nach New York saß, arbeitete ein Team von Schneiderinnen in Beverly Hills noch immer an ihrem Kleid für die Gala. Hazel Washington sollte es am Samstag morgen persönlich nach New York bringen. Bald sollte es eines der berühmtesten Kleider in der Geschichte Amerikas werden.

12

Dieses Kleid!

Die Arbeit an dem 12 000-Dollar-Kleid hatte über einen Monat zuvor begonnen. Marilyn Monroe tat von Anfang an damit sehr geheim. Bei der ersten Anprobe balancierte sie nackt auf einem Schneiderstuhl, lediglich mit einem Paar perlenbestickter Slipper bekleidet. Obwohl es recht kühl war, stand sie vier Stunden lang dort. Ab und zu stärkte sie sich mit einem Glas Dom Pérignon.

Ein Heer von Helfern umschwärmte sie. Das Muster wurde mit dicker schwarzer Kreide festgelegt, die Stoffe wurden mit rasiermesserscharfen Scheren geschnitten, und dann traten die Näherinnen mit ihren Fäden und Nadeln in Aktion. Elizabeth Courtney, die beste Schneiderin am Rodeo Drive, stand etwas abseits, eine Hand in die Hüfte gestützt. Und Jean Louis, der elegante Modedesigner, saß fast unbemerkt in einer Ecke und aß russischen Kaviar.

Der Franzose schien die Unruhe gar nicht zu bemerken. Er konzentrierte sich ganz auf Marilyn Monroe, die sich nach seinen Anweisungen drehte und bewegte. Er konnte sich den Faltenwurf des Stoffes bereits vorstellen und sah schon das Glitzern der Brillanten auf dem fertigen Kleid.

»Ich möchte, daß Sie ein Kleid kreieren, das in die Geschichte eingeht«, hatte die Monroe zu ihm gesagt. »Ein wunderschönes Kleid, das es nur einmal gibt.«

»Wo wollen Sie es tragen?« fragte der Modedesigner.

»Das«, antwortete sie, »ist das einzige, was ich Ihnen nicht sagen werde.«

»Warum nicht?«

Sie lächelte. »Diesmal, Jean, ist es wirklich ein Staatsgeheimnis.«

Marilyn Monroe hatte dem Modeschöpfer noch eine zweite Anweisung gegeben. »Es soll ein Kleid sein, das nur Marilyn Monroe zu tragen wagt.«

»Zuerst stand ich vor einem Rätsel«, erinnerte sich Jean Louis. »Marilyn gab mir nicht einmal einen versteckten Hinweis. Damals wußte ich noch nichts von ihrer Beziehung zu den Kennedys. Und ich wußte auch nichts von der Gala des Präsidenten.«

Jean Louis saß in seinem Studio in Beverly Hills, umgeben von Tuschefäßchen und Pinseln, und fertigte eine Zeichnung nach der anderen. Er suchte nach einem Entwurf für ein perfektes Kleid. Er brütete über Tausenden von Fotos aus Marilyns Filmen und hoffte, daß ihn die Kleider, die sie früher getragen hatte, inspirieren würden. Dann fand er endlich die Lösung. Warum nicht auf ihren Wagemut setzen?

»Marilyn hatte eine wirklich bezaubernde Art, kühn ihren Körper vorzuführen und gleichzeitig elegant zu bleiben«, sagte er. »Also entwarf ich ein dünnes fleischfarbenes Kleid, das mit Pailletten und Perlen bestickt werden sollte.«

Marilyn Monroe war entzückt. »Das wird sie aufwecken«, sagte sie.

Jean Louis hatte nur einen Monat Zeit, das Kleid zu nähen. Sein Team machte sich sofort mit voller Kraft an die Arbeit. Schon die Beschaffung des Stoffes war ein Problem – Jean Louis wollte das leichteste und dünnste Material, das es auf der Welt gab. Dieser Stoff wird als »Seiden-Soufflé« bezeichnet und wird auf Kleinstwebstühlen aus Fäden gewoben, die fünfzigmal feiner sind als normale Fäden. Zur Sicherheit bestellte Jean Louis gleich eine ganze Rolle und ließ sie mit einer Maschine der Air France nach Los Angeles bringen. Mit diesem Stoff fuhr das gesamte Team zu Marilyn Monroes Haus. Das Kleid wurde der Schauspielerin buchstäblich auf den Leib geschneidert. »Für das Schnittmuster benutzten wir Musselin und schwarze Kreide«, sagte Jean Louis. »Wir legten den Stoff über Marilyns Körper und zogen die Konturen mit schwarzer Kreide nach. Aus dem markierten Musselin schnitten wir dann das Muster.«

»Es war, als würden wir ihren Körper auf Stoffstücke zeichnen«, sagte Marjorie Plecher, die bei der Arbeit half. »Jean Louis zeichnete ihre Brüste, ihre Brustwarzen und die Kurven ihrer Schenkel und Hüften nach.«

Nach dem Musselin-Muster schnitten die Modeschöpfer das Seiden-Soufflé zu und nähten die Teile zusammen. Als Jean Louis Marilyn zum erstenmal in das unfertige Kleid half, hielten alle im Raum den Atem an.

Marilyn nahm Marges Hand und sagte: »Nicht schlecht für ein Weibsbild von sechsunddreißig Jahren, was?«

Es war jedoch erst die Hülle des aufsehenerregenden »Kennedy-Kleids«, wie es später genannt wurde. Jean Louis mußte noch etwas entwerfen, das Marilyn unter dem Kleid tragen konnte.

Eines Nachmittags beugte er sich zu ihr hinüber und fragte: »Sie wollen doch, daß Sie darin so nackt wie möglich aussehen, nicht wahr?«

»Vollkommen nackt, wenn es geht«, antwortete sie und kicherte.

Zwar standen die »Swinging Sixties« bevor, doch Jean Louis' Kreation war noch immer das gewagteste Kleid, das jemals für eine öffentliche Veranstaltung bestellt worden war. Als Jacqueline Kennedy davon erfuhr, murmelte sie: »Das ist wieder mal typisch.«

Weil Marilyn Monroe sich weigerte, Unterkleidung zu tragen, entwarf Jean Louis eine Reihe von Einsätzen, ebenfalls aus dem gleichen hauchdünnen Material, die auf ihren Brüsten und anderen delikaten Körperstellen plaziert wurden. Allein um die Brüste zu bedecken, benötigte man 20 einzeln geschnittene Stofflagen. Fünf Stunden lang wurde zugeschnitten und genäht, bis die Brustwarzen kaum noch zu sehen waren. Obwohl ein durchsichtiger Reißverschluß aus Plastik vom Nacken über den Rücken lief, mußte Marilyn in das Kleid eingenäht werden.

Mehr als 6 000 Perlen wurden von Hand aufgenäht.

»Die Perlen waren die Arbeit wert«, erinnerte sich Jean Louis, »weil wir so die Illusion erzeugen konnten, als trage sie die Perlen auf der nackten Haut.« Der Politautor Arthur Schlesinger jr. beschrieb das Kleid später als »Haut und Perlen«.

Eines Abends, als Elizabeth Courtney gerade letzte winzige Stiche auf dem Rücken des Kleides ausführte, kam Eunice Murray herein und teilte Marilyn mit, daß sie am Telefon verlangt werde.

»Wer es auch sein mag, sag ihm, daß ich zurückrufe«, sagte Marilyn.

Murray trat näher heran und flüsterte: »Aber der Anruf kommt aus Hyannis Port.«

»Ich werde ihn hier entgegennehmen«, sagte Marilyn.

Ihre Antwort überraschte Murray. Bisher hatte Marilyn nur hinter ihrer geschlossenen Schlafzimmertür mit dem Weißen Haus oder Hyannis Port telefoniert.

Elizabeth Courtney nähte weiter an dem Kleid. Sie hörte Marilyn Monroe sagen: »Ich trage es gerade.«

Dann stimmte die Schauspielerin das Geburtstagslied an, das sie bei der Gala für Präsident Kennedy singen wollte. Als sie zu den Worten »Mister President« kam, brach sie ab und kicherte: »Oh, das hätte ich nicht singen sollen.«

Marilyn Monroe errötete und warf Courtney einen Blick zu. Später, als sie ihr Telefongespräch mit dem Präsidenten beendet hatte, sagte sie zu ihr: »Na ja, jetzt ist die Katze aus dem Sack.«

»Ich verrate nichts«, sagte Courtney, die diese Unterhaltung 1981 in einem Interview beschrieb. »Aber ich hatte damals bereits von Walter Winchell erfahren, für welchen Zweck das Kleid bestimmt war.«

Nach der letzten Anprobe arbeiteten 18 Schneiderinnen sieben Tage lang ununterbrochen an dem Kleid. Es war ein Wettlauf mit der Zeit. Die Gala rückte immer näher. Während das Kleid seiner Vollendung entgegenging, übte Marilyn abends ihre unnachahmliche, aufsehenerregende Interpretation des Liedes »Happy Birthday«; der Musikdirektor der Fox, Lionel Newman, studierte es in den Drehpausen von *Something's Got to Give* heimlich mit ihr ein. Beide hatten schon bei »Diamonds Are a Girl's Best Friend« zusammengearbeitet und waren entschlossen, auch dem schlichten »Happy Birthday« einen kräftigen Schuß Erotik zu geben.

Marilyn Monroe rief erneut den Haarkoloristen Pearl Porterfield herbei und ließ sich von ihm eine besonders aufregende Haarfarbe mischen. Nach der Gala beschrieb das Magazin *Vogue* den Farbton als »weiß wie ein Kopfkissenbezug« und sagte voraus, daß er ganz groß in Mode kommen werde.

Keiner der Helfer ahnte, daß die Hollywood-Schönheit fest entschlossen war, sich als das genaue Gegenteil zu Jacqueline Kennedy zu präsentieren. Gegen Jackies schlichte Balmain-Kleider setzte Marilyn Monroe ihre Kreation aus der Traumfabrik Hollywood, gegen Jackies brave Frisur ihren langen Pagenschnitt mit seitlich herabwallendem Haar. Auch diese Art, das Haar zu tragen, kam international in Mode.

»Zu diesem Zeitpunkt sah Marilyn in Jackie eine Rivalin«, sagte der Choreograph Stephen Papich.

In gewisser Weise war Marilyn Monroes extravagante Vorführung im Madison Square Garden eine falsch adressierte Kriegserklärung – und obendrein setzte sie sich damit über alle Regeln hinweg, die die Organisatoren von John F. Kennedys Geburtstagsparty aufgestellt hatten.

Der New Yorker Regisseur und Komponist Richard Adler, Cheforganisator der Party, hatte die Idee gehabt, das Fest mit Marilyns Auftritt zu krönen. Als er im November 1961 zum erstenmal an sie herantrat, konnte er nicht ahnen, daß sie mit Kennedy gerade eine Affäre begonnen hatte.

Adler folgte Marilyn Monroe eines Abends zum Unterricht in das Actors' Studio und sprach sie während einer Kaffeepause an. Als sie hörte, worum es ging, machte sie große Augen.

»Ja, natürlich würde ich gerne mitmachen«, sagte sie und küßte ihn auf die Wange.

»Marilyn«, warnte Adler, »ich möchte nicht nur, daß Sie pünktlich erscheinen, sondern ich möchte, daß Sie überhaupt erscheinen.«

Adler erinnerte sich: »Ich sprach noch einen heiklen Punkt an – ich bat sie, ›Happy Birthday‹ klar und ungekünstelt zu singen. Ich betonte ›ungekünstelt‹.«

Marilyn Monroe nickte heftig.

Und dann war da noch die Frage, was für ein Kleid sie tragen sollte. Marilyn beugte sich zu Adler und meinte besänftigend: »Dick, ich habe doch noch dieses wunderschöne Kleid von Norman Norell – ein schwarzes, wallendes Kleid, und hochgeschlossen. Wäre das in Ordnung?«

»Vollkommen«, sagte Adler.

So leicht hatte sich der Komponist die Sache nicht vorgestellt. Marilyn, so dachte er, war gar nicht so schwierig, wie man sie ihm geschildert hatte.

Doch im späten Frühjahr 1962 hörte Adler von der Westküste erste Gerüchte über ein offenherziges Modellkleid und über Proben im Fox-Tonstudio, bei denen offenbar eine anzügliche Version des Geburtstagsliedes einstudiert wurde.

Adler ging in ein Tonstudio am Broadway und sang dort »Happy Birthday« genau so, wie er es von Marilyn Monroe hören wollte. Das Band schickte er ihr und schrieb dazu: »Sie sollten das Lied genauso singen wie ich. Direkt und geradeheraus. Keine atemlose Kleinmädchenstimme, *bitte!*«

Als Marilyn zum letzten Mal das Kleid anprobierte, sang sie Jean Louis ihre atemlose Interpretation des Liedes vor. »Sie sang das atemloseste ›Happy Birthday‹, das ich je gehört habe«, erzählte Jean Louis. »Sie sang sogar das Wort ›President‹. Und dann sagte sie: ›Oh, das hätte ich nicht singen dürfen.‹« Der Modedesigner war von der Darbietung entzückt.

Als Marilyn, Patricia Newcomb und ihr Team bereits im Flugzeug nach New York saßen, verbreitete sich an der ganzen Ostküste das Gerücht über den bevorstehenden Auftritt des Stars bei der Geburtstagsparty des Präsidenten. Bei Adler gingen wütende Telefonanrufe und Telegramme ein. »Selbst der Vorsitzende des Notre-Dame-Komitees, ein Freund der Kennedy-Familie, verlangte von mir, sie aus dem Programm zu streichen«, erinnerte sich Adler. Als dann auch noch der Parteivorsitzende der Demokraten anrief, gab Adler nach. »Als Mann aus dem Showbusineß stand ich zu Marilyn, aber als Organisator war ich völlig verunsichert.« Der Komponist rief deshalb Präsident Kennedy an.

»Machen Sie sich keine Sorgen«, sagte der Präsident. »Es ist eine großartige Idee, daß sie ›Happy Birthday‹ singen soll. Das wird wunderbar. Es wird allen gefallen.«

Marilyn veranstaltete in ihrem New Yorker Apartment eigens für Adler eine private Probe. Sie setzte sich auf ein Piano und sang, begleitet von der Jazzgröße Hank Jones, ihre Version von »Happy Birthday«.

»Danach kam es zu einem heftigen Streit zwischen Marilyn und Adler«, erzählte Ralph Roberts, der dieser Probe beiwohnte.

»Sie sang das Lied in ihrer atemlosen Babystimme, wie ich es befürchtet hatte«, schilderte Adler die Szene. »Danach war ich felsenfest davon überzeugt, daß wir auf eine der peinlichsten Katastrophen aller Zeiten zusteuerten.«

13

Geburtstags-Blues

Am frühen Morgen des 19. Mai beschloß Richard Adler, Marilyn Monroes Auftritt aus dem Galaprogramm zu streichen. Ihre anzügliche Darbietung vom Vorabend hatte ihm Alpträume verursacht. Er hatte in seinem Apartment in Manhattan eine äußerst unruhige Nacht verbracht. »Ich war absolut sicher, daß ich einen furchtbaren Fehler gemacht hatte und daß die Party zu einem Fiasko werden würde«, erinnerte er sich.

Doch bevor Adler seinen Entschluß ausführen konnte, kamen mehrere Ereignisse dazwischen.

Marilyn Monroe erwachte mit dem unbestimmten Gefühl, daß etwas schiefgelaufen war. Zur technischen Probe erschien sie in einem einfachen Mantel und mit einem langen Chiffon-Schal. Sie war mürrisch, sprach kurz mit Peggy Lee, machte sich mit Ella Fitzgerald bekannt und posierte mit Adler für das übliche Foto.

Sie weigerte sich zu singen. »Mr. Adler hat mich bereits gehört«, erklärte sie hochmütig.

Peggy Lee erzählte später, Marilyn Monroe habe sich die Bühne, die Beleuchtung und die Sitzordnung genauestens eingeprägt.

Adler eilte hinaus, um seinen alten Freund Jack Benny zu Rate zu ziehen. Als Adler ihm vormachte, wie Marilyn gesungen hatte, wurde er wütend. »Nimm jemand anders. Was bist du nur für ein Schwachkopf, ›Happy Birthday‹ für den Präsidenten der Vereinigten Staaten ausgerechnet von Marilyn Monroe singen zu lassen!«

Nun hatte Adler genug. Er beschloß endgültig, die Monroe aus der Show zu nehmen. Inständig bat er Shirley MacLaine, als Ersatz einzuspringen. Adler war seit langem mit ihr befreundet; sie hatte in seinem Film *Picknick im Pyjama* mitgespielt. »Ich glaube nicht, daß es gutgehen wird. Ich muß dringend etwas unternehmen«, erklärte er ihr. »Kannst du so schnell ›Happy Birthday‹ einüben?«

Auch Shirley MacLaine gehörte zum Freundeskreis der Kennedys. Sie reagierte gelassener als Adler. »Es wird schon gutgehen, Dick. Marilyn ist nur einer von vielen Stars an einem langen Abend.«

»Aber sie bestreitet das Finale«, jammerte Adler. »Ich möchte, daß du das Lied singst.«

Schließlich erklärte sich Shirley bereit, ihm den Gefallen zu tun. Als Mitglied des »Rat Pack« um Frank Sinatra kannte sie jedoch die Insider-Gerüchte über Marilyn Monroe und John F. Kennedy und warnte Adler davor, den Auftritt der Monroe zu streichen. »Denk an die Folgen – privat und beruflich.«

Adler wußte nicht, daß Marilyn den Präsidenten am frühen Morgen angerufen und ihm am Telefon das Lied vorgeseufzt hatte. Hazel Washington hatte lachen müssen, als sie beobachtete, wie Marilyn Monroe ihre telefonische Darbietung mit den erotischen Gesten begleitete, die sich später auf der Bühne als so wirkungsvoll erweisen sollten.

»Es machte ihr Spaß, für diesen Mann ›Happy Birthday‹ zu singen«, erinnerte sich Washington.

Der Präsident brüllte vor Lachen. Dies genügte Marilyn als Bestätigung.

Etwa zur selben Zeit versuchte auch Adler, John F. Kennedy telefonisch zu erreichen. Er rief das Weiße Haus an und wurde mit der Präsidentensuite im Hotel Carlyle verbunden.

»Es dauerte mindestens fünfzehn Minuten, bis der Präsident an den Apparat kam«, erzählte Adler.

»Mr. President«, sagte Adler zu Kennedy, »sie will ›Happy Birthday‹ ganz langsam ins Mikrophon hauchen, so wie sie in *Blondinen bevorzugt* gesungen hat.«

Der Präsident beruhigte ihn: »Glauben Sie mir, Dick, das ist völlig in Ordnung.«

Adler war ein begnadeter Künstler – er hatte die Musik zu den Filmen *Picknick im Pyjama* und *Damn Yankee* geschrieben, darunter auch die Songs »Steam Heat« und »You Gotta Have Heart«. Doch weder er – noch sonst jemand – konnte verstehen, welche Emotionen Marilyn Monroes erotisches Ständchen aufwühlte.

Für den ehrgeizigen Robert Kennedy war die Monroe als Geburtstagsgeschenk durch nichts zu übertreffen. In der atemberaubenden Zellophanverpackung, die Jean Louis kreiert hatte, war sie eine lebende Puppe, die als eine Art Opfer dargeboten wurde.

Und für den Präsidenten lieferte Marilyn Monroes Auftritt einen weiteren Beweis, daß er frischen Wind und Lockerheit ins Weiße Haus gebracht hatte. Er umwarb sie heftig (und sie ihn) und übertrumpfte damit sogar seinen Vater, den großen alten Schwerenöter Joseph P. Kennedy, der den erotischsten Star seiner Zeit, die schillernde Gloria Swanson, in sein Bett geholt hatte.

Der Präsident hätte lieber die First Lady geopfert als bei der Feier auf Marilyn verzichtet. Jacqueline Kennedys Biographen Kitty Kelly und C. David Heymann berichteten, Jackie habe ihm ein Ultimatum gestellt: sie oder die Monroe. Als der Präsident seine Wahl getroffen hatte, zog sich die First Lady diskret zurück.

Für Marilyn selbst war der Auftritt ein unbedingtes Muß. »Sie deutete an, daß sie den Traum der Menschen von einem Erfolg der Demokraten verkörpere«, sagte Carl Rollyson, der sich in seinem Buch *Marilyn Monroe: A Life of the Actress* eingehend mit der Gala beschäftigte. »Durch die Veranstaltung fühlte sie sich in ihrer Existenz als Star und als ›eine aus dem Volk‹ bestätigt.« Eunice Murray drückte es farbiger aus: »Sie wäre sogar von den Toten auferstanden, nur um dabeizusein.«

In letzter Minute kamen Marilyn Zweifel. Sie rief nicht nur den Präsidenten und den Justizminister an, sondern suchte auch bei Joan Greenson, der Tochter ihres Psychiaters, und Ralph Roberts Bestätigung. Kurz vor der Abfahrt zum Madison Square Garden rief sie Joan Greenson in Kalifornien an und sang das Lied, das Joan schon mehr als zehnmal von ihr gehört hatte. »Marilyn war in Manhattan, ich war draußen in meinem kleinen Zimmer neben der Garage. Es war ein eigenartiges Gefühl, ihr bei diesem Lied zuzuhören, das nur ein paar Stunden später so berühmt werden sollte.«

Joan hatte neben Adler und Lionel Newman als Beraterin fungiert, als Marilyn ihre erotische Version des Geburtstagsliedes und die dazu passenden Gesten eingeübt hatte.

»An einem Nachmittag kam sie zu uns herüber und schminkte sich«, erinnerte sich Joan Greenson. »Ich saß direkt neben ihr. Sie sagte: ›Ich werde ein Lied für den Präsidenten singen. Hör zu und sag mir dann, was du davon hältst.‹«

Als Marilyn die erste Zeile sang, ließ sie den Make-up-Pinsel fallen und strich sich mit der rechten Hand von der Hüfte bis zur Taille hinauf. Bei den letzten Worten faßte sie sich sanft mit den Fingern an die rechte Brust.

»Es wirkte unerhört sinnlich«, erzählte Joan. »Ich sagte zu ihr: ›Das ist ein erotischer Tanz, den du da vorführst.‹ Ich glaube nicht, daß es Marilyn klar war, wie sie wirkte.«

Als Marilyn Joan Greenson in Kalifornien anrief, um Selbstvertrauen zu tanken, war es in New York 18 Uhr und an der Westküste 15 Uhr. »Ich sagte ihr, daß ihre Nummer absolut perfekt sei«, erklärte Joan. »Sie schien diese letzte Ermutigung zu brauchen.«

Auch Ralph Roberts unterstützte sie: »Ich wußte, daß es ein historischer Auftritt werden würde. Marilyn wußte, daß es Widerstände gegen ihre sinnliche Interpretation gab. Ich sagte ihr, daß sie alles vollkommen richtig mache.«

Dann erhielt Marilyn einen zweiten Anruf von Robert Kennedy. Da er Marilyn zu diesem Zeitpunkt noch nicht näher kannte (er war ihr erst zweimal begegnet), benahm er sich normalerweise etwas schroff. Doch diesmal war er sehr charmant.

»Miss Monroe, ich weiß, daß Ihr Friseur Sidney Guilaroff nicht erreichbar ist. Würden Sie sich mir zuliebe von unserem Friseur frisieren lassen? Er ist hervorragend, das garantiere ich Ihnen.«

Eine angespannte Pause entstand. Marilyn erzählte später Stephen Papich: »Ich wollte auf gar keinen Fall wie Jackie Kennedy aussehen.« Bobby beschrieb ihre Reaktion als »frostig«.

»Er ist wirklich ein sehr netter Bursche«, stotterte Bobby. »Sie würden mir damit einen großen Gefallen tun.«

Marilyn Monroe willigte schließlich ein und verhalf damit einem jungen Damenfriseur namens Mickey Song zu einer glänzenden Karriere. Song zählte später Ali McGraw, Raquel Welch und Cybill Shepherd zu seiner Kundschaft.

»Ich hatte die Kennedys nie um einen Gefallen gebeten«, erinnerte sich Song. »Aber ich war seit Jahren ein Monroe-Fan und fragte Bobby, ob ich das nicht machen könnte. Er stimmte sofort zu. Bobby kümmerte sich immer um alles. Ich wußte, wenn es einer schaffen konnte, dann er.«

Als Bobby zum letzten Mal vor dem Auftritt anrief, war Hazel Washington gerade damit beschäftigt, Marilyn Monroe in ihr Kleid einzunähen. Die Arbeit erforderte mehr als 500 kleine Stiche an der Seite, unter den Armen und am Einsatz über den Brüsten.

»Eingehüllt in dieses Kleid, kam sie am Madison Square Garden an«, sagte Song. »Nur am Saum war ein kleiner Schlitz von ein paar Zentimetern Länge, damit sie in kleinen, gleitenden Schritten gehen konnte.«

Song bekam als erster die unglaubliche optische Illusion zu sehen, die Jean Louis geschaffen hatte.

Ein kalter Luftzug entstand, als die Beamten vom Secret Service die Doppeltüren öffneten und Marilyn Monroe die zwei Treppen hinabführten. Die Beamten mußten sie an den Ellbogen halten und buchstäblich die Stufen hinuntertragen. Langsam glitt sie unter den Strahlen der antiquierten Deckenleuchten hindurch. Mickey Song starrte sie gebannt an.

Aus der Entfernung wirkte Marilyn nackt bis auf ein Spinnennetz, das sie von den Schultern bis zu den Knöcheln umgab. Sie ging fast im Takt mit dem schleppenden Gesang von Peggy Lee, der von oben zu hören war. Sie brauchte mehrere Minuten, bis sie die Tür der Garderobe erreichte, vor der Song stand, direkt unter der Präsidentenloge.

»Natürlich sah man überhaupt nichts«, sagte Song. »Die Brillanten saßen genau an den richtigen Stellen.«

Erst als Marilyn direkt vor ihm stand, konnte Song die Collage aus Seide und Perlen richtig erkennen, die Jean Louis aus 200 Seidenstücken kreiert hatte. Song sprach nur wenig, und Marilyn war reserviert. Offenbar bereute sie ihren Entschluß, sich einem neuen Friseur anzuvertrauen.

»Ich erinnere mich daran wie an einen Tagtraum«, sagte Song. »Marilyns Haar war bereits in Locken gelegt und wurde durch ein großes Tuch geschützt. Sie zitterte heftig und kam mir sehr verletzlich vor.«

Glücklicherweise war Song sowohl schüchtern als auch diplomatisch, Eigenschaften, die der Star sofort spürte und mochte. »Ich wollte ihr eine völlig neue Frisur machen«, sagte er. »Etwas Originelles für ein historisches Ereignis. Ich hätte ihr die gleiche Frisur wie Jacqueline Kennedy machen können, aber das wollte ich wegen der Situation zwischen den beiden Frauen auf jeden Fall vermeiden. Die First Lady kam nicht zu der Gala, damit war die Situation klar.«

Während Song und der Star miteinander Bekanntschaft schlossen, ging Bobby Kennedy nervös auf und ab, die Hände in den Taschen seines Smokings vergraben. Als Song versuchte, Marilyns Haar auf der rechten Seite so zu kämmen, wie es nach der Gala weltweit in Mode kam, fauchte sie ihn an.

Jetzt hatte Bobby genug von Marilyns Temperament. Außerdem dauerte ihm die Sache viel zu lange. Er stapfte zu dem Friseur hinüber und sagte: »Mickey, würden Sie uns bitte einen Augenblick allein lassen?« Vom Flur aus hörte Song laute Stimmen und Kraftausdrücke. Die Stimme des Justizministers wurde immer lauter.

Schließlich kam Bobby wieder heraus, zog seine weiße Schleife gerade und sagte: »Sie können jetzt weitermachen.«

Dann packte Bobby unerwartet Songs Arm und fragte: »Übrigens: Mögen Sie sie?«

Song nickte begeistert.

Bobby Kennedy eilte den Flur hinunter und rief über die Schulter zurück: »Ich halte sie für ein ungehobeltes Weibsstück!«

In der Garderobe saß eine strahlende Marilyn Monroe. »Mickey«, sagte sie und ergriff seine Hand, »nun machen Sie schon weiter mit Ihrem historischen Meisterwerk.«

14

Vor den Augen der ganzen Welt

Nun war Marilyn Monroe genügend herausgeputzt für die Gala. Sie wartete im Dunkeln neben der Bühne des Madison Square Garden. Hinter ihr, und ebenso unsichtbar, stand die 1,50 Meter hohe Geburtstagstorte, die so schwer war, daß sie von sechs Kellnern getragen werden mußte.

Auf der Bühne stand der Schwager des Präsidenten, Peter Lawford, und sprach zu den 20 000 versammelten Demokraten. Er nahm sich viel Zeit mit Marilyns Ankündigung und langweilte das Publikum mit Anspielungen auf ein Geheimnis, das ohnehin alle kannten – daß sie nämlich die Geliebte des Präsidenten war.

Mickey Song warf noch einen letzten Blick auf Marilyn, bevor sie in das gleißende Licht hinaustrat. Sie seufzte und drückte die Schultern durch. Der ganze Glamour schien schwer auf ihr zu lasten. »Für John und Bobby war sie nichts weiter als ein schönes und glamouröses Partygirl, aber Marilyn wollte kein Partygirl mehr sein«, sagte Song. »Sie wollte jetzt eine echte Beziehung zum Präsidenten haben.«

Tatsächlich sollte dies der letzte Auftritt der Monroe als Glamourgirl bleiben – als verfügbare Blondine, die sie nach den chauvinistischen Vorstellungen einer von Männern regierten Welt für alle Zeiten war. Obwohl Song zu Präsident Kennedy und dessen Bruder ein gutes Verhältnis hatte, verurteilte er die arrogante Art, mit der sie Marilyn behandelten. »Man wurde den Eindruck nicht los, daß Marilyn Johns Geburtstagsgeschenk war. Und wie mir später erst klar wurde, war sie das auch.«

Song sah, wie die Schauspielerin entschlossen in das Scheinwerferlicht hinaustrat und Lawfords triefenden Monolog genau in dem Augenblick unterbrach, als er sagte: »Mr. President, noch nie in der Geschichte hat eine Frau so viel …«

Ein Aufatmen war zu hören, das sich zu einem gewaltigen Jubel steigerte, als Marilyn durch die Scheinwerferkegel trippelte. Das Kleid hielt sie geschickt unter einem Hermelinmantel verborgen. Sie stand still da, bis der Jubel erstarb, dann ließ sie den Pelz von ihren Schultern in Lawfords Hände gleiten. Schreie und Pfiffe ertönten.

In der Präsidentenloge wandte sich John F. Kennedy zu dem Schriftsteller Gene Schoor um und sagte: »Mein Gott! Schauen Sie sich das Kleid an!«

Schoor beobachtete, wie Kennedys Blick über ihre Rundungen glitt. »Was für ein Arsch, Gene«, sagte der Präsident, »was für ein prächtiger Arsch.« Bobby, der neben ihm saß, zeigte keinerlei Gefühlsregung.

Richard Adler saß im Regieraum direkt hinter dem Präsidenten. Er starrte lange auf das durchsichtige Kleid. »Genau das hatte ich befürchtet«, sagte er. Kurz vor dem Beginn der Show hatte eine Menge Leute bei ihm angerufen und gegen Marilyns Auftritt protestiert, darunter auch Kabinettsmitglieder, ein leitender Mitarbeiter des Weißen Hauses und hohe Beamte aus dem Pentagon.

Als Marilyn mit ihrem heiseren Vortrag begann, schien eine Welle von Energie durch ihren Körper zu strömen, möglicherweise eine Folge der Dexedrine-Tabletten, die ihr die Studioärzte verschrieben hatten. Robert Slatzer erinnerte sich, daß man sie auch mit Vitaminen und Antibiotika vollgepumpt hatte. »Die Wirkung war umwerfend, sie war so unglaublich schön«, sagte Ralph Roberts, der den Auftritt von der VIP-Loge aus verfolgte. »Vor lauter Jubel und Geschrei konnte man sein eigenes Wort nicht mehr verstehen.«

»Es war eine Massenverführung«, sagte Adler. »Marilyn flüsterte ›Happy Birthday‹, und die Menge schrie und brüllte nach ihr. In dem Augenblick wurde mir klar, daß der Präsident mehr vom Showbusineß verstand als ich.«

Marilyn Monroe erklärte später dem Magazin *Life*, daß »die Zustimmung der Menge wie eine Umarmung war. Ich dachte, mein Gott, ich werde jetzt dieses Lied singen, und wenn es das letzte ist, was ich tue. Und ich tat es auch für die Menschen. Als ich ans Mikrofon trat, blickte ich zu den Rängen hinauf und dachte: ›Dort werde ich bald sein – dort oben unter dem Dach.‹«

Die Monroe sagte auch, daß sie versucht habe, mit ihrem Lied die Herzen des Publikums im Madison Square Garden zu erobern – und daß sie gehofft habe, die Zuschauer würden ihre sinnliche Botschaft verstehen.

Das Kleid und das Ereignis gingen in die Geschichte der Kennedy-Ära ein – zusammen mit anderen Eindrücken, die aus jenen Jahren nachhaltig in Erinnerung blieben: John F. Kennedy ohne Hut bei der Amtseinführung; Jacqueline Kennedys Ankunft in Paris; John-Johns Gruß am Sarg seines Vaters. Der Film von Marilyn Monroes Auftritt ist seitdem immer wieder gezeigt worden.

Von dem Moment an, als die extravagante Show begann, waren die Augen der Weltpresse auf den leeren Stuhl gerichtet, der für die

First Lady reserviert worden war. »Jackie wußte inzwischen von der Affäre«, sagte der Bürgermeister von Los Angeles, Sam Yorty, eine wichtige Persönlichkeit in der Demokratischen Partei. »Deshalb blieb sie weg.«

»Die First Lady wollte die Situation völlig unter Kontrolle haben, wenn sie in Gesellschaft war«, sagte Jacqueline Kennedys Biographin Kitty Kelley. »Sie folgte keiner Einladung, bei der sie risikierte, vor der Öffentlichkeit die Flirts ihres Ehemanns mit ansehen zu müssen. Als sie erfuhr, daß die Monroe singen würde, reiste sie mit den Kindern übers Wochenende nach Virginia zum Reiten.«

Hinter den Kulissen der Galashow spielte sich eine ergreifende private Tragödie ab. Marilyn war bereit, dem Präsidenten ins Bett zu folgen. Es sollte das letzte Mal sein. Kaum waren die Scheinwerfer erloschen, wurde sie buchstäblich zur Garderobe zurückgetragen, wo sie sich, von einem Schwindelgefühl befallen, gegen die Tür lehnte. Trotz der Amphetamine und einer halben Flasche Champagner machte sich die Nebenhöhlenentzündung wieder bemerkbar. Ihr Fieber stieg bedrohlich.

Hazel Washington drängte sie vergeblich, in ihr Apartment in der 57. Straße zurückzukehren. Marilyn wollte unbedingt an den beiden Partys teilnehmen, die sich an die Gala anschlossen – eine öffentliche Party im Penthouse des Filmmagnaten Arthur Krim und eine private Party im Penthouse des Präsidenten.

Marilyn brauchte zwei Stunden, um sich von ihrem siebenminütigen Auftritt zu erholen. Vorsichtig wurde sie aus ihrem Kleid geschält, damit es getrocknet werden konnte. Sie selbst wurde in kühle Handtücher gewickelt, um ihre Temperatur zu senken. »Ich machte mir große Sorgen«, sagte Hazel Washington. »Von diesem Abend an ging es Marilyn immer schlechter, aber sie gönnte sich keine Ruhe.«

Schließlich legte Marilyn das Kleid wieder an, kämmte ihr Haar aus und erschien auf Arthur Krims Party am Arm ihres früheren Schwiegervaters Isadore Miller. Die dichtgedrängte Menge, darunter 200 der mächtigsten Männer Amerikas, beobachtete gespannt, wie Marilyn von Gruppe zu Gruppe glitt.

Nach einer Stunde hielt es der Präsident nicht mehr aus. Er zog Marilyn von den anderen Gästen weg in eine Ecke. Kurz darauf gesellte sich Robert Kennedy zu ihnen. Die drei unterhielten sich angeregt etwa eine Viertelstunde lang.

Marilyn Monroe wirkte zerbrechlich, als sie sich schüchtern durch die Menge bewegte, und erregte dadurch Robert Kennedys Interesse. Dorothy Kilgallen berichtete später, Marilyn und Bobby Kennedy hätten an diesem Abend fünfmal miteinander getanzt und eine sichtlich verärgerte Ethel Kennedy habe ihnen dabei zugesehen. Arm in Arm verließen sie die kleine Tanzfläche und liefen Merriman Smith, einem Journalisten des Weißen Hauses, in die Arme. Bobby, leicht verärgert über die Anwesenheit des Reporters, machte Marilyn mit Smith bekannt.

Auch später schien es Robert Kennedy unangenehm zu sein, daß Smith mit Isadore Miller und Marilyn plauderte und sich dabei in einem kleinen Buch Notizen machte. Als Bobby von einem Agenten des Secret Service erfuhr, daß Marilyn Monroe zusammen mit den Kennedy-Brüdern heimlich fotografiert worden sei, versteinerte sich seine Miene.

Kurz nach 1 Uhr begleiteten Leibwächter des Secret Service den Präsidenten, Marilyn und mehrere andere Personen durch das überfüllte Apartment zu einem privaten Lift, der in das Untergeschoß von Krims Apartmenthaus führte. Von dort gingen sie durch eine Reihe von Tunneln, die das Carlyle Hotel mit den nahegelegenen Apartmenthäusern verband. Die Meute der Reporter in der Hotellobby bekam die Partygäste, die sich im Penthouse drängten und teilweise bis zur Morgendämmerung blieben, gar nicht zu Gesicht.

Der Politiker Adlai Stevenson bemerkte den neidvollen Blick in Bobbys Augen, als sein Bruder John die Schauspielerin durch die beiden Partys geleitete. »Ich glaube, ich habe noch nie eine Frau gesehen, die so schön war wie Marilyn Monroe an jenem Abend«, sagte Stevenson. »Aber ich mußte erst Robert Kennedys Verteidigungswall durchbrechen, bevor ich sie näher kennenlernen konnte.«

Auch Arthur Schlesinger jr., der später eine der Biographien über Robert Kennedy verfaßte, bemerkte Bobbys Interesse: »Sie hatte plötzlich etwas Irreales und Verzweifeltes an sich. Bobby war sehr galant zu ihr. Mit seiner Anteilnahme und seiner Direktheit durchdrang er wie kaum ein anderer den glitzernden Dunst, der sie umgab.«

Aber sein Bruder John war derjenige, mit dem Marilyn ins Bett ging. »Ich erfuhr später von einem FBI-Agenten, daß sie mehrere Stunden in der Hotelsuite blieben«, sagte der Kolumnist Earl Wilson in einem Interview. »Es war ihr letztes längeres Beisammensein.«

Der Grund, warum sich die beiden in der Suite einschlossen, war keineswegs Sex. Marilyn beklagte sich sowohl bei Slatzer als auch bei Roberts, daß Kennedy im Bett brutal und oberflächlich sei.

»Innerhalb von Sekunden sei er drinnen und wieder draußen gewesen«, erinnerte sich Slatzer. »Sie behauptete, daß er wie ein Schuljunge liebte.«

Zu Stephen Papich sagte Marilyn, als Liebhaber sei der Präsident »alles andere als genial«. Und zu Slatzer sagte sie: »Wegen seines lädierten Rückens passierte oft überhaupt nichts.«

Der Präsident teilte offenbar gern das Bett mit der erotischsten Frau der Welt. Und er genoß das Gefühl seiner Macht, sei es auf den Korridoren in Washington, sei es hinter verschlossenen Türen in Hollywood. Allen Berichten zufolge plauderten die beiden stundenlang – am Telefon, in Lawfords Strandhaus an der Pazifikküste und im Carlyle. Während Agenten des Secret Service die Doppeltüren der privaten Suite bewachten, erholten sich Marilyn Monroe und der Präsident vom Rausch der Gala. Draußen fegte ein starker Wind durch die Stadt, und die Fenster im Penthouse beschlugen.

Unterdessen ereignete sich in einem anderen Stadtteil ein Vorfall, der mit der Szene im Hotel in Verbindung stand.

Um 2.30 Uhr wurde der Journalist Merriman Smith durch lautes Hämmern an der Wohnungstür geweckt. Draußen standen zwei Agenten des Secret Service. Sie befragten ihn eine Stunde lang über sein unerwartetes Erscheinen bei der privaten Party. »Sie wollten sicherstellen, daß ich nichts über Marilyn und Bobby schrieb«, erzählte er Adler, der ihm Zutritt zu der Party verschafft hatte. »Aber ich wollte ohnehin nicht über die beiden schreiben. Ich bin kein Klatschkolumnist.«

Adler war entsetzt. »Ich hatte keine Ahnung, daß der Secret Service eine solche Art von Zensur betrieb.«

Auch im Fotolabor des Verlagshauses Time and Life erschienen Agenten und verlangten die Negative der Fotos, die auf Arthur Krims Party aufgenommen worden waren und angeblich die Kennedys mit Marilyn Monroe zeigten. »Solche Fotos existieren nicht«, erklärte der Leiter des Labors.

Marilyn selbst kam kurz vor 4 Uhr in ihr Apartment in der 57. Street zurück. Sie wurde von Ralph Roberts erwartet. Während er sie massierte, sprachen sie über die Parties. Marilyn schwärmte von Robert Kennedy.

Der Justizminister war über ihre Affäre mit dem Präsidenten stets im Bilde gewesen, doch vor der Gala hatte sie seinen Namen nie erwähnt. Zu ihrem Erstaunen hatte er mit ihr über Politik gesprochen und damit zu erkennen gegeben, daß er mehr als nur ein Glamourgirl in ihr sah.

Aber sie erklärte Roberts auch, daß es nie eine Affäre zwischen ihr und dem Justizminister geben würde. »Sie sagte, er sei nicht ihr Typ«, erinnerte sich Roberts. »Ich glaube, sie sagte, er sei ihr zu mickrig.«

15

Ein Bad um Mitternacht

Marilyn Monroe flog am Sonntag, dem 20. Mai, nach Los Angeles zurück. Sie nahm die Maschine am frühen Nachmittag. Das Kleid von Jean Louis trug sie in einer Hülle über dem Arm.

Als sie durch den New Yorker Flughafen eilte, bemerkte sie ein gesteigertes Interesse an ihrer Person. Sie hatte auf die übliche Verkleidung mit Sonnenbrille und Schal verzichtet und schien die neue Dimension ihres Ruhmes zu genießen.

Wer das erotische Geburtstagsständchen in den Fernsehnachrichten nicht hatte verfolgen können, hatte wahrscheinlich Fotos von der Gala auf den Titelseiten der Morgenzeitungen gesehen. Besonders ein Foto hatte es den Redakteuren angetan. Es war von oben aufgenommen und zeigte Marilyn, wie sie sich zu Präsident Kennedy hinüberbeugte. Ihre linke Hand lag zärtlich unter ihrer Brust.

Die Gala und die öffentliche Bestätigung ihrer Beziehung zu den Kennedys verliehen ihr zusätzlichen Ruhm und gaben ihr neue Kraft. Sie vergaß vorübergehend ihre Krankheit und legte sogar den Streit mit George Cukor bei. Marilyn erhielt einen »Energieschub«, wie es Evelyn Moriarity und Henry Weinstein ausdrückten.

Als sie jedoch auf dem Nachhauseweg vom Flughafen Los Angeles an dem alten Zeitungskiosk auf dem Pico Boulevard haltmachte, entdeckte sie etwas, das ihr gar nicht gefiel: Elizabeth Taylor war ein beherrschendes Thema in den ausliegenden Zeitschriften und internationalen Zeitungen. Taylors unerhört schönes Gesicht blickte ihr von gut einem Dutzend Titelblätter entgegen.

»Der öffentlichste Ehebruch der Welt«, wie die Affäre in den Klatschspalten der römischen Presse mittlerweile bezeichnet wurde, hatte nur den Appetit nach Klatsch und aktuellen Fotos von der Taylor geweckt. Dagegen war Marilyn, einst Amerikas beliebtestes Covergirl, seit über einem Jahr nicht mehr auf den Titelblättern der Weltpresse erschienen.

Es ist nicht bekannt, ob Marilyn Monroe bereits zu diesem Zeitpunkt ihren letzten und größten PR-Gag plante. Doch alle Mitarbeiter von *Something's Got to Give* stellten fest, daß sie mit frischem Elan an die Arbeit ging.

Am Montag, dem 21. Mai, also 33 Stunden nach der Gala, erschien sie morgens um 6.05 Uhr im Studio 14. Sie ließ Cukor ausrichten, daß sie bereit sei, alle sieben anstehenden Szenen zu drehen, jedoch keine Nahaufnahmen. Nicht einmal der virtuose Maskenbildner Whitey Snyder konnte die Spuren der Erschöpfung tilgen, die der Blitzbesuch in New York in ihrem Gesicht hinterlassen hatte.

Während Boten zwischen Marilyns Bungalow und Cukors Büro hin- und hereilten, sorgte Dean Martin für neue Aufregung. Trotz einer schweren Erkältung und knapp 38 Grad Fieber wollte er unbedingt arbeiten.

Da Cukor Dialogszenen mit den beiden Stars drehen wollte, ließ Marilyn den Studioarzt Lee Siegel rufen und fragte ihn, ob sie gefahrlos mit Martin arbeiten könne. Sie rief auch einen Hals-Nasen-Ohren-Arzt im Krankenhaus Cedars of Lebanon an, wo man ihre Nebenhöhlenentzündung diagnostiziert hatte. Beide Ärzte rieten ihr davon ab, mit Martin zu drehen.

Cukor tobte und behauptete, für Marilyn bestehe keinerlei Gefahr. »Seine Erkältung ist nicht mehr ansteckend«, sagte der Regisseur zu seinem Regieassistenten Buck Hall.

Cukor schäumte vor Wut, und Marilyn schloß sich in ihrer Garderobe ein. Weinstein versuchte sich als Schlichter. Schließlich informierte ihn die Schauspielerin, daß sie keinen Fuß in das Filmstudio setzen werde, solange sich Martin dort aufhalte.

Der Drehplan mußte geändert werden. Man rief Cyd Charisse und die Kinder herbei und beleuchtete die riesige Szenerie.

Wieder brachte der Regisseur sein Mißfallen dadurch zum Ausdruck, daß er das Arbeitstempo verschleppte. Paula Strasberg behauptete später: »Selbst als die Hauptdarstellerin des Films wieder da war, weigerte sich Cukor, sie einzusetzen. Am Montag wurden nur sechsundzwanzig kurze Takes gedreht – und alle waren Variationen eines einzigen, intimen Augenblicks zwischen Christopher Morley und Monroe.« Zwischen den verschiedenen Takes sind kaum Unterschiede feststellbar.

Am Dienstag, dem 22. Mai, als Martin noch krank im Bett lag, schickte Marilyn eine Nachricht an Cukor und Weinstein: »Ich kann nicht mit Mr. Martin arbeiten, bevor er wieder gesund ist. Ich folge damit dem Rat meiner Ärzte.« Sie drehte jedoch den halben Tag mit Cyd Charisse und verließ das Studio am frühen Nachmittag.

Cukor ließ anschließend das Studio für eine wichtige Sequenz räumen, die am Mittwoch morgen gedreht werden sollte. Gegen 14 Uhr war Studio 14 leer. Bautrupps und Elektriker machten sich an die Arbeit. Ein halbes Dutzend Scheinwerfer wurde aus dem Lager auf der anderen Seite des Geländes herbeigeschafft. Später wurden auch noch Holzgerüste zum Studio gekarrt.

Kurz bevor Marilyn an diesem Tag das Studio verließ, stürzte Cukor in ihre Garderobe. Sie führten ein sehr lebhaftes Gespräch, das sie möglicherweise am Abend telefonisch fortsetzten. Eunice Murray erinnerte sich vage an einen Anruf – den ersten seit Beginn der Dreharbeiten.

Um 17 Uhr rief Marilyns Presseagentin Pat Newcomb den Fotografen Lawrence Schiller zu Hause an. »Ich an Ihrer Stelle würde morgen ins Studio kommen, Larry«, sagte sie. »Und ich würde genügend Filme mitbringen. Marilyn dreht morgen eine Schwimmszene, und wie ich sie kenne, schlüpft sie vielleicht aus dem Badeanzug.«

Lawrence Schiller war damals im Begriff, sich als Fotograf berühmter Persönlichkeiten einen Namen zu machen. Er arbeitete unter anderem für die Zeitschriften *Paris Match* und *Life*. Später wurde er ein bedeutender Produzent und Regisseur von Fernsehfilmen wie *The Executioner's Song* und *Marilyn: The Untold Story*.

Schiller war sofort klar, daß diese Szene – die erste Nacktszene eines großen amerikanischen Stars – Geschichte machen würde. Und es war ihm auch klar, daß er nur wenige Minuten mit Marilyn Monroe zur Verfügung haben würde, während sie die Szene probte. Aus diesem Grund brachte er seinen Kollegen William Woodfield ins Studio mit, damit sie die Szene aus verschiedenen Blickwinkeln fotografieren konnten.

Cukor hatte die gleiche Idee. Er ließ für die Schwimmszene eine zweite Filmkamera aufstellen. Die beiden Kameramänner, Billy Daniels und ein namentlich nicht bekannter Assistent, sollten Marilyn gleichzeitig aufnehmen. Eine Kamera sollte sie direkt von vorn filmen, die andere von der Seite aus leicht erhöhter Position. Für eine bestimmte Einstellung ließ Cukor eine Kamera auf einem Gerüst positionieren, das die Zimmerleute über Nacht errichtet hatten. Das Objektiv sollte von oben auf Marilyn gerichtet werden, während sie sich am Rand des Pools festhielt.

Marilyn Monroe und Cukor wollten, daß der Gag spontan und nicht einstudiert wirkte – obwohl natürlich alles bis ins letzte geplant war. »Es muß so aussehen, als seien wir gerade erst auf die Idee gekommen«, sagte Marilyn zu Cukor. (Cukor behauptete 1980, die Idee sei von ihm gewesen: »Ich habe ihr vorgeschlagen, die Szene völlig nackt zu drehen, und sie hat sofort zugestimmt.«)

Das Drehbuch bot eine ideale Gelegenheit dazu. In einer Badesequenz um Mitternacht sollte eine Marilyn im Evaskostüm Dean Martin aus Cyd Charisses Bett locken. Allerdings war nicht vorgesehen, daß sie tatsächlich nackt ins Wasser stieg. Es sollte nur die Illusion erweckt werden, daß sie nackt sei. Jean Louis hatte dafür eigens einen fleischfarbenen Badeanzug entworfen – eine Mischung aus Bodystocking und Seidenbikini, die aus dem gleichen Material wie das »Kennedy-Kleid« bestand.

Als treue Anhängerin des Method-Acting stellte Marilyn am Montag morgen Paula Strasberg die Frage: »Wie wäre es, wenn ich die Szene völlig nackt spielen würde?« Ihre Schauspiellehrerin las die Szene im Skript noch einmal durch und meinte dann: »Ich glaube, das wäre ganz entzückend. Ellen Arden würde es nicht anders machen. Schließlich ist sie jahrelang nackt in der Insellagune herumgeschwommen.«

Damit der PR-Gag auch echt wirkte, ordnete Cukor an, daß Marilyn mit dem Bikini in den Pool steigen sollte. »Ziehen Sie den Bikini erst aus, wenn ich Ihnen ein Zeichen gebe«, sagte er. Zu ihrer List gehörte auch, daß der Kameramann Billy Daniels an einer bestimmten Stelle rief: »Tut mir leid, Darling, aber die Nähte des Bikinis schimmern durch.«

Daraufhin vollführte sie ein kleines Wasserballett, streifte die Bikiniteile ab und legte sie auf den Rand des Pools. (Alle Fotos von diesem Vorgang und die dazugehörigen Negative fehlen in den Fox-Archiven.)

Schiller und Woodfield hatten nach Newcombs Vorwarnung ihre Fotoausrüstung eingepackt, darunter auch nagelneue Nikon-Kameras mit Motoren, die Dutzende von Fotos in der Sekunde schießen konnten.

»Niemand ahnte, wie sorgfältig die Sache vorbereitet worden war«, sagte der Coproduzent Gene Allen. »Das wäre eine Riesenreklame für den Film geworden – eine sensationelle Masche, den Film an den Mann zu bringen.«

Marilyn hatte sich diebisch auf den Spaß gefreut. Sie hatte sich die freigegebenen Fotos von der angeblichen Nacktszene Elizabeth Taylors in *Cleopatra* beschafft und festgestellt, daß der Bodystocking unter der Wasseroberfläche deutlich zu sehen war. Außerdem ragten fleischige Schultern und Arme aus dem ägyptischen Milchbad heraus, die bewiesen, daß ihr die Taylor keine Konkurrenz machen konnte. »Sie war sich bewußt, daß sie noch immer einen phantastischen Körper hatte«, erinnerte sich Slatzer. »Auf diese Weise konnte sie der ganzen Welt zeigen, daß sie noch nicht am Ende war.«

Auch Joan Greenson war dieser Meinung: »Marilyn konnte auch eine Draufgängerin und Angeberin sein. Sie dachte sich: ›Warum nicht? Wenn wir die Sache schon machen müssen, warum dann nicht nackt?‹ Es machte ihr Spaß zu schockieren.«

Als Schiller und Woodfield während der Probe ihre ersten Aufnahmen schossen, blitzte Marilyns Nacktheit immer nur kurz auf – wenn sie in dem türkisfarbenen Wasser auf- und niedertauchte, wenn sie Dean Martins übergroßen Bademantel an- und auszog oder wenn sie am Rand des Pools hing und dabei ein Bein über die spanischen Fliesen legte. Doch während einer kurzen Sequenz saß sie mit dem Rücken zu den Kameras auf der Treppe des Pools. Als sie mit großen, unschuldigen Augen über die Schulter blickte, knipste Schiller eine Reihe sensationeller Bilder.

Marilyn hatte Whitey Snyder zwischen sich und den beiden Kameras postiert und ihm gesagt, er solle sie warnen, falls sie zuviel zeigte. »Sie war von der Vorstellung besessen, daß sie ordinär wirken könnte, aber diese Gefahr bestand wirklich nicht«, sagte Snyder. »Ihre Nacktheit war größtenteils Illusion.«

Die Schauspielerin gab Cukor zu verstehen, daß sie eine halbe Stunde für die Fotografen posieren wolle. Daraufhin verließ der Regisseur zusammen mit seinen beiden Kameramännern den Drehort.

Auf den Kontaktabzügen im Fox-Archiv kann man sehen, wie Marilyn vor den Fotokameras kokettierte. Sie ließ ihren Bademantel über die Schulter gleiten und ein paar Sekunden lang herabhängen. Dann wieder warf sie stolz den Kopf zurück und hauchte den Elektrikern auf den Arbeitsbrücken einen Kuß zu.

Mit einem rätselhaften Lächeln ließ sie den Mantel fallen, so daß er über ihre Brüste bis zu ihrem Unterleib hinabrutschte. Dort fing sie ihn wieder auf und führte für Schiller und Woodfield eine sinnliche Pantomime vor.

Schon lag Schiller auf den Knien und bewegte sich langsam im Halbkreis um Marilyn. Beim Blick durch das Objektiv bemerkte er erstaunt, wie ihr Körper strahlte – gefangen in dem platinfarbenen Licht, das sich von der Decke ergoß.

Als Marilyn den Mantel abschüttelte und zu Boden fallen ließ, hielt Schiller den Atem an.

Im Studio war nur das leise Surren der Nikons zu hören. Cukor stand hoch oben auf einer der Beleuchtungsbrücken und dirigierte das Spiel der blendenden Scheinwerfer auf der Oberfläche des azurblau gefärbten Wassers im Pool.

Draußen vor dem Studio war der Teufel los. Wie ein Lauffeuer verbreitete sich die Nachricht, daß Marilyn Monroe nackt vor den Kameras posierte – zum erstenmal seit den Kalenderfotos vor 14 Jahren.

»Die Reaktion war unglaublich«, erinnerte sich Henry Weinstein. »Alle wollten ins Studio. Es wurde ein Massenansturm.« Der Produzent ließ die fünf Eingänge zum Studio umgehend von Wachmännern besetzen. Niemand auf dem Gelände arbeitete mehr, und alle stellten Spekulationen an, was sich bei den Dreharbeiten zu dem Monroe-Film wohl abspielte.

Die Nacktszene kam für alle überraschend. Nicht einmal die Werbeabteilung der Fox war informiert worden, und als sie schließlich davon erfuhr, gab Cukor die Order aus, daß die Sache nur mit Marilyn Monroes Genehmigung veröffentlicht werden dürfe. »Die Nacktszene wird nach einem vorher festgelegten Plan veröffentlicht«, sagte er. »Alle Anfragen der Presse müssen an Miss Newcomb weitergeleitet werden.«

Niemand im Studio, nicht einmal Marilyn Monroe selbst, dachte daran, daß die Nacktszene ihrer angegriffenen Gesundheit schaden könnte. Der Tag war äußerst anstrengend. Marilyn arbeitete von 10.40 Uhr bis zum späten Nachmittag; das Mittagessen wurde zwischendurch im Studio eingenommen. Sie probte die Szene 20mal, drehte 20 Takes und posierte eine halbe Stunde für die Fotografen. Insgesamt hielt sie sich vier Stunden im Wasser auf und paddelte oder schwamm 90 Minuten lang.

Seit etwas mehr als zwei Wochen bekam Marilyn regelmäßig Amphetamin-Spritzen und dazu Dexedrine-Kapseln. Die Methamphetamine und starke Antihistamine überdeckten die Symptome ihrer Nebenhöhlenentzündung zu diesem Zeitpunkt völlig.

Während ihr Fieber durch Amphetamine und ihre Migräne durch Demerol gebändigt wurden, stieg Marilyn mehr als fünfzigmal ins Wasser. Um die von den Scheinwerfern erzeugte Hitze zu verringern, wurde gekühlte Luft in das Studio geblasen. Die Wassertemperatur im Pool betrug ungefähr 34,5 Grad, die Lufttemperatur 23,5 Grad.

Da die Szene lange Aufenthalte im chlorhaltigen Wasser erforderte, hatten die Friseure und Maskenbildner viel zu tun. Bunny Gardell mußte Marilyns Körper zunächst mit einer klebrigen Substanz eincremen, die von der Kosmetikfirma Max Factor eigens für Esther Williams, den Schwimmstar von Metro-Goldwyn-Mayer, entwickelt worden war. Danach wurde das Haarspray aufgetragen, eine lackähnliche Substanz, die Marilyns Haar steif und spröde machte.

Keine dieser Vorbereitungen störte Marilyn Monroe. Sie schien in ausgezeichneter Verfassung zu sein – wie die Monroe der früheren fünfziger Jahre. »Sie war wie außer sich vor Glück«, sagte Weinstein. »Was war an diesem Tag anders als an anderen Tagen? Ich weiß es nicht. Vielleicht war sie erleichtert, weil die Szene nur ein paar Zeilen Dialog enthielt. Beim Zusehen dachte ich mir, vielleicht bringen wir das Projekt ja doch noch zu einem Abschluß.«

Weinstein fügte hinzu, die Nacktbadeszene habe ihr »ein Gefühl der Sicherheit vermittelt. Es war ihr glücklichster Tag. Ich glaube, sie wußte genau, wie sensationell die Sache war. Sie hatte einen guten Riecher für so etwas, jedenfalls einen besseren als ich. Und einen besseren als die Fox.«

Schiller und Woodfield waren von der Szene überwältigt, die sich vor ihren Kameras abspielte. Für Nacktaufnahmen von Marilyn Monroe konnte man fast jeden Preis verlangen. Marilyn hatte die Fox davon überzeugt, im Interesse der weltweiten Publicity die Rechte an allen Standfotos abzutreten. »Die Fotos hätten uns 300 000 Dollar eingebracht, wenn wir die Rechte behalten hätten«, sagte später Presseagent Harry Brand.

»Marilyn wußte instinktiv, daß man die Fotos nur als plumpen PR-Gag einstufen würde, wenn die Fox selbst sie veröffentlichte«, sagte Schiller. Später fragte er Marilyn in ihrem Bungalow, was sie als Gegenleistung verlange, wenn sie ihre eigenen Rechte an den Fotos abtrete.

Marilyn ergriff seine Hand. »Larry«, sagte sie, »in der Woche, in der diese Bilder rauskommen, will ich auf keinem Magazin in der ganzen Welt Elizabeth Taylors Gesicht sehen.«

»Sie wollte beweisen, daß sie zumindest in den Augen der Öffentlichkeit mächtiger war als Elizabeth Taylor«, erklärte Schiller. »Und sich selbst wollte sie beweisen, daß sie immer noch ein Weltstar war.«

Marilyn und Schiller trafen sich zwei Tage später vor dem alten Schwab-Drugstore und besprachen, welche Fotos – insgesamt waren es mehrere hundert – freigegeben werden sollten. »Ich kann mich noch entsinnen, daß ich in meinem T-Shirt neben Marilyn saß. Sie hatte eine Flasche Dom Pérignon dabei. Außerdem hatte sie eine Zackenschere mitgebracht, mit der sie die Negative vernichtete, die ihr nicht gefielen. Ich selbst zerriß Hunderte von Abzügen. Ich hatte ihr uneingeschränktes Vertrauen, und das wollte ich nicht verlieren.«

Die Standfotos erschienen auf den Titelblättern von 72 Magazinen in 32 Ländern, manche sogar hinter dem Eisernen Vorhang. Schiller und Woodfield verdienten bei dieser Sache 200 000 Dollar.

Doch das öffentliche Aufsehen, das die Gala und die Nacktbadeszene erregten, trug keineswegs dazu bei, »die Studiobosse aufzuwecken«, wie Marilyn gehofft hatte. Im Gegenteil, es brachte den Verwaltungsrat der Fox noch mehr gegen sie auf.

16

Das verlorene Wochenende

Am 24. Mai, einem Freitag, sahen sich die Fox-Manager an beiden Küsten die Rohfassungen von Marilyn Monroes Nacktbadeszene an. Alle stimmten darin überein, daß sie zu den besten Szenen ihrer Karriere gehörte – vergleichbar der Szene aus *Das verflixte 7. Jahr,* in der ein Luftzug ihren Rock in die Höhe pustete, oder der Gesangsnummer »Diamonds Are a Girl's Best Friend« in *Blondinen bevorzugt.*

Marilyn war die ganze Woche zu den Dreharbeiten erschienen – ein weiterer Grund, optimistisch zu sein. Die Aussichten hätten sogar noch besser sein können, wenn Cukor es geschafft hätte, Marilyn und Dean Martin gleichzeitig vor die Kameras zu bekommen. Aber Martins Erkältung war auch am Freitag noch nicht ganz abgeklungen, und obwohl der Regisseur Marilyn anflehte, weigerte sie sich, mit Martin zusammen zu drehen.

Cukor war überzeugt, daß Marilyn nur versuchte, die ersten Nahaufnahmen für ihre Liebesszene mit Martin hinauszuzögern, weil man ihr immer noch die Folgen ihres anstrengenden Trips nach New York ansah.

Der Samstag war heiß und trocken. Wüstenwinde bliesen die feuchte Pazifikluft aufs Meer hinaus. Martins Symptome verschwanden, und am Sonntag verkündete Lee Siegel, Martin sei wieder auf dem Damm und könne jetzt mit Marilyn drehen.

Regieassistent Buck Hall änderte schnell den Drehplan und setzte die ersten Szenen mit Martin und Monroe für Montag und Dienstag fest. Er mußte schnell handeln. Der Schauspieler Wally Cox spielte in diesen Szenen einen vertrottelten Schuhverkäufer, den Marilyn dazu überredet, sich als der Mann auszugeben, mit dem sie fünf Jahre auf einer Insel zusammengelebt hat.

Marilyn Monroe und Cukor hatten sich tagelang über die Besetzung dieser wichtigen Rolle gestritten – Cukor wollte den Neuling Don Knotts für die Rolle verpflichten. Marilyn setzte sich durch, aber nur weil sie sich hinter Cukors Rücken an Phil Feldman gewandt hatte. »Sie hat schließlich ein *Mitspracherecht* bei der Besetzung«, erinnerte Feldman den Regisseur.

Walter Bernstein schrieb am Samstag für Cox einen neuen Dialog, ließ ihn fotokopieren und durch Boten dem Schauspieler überbringen. Cox wohnte in dem Gästehaus, das zu Marlon Brandos Wohnsitz in Bel Air gehörte. Brando war seit langem sowohl mit Marilyn als auch mit Cox befreundet und hatte die beiden Schauspieler miteinander bekannt gemacht.

Die Aufnahmen in dieser Woche sollten mit einer achtminütigen Szene beginnen, in der Marilyn Monroe, Martin, Cyd Charisse, Tom Tryon, Cox und Phil Silvers (der einen Versicherungsvertreter darstellte) mitwirkten.

Cukor beschloß, Marilyn ganz behutsam in die Sequenz einzuführen, indem er ihr am ersten Tag nur eine einzige Textzeile gab. Als er jedoch sah, wie Marilyn bei ihrem Auftritt beinahe eine kurze Treppe hinunterstürzte, wurde ihm klar, daß es erneut Probleme gab.

Auch Tryon bemerkte, daß etwas nicht stimmte. »Was ist mit Marilyn los?« flüsterte er Cukor zu.

Der Regisseur schüttelte den Kopf. »Ich habe sie noch nie so gesehen. Sie sieht aus, als würde sie gleich auseinanderfallen.«

Die beiden Männer saßen direkt hinter der Kamera. Sie beobachteten, wie Marilyn die rosafarbenen Gipstreppen in der Mitte der Szenerie herunterkam.

Marilyn bewegte sich langsam, wie in Trance. Ihr Gesicht war unnatürlich blaß, obwohl sie dickes Make-up von Max Factor trug.

Marilyn und Tryon waren mitten in der Traumsequenz, die teilweise auf einer Südseeinsel spielte. In Marilyns Vorstellung sollte Tryon plötzlich in einem Lendenschurz von einem Ast springen.

Da für Marilyn nur eine einzige Dialogzeile vorgesehen war, rechnete niemand mit Schwierigkeiten.

»Aber als sie die Szenerie betrat, sah sie aus wie feines Kristall, das jeden Augenblick zerspringen konnte«, sagte Tryon. »Ihre Bewegungen waren vorsichtig und unentschlossen.«

Laut Drehbuch sollte Marilyn die Treppe heruntersteigen und Dean Martin, der nicht im Bild war, ein paar Worte zuflüstern. Dann sollte sie, fast wie in einem Traum, Tryon erblicken und erschrocken zurückweichen.

»Sie mußte nur zwei Worte sagen: ›Nick, Darling.‹ Dann setzte die Rückblende ein«, erzählte Tryon. »Doch sie brachte die beiden Worte einfach nicht richtig heraus, so oft wir es auch versuchten. Sie tat mir sehr leid.«

Viermal hintereinander schwankte Marilyn ins Blickfeld der Kamera und stotterte: »Darling, Nick.«

Cukor rannte zu ihr hin. »Die Sache ist ganz einfach, Marilyn. Sie sagen nur: ›Nick, Darling‹, und lächeln.«

Marilyn riß die Augen auf. »Aber das habe ich doch gemacht, George.«

»Nein, das haben Sie nicht«, sagte der Regisseur scharf. »Sie haben die Worte verdreht.«

Die Schauspielerin sah aus, als falle sie gleich in Ohnmacht. Tryon hatte so großes Mitleid mit ihr, daß er Cukor nicht mehr ins Auge sehen konnte. »Ich weiß nicht, warum er nicht einfach weitermachte und den Fehler später im Tonstudio korrigieren ließ«, sagte Tryon später. »Aber er wollte keinen Zentimeter nachgeben.«

Der Regisseur quälte sie weiter, ohne sich um ihre Schwierigkeiten zu kümmern.

Zum erstenmal seit Beginn der Dreharbeiten schien Marilyn von ihren Gefühlen überwältigt zu werden. »Man konnte sehen, daß sie nervlich am Ende war«, sagte Weinstein. »Aber niemand wußte, was oder wer daran schuld war.«

Als die Probleme bei den Dreharbeiten bekannt wurden, begann die Gerüchteküche der Fox zu kochen. Die Telefonisten bemerkten, daß »Marilyn den ganzen Tag über versuchte, Frank Sinatra zu erreichen«. Als ihr das nicht gelang, schickte sie ihm ein Telegramm nach Australien, wo er im Rahmen seiner Welttournee gerade einen Auftritt hatte. Es ist nicht bekannt, ob sie ihn an diesem Montag erreichte. Doch eine Woche später rief er sie aus Monaco an.

»Sie steckte so tief in der Klemme, daß ihr nur noch Sinatra helfen konnte«, erinnerte sich Coproduzent Gene Allen. »Wen konnte sie sonst anrufen? Wer sonst kann Berge versetzen?«

Nach zehn quälenden Takes rannte Marilyn schließlich aus dem Studio und durch die Straßen zu ihrem Bungalow. »Sie rannte mich fast um«, erinnerte sich Hazel Washington. »Cukor schikanierte sie regelrecht und machte dadurch alles noch schlimmer.«

Marilyn ließ sich in den Schminkstuhl fallen und griff nach einem scharlachroten Lippenstift.

»Frank, hilf mir«, schrieb sie auf den Spiegel.

Ein paar Sekunden lang saß sie still da, dann nahm sie wieder den Lippenstift zur Hand.

»Frank, bitte hilf mir«, schrieb sie.

Zehn Minuten später kam Dean Martin herein, trieb alle anderen aus dem Zimmer und unterhielt sich fast eine halbe Stunde lang mit ihr.

Als die beiden Schauspieler das Zimmer wieder verließen, lächelte Marilyn traurig, machte aber einen gefaßteren Eindruck als zuvor. Kaum stand sie jedoch wieder in den Kulissen, war ihr Selbstvertrauen wie weggeblasen. »Sie zitterte am ganzen Körper«, sagte Tryon. »Irgend etwas Schreckliches war ihr zugestoßen.«

Das Drama, das sich an jenem Montag bei den Dreharbeiten zu *Something's Got to Give* abspielte, erinnerte an eine klassische Hollywood-Tragödie: eine Schauspielerin, die von ihrem Kummer überwältigt wird; ein Regisseur, der nicht helfen will; ein Film, der zu scheitern droht; und ein Studio, das verzweifelt nach einem Grund sucht, den Star zu feuern.

Henry Weinstein stand vor einem Rätsel. Noch am Freitag der vergangenen Woche war Marilyn in bemerkenswert guter Verfassung gewesen. Sie hatte mit dem Kostümdesigner William Travilla in ihrem Bungalow mehrere Gläser Dom Pérignon getrunken und dabei stolz die Zeitungsausschnitte über ihren Auftritt bei der Gala gezeigt.

Eine Stunde später hatte sich an der Kreuzung von Sunset Boulevard und Fairfax Avenue der Verkehr gestaut, weil Marilyn in einem Wagen vor Schwabs Drugstore saß und mit dem Fotografen Schiller meterweise Negative von der Nacktbadeszene durchsah. Sie machte auf Schiller einen »lebhaften und aufgeregten« Eindruck.

Während das Licht der untergehenden Sonne ihr Haar umrahmte, lehnte sie sich im Sitz des Cabriolets zurück und stützte die Füße mit den hochhackigen Schuhen gegen das Armaturenbrett. Lange Negativstreifen hingen von ihrem Schoß auf den Boden herab. Sie kicherte, als sie die körperlichen Schwächen sah, die Schillers Kamera eingefangen hatte.

Sie zerschnitt die Bilder mit ihrer Zackenschere. Plötzlich legte sie die Hand auf den Arm des Fotografen: »Ist das eigentlich ehrlich? Ich meine, ist es falsch, all diese Bilder zu vernichten?«

Schiller lächelte. »Sie müssen sich doch schützen!« meinte er.

Als die Arbeit beendet war, eilte sie zu ihrer Limousine und fuhr schnell in Richtung Brentwood davon.

Zum Abschied winkte sie ihm zu, und der Fotograf wunderte sich über ihre Fröhlichkeit. Durch sie wurde dieser mühsame Film zu einem Abenteuer.

Danach blieb Marilyn Monroe 72 Stunden lang verschwunden. Telefonanrufe blieben unbeantwortet. Sie versäumte mehrere Verabredungen zum Essen.

»Das war vielleicht das mysteriöseste Wochenende in Marilyns Leben«, sagte Henry Weinstein. »Sogar noch mysteriöser als ihr Todestag. An dem Wochenende muß sich etwas Furchtbares zugetragen haben. Etwas ganz Persönliches, so persönlich, daß es ihr einen psychischen Schock versetzte. Ich konnte es sehen, und noch heute mache ich mir Vorwürfe, daß ich nicht sofort Dr. Ralph Greenson anrief [der sich wegen einer Behandlung seiner Frau in der Schweiz aufhielt].«

Noch heute hängt ein geheimnisvoller Schleier über den Ereignissen des 26. und 27. Mai. Hatte die Monroe in ihrem Haus in Brentwood Drogen genommen und sich eingeschlossen? Ließ sie eine weitere heimliche Abtreibung vornehmen? In den Gerüchten, die damals kursierten, war von beiden Möglichkeiten die Rede.

»Ich glaube nicht, daß wir es jemals erfahren werden«, sagte Weinstein.

Den Schlüssel zu dem Geheimnis jener 72 Stunden liefert eine Reihe von Telefonaten, die mit einem längeren Gespräch zwischen Marilyn Monroe und Frank Sinatra begannen.

»Marilyn erzählte mir, Sinatra habe sie angerufen und davor gewarnt, sich noch weiter mit den Kennedys einzulassen«, erzählte Robert Slatzer. »Vor allem sollte sie die Finger von John F. Kennedy lassen.« Slatzer sagte, Sinatra habe sich allmählich große Sorgen wegen Marilyns Beziehung zum Präsidenten gemacht. »Es war klar, daß er sie fallenlassen würde. Im darauffolgenden Jahr waren Präsidentschaftswahlen. Blieb ihm denn eine andere Wahl?«

Sinatra wußte zweifellos, daß der Präsident Marilyn fallenlassen wollte – nachdem er sie weidlich ausgenutzt hatte. Kennedy hatte mehr als sechsmal mit ihr geschlafen, sich in ihrem Glamour gesonnt und schließlich die Affäre im Madison Square Garden vor aller Öffentlichkeit bestätigt. Aber die Präsidentengala war zugleich Marilyns Schwanengesang. Sinatra selbst war vom Präsidenten vier Monate zuvor fallengelassen und geächtet worden.

Die Kennedys hatten den millionenschweren Sänger sozusagen über Nacht aus ihrem Freundeskreis verbannt, nachdem sie ihn jahrelang hofiert und für den Wahlkampf des Präsidenten eingespannt hatten. Am 28. Februar, nur wenige Wochen, bevor Kennedy Sinatra in dessen Domizil in Palm Springs einen spektakulären Wochenendbesuch abstatten sollte, hatten die politischen Berater des Präsidenten den Sänger zur »unerwünschten Person« erklärt.

Bei einem Staatsbankett war Bobby Kennedy die Bemerkung entschlüpft: »Dieser Mann unterhält Beziehungen zu kriminellen Elementen. Du kannst es dir nicht leisten, mit ihm zusammen gesehen zu werden.«

Präsident Kennedy war errötet und hatte das Thema gewechselt.

FBI-Direktor J. Edgar Hoover hatte bereits drei Berichte über Sinatra erstellen lassen – in denen behauptet wurde, Sinatra unterhalte »persönliche Beziehungen zu zehn führenden Köpfen des organisierten Verbrechens«.

Der Präsident las die Berichte und legte sie zu den Akten, weigerte sich aber, Sinatra seine Freundschaft aufzukündigen. Noch war er nicht bereit, auf den Glamour und Klatsch zu verzichten, die der Entertainer in sein Leben gebracht hatte.

Dann, am 27. Februar 1962, gegen 9 Uhr stürzte Bobby mit einem weiteren Bericht von Hoover ins Oval Office. Diesmal wog der Fall schwerer. Bei Untersuchungen der Bandenkriminalität in Las Vegas hatten FBI-Agenten entdeckt, daß Judith Campbell Exner, eine zeitweilige Geliebte von Sam Giancana, auch mit dem Präsidenten der Vereinigten Staaten schlief. Der FBI-Direktor beschuldigte Sinatra, er habe die Campbell mit Kennedy »verkuppelt«.

John F. Kennedy zögerte immer noch.

Doch Bobby handelte. Er holte Peter Lawford von den Dreharbeiten zu seiner Fernsehserie weg. »Sag Sinatra, daß der Präsident im März nicht in seinem Haus übernachten kann«, sagte Bobby. »Und sieh dich nach einem anderen Haus für den Besuch in Palm Springs um.«

Lawford war außer sich. Er war derjenige gewesen, der Sinatra dafür gewonnen hatte, John im Wahlkampf nach Kräften zu unterstützen. Außerdem wußte er, wieviel dem Sänger der Besuch bedeutete. Lawford erhob vehement Einspruch.

Bobby blieb hart. »Es ist zu gefährlich.«

Lawford wandte sich an den Präsidenten. »Das dürfen Sie nicht tun, Mr. President. Sie stehen in Sinatras Schuld.«

»Ich kann nicht bei Sinatra übernachten«, antwortete John F. Kennedy. »Bobby stellt über Giancana Nachforschungen an. Frank steht dem Mann viel zu nahe.«

»Ich sollte Frank die Neuigkeit beibringen«, erzählte Lawford der Biographin Kitty Kelley. »Und um ehrlich zu sein, ich hatte Angst davor. Frank hatte für den Präsidenten und für den Secret Service extra kleine Bungalows bauen lassen.« Sinatra hatte für den Besuch bereits 1,2 Millionen Dollar ausgegeben.

So kam es, daß Kennedy den Sänger nicht mit seinem Besuch beehrte und sich nicht für die Unterstützung im Wahlkampf bedankte, sondern bei Bing Crosby, Sinatras Rivalen und Erzfeind, übernachtete.

Marilyn verbrachte die Nacht mit Präsident Kennedy in einem von Crosbys Gästebungalows. Ihr Interesse an Kennedy war stärker gewesen als ihre Loyalität gegenüber Sinatra – ihrem Freund und Wohltäter seit annähernd zehn Jahren.

»Die Kennedys brachen Sinatra fast das Herz«, erinnerte sich die langjährige Hollywood-Kolumnistin Dorothy Manners. »Sie ließen ihn über Nacht eiskalt fallen. Vielleicht wußte er, daß sie sich auch gegenüber Marilyn so verhalten würden, und wollte sie warnen.«

Allem Anschein nach erfuhr Sinatra von Lawford, daß der Präsident Marilyn fallenlassen wollte. »Er versuchte, sie zu warnen«, meinte Hazel Washington. »Aber Marilyn wollte nicht zuhören.«

Am 25. Mai versuchte Marilyn, den Präsidenten über seinen privaten Telefonanschluß zu erreichen, mußte aber feststellen, daß die Leitung tot war. Als sie es über die Vermittlung im Weißen Haus versuchte, weigerten sich die Telefonisten, ihren Anruf durchzustellen. »Sie war wütend, als die Leitung unterbrochen wurde«, sagte Slatzer. »Es war ein furchtbarer Schock.«

Am Samstag, eine Woche nach der Gala, erhielt Marilyn mehrere Ferngespräche von einer Person, die den Kennedys nahestand – vermutlich von einem Mitarbeiter des Wahlkampfteams Kennedys. Eunice Murray erinnerte sich an einen solchen Anruf, Robert Slatzer ebenfalls. »Die Sache wurde für den Präsidenten politisch zu heiß«, sagte die Schauspielerin Terry Moore, eine der engsten Freundinnen Marilyns. Moore erfuhr von Marilyn, daß Justizminister Robert Kennedy beauftragt worden sei, die Affäre zu beenden.

»Der Präsident begriff zunächst nicht, wie gefährlich seine Beziehung zur Monroe für ihn werden konnte«, meinte der Monroe-Biograph Anthony Summers. »Als sie anfing, über ihre Verbindungen zum Weißen Haus und über die Geheimnisse zu plaudern, die sie erfahren hatte, begriff die Familie Kennedy allmählich, welche Konsequenzen das haben konnte.«

Führende Demokraten hatten bereits kurz vor der Geburtstagsparty ihren Unmut über John F. Kennedys Beziehung zu Marilyn Monroe bekundet. Richard Adler erinnerte sich, daß einige wichtige Leute aus der Parteiführung (an die Namen konnte er sich nicht erinnern) ihn am Tag vor der Gala angerufen und gebeten hätten, die Schauspielerin aus dem Programm zu nehmen. Sechs Kongreßmitglieder und drei Senatoren, allesamt Demokraten, schickten Telegramme und protestierten gegen das Geburtstagsständchen. Zu diesem Zeitpunkt redete bereits ganz Washington über die Affäre des Präsidenten mit dem Filmstar.

Der frühere CBS-Produzent Ted Landreth, der auch als Produzent und Regisseur für den BBC-Dokumentarfilm *Marilyn Monroe: Say Goodbye to the President* (1985) verantwortlich zeichnete, erinnerte sich, daß er mehr als genug Beweise dafür gefunden habe, daß »hochrangige Politiker von der Affäre wußten. Und die Washingtoner Presse war ebenfalls im Bilde.« Außerdem stieß er auf Beweise, die belegten, daß der Präsident die Beziehung ganz plötzlich beendet hatte.

Und Lawford erzählte zwei seiner früheren Ehefrauen, daß Robert Kennedy den Auftrag erhalten habe, Marilyn die Nachricht zu überbringen. Sowohl Patricia Seaton Lawford als auch Deborah Gould

Lawford bestätigten mehrfach, daß Bobby kurze Zeit nach der Gala die Order erhielt, die Affäre zu beenden.

Sam Yorty, der frühere Bürgermeister von Los Angeles und führender Republikaner während der Kennedy-Ära, sagte, daß Marilyn Monroe das Image der Familie Kennedy gefährdet habe. »Sie wollten absolut sauber erscheinen. Sie hatten zwar eine Menge Affären, aber nichts davon sollte an die Öffentlichkeit gelangen.«

Ungefähr zur selben Zeit entdeckte Marilyn, daß ihr Auftritt bei der Geburtstagsgala des Präsidenten von der Fox gar nicht genehmigt worden war, wie Robert Kennedy und Peter Lawford sie glauben gemacht hatten. Und nun, am Beginn der dritten Drehwoche, kursierte im Studio das Gerücht, daß ihre Kündigung schon bereitliege.

Unter diesen Umständen kann es nicht überraschen, daß sie psychisch schwer mitgenommen war. Ihr Auftritt bei der Gala drohte ihre Karriere zu zerstören. Und zum Lohn dafür wurde sie von der Präsidentenfamilie verstoßen.

Ralph Greenson hatte Marilyn bei seiner Abreise nach Europa vor den Absichten des Präsidenten gewarnt. Bei einer Sitzung im März hatte er angedeutet, daß der Präsident sie auch nur ausnutzen wolle – wie die vielen Hollywood-Schufte, die sie im Lauf der Jahre flachgelegt und dann verlassen hätten.

Marilyn Monroe erzählte Slatzer, daß sie »Ende Mai« den Befehl erhalten habe, sich vom Präsidenten fernzuhalten. Und Terry Moore gegenüber erwähnte sie, daß John F. Kennedy die Nummer seines Privatanschlusses im Oval Office habe ändern lassen. »Sie war sehr stolz darauf gewesen, daß sie die Nummer kannte«, erzählte Moore der ABC-Produzentin Sylvia Chase. »Als die Nummer geändert wurde, war sie am Boden zerstört.«

Nach den deprimierenden Nachrichten aus dem Weißen Haus schloß sich Marilyn in ihrem Schlafzimmer ein und ließ keinen Menschen zu sich. Sie verbrachte das ganze Wochenende mit Champagner und Barbituraten. Doch am Montag morgen erschien sie wieder und ließ sich zum Studio fahren.

»Sie konnte kaum aufstehen«, sagte Hazel Washington, »aber sie bestand darauf zu arbeiten.«

Die Gerüchte über Marilyns Probleme mit den Kennedys drangen nicht bis zu dem Kreis um Cukor vor. »Wir wußten nur, daß sie am Ende war und Hilfe brauchte«, erklärte Tryon.

Der Regisseur drehte zehn weitere Versionen von Monroes Heimkehr. Beim letzten Take blickte er durch das Kameraobjektiv. Dann raunte er dem Kameramann Billy Daniels zu: »Gib mir die beiden Filmrollen. Wir werden einfach so tun, als hätten sie nie existiert.«

Dann folgte Cukors ritterlichste Tat während der gesamten Dreharbeiten. Er weigerte sich, die mißlungenen Szenen entwickeln zu lassen, die am Morgen des 28. Mai gedreht worden waren. Alle Spuren der Traumszenen, mit Ausnahme von ein paar Takes, auf denen Tryons Beine zu sehen sind, wurden vernichtet. Die Takes wurden nicht einmal schriftlich festgehalten.

»Ich erinnere mich, daß Cukor über solche Szenen sprach«, sagte Weinstein. »Er war deswegen ziemlich beunruhigt. Und ich erinnere mich auch, daß er sagte, Marilyn spiele, als sei sie unter Wasser.« Trotz der Tragödie und der Wut, die Marilyn Monroe an ihrem »verlorenen Wochenende« durchlebte, rappelte sie sich noch einmal auf und meldete sich am Dienstag nachmittag wieder zur Arbeit.

Teil 3

Juni

17

Die Party ist zu Ende

Am Morgen des 1. Juni stand Marilyn Monroe vor der Spiegelwand ihres Ankleidezimmers und betrachtete mit kaltem, prüfendem Blick ihren nackten Körper von den Fußknöcheln bis zum Haaransatz. Durch die schiefergrauen Wolken fiel ein barmherziges, diffuses Licht in den Raum, als werde es von hauchdünner Seide gefiltert.

Während sie sich von einer Seite zur andern drehte und wie ein Mannequin herumwirbelte, hörte Eunice Murray, wie sie frustriert seufzte. »Ich fand, daß sie bei den Dreharbeiten zu *Something's Got to Give* blendend aussah – so gut, wie seit vielen Jahren nicht«, sagte Whitey Snyder, der Mann, der Marilyn stets aus nächster Nähe und ungeschminkt betrachten konnte. »Aber irgend etwas fand sie immer, und wenn es nur winzige Fältchen unter den Augen waren.«

Marilyn Monroe wirkte ungewöhnlich angespannt, während die sichtbaren Zeichen ihrer Reife nacheinander unter den Ölen und Pudern verschwanden, die von Max Factor eigens für sie gemischt wurden.

Der 1. Juni 1962 war für die abergläubische Marilyn ein besonderer Tag, auch wenn sie es nicht offen zugab. Um Mitternacht war sie 36 Jahre alt geworden – seit jeher ein magisches Alter für die Glamourgirls in Hollywood. Clara Bow, das feurige Sexsymbol der goldenen zwanziger Jahre, drehte mit 36 ihren letzten Film und geriet danach in eine tiefe seelische Krise. Die glamouröse Joan Crawford wurde zwei Monate nach ihrem 36. Geburtstag von den amerikanischen Kinobesitzern zum »Schrecken der Kinokassen« erklärt; allerdings gelang ihr später ein großes Comeback.

Selbst die unsterbliche Greta Garbo, die den Niedergang des Stummfilms und den Tod ihres Mentors Irving Thalberg überstanden hatte, begann an ihrem 36. Geburtstag mit den Dreharbeiten zu ihrem einzigen Flop *Die Frau mit den zwei Gesichtern*. Nach diesem Film beendete sie ihre Karriere als Filmstar.

Marilyn Monroe fürchtete, daß sie bereits in diesen Strudel geraten war. Sie glaubte den Sog zu spüren, der die Sexsymbole vor ihr hinabgezogen hatte. Norma Talmadge und Gloria Swanson waren sogar schon mit 30 am Ende (obwohl Swanson mit 50 ein Comeback gelang).

In den Tagen nach der Nacktbadeszene fürchtete Marilyn, daß ihre Fans vor allem an ihrem Sex-Appeal und an ihrem Körper interessiert waren. Die Zurückweisung durch John F. Kennedy bestärkte sie in diesem Gefühl.

»Sie war so verzweifelt wie ein Maler, der feststellen muß, daß er erblindet, oder wie ein Pianist, dessen Hände arthritisch werden«, sagte die Dramatikerin und Diplomatin Clare Boothe Luce, die das Studio Ende Mai besuchte. »Was immer Marilyn sich vom Leben erhofft – und nicht gefunden – haben mag, so fürchtete sie sich doch vor allem davor, die glühende Verehrung des Publikums zu verlieren. Sicherlich war ihr klar, daß die breite Masse sie um ihrer Sexualität willen verehrte und daß es damit bald vorbei war.«

Auch Jane Fonda war in Gefahr, ein nichtssagendes Sexsymbol zu werden. Bei einer Party in Hollywood hatte sie Marilyn ein paar Monate zuvor erklärt, sie freue sich auf die Zeit, »wenn die oberflächliche Schönheit verblaßt ist und wenn ich endlich Charakterrollen spielen kann und nur noch mein schauspielerisches Können zählt.«

Marilyn hatte Fonda furchtsam angeblickt und gesagt: »O nein, ich kann mir nicht vorstellen, so zu überleben. Ich glaube nicht, daß ich das könnte.«

Die in Hollywood vorherrschende Meinung verstärkte ihre tiefe Unsicherheit. So schien der Regisseur Billy Wilder, der bei ihren beiden erfolgreichsten Filmen, *Das verflixte 7. Jahr* und *Manche mögen's heiß,* Regie geführt hatte, für die Machtstrukturen in der Glitzerstadt zu sprechen, als er kurz nach Beginn der Dreharbeiten zu *Something's Got to Give* erklärt hatte: »Die Frage ist, ob Marilyn überhaupt eine Person ist oder vielmehr eines der großartigsten DuPont-Produkte, das je erfunden wurde. Sie hat Brüste wie aus Granit und ein Hirn wie aus Schweizer Käse – voller Löcher.«

Marilyn Monroe beendete die Träumerei vor dem Spiegel und schlüpfte in das Kostüm aus Nerz und Wolle, das Jean Louis für die Schlußszenen des Films entworfen hatte – Szenen mit witzigen Dialogen und neckischem Geplänkel, in denen sie mit Dean Martin und mit Wally Cox agierte.

Als sie aus der Dunkelheit in die mittlerweile vertraute Nachbildung von George Cukors Garten trat, konnte sie nicht ahnen, daß ein kurzer Toast bei einem Glas Champagner und die Wut eines frustrierten Regisseurs ausreichen würden, damit für *Something's Got to Give* endgültig der Vorhang fiel.

Zwischen dem 21. Mai und dem 1. Juni hatte Marilyn mit Ausnahme des qualvollen 25. Mai neun Tage lang gearbeitet und zehn wichtige Szenen des Films gedreht. Nicht einmal Cukors schleppendes Arbeitstempo konnte den Fortschritt des Films aufhalten.

Sie hatte sich von der Zurückweisung durch die Kennedys erstaunlicherweise wieder erholt und war anscheinend mit Begeisterung in das Studio zurückgekehrt. Die Arbeit an dem Film kam gut voran – bis sie Cukor zum Stillstand brachte, doch diesmal für immer.

Am Freitag nachmittag stand Cukor in einer kurzen Pause von seinem Stuhl auf und starrte wütend auf Marilyns Presseagentin Pat Newcomb, die gerade zwei Sektgläser und eine Flasche Dom Pérignon durch die Kulissen trug.

Cukor rief einen Regieassistenten herbei und befahl: »Sorgen Sie dafür, daß der Champagner verschwindet. Ich will nicht, daß hier auch nur ein einziger Schluck getrunken wird. Miss Newcomb sollte sich wie eine Presseagentin benehmen, nicht wie eine Sozialarbeiterin.«

»Er regte sich wegen ein paar Schluck Champagner auf«, sagte das Double Evelyn Moriarity. »Und er war wütend, daß später eine Geburtstagsparty geplant war.«

In den Klatschkolumnen war Marilyn Monroes 36. Geburtstag angekündigt worden, und so hatten einige Mitglieder des Filmteams beschlossen, zur Auflockerung der Stimmung im Studio eine Überraschungsparty zu organisieren. Doch Cukor schien fest entschlossen, jeden Versuch einer Feier zu unterbinden. Als man ihn bat, bei der Vorbereitung der Party zu helfen, sagte er nur: »Nicht hier. Und nicht heute.«

»Wir mußten den ganzen Tag nutzen«, sagte Gene Allen. »Es war nicht persönlich gemeint.«

Als Evelyn Moriarity begriff, daß es keine offizielle Geburtstagsfeier geben würde, schlich sie hinter Cukors Rücken herum, ließ eine riesige Geburtstagskarte zum Unterschreiben herumgehen und sammelte Geld für eine Torte.

Die Arbeitsdisziplin erlahmte, als die Glückwünsche einiger Größen des »neuen Hollywood« eintrafen – junger Künstler, für die ein Mann wie Cukor hoffnungslos altmodisch war. Marlon Brando, Robert Wagner und Jack Lemmon schickten riesige Blumensträuße, Peter Lawford und Pat Kennedy Lawford eine Kiste Champagner, MCA-Agent Lew Wasserman und Frank Sinatra Geschenkkörbe. Von Schauspielerkollegen erhielt sie einen ganzen Postsack mit Glückwunschtelegrammen.

Als Pat Newcomb mitsamt ihrer Flasche Champagner aus den Kulissen geführt wurde, warf Marilyn dem Regisseur wütende und verächtliche Blicke zu.

Aber Cukor war nicht der einzige, der gegen eine Geburtstagsfeier war. Auch die gesamte Führungsriege der Fox wollte nichts damit zu tun haben. Natürlich gab es dafür einen triftigen Grund. Da sie bereits alle Vorkehrungen für Marilyns Entlassung getroffen hatten, hielten sie es nicht für ratsam, vor einem Heer von Fotografen mit ihr zusammen die Geburtstagstorte zu essen.

Für Marilyn, die ein feines Gespür für jede Art von Zurückweisung hatte, war dieses Verhalten ein deutliches Signal, daß etwas nicht stimmte.

Die Geburtstage von Superstars sind normalerweise herausragende Ereignisse. Riesige Torten werden aufgefahren, schwer beladene Buffetwagen in die Kulissen gerollt, und lächelnde Manager bemühen sich aus ihren Büros herbei und überreichen prachtvolle Geschenke.

Im Laufe der Jahre hatte die Twentieth Century-Fox diese Tradition zu einer wahren Kunst entwickelt. Shirley Temple erhielt einmal ein lebensgroßes Lebkuchenhaus, und Betty Grables berühmte Pin-up-Pose wurde in Zuckerguß auf einer Torte dargestellt, die 1,50 Meter hoch war. Die Eisläuferin Sonja Henie fand ein Diamantarmband in einer Skulptur aus Eis.

Im Jahre 1962 hatte die Twentieth Century-Fox in Rom bereits Elizabeth Taylors 30. Geburtstag gefeiert. Diese Feier bot einen interessanten Kontrast zu den heimlichen Aktivitäten hinter den Kulissen von *Something's Got to Give*.

Regisseur Mankiewicz in Rom ließ die Arbeiten um 15 Uhr stoppen. Im selben Moment wurde auf einer Sänfte eine gewaltige Torte in ägyptischen Farben hereingetragen. Der Produzent Walter Wanger schenkte Liz Taylor einen goldenen Anhänger, das Filmteam eine Kiste Wein und die Fox eine goldene Puderdose im Wert von 2 600 Dollar. Mankiewicz, Wanger und die meisten Mitarbeiter nahmen später am Abend an einem Empfang im Borgia-Saal der Osterria del Orso teil. In der Mitte des Saales stand ein Tisch voller Orchideen, den Spyros Skouras hatte arrangieren lassen.

Aus den Fox-Akten geht hervor, daß die Filmgesellschaft bei zwei Geburtstagsparties für Liz Taylor fast 5 000 Dollar ausgab – die erste hatte 1961 in London stattgefunden, bei den Dreharbeiten zu Rouben Mamoulians abgebrochener Version von *Cleopatra*.

Marilyn Monroes Party fiel weit bescheidener aus: eine flache Geburtstagstorte im Wert von 5 Dollar, Champagner, den Dean Martin beschafft hatte, und eine große Kanne Kaffee aus der Snackbar der Fox, das war alles. Die Rechnung für den Kaffee wurde später übrigens an Marilyns Adresse geschickt.

»Als ich das Geld für die Torte fast zusammen hatte«, erinnerte sich Moriarity, »sagte Henry Weinstein, daß er die Torte bezahlen wolle. Also gab ich den Leuten ihr Geld wieder zurück.«

Die Torte sollte an Marilyns Nacktbadeszene erinnern. In der Mitte stand eine kleine Puppe mit platinblondem Haar und Bikini.

»Am Morgen des 1. Juni kletterte ich noch immer auf den Arbeitsbrücken herum und sammelte Unterschriften«, erinnerte sich Moriarity. »Ich überredete einen der Künstler des Studios, eine Karikatur von Marilyn im Bikini zu zeichnen. Auf der Karte stand: ›Happy Birthday Badeanzug‹.«

Moriarity stahl sich vor der Mittagspause weg, um die Geburtstagstorte bei dem berühmten Farmers' Market in Los Angeles abzuholen. Als sie jedoch die Torte in das Studio tragen wollte, wurde sie von zwei Regieassistenten aufgehalten.

»Verstecken Sie die Torte«, sagte der eine. »Cukor besteht darauf, daß die Dame heute einen vollen Arbeitstag absolviert. Haben Sie verstanden? Sie werden die Torte nicht vor 18 Uhr hineintragen.«

»Marilyn spürte, daß die Stimmung angespannt war«, sagte Joan Greenson. »Sie erzählte mir, daß sie die Feier immer wieder hinauszögerten. Als sie versuchte, ein paar Geschenke mit den Teammitgliedern zu teilen, sagte jemand: ›Wir wollen, daß Sie heute *arbeiten!*‹«

Greenson meinte, daß »sie Marilyn selbst an ihrem Geburtstag wie ein ungezogenes Kind behandelten. Sie bildeten sich ein, sie müsse so behandelt werden, als sei sie unartig. Als wollten sie sagen: ›Wir werden so gemein wie möglich sein.‹«

Marilyn Monroe, Dean Martin und Wally Cox drehten die schwierigste und komplizierteste Szene des Films zu Ende; die schäbige Feier mußte warten. Am Tag zuvor hatten Marilyn und Cox eine Sequenz im Schuhladen gedreht, die so gelungen war, daß sie sofort geschnitten und in das New Yorker Büro geschickt wurde.

»In diesen letzten Szenen war sie wunderbar«, erinnerte sich der Cutter David Bretherton. »Sie war besser als je zuvor, oder ihr Timing war besser. Ich schnitt die gesamte Szene, in der Marilyn den schüchternen Wally Cox umwirbt, und schon damals dachte ich mir: ›Das ist die brillanteste Szene, die sie jemals gespielt hat.‹«

Die Szene, die am 1. Juni gedreht wurde, war komplizierter. In einem wahren Feuerwerk von Pointen versucht Marilyn, Cox als den Mann auszugeben, mit dem sie fünf Jahre auf einer Insel gelebt hat. Sie weiß nicht, daß Dean Martin ihrem wirklichen Inselgefährten, dargestellt von dem athletischen Thomas Tryon, bereits begegnet ist.

Die Dreharbeiten begannen um 9.37 Uhr. Marilyn mußte oben auf einer hohen Treppe Aufstellung nehmen, ein finster dreinblickender Cukor stand unten im Dunkeln. Sechs blendend weiße Scheinwerfer waren auf ihr Gesicht gerichtet. Sie tanzte 22 Treppenstufen herab und beugte sich über das schmiedeeiserne Geländer.

»Nick, Darling!« flüsterte sie – diesmal völlig fehlerfrei.

Nachdem sie Dean Martins Aufmerksamkeit erregt hat, zieht sie den widerstrebenden Wally Cox die Treppe herab. Cox tritt langsam ins Licht – das Ebenbild eines Trottels. Seine herabhängenden Schultern verlieren sich in einem schlechtsitzenden Anzug, und seine Augen starren durch zwei Brillengläser, die an den Boden von Cola-Flaschen erinnern.

Diese Sequenz war eine der längsten und kompliziertesten in Marilyns Karriere. Sechs Totale, sechs Halbtotale und sechs extreme Nahaufnahmen waren notwendig – und dazu die Sprüche, die von Nunnally Johnsons Skript noch übriggeblieben waren.

An einem bestimmten Punkt der Szene versuchen Marilyn und Wally Cox, die einsame Insel zu beschreiben, die Cox nie gesehen hat. Sie feuerten eine ganze Salve witziger und schlagfertiger Antworten ab, die an die Filme Jean Harlows aus den dreißiger Jahren erinnerten. Auf dem Filmmaterial im Fox-Archiv ist zu sehen, wie alle drei Schauspieler wiederholt in Gelächter ausbrechen und sich einmal sogar in die Arme fallen.

Einmal zoomt die Kamera direkt auf Marilyns makellosen Hintern. Martin formt seine rechte Hand spielerisch wie einen Revolver und zielt mit dem Zeigefinger auf ihre Kurven: »Hab' ich das nicht schon mal irgendwo gesehen?«

Es war geradezu absurd, daß Cukor gerade diese letzten, spritzigen Szenen für »unbrauchbar« erklärte. »Marilyn spielte, als sei sie unter Wasser«, sagte er. »Die Szenen wirken irgendwie daneben, einschläfernd.«

Vierzehn Versionen dieser Szene befinden sich noch in den Filmarchiven der Fox – bis auf eine sind alle perfekt gelungen. Und bei dieser einen stolpert Wally Cox über seinen Text, so daß sich Marilyn und Martin vor Lachen kaum noch halten können.

Die Sequenz erforderte auch eine Serie von Nahaufnahmen, die erst um 18.05 Uhr abgeschlossen wurden.

Zu diesem Zeitpunkt war Marilyn überzeugt, daß keine Party mehr stattfinden würde. Sie mußte aus ihrer Garderobe geholt werden, um an der schlichten Feier teilzunehmen. Sie trug eine seidene Bluse und Hosen, und auf ihrem Kopf saß immer noch das Nerzbarett. Lawrence Schiller hielt sie mit seiner Kamera für alle Zeiten fest.

In den dunklen Ecken des Studios hatte Evelyn Moriarity auf einigen Tischen, die von der Requisite herbeigeschafft worden waren, einen Geburtstagsimbiß vorbereitet. Die Torte mit der frechen kleinen Bikinipuppe stand in der Mitte, daneben die Glückwunschkarte, die vom gesamten Team unterschrieben worden war. Nur eine wichtige Unterschrift fehlte: die des zunehmend verärgerten Regisseurs. »Das gesamte Team stand hinter ihr«, sagte Paul Worzl, der die Spezialeffekte für die Fox zauberte. »Wir wußten, was die Uhr geschlagen hatte.«

Cukors Bockigkeit war offenkundig – er hatte Marilyn schon bei den Dreharbeiten zu *Machen wir's in Liebe* eine Geburtstagsfeier verweigert. Dennoch versammelten sich die Skriptgirls und Elektriker, die Requisiteure und Zimmerleute um den Tisch, und jeder hatte eine Wunderkerze in der Hand.

Marilyn Monroe und Weinstein gingen Arm in Arm durch die Dunkelheit auf den Tisch zu und kicherten, als alle Wunderkerzen auf einmal angezündet wurden. Schiller fotografierte sie, wie sie gebannt in die sprühenden Funken blickte – ein bittersüßes Tableau ihres letzten Geburtstages.

Marilyns Fröhlichkeit wirkte, der Situation entsprechend, gekünstelt, als sie Cukor artig ein Stück Torte in den Mund schob.

Als Joan Greenson später die Fotos bewunderte, sagte Marilyn: »Aber sieh doch nur, wie gezwungen das alles wirkt. Sieh dir die Augen an. Die Augen sind tot.«

»Bei der Feier machten sich alle was vor«, sagte Weinstein. »Im Grunde herrschte eine Grabesstimmung, ich weiß auch nicht, warum. Vielleicht lag es daran, daß wir alle schon so viel mitgemacht hatten.«

Ohne Cukor zog die Partygesellschaft in die angenehmere Umgebung von Dean Martins Garderobe um. Dort ließ sich die Schauspielerin in Wally Cox' Schoß fallen.

»Sechsunddreißig?« fragte Cox. »Fühlst du dich wie sechsunddreißig?«

Sie legte ihren Kopf auf seine Schulter. »Ich fühle mich wie sechsunddreißig und noch ein bißchen mehr«, sagte sie. »Und mit jedem Tag bei diesen Dreharbeiten fühle ich mich älter.«

»Das ist noch gar nichts, Honey«, sagte Martin und schwang einen der Golfschläger, die er immer zur Hand hatte. »Warte nur, bis du vierzig wirst. Dann wird's erst hart.« (Martin war damals fünfundvierzig.)

Marlon Brando überraschte Marilyn mit einem Anruf über Martins Privatanschluß und wünschte ihr alles Gute zum Geburtstag. Brando war auch mit Cox befreundet. Später feierten die drei den Geburtstag etwas festlicher in Brandos Villa in Bel Air.

Während sich Martin und Cox unterhielten, ging Marilyn zur Couch und flüsterte Henry Weinstein zu: »Honey, kann ich das Kostüm von Jean Louis ausleihen? Ich muß heute abend im Dodger Stadium auftreten. Nur das Kostüm ist dafür warm genug.«

Weinstein war verblüfft. »Marilyn, das können Sie doch nicht machen! Die kalte Nachtluft wird Sie umbringen!« Zwei Tage zuvor hatte sich eine Kaltluftfront vom Staat Washington nach Süden vorgeschoben und das südliche Kalifornien mit einer dichten Wolkendecke überzogen. Die Nächte waren kalt und windig. »Ich wußte: Wenn sie bei dem Wetter hinausgeht, wird sie krank«, erinnerte sich Weinstein. »Ich wußte aber auch, daß ich sie nicht aufhalten konnte.«

Der Produzent wandte sich an Lee Siegel. »Können Sie sie nicht davon abbringen? Ich habe Angst, daß sie einen Rückfall bekommt, und dann gehen hier die Lichter aus. Dann war die ganze Arbeit umsonst.«

Siegel war derselben Meinung. Aus den Tests, die im Krankenhaus Cedars of Lebanon durchgeführt worden waren, war ersichtlich, daß Marilyns Nebenhöhleninfektion noch immer nicht vollständig auskuriert war und jederzeit wieder akut werden konnte. Auch er warnte Marilyn: »Honey, ich würde heute abend nicht ausgehen. Sie sind noch nicht über den Berg. Als sie den Dodgers zusagten, konnten Sie ja nicht wissen, daß wir so schlechtes Wetter bekommen würden.«

Marilyn schüttelte den Kopf. »Ich muß hin. Die Leute von der Muscular Dystrophy Association haben Tausende von Eintrittskarten verkauft. Außerdem habe ich Dean Martins Sohn versprochen, ihn mitzunehmen.«

Weinstein schüttelte nur noch den Kopf.

Als Marilyn von Rudy Kautsky und Wally Cox zur Limousine gebracht wurde, senkte sich ein leichter Nebel herab. Die Temperatur näherte sich 10 Grad. »Ein trüber Juni beginnt«, lautete die Überschrift einer Abendzeitung, und der Bericht begann mit »Brrr«.

Schiller hielt Marilyns Abgang in einer Serie von Aufnahmen fest, bis die Limousine durch das Tor in den Pico Boulevard einbog. Auf einem Foto starrt Marilyn Monroe gedankenverloren vor sich hin und hält Cox' Hand.

An jenem Abend verbrachte Marilyn eine Stunde auf dem Spielfeld im Dodger Stadion. Sie ignorierte den leichten Nebel, posierte für die Fernsehkameras und eröffnete das Spiel. In den Fernsehberichten über die Wohltätigkeitsveranstaltung wirkt sie besonders rührend, als sie sich mit mehreren Kindern in Rollstühlen unterhält.

Einmal riß ihr der Wind das Nerzbarett vom Kopf. Das letzte Foto, das von Marilyn Monroe in der Öffentlichkeit aufgenommen wurde, zeigt, wie sie mit einer Hand das Barett festhält und mit der anderen in die Menge winkt.

Später, als sie nach Hause fuhr, setzten Kopfschmerzen ein. Die Nebenhöhlenentzündung war wieder da.

18

Ihr Kopf muß rollen

Peter Levathes traf am Nachmittag des 1. Juni in Rom ein. Er hatte Anweisung, Elizabeth Taylor zu entlassen.
Entsetzt über die größten Kursverluste der Fox-Aktien seit der großen Depression, hatte der Vorstand der Filmgesellschaft Levathes ermächtigt, Liz Taylor davon in Kenntnis zu setzen, daß der 8. Juni ihr letzter Tag sei und daß die Dreharbeiten zu *Cleopatra* am 30. Juni beendet werden sollten.

Da man damit rechnete, daß Liz Taylor und Mankiewicz gegen diese Entscheidungen klagen würden, wurde Levathes von zwei Mitgliedern der Geschäftsleitung begleitet: Joseph Moskowitz, dem Feuerwehrmann der Fox, und Otto Koegel, Rechtsanwalt und New Yorker Pendant zu Frank Ferguson.

Die drei Männer stiegen kurz vor der Mittagspause aus dem Rolls-Royce. Sie gingen die Nachbildung einer römischen Militärstraße entlang. Unterwegs begegneten ihnen Hunderte von Statisten in ägyptischen Kostümen und römische Zenturien in vergoldeten Rüstungen und hochragenden Helmen.

Sie trafen Elizabeth Taylor auf der sonnenüberfluteten Terrasse der Studiokantine auf dem Gelände der Cinecittà. Die Schauspielerin trug ein türkisfarbenes Kleid aus Seidenchiffon und eine kleine goldene Krone in der Form einer zusammengerollten Kobra. Für die Gäste standen Hummersalat, frische Brötchen und Champagner bereit. Teerosen zierten die Tische. Alle Stars waren anwesend, darunter Burton, Rex Harrison, Cesare Danova und Hume Cronym.

Das Gerücht von der bevorstehenden Entlassung Liz Taylors hatte das Studio am 28. Mai erreicht. Der Mittagsimbiß in Gesellschaft der Superstars war das erste einer Reihe von Ablenkungsmanövern, die Elizabeth Taylor und Walter Wanger für die Besucher aus der Zentrale inszenierten – »die Großen Drei«, wie sie Taylor nannte.

Jack Brodsky, einer der Werbeagenten des Films in New York, hatte seinem Kollegen Nathan Weiss in Rom geschrieben: »Die stehen hier auf dem Standpunkt: ›Laßt uns *Cleopatra* abbrechen, bevor sie uns fertigmachen‹ – und dieser Wahnsinn ist jetzt auf dem Höhepunkt.«

Am 28. Mai spielte Liz Taylor Kleopatras Selbstmord, indem sie sich eine Gummikobra an die Brust hielt. Weiss telegrafierte nach New York: »Wir haben es geschafft. Sie ist tot!«

In der Zentrale brach Jubel aus. Milton Gould und der Vorsitzende des Verwaltungsrats Samuel Rosenman gingen davon aus, daß einer Entlassung Liz Taylors nun nichts mehr im Wege stand – denn das Ende des Films war ja gedreht.

Der Verwaltungsrat hatte endlich genug von Taylors 10 000 Dollar Tagesgage, ihrer rosafarbenen Villa und ihrer Affäre mit Richard Burton.

In der Hoffnung, einen unerquicklichen Streit mit den Aktionären zu vermeiden, beraumte der Vorstand für den 8. Juni eine Pressekonferenz an. Bei dieser Gelegenheit wollte man der Welt, vor allem aber den Aktionären mitteilen, daß Liz Taylor endlich von der Gehaltsliste gestrichen sei. Doch die »Großen Drei« hatten auch noch einen geheimen Auftrag. Sie wollten Elizabeth Taylor aus Rom und von Burton wegholen.

Fox-Präsident Spyros Skouras, jener Mann, der die Neuverfilmung des Streifens von Theda Bara aus dem Jahr 1917 initiiert hatte, hatte einen geheimen Bericht erstellen lassen, der zahlreiche Fakten und Zahlen enthielt. Diesen Bericht brachten die drei Männer mit nach Rom. »Wir zogen ernsthaft in Erwägung, die moralischen Klauseln in Taylors Vertrag anzuwenden«, sagte Levathes. Gemeint war eine Klausel, die es ermöglichte, Taylor oder auch Burton wegen unmoralischen Verhaltens zu entlassen. »Zu diesem Zeitpunkt hatte uns Taylor genügend Gründe geliefert, diese Klauseln anzuwenden.«

Daran hatte Skouras gedacht, als er mehrere Jungmanager – die namentlich nicht bekannt sind – bat, die Verfehlungen der *Cleopatra*-Stars aufzulisten. Die Originalberichte sind in den Archiven der Fox zwar nicht mehr vorhanden, doch faßte Skouras die Ergebnisse in seinen Briefen an Darryl Zanuck, in Telegrammen an Walter Wanger und in seinen Aktennotizen für Levathes zusammen.

Aus Skouras' Briefen geht hervor, daß die Affäre zwischen Taylor und Burton offensichtlich leidenschaftlicher und gefährlicher war, als die Klatschkolumnisten ahnten. Skouras berichtet von zwei Selbstmordversuchen Liz Taylors, von einem Streit zwischen den beiden Schauspielern, bei dem Burton seine Geliebte so mißhandelte, daß sie arbeitsunfähig war, und von Taylors diktatorischem Auftreten bei den Dreharbeiten, dem sich manchmal selbst Wanger und Mankiewicz beugen mußten.

Skouras dokumentierte auch das wiederholte Zuspätkommen und Fernbleiben Elizabeth Taylors. Danach erschien Liz Taylor an 99 der 101 Drehtage in Rom erheblich zu spät oder gar nicht; an 22 Tagen fehlte sie, weil Burton sie grün und blau geschlagen hatte. Jedenfalls übertrafen ihre Fehlzeiten bei weitem die Fehlzeiten Marilyn Monroes. Der Bericht existiert heute noch in den Skouras-Archiven. Er ist mit Bleistift geschrieben, und wichtige Stellen sind mit roter Tinte unterstrichen.

Die vielleicht interessanteste Enthüllung in Skouras' Papieren betrifft die Affäre zwischen »Liz und Dick«, von der Skouras annahm, daß sie das Studio Millionen kosten würde. Der geheime Bericht belegt, mit welchem Geschick die beiden Presseagenten Jack Brodsky und Nathan Weiss die häßlichsten Episoden vertuschten.

Der Streit zwischen dem Liebespaar vom 24. April ist ein besonders gutes Beispiel. Weiss überzeugte die Presse und die Paparazzi davon, daß Taylor und Burton in einen kleineren Verkehrsunfall verwickelt gewesen seien. Die New Yorker Zeitungen berichteten, Burtons Wagen sei über eine Bordsteinkante gerollt und dabei habe sich »Elizabeth Taylor leicht verletzt«.

»In Wahrheit hat sie Burton windelweich geprügelt«, schrieb Skouras im Herbst 1962 an Zanuck. »Sie hatte zwei blaue Augen, und ihre Nase war deformiert. Es dauerte 22 Tage, bis sie wieder filmen konnte.«

Eddie Fisher, der von Taylor verlassene Ehemann, beklagte sich später: »Das war nicht das einzige Mal, daß er sie verprügelt hat. Warum hat er das getan? Weil er eben so eine Art von Mann ist.«

Die beiden Selbstmordversuche Liz Taylors waren schwerwiegender. Keine Versicherungsgesellschaft hatte angesichts ihrer schwachen Gesundheit das Versicherungsrisiko übernehmen wollen. Wäre sie gestorben, so hätte die Fox ihre Investitionen in Höhe von 42 Millionen Dollar in den Wind schreiben können.

Brodsky und Weiss bezeichneten diese Vorfälle vor der Presse als »Unpäßlichkeiten« und hatten damit auch Erfolg, doch die römischen Reporter bezweifelten diese Version von Anfang an. Nach dem ersten Selbstmordversuch im März reagierte *Il Tempo* mit Spott, als die Fox behauptete, eine Lebensmittelvergiftung habe ihren Star außer Gefecht gesetzt. Das Blatt berichtete, daß die Polizei in die Villa eingedrungen sei, »da Verdacht auf Selbstmord bestand«. Darauf stieg Wanger in den Ring und erklärte, daß auch er an einer Lebensmittelvergiftung erkrankt sei. »Das Rindfleisch, das wir zu Mittag hatten, muß schlecht gewesen sein«, sagte er.

»Ich erinnere mich an diesen Vorfall«, sagte Lee Hanna, Produktionsassistentin bei den Dreharbeiten zu *Something's Got to Give.* »In Hollywood ging das Gerücht um, daß Elizabeth in Rom gestorben sei. Eine Zeitlang hatten alle Angst.«

Anfang April unternahm Liz Taylor anscheinend einen zweiten Selbstmordversuch, nachdem Burton gedroht hatte, zu seiner Frau zurückzukehren. Skouras' Berichten zufolge nahm sie eine Überdosis von Schlafmitteln – wahrscheinlich Nembutal und Seconal. In Burtons Tagebuch, das 1988 veröffentlicht wurde, schreibt der Schauspieler, Liz Taylor habe zu ihm gesagt: »Ich liebe dich so sehr, daß ich bereit bin, für dich zu sterben.«

»Nur zu!« will er geantwortet haben.

Dieser zweite Versuch war vermutlich halbherzig. Tom Mankiewicz sagte später, die Schauspielerin habe sieben Pillen geschluckt – wenig mehr als ihre normale Dosis Nembutal.*

Die beiden Selbstmordversuche, von denen einer vermutlich fast zum Tode geführt hätte, beunruhigten die Fox-Manager weniger als der Skandal selbst. »Das schlimmste Problem, das wir mit *Cleopatra* hatten, war die Liebesaffäre zwischen Taylor und Burton«, schrieb Skouras an Zanuck. »Die katastrophale Publicity und die Tracht Prügel, die Burton ihr in San Stefano [einem kleinen italienischen Küstenort] verabreichte, kamen uns teuer zu stehen.«

Levathes übergab dem Produzenten Walter Wanger auch eine Dokumentation über die skandalösen finanziellen Machenschaften in Rom. Sie enthielt Rechnungsbücher, aus denen ersichtlich war, daß während der chaotischen Monate von September 1961 bis Juli 1962 in Rom unzählige Millionen verschleudert worden waren. »Zigtausende von Dollars verschwanden«, erinnerte sich Levathes. »Und das Projekt wurde mit vielen Ausgaben belastet, die gar nichts mit dem Film zu tun hatten. Es war ein Alptraum.«

Levathes und seine Begleiter kamen erst am Samstag, dem 2. Juni, dazu, sich um ihren Auftrag zu kümmern. Sie luden Wanger zu einer Besprechung ein. Als der Produzent den Raum betrat, saßen die drei Manager bereits nebeneinander an einem Tisch. Sie präsentierten ihm ein Ultimatum des Vorstands. In dem Dokument stand, daß Wanger sofort und Liz Taylor eine Woche später entlassen werden sollten. Sie händigten Wanger zwei Einwilligungsformulare aus – eines für ihn, das andere für Liz Taylor.

Wanger schob die Dokumente wieder über den Tisch zurück. »Ihnen ist offenbar nicht bekannt, daß Miss Taylor noch für 31 weitere Szenen gebraucht wird«, sagte er. »Ohne diese Szenen werden Sie keinen zusammenhängenden Film bekommen.«

Bevor Wanger den Raum verließ, sagte er: »Sie werden Elizabeth Taylor diese Bedingungen selbst erklären müssen.«

* Stars wie Monroe oder Taylor vertrugen im Laufe der Zeit immer mehr und konnten pro Nacht bis zu zehn Nembutal-Pillen einnehmen, gewöhnlich in Kombination mit Demerol und Librium. Das Ganze spülten sie mit Champagner hinunter.

Auch bei Mankiewicz hatten die »Großen Drei« wenig Glück. Das Ultimatum belustigte ihn. Da die meisten Außenaufnahmen noch nicht gedreht worden waren, bestand kaum eine Möglichkeit, die Hauptdarstellerin zu entlassen. »Sonst hätten wir das einzige Epos in der Filmgeschichte, das ausschließlich aus Innenaufnahmen besteht«, schimpfte er gegenüber Wanger. Auch die aufwendige »Liebesnacht« war noch zu drehen, in der Burton von Liz Taylor auf dem Deck ihres Prunkschiffes verführt werden sollte.

Noch während die Manager in Rom weilten, schickte Mankiewicz ein Telegramm an den Vorstand in New York. »Wenn Miss Taylor nicht mehr zur Verfügung steht, werden die nachfolgenden Szenen zum teuersten Coitus interruptus in der Geschichte.«

Am Montag, dem 4. Juni, traf Liz Taylor noch einmal mit der Levathes-Delegation zusammen. Es wurde Tee gereicht. Vor den Fenstern ragten riesige goldene Sphinxe und die Säulen des Forum Romanum empor. Elizabeth Taylor scherzte mit den Managern. Alle vier machten Small talk, und niemand erwähnte den eigentlichen Grund des Besuches.

Dann betrat Burton mit klirrender Rüstung den Raum und küßte Taylor auf die Wange. Für einen Moment herrschte peinliches Schweigen. Niemand machte Anstalten, ihm die Anwesenden vorzustellen. Eine Sekunde später war Burton wieder draußen – er hatte mit Martin Landau und Cesare Danova zu drehen.

Liz Taylor war liebenswürdig und charmant. Aber hinter dieser glatten Fassade verbarg sich ein eiserner Wille. Sie hatte bereits eine Gruppe von Rechtsanwälten beauftragt, die beträchtlichen finanziellen Interessen ihrer eigenen Firma an *Cleopatra* wahrzunehmen (zusätzlich zu ihrer Gage in Höhe von 2 Millionen Dollar sollte sie auch 10 Prozent der Nettogewinne erhalten). Am Montag abend traf sie sich mit Wanger und Mankiewicz, um zu besprechen, ob sie, wie sie selbst es ausdrückte, »den Film übernehmen und die Twentieth Century-Fox abservieren können«.

Taylor, Mankiewicz und Wanger hatten eigene Produktionsfirmen und waren bei der Produktion von *Cleopatra* Partner der Fox. Die Anwälte teilten Liz Taylor schließlich mit, daß die Fox sie streng genommen nicht entlassen könne. Andernfalls könne sie das Studio verklagen und die Dreharbeiten jahrelang verzögern.

Die Taylor benutzte bei ihrem Kampf gegen die Fox auch die Presse. Da sie wußte, welche Macht die Branchenzeitungen *The Hollywood Reporter* und *Daily Variety* hatten, rief sie Army Archerd von der *Variety* und Mike Connolly vom *Reporter* an. »Das Studio versucht mit allen Mitteln, die Arbeit an dem Film zu stoppen und möglichst viele Szenen rauszunehmen«, erzählte sie Archerd. »Ich werde diesen Film zu Ende bringen, und wenn ich dafür vor Gericht ziehen muß.«

Die »Großen Drei« saßen am Sonntag, Montag und Dienstag abend vor der Leinwand und sahen sich das ungeschnittene Filmepos an. Sie mußten sich häufig gegenseitig anstoßen, um wach zu bleiben. Allein die verschiedenen Takes der Eingangsszene dauerten zwei Stunden.

Bevor die Manager am Mittwoch morgen wieder abreisten, hatte Mankiewicz Levathes dazu überredet, Liz Taylor noch für einen weiteren Monat zu bezahlen; die Dreharbeiten selbst sollten noch neun Wochen dauern.

»Es war wie beim Bau der Golden Gate Bridge«, erklärte Levathes drei Jahrzehnte später. »Wir konnten nicht mehr aufhören, wo wir doch schon drei Viertel im Kasten hatten. Um die 40 Millionen Dollar wieder reinzuholen, mußten wir den Film zu Ende bringen.«

Noch heute kann Levathes nicht genau erklären, wie der Film außer Kontrolle geriet. »Die Sache begann lange, bevor ich Produktionschef wurde, und wurde völlig unprofessionell betrieben. Die Insassen hatten die Leitung der Irrenanstalt übernommen.«

Bei der Ursachenforschung übersahen die Fox-Manager einen wichtigen Faktor – Drogen. Über der *Cleopatra*-Szenerie hing ständig ein Pharmadunst. Liz Taylor nahm Nembutal, Seconal und Demerol; Burton betrank sich häufig mit Brandy und Wodka; Mankiewicz putschte sich tagsüber mit Amphetaminen auf und nahm nachts Beruhigungsmittel.

Mankiewicz gab später zu, daß er die erste Spritze morgens um 5 Uhr bekam, die zweite gegen Mittag, dann noch eine dritte um 17 Uhr und um Mitternacht schließlich eine Beruhigungsspritze – alle vom Studioarzt verabreicht.

»Ich werde nie vergessen«, erzählte Tom Mankiewicz. »wie sich mein Vater einmal in einem kleinen Ort außerhalb von Alexandria mühsam durch den Sand schleppte, weil sie bei einer Injektion den Ischiasnerv getroffen hatten. Er hatte schon so viele Spritzen bekommen, daß sie kaum noch neue Stellen für weitere Einstiche fanden.«

Der Filmforscher Brad Geagley fand heraus, daß der Regisseur in Ägypten mit Lähmungserscheinungen zusammengebrochen war. »Die Drogen hatten Mankiewicz' Persönlichkeit völlig verändert«, erklärte Geagley. »Durch die vielen Amphetamine wurde er leicht größenwahnsinnig. Außerdem hatten sie massive Nebenwirkungen.«

Auch Elizabeth Taylors Konstitution litt unter ihrem Drogenkonsum. Eddie Fisher sagte in einem Interview, daß er schon zu Beginn der Produktion ihr Krankenpfleger geworden sei. »Ich gab ihr Demerol-Spritzen«, sagte er. »Ich wollte es nicht die Ärzte machen lassen. Zu diesem Zeitpunkt taten sie mir sogar leid. Bei der gesamten Produktion lief praktisch nichts ohne Alkohol und Drogen.«

Eines Morgens griff Fisher nach dem Glas seiner Frau und entdeckte, daß das Cola darin einen kräftigen Schuß Brandy enthielt. »Es waren ungefähr ein Teil Cola und sieben Teile Brandy. Wir alle hatten geglaubt, daß sie Cola trank.«

Es war nicht festzustellen, wieviel Demerol Elizabeth Taylor nahm. »Ich sah ihr zu, wie sie es nahm, und es schien keine allzu starke Wirkung zu haben«, erinnerte sich Fisher. »Wie stark die Drogen waren, konnte ich nur beurteilen, wenn ich selbst ein Pille nahm. Wenn ich eine einzige genommen hatte, konnte ich kaum noch von meinem Stuhl aufstehen und ins Badezimmer gehen. Elizabeth konnte eine enorme Menge vertragen. Darüber wurde sogar in einer medizinischen Fachzeitschrift berichtet. Sie zeigte mir den Artikel eines Nachmittags in Rom.«

Burtons Lieblingsdroge bei den Dreharbeiten zu *Cleopatra* war der Alkohol. Er trank ständig und behauptete gerne von sich: »Ich trinke nur, wenn ich arbeite.« Aber wenn er arbeitete, trank er große Mengen. Bei Sonnenaufgang trank er Brandy, am Vormittag Wodka und zum Mittagessen mehrere Becher Wein. Und er nötigte die anderen, mit ihm zu trinken. Nur wenige Tage nach der berühmten Liebesszene kehrte Liz Taylor, wie sich ein Manager ausdrückte, »völlig besoffen und mit einer Weinfahne« zu den Dreharbeiten zurück. Vor ihrer Beziehung zu Burton hatte sie nur wenig getrunken. Nun aber trank sie zum Mittagessen sechs Gläser Wein und noch mehr am Abend in ihrer Villa.

»Elizabeth war es ganz offensichtlich nicht gewohnt, schon tagsüber Alkohol zu trinken«, erinnerte sich Tom Mankiewicz. »Wenn sie vom Mittagessen kam, lallte sie leicht und hatte verquollene Augen. Ich wartete immer darauf, daß sie mein Vater darauf ansprach, aber er tat es nie.«

Burton war dafür bekannt, daß er eine Menge Alkohol vertrug. Seine Aussprache blieb meistens tadellos. »Ich erinnere mich, daß Richard um 6 Uhr zum Maskenbildner kam und gleich einen dreifachen Brandy nahm«, sagte Tom Mankiewicz. »Als er hereinkam, kippte er ihn hinunter und sagte: ›Morgen, Kinder.‹«

Die Fox-Manager waren machtlos gegen diese Exzesse.

Am 2. Juni wurde Levathes gegen 5 Uhr italienischer Zeit von Phil Feldman geweckt, jenem Mann, der die Produktion von *Something's Got to Give* in Hollywood überwachen sollte, solange der Produktionschef in Rom weilte.

»Die Monroe ist am Montag nicht zu den Dreharbeiten erschienen«, sagte Feldman.

Zu diesem Zeitpunkt hatte das Studio erst 2,1 Millionen Dollar in den Monroe-Film investiert. »Man hatte eine Riesenangst davor, daß *Something's Got to Give* ebenfalls außer Kontrolle geraten könnte«, sagte Henry Weinstein.

Marilyn Monroe war in einer schwächeren Position als Elizabeth Taylor. Ihre Firma hatte in *Something's Got to Give* kein Geld investiert. Und sie hatte keine Gewinnbeteiligung ausgehandelt. Ihre Gage ging direkt an die Marilyn Monroe Productions, damit sie weniger Steuern bezahlen mußte. Elizabeth Taylor hingegen besaß die Rechte an dem Breitwandverfahren Todd A-O, das ein wichtiges kreatives Element in dem ägyptischen Epos darstellte. Sie hatte die Rechte an diesem Verfahren von Mike Todd geerbt und der Twentieth Century-Fox lediglich die Kameras und Objektive vermietet.

Marilyn Monroe hatte ihren Vertrag bereits dadurch verletzt, daß sie trotz angedrohter Entlassung an der Präsidentengala teilgenommen hatte.

Feldman und Levathes telefonierten noch fünfmal miteinander, während der Produktionschef von Rom über London nach New York zurückflog. Levathes sprach auch mit »einem von Marilyns Rechtsberatern. Er erklärte mir, daß sie bei bester Gesundheit sei, aber einfach keine Lust habe zu arbeiten.«

Feldman erhielt Order, sich mit George Cukor in Verbindung zu setzen und ihn zu bitten, sich das gesamte Material des Monroe-Films noch einmal genau anzusehen und die Qualität zu beurteilen.

Was würde die Fox bei einer Entlassung Marilyn Monroes verlieren?

19

Spiel um die Macht

Marilyn Monroes Entlassung war ein Spiel mit hohem Einsatz, bei dem Rechtsanwälte, Finanzexperten, Studiomanager, Agenten und sogar ein Psychiater miteinander um die künstlerische Zukunft einer Schauspielerin rauften, die selbst von den Verhandlungen praktisch ausgeschlossen blieb.

An dem Handel, der teilweise als betrügerisch bezeichnet werden könnte, waren Akteure in drei Städten beteiligt: in Rom, New York und Los Angeles. Levathes in Europa, Milton Gould in Manhattan und Philip Feldman in Hollywood führten eine Kampagne mit dem Ziel, einen der kommerziell erfolgreichsten Stars in der Geschichte der Fox zu feuern.

Verhandelt wurde telefonisch über den Atlantik hinweg, beim Lunch in der Studiokantine und hinter geschlossenen Türen im Darryl F. Zanuck Building.

Marilyn und ihre engsten Vertrauten Pat Newcomb, Paula Strasberg und PR-Mann Arthur Jacobs waren nur Randfiguren in diesem Spiel.

Die Ereignisse begannen am Montag, dem 4. Juni, um 5.55 Uhr. Eunice Murray rief auf Marilyns Weisung Weinstein an und teilte ihm mit, daß die Nebenhöhleninfektion und die Bronchitis erneut akut geworden seien. Der Auftritt im Dodger Stadion hatte, wie von Weinstein befürchtet, den Rückfall ausgelöst. Den ganzen Montag über hatte Marilyn 38 Grad Fieber. Fünf Minuten nach Murrays Anruf informierte Weinstein Buck Hall und Cukor. Nach eigenem Bekunden war Weinstein damals der Meinung, daß Marilyn den Bogen diesmal überspannt hatte.

Um 8 Uhr fuhr Lee Siegel nach Brentwood, um selbst festzustellen, ob Marilyn krank war. Ein paar Minuten später rief er Feldman vom Telefon in Marilyns Küche an und berichtete: »Sie hat tatsächlich einen Rückfall.« Laut Pat Newcomb forderte er Marilyn auf, zu Hause zu bleiben. Sein offizieller Befund: »Monroe ist zu krank, um zu arbeiten.«

Im Produktionsbüro strich Hall Marilyn aus dem Drehplan und schrieb ins Protokoll: »Monroe wegen Krankheit *entschuldigt*.«

Doch Feldman und Frank Ferguson stellten in ihrem Bericht für das New Yorker Büro die Situation ganz anders dar. »Monroe«, telegrafierte Feldman an Gould, »hatte keine Entschuldigung für ihr Nichterscheinen am Morgen des 4. Juni.« Cukor und sein Stab waren ähnlicher Meinung. Gene Allen sagte später: »Wir glaubten Dr. Siegel nicht. Zu der Zeit konnte Monroe jeden Arzt manipulieren. Wir waren alle davon überzeugt, daß sie simulierte.«

In New York gab Gould die Order, mit Marilyn Monroes Entlassung Ernst zu machen. »Wir mußten es tun«, sagte Levathes, der zudem von einem »Berater der Monroe« erfahren haben wollte, daß Marilyn gar nicht krank sei, sondern nur »keine Lust« habe.

»Die Entscheidung hatten wir schon getroffen, als sie die Dreharbeiten verließ, um an der Gala teilzunehmen«, sagte Gould. »Jetzt war es Zeit zu handeln.«

Doch die Fox ging sehr vorsichtig zu Werke.

Am Montag um 11 Uhr rief Feldman Marilyns Anwalt Milton Rudin an und fragte ihn, ob sie am Dienstag zu den Dreharbeiten zurückkehren werde.

Rudin konnte es nicht versprechen. »Ich rufe Sie gleich zurück«, sagte er zu Feldman.

Feldman telegrafierte nach New York: »Monroes Erscheinen am Dienstag noch unsicher.«

Mittlerweile erhielt Marilyn in ihrem Haus in Brentwood starke Antibiotika-Spritzen und große Mengen von Vitaminen. Murray sagte, daß »kurz nach 3 Uhr ihre Kopfschmerzen wieder einsetzten«.

Unglücklicherweise erfuhr der Mann, der für Marilyn verhandelte, nichts von ihrer Krankheit. »Ich wußte nicht, daß sie an einer Erkrankung der Atemwege litt«, erinnerte sich Rudin. »Ich wußte nur von psychischen Problemen.« Aus den Akten in den Studioarchiven geht hervor, daß Rudin und sein Partner Martin Gang die Probleme ihrer Klientin als »Erschöpfungszustände« bezeichneten.

Trotz Siegels Befund und obwohl Marilyn am Sonntag wegen ihrer Nebenhöhlenentzündung im Krankenhaus Cedars of Lebanon behandelt worden war, teilte sie ihrem Anwalt Rudin nicht mit, daß sie krank war. So kam es, daß die Leute, die über Marilyns Schicksal entschieden, in der Annahme handelten, sie leide unter »Erschöpfungszuständen«, wobei die Fox freilich eine ganz eigene Interpretation dieses Begriffs hatte.

In den folgenden fünf Tagen rangen Rudin und, in geringerem Maße, auch Gang mit den drei besten juristischen Köpfen der Filmbranche. Neben dem Topanwalt Ferguson waren auch Gould, Levathes und Feldman auf die in der Unterhaltungsbranche geltenden Gesetze spezialisiert.

Gould, der zwei Tage vor der Gala den Mahnbrief an Marilyn aufgesetzt hatte, war in den Verwaltungsrat der Fox gewählt worden, weil er über die Stimmrechtsvollmacht Tausender verärgerter Aktionäre verfügte. Gould hatte sich einen Namen damit gemacht, angeschlagene Unternehmen zu sanieren. Im selben Jahr schrieb die *New York Times* über ihn: »Dr. Gould, der Mann, der kranke Firmen einer Intensivbehandlung unterzieht.« Im Jahr 1961 hatte Gould die Curtis Publishing Company durch Sanierungsmaßnahmen und massiven Personalabbau vor dem Bankrott gerettet.

Gould, ein gebürtiger New Yorker, hatte an der Cornell University Jura studiert und seine Karriere als Staatsanwalt im Justizministerium begonnen. Er behauptete gerne von sich, daß er, als er in den vierziger Jahren auf Handelsrecht umsattelte, nichts von seinem »Eifer als Ankläger« verloren habe. »Ich bin ein Prozeßanwalt«, erklärte er den Aktionären, die ihn in den Verwaltungsrat der Fox wählten. »Ich werde bei Sitzungen des Verwaltungsrats die gleichen Taktiken anwenden wie im Gerichtssaal.« Und das bewies er bei der Entlassung Marilyn Monroes.

Levathes, ehemaliger Stipendiat in Harvard, an der George Washington University und an der Georgetown University, verstand sich auf Anhieb mit Gould. »Wir waren uns beide darin einig, daß dieses Studio wie ein Unternehmen geführt werden mußte – immer mit Blick auf die Gewinne und Verluste. Und die Tatsache, daß die Arbeit an *Cleopatra* und *Something's Got to Give* nur langsam vorankam, stand im Widerspruch zu allen professionellen Gepflogenheiten.«

Levathes hatte gerade sein Jurastudium beendet, als er von Spyros Skouras zu einem Gespräch eingeladen wurde. Skouras suchte nach einem Assistenten mit guten Rechtskenntnissen in der Unterhaltungsbranche. Levathes hatte bereits ein Stellenangebot von einer angesehenen Anwaltskanzlei in Washington vorliegen. Doch Skouras faszinierte ihn – ein Einwanderer, der sich vom Busschaffner zum Theaterbesitzer, dann zum Filmmagnaten und schließlich zum Präsidenten der Twentieth Century-Fox emporgearbeitet hatte. Nach dem einstündigen Gespräch wurde Levathes von Skouras eingestellt.

Auch Feldman, der in Harvard neben Betriebswirtschaft auch Jura studiert hatte, war juristisch bewandert. Da Levathes in Europa weilte und Gould durch die andauernden Machtkämpfe im Verwaltungsrat der Fox stark in Anspruch genommen wurde, fiel ihm die Aufgabe zu, alles Nötige für Marilyn Monroes Entlassung in die Wege zu leiten.

Phil Feldman war in knapp vier Jahren vom juristischen Sachbearbeiter zum Rechtsbeistand der Famous Artists Corporation in Hollywood aufgestiegen. Als Vizepräsident und verantwortlicher Mann für die Fox-Produktionen an der Westküste hatte er bereits bewiesen, daß er das komplizierte Unternehmensrecht beherrschte. Ein Jahr zuvor war die Hälfte der Fox-Angestellten an der Westküste entlassen worden – eine Sparmaßnahme. Dabei hatte Feldman seinem Ruf als skrupelloser Mann alle Ehre gemacht, als er in weniger als drei Wochen Hunderte von führenden Produzenten, Regisseuren und Managern vor die Tür setzte.

Vor allem mit Vertragsbrüchen kannte er sich gut aus. »In den frühen sechziger Jahren war er ein neues Gesicht bei der Fox«, sagte der Kostümbildner William Travilla. »Er hatte keine Verbindungen von früher und war also niemandem verpflichtet.« Deshalb wurde Feldman als Killer eingesetzt.

Er war von Anfang an überzeugt, daß Marilyn Monroe ihren Vertrag von 1956 dem Buchstaben und dem Sinn nach verletzt hatte.

Rudin galt als zäher Bursche, wenn es um die Rechte seiner Klienten ging. Für Schauspieler wie Frank Sinatra und Dean Martin hatte er wasserdichte Verträge ausgehandelt.

In Marilyn Monroes Fall wurde er jedoch dadurch in seiner Arbeit behindert, daß er kaum an seine Klientin herankam. Es war unmöglich, die Mauer von Presseagenten, Ärzten und Helfern zu durchbrechen, von der sie umgeben war. »Oft durften nicht einmal ihre engsten Freunde mit ihr telefonieren«, erinnerte sich Ralph Roberts. »Sie wurde von der Welt abgeschottet.«

Welche nachteiligen Folgen das hatte, zeigte sich schon bald bei Rudins Bemühungen, *Something's Got to Give* zu retten.

Am Montag, vier Stunden nach Feierabend, rief Feldman Rudin an, um noch einmal den Drehplan für Dienstag zu besprechen. Rudin mußte schließlich zugeben, daß er keine definitive Antwort geben konnte. »Ich komme nicht zu ihr durch.«

»Zu dumm, wir brauchen die Antwort jetzt«, sagte Feldman.

»Ich könnte ihr in einem Brief erläutern, welche Konsequenzen das haben könnte, wenn sie so weitermacht wie bisher«, sagte Rudin. »Mehr kann ich im Augenblick nicht tun.«

Am Dienstag morgen konnte der Anwalt mit besseren Nachrichten aufwarten. Um 9.40 Uhr führte Rudin am Telefon ein Konferenzgespräch mit Martin Gang, Weinstein und Feldman. »Monroe könnte heute nachmittag kommen«, sagte Rudin. »Es geht ihr schon viel besser.«

»Zu spät«, antwortete Feldman. »Wir haben das Team für heute schon nach Hause geschickt.«

Rudin betonte noch einmal: »Marilyn Monroe ist bereit und willig zu arbeiten – heute nachmittag und morgen den ganzen Tag.« Er verriet auch, daß ihn seine Klientin beschuldigt habe, »mit der anderen Seite« zusammenzuarbeiten.

Feldman, den Gould beauftragt hatte, rechtlich haltbare Gründe für die Entlassung zu finden, fühlte sich durch Rudins Aussagen ermutigt. »[Rudin] sagte kein einziges Mal, daß Monroe ›erschöpft‹ sei«, schrieb Feldman in einem Bericht für die Rechtsabteilung und das New Yorker Büro der Fox. »Ich schloß aus seinen Worten, daß sie keine akzeptable Entschuldigung für ihr Verhalten hatte.«

Diese Einschätzung veranlaßte Levathes und Gould, die Entlassung voranzutreiben. »Sucht nach einem Ersatz«, befahl Levathes aus Rom.

Obwohl Rudin Marilyns Erscheinen am Mittwoch fest zugesichert hatte, erhielt Owen McLean, Vizepräsident der Fox und der für die Besetzungen verantwortliche Mann, von Feldman die Anweisung, bei Shirley MacLaine, Kim Novak, Doris Day und Brigitte Bardot anzufragen, ob sie Monroes Rolle übernehmen wollten. Novak, ein Sexstar der Columbia Pictures, war erste Wahl.

Aber Rudin war überzeugt, daß sich die Krise entspannen würde, wenn Marilyn am Mittwoch morgen wieder ins Studio käme. Um so verwirrter war er, als am Dienstag um 16 Uhr weder Buck Hall noch Henry Weinstein bei Marilyn anriefen, um wie üblich die Filmsequenzen für den nächsten Tag durchzusprechen. In Marilyns Umgebung geriet man in Panik.

Um 16.20 Uhr rief Rudin bei Feldman an. »Warum hat niemand wegen morgen angerufen?« fragte er.

Feldman antwortete: »Miss Monroe hat sich seit zwei Tagen nicht blicken lassen. Wir fragen uns ernsthaft, ob sie diesen Film überhaupt fertigdrehen kann.« Die Dreharbeiten, so Feldman, sollten ohne sie weitergehen, bis die Fox-Führung eine Entscheidung getroffen habe.

Rudin unterdrückte seine Verärgerung. »Suchen Sie nach einem Ersatz für Miss Monroe?« fragte er.

Feldman hielt sich bedeckt. »Wir haben noch nicht entschieden, was wir tun wollen.«

Marilyns Anwalt wurde mißtrauisch. »Ich habe den Eindruck, daß Sie sie ersetzen wollen.«

In der Tat hatte die Fox bereits mit den Agenten von Novak und MacLaine Kontakt aufgenommen.

Am frühen Dienstag abend bastelten Feldman und Ferguson an einem Kompromiß: Marilyn Monroe sollte ihren Job behalten, aber gleichzeitig sollte den Aktionären der Fox deutlich signalisiert werden, daß das Studio seinen Star noch unter Kontrolle hatte.

Wenn Dr. Ralph Greenson garantierte, daß seine berühmte Patientin jeden Tag erscheinen würde, und wenn Marilyn Monroe auf alle künstlerischen Mitspracherechte verzichtete – und sich obendrein in aller Öffentlichkeit entschuldigte –, würde man ihr erlauben, den Film *Something's Got to Give* zu Ende zu führen.

Marilyn Monroe hatte bereits mit Greenson telefoniert und ihn gebeten, so schnell wie möglich aus Europa zurückzukommen. Noch war nichts entschieden, während man auf die Rückkehr des Psychiaters am späten Mittwoch nachmittag wartete.

Feldman telegrafierte zuversichtlich an Gould und Levathes: »Vielleicht kann Greenson für uns erreichen, was die Rechtsanwälte der Monroe nicht fertiggebracht haben.«

Um die PR-Ziele der Fox zu erreichen, stellte Ferguson eine Reihe von demütigenden Bedingungen zusammen, die Marilyn Monroe zuerst unterschreiben sollte, bevor die Dreharbeiten fortgesetzt werden konnten. Alle Rechte und Privilegien, die ihr als Superstar zugestanden worden waren, wurden ihr wieder abgesprochen. Das Dokument annullierte ihr Mitspracherecht bei der Besetzung der anderen Rollen und bei der Verpflichtung von Regisseuren, Kameraleuten und Drehbuchautoren. Ihre eigenen Agenten, ihre schauspielerischen Berater und Rechtsanwälte sollten das Studio »ohne ausdrückliche Genehmigung durch den Leiter der Produktionsabteilung der Twentieth Century-Fox« nicht mehr betreten dürfen.

In dem Dokument wurde ein sehr ungewöhnlicher Ton angeschlagen. Von den zehn »Kapitulationsbedingungen«, die es enthielt, war die fünfte die schlimmste – sie handelte von Marilyns Unpünktlichkeit und häufigem Fehlen. Unter anderem hieß es darin: »Miss Monroe wird unverzüglich die Arbeit aufnehmen, wenn sie von uns dazu aufgefordert wird. Sie wird sich zu den von uns festgelegten Zeiten im Studio einfinden. Auch ihre Mittagspausen wird sie nur zu den Zeiten einlegen, die wir festsetzen.«

Selbst ihre Gedächtnisschwächen wurden angesprochen: »An jedem Tag, an dem sich Miss Monroe zur Arbeit meldet, muß sie auf die im Drehplan für diesen Tag vorgesehenen Szenen gründlich vorbereitet sein.«

Dieses erniedrigende Papier wollte die Fox zusammen mit einer Pressemitteilung über Marilyns offizielle Entschuldigung veröffentlichen. Außerdem sollte die Schauspielerin diese Erklärung für die Fernsehnachrichten verlesen. Natürlich weigerte sie sich. Das Dokument ist seither verschwunden.

In Anbetracht dieser harten Haltung der Fox-Manager stand Ralph Greenson vor einer fast ausweglosen Situation, als er am Mittwoch abend aus Europa zurückkehrte. Doch damit nicht genug. Inzwischen hatte Feldman von George Cukor einen Bericht erhalten, der Marilyns Bild in den Augen der Fox noch weiter befleckte.

20

Der Rat eines Experten

George Cukor machte sich Sorgen, als er sich den ungeschnittenen Film *Something's Got to Give* ansah.

In den ersten sechs Drehwochen hatte sich der Regisseur die täglichen Muster nur sporadisch angesehen. Die einzige Szene, die ihn überhaupt interessierte, war die Nacktbadeszene, die er immer wieder stolz betrachtete.

Meistens hatte Cukor den Coproduzenten Gene Allen beauftragt, die Muster zu begutachten. Allen machte sich zu jeder Einstellung genaue Notizen und erstattete Cukor am nächsten Morgen Bericht. Noch bevor der Regisseur die Anweisung erhielt, sich den gesamten Monroe-Film anzusehen, hatte Allen ihn gewarnt. »Marilyns Szenen gefallen mir nicht«, sagte er. »Ich würde gerne wissen, was Sie davon halten.«

Auf Geheiß Phil Feldmans sah sich Cukor am Mittwoch morgen den ganzen Monroe-Film an – vor allem die umwerfend komische Szene, in der sich Wally Cox und Marilyn Monroe kennenlernen. Cox versucht, ihr Schuhe zu verkaufen, und sie versucht, ihn für ihre Zwecke einzuspannen. Beide stolpern übereinander und fallen auf den Boden.

Heute würde die Szene das Publikum amüsieren. Aber als Cukor sie damals zusammen mit vier Stunden Filmmaterial anschaute, sah er etwas, das noch niemand so wahrgenommen hatte.

»Das ist doch keine schauspielerische Leistung«, sagte er zu Allen, der ihm zustimmte. »Die Monroe spielt, als sei sie unter Wasser. Ich glaube, wir haben überhaupt noch nichts Brauchbares zustande gebracht.«

Um ganz sicherzugehen, sah er sich die Nahaufnahmen der Monroe noch einmal an. »Sie wird verrückt, man kann regelrecht dabei zusehen«, sagte er.*

Der Regisseur sah es als seine Pflicht an, Feldman seine Meinung mitzuteilen und zu empfehlen, die Monroe zu ersetzen – durch Kim

* Im Jahr 1979 sagte Cukor zu Peter Harry Brown, er sehe keine Veranlassung, seine Meinung von damals zu ändern, daß die Monroe allmählich verrückt werde. »Wir hatten keine Chance, *Something's Got to Give* fertigzustellen«, sagte er in einem Interview für die Kalenderspalte der *Los Angeles Times.* »Sie hätte eigentlich in eine Pflegeanstalt gehört, nicht ins Studio.«

Novak, wie er hoffte. Bei den Dreharbeiten zu *Machen wir's in Liebe,* zwei Jahre zuvor, hatte Marilyn die Probleme auf die leichte Schulter genommen und ihn ermahnt: »Denken Sie dran, George: Es zählt nur, was auf der Leinwand zu sehen ist.«

Cukor und Allen witzelten ständig über diesen Ausspruch Marilyns. Selbst als die Aufnahmen zu *Machen wir's in Liebe* immer mehr zu einem Alptraum wurden, hatten die beiden Männer noch über ihn lachen können.

Doch jetzt verging ihnen das Lachen. Cukor war entsetzt über das Material. Aus heutiger Sicht ist schwer zu sagen, was ihn so sehr störte. So wie der Film von Henry Schipper und dem Team der Fox Entertainment News geschnitten wurde, wirkt er bezaubernd. Die Mehrheit der Fernsehkritiker stimmte Schipper darin zu, daß er sich »mit ihren besten Filmen vergleichen« lasse.

Patrick McGilligan, der die neueste Biographie über Cukor schrieb, teilte mit Cukor die Ansicht, daß sie »vielleicht wirklich nicht genug für einen zusammenhängenden Film hatten. Er wußte ganz genau, was er brauchte.«

Nicht alle, die mit *Something's Got to Give* zu tun hatten, waren Cukors Meinung, darunter auch Bretherton oder Weinstein. Doch Cukors Meinung gab letztlich den Ausschlag. Zu ihm hatten die Manager Vertrauen. In einer Zeit, in der aufmüpfige Regisseure der Neuen Welle nach vorn drängten, die sich vorzugsweise in Jeans und T-Shirts kleideten, trug Cukor immer noch maßgeschneiderte Anzüge aus der Londoner Savile Row. Außerdem war er ein Gentleman der alten Schule und fügte sich immer noch der Macht von Managern wie Louis B. Mayer und Darryl F. Zanuck.

Diese Unterwürfigkeit war freilich nur eine Pose. Wie viele andere Regisseure haßte auch Cukor die Geldleute in den Chefetagen und ihre Versuche, Autorität über ihn auszuüben. Aber selten hatte er den Filmmagnaten so gegrollt wie bei den Dreharbeiten zu *Something's Got to Give.*

Levathes und Feldman hatten Cukor gezwungen, einen Film zu drehen, von dem er nicht überzeugt war. Sie hatten ihm Weinstein aufgenötigt, sie hatten ihm das Recht entzogen, über die Besetzung der Rollen zu entscheiden, und statt dessen seiner Hauptdarstellerin zuerkannt, und sie hatten sich schließlich in seine Versuche eingemischt, das Drehbuch umzuschreiben. Dies alles könnte die Meinung des Regisseurs über den Film und über Marilyn, die er als janusköpfige Manipulatorin bezeichnete, beeinflußt haben. (All ihre Bitten und Forderungen wurden von Levathes vorgetragen.)

Am Mittwoch, dem 6. Juni, traf sich Cukor nachmittags mit Feldman, Frank Ferguson und Stanley Hough, einem weiteren Vizepräsidenten. Der Regisseur plädierte leidenschaftlich dafür, die Dreharbeiten zu unterbrechen, bis ein Ersatz für Marilyn Monroe gefunden sei. Seine Argumente überzeugten die Herren.

»Ich hielt es für einen Fehler, Marilyn Monroe zu feuern«, erinnerte sich Tom Tryon, der zu den wenigen Vertrauten Cukors zählte. »Ich fand, daß wir weiterdrehen sollten. Aber George glaubte nicht, daß er eine gute Leistung aus ihr herausholen könne. Entsprechend war sein Verhalten ihr gegenüber.«

Mehrere Tage nach Marilyns Entlassung sagte Cukor zu Tryon: »Die Monroe hätte den Film fertigdrehen können, wenn ihr das Studio Zeit zur Erholung gegeben hätte. Aber davon wollte die Fox nichts wissen.«

Bei dem Gespräch am 6. Juni und bei zwei weiteren Gelegenheiten machte sich Cukor, möglicherweise unwissentlich, zum Komplizen jener Leute, die heimlich Marilyns Entlassung betrieben und versuchten, sie in der Öffentlichkeit zu diskreditieren. »Sie ist gegenwärtig nicht in der Lage, die erforderliche Leistung zu bringen«, erklärte der Regisseur.

Das Aufsehen, das die Gala und die Nacktbadeszene erregt hatten, brachte die Fox in eine sehr peinliche Lage. Auf den Pressefotos von Kennedys Party und auf Schillers Aufnahmen von der Nacktbadeszene machte Marilyn einen ausgesprochen gesunden Eindruck. Doch gleichzeitig erklärten Fox-Manager ihren Kapitalanlegern, daß die Monroe krank sei.

Die Heftigkeit von Cukors Stellungnahmen versetzte die Fox-Manager in Staunen. Der Regisseur sollte erst Wochen später begreifen, daß er eine bloße Schachfigur im Spiel der Unternehmensführung war. Doch im Moment war er der wichtigste Mann, denn er lieferte die Legitimation für die ungewöhnlichen Schritte der Fox gegen Marilyn Monroe.

Die Manager mußten gewußt haben, daß Cukors Berichte übertrieben waren. Am 1. Juni hatten sich Feldman und Hough 90 Minuten lang Auszüge aus *Something's Got to Give* angesehen und waren beeindruckt gewesen. So beeindruckt, daß Feldman eine interne Untersuchung anordnete, um festzustellen, ob das Filmmaterial ausreichte, um den Film mit einem Double für die Hauptdarstellerin zu Ende zu drehen.

Aber die Notwendigkeit, Marilyn Monroe zu feuern, verdrängte bald alle anderen Überlegungen.

Am Donnerstag nachmittag, als die Papiere bereits abgefaßt waren, lag das Ergebnis von Feldmans interner Untersuchung vor: Der Monroe-Film war in der Tat so weit gediehen, daß man ihn wahrscheinlich mit einem Double hätte zu Ende drehen können.

Daraufhin trafen sich Philip Feldman und Drehbuchredakteur Theodore Strauss mit dem Komödienautor Hal Kanter und beauftragten ihn, ein vollständiges Drehbuch zu schreiben, das nur die Szenen umfaßte, die mit Marilyn bereits gedreht worden waren. »Sie wollten einen fertigen Film, ohne ein einziges weiteres Bild von Marilyn Monroe aufzunehmen«, erinnerte sich Kanter.

»Man sagte mir, daß ich auch ein paar Szenen mit einem Double einplanen könnte, bei denen man sie nur von hinten oder aus der Ferne sieht. So hatte es Metro-Goldwyn-Mayer auch bei *Saratoga* gemacht, als Jean Harlow während der Dreharbeiten starb.«

Kanter, als Drehbuchautor von Filmen wie *Spione, Liebe und die Feuerwehr* und *Der Weg nach Bali* bekannt, brachte mehrere Tage damit zu, den Rohschnitt von *Something's Got to Give* anzusehen. »Vieles gefiel mir ausgesprochen gut«, erinnerte er sich. »Und ich schrieb schließlich ein Drehbuch, das es ihnen ermöglicht hätte, den Film fertigzustellen. Die Monroe hatte eigentlich die meisten wichtigen Szenen gedreht.«

Doch die Fox-Manager behielten ihre Bewunderung für Marilyns Arbeit für sich. Weder Marilyns Anwalt Milton Rudin, der die Verhandlungen für sie führte, noch ihr Psychoanalytiker Ralph Greenson, der sich auf dem Heimflug aus Europa befand, erfuhren ein Wort davon.

Da Rudin und Greenson nur negative Berichte über *Something's Got to Give* erhalten hatten, standen sie bei den anschließenden Verhandlungen, bei denen es um Marilyns Karriere ging, von vornherein auf verlorenem Posten.

21

Betrug

Ralph Greenson stieg am 6. Juni erschöpft aus dem Flugzeug. Er hatte 17 Stunden in der Luft oder in Wartesälen auf Flughäfen verbracht, und doch fuhr er nicht direkt zu seinem Haus in Santa Monica, sondern zu Marilyn Monroe, die sich in ihr Schlafzimmer zurückgezogen hatte.

Greenson mußte sich mit einem Dilemma befassen, das er selbst herbeigeführt hatte. Denn Anfang Januar hatte er Marilyn gedrängt, das Angebot für den Film *Something's Got to Give* anzunehmen. Anfang April, als er nach Europa abgereist war, schien Marilyn körperlich fit und, wie er glaubte, auch psychisch stabil genug, um die Dreharbeiten durchzustehen und somit ihrer letzten Verpflichtung gegenüber der Fox nachzukommen.

Aber die Helfer, die er zu ihrer Unterstützung zurückgelassen hatte – darunter Weinstein, Eunice Murray und ein Analytiker namens Milton Wexler – hatten die zusätzlichen Probleme nicht meistern können, die durch Marilyns Nebenhöhlenentzündung und das jähe Ende ihrer Affäre mit Präsident Kennedy entstanden waren.

Greenson traf kurz vor Einbruch der Nacht in Marilyns Haus in Brentwood ein. Er sprach zwei Stunden unter vier Augen mit ihr und versuchte herauszufinden, ob sie psychisch stark genug war, den Film zu Ende zu drehen.

Greenson kam offenbar zu dem Schluß, daß es sich lohnte, das Risiko einzugehen. »Er spürte, daß der Vertrag mit der Fox Marilyn darin hinderte voranzukommen«, sagte Joan Greenson, die Tochter des Analytikers. »Sie kam in ihrem Leben und in ihrer Karriere nicht weiter, solange diese Sache auf ihr lastete.«

Greenson folgte dem Beispiel seines Schwagers Rudin und verschwieg Marilyn, daß das Studio die Absicht hatte, sie zu feuern und auf Schadenersatz in Millionenhöhe zu verklagen. Rudin hatte Feldman bereits davon in Kenntnis gesetzt, daß er den Brief an Marilyn nicht weiterleiten werde, in dem Feldman mit den schlimmsten Konsequenzen drohte, falls sie den Dreharbeiten noch einmal fernblieb. »Ich kann Marilyn diesen Brief nicht schicken, ich habe zu viel Mitgefühl mit ihr als Mensch«, hatte Rudin dem Manager erklärt.

Die Besprechungen zwischen den einzelnen Beteiligten nahmen einen Großteil des Donnerstags in Anspruch. Feldman telefonierte fast den ganzen Tag – mit Gould in New York, dem Fox-Justitiar Otto Koegel in Rom und mit Spyros Skouras, dem Präsidenten der Fox, der sich in einem Krankenhaus in Manhattan gerade von einer Prostata-Operation erholte. Und Rudin sprach mit Greenson über die »Garantien«, die man der Filmgesellschaft anbieten könne, wenn sie die Dreharbeiten fortsetzte.

Am Freitag, dem 8. Juni – dem Tag, an dem Levathes bekanntgeben sollte, daß man Elizabeth Taylor von der weiteren Arbeit an *Cleopatra* entlassen habe –, erhielt Rudin um 8.10 Uhr von Greenson die Mitteilung, daß Marilyn vermutlich am Montag morgen wieder arbeiten und *Something's Got to Give* »ganz normal« zu Ende drehen könne.

Daraufhin schlug Rudin noch für denselben Tag ein Arbeitsessen mit Feldman und Frank Ferguson vor.

Unterdessen waren in New York mehrere Zeitungsartikel erschienen, die das Studio zum Handeln zwangen.

Murray Schumach, Korrespondent der *New York Times,* schrieb eine Artikelserie über das »Fox-Dilemma«, wie er es nannte, in der er die Studiobosse als Männer ohne Rückgrat darstellte, die sich vor schwierigen Entscheidungen drückten.

Unter der Überschrift »Schwächeerscheinungen in der Filmbranche« schrieb Schumach: »Der Fall Marilyn Monroe beweist, wie wenig Autorität heute selbst die Spitzenmanager in Hollywood besitzen.« Der Artikel blieb nicht ohne Wirkung auf Gould und andere Vorstandsmitglieder. Die *New York Times* galt als die Bibel der Finanziers und Anwälte von der Wall Street, die nach einem solchen Artikel natürlich die gesamte Führung der Fox in Frage stellen mußten.

Schumachs Artikelserie sollte bis Sonntag weitergeführt werden.

Am Freitag nahmen Feldman, Ferguson, Rudin und Greenson im Vorstandszimmer der Fox ein gemeinsames Mittagessen ein. Beim Salat gab Feldman folgende Erklärung ab: »Ich muß Sie davon in Kenntnis setzen, daß sich an unserer Haltung nichts geändert hat. Marilyn Monroe hat den Vertrag bereits gebrochen.« In einem Interview für dieses Buch erklärte Gould, daß »Monroe zu diesem Zeitpunkt so gut wie gefeuert war« – jedenfalls nach Auffassung der Firmenleitung.

»Mr. Ferguson und ich sind durchaus bereit, Ihnen zuzuhören«, sagte Feldman, »und wir lassen uns gern davon überzeugen, daß Miss Monroe diesen Film wirklich zu Ende drehen kann.«

Die Fox-Vertreter knüpften die Wiederaufnahme der Dreharbeiten an eine weitere Bedingung: »Für die Dauer der Aufnahmen müssen Paula Strasberg und Pat Newcomb vom Drehort ferngehalten werden.«

Sie fragten, ob Marilyn bereit sei, die Bedingungen zu unterzeichnen, die man zu Papier gebracht hatte – und die sie wieder zu einem gewöhnlichen Starlet degradiert hätten.

Traurig erklärte sich Rudin damit einverstanden, daß über alle künstlerischen Belange nur noch die Fox zu entscheiden habe, und fügte hinzu, daß es kein Problem sei, Pat Newcomb vom Studio fernzuhalten.

»Und was ist mit Paula Strasberg?« fragte Feldman.

Greenson dachte kurz nach, dann sagte er: »Ich weiß nicht, wer Marilyn dazu bringen könnte, das zu akzeptieren. Ich selbst möchte ihr so etwas nicht einmal vorschlagen.«

Rudin versprach, diesen Punkt anzuschneiden, wenn er Marilyn die Bedingungen der Fox präsentierte. Doch auch er gab zu bedenken, daß die Schauspielerin absolut loyal zu Paula Strasberg stehe. Dann fragte er die Studiomanager: »Wäre jetzt nicht der richtige Zeitpunkt, Miss Monroe den ganzen Katalog ihrer Forderungen vorzulegen?«

Feldman erschrak. »Bitte sagen Sie ihr noch nichts von diesen offiziellen Bedingungen«, sagte er. »Ich muß vorher noch einmal mit der Zentrale in New York sprechen.«

Gegen Ende des Mittagessens wurde Greenson etwas mitteilsamer. »Ich kann Marilyn dazu bringen, jeder vernünftigen Forderung zuzustimmen«, sagte er. »Ich möchte zwar nicht behaupten, daß ich ein zweiter Svengali bin, doch ich kann sie dazu bringen, alles zu tun, was ich verlange.«

Greensons Selbstsicherheit erstaunte Feldman. »Könnten Sie dann auch bestimmen, welche Szenen Marilyn dreht und welche nicht, und entscheiden, welche Einstellungen gut sind und welche nicht?«

»Ja«, antwortete Greenson. »Wenn nötig, gehe ich sogar in den Schneideraum.«

Dann wartete Ferguson mit einem Vorschlag auf, der Greenson und Rudin aus der Fassung brachte. Er schlug vor, »einen weiteren, von der Fox ausgewählten Psychiater hinzuzuziehen, der Marilyn Monroes Geisteszustand untersuchen soll«.

Der Vorschlag war eine Beleidigung für Greenson. Doch der Psychoanalytiker stimmte nach einigem Zögern zu und schlug sogar ein paar Namen vor.

Beim Kaffee drängte Rudin noch einmal darauf, Marilyn mit allen Forderungen der Fox bekannt zu machen. Doch Feldman bat ihn um Aufschub bis Freitag nachmittag.

Um 13.45 Uhr war das Essen beendet. Als Rudin und Greenson zu ihren Wagen zurückgingen, waren sie beide der Ansicht, daß die Haltung der Fox zu Hoffnungen Anlaß gebe.

Genau zwei Stunden später, um 15.45 Uhr, rief Feldman Rudin an, der inzwischen in sein Büro in Beverly Hills zurückgekehrt war. »Die Fox ist an einer Fortsetzung der Verhandlungen nicht interessiert«, sagte Feldman. »Wir sind der Auffassung, daß Marilyn Monroe den Vertrag gebrochen hat, und wir werden in dieser Sache alle Rechtswege beschreiten, die uns offenstehen.«

Gould, Levathes und der Vorstand hatten eine endgültige Entscheidung getroffen: Marilyn sollte keine »zweite Chance« erhalten.

Studiert man die Dokumente, die erhalten geblieben sind, so drängt sich der Eindruck auf, daß die Fox mit Rudin und Greenson nur gespielt hat. Schon Stunden vor dem Lunch am Freitag waren die Rechtsanwälte der Studios in New York und Los Angeles fieberhaft damit beschäftigt, eine Klageschrift gegen Marilyn Monroe abzufassen. Außerdem hatte Levathes die Anwaltskanzlei Musick, Peeler und Garrett in Los Angeles – eine der besten Adressen, wenn es um Schauspielerverträge ging – als Beraterin in diesem Rechtsstreit eingeschaltet, der zu einem Präzedenzfall werden sollte. James R. O'Malley, Mitarbeiter der Kanzlei, setzte den Schadenersatzanspruch zunächst auf 500 000 Dollar fest. Der *New York Times* gegenüber erklärte er, daß dieser Betrag vermutlich auf über 1 Million Dollar steigen werde.

Während Feldman noch mit Rudin verhandelte, fertigten die Kanzleigehilfen bei Musick, Peeler und Garrett bereits Kopien der Klageschrift, damit sie noch rechtzeitig vor 17 Uhr beim Superior Court von Santa Monica eingereicht werden konnte. Das sorgfältige Timing dieser Aktion verrät, daß die Fox alles genau geplant hatte.

Levathes hatte Ferguson von London aus angerufen und angewiesen, die Klage am Freitag einzureichen. Als Ferguson protestierte und darauf hinwies, daß die Zeit dafür zu knapp sei, hatte Levathes geantwortet: »Wenn Sie es allein nicht schaffen, ziehen Sie eine Kanzlei hinzu.« So kam es, daß James R. O'Malley jetzt mit dem Fall befaßt war.

Levathes verteidigte auch noch 30 Jahre später seine Entscheidung. »Es waren eine Menge Gerüchte im Umlauf«, erinnerte er sich. »Ich wollte verhindern, daß über das Verfahren falsch berichtet wurde. Ich wies die Anwälte persönlich an, der Presse gegenüber absolutes Stillschweigen zu wahren. Ich wollte nicht, daß die Zeitungen die Sache künstlich aufbauschten.«

Levathes wollte aus Marilyn Monroe keine Märtyrerin machen.

Weinstein erfuhr von der Entlassung und von der Klage am frühen Freitag nachmittag und trat daraufhin als Produzent von *Something's Got to Give* zurück. »Das war eindeutig eine politische Entscheidung, mit der ich nichts zu tun haben wollte«, sagte er. »Sie konnten die

Taylor nicht loswerden, und um zu beweisen, daß sie starke Männer waren, feuerten sie Marilyn – anstelle der Taylor.«

Als Rudin und Greenson hörten, daß die Klage eingereicht worden war, begriffen sie sofort, daß sie Marilyn umgehend informieren mußten – bevor es die Presse tat. Die New Yorker Journalisten, die früher Redaktionsschluß hatten als ihre Kollegen an der Westküste, hatten von den PR-Leuten der New Yorker Zentrale bereits Tips bekommen.

Da Rudin die Abmahnung der Fox aus Mitleid nicht an Marilyn weitergeleitet hatte, hatte sie keine Ahnung, daß die Twentieth Century-Fox sie tatsächlich feuern wollte.

Allerdings hatte sie entsprechende Gerüchte gehört.

An jenem Freitag weilte Ralph Roberts in Marilyns Haus in Brentwood und massierte sie. Ihm fiel auf, daß alle im Haus herumschlichen und Marilyn aus dem Weg gingen.

Als er ihre Nackenmuskeln bearbeitete, bemerkte er, daß sie verkrampfter war als sonst. Er wechselte mit ihr ein paar Belanglosigkeiten, aber beide vermieden das Thema, an das sie eigentlich dachten – die Gerüchte über ihre bevorstehende Entlassung.

Schließlich sprach sie es an. »Ich habe gehört, daß Cukor meine Entlassung durchsetzen will«, sagte sie. »Und daß sie gerade daran basteln.«

Roberts sagte, daß er ebenfalls von dem Gerücht gehört habe. »Sie war sehr mißtrauisch, obwohl niemand direkt mit ihr gesprochen hatte«, sagte er. »Aber sie konnte sich nicht vorstellen, warum Cukor ihr das antun wollte.«

Vielleicht wurde Marilyn von ihren Ärzten und Agenten auch zu gut beschützt. Von ihren einstigen Freunden bei der Presse verlassen und durch die Krankheit von der Außenwelt abgeschnitten, befand sich Marilyn Monroe plötzlich im Zentrum eines Hurrikans, den die Fox entfacht hatte.

Hinzu kam, daß sie sich in einem falschen Gefühl der Sicherheit wiegte.

Bis Roberts das Gerücht bestätigte, hatte Marilyn die ganze Angelegenheit nur als einen weiteren Streit mit der Fox betrachtet, und davon hatte sie seit den frühen fünfziger Jahren schon viele ausgefochten. Bei den Dreharbeiten zu *Machen wir's in Liebe* hatte sie viel mehr Ärger gemacht – und weit häufiger gefehlt. Und trotzdem hatte man den Film schließlich fertiggestellt. Marilyn war zuversichtlich, daß sie an den Kinokassen immer noch zugkräftig genug war, um auch diese Schlacht zu gewinnen.

Außerdem hatte sie in Lee Siegel einen wichtigen Verbündeten, der fest hinter ihrer Entscheidung stand, so lange zu Hause zu bleiben, bis die Nebenhöhlenentzündung abgeklungen war.

Ihr Mißtrauen war am späten Mittwoch geweckt worden, als das Studio die Produktion stoppte, ohne sie zu benachrichtigen.

Bei *Machen wir's in Liebe* hatte Marilyn ihre Kämpfe mit der Fox alle noch selbst ausgefochten. Nun aber verhandelten ihre Beschützer mit den Verantwortlichen des Studios. Da die meisten vor Marilyn und der Fox gleichermaßen Angst hatten und alle von Marilyn bezahlt wurden, war eine brisante Situation entstanden.

Greenson setzte Marilyn Monroe gegen 17 Uhr davon in Kenntnis, daß sie entlassen worden sei. Sie reagierte aufgebracht. »Vielleicht sollte ich mir all diese Leute vom Hals schaffen«, sagte sie später zu Slatzer. »Wie es aussieht, haben sie mir mehr geschadet als genutzt.«

Marilyns »Helfer« – ihre »Ersatzfamilie«, wie sie die Schriftstellerin Lucy Freeman bezeichnete – sprachen nicht mehr miteinander. Paula Strasberg und Greenson hatten sich verfeindet, und der Psychiater war mittlerweile davon überzeugt, daß die Schauspiellehrerin einen schlechten Einfluß auf Marilyn ausübte. Pat Newcomb sprach mit niemandem mehr aus der Gruppe, und Eunice Murray war verschlossen und sprach nur mit Greenson.

Mit Ausnahme Greensons wußte keiner von ihnen, wie ernst Rudins Verhandlungen mit der Fox tatsächlich waren.

Sie konnten nicht wissen, daß die vielen Besprechungen und Telefonkonferenzen der letzten fünf Tage nur ein Täuschungsmanöver gewesen waren. Ebensowenig konnten sie wissen, daß die Entlassung nicht mehr zu verhindern gewesen war.

Als Feldman Rudin mitteilte, daß die Fox lediglich auf Greensons Rückkehr warte, glaubte Marilyn noch, daß die Dreharbeiten spätestens am Montag, dem 11. Juni, wiederaufgenommen würden. Schließlich hatte Greenson seit Herbst 1961, seit die Produktion von *Something's Got to Give* beschlossen worden war, in ihrem Auftrag mit der Fox verhandelt.

Joan Greenson erzählte, ihr Vater sei außer sich gewesen, als er aus dem Autoradio von der Entlassung erfahren habe. »Warum riefen sie ihn aus Europa zurück, wenn Marilyns Rauswurf sowieso schon beschlossene Sache war?« fragte sich die Tochter des Analytikers.

Newcomb war noch wütender. »Der Studioarzt untersuchte sie Anfang der Woche und ordnete an, daß sie zu Hause bleiben müsse«, erinnerte sie sich. »Und als sie seine Anweisung befolgte, flog sie raus.«

Als Greenson die Meldung im Radio gehört hatte, raste er zu Marilyns Haus, führte sie ins Schlafzimmer und schloß die Tür. Er blieb über eine Stunde bei ihr. Zu Murray sagte er, daß Marilyn telefonisch für »niemanden« zu sprechen sei. »Sagen Sie, Marilyn sei in einer Besprechung und könne jetzt nicht ans Telefon kommen.« Eine unglückselige Anweisung, die zur Folge hatte, daß Dutzende von Anrufern nicht zu ihr durchkamen, darunter Rupert Allan, Sidney Guilaroff, Nunnally Johnson (der aus Rom anrief) und Darryl Zanuck (der aus Paris anrief).

»Ich wußte, wie Marilyn reagieren würde«, erklärte Allan. »Ich wußte, daß sie am Boden zerstört sein würde, deshalb rief ich sie wiederholt an, um sie zu trösten. Aber ich konnte sie das ganze Wochenende über nicht erreichen.«

Greenson gab Marilyn eine Beruhigungsspritze und schimpfte dann im Beisein Eunice Murrays über die Fox: »Schließlich hat sie sich ja nicht vor der Arbeit gedrückt oder auf Parties herumgetrieben. Die haben in böser Absicht gehandelt.«

Whitey Snyder und Marjorie Plecher wollten Marilyn besuchen. Kurz nach 18 Uhr erschienen sie an ihrer Haustür. »Sie war noch nie irgendwo rausgeflogen, deshalb war sie am Boden zerstört«, erinnerte sich Snyder. »Sie konnte es einfach nicht fassen.«

Fühlte sich Marilyn anfangs verletzt, so schlug dieses Gefühl bald in Wut um, als sie erfuhr, daß die Fox mit einer öffentlichen Kampagne Kapital aus ihrem Rauswurf schlagen wollte.

22

Der Medienkrieg

Milton Rudin und Philip Feldman hatten vereinbart, bis auf weiteres jedes öffentliche Aufsehen um Marilyns Entlassung zu vermeiden.

Am Freitag morgen wollte Arthur Jacobs, dessen PR-Agentur Marilyn Monroe betreute, in die Offensive gehen, aber Rudin hielt ihn zurück. »Die Fox wird in dieser Sache nicht aktiv, solange wir uns zurückhalten«, sagte Rudin.

Doch bereits am frühen Freitag nachmittag wurde deutlich, daß die Fox ihr Wort gebrochen hatte.

Gegen 14 Uhr rief der Kolumnist Earl Wilson Marilyn aus New York an und fragte nach ihrer »Reaktion« auf die, wie er sich ausdrückte, »bestürzenden Neuigkeiten aus der Unternehmenszentrale in New York«.

»Ich habe gerade den Hinweis erhalten, daß die Fox Sie entlassen hat«, sagte Wilson. »Ich würde gerne Ihre Darstellung hören.«

Marilyn, immer noch zuversichtlich, daß Greenson und Rudin den Schaden begrenzen würden, lachte nur und sagte: »Ich bin nicht entlassen worden, Earl. Das ist nur ein Gerücht. Tatsächlich bin ich jetzt einsatzbereit und brenne darauf, am Montag wieder zu drehen.«

»Sind Sie krank?« fragte der Kolumnist.

»Ich war krank«, antwortete sie. »Aber jetzt geht es mir wieder viel besser. Ich werde am Montag morgen wieder drehen.«

Wilson zweifelte daran. Der Hinweis, den er erhalten hatte, stammte direkt von seinem alten Freund E. Charles Einfeld, Vizepräsident der Fox und verantwortlicher Mann für Marketing und Werbung. Doch obwohl die Quelle zuverlässig war und Wilson vor der größten Story des Jahres aus der Unterhaltungsbranche stand, beschloß er, Marilyns Version zu übernehmen.

Am 8. Juni, um 10 Uhr Ostküstenzeit, erschien Wilsons urheberrechtlich geschützter Artikel auf der Titelseite der Frühausgaben. Die Schlagzeile lautete: »Marilyn wird am Montag wieder arbeiten.« Der Vorspann war wohlwollend und ausgesprochen optimistisch. »Marilyn Monroe betonte, daß sie von der Fox nicht entlassen worden sei.

Sie sagte, sie werde am Montag ihr Krankenbett verlassen und die Arbeit an *Something's Got to Give* wiederaufnehmen.«

Jenseits des Atlantiks, in London, erfuhren die Kinofans von der Journalistin Sheilah Graham, daß Marilyn entlassen worden sei. »Wenn Marilyn am Montag zur Arbeit kommt, wird sie feststellen, daß man sie entlassen und durch eine andere ersetzt hat – möglicherweise durch Kim Novak«, schrieb Graham. »Die Twentieth Century-Fox will sie nicht mehr.«

Auch Graham hatte von Einfeld einen Hinweis erhalten. Sie hatte daraufhin die PR-Abteilung der Fox in Hollywood angerufen, sich von ihrem alten Freund Perry Lieber, damals stellvertretender Leiter dieser Abteilung, die Meldung über Marilyns Rauswurf bestätigen lassen und um Stellungnahmen führender Fox-Manager gebeten.

In ihrem Artikel zitierte Graham einen namentlich nicht genannten Manager mit den Worten: »Marilyn ist seit Tagen nicht mehr aufgetaucht, obwohl sie in Nachtlokalen gesehen wurde.«

Wilson und Graham erhielten ihre Hinweise gegen 15 Uhr kalifornischer Zeit, während Rudin noch mit Feldman verhandelte – und das, obwohl bis Montag, also bis zu Levathes' Rückkehr nach Hollywood, keinerlei Informationen an die Presse weitergegeben werden sollten.

Doch Feldman muß gewußt haben, daß sich die PR-Leute der Fox an beiden Küsten auf eine der größten Kampagnen in der Unternehmensgeschichte vorbereiteten. Nur ging es diesmal nicht darum, einen Star aufzubauen, sondern zu vernichten.

Die Kampagne sollte sich als ausgesprochen erfolgreich erweisen.

Die drei Männer, die bei dieser Blitzaktion Regie führten, waren Meister ihres Faches. Sie waren gegen Ende der Stummfilmzeit nach Hollywood gekommen und hatten die marktschreierische Propaganda in der Traumfabrik zu einer wahren Kunst entwickelt.

Einfeld sollte Marilyns Entlassung in einen PR-Coup verwandeln – und der Welt signalisieren, daß die Fox zumindest einen ihrer widerspenstigen Stars fest im Griff hatte. Einfeld war Publicity-Chef bei Warner Brothers gewesen, bevor er zur Fox kam. Brodsky und Weiss beschrieben ihn als einen ruhelosen Mann, der mit »fast dämonischer Besessenheit« rund um die Uhr arbeitete. Einfeld hatte auch an der Formulierung der demütigenden Bedingungen mitgewirkt, die Marilyn unterzeichnen sollte.

Jack Warner, der leicht reizbare Präsident der Warner Brothers, bezeichnete Einfeld als einen »Mann, der den Mund halten konnte«. Als Mary Astor mit ihrem »Liebestagebuch« für einen Skandal sorgte und Einfeld ihre Karriere rettete, erwarb er sich den Respekt seiner Kollegen in Hollywood. (In dem Tagebuch beschrieb Mary Astor in reißerischer Aufmachung alle ihre Affären seit den frühen zwanziger Jahren.)

Harry Brand, der für die Kampagne gegen Marilyn Monroe an der Ostküste zuständig war, dürfte mit gemischten Gefühlen an seine Aufgabe herangegangen sein. Brand, der »Doyen unter Hollywoods Presseagenten«, hatte maßgeblich an Marilyns Aufstieg mitgewirkt – von ihrem ersten Auftritt bei einer Supermarkteröffnung bis zu der aufsehenerregenden Premiere ihres größten Erfolgs, *Bus Stop*, acht Jahre später.

»Brand merkte schon frühzeitig, daß Zanuck die Monroe nicht mochte«, sagte der Schriftsteller Maurice Zolotow. »Deshalb kümmerte er sich um sie.«

Der in Los Angeles gebürtige Brand hatte zunächst als Sportreporter für den *Los Angeles Express* gearbeitet, bevor er Referent des Bürgermeisters von Los Angeles, Pinky Snyder, wurde und Mitte der zwanziger Jahre schließlich zu Warner Brothers ging. In den ersten Jahren, als er für den Leinwandkomiker Buster Keaton und das Stummfilm-Glamourgirl Norma Talmadge die Werbetrommel rührte, machte er sich dank seiner überschwenglichen Pressemitteilungen als »Herold der Hyperbel« einen Namen. Als Zanuck und Joseph Schenck 1935 die Twentieth Century-Fox gründeten, holten sie sich Brand als PR-Chef an Bord.

Brand hatte Shirley Temple als ersten Kindersuperstar aufgebaut, Betty Grable im Zweiten Weltkrieg zum führenden Pin-up-Girl gemacht und dem Cinemascope gegen alle Widerstände zum Durchbruch verholfen. »Am stolzesten war er möglicherweise auf seine Kampagne für Marilyn«, erinnerte sich seine Witwe Sybil. »Sie kostete ihn Jahre und erforderte Dutzende von PR-Gags.«

Es gibt keine schriftlichen Aufzeichnungen darüber, wie Brand zu der Kampagne gegen Marilyn Monroe stand. Doch Rupert Allan behauptete, daß Brand »die Monroe inzwischen verachtete«.

Brand übertrug die Kampagne von Anfang an seinem Assistenten Perry Lieber, der von der Filmgesellschaft RKO zur Fox gewechselt war. Bei RKO hatte Lieber eine Reihe besonders schriller Kampagnen für Howard Hughes geleitet, den exzentrischen Milliardär, der zwischen 1948 und 1954 Eigentümer der RKO gewesen war. »Für eine Schlagzeile war Lieber zu allem fähig«, sagte Harriet Parsons, Louella Parsons Tochter, die während Liebers Zeit als Werbechef Produzentin bei RKO war. »Es kümmerte ihn nicht, ob die Nachricht gut oder schlecht war – Hauptsache, sie nutzte dem Film, für den er gerade arbeitete.«

Im Jahre 1952 hätte Lieber bei einer ähnlichen Kampagne beinahe Marilyns Karriere ruiniert. Sie hatte sich gerade einen Namen gemacht, als die Fox sie an RKO für das Hafen-Melodram *Vor dem neuen Tag* mit Barbara Stanwyck und Paul Douglas auslieh.

Um *Vor dem neuen Tag* auf die Titelseiten zu bringen, gab Lieber der Journalistin Aline Mosby von United Press International den Tip, daß Marilyn 1949, als sie mit der Miete im Rückstand gewesen sei, nackt für einen Kalender posiert habe. Lieber schickte ihr sogar ein Exemplar des Kalenders, auf dem sich eine honigblonde Monroe auf rotem Samt räkelte. Marilyn habe für die Aktfotos 50 Dollar erhalten und mit dem Geld eine Räumungsklage verhindert.

Aline Mosbys Story erschien auf den Titelseiten in ganz Amerika. »In Autowerkstätten und Friseursalons im ganzen Land hängt das Foto einer schönen, nackten Blondine aus einem Kalender des Jahres 1952«, schrieb Mosby. »Und heute hat Marilyn Monroe zugegeben, daß sie diese Schöne ist.«

Zwei Tage zuvor hatten die Fox-Manager Marilyn aufgefordert, öffentlich abzustreiten, daß sie das Mädchen auf dem roten Samtlaken sei. Doch statt dessen hatte Marilyn eine Pressekonferenz gegeben und erklärt: »Ich war im Studio-Club eine Woche mit der Miete im Rückstand. Ich brauchte die 50 Dollar, und Tom Kelly, der Fotograf, glaubte nicht, daß mich jemand erkennen würde.«

Nach mehreren angstvollen Tagen stellten Zanuck und Skouras überrascht fest, daß Marilyn die Situation durch ihre Ehrlichkeit gerettet hatte. Die Briefe, die bei der Fox eingingen, belegten, daß das Publikum auf Marilyns Seite stand.

Doch Marilyn war nur knapp an einer Katastrophe vorbeigeschlittert, und das verzieh sie Lieber nie.

Bei seiner Anti-Monroe-Kampagne 1962 setzte Lieber auf Gerüchte und Anspielungen und schreckte auch vor offenem Rufmord nicht zurück.

Die erste Pressemitteilung schickte er an Louella Parsons. Die alte Kolumnistin war von der Kraßheit der Enthüllungen schockiert. Unter anderem wurde behauptet, daß Marilyn »halb verrückt« sei und stundenlang nackt vor dem Spiegel in ihrer Garderobe sitze. Und die berühmte Nacktbadeszene sei dadurch zustande gekommen, daß die Monroe plötzlich ihren Bikini von Jean Louis ausgezogen habe. »Monroe war high und wußte nicht einmal, wo sie war«, erklärte Lieber.

Louella Parsons sprach mit einigen wichtigen Kontaktleuten bei der Fox und kam bald dahinter, daß die Gerüchte nicht stimmten. Gleichwohl erschienen Versionen der Story in der *New York Times*, in Hedda Hoppers Kolumne und in der *New York Post*.

Die Twentieth Century-Fox unterhielt einen Stab von 20 Presseagenten an beiden Küsten, die von einem Heer von Fotografen und anderen Mitarbeitern unterstützt wurden. Dieser ganze Apparat wurde in die Monroe-Kampagne eingeschaltet. Neben Brand, Lieber und Einfeld waren auch die ehemaligen Sensationsreporter Frank Neill und John Campbell maßgeblich beteiligt. Sie hatten dem Team angehört, das Marilyn zu Starruhm verholfen hatte.

So wie Dr. Frankenstein sein Monster zerstörte, begannen nun Brand und sein Team, Stück um Stück den Star zu demontieren, den sie selbst aufgebaut hatten.

Es ist nur wenig bekannt, daß Marilyns Aufstieg mit einer Wette zwischen Brand und dem früheren Fox-Präsidenten Joseph Schenck begonnen hatte. »Harry und ich waren 1950 auf einer Dinnerparty«, erzählte Sybil Brand. »Dabei mokierte sich Schenck über die Nutzlosigkeit der Publicity-Abteilungen. Harry erwiderte, daß es in erster Linie von den PR-Leuten abhänge, ob jemand ein Star werde.«

»Wenn er gut genug ist, wird er so oder so ein Star«, antwortete Schenck.

»Da täuschen Sie sich, Joe«, sagte Brand ärgerlich. »Ich kann jedes unbekannte Starlet, das die Fox unter Vertrag hat, zu einem Filmstar machen. Darauf wette ich 10 000 Dollar.«

Schenck nahm die Herausforderung an. »Okay, Brand«, sagte er. »Aber Sie wählen das Starlet aus.«

»Ich dachte sofort an Marilyn Monroe«, sagte Sybil Brand. »Nur wenige kannten sie damals, und Harry und Joe waren einverstanden. Wir alle kennen das Ergebnis. So leicht hatte Harry noch nie zehn Riesen verdient.«

Einige Wochen später begann Brand mit einem Werbefeldzug für Marilyn Monroe. Bald war sie dank ihrer ständigen Präsenz in den Fanmagazinen allgemein bekannt. »Harry machte sie berühmt, bevor auch nur einer ihrer größeren Filme in die Kinos kam«, erinnerte sich Sybil.

»Die Versandabteilung der Fox führte jede Woche Listen, in denen genau festgehalten wurde, wie oft Fotos von jedem Star angefordert wurden«, sagte Maurice Zolotow. »Und Marilyns Name rangierte bald ganz oben auf der Liste.«

Zanuck wurde mißtrauisch. Er glaubte, Brand spiele den »Starmacher« und bevorzuge Marilyn gegenüber den anderen Starlets. Brand wurde in die Chefetage gerufen. »Ich glaube«, sagte Zanuck, »daß Ihre Abteilung insgeheim eine Kampagne für Marilyn Monroe führt. Ich will, daß Sie damit aufhören.« Aber irgendwie gelang es Brand, Zanuck davon zu überzeugen, daß Marilyn über Nacht zu einer Sensation geworden sei und daß das Publikum, ganz plötzlich und unerwartet, gar nicht genug von ihr bekommen könne.

Die Zuneigung zwischen Marilyn und den PR-Leuten beruhte anfangs auf Gegenseitigkeit. Die willige Schauspielerin und die mächtige Abteilung waren ein ideales Gespann. Marilyn stand für jeden PR-Gag zur Verfügung, so trivial oder einfältig er auch sein mochte. Und Harry Brands Team war immer dann zur Stelle, wenn ihre Karriere wieder einmal einen kräftigen Schub benötigte. Als Zanuck beispielsweise nicht glauben wollte, daß Marilyn gut genug singen und tanzen könne, um die Hauptrolle in *Blondinen bevorzugt* zu übernehmen, fand Brand einen Weg, ihn vom Gegenteil zu überzeugen.

Er überredete die Offiziere der Camp Pendleton Marine Base, Marilyn Monroe bei der Jubiläumsfeier des Stützpunkts als Hauptattraktion auftreten zu lassen. Sie tanzte vor 10 000 Marineinfanteristen und sang vier Songs, darunter »Diamonds Are a Girl's Best Friend«. Brand hatte dafür gesorgt, daß zahlreiche Kolumnisten, Rundfunkreporter und Fotografen im Publikum saßen, deshalb berichteten die Medien ausführlich über den Auftritt.

Jetzt war Zanuck überzeugt: Statt Betty Grable, für die man die Rechte an *Blondinen bevorzugt* erworben hatte, erhielt nun Marilyn Monroe die Rolle.

»Aber Marilyn wurde so groß, daß sie den ganzen Werberummel nicht mehr brauchte«, sagte Rupert Allan. »Wenn überhaupt, dann brauchte sie Mitte der fünfziger Jahre ›weniger Presse‹. Als Marilyn daranging, das Image der blonden Sexbombe abzuschütteln, glaubte man in der PR-Abteilung, sie habe sich gegen sie gewendet.«

Allan glaubte auch, daß Brand und viele seiner Untergebenen »Marilyn Monroe inzwischen verabscheuten«.

Die Animositäten traten erstmals 1954 zutage, als Marilyn lieber aussetzen wollte, als den Film *Rosa Trikot* zu drehen. Sie bezeichnete den Film als »billig und ausbeuterisch«. Brand startete daraufhin eine negative PR-Kampagne.

Er schickte folgende Erklärung an Associated Press: »Niemand mehr wird mit Marilyn Monroe fertig. Niemand kann ihr Ratschläge erteilen. Wir bekommen jeden Tag 200 Briefe, daß wir sie feuern sollten.«

Hedda Hopper ließ er die Stellungnahme »eines Studioverantwortlichen« zukommen, in der es hieß: »Marilyn verhält sich abscheulich. Sie hat eine fünfjährige Ausbildung erhalten – genug, um zehn brauchbare Schauspieler hervorzubringen. Doch sie kann immer noch nicht spielen.«

Drei Jahre später, als Marilyn ihren Gewaltakt in *Bus Stop* vollführte, startete Brand eine herablassende Kampagne, in deren Mittelpunkt der Satz »Marilyn spielt« stand.

Die Romanze war offensichtlich vorüber. Aber all diese Vorkommnisse waren nur Nadelstiche im Vergleich zu der negativen Presse, die 1962 Marilyns Rauswurf begleitete.

Der Grundstein für die Kampagne gegen sie wurde Mitte Mai gelegt, als Lieber Reportern gegenüber andeutete, daß Marilyn hypochondrisch veranlagt sei. Außerdem, so erzählte er Parsons, »schläft sie tagsüber und hängt jede Nacht auf Parties rum«.

Geschickt lancierte Lieber Gerüchte über Marilyns Krankheit, die den Verdacht nahelegten, daß sie gar nicht wirklich krank war. Obwohl er die Diagnose »Nebenhöhlenentzündung« der Fox-Ärzte schriftlich vorliegen hatte, machte er »nichtspezifizierte Krankheiten« für ihr Fernbleiben verantwortlich und weckte damit den Eindruck, daß sie nur simulierte.

Als ein Reporter der *Los Angeles Times* bei der Fox nachfragte, ob sich Marilyn Monroe von ihrer Krankheit wieder erholt habe, fragte ein Sprecher zurück: »Von welcher Krankheit?«

Die meisten Verantwortlichen der Fox hielten die Kampagne für angemessen. Mit Ausnahme von Henry Weinstein wollte keiner der Studiobosse glauben, daß Marilyn krank war. In einem Bericht an Skouras in New York war von »Blaumachen« die Rede. Der ganze Vorfall, so ein PR-Mann, sei nur ein Versuch, mehr Geld herauszuschlagen und die Fox zu zwingen, *Something's Got to Give* fallenzulassen.

Doch das war nur das Vorspiel. Erst am Mittwoch, dem 6. Juni, also zwei Tage vor Marilyns Entlassung, lief die Kampagne voll an. In der Abteilung herrschte geschäftiges Treiben. Die PR-Leute arbeiteten bis in die Nacht hinein an einer Reihe wirkungsvoller Verlautbarungen für eine Gruppe handverlesener Journalisten.

Am Mittwoch nachmittag rief Frank Neill den New Yorker Kolumnisten Harrison Carroll an und teilte ihm mit, daß »gegen Marilyn Monroe gewisse drastische Maßnahmen erwogen werden«.

Am nächsten Morgen gingen bei Associated Press verschiedene Zitate eines namentlich nicht genannten Fox-Verantwortlichen ein: »Es muß etwas geschehen mit diesen unprofessionellen Stars – Marilyn Monroe eingeschlossen. Wir müssen ihnen aufs Dach steigen oder sie feuern.«

Dieselbe Quelle wurde mit den Worten zitiert: »Wir hatten ein fertiges Drehbuch, aber Marilyn bestand darauf, es jeden Tag umzuschreiben.«

Sheilah Graham, die sich immer noch in London aufhielt, erhielt am Freitag über Telex die folgende Erklärung von Henry Weinstein: »Marilyn ist nicht krank – ich habe keine offizielle Krankmeldung bekommen. Ich weiß nur, daß sie nicht zur Arbeit erscheint. Wir können das nicht länger hinnehmen. Ihr häufiges Fehlen hat das Studio über eine Million Dollar gekostet.«

»Das habe ich nie gesagt und mit niemandem darüber gesprochen«, sagte Weinstein. »Natürlich war Marilyn krank. Ich wußte besser als jeder andere, wie krank sie war, aber sie veröffentlichten diese Erklärungen einfach unter meinem Namen. Die Jungs in der PR-Abteilung hatten völlig freie Hand. Tatsächlich war ich nach dem 6. Juni gar nicht mehr da. Ich hatte bereits aus Protest gekündigt und arbeitete bei Metro-Goldwyn-Mayer.«

Am selben Nachmittag erhielt auch Vernon Scott vom *Los Angeles Herald Examiner* ein angebliches Weinstein-Statement: »Durch ihr mutwilliges und verantwortungsloses Verhalten hat Marilyn Monroe den Männern, die von der Arbeit an diesem Film ihre Familien ernähren, buchstäblich das Brot aus dem Mund genommen.«

Weinstein lachte laut, als er das las. »So hätte ich mich niemals ausgedrückt.«

Am selben Abend schickte einer von Einfelds Männern an Murray Schumach von der *New York Times* die folgende Erklärung (angeblich von Peter Levathes): »Miss Monroe ist nicht einfach launisch, sie ist psychisch krank, vielleicht sogar ernsthaft.«

»Das habe ich weder gesagt noch gedacht«, sagte Levathes, der zu dem Zeitpunkt, als er diese Vorwürfe erhoben haben soll, in London weilte.

In den folgenden Tagen ließ sich die Abteilung immer neue Anschuldigungen einfallen, um den Star zu diskreditieren.

Am Donnerstag nachmittag gab sie rechtzeitig eine Erklärung zu Marilyns vorzeitiger Entlassung heraus, so daß die Nachricht landesweit in über 200 Wochenendzeitungen als Aufmacher erscheinen konnte.

Darin hieß es unter anderem: »Miss Monroe hat in vielen Fällen keine Entschuldigung für ihr Nichterscheinen vorbringen können. Miss Monroes wiederholte und bewußte Verletzung des Vertrags hat uns zu diesem Schritt gezwungen.«

Als Studioarzt Lee Siegel gegen diese »offenkundige Lüge« protestierte, befahl ihm Phil Feldman, sich herauszuhalten.

Marilyns Presseagentin Pat Newcomb versuchte zurückzuschlagen. »Ich habe damals wie heute immer wieder betont, daß der Studioarzt Marilyn am Anfang der letzten Woche untersuchte und ihr empfahl, zu Hause zu bleiben. Er sagte, sie sei zu krank, um zu arbeiten. Und dann wurde sie vom Studio entlassen.«

Die Presseagenten des Studios telegraphierten ein Kommuniqué zu der Entlassung an Associated Press und United Press International.

Per Kurier wurde es auch sieben Fernsehsendern in Los Angeles zugestellt.

Ralph Greenson war empört, als er aus dem Autoradio von der Entlassung erfuhr. Feldman hatte ihm und Rudin versprochen, daß es bis Montag keine Presseerklärungen geben würde.

Lieber sicherte sich auch die Schützenhilfe seiner alten Freundin Joan Crawford, die Marilyn schon früher öffentlich attackiert hatte. Lieber zählte darauf, daß Crawford in aller Welt für Schlagzeilen sorgen würde.

Crawford hatte Marilyn Monroe bei einer von Joe Schencks Parties Ende der vierziger Jahre kennengelernt. Nachdem sie eine Weile beobachtet hatte, wie sich Marilyn zwischen den Gästen bewegte, ging sie auf sie zu und sagte: »Ich glaube, ich könnte Ihnen eine große Hilfe sein, wenn Sie wollen. Zum Beispiel ist das weiße Strickkleid, das Sie tragen, für eine Dinnerparty dieser Art höchst unpassend.«

Einige Wochen später kam Marilyn zum Lunch in Crawfords Haus in Brentwood. Die Gastgeberin hielt Marilyn einen Vortrag, was sie tragen könne und was nicht. Es kam zu einem scharfen Wortwechsel. Danach verweigerte die Monroe jeden weiteren Kontakt.

Die gegenseitige Abneigung der beiden Schauspielerinnen wurde bei einer Preisverleihung der Zeitschrift *Photoplay* offenkundig. Marilyn hatte dabei einen spektakulären Auftritt und stahl mit ihrem freizügigen Goldlamé-Kleid allen anderen die Show. Joan Crawford konnte nur mit Mühe ihre Wut im Zaum halten.

Später gab Joan Crawford eine Pressekonferenz. »Marilyn Monroe begeht den Fehler, daß sie ihrer eigenen Publicity glaubt«, sagte sie. »Aber das Publikum möchte sehen, daß Schauspielerinnen hinter der ganzen Fassade auch Damen sind. Die Kinobesucher wollen nicht so aufdringlich mit Sex konfrontiert werden. Was da bei der Preisverleihung vor sich ging, war eine Posse.«

Marilyn stellte Joan Crawford auch diesmal in den Schatten: Sie sagte den Journalisten nur, daß sie sich verletzt fühle.

Der Ärger muß jahrelang an Joan Crawford genagt haben, denn sie kam Liebers Bitte um Schützenhilfe sofort nach. »Marilyn ist ein Kind«, erklärte sie den Reportern. »Sie ist zwar alt genug, um eine Frau zu sein, sie ist aber keine.«

Joan Crawfords eigener Werdegang war alles andere als makellos. Mitte der zwanziger Jahre hieß sie noch Lucille Le Sueur und war bekannt für ihre häufigen Wutanfälle. Ende der zwanziger Jahre nutzte sie wie Marilyn ihren Körper und ihren Sex-Appeal, um Popularität zu erlangen. In späteren Jahren wurde sie vom Alkohol ebenso abhängig wie Marilyn von Drogen.

Auch Cukor wurde um seine Dienste gebeten und kam diesem Ansinnen mit Begeisterung nach. Hedda Hopper stand seit 30 Jahren in seiner Schuld; das nutzte er aus und ließ sich von ihr interviewen. Seine leidenschaftlichen Auslassungen trugen mehr als alles andere dazu bei, Marilyns berufliche Reputation zu zerstören.

»Jetzt ist das arme Ding endgültig übergeschnappt«, erklärte Cukor nach den Notizen, die sich in Hedda Hoppers Papieren fanden. »Das traurige dabei ist, daß das bißchen Arbeit, das wir geleistet haben, unbrauchbar ist. Sie verhält sich in gewisser Weise rücksichtslos. Das Studio hat ihr in jeder Beziehung nachgegeben.«

»Was, glauben Sie, wird nun aus ihr?« fragte Hopper.

»Ich glaube, Hedda, dies ist das Ende ihrer Karriere.«

Hedda Hopper, eine Verehrerin Cukors seit den goldenen Zwanzigern, hielt den Regisseur für eine unschätzbare Informationsquelle – Hollywoods heißeste Story war geboren.

Gegen Ende des Interviews sagte der Regisseur: »Bitte erwähnen Sie meinen Namen nicht. Was ich Ihnen erzählt habe, ist vertraulich.«

Zwei Tage später leitete Hedda Hopper ihre Klatschspalte mit dem vernichtenden Satz ein: »Marilyn Monroes Karriere ist zu Ende, und sie weiß es.«

An diesem Samstag veranstalteten die Werbeagenten eine »Phantom-Pressekonferenz« mit drei Beteiligten: George Cukor, Henry Weinstein und Peter G. Levathes. Die PR-Leute wußten, daß die Reporter und Journalisten einer Pressekonferenz viel eher Beachtung schenken würden als einer routinemäßigen Pressemitteilung.

Sie stellten deshalb eine Pressemappe zusammen, die Auszüge aus der offiziellen Erklärung und lange Statements der drei Männer enthielt. Cukor wurde mit seiner Aussage über den Geisteszustand des Stars zitiert, Levathes mit der Bemerkung, er habe die Monroe wegen der Kennedy-Gala gefeuert, und Weinstein kommentierte »Marilyns Nicht-Krankheit«.

Arglos, wie man damals war, machte sich kein Medienvertreter die Mühe zu überprüfen, ob eine solche Pressekonferenz tatsächlich stattgefunden hatte. Hätte es jemand getan, so hätte er feststellen müssen, daß Levathes in New York weilte, Cukor die Stadt für ein verlängertes Wochenende verlassen hatte und Weinstein bereits an Besprechungen bei Metro-Goldwyn-Mayer teilnahm.

»Sie hat nie stattgefunden«, gestand Levathes ein. »Die PR-Abteilungen machten damals, was sie wollten.«

Am Sonntag und Montag schließlich holte die PR-Abteilung zum Gnadenstoß aus. Die Werbeleute wußten, wie stolz Marilyn auf ihre Kontakte zu den einfachen Arbeitern im Studio war – zu den Elektrikern, Zimmerleuten, Requisiteuren. Deshalb entwarfen sie eine Anzeige, die in der nächsten Ausgabe der Zeitschrift *Weekly Variety* erscheinen sollte.

Der Text war einfach formuliert und bestand nur aus wenigen Zeilen. Die Unterzeichner – »das Team von *Something's Got to Give*« – dankten Marilyn Monroe »für den Verlust ihres Arbeitsplatzes«.

Da die Anzeige später in der Woche erscheinen sollte, wollte man erst am Montag Einzelheiten durchsickern lassen.

Doch einer der PR-Leute hielt nicht dicht, und als Marilyn Monroe die Meldung am Sonntag morgen in einer Nachrichtensendung hörte, brach sie in Tränen aus. »Ist das wahr? Hassen sie mich wirklich?« fragte sie ihren Freund Whitey Snyder.

»Nein, Honey«, antwortete Snyder. »Es ist nicht wahr. Ehrlich, ich höre das zum erstenmal.«

»Diese Sache wirkte natürlich vernichtend auf sie«, sagte Rupert Allan, der sie am selben Tag aus Übersee anrief.

In Wahrheit stand fast das ganze Team auf Marilyns Seite. Bei den Recherchen zu diesem Buch wurden 23 der 30 noch lebenden Mitglieder des Teams telefonisch befragt. Keiner hatte sich an irgendeinem Protest gegen Marilyn Monroe beteiligt.

»Wir haben keine Anzeige aufgegeben«, erinnerte sich Regieassistent Buck Hall. »Das kam von anderer Seite. Glauben Sie mir, ich hätte es mitbekommen, wenn das Team eine solche Anzeige veröffentlicht hätte.«

Doch Marilyn ließ sich nicht einmal von ihrem eigenen Presseagenten Rupert Allan davon überzeugen, daß das Studio die Anzeige bezahlt und in die Zeitung gebracht hatte. »Sie schickte allen Mitgliedern des Teams ein Telegramm«, sagte Allan. »Darin hieß es unter anderem: ›Ich bin nicht daran schuld.‹«

Als nächstes griffen die PR-Leute der Fox in das umfangreiche biographische Archiv der Filmgesellschaft. Sie planten, Marilyns Lebensgeschichte als Munition gegen sie zu verwenden.

Im Verlauf der vergangenen zehn Jahre hatte Marilyn Journalisten wie John Campbell und Frank Neill immer wieder ihr Herz ausgeschüttet, dabei über ihre Depressionen und insbesondere über ihre Kindheit gesprochen, die sie wie eine Waise erlebt hatte. Zwischen 1949 und 1957 hatte sie Journalisten und Sekretären über 200 000 Wörter in die Blöcke diktiert – eine Art innerer Monolog über ihren atemberaubenden Werdegang zum Star.

Die PR-Abteilung der Fox hatte ferner Zugang zu den vertraulichen Akten von allen Monroe-Filmen. Die Berichte über ihre Fehlzeiten, ihren Drogenmißbrauch und ihre Temperamentsausbrüche lieferten genügend journalistischen Stoff für jemanden, der ihrer Karriere ein für allemal ein Ende bereiten wollte.

»Die wollten sie auf Teufel komm raus fertigmachen«, sagte Rupert Allan. »Die Rücksichtslosigkeit begann schon bei Harry Brand. Wegen irgendeiner längst vergessenen Lappalie haßte er Marilyn. Er verachtete sie. Ständig erzählte er mir gemeine, schmutzige Geschichten über sie, riß vulgäre Witze und ließ sexuelle Andeutungen fallen, und das, obwohl er wußte, daß ich mit ihr befreundet war und ihre Interessen vertrat. Da kann man sich vorstellen, was er erst ihren Feinden erzählte.«

Die PR-Leute der Fox zerrten zwei sehr private Kümmernisse Marilyns ans Licht – ihre Angst, geisteskrank zu werden, und ihre lange Zeit geheim gehaltenen Lernschwierigkeiten. Geschickt und heimtückisch wendeten sie diese Schwächen gegen ihr Opfer.

Als deutlich wurde, wie weit die Fox-Leute zu gehen bereit waren, überkam Marilyns Helfer, die in ihrem Haus in Brentwood versammelt waren, ein Gefühl der Entmutigung. Und als in den Artikeln erstmals auf Marilyns »psychische Probleme« angespielt wurde, beschloß Greenson, ihr diesen Umstand so lange wie möglich zu verschweigen.

Aber seine Diskretion zögerte den Zeitpunkt der hysterischen Reaktion nur hinaus, die angesichts Marilyns Angst vor einer Geisteskrankheit unvermeidlich war.

»Sie war nicht geistesgestört, aber ihre Angst war tief verwurzelt«, sagte die Schriftstellerin Lucy Freeman, eine Vertraute Greensons. »Sie hatte eine entsetzliche Angst davor, geisteskrank zu werden.«

Um genauer zu sein: Marilyn Monroe befürchtete, daß sie durch die mütterliche Linie ihrer Familie erblich vorbelastet sei und zur Schizophrenie neige. Sie glaubte, daß diese Krankheit tief in ihr schlummerte und jederzeit ausbrechen konnte.

Dieses Schreckbild hatte Marilyn Nacht für Nacht vor Augen. Tatsächlich hatten die Psychosen ihrer Angehörigen ihre frühesten Kindheitseindrücke geprägt. Während sich die meisten Kinder mit einem Gefühl der Wärme und Geborgenheit an ihre Großmutter erinnern, waren Marilyns Erinnerungen entsetzlich.

Als Marilyn Monroe 18 Monate alt war, versuchte Della Monroe, ihre Großmutter, sie in einem Wutanfall zu ersticken. Marilyns Pflegeeltern erinnerten sich, daß »Della den wirren Blick einer Verrückten« hatte.

»Man sagt mir, daß ich mich unmöglich daran erinnern könne«, sagte Marilyn zu Ralph Roberts. »Aber ich erinnere mich daran ... es war furchtbar.« Als Marilyn – die damals noch Norma Jean Mortenson hieß – vier Jahre alt war, wurde Della Monroe in eine Pflegeanstalt eingewiesen, und auch Marilyns Mutter, Gladys Baker, litt bereits unter schweren psychischen Störungen.

Marilyn war zehn Jahre alt, als auch Gladys Baker zum erstenmal in eine private psychiatrische Klinik eingewiesen wurde. Gladys blieb fast den ganzen Rest ihres Lebens in der Psychiatrie.

Marilyn wußte auch, daß dem Zusammenbruch ihrer Mutter eine Reihe von Wutausbrüchen vorausgegangen war (ihre Mutter war damals Mitte Dreißig), die denen ähnelten, die sie selbst bei den Dreharbeiten zu *Something's Got to Give* hatte.

»Sie wußte, daß sie lernen mußte, ihre Wut irgendwie zu beherrschen, wenn sie nicht dem Wahnsinn verfallen wollte, der ihre Mutter und ihre Großmutter in die Irrenanstalt gebracht hatte«, sagte Harold Rollyson, einer von Marilyns Biographen. »Sie befürchtete, daß ihre ganze Therapie nutzlos gewesen sein könnte.«

Zwischen 1957 und 1962 hatte Marilyn mehr als 150 000 Dollar für psychiatrische Behandlungen und Krankenhausaufenthalte ausgegeben. Und jetzt hatte sie das Gefühl, daß sie damit nur ihr Geld und ihre Zeit verschwendet hatte.

Sie zweifelte auch am Nutzen der täglichen Sitzungen mit Ralph Greenson, die manchmal Stunden dauerten.

Slatzer bemerkte, daß Marilyn Monroe oft versuchte, sich vor den Sitzungen zu drücken. »Marilyn rief dann die Sekretärin an und sagte ihr, daß sie heute keine Sitzung brauche. Ein paar Minuten später rief Greenson zurück und sagte: ›Sie müssen kommen.‹«

Freunden wie Ralph Roberts und Rupert Allan erzählte Marilyn, daß sie dazu übergegangen sei, sich für Greenson komplizierte Phantasien auszudenken. Sie machte sich sogar Notizen zu bestimmten Symptomen und Gefühlen, von denen sie glaubte, daß Greenson sie hören wollte. Sie nahm sogar »vorgetäuschte Monologe« auf ihrem kleinen Tonbandgerät auf und bot sie Greenson als Ersatz für quälende Therapiesitzungen an.

An einem Nachmittag im Juni beschwerte sich Marilyn bei Slatzer: »Bob, ich weiß nicht, was ich ihm erzählen soll. Ich halte es nicht mehr aus. Ich hasse es, zu diesen Sitzungen gezwungen zu werden.«

»Was passiert denn, wenn du nichts zu erzählen hast?« fragte Slatzer.

Sie lächelte verschmitzt. »Ich erfinde etwas. Ich erzähle ihm Dinge, die nie passiert sind. Er hat ja keine Möglichkeit, es nachzuprüfen.«

»Sie hätte sich vielleicht sogar aus ihrer Abhängigkeit von den Psychiatern lösen können«, überlegte Rupert Allan. »Meiner Meinung nach haben sie ihr mehr geschadet als genutzt.«

Auch Ralph Roberts war dieser Ansicht. »Kurz nach der Kennedy-Gala gab ich ihr eine Massage. Während ich ihr die Füße massierte, sagte sie: ›Ralph, solltest du jemals erfahren, daß man mich in eine Klinik eingeliefert hat, dann komm bitte und mach den Leuten klar, daß ich nur eine Massage brauche.‹ Es war eine alberne Bemerkung, aber sie machte sie aus tiefster Überzeugung.«

Die Entlassung durch die Fox trieb Marilyn Monroe wieder in Greensons Praxis zurück. Kaum kursierten die ersten Gerüchte über ihre vermeintliche Geisteskrankheit, stellten sich wieder Schlaflosigkeit und nächtliche Angstzustände bei ihr ein.

Dann verschärfte die Fox die Kampagne.

Mit Hilfe gezielter Indiskretionen ließ das Studio Einzelheiten über das »verlorene Wochenende« durchsickern. In Rom erzählte ein Werbeagent der Kolumnistin Sheila Graham, daß »Marilyn ihren Text nicht mehr behalten kann. Cukor setzt ihren Dialog Wort für Wort zusammen.«

Der Vorfall, bei dem sie »Darling, Nick« und »Nick, Darling« verwechselt hatte, wurde in der ganzen Stadt verbreitet und sollte beweisen, daß sie allmählich den Boden unter den Füßen verlor.

Tatsächlich waren Marilyns Lernschwierigkeiten seit Beginn ihrer Karriere im Studio ein wohlgehütetes Geheimnis. Schon bei *Niagara* hatte sie Wörter in einer Art und Weise verdreht, die typisch war für Dyslektiker. Nachdem sie bei *Wie angelt man sich einen Millionär?* einen einzigen Satz zweiundzwanzigmal verpatzt hatte, erklärte Lee Siegel dem Drehbuchautor Nunnally Johnson: »Sie hat Schwierigkeiten beim Erfassen und Aufnehmen von Wörtern. Ihr Gedächtnis ist völlig in Ordnung.«

Das Umstellen von Wörtern gab sie mitunter der Lächerlichkeit preis. Doch sie bekam das Problem während ihrer gesamten Karriere nie in den Griff.

Bei den Dreharbeiten zu *Nicht gesellschaftsfähig* stöhnten John Huston und die übrigen Schauspieler unter 39 Grad Hitze, während Marilyn mehrmals ihre Eingangszeile verpatzte.

Sie sollte auf Clark Gable zurennen und sagen: »Hier sind wir!« Beim ersten Take schwankte sie auf ihren Stöckelschuhen herein und murmelte: »Wir sind hier!«

Huston war geduldig. »Meine liebe Marilyn, die Zeile lautet: ›Hier sind wir!‹«

Sie patzte noch zweimal. Später sagte sie zu Arthur Miller, daß es keine Rolle spiele, wenn sie eine Textzeile durcheinanderbringe. »Hauptsache, der Sinn ist der gleiche.«

Eine problematische Lösung, wie sich bei den Dreharbeiten zu *Manche mögen's heiß* zeigte. Sie sollte in die Szenerie schwanken und atemlos sagen: »Wo ist der Bourbon?« Statt dessen sagte sie: »Wo ist das

Bonbon?« Nach vier Stunden ließ der Regisseur Billy Wilder kleine Zettel mit dem Text auf die Schubladen kleben, die Marilyn öffnen mußte.

Doch auch das half nicht. Es war offenkundig, daß sie den Text falsch ablas. Sie litt unter einer klassischen Lesestörung – sie brachte Wörter und Buchstaben durcheinander.

Nicht bekannt war im Studio, daß sie auch an der Menièreschen Krankheit litt – einer Erkrankung des inneren Ohrs, die leichte Schwindelanfälle, Ohrensausen und einseitige Schwerhörigkeit zur Folge hat. Deshalb verstand sie George Cukors Anweisungen häufig nicht richtig. »Ihre Zerstreutheit war nicht zuletzt dieser Hörbehinderung zuzuschreiben«, sagte Rupert Allan.

Auch ihre sonstigen Probleme bei den Dreharbeiten paßten zu ihren allgemeinen Lernschwierigkeiten. Man könnte meinen, Wilma Jo Bush und Kenneth Wough hätten Marilyn vor Augen gehabt, als sie in ihrem Buch *Diagnosing Learning Problems* die Symptome beschrieben: »Impulsives, aufbrausendes Verhalten; geringe Frustrationstoleranz; schlechtes Kurzzeitgedächtnis; abnorm leichter Schlaf; Verwirrung bei Anweisungen.«

Die PR-Leute der Fox benutzten diese physischen Schwächen, um den Nachweis zu führen, daß Marilyn auf das Ende ihrer Karriere zusteuerte.

All diese Schwierigkeiten, dazu Marilyns berüchtigtes Temperament, lieferten die Argumente für eine branchenweite Verurteilung.

Der Sturm der katastrophalen Publicity schien zunächst unaufhaltbar. Am vierten Tag der Kampagne sagte Hedda Hopper zu ihrem Assistenten Jaik Rosenstein: »Das könnte ihr Ende bedeuten – privat und beruflich.«

Selbst die seriöse *Los Angeles Times* schrieb: »Die Tage des Starrummels sind gezählt.«

Als der Sturm am Freitag nachmittag losbrach, war Marilyn Monroe ein paar Stunden lang völlig verstört. In gewissen Abständen brach sie in Tränen aus oder sank halb ohnmächtig auf ihr weißes Sofa, während Eunice Murray ständig Dom Pérignon nachschenkte.

Greenson hielt zwei Stunden lang Händchen, und Pat Newcomb wurde von der Presse mit Fragen bombadiert.

Viele Autoren haben behauptet, Marilyn Monroe habe einsam in ihrem Haus in Brentwood vor sich hin gebrütet.

Tatsächlich aber wich ihre Niedergeschlagenheit schon am Abend der Wut. Marilyn hatte schon immer die Fähigkeit besessen, einen Schritt zurückzutreten und einen distanzierten Blick auf dieses überbelichtete Wesen zu werfen, das Marilyn Monroe hieß. So betrachtet, war es schier unglaublich, daß es jemand gewagt hatte, sie zu entlassen!

»Anfangs konnte sie gar nicht glauben, daß es tatsächlich passiert war«, erinnerte sich Allan. »Man hatte ihr schon öfter damit gedroht, doch sie hatte es immer wieder abgewendet.«

Als Ralph Roberts am Samstag wie üblich zur Massage kam, fand er eine kampfbereite Marilyn Monroe vor. »Du weißt doch, daß sie mich wegen Elizabeth Taylor entlassen haben, oder? Sie kann ja nichts dafür, die Fox hat Schuld. Aber ihretwegen haben sie mich gefeuert.«

Roberts stimmte ihr zu.

Später geriet sie noch mehr in Wut. »Wenn sie schon kein Geld mehr mit mir verdienen können, wollen sie wenigstens meine Karriere zerstören, damit auch kein anderer an mir verdient«, sagte sie.

Mehrere Stunden später schlug sie zurück. Als Whitey Snyder und Marjorie Plecher sie besuchten, rief sie Darryl F. Zanuck in Paris an und protestierte gegen das unfaire Vorgehen der Fox. Zanuck, der sich ihr gegenüber immer loyal verhalten hatte, sagte ihr sofort seine Hilfe zu.

Am Wochenende erhielt Marilyn weitere Unterstützung von völlig unerwarteter Seite.

23

Kampf der Titanen

Die Nachricht von Marilyn Monroes Entlassung erreichte das Filmstudio, in dem *Something's Got to Give* gedreht wurde, erst recht spät. An diesem Freitag, dem 8. Juni, warteten Darsteller und Techniker immer noch darauf, daß die Arbeit endlich weiterging.

Die ersten Gerüchte trafen gegen 15.30 Uhr ein, eine halbe Stunde, bevor die erste Meldung von Associated Press in den amerikanischen Rundfunkanstalten gesendet wurde. Zunächst schenkte niemand den Gerüchten Glauben: Ähnliche Stories waren schon am 18. Mai kolportiert worden, als Marilyn in New York bei der Geburtstagsparty des Präsidenten aufgetreten war.

Um 15.45 Uhr klopfte die Friseuse Agnes Flanaghan an Dean Martins Garderobentür. Sie fragte, was er von dem Gerücht halte, daß Kim Novak als Ersatz der Monroe verpflichtet worden sei.

»Das glaube ich nicht, Honey«, sagte Martin. »Davon hätte ich bestimmt schon gehört.«

Aber wenig später machte Buck Hall die Sache offiziell. Er heftete einen Zettel an das Schwarze Brett neben dem Haupteingang von Studio 14: »Studio bis auf weiteres geschlossen – auf Anweisung der Rechtsabteilung.«

Ungefähr zur gleichen Zeit erhielt Whitey Snyder einen Hinweis von einem Mitarbeiter in der Zentrale: Das Studio habe Marilyn entlassen und sogar schon Ersatz für sie gefunden. Lee Remick, die der Fox noch zwei Filme schulde, sei bereits im Kostümfundus, um Marilyns Kostüme anzuprobieren.

Snyder ging zu Martin, der noch seine Golfkleidung trug, da er gerade von einem Spiel im Los Angeles Country Club zurückgekehrt war. »Dean, ich glaube, sie haben Marilyn entlassen«, sagte Snyder.

»Was?« fragte Martin.

»Dean«, erinnerte sich Snyder, »schickte sofort seinen Assistenten ins Produktionsbüro, um der Sache nachzugehen.«

Ein paar Minuten später kam der Assistent zurück. »Stimmt«, sagte er, »Marilyn ist gefeuert worden, und Lee Remick wird die weibliche Hauptrolle übernehmen.«

Martin legte seinen Golfschläger weg, griff nach seinem Mantel und eilte zum Parkplatz. Snyder begleitete ihn ein Stück. »Whitey«, sagte Martin, »in meinem Vertrag steht, daß ich diesen Film mit Marilyn Monroe drehe. So ist es vereinbart und nicht anders. Wir werden weder mit Lee Remick noch mit irgendeiner anderen Schauspielerin drehen.«

Als Martin eine halbe Stunde später nach Hause kam, entlockte ihm Vernon Scott, Hollywood-Reporter von United Press International, ein kurzes Interview. Martin erklärte, daß er die Dreharbeiten verlassen und nicht die Absicht habe zurückzukehren. »Ich habe den größten Respekt vor Miss Remick als Künstlerin«, fuhr Martin fort. »Aber in meinem Vertrag steht, daß ich diesen Film mit Marilyn Monroe drehe.«

Kurz nach 18 Uhr ging folgende UPI-Meldung über den Äther: »Dean Martin zieht sich aus Film der Twentieth Century-Fox aus Protest gegen die Entlassung Marilyn Monroes zurück.« In einem wesentlich längeren Artikel berichtete Scott am nächsten Tag, Martins Agent Herman Citron von der Music Corporation of America (MCA), der damals größten Künstleragentur der Welt, habe die Entscheidung des Schauspielers der Fox bereits mitgeteilt.

Dies war natürlich ein Tiefschlag für die sorgfältig vorbereitete Kampagne der Fox und ihren Versuch, die rebellierenden Aktionäre zu besänftigen – vor allem auch deshalb, weil die Zeitungen Martins Erklärung mehr Raum und dickere Schlagzeilen widmeten als Marilyns Entlassung.

Die Schlagzeile der *New York Daily News* lautete: »Keine MM, kein Martin.« Die *New York Times* war ein wenig zurückhaltender: »Dean Martin kündigt nach Monroes Entlassung.« Die Rundfunk- und Fernsehanstalten brachten die Story ganz groß; im Fernsehen liefen Ausschnitte von der Kennedy-Gala und ein ungefähr 30 Sekunden langer Film über Monroes Kostümproben für *Something's Got to Give*.

Die ganze Woche über hatte Feldman verzweifelt nach einem Ersatz gesucht. Die Schauspielerin mußte als Star so anerkannt sein, daß auch Martin seine Zustimmung gab.

Ganz oben auf Feldmans Liste stand Kim Novak, die ihre Karriere als Kaufhausmannequin und Schönheitskönigin (»Miss Tiefkühltruhe 1952«) begonnen hatte. Sie war die Antwort der Columbia Pictures auf Marilyn Monroe. Auch Gould, Levathes und Skouras favorisierten die rätselhafte Blondine. Doch Kim Novak lehnte das Angebot sofort ab. Auch sie hatte schon einmal unter einem rücksichtslosen Studio (Columbia) und einem despotischen Chef (Harry Cohn) gelitten und sympathisierte deshalb seit langem mit Marilyn Monroe.

Nachdem Feldman von Kim Novak eine Abfuhr erhalten hatte, fragte er am Dienstag bei Shirley MacLaine und am Mittwoch bei Doris Day an. Beide reagierten mißtrauisch auf das Angebot und lehnten nur wenige Stunden später ab. Am Donnerstag morgen war Feldman der Verzweiflung nahe. Dann fiel ihm Lee Remick ein, die der Fox noch zwei Filme schuldete. Er bot ihr 80 000 Dollar Gage für die Rolle der Ellen Arden. Doch Remick fürchtete einen PR-Trick und verlangte die Auszahlung der gesamten Gage bei Vertragsabschluß. Sollte Marilyn Monroe wieder eingesetzt werden, wollte sie das Geld behalten dürfen. Außerdem verlangte sie die Garantie, daß sie in diesem Falle der Fox keine weiteren Filme mehr schuldete.

Die 27jährige Schauspielerin war zu dem Zeitpunkt weder ein Kassenmagnet noch ein großer Star, was sich allerdings schlagartig änderte, als noch im gleichen Jahr ihr Film *Die Tage des Weins und der Rosen* in die Kinos kam. Einige Wochen vor Feldmans Angebot hatte sie einen Vertrag für den Film *Der zweite Mann* unterschrieben. Obwohl die Dreharbeiten unter Regisseur Sir Carol Reed bereits im Juli beginnen sollten, kündigte Lee Remick ihren Vertrag nicht. Sie hatte das unbestimmte Gefühl, daß sie *Something's Got to Give* niemals drehen würde.

Es bleibt unklar, ob die Fox Marilyn Monroe tatsächlich durch Lee Remick ersetzen wollte. Fest steht nur, daß die Presse diese Version übernehmen sollte. Noch bevor Dean Martin von Monroes Entlassung erfuhr, hatten Feldman und Perry Lieber Lee Remick ins Studio gebracht und dort verschiedene Monroe-Kostüme anprobieren lassen. Dabei wurde sie mehrmals mit George Cukor zusammen fotografiert. Auf einem dieser Bilder sitzen sie nebeneinander und lesen im Drehbuch. Auf einem anderen Foto küßt Cukor der Schauspielerin die Hand.

»Ich hatte mit diesem Film nur etwa zwanzig Minuten lang zu tun«, erinnerte sich Lee Remick drei Jahrzehnte später. »Die Sache war sehr unangenehm. Mir war klar, daß wir die ganze Show nur für die Presse abzogen. An dem Film selber hatte ich kein Interesse. Marilyn und ich waren so verschieden, wie zwei Schauspielerinnen nur sein können. Aber das Studio teilte mir mit: ›Wir haben einen Vertrag mit Ihnen, und wir wollen, daß Sie Ihre Verpflichtungen erfüllen.‹«

Während die Fotos aufgenommen wurden, gaben Lieber und John Campbell, der für *Something's Got to Give* zuständige Werbeagent, in Remicks Namen mehrere Pressemitteilungen heraus. Zwei dieser Erklärungen wiesen bemerkenswerte Ähnlichkeiten mit den Statements auf, die das Studio unter Berufung auf einen namentlich nicht genannten »Topmanager in der Zentrale« an AP und UPI geschickt hatte.

Im ersten »Remick-Zitat« wurde Marilyn Monroe als »absolut unprofessionell« gegeißelt. »Sie weigert sich, die Filmbranche als Geschäft anzusehen. Doch in diesem Geschäft wird ein solches Verhalten nicht geduldet.«

Das zweite der sogenannten »Remick-Zitate« war noch deutlicher formuliert.

»Ich glaube«, heißt es darin, »daß man Marilyn ersetzen sollte. Meiner Meinung nach dürfen Schauspieler mit einem solchen Verhalten nicht ungestraft davonkommen. Wegen dieser Art von Verhalten bricht die Filmindustrie um uns herum zusammen. Bei allem Glamour ist es doch immer noch ein ernstes Geschäft. Andere Leute fliegen raus, wenn sie sich wie Marilyn benehmen.«

»So etwas habe ich nie gesagt«, erklärte Remick. »Die ganze Sache war ein PR-Trick. Deshalb haben sie diese Erklärungen unter meinem Namen veröffentlicht. Es war alles sehr demütigend.«

Zu diesem Zeitpunkt war das Manöver mit Lee Remick durch Dean Martins zorniges Interview bereits überflüssig geworden.

Die Fox versuchte fast den ganzen Samstag, Martin dazu zu bewegen, Lee Remick als Partnerin zu akzeptieren oder zumindest öffentlich zu erklären, daß er bereit sei, mit ihr zu arbeiten. Und Feldman war ununterbrochen damit beschäftigt, Botschaften der New Yorker Zentrale an Martin weiterzuleiten. Der Weg war umständlich, denn er führte über Martins Agenten Herman Citron. Als der Schauspieler nicht nachgeben wollte, drohte die Fox, ihn auf Schadenersatz in Millionenhöhe zu verklagen. Als er sich auch davon nicht beeindrucken ließ, wandte sich Feldman über Citrons Kopf hinweg hilfesuchend an MCA-Chef Lew Wasserman.

Doch Feldman erreichte nur, daß sich Martin zu einem Gespräch mit den Studioverantwortlichen bereit erklärte. Es sollte am Montag, dem 11. Juni, stattfinden.

Im November 1961 hatte Marilyn darauf bestanden, daß Dean Martin die Hauptrolle in *Something's Got to Give* spielen sollte, und deshalb einen heftigen Streit mit der Fox provoziert, die lieber James Garner verpflichten wollte.

Jetzt konnte Martin in gewisser Weise seine Schuld abtragen, und Marilyn war von seiner Loyalität gerührt. Am Sonntag abend erhielt sie einen Stapel New Yorker Zeitungen, den der Werbeagent Arthur Jacobs hatte einfliegen lassen. Die dickste Schlagzeile – »Keine MM, kein Martin« – zeigte sie Joan Greenson. »Als sie das sah, war sie ganz aufgeregt«, erinnerte sich Greenson.

Nach Meinung der Fox-Führung verdeutlichte Martins Verhalten die Probleme, vor denen die Studios Anfang der sechziger Jahre standen. »Bei dieser Sache ging es um weit mehr als nur um einen Film oder um zwei Stars«, sagte Peter Levathes. »Die großen Agenturen wie MCA waren eine Bedrohung für die Studios. Sie schnürten sogenannte Paketlösungen, die alles umfaßten: Schauspieler, Drehbuchautoren, Regisseure und sogar Produzenten. Das Studio blieb außen vor. Deswegen stiegen die Kosten immer weiter.«

MCA, die sowohl die Marilyn Monroe Productions als auch Dean Martins Firma Claude Productions vertrat, hatte auch das Paket für *Something's Got to Give* zusammengestellt.

»Die Agenturen wurden immer mächtiger«, sagte Levathes. »Die führenden Agenten glaubten, sie wüßten alles besser als die Studios, und vermasselten uns deshalb das Geschäft.«

Dean Martin hat die Gründe nie offengelegt, die ihn veranlaßten, für Marilyn Monroe seine Karriere und seine Zukunft aufs Spiel zu setzen. Sein Verhalten war jedoch typisch für einen Mann, dessen Filmimage als lässiger, gutmütiger Bursche mit seinem wirklichen Charakter identisch war. Martin, ehemaliger Stahlarbeiter, Preisboxer und Falschspieler, hatte seine Karriere als Sänger in kleinen Clubs begonnen, in denen er abends und an den Wochenenden auftrat. Im Jahr 1946 tat er sich mit dem Komiker Jerry Lewis zusammen und schlüpfte dabei in die Rolle des gutaussehenden, nicht allzu klugen, aufrechten Mannes. Die Partnerschaft zwischen Martin und Lewis währte zehn Jahre. Sie drehten elf Filme zusammen und hatten tausend gemeinsame Auftritte in Nachtclubs.

Mitte der fünfziger Jahre trennten sie sich. Viele Produzenten in Hollywood waren überzeugt, daß Martin als Solist nicht überleben würde. Aber ein halbes Dutzend seiner Songs, darunter »Volare« und »Memories Are Made of This«, kletterten an die Spitzen der Hitlisten und ebneten ihm den Weg zum Superstar in Film und Fernsehen. Im Jahr 1958 stellte er neben den »Rat Packers« Frank Sinatra und Shirley MacLaine in *Verdammt sind sie alle* sein schauspielerisches Talent unter Beweis.

Martins Loyalität gegenüber der Monroe war zwar verständlich, aber alles andere als populär. »Seine Garderobentür wurde mit gehässigen Sprüchen beschmiert«, erinnerte sich die Produktionsassistentin Lee Hanna. »Er bestand auf der Monroe. Deshalb sah es so aus, als könnte der Film nie zu Ende gedreht werden. Das hätte den Verlust von einhundertvier Arbeitsplätzen bedeutet.«

Hedda Hopper warnte den Schauspieler in ihrer Kolumne in der *Los Angeles Times*. »Die Gewerkschaften halten nicht viel von Dean Martins Streik«, schrieb sie und zitierte einen Gewerkschaftsfunktionär mit den Worten: »Dean vernichtet Arbeitsplätze zu einem Zeitpunkt, wo wir alle von Arbeitslosigkeit bedroht sind.«

Außerdem erinnerte Hopper die Leser daran, daß die Gewerkschaften früher ganz anders auf ein solches Verhalten reagiert hätten. »Gerade bei den innigsten Szenen konnte plötzlich der Kristallüster herunterstürzen. Beim ersten Mal ging er gewöhnlich noch daneben.«

Levathes flog am Sonntag nach Los Angeles zurück. Er wollte Martin unbedingt umstimmen. Für alle Fälle hatte er jedoch Ferguson den Auftrag gegeben, eine Klageschrift wegen »Vertragsbruch« aufzusetzen. Streitwert: 5,6 Millionen Dollar.

Die dreistündige Besprechung zwischen Feldman, Levathes, Frank Ferguson, Martin und Herman Citron war eine reine Frustrationsübung. Die Fox-Manager waren entschlossen, dem zunehmend skeptischen Martin Lee Remick als Partnerin aufzunötigen.

Als Feldman versuchte, Martins Gründe für die Ablehnung der Remick zusammenzufassen, unterbrach ihn der Schauspieler. »Ich habe Miss Remick nicht abgelehnt. Ich sage nur, daß ich diesen Film nicht ohne Miss Monroe drehen werde. Zwischen diesen beiden Aussagen besteht ein großer Unterschied.«

Levathes entgegnete: »Und was wird aus unseren Investitionen?«

»Die Frage ist nicht fair«, antwortete Martin. »Ich habe mit niemandem Streit.«

»Wir halten Miss Remick für gut genug«, drängte Levathes. »Schließlich hat sie schon mit Jack Lemmon [in *Die Tage des Weins und der Rosen*], James Stewart [in *Anatomie eines Mordes*] und Glenn Ford [in *Der letzte Zug*] gefilmt.«

Geduldig versuchte ihm Martin zu erklären, daß er die Rolle hauptsächlich deshalb übernommen habe, »weil ich mich mit Miss Monroe gut vertrage«. Die Handlung von *Something's Got to Give,* so Martin weiter, bestehe hauptsächlich darin, daß er seine neue Braut Cyd Charisse zugunsten der Monroe verlasse. Mit Lee Remick sei das nicht so glaubwürdig darzustellen.

Hier widersprach Produktionschef Levathes. »Der Film beschreibt eine anrührende Situation. Der Ehemann liebt wie seine Kinder seine frühere Frau, gerät aber in eine peinliche Situation, weil er inzwischen eine andere geheiratet hat«, erklärte er. »Hier geht es nicht um einen Mann, der seine Frau wegen einer Sexbombe vor die Tür setzt.«

Martin schüttelte nur den Kopf.

Levathes wurde allmählich zornig: »Wir haben uns wirklich die allergrößte Mühe gegeben, diesen Film zu machen. Wir haben der Monroe sogar eine Prämie angeboten. Wir haben bereits 2 109 000 Dollar investiert. Aber jetzt wird die Zeit knapp.«

»Was schlagen Sie vor?« fragte Citron.

»Wir meinen, Mr. Martin sollte Miss Remick akzeptieren«, sagte Levathes.

Citron, der immer noch nach einem Ausweg suchte, sagte: »Vielleicht sollten Sie ihm Brigitte Bardot vorschlagen.«

Levathes verließ den Raum, um den Vorstandsvorsitzenden Milton Gould in New York anzurufen.

Eine Viertelstunde später kehrte er zurück und wiederholte: »Wir meinen, Mr. Martin sollte Miss Remick akzeptieren.«

Citron und Martin zogen sich ohne weiteren Kommentar zurück.

»Die Entscheidung beruhte auf nüchternen Überlegungen«, erklärte Levathes später. »Es schien sinnvoll, mit Miss Remick weiterzumachen.«

Gegen Mittag rief Citron an. Es blieb dabei: »Keine MM, kein Martin.«

Mittlerweile war es Marilyn Monroe gelungen, weitere mächtige Verbündete um sich zu scharen.

24

Kampf um Wiedereinstellung

Am Montag, dem 11. Juni, begann sich Marilyn Monroe zu wehren und bewies dabei eine überraschende Zähigkeit.
Marilyn diktierte Pat Newcomb zunächst 104 Telegramme an die Darsteller und Techniker von *Something's Got to Give.* Sie bedauerte darin die Entscheidung der Studioverantwortlichen, die Dreharbeiten abzubrechen, und fügte hinzu: »Ich bin nicht schuld daran; ich hoffe, daß Sie das wissen.«

Sie schickte auch zwei Telegramme an Justizminister Robert Kennedy – eines an sein Haus in Arlington, Virginia, das andere an sein Büro im Ministerium. Beide Telegramme wurden von der Arthur Jacobs Agency weitergeleitet und später Marilyns Erben in Rechnung gestellt.

Das Telegramm nach Arlington war die Ablehnung einer Einladung zu einem offiziellen Dinner zu Ehren von Peter und Pat Kennedy Lawford. Es lautete: »Sehr geehrter Herr Justizminister und Mrs. Robert Kennedy, mit Vergnügen hätte ich Ihre Einladung zu Ehren von Pat und Peter Lawford angenommen. Leider nehme ich aus Protest gegen den Verlust der Minderheitsrechte für die wenigen verbliebenen irdischen Stars an einer Friedensfahrt teil.«

Marilyn Monroe hatte mit dem Ehepaar Lawford und dem Justizminister ausführlich über ihre Entlassung gesprochen. Das Telegramm schloß mit den Worten: »Schließlich verlangten wir doch nur das Recht zu funkeln.«

Damit spielte sie auf eine Unterhaltung an, die sie im Februar bei einer Party im Hause der Lawfords mit dem Justizminister geführt hatte. »Sie sagte, sie habe mit ihm darüber gesprochen, wie wenig wirklich große Stars es noch gebe«, sagte Rupert Allan. »Marilyn fühlte sich enorm geschmeichelt, als Bobby zu ihr sagte, sie und Elizabeth Taylor seien die letzten großen Stars.«

Das zweite Telegramm an Robert Kennedy ist nicht mehr auffindbar. Zweifellos schilderte sie darin ihre Probleme mit der Fox und bat ihn um Hilfe. Marilyn wußte, daß Bobby Kennedy »gute Beziehungen« zum Vorstand der Fox hatte, vor allem zu Samuel Rosenman und Darryl F. Zanuck. Hazel Washington erinnerte sich, daß Bobby Mitte der Woche anrief und seine Unterstützung anbot.

Drei Tage lang zögerte Marilyn, Skouras anzurufen, der sie seit ihrer kurzen Affäre geleitet und beschützt hatte. Skouras' starkes persönliches Interesse war einer der Gründe, warum Marilyn überzeugt davon war, daß die Fox sie nie feuern würde. Sein Einfluß war ihre Trumpfkarte.

Schließlich überwand sie ihren Stolz und rief ihren Wohltäter an. Nach mehreren Versuchen spürte sie ihn in Manhattan auf. Er lag in der Privatsuite eines Krankenhauses und erholte sich immer noch von seiner Operation.

Skouras erklärte ihr, daß sie nicht von ihm, sondern vom Vorstand entlassen worden sei. Er gab zu, daß er nur eine Galionsfigur sei. Er sei zwar immer noch der Präsident, doch die Macht liege beim Vorstand. Der eigentliche starke Mann bei der Twentieth Century-Fox sei Milton Gould.

Marilyn erfuhr bei diesem Gespräch zum erstenmal, daß die Wall-Street-Anwälte, die enorme Aktienpakete kontrollierten, im Verwaltungsrat inzwischen das Sagen hatten. Sie entdeckte, daß sie von einem Triumvirat gefeuert worden war, bestehend aus dem Vorstandsvorsitzenden Gould, Peter Levathes und Richter Samuel Rosenman, dem früheren Redenschreiber Franklin Roosevelts, der zugleich auch Vorsitzender des Verwaltungsrats war.

Skouras mußte traurig eingestehen, daß er ihr nicht helfen könne.

Doch dann erinnerte sich Marilyn an eine Reihe von Artikeln in den Branchenblättern Hollywoods, in denen angedeutet worden war, daß ihr alter Widersacher Darryl Zanuck plane, die Macht zurückzuerobern – diesmal als Präsident der Fox. Zanuck hatte kurz zuvor in Paris mehrere Pressekonferenzen gegeben und dabei den bedauernswerten Zustand der Fox beklagt, eines Studios, das er als kleine Klitsche, die zweitklassige Filme produzierte, übernommen und zu einer mächtigen Organisation ausgebaut hatte.

Am späten Montag nachmittag, während Whitey Snyder in ihrem Haus weilte, rief Marilyn Zanuck in Paris an, wo er den Schnitt des Filmes *Der längste Tag* überwachte, einer brillanten Darstellung der alliierten Landung in der Normandie im Zweiten Weltkrieg. Snyder erinnerte sich, daß Marilyn ihre Krankheit schilderte und Zanuck erklärte, daß sie bereit sei zu arbeiten – und daß ihre Entzündung abgeklungen sei.

»Ich habe nur eine Seite der Unterhaltung mit Zanuck gehört«, erklärte Snyder. »Aber ich hatte den Eindruck, daß er ihr helfen wollte.«

Auch Robert Kennedy trat sofort in Aktion. Er rief Richter Rosenman an, der in seiner Zeit als Roosevelts Redenschreiber eng mit Joseph Kennedy, dem damaligen US-Botschafter in Großbritannien befreundet gewesen war. Eine kleine persönliche Notiz in Skouras' Papieren, die sich auch in Zanucks Sammlung findet, deutet darauf hin, daß Bobby Rosenman überreden konnte, Marilyns Fall noch einmal zu prüfen. Der Vorsitzende des Fox-Verwaltungsrats stand der Sache wohlwollend gegenüber. Er kannte die Kennedy-Brüder seit ihrer Kindheit und hatte mit John F. Kennedy auch Kontakt gehalten, als dieser im Zweiten Weltkrieg als Marinekadett in Roosevelts Stab diente.

Über die Unterredung zwischen dem Justizminister und Rosenman gibt es keine Aufzeichnungen. Aber Rupert Allan, der Marilyn am Dienstag vom Büro der Fürstin Gracia Patricia aus Monaco anrief, erfuhr Einzelheiten. Danach soll Bobby dem Vorsitzenden des Fox-Verwaltungsrats erklärt haben, daß Präsident Kennedy für jede Hilfe von seiner Seite dankbar sei.

Doch der einzige Mensch, der Marilyn Monroe wieder einstellen konnte, war Milton Gould – der Mann, den Bobby einen »jüdischen Bastard« genannt hatte, als er sich geweigert hatte, Marilyns Auftritt bei der Gala des Präsidenten zu genehmigen. Die Kennedys konnten deshalb wenig Hilfe von Gould erwarten.

Marilyns größte Hoffnung war Zanuck, der angesichts seiner eigenen Schwierigkeiten mit Gould und dem Vorstand ohnehin verärgert war. Zanuck war früher – neben Louis B. Mayer und Jack Warner – einer der mächtigsten Männer in der Filmbranche gewesen. Jetzt sah er sich gezwungen, vor dem Vorstand zu Kreuze zu kriechen und um zusätzliche Geldmittel für die Fertigstellung von *Der längste Tag* zu bitten. Die Dreharbeiten zu dem Film hatten zwei Jahre gedauert und die Fox bereits 8 Millionen Dollar gekostet.

Eine Woche vor Marilyns Anruf in Paris hatte Zanuck erfahren, daß der Vorstand beschlossen hatte, *Der längste Tag* ohne oder nur mit geringem Werbeaufwand in eintausend Lichtspielhäusern anlaufen zu lassen. Zanuck selbst hatte eine erstklassige Werbekampagne mit einer Reihe von glanzvollen Premieren geplant, um dem Publikum die 35 Stars des Films vorzustellen, darunter Peter Lawford, Richard Burton, Henry Fonda und John Wayne. Mit von der Partie war auch Zanucks Geliebte Irina Demick, die eine eher schlüpfrige Rolle spielte.

Als Zanuck beschloß, *Der längste Tag* zurückzustellen und sich für Marilyns Wiedereinstellung einzusetzen, konnten weder er noch Marilyn ahnen, daß der Kampf um *Something's Got to Give* zum Sturz der Fox-Führung führen würde – zu einer Revolution, die die Zukunft der Twentieth Century-Fox drastisch verändern sollte.

Zanuck hatte bereits von Marilyn Monroes Entlassung gehört, noch bevor die Nachricht in Hollywood bekanntgeworden war. Am Freitag, dem 8. Juni, war er um 13 Uhr Pariser Zeit aus dem Schneideraum ans Telefon gerufen worden. Der Anrufer war sein alter Freund Nunnally Johnson.

»Was ist los?« fragte Zanuck den Drehbuchautor.

Johnson sagte wütend: »Sie wollen Marilyn Monroe rauswerfen und *Something's Got to Give* mit einer anderen zu Ende drehen.«

»Verdammt!« sagte Zanuck. »Woher weißt du das?«

»Marilyn rief eben bei mir an«, erklärte Johnson. »Sie hat es von Louella Parsons.«

Zanuck seufzte. »Was können wir tun? Der Film könnte ein Kassenschlager werden.« Er mußte es wissen, denn er war kürzlich erst heimlich an die Westküste gereist und hatte sich die Rohfassungen von *Cleopatra* und *Something's Got to Give* angesehen. Das ägyptische Epos fand er entsetzlich, doch der Monroe-Film gefiel ihm ausgezeichnet.

Johnson war pessimistisch. »Ich habe Peter Levathes bereits telegraphiert. Ich habe ihn gebeten, sich genau zu überlegen, wer mehr Kinokarten verkauft – Marilyn Monroe oder George Cukor. Und ob er anstelle von Marilyn nicht lieber Cukor entlassen sollte.«

Zanuck schwieg.

»Im Grunde ist Cukor daran schuld«, fuhr Johnson fort.

»Aber der Film hat mir gefallen«, sagte Zanuck. »Marilyn hat noch nie besser ausgesehen.«

Dieser Meinung war auch Johnson.

Durch den Anruf des Drehbuchautors wurde Zanuck in den unangenehmsten und kostspieligsten Kampf seines Lebens verwickelt – in den Kampf um die Macht bei der Twentieth Century-Fox. »Du weißt, daß ich die Monroe nie besonders gut leiden konnte«, sagte Zanuck zu Johnson. »Aber sie ist ein Kassenmagnet, und davor habe ich einen gewaltigen Respekt. Ich mach' mir Sorgen um die Zukunft der Fox, wenn ich sehe, wie sie bei diesem Film behandelt wird.«

Zanuck versprach Johnson, ihn auf dem laufenden zu halten. Dann rief er Skouras an und setzte seinen alten Widersacher auf den Fall an.

Als Marilyn Zanuck am Samstag schließlich anrief, war der frühere Studioherrscher – von dem es kurz zuvor noch geheißen hatte, daß er »in Hollywood erledigt« sei – bereits dabei, einen unglaublichen Coup vorzubereiten.

Offenbar gab Marilyn Zanuck die Zusicherung, daß sie umgehend wieder zu den Dreharbeiten für *Something's Got to Give* zurückkehren werde, wenn man ihr Gelegenheit dazu gebe. Und er erklärte sich bereit, wieder auf das Drehbuch von Nunnally Johnson zurückzugreifen – das er ebenfalls besser fand. Er deutete sogar an, daß man Cukor durch Johnson ersetzen könne.

Am Montag kursierten in der Fox-Zentrale erste Gerüchte über eine Wiedereinstellung Marilyn Monroes. Daneben wurden auch Berichte laut, wonach der Abbruch der Dreharbeiten zu *Something's Got to Give* und das Mißmanagement bei *Cleopatra* Zanuck dazu veranlaßt hätten, ernsthaft um die Fox-Präsidentschaft zu kämpfen. »Zu solchen Katastrophen kommt es nur, weil das Studio vom Vorstand geleitet wird«, erklärte Zanuck den Reportern in Paris. »Eine Führung durch den Vorstand funktioniert in Hollywood nicht. Man braucht sich bloß *Cleopatra* anzusehen.«

Doch in Hollywood kursierten keine derartigen Gerüchte. Feldman und Levathes betrachteten die Angelegenheit als abgeschlossen. Marilyns Rechtsanwalt Milton Rudin erhielt den Bescheid, daß es für weitere Verhandlungen zu spät sei.

Als Rudin am Montag in seine Kanzlei in Beverly Hills zurückkehrte, rief er Feldman an. Er war wütend, weil die Fox ihr Wort gebrochen hatte. Bei dem Gespräch stellte er Feldmans moralische Prinzipien in Frage.

»Ich habe gehört, daß Sie eine Klage eingereicht haben«, sagte Rudin.

»Richtig«, antwortete Feldman. »Wir haben sie am Freitag kurz vor 17 Uhr eingereicht.«

Rudin war über Feldmans schnodderigen Ton entsetzt. »Sie hätten mich wenigstens benachrichtigen können«, sagte er. »Statt dessen mußten wir es aus dem Radio erfahren.«

Rudin geißelte auch die Kampagne gegen Marilyn und bezeichnete sie als »Verrat«. »Wie konnten es Ihre PR-Leute wagen, Marilyns Disziplinlosigkeit zu erwähnen?« fragte er und fügte hinzu, daß die öffentlichen Klagen über Marilyns Geisteszustand den Streit in eine Schlammschlacht verwandelt hätten.

»Wir haben nur ein paar Zitate von Henry Weinstein, eines von Levathes und ein oder zwei kurze Artikel über die Neubesetzung mit Lee Remick weitergegeben«, log Feldman. Wenig später sollte Rudin herausfinden, daß weder Weinstein noch Remick oder Levathes mit den Reportern gesprochen hatten.

Rudin erinnerte Feldman daran, daß Marilyn und er ihren Teil der Abmachung eingehalten hätten. »Ich mußte Arthur Jacobs die Order geben, nichts über sie zu veröffentlichen«, sagte Rudin. »Aber Miss Monroe wird sich nicht jede Provokation gefallen lassen.«

Möglicherweise wurde Feldman durch diese versteckte Drohung alarmiert. Denn mittlerweile gingen bei der Fox unausgesetzt Telegramme und Anrufe von Fans ein, die für Marilyn Partei ergriffen. Neun von zehn Anrufern waren für Marilyn.

»Es gab bereits Gerüchte über ihre Wiedereinstellung«, sagte Hazel Washington.

25

Robert Kennedy

Am dritten Juniwochenende, als der Streit um Marilyn Monroes Entlassung unvermindert anhielt, traf Robert Francis Kennedy zu einem halb privaten, halb dienstlichen Besuch in Marilyns Haus ein.

Er kam in einem weißen Cabriolet und war wie ein College-Boy gekleidet – dunkelblaues Hemd und leichte Slipper.

Als er vorfuhr, war Marilyn noch mit ihrem Schminkritual beschäftigt. Sie sagte zu Eunice Murray, daß sie einen Gast erwarte und daß sie ihm etwas zu trinken anbieten solle. Murray hatte keine Ahnung, daß der Besucher der Justizminister der Vereinigten Staaten war, bis sie ihm die Tür öffnete.

»Ich empfing Mr. Kennedy an der Tür und führte ihn ins Wohnzimmer«, erzählte Murray der ABC-Reporterin Sylvia Chase. Sie erwähnte auch, daß sich Kennedy wie ein ernsthafter Freier benommen habe.

Nun, da Marilyn das berufliche Aus drohte, trieb der heftige Flirt, der bei der Geburtstagsparty des Präsidenten begonnen hatte, Bobby an ihre Seite.

An diesem Tag war Marilyn ungewöhnlich schnell fertig und erschien aus ihrem Ankleidezimmer in einem fließenden Pucci-Kleid. Sie trug eine Frisur von Guilaroff, und ihr Make-up komplettierte ihre wirkungsvolle Erscheinung. »All das zeigte, wie wichtig ihr Bobbys Besuch war«, sagte Fred Lawrence Guiles, der Autor der Monroe-Biographien *Norma Jean* und *Legend.* »Es war sehr ungewöhnlich, daß Marilyn sich für einen Besuch in ihrem eigenen Haus so zurechtmachte. Bei solchen Besuchen trug sie fast nie etwas anderes als Hosen und Blusen.«

Bei diesem ersten privaten Treffen gingen die beiden Hand in Hand um den Pool. Bobby warf einen kleinen weißen Ball, den Marilyns kleiner weißer Pudel apportierte. Der Pudel war ein Geschenk von Frank Sinatra und hieß »Maf« – eine Abkürzung für »Mafia«.

Über diese Unterhaltung, die etwa 90 Minuten dauerte, ist sehr wenig an die Öffentlichkeit gedrungen. Bekannt ist nur, daß Bobby Marilyn einen klugen Rat gab: »Ich bin Jurist und Politiker. Ich gehe voll in meiner Arbeit auf. Du bist Schauspielerin, und du gehst ebenfalls voll in deiner Arbeit auf. Außerdem ist deine Arbeit für die ganze Welt wichtig. Du mußt weitermachen.« Marilyn wiederholte diese Worte später vor Eunice Murray und Robert Slatzer.

Dann sprang Bobby wieder in sein Cabriolet, winkte ihr vergnügt zu und verschwand – »wie eine Fata Morgana«, meinte Murray.

Eunice Murray hatte den Eindruck, daß sich »da eine Romanze anbahnte«.

»Er hatte ein persönliches Interesse an ihr«, sagte Guiles. »Und diese Art von geistiger Beziehung war viel gefährlicher als eine rein sexuelle Beziehung.«

Aber es gab noch einen weiteren Grund für Bobbys Besuch. Seit der Präsident die Nummer seines Privatanschlusses im Oval Office hatte ändern lassen, hatte Marilyn wiederholt in der Telefonzentrale des Weißen Hauses angerufen und jedesmal wütend ihren Namen genannt, wenn die Telefonistin sie nicht mit ihm verbinden wollte. Einmal hatte sie bockig gesagt: »Hier spricht Marilyn Monroe! Und ich verlange, daß Sie mich jetzt mit dem Präsidenten verbinden!«

Peter Lawfords frühere Ehefrauen Patricia Seaton Lawford und Deborah Gould Lawford behaupteten übereinstimmend, daß Bobbys erster Besuch zum Ziel hatte, Marilyn davon abzubringen, den Präsidenten in aller Offenheit zu kontaktieren.

Der Kolumnist James Bacon bestätigte dies. »Marilyn erzählte mir damals, daß ihr erstes ernstes Gespräch mit Bobby im Juni an der Westküste stattgefunden habe. Er sei zu ihr gekommen, damit sie den Präsidenten in Ruhe ließ.«

Irgendwann bei dem Spaziergang um Marilyns Pool ermahnte sie der Justizminister streng, künftig nicht mehr im Weißen Haus anzurufen. Und um sie für den Verlust der Privatnummer des Präsidenten zu entschädigen, gab er ihr seine eigene Privatnummer. Mit ihr konnte sie direkt den Apparat auf seinem Schreibtisch im Justizministerium anwählen.

»Auch Judy Garland hatte diese Nummer«, sagte Ed Guthman, Robert Kennedys Pressereferent. »Bobby war ein sehr einfühlsamer Mann. Er konnte gut zuhören. Es dauerte nicht lange, und Marilyn rief drei- bis viermal die Woche an.«

Seit Februar, als sie Bobby bei einem Abendempfang in Pat und Peter Lawfords »Western White House« in Santa Monica getroffen hatte, war sie von ihm fasziniert. Und er war von ihr hingerissen.

Anlaß der Party damals war die unmittelbar bevorstehende Weltreise von Bobby und Ethel Kennedy, die ein einziger Triumph werden sollte. Pat Kennedy Lawford hatte alle Stars des »jungen Hollywood« eingeladen: Kim Novak trug ein rotes Glitzerkleid von Jean Louis, Janet Leigh eine Samtkreation von Adrian und Natalie Wood ein weites Balenciaga-Cocktailkleid. Doch in ihrem hautengen und freizügigen schwarzen Kleid von Norman Norell stellte Marilyn alle in den Schatten.

Noch bevor sie die Treppe herabkam und sich unter die dichtgedrängte Prominenz mischte, war ihr Kommen Gesprächsthema Nummer eins an diesem Abend. Wie immer kam sie zu spät. Sie fuhr in einem kleinen Volkswagen vor, der in der langen Reihe von Limousinen, Porsches und silbernen Rolls-Royce fast verschwand.

Am Steuer saß der gutaussehende Ire Whitey Snyder. Er trug einen einfachen Pullover und bequeme Hosen. »Ich hatte Marilyn ein volles Make-up aufgetragen«, erinnerte sich Snyder. »Und sie sagte ganz spontan: ›Wie wär's, wenn du mich hinbringst?‹«

Also chauffierte er sie von Brentwood zu der Strandvilla am Pazifik. »Das Haus war umringt von Leuten vom Secret Service«, erinnerte er sich. »Sie sahen mich komisch an, aber als sie Marilyn erkannten, ließen sie uns durch.«

Ein Diener öffnete die Tür, und Marilyn trat ein. Sie war in eine Wolke von Chanel No. 5 gehüllt und trug über den Schultern einen schwarzen Nerz. Die Blitzlichter der Fotografen knallten wie Feuerwerkskörper.

»Hallo, Jungs«, sagte Marilyn, während Snyder wieder durch das Tor fuhr und den Pacific Coast Highway ansteuerte.

»Wer hat Sie hergebracht?« fragte ein Reporter.

Marilyn ließ den Nerz von den Schultern gleiten. »Oh, nur ein Seemann, mit dem ich ab und zu ausgehe«, sagte sie augenzwinkernd.

Snyder lachte später über diese Bemerkung. »Die Reporter suchten tagelang nach dem Marineoffizier, der Marilyns Herz erobert hatte. Sie hatte mir diesen Spitznamen schon vor Jahren gegeben, weil ich ein leidenschaftlicher Segler war und eigene Yachten besaß.«

Dann trat Marilyn in den Salon der Lawfords, in dem sich die Gäste drängten.

Pat Kennedy Lawford, die ein fließendes weißes Kleid trug, begrüßte sie. »Ich war nicht sicher, ob Sie kommen würden«, sagte sie, »wo doch so viele Leute hier sind.«

»Soll das ein Witz sein?« fragte die Monroe. »Ich wollte doch unbedingt Bobby Kennedy näher kennenlernen.«

»Ich habe ihn zwischen dich und Kim Novak gesetzt. Ist das nahe genug?« sagte Pat Lawford.

»Kim wäre nicht nötig gewesen«, lachte Marilyn.

Es ist immer wieder behauptet worden, Marilyn Monroe sei Robert Kennedy ganz zufällig begegnet. Tatsächlich aber hatte sie sich auf diese erste Begegnung so sorgfältig vorbereitet wie auf eine Filmrolle. Sie hatte stapelweise Zeitungsartikel über die bevorstehende Weltreise des Justizministers gelesen. Sie hatte Peter Lawford mit Fragen bombardiert – über Ethel, über Kennedys Kinder, über das Justizministerium und über Bobbys Beziehung zu seinem Bruder, dem Präsidenten.

»Ihr Interesse war intellektueller, nicht sexueller Art«, sagte Robert Slatzer. »Und für Marilyn waren das die gefährlicheren und dauerhafteren Beziehungen.« Slatzer mußte es wissen. Als angesehener Kolumnist und Drehbuchautor hatte er Marilyn in den vierziger Jahren fasziniert. Durch ihn kam sie erstmals mit Philosophie und abstrakten Themen in Berührung.

»Zum Präsidenten hatte sie eine sexuelle Beziehung«, erinnerte sich der Choreograph Stephen Papich. »Seine Macht wirkte auf sie wie ein Aphrodisiakum. Es ging um Sex und um nichts anderes. John F. Kennedy verursachte ihr keine intellektuellen Kopfschmerzen.«

Fast drei Jahrzehnte später sagte Hazel Washington, der Präsident sei nur »ein weiterer Mann« gewesen, der kam und wieder ging, mit Bobby hingegen sei es »ernst« gewesen.

Marilyn wollte Bobby intellektuell imponieren. Also ließ sich Marilyn von Ralph Greensons Sohn Daniel Nachhilfe geben, damit sie mit ihrem Tischnachbarn über Politik sprechen konnte. »Sie formulierten eine Reihe gebildet klingender Fragen, die Marilyn in ihrer kleinen Handtasche verbarg – ein Spickzettel für die Liebeswerbung«, erinnerte sich Slatzer.

Was Frauen anging, galt Bobby als der schüchternste von allen Kennedys. Er konnte sich nicht überwinden, mit Marilyn eine Unterhaltung zu beginnen, nicht einmal nach dem langen Frage- und Antwortspiel beim Essen.

Später räkelte sich die Schauspielerin auf ihrem Nerz auf dem Boden. Sie hatte die Schuhe ausgezogen. Bobby ließ sich neben sie plumpsen. Er grüßte sie nicht einmal.

»Bobby, erinnerst du dich an Marilyn?« fragte Pat Lawford.

Bobby schwieg.

»Bobby, das hier ist *Marilyn Monroe!*«

Schließlich streckten sich die beiden Seite an Seite auf dem Teppich der Lawfords aus, und Marilyn schrieb mit ihrem Lippenstift Fragen auf eine große Serviette. Eine lautete: »Was macht ein Justizminister eigentlich?«

Später brachte sie ihm bei, Twist zu tanzen. Sie tanzten zu den Hits »The Peppermint Twist« und »Let's Twist Again«, die immer wieder auf dem Plattenspieler liefen.

Bobby war von all den Stars so begeistert, daß er sogar einen alten Studienkollegen anrief und ihn am Telefon mit Marilyn bekannt machte. »Rate mal, mit wem ich gerade tanze«, sagte er. Dann gab er den Hörer an Marilyn weiter.

Gegen Ende der Party griff Marilyn zu einer List. Sie saß zwischen Bobby und dessen Pressereferenten, Ed Guthman, riß die Augen weit auf und gab so zu verstehen, daß die vielen Gläser Champagner nicht ohne Wirkung geblieben waren. Dann sagte sie: »Ich frage mich, ob ich noch fahren kann.« Keiner der beiden Männer wußte, daß sie gar nicht im eigenen Wagen gekommen war.

»Natürlich können Sie in Ihrem Zustand nicht mehr fahren«, sagte der Justizminister.

Marilyn lächelte nur.

Bobby packte Guthmans Arm. »Sie kommen mit. Ich kann sie nicht allein nach Hause fahren.«

So fuhren die drei weg, Marilyn und Bobby auf den Vordersitzen, Guthman im Fond.

Die beiden Männer brachten sie bis ins Wohnzimmer ihres Hauses und lieferten sie bei Eunice Murray ab.

Am nächsten Morgen hatten Bobby und Ethel Kennedy ihre Weltreise angetreten, und Marilyn hatte sich im Studio zur Kostümprobe für *Something's Got to Give* gemeldet.

Aber ein zartes Band war geflochten worden – ein Band, das mehr als alles andere den Verlauf der letzten Tage im Leben der Marilyn Monroe beeinflußte. Um Hazel Washington zu zitieren: »Mit Bobby Kennedy hatte sie eine ernste Liebesaffäre.«

Nach der Entlassung und öffentlichen Demütigung durch die Fox gelangte Marilyn zu der Überzeugung, daß Dr. Greenson und Paula Strasberg versagt hatten. Sie hatten ihren Rausschmiß nicht verhindern können und verdienten deswegen ihr Vertrauen nicht mehr – wie so viele ihrer früheren Begleiter, Milton Greene etwa oder Arthur Miller.

Sie brauchte einen neuen weißen Ritter, der sie retten konnte. Das war der Zeitpunkt, zu dem Bobby Kennedy wieder in ihr Leben trat.

26

Feuerpause

Am 14. Juni, dem Donnerstag, nachdem die Fox Marilyn gefeuert hatte, begleitete Ralph Greenson die Schauspielerin zur Klinik Dr. Michael Gurdins in Beverly Hills. Gurdin hatte sich als diskreter Schönheitschirurg unter den Hollywood-Stars einen Namen gemacht. Da die Klatschkolumnisten gerne den Haupteingang der Klinik überwachten, weil sie hofften, einen der Prominenten abzufangen, die Gurdins Dienste in Anspruch nahmen, benutzten Marilyn und Greenson den Hintereingang.

Gurdins Krankenschwester führte die beiden in sein Privatbüro und servierte ihnen Kaffee und Kekse.

Als Gurdin den Raum betrat, wunderte er sich nicht wenig über Marilyns Erscheinung. Sie trug ein schlichtes schwarzes Kostüm – von der Stange –, eine wogende schwarze Perücke und eine Sonnenbrille. Ihr Hals war in einen riesigen Schal gewickelt, so daß nur noch die Hälfte ihres Gesichts hervorsah.

Gurdin hatte Marilyn schon früher – noch bevor sie groß herauskam – für einige kleinere Schönheitsoperationen unter dem Messer gehabt, darunter eine Kieferkorrektur in den vierziger und eine kleine Operation an der Nasenspitze in den fünfziger Jahren.

Marilyn wartete, bis Gurdin Platz genommen hatte. Dann entfernte sie langsam den Schal und setzte die Sonnenbrille ab. Ihre Nase schimmerte grünlichblau, und ein eiförmiger blauer Fleck entstellte ihre linke Wange.

Sie sagte nichts, als Gurdin näher rückte und mit einem Finger ihre Nase abtastete. Marilyn schwieg noch immer, als er sie ins Röntgenzimmer führte. Greenson war es, der das Schweigen brach: »Marilyn hatte einen kleinen Unfall«, erklärte er. »Sie ist in der Dusche ausgerutscht und auf die Fliesen gefallen.« Und das, obwohl Marilyn nur sehr selten duschte und es obendrein in ihrem Bad gar keine Fliesen gab.

Greenson fuhr fort: »Ich bin überzeugt, daß es nichts Ernstes ist, aber ich dachte mir, sicher ist sicher.«

Während die Röntgenaufnahmen entwickelt wurden, spann Greenson seinen Monolog über Marilyns Probleme – ihre Nebenhöhlenentzündung, ihre Entlassung und die gegen sie gerichtete PR-Kampagne – weiter.

»Marilyn macht gerade eine sehr, sehr schwere Zeit durch«, flüsterte er Gurdin zu, der den Eindruck hatte, daß die Schauspielerin unter Drogen stand.

»Nur Greenson sprach«, erinnerte sich der Schönheitschirurg. »Er schien keinen Wert darauf zu legen, daß Marilyn den Mund aufmachte.«

Als die Krankenschwester Gurdin die Röntgenaufnahmen in die Hand drückte, zeigte Marilyn erstmals Interesse an den Vorgängen um sie herum: »Ist meine Nase gebrochen?« fragte sie. »Wie schnell können Sie das wieder in Ordnung bringen?«

Aber es war alles nur halb so schlimm, ihre Nase war lediglich geprellt. Sie umarmte Greenson und stieß einen Seufzer der Erleichterung aus: »Gott sei Dank.«

Dann setzte sie die Sonnenbrille wieder auf, wickelte sich den Schal um den Hals und verließ den Raum, wobei sie sich schwer auf Greenson stützte.

Gurdin erinnerte sich später, daß Marilyns Verletzungen typisch für einen Sturz gewesen seien. Doch Robert Slatzer, der mit Marilyn über alles sprach, dachte anders darüber: »Jemand hat ihr die Seele aus dem Leib geprügelt.«

Diese Verletzungen waren nur ein sichtbares Zeichen für das Chaos und die Depressionen, die der Rauswurf durch die Fox in ihr Leben brachte – Schwierigkeiten, die durch die öffentliche Kampagne des Studios gegen sie nur noch verschlimmert wurden.

»Ungefähr eine Woche lebte sie zurückgezogen wie ein Eremit«, sagte Eunice Murray der Zeitschrift *Photoplay*. Nach allem, was wir wissen, verbrachte sie die ersten zehn Tage nach den öffentlichen Erklärungen des Studios in völliger Einsamkeit, schluckte Schlaftabletten und betrank sich mit Champagner.

Dann raffte sie sich auf, entschlossen, ihre Fans zu Hilfe zu rufen. Zwischen dem 20. Juni und dem 15. Juli gab sie so viele Interviews und nahm so viele Fototermine wahr, daß sich ihre Freunde an die Medienoffensiven zu Beginn ihrer Karriere erinnert fühlten.

Innerhalb von 24 Tagen gab sie zehn Interviews. Ihre Aktivitäten reichten von gemeinsamen Auftritten mit ihrem Freund, dem Kolumnisten, Sidney Skolsky, bis hin zu extravaganten Fototerminen mit Bert Stern von *Vogue* und Douglas Kirkland. Am meisten überraschte die Journalisten bei den Interviews, daß Marilyn kein Thema aussparte und von selbst auf die Fox und die Art und Weise zu sprechen kam, wie sie in den letzten Jahren vom Studio behandelt worden war.

Mit Pat Newcombs Hilfe versuchte sie, dem Filmstudio den Schwarzen Peter zuzuschieben.

Ihre Bemerkungen waren nicht für die Öffentlichkeit bestimmt, sondern auch für die Männer an der Spitze des Studios. So beklagte sie sich gegenüber Richard Meryman vom Magazin *Life:* »Ein Schauspieler ist keine Maschine, und wenn sie es noch so oft behaupten. Ohne Menschlichkeit gibt es keine Kreativität.«

Im weiteren Verlauf des Interviews formulierte sie ganz unverblümt ihre Botschaft an die Fox: »Die Filmindustrie sollte sich so verhalten, wie man es von einer Mutter erwartet, deren Kind sich von ihr losgerissen hat und beinahe von einem Auto überfahren wurde. Doch statt das Kind jetzt um so fester an die Hand zu nehmen, bestrafen sie [die Studiobosse] das Kind. Nach dem Motto: ›Wehe, du erkältest dich!‹ oder ›Was, du hast es gewagt, dich zu erkälten?‹ Wenn die Bosse sich einen Schnupfen einfangen, rufen sie kurz an und bleiben tagelang zu Hause. Aber nicht die Stars. Wenn man krank ist, fühlt man sich doch mies! Ich wünschte mir, die müßten mal mit einer Nebenhöhlenentzündung und Fieber in einer Komödie auftreten.«

Auf die Art und Weise ihrer Entlassung angesprochen, antwortete sie Meryman: »Ich bin da, um zu spielen, und nicht, um mich vom Studio maßregeln zu lassen. Wir sind doch nicht beim Militär, oder?«

Marilyns Reden – dazu die Interventionen Zanucks, Bobby Kennedys und sogar Skouras' – zeigten Wirkung. »Nicht lange«, sagte Peter Levathes, »und ich erhielt aus New York die Nachricht, daß Marilyn zu Verhandlungen bereit sei und versprochen habe, mit einer anderen Haltung an die Arbeit zurückzukehren. New York erteilte mir den Auftrag, Verhandlungen aufzunehmen. Ich weiß aber nicht, ob die Anweisung von Milton Gould oder Richter Rosenman kam.«

Nur zehn Tage nach dem demütigenden Rausschmiß bat das Studio Marilyn um ihre Rückkehr.

Doch zunächst mußten die Manager an der Westküste noch einmal kräftig mit den Säbeln rasseln. Wieder schickten sie ihre PR-Abteilung unter Harry Brand an die Medienfront. Am 17. Juni startete sie einen neuen Angriff. Die Zielscheibe diesmal: Dean Martin.

Tags zuvor hatte die Fox Dean Martin auf drei Millionen Dollar Schadensersatz verklagt. Grund: Vertragsbruch und »unprofessionelle Einstellung«. »Nachdem Miss Monroe ihren vertraglichen Verpflichtungen nicht mehr nachkam«, hieß es in der Klageschrift, »weigerte sich Dean Martin arglistig, keine andere Schauspielerin als Marilyn Monroe neben sich zu akzeptieren.«

Weiter hieß es darin, daß Martin, obwohl ihm ein Mitspracherecht bei der Besetzung der Hauptrollen eingeräumt worden war, nicht das

Recht habe, auf Marilyn Monroe, und nur auf Marilyn Monroe, zu bestehen.

Dann, am 24. August, antwortete Dean Martin mit einer Gegenklage und forderte von der Fox Schadensersatz in Höhe von 6,8 Millionen Dollar, was die Presse dazu veranlaßte, von einem »Hollywooder Dreiecksprozeß« zu sprechen. Martin warf dem Studio vor, es habe sein berufliches Ansehen befleckt.

»Das Studio gab bewußt eine falsche Darstellung der Situation und schob die Schuld auf Mr. Martin, um etwaiger Kritik von seiten der Aktionäre vorzubeugen.«

Fünf Tage nach dem Besuch bei Gurdin machte sich eine wiedererstarkte Marilyn Monroe daran, Peter Levathes zu umgarnen und für sich einzunehmen. Sie lud ihn zum Cocktail nach Brentwood, um ihm eine neue, seriöse Marilyn Monroe zu präsentieren. Den ganzen Nachmittag arbeiteten Whitey Snyder und Sidney Guilaroff an einem verblüffend schlichten Stil für die Schauspielerin. Abgerundet wurde der neue Monroe-Look durch ein dezentes beiges Kleid von Norman Norell.

Auf dem Tisch standen Kaviar und Tabletts mit Kanapees aus einem Brentwooder Delikatessengeschäft für den Gast bereit.

Marilyn wollte den Studioboß beeindrucken und hatte deshalb mehrere Reden geschrieben und auswendig gelernt. Außerdem rief sie sich alles ins Gedächtnis, was sie im Actors' Studio gelernt hatte, um exakt die Vorstellung zu treffen, die man sich gemeinhin von einem cleveren Superstar machte, dem die Realitäten des Geschäftslebens nicht fremd waren.

Sie wollte als Chefin der Marilyn Monroe Productions auftreten und hatte offenbar deshalb alle Spuren der dümmlichen, leicht herumzukriegenden Blondine getilgt. Da Dean Martin sich weigerte, ohne sie zu arbeiten, und die Gerüchte über ihre Wiedereinstellung immer lauter wurden, hatte sie beschlossen, mit diesem Gipfeltreffen alles auf eine Karte zu setzen.

Sie hatte keine Ahnung, daß Levathes und Philip Feldman ihrerseits mit der Absicht nach Brentwood kamen, *Something's Got to Give* wieder zum Leben zu erwecken. In späteren Telefongesprächen mit der Schauspielerin deutete Levathes sogar an, daß das Studio zu finanziellen Zugeständnissen bereit sei und erwäge, ihr eine halbe Million Dollar zu zahlen, falls der Film rechtzeitig fertig werde.

Nach Marilyn Monroes Rauswurf und der weltweiten Publicity, die ihn begleitete, hatten sich die Gemüter im Verwaltungsrat in New York wieder etwas abgekühlt. Das Schicksal von *Something's Got to Give*, seit Anbeginn ein Spielball firmenpolitischer Interessen, ruhte jetzt wieder in den Händen des Produktionschefs Levathes, den man über Bobby Kennedys Anruf bei Richter Rosenman informiert hatte.

»Ich weiß nicht mehr genau, wie ich es erfahren habe«, sagte Levathes. »Jedenfalls wurde uns mitgeteilt, daß Marilyn bereit sei, mit uns zu verhandeln und mit einer neuen Einstellung an die Arbeit zurückzukehren. Ich war froh darüber. Es war mir egal, wie man das geschafft hatte.«

Diesmal zeigte sich die Fox kompromißbereit und stimmte zu, die ersten Besprechungen in Marilyns Haus abzuhalten.

Marilyn, argwöhnisch wie eh und je, postierte Pat Newcomb hinter der Schlafzimmertür. Mit Bleistift und Stenoblock bewaffnet, schrieb Pat in ihrem Versteck Wort für Wort mit.

Wenn es in diesem dunklen Kapitel in der Geschichte der Twentieth Century-Fox überhaupt einen Helden gab, so war es Peter G. Levathes.

Er hielt sich aus den Streitigkeiten im Verwaltungsrat heraus und war der erste, der Verhandlungen mit Marilyn anstrebte: »Als mir klar wurde, daß Marilyn ernsthaft daran interessiert war, an dem Film weiterzuarbeiten, bereitete ich ihre Rückkehr vor.«

Als die Fox-Anwälte sich noch mit den Rechtsvertretern von Marilyn und Dean Martin in den Haaren lagen, hatten Levathes und Marilyn bereits den Versöhnungsprozeß eingeleitet.

»Zu meiner Überraschung entpuppte sie sich in vielerlei Hinsicht als kluge Geschäftsfrau«, sagte Levathes. »Sie wußte, wie wichtig es war, *Something's Got to Give* zu Ende zu drehen.«

»Sie war sehr vernünftig, so vernünftig, wie man es sich nur wünschen konnte«, fuhr er fort. »Sie hatte ihre Begeisterung für das Projekt wiederentdeckt. Es war geradezu ansteckend. Langsam war ich davon überzeugt, daß wir den Film doch noch fertigkriegen würden. Ich hatte sogar eine erneute Überarbeitung des Drehbuchs genehmigt, unter Berücksichtigung von Marilyns Ideen.«

Aber auch Marilyn machte Kompromisse. Sie ließ Paula Strasberg fallen und entband Ralph Greenson von seinen Aufgaben als ihr »Agent und Unterhändler«. Als Gegenleistung sollte das Studio Cukor durch einen anderen ersetzen.

Marilyns Nebenhöhlenentzündung klang im Juni weiter ab, und noch vor Ende des Monats bot ihr die Fox einen radikal überarbeiteten Vertrag über eine Million Dollar an: eine halbe Million für *Something's Got to Give*, eine weitere halbe Million für ein neues Musical mit dem Titel *What a Way to Go (Immer mit einem anderen)*, das, und das war kein Zufall, der Chef von Marilyns PR-Agentur, Arthur P. Jacobs produzieren sollte. Seit dieser Vertragsentwurf in den Fox-Archiven entdeckt wurde, sind die meisten Darstellungen der letzten

Verhandlungen zwischen Marilyn und dem Studio hinfällig geworden.

Marilyn, so lautet die Legende, hätte sich nach ihrem Rauswurf und dem endgültigen Aus für *Something's Got to Give* in Selbstmitleid geflüchtet. Am Morgen nach ihrem Tod stellte der mit ihr befreundete Peter Lawford die These auf, daß die Streichung des Films das Hauptmotiv für ihren – angeblichen – Selbstmord gewesen sei.

Die Bemühungen, das Projekt wiederzubeleben, waren den ganzen Sommer hindurch geheimgehalten worden. Aber einige Hinweise drangen doch nach außen. So wurden Ende Juni Marilyn Monroe und Peter Levathes dabei beobachtet, wie sie Hand in Hand das Büro der Studioanwälte verließen und dabei scherzten und lachten.

Der Publicity-Krieg, den die Fox gegen Marilyn entfesselt hatte, und der brutale Rausschmiß hatten Marilyn nach Levathes Auffassung die Augen für gewisse Realitäten der Marktwirtschaft geöffnet. »Jetzt wollte sie vor allem eins: so schnell wie möglich an dem Film weiterarbeiten«, sagte er.

Aber ihre erbittertsten Gegner, Feldman und Charles Einfeld, unternahmen einen letzten Versuch, sie noch mehr zu demütigen.

Einfeld, Marketing-Chef des Studios, ließ in New York von einem Mitarbeiter ein neues, etwas entschärftes Entschuldigungsschreiben aufsetzen, das Marilyn – und das war Bedingung für eine Rückkehr vor die Kamera – unter ihrem Namen veröffentlichen sollte. Sie sollte ihre Tablettensucht eingestehen, sich für ihr häufiges Zuspätkommen und ihre Disziplinlosigkeit entschuldigen und obendrein versprechen, ihr »Primadonna-Gehabe« abzulegen. Der Brief existiert nicht mehr, aber Stan Hough, der ihn zu lesen bekam, bezeichnete den Inhalt als »abscheulich«.

Levathes war entschieden gegen diesen Brief. »Ich hätte diese Erniedrigung niemals zugelassen. Marilyn und ich waren uns zu dieser Zeit schon so gut wie einig. Sie war unglaublich kooperativ.«

Zu diesem Zeitpunkt war geplant, die Dreharbeiten zu *Something's Got to Give* in der dritten Juliwoche wiederaufzunehmen. Wäre es dazu gekommen, hätte Marilyn Monroe möglicherweise nicht sterben müssen.

Doch aus unerfindlichen Gründen verschleppten Marilyns Interessenvertreter absichtlich den gesamten Prozeß und hielten das Studio hin. Es gibt Hinweise darauf, daß der neue Vertrag wochenlang auf dem Tisch einer ihrer Anwälte liegenblieb.

Earl Wilson, ein New Yorker Kolumnist, behauptete, Anwalt Rudin habe kalte Füße bekommen. Nachdem der Millionenvertrag im großen und ganzen ausgearbeitet war, »zeigte Mickey Rudin keinerlei

Eile, ihn abzusegnen«, schrieb Wilson. »Er befürchtete, daß Marilyn ihren Teil der Verpflichtungen niemals erfüllen könne.«

Wilson schreibt in seinen Memoiren, daß Rudin ihm anvertraut habe, Marilyn sei »offensichtlich sehr krank, geisteskrank. Am besten wäre sie in einer Anstalt aufgehoben.«

Rudin mußte es wissen: Ralph Greenson, Marilyns Psychiater, war sein Schwager.

Greensons Frau und Tochter bestritten jedoch energisch, daß Marilyn geisteskrank gewesen sei, obwohl sie unter starken Depressionen gelitten habe. »Mickey ist Anwalt und erwartet, daß alle Welt logisch denkt«, sagte Hildi Greenson. »Und natürlich war Marilyns Verhalten alles andere als logisch. Vielleicht hielt er sie deshalb für verrückt.«

»Die Frau, mit der ich verhandelt habe, war nicht geisteskrank«, erinnert sich Levathes. »Gewiß, sie hatte ernste Probleme. Schlaflosigkeit und Drogen zum Beispiel. Mich beeindruckte vor allem der ehrliche Enthusiasmus, mit dem sie sich wieder an die Arbeit machen wollte.«

Paula und Lee Strasbergs Tochter Susan, selbst Schauspielerin und Schriftstellerin, standen Marilyn in den letzten Jahren besonders nahe. Sie sagte dazu: »Sagen Sie selbst: Was ist in Hollywood schon verrückt? Gewiß, Marilyn war exzentrisch. Sie nahm Drogen und war manchmal unvernünftig. Aber welcher Hollywood-Star ist das nicht?«

Susan Strasberg erinnerte sich an ein Gespräch im Jahr 1962 nach Marilyns Aufenthalt in der psychiatrischen Klinik Payne Whitney in New York: »Sie steckten Marilyn versehentlich in die geschlossene Abteilung. Vorher hatte sie mir manchmal gesagt, daß sie glaube, sie sei verrückt. Doch nach Payne Whitney sagte sie: ›Susan, die Leute dort sind wirklich verrückt. Gott sei Dank bin ich nicht so. Jetzt weiß ich, daß ich nicht verrückt bin.‹«

Doch Rudin hielt es für das beste, die Vertragsverhandlungen in die Länge zu ziehen. Bei einem Interview im Februar 1992 gestand er, daß er gebremst habe, damit Marilyn »vollkommen ausgeruht und erholt die Arbeit an *Something's Got to Give* wiederaufnehmen« könne. Greenson, so Rudin, habe von der Katastrophe (Marilyns Viruserkrankung) erfahren, als sie im April vor die Kamera treten sollte. »Marilyn sagte zu mir: ›Ich weiß, ich muß den Film machen, aber ganz wohl ist mir nicht dabei.‹«

Also schlug Rudin eine Verzögerungstaktik ein.

Er hatte keine Ahnung, daß die Fox auf das Tempo drücken wollte.

Marilyn Monroe sah »blendend« aus – so ein Fox-Mitarbeiter –, als am 10. April 1962 Aufnahmen von den Kostümproben für *Something's Got to Give* gemacht wurden. (Twentieth Century-Fox)

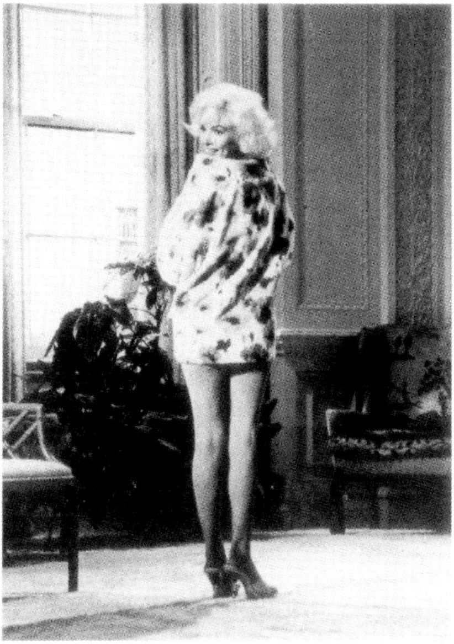

Marilyn Monroe und
Joe DiMaggio 1954 bei der
Premiere von
Das verflixte 7. Jahr .
(Twentieth Century-Fox)

Marilyn Monroe mit
Regisseur George Cukor,
der erstmals 1960 bei
Machen wir's in Liebe
mit ihr gedreht hatte.
Rechts Arthur Miller.
(Twentieth Century-Fox)

Standfoto aus
Manche mögen's heiß.
(Twentieth Century-Fox)

Ein Reklamefoto.
(Twentieth Century-Fox)

Bei den Dreharbeiten zu *Something's Got to Give.*

Marilyn Monroe mit Regisseur George Cukor und ihren Filmkindern Alexandra Heilweil und Chris Morley. (Robert F. Slatzer)

Heilweil, Monroe und Morley. (Robert F. Slatzer)

Marilyn Monroe mit Paula Strasberg, ihrer Schauspiellehrerin und engen Vertrauten. (Robert F. Slatzer)

Marilyn Monroe und »Tippy«. Der Hund reagierte nicht auf sein Stichwort. Die Szene mußte deshalb in dreistündiger Arbeit über zwanzigmal gedreht werden. Von links: Ein Requisiteur, Marilyn, ihre Friseuse Agnes Flanaghan, »Tippy« und sein Dresseur Rudd Weatherwax. (Robert F. Slatzer)

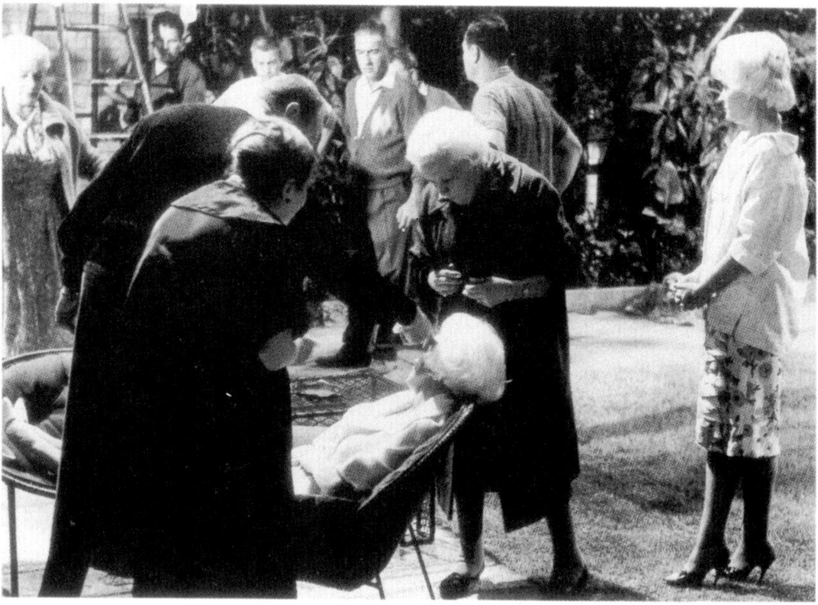

Marilyn erholt sich von der anstrengenden Szene mit »Tippy«. Bei ihr stehen Paula Strasberg, ihr Maskenbildner und enger Vertrauter Whitey Snyder und Agnes Flanaghan. Rechts ihr Double Evelyn Moriarity. (Robert F. Slatzer)

Marilyn mit George Cukor und Fox-Manager Phil Feldman. (Robert F. Slatzer)

Marilyn mit Murray Schumach, einem Hollywood-Reporter der *New York Times*. (Robert F. Slatzer)

Bei den Dreharbeiten zu *Cleopatra*.

Elizabeth Taylor als Kleopatra. (Twentieth Century-Fox)

Elizabeth Taylor mit ihrem Geliebten Richard Burton. (Twentieth Century-Fox)

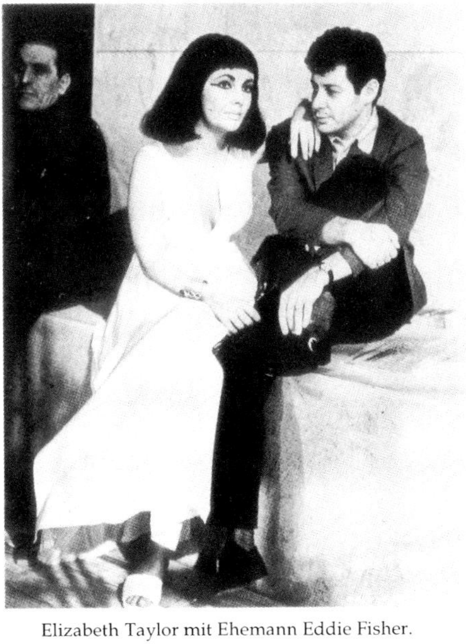

Elizabeth Taylor mit Ehemann Eddie Fisher. (Twentieth Century-Fox)

Peter Levathes, Produktionschef der Fox (links), und Walter Wanger, Produzent von *Cleopatra*, vor den Kulissen des Films. Rom 1961. (Twentieth Century-Fox)

John F. Kennedy und Robert F. Kennedy während der Stahlkrise im April 1962. (Arthur Rickerby / *Life Magazine*)

Marilyn Monroe bei der Geburtstagsgala für John F. Kennedy im Madison Square Garden. Marilyn trug ein fleischfarbenes Designerkleid, in das sie eingenäht werden mußte. 19. Mai 1962. (Yale Joes / *Life Magazine*; Bill Ray / *Life Magazine*)

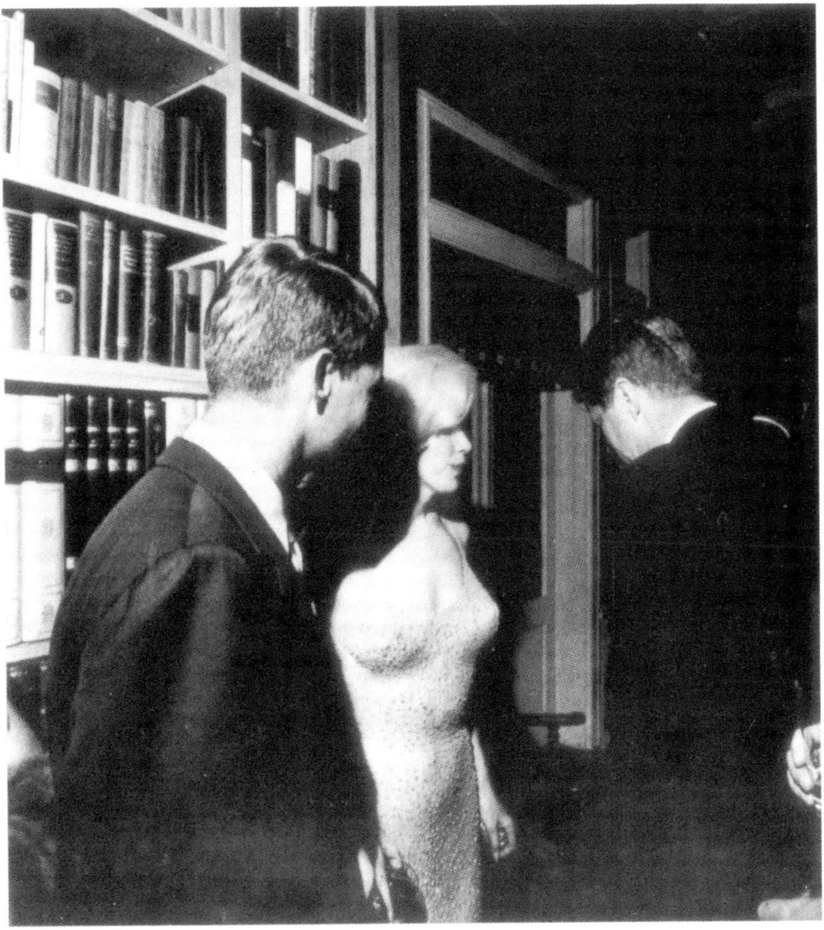

Marilyn mit John F. und Robert F. Kennedy auf der Geburtstagsparty, die Arthur Krimm für den Präsidenten gab. Eines der wenigen Fotos Marilyns mit beiden Kennedy-Brüdern. (Cecil Stoughton/*Life Magazine*)

Sydney Guilaroff legt letzte Hand an Marilyns Frisur. Paula Strasberg zu ihrer Rechten, im Hintergrund Dean Martin und Marjorie Plecher. (Lawrence Schiller)

Whitey Snyder korrigiert Marilyns Make-up am ersten Drehtag nach ihrem »verlorenen Wochenende«. 28. Mai 1962. (Lawrence Schiller)

Der lächelnde Star in den Kulissen. (Robert F. Slatzer)

Monroe, Strasberg und Cukor. Selten lachten sie so zusammen wie hier. 21. Mai 1962. (Lawrence Schiller)

Zanuck, Spyros Skouras, während der Dreharbeiten zu *Something's Got to Give* Präsident der Fox, und Joseph M. Schenck, Ehrenpräsident der Fox. *(Candid Illustrations)*

Schenck und Zanuck.

Marilyn am letzten Drehtag von *Something's Got to Give*. 1. Juni 1962. (Lawrence Schiller)

Mit Cox. (Lawrence Schiller)

Mit Cukor und dem Schauspieler Wally Cox. (Lawrence Schiller)

Marilyn Monroe bei der Party,
die Fox-Mitarbeiter zu ihrem 36. Geburtstag
für sie gaben.
Auf dem Plakat sieht man eine Zeichnung von
Marilyn im Bikini. 1. Juni 1962.
Von links: Marilyn, Flanaghan, Moriarity,
Marilyns Haushälterin Eunice Murray,
der Produzent Henry Weinstein und
Bunny Gardel.

Marilyn Monroe
verläßt am 1. Juni 1962 zum letzten Mal
die Kulissen von
Something's Got to Give.
(Lawrence Schiller
aus dem Buch *Marilyn*)

27

Die Liebe eines Sommers

Wenn es darum ging, den guten Namen der Kennedy-Familie zu schützen, gab sich Robert Kennedy nie eine Blöße. Zumindest bis zum Sommer 1962.

Der Justizminister hatte geschickt auf den FBI-Direktor J. Edgar Hoover eingewirkt, Tausende von Unterlagen und Telefonprotokollen als streng geheim klassifizieren lassen und so alle Spuren verwischt, die auf eine Beziehung zwischen John F. Kennedy und der Mafiagespielin Judith Campbell Exner hinwiesen.

In ähnlicher Weise hatte er dafür gesorgt, daß alle Hinweise auf eine geheime Allianz zwischen der Kennedy-Administration und der Mafia während der Schweinebucht-Affäre in den Labyrinthen von FBI und CIA verschwanden. Zu diesem Zwecke hatte er ganz offen die maßgeblichen Leute in beiden Behörden hofiert und mit ihrer Hilfe auch die leisesten Gerüchte über Verbindungen des Präsidenten zum organisierten Verbrechen zum Verstummen gebracht.

Bobby schlüpfte gelegentlich sogar in die Rolle des Eheberaters, schlichtete Streitigkeiten innerhalb der Familie und vertuschte Seitensprünge einzelner Mitglieder des weitverzweigten Kennedy-Clans. Einige außereheliche Beziehungen spionierte er aus und sorgte im Interesse des öffentlichen Ansehens der Familie dafür, daß sie beendet wurden. Auch Peter Lawford wurde nach Auskunft seiner früheren Frauen mehrfach von Bobby verwarnt.

Dank Bobbys Verschleierungskünsten erfuhr die Öffentlichkeit nichts von den Orgien im Weißen Haus, den feuchtfröhlichen Cocktailparties an Bord der Air Force One und den Glücksspielen in den Hinterzimmern der Spielhöllen von Las Vegas. Knapp zwei Jahrzehnte lang erschien kein Wort darüber in der Presse.

Die meiste Zeit seines Lebens war Bobby Kennedy der Tugendwächter der Familie und versuchte wie eine aufgeregte Glucke, das Schlimmste zu verhindern, während seine Brüder John und Teddy immer abwegigeren sexuellen Abenteuern frönten. Einmal, auf einer Party, umarmte Teddy seine beiden Brüder und strahlte: »Wir drei!« Bobby machte sich angewidert frei und sagte: »Nein, ihr *zwei*!«

Walter Winchell nannte ihn im vertraulichen Gespräch den »Sittenpolizisten« der Familie. Und für Rose Kennedy, das weibliche Familienoberhaupt, war er das auch. Sechs Monate zuvor, im Herbst 1961, hatte sie Bobby gebeten, seinem Schwager Steve Smith, dessen Ehe mit Jean Kennedy an seinen diversen Liebschaften zu zerbrechen drohte, ins Gewissen zu reden.

Der Justizminister war über die Bisexualität des Schriftstellers Gore Vidal so empört, daß er 1961 bei einer offiziellen Dinnerparty Jacqueline Kennedy von ihm wegzerrte, als die beiden miteinander tanzten.

Außerdem überprüfte er die Geliebten seines Bruder. Als der Justizminister vom Secret Service erfuhr, daß John einer jungen Deutschen aus einflußreicher Familie vorgestellt werden wollte, beauftragte er den FBI, sie auszuleuchten. Zwei Tage später wurde er informiert, daß die Deutsche eine Affäre mit einem sowjetischen Attaché gehabt hatte. Noch bevor der Präsident die Gelegenheit hatte, sich an sie heranzumachen, wurde sie abgeschoben.

Und so unglaublich es klingen mag: Bobby Kennedy, der Mann, der einem Reporter, dessen einziges »Verbrechen« darin bestanden hatte, ihn mit Marilyn Monroe tanzen zu sehen, den Secret Service auf den Hals gehetzt hatte, war drauf und dran, sich auf eine leidenschaftliche Liebesaffäre mit der berühmtesten Frau der Welt einzulassen.

Vertraute der Familie lachten nur bei der Vorstellung, daß zwischen Marilyn und dem amerikanischen Justizminister etwas Ernstes gewesen sein könnte. Sie taten solche Behauptungen als »Phantastereien« ab, die dem Hirn einer kranken, einsamen Frau entsprangen.

Tatsächlich war Marilyn Monroes Beziehung zu Bobby sowohl intensiver als auch naheliegender als ihre lustbetonte, stürmische Affäre mit dem Präsidenten. Bobby und Marilyn empfanden von Anfang an eine Art Seelenverwandtschaft: Sie fühlte sich von seinem Intellekt angezogen, und er sich von ihrer rastlosen Suche nach einem Leben jenseits des Starruhms.

Die verliebte Marilyn wußte, daß sie sich diesmal auf unbekanntes Terrain vorwagte. Mit ihren letzten Liebhabern – Arthur Miller, Yves Montand und Frank Sinatra – hatte sie ein gemeinsames Interesse verbunden – das Showbusineß und die faszinierenden Machtkämpfe in Hollywood. Ihre Beziehung zu Robert Kennedy beruhte auf anderen Gemeinsamkeiten.

»Es gab eine Zeit, da kannte Marilyn die Namen aller wichtigen Studiobosse, aber sie hätte einem nicht sagen können, wie der Gouverneur von Kalifornien hieß«, sagte Robert Slatzer. »Und jetzt las sie alles, was sie über Kuba, die Raketenkrise und das organisierte Verbrechen kriegen konnte.«

Evelyn Moriarity, Marilyns Double, erinnerte sich daran, daß plötzlich überall in Marilyns Haus in Brentwood und in ihrer Garderobe im Filmstudio »ganze Stapel von Notizbüchern« herumlagen. Mit der Zahl ihrer Anrufe in Washington wuchs offenbar auch die Zahl der Notizbücher – sie sagen mehr über ihre Affären mit dem Präsidenten und seinem Bruder aus als alles andere.

Anfangs flirteten Robert Kennedy und Marilyn miteinander am Telefon. In gewisser Weise war das Telefon Marilyns wichtigste Verbindung zum realen Leben. Sie verwahrte es wie ein Heiligtum. Oft schlief sie mit dem Telefon im Arm ein. Einmal, als sie sich mit Susan Strasberg über den Film *Endstation Sehnsucht* unterhielt, sagte sie: »Blanche hat gesagt, daß man sich auf die Freundlichkeit von Fremden verlassen müsse. Ich kann das nachvollziehen. Schließlich verlasse ich mich auf die Freundlichkeit des Telefons und desjenigen, der am anderen Ende der Leitung spricht.«

Nach dem Stelldichein im Garten des Hauses in Brentwood Anfang Juni entstand zwischen Bobby und Marilyn eine Art Telefonbeziehung, die so intensiv und leidenschaftlich war, daß Hazel Washington sagte: »Sie liebten sich am Telefon. Und mit lieben meine ich ›Liebe machen‹.«

Innerhalb weniger Tage konnte Marilyn Bobby überall erreichen, ob er sich in Hyannis Port oder in Europa aufhielt. Wenn sie im Justizministerium anrief, wurde sie sofort mit ihm verbunden, ganz gleich, wo er sich gerade befand.

»Man konnte mit ihm wunderbar über persönliche Probleme sprechen«, erinnerte sich sein Presseberater Ed Guthmann. »Und Marilyn rief ihn im Sommer 1962 häufig an. Aber Judy Garland tat das auch, und auch andere Frauen, die Probleme hatten.«

Als die beiden unter dem Druck beruflicher Verpflichtungen immer seltener dazu kamen, miteinander zu telefonieren, hätte die Affäre durchaus wieder einschlafen können. Doch das Schicksal wollte es anders. Im Juni und Juli führten geschäftliche Gründe das verhinderte Liebespaar mehrmals in Hollywood zusammen.

Der Justizminister landete zu der Zeit häufig mit einem blauen Militärhubschrauber auf dem Studiogelände der Fox. Stets sprangen zuerst Agenten des Secret Service in eleganten blauen Anzügen aus dem Helikopter und schauten sich um, als könnten sich auf dem verlassenen Gelände Attentäter versteckt haben. Erst dann stieg Bobby Kennedy aus, manchmal in seiner blauen, staatsmännischen Nadelstreifenuniform, häufiger aber in einem weißen T-Shirt, ausgewaschenen Levis-Jeans und Turnschuhen, und besuchte die Produktionsbüros, in denen der erfahrene Produzent Jerry Wald an der Verfilmung seines

Bestsellers *Gangster drängen zur Macht* arbeitete. Der Film, in dessen Mittelpunkt der Gewerkschaftsführer Jimmy Hoffa stand, sollte Bobbys Bemühungen zeigen, die organisierte Kriminalität innerhalb der Arbeiterbewegung zu zerschlagen.

Es gibt keinerlei Hinweise darauf, daß Bobby sich aus Jerry Walds Bungalow schlich und mit Marilyn traf, deren Bungalow nur fünfzig Meter entfernt lag (Marilyn hielt sich im Juli dreimal dort auf). Fest steht aber, daß der Justizminister und Marilyn in der Präsidentensuite im Beverly Hilton, das nur knapp fünf Kilometer von dem Studio entfernt lag, mehrere Nächte miteinander verbrachten. Hotelbedienstete erinnerten sich an die Menüs, die bei solchen Gelegenheiten vom Lieblingsrestaurant der Kennedys in Los Angeles, dem La Scala, angeliefert wurden.*

Auch das luxuriöse Strandhaus der Lawfords mit seinen 14 Schlafzimmern und seinem beheizten Marmorschwimmbecken war während der leidenschaftlichen, neunwöchigen Affäre ein häufiger Treffpunkt. Sollte der Justizminister tatsächlich die Absicht gehabt haben, Marilyn aus dem Weg zu gehen – wie einige Leute behaupten –, so trieb ihn sein Schwager Peter Lawford buchstäblich in ihre Arme.

Beide waren Ehrengäste bei vier Parties. Eine davon fand am 4. Juli statt, dem amerikanischen Nationalfeiertag. An diesem Abend gingen Bobby und Marilyn bei Sonnenuntergang am Strand spazieren, er in Jeans und mit nacktem Oberkörper, sie in einem Kaftan von Pucci.

»Sie hatten etwas miteinander, keine Frage«, berichtete Lawfords Nachbar Peter Dye der BBC. »Marilyn schaute mit verklärten Augen zu ihm auf. Sie war total weg.«

Dye war einer der wenigen Gäste auf den zahlreichen Parties im Hause der Lawfords, dem auffiel, daß Marilyn und Bobby, um es vorsichtig auszudrücken, ineinander vernarrt waren.

Zu der Villa der Lawfords, am Pacific Coast Highway 625, gehörte der längste Privatstrand im gesamten County Los Angeles. Mit ihren 27 Zimmern, ihren Sälen, die Irrgärten glichen, und ihren versteckten Suiten eignete sie sich bestens für die langen, ausschweifenden Parties, die das Ehepaar Lawford so gerne gab. Ganze Flügel des Hauses konnten für private Zwecke abgesperrt werden.

Auch ein Großteil der Affäre zwischen Marilyn und John F. Kennedy spielte sich in einem dieser Liebesnester ab. Detektive behaup-

* Margaret Burk, langjährige PR-Chefin des Ambassador Hotel in Los Angeles, bestätigte, daß die Kennedys dort eine geheime Suite hatten. Burk weiter: »Angeblich haben Bobby und Marilyn die Räume genutzt. Sicher weiß ich, daß sich Marilyn dort mit dem Präsidenten traf.« Außerdem, so Burk, soll Marilyn für heimliche Rendezvous in Hollywood ein Apartment gemietet haben.

teten später, sie hätten die betreffende Suite abgehört und der Mafia die Bänder zugespielt.

Möglicherweise hielten sich Marilyn und Robert Kennedy im selben Flügel auf. Jedenfalls beobachteten Lawfords Nachbarn Lynn Sherman und Peter Dye, daß sich die beiden häufig in der Villa trafen. Sowohl Dye als auch Sherman waren davon überzeugt, daß die beiden dort auch übernachteten.

Spätestens zwischen dem 26. und 29. Juni, als Bobby und Marilyn das Wochenende mehr oder weniger gemeinsam verbrachten, hätte einigen Leuten ein Licht aufgehen müssen. Der Kostümdesigner William Travilla sah die beiden am Freitag beim gemeinsamen Abendessen im Restaurant La Scala. Am Samstag gab Patricia Kennedy Lawford ein Grillfest für fünfzig geladene Gäste. Da Bobbys Frau Ethel an der Ostküste geblieben war, wurde Marilyn als seine »Begleiterin« eingeladen.

Marilyn kam wie üblich zu spät – nachdem sie sich stundenlang herausgeputzt hatte. »Ich habe sie vor einer Party noch nie so nervös erlebt«, sagte die Kostümbildnerin Elizabeth Courtney. »Wir nähten drei Kleider um, bevor wir etwas Passendes fanden.«

Als Marilyn während einer der Anproben kurz das Zimmer verließ, fragte Courtney Hazel Washington, was eigentlich los sei. »Ein Mann, Honey«, antwortete Washington, »ein neuer Mann.«

»Wer ist es?«

»Kennedy.«

»Meinst du den Präsidenten?« Elizabeth Courtney war entsetzt.

»Nein, den anderen, seinen Bruder.«

Aber das entsetzte Courtney nur noch mehr.

»Die meisten Leute wußten nichts von Marilyn und den Kennedys«, stellte Hazel Washington Jahre später fest. »Ich selbst war auch darüber schockiert. So etwas hätten wir nie von unseren führenden Politikern gedacht.«

Marilyns Tausenddollarkleid von Elizabeth Courtney war ein voller Erfolg und ragte aus dem Tropen- und Pyjama-Look heraus, den die anderen weiblichen Gäste der Lawfords favorisierten.

Am Sonntag nachmittag besuchte der Justizminister Marilyn in ihrem Haus in Brentwood. Und genau an diesem Tag hatte Marilyn ihrer Haushälterin Eunice Murray mitgeteilt: »Heute will ich das Haus ganz für mich alleine haben.«

Murray blieb gerade lange genug, um zu bemerken, daß »sie sehr verliebt aussahen«.

Einiges spricht jedoch dafür, daß dieses Treffen geschäftlicher Natur war. Am nächsten Tag wollte Marilyn sich nämlich erneut mit Vertretern der Fox zusammensetzen und einige Details des neuen Vertrags für *Something's Got to Give* aushandeln, und Bobby Kennedy sollte mit guten Ratschlägen helfen. Er war der Ansicht, und sagte ihr das auch, daß ihre Wiedereinstellung offensichtlich beschlossene Sache sei und daß sie größere Zugeständnisse herausschlagen könne.

Aber vieles deutet darauf hin, daß sie nicht nur eine sexuelle, sondern auch eine sehr stürmische Beziehung hatten. »Ich hatte den Eindruck, daß es vor allem um Sex ging«, meinte ihr Friseur Mickey Song. »Andere Leute mögen das vielleicht anders gesehen haben, aber ich bin davon überzeugt.«

Marilyn vertraute Robert Slatzer, Hazel Washington und einem guten halben Dutzend anderer Freunde an, daß sie eine Affäre mit dem Justizminister habe. Im Beisein Slatzers machte sie sich sogar ein bißchen über die Liebhaberqualitäten des Justizministers lustig. Und der Kolumnist James Bacon sagte: »Marilyn erzählte mir, daß mit den Kennedys im Bett nicht viel los sei. Rein, raus, fertig. Keine Gefühle, kein Vorspiel, kein Bettgeflüster.«

Und in Anspielung auf ihre neuen »politischen Liebhaber« beschwerte sie sich bei dem Schriftsteller William J. Weatherby: »Mein Körper macht die Leute an – wie ein elektrisches Licht –, aber da schwingt kaum etwas Menschliches mit. Die Leute erwarten so viel von mir, daß ich sie manchmal dafür hasse.«

Mitglieder – und zahllose »Ehrenmitglieder« – des Kennedy-Clans haben stets darauf beharrt, daß eine solche Affäre ein Ding der Unmöglichkeit sei, eine Erfindung der Enthüllungsbiographen der siebziger und achtziger Jahre.

Aber es gibt jede Menge schlüssiger Beweise, die belegen, daß es sie tatsächlich gab. Als das Büro des Distriktstaatsanwalts von Los Angeles im Jahr 1982 Marilyn Monroes Tod noch einmal untersuchte, fanden die Ermittler Beweise für eine intime Beziehung zwischen Marilyn und Robert Kennedy. »Da wir jedoch zu dem Schluß kamen, daß Marilyn keinem Verbrechen zum Opfer gefallen war, war es ohne Belang, ob sie mit dem Justizminister und dem Präsidenten geschlafen hatte«, sagte Mike Carrol, stellvertretender Distriktstaatsanwalt und Leiter der Untersuchung.

Nach der Autopsie fanden Anhörungen statt, bei der Ärzte und Psychiater festzustellen versuchten, ob Marilyn Selbstmord begangen hatte. Die Aussagen, die dabei gemacht wurden, ließen ebenfalls »eine intensive, wahrscheinlich sexuelle Beziehung« vermuten.

»Da gab es einiges, was auf eine intime Beziehung zu Robert Kennedy hindeutete«, sagte Robert Litman, Psychiater an der Universität von Los Angeles, der die Autopsie leitete. »Aber Bobby war genau wie jeder andere starke Mann, den sie als Retter in ihr Leben holte. Er war nur eine jener Vaterfiguren, die sie am Ende dann doch verrieten.«

Weitere Indizien kamen zum Vorschein, als der Fernsehproduzent Ted Landreth für den BBC-Dokumentarfilm *Marilyn and the Kennedys* Nachforschungen anstellte. Landreth, früher als Produzent für die ABC tätig, befragte zahlreiche Journalisten, die während der Kennedy-Ära in Washington gearbeitet hatten. »Fast alle wußten über die Affäre zwischen Marilyn und Bobby Bescheid«, erinnerte er sich. Auch Senator George Smathers, ein Zechkumpan John F. Kennedys, bestätigte in einem BBC-Interview, daß der Präsident oft über die Affäre seines Bruders gesprochen habe.

Mit der Zeit sprach Marilyn immer offener über ihre Beziehung zu den Kennedy-Brüdern und zog viele Freunde und Bekannte ins Vertrauen. Dies brachte die Spitzenberater im Weißen Haus, die über die moralischen Verfehlungen des Präsidenten ohnehin schon sehr aufgebracht waren, noch mehr in Harnisch. Schon hatte der politische Kommentator und Berater Theodore Sorensen geschrieben: »Diese Administration tut mehr für Sex, als Eisenhower für Golf getan hat.«

»Der Schutz des Secret Service, die Hilfe treu ergebener Assistenten und die Fürsprache seiner Geschwister ermöglichten es dem neuen Präsidenten, seinen zügellosen Lebensstil fortzusetzen, zu dem es gehörte, daß er mit zahllosen Frauen ins Bett stieg«, schrieb Kitty Kelley in ihrem Buch *Jackie, Oh!* »Wenn die First Lady auf Reisen war, vergnügte sich der Präsident mit Nacktbadeparties am Swimmingpool des Weißen Hauses.«

Als dann auch noch Marilyn Monroe anfing, mit ihrem Verhältnis zu John F. Kennedy zu prahlen, müssen in der Führungsetage der Demokratischen Partei die Alarmglocken geschrillt haben. Am letzten vollen Drehtag von *Something's Got to Give* gab sie sich keinerlei Mühe mehr, ihre Beziehung zu den Kennedys zu verbergen. In Gegenwart von Freunden und Bekannten ließ sie sich über die Telefonzentrale der Fox mit Robert und John F. Kennedy verbinden. »Sie griff zum Hörer und befahl der Telefonistin, direkt das Oval Office anzuwählen«, erinnerte sich Stephen Papich.

Marilyn gab Papich ein Zeichen: »Ich rufe Jack an.«

»Jack?« Papich fragte verständnislos.

»Du weißt doch, Jack. Jack Kennedy! Den Präsidenten«, flüsterte sie.

Offensichtlich nahm Kennedys Sekretärin den Hörer ab. Marilyn sprach mit sanfter Stimme: »Könnte ich bitte den Präsidenten sprechen? Hier ist Marilyn Monroe.«

»Keinerlei Geheimhaltung«, sagte Papich. »Sie hinterließ ihm sogar eine recht lange Nachricht.«

Anfang Mai überredete Marilyn William Travilla dazu, ihr aus dem Fundus ein weißes Hermelincape auszuleihen, um damit »den Präsidenten zu beeindrucken.«

Die Gefahr, daß die Öffentlichkeit Wind von der Sache bekam, wurde nach Marilyns Entlassung durch die Fox noch bedrohlicher, da die Presse nun ein besonders scharfes Auge auf sie warf. Und ausgerechnet in dieser Situation wurde auch der Justizminister unvorsichtig. »Im Juni und Juli trafen sich die beiden sehr häufig«, sagte Lynn Sherman, eine Nachbarin der Lawfords. »Wenn die Staatskarosse vorfuhr, wußte man, daß Bobby in der Stadt war. Manchmal gingen Bobby und Marilyn zusammen über die Terrasse an den Strand und spazierten lange am Meer entlang.«

Bei einer Party im Juli beobachtete der 20jährige Parkplatzwächter Chuck Pick Bobby und Marilyn in einer verfänglichen Situation.

Ein Agent des Secret Service mit bleichem Gesicht baute sich vor Pick auf und zischte: »Du hast Augen, aber du siehst nichts. Du hast Ohren, aber du hörst nichts. Du hast einen Mund, aber du sagst nichts.«

Bei einer Reise nach Mexico City im Februar hatte sie einem neuen Bekannten, dem aus den Vereinigten Staaten ausgewanderten Fred Vanderbilt Fields, von ihrer sich entwickelnden Freundschaft zu Bobby Kennedy erzählt. »Sie sagte, sie hätten sich lange unterhalten, vor allem über Politik. Sie sagte auch, sie hätte ihn gefragt, ob er J. Edgar Hoover feuern würde.«

Ebenfalls im Februar, bei einer Dinnerparty der Lawfords in Santa Monica, hörte Gloria Romanoff zufällig, wie Bobby am Telefon mit seinem Vater sprach: »Rate mal, mit wem ich hier sitze – mit Marilyn Monroe. Willst du mit ihr sprechen?«

Nicht lange, und der Clan wußte über Bobbys Fehltritt Bescheid. An einem Nachmittag, einige Zeit vor Marilyns Tod, schaute Pat Kennedy Lawford auf einen Drink bei ihrer Nachbarin Lynn Sherman vorbei. Pat beklagte sich über Peter Lawfords Frauengeschichten, ließ aber auch ihren Bruder nicht ungeschoren: »Aber das müssen wir alle durchmachen, schau dir nur an, was Ethel durchmacht.« Ohne Zweifel bezog sich diese Bemerkung auf den Justizminister.

Lawford selbst hatte sich bei einem anderen Nachbarn beklagt: »Marilyn wurde so mir nichts dir nichts von Jack an Bobby weitergereicht.«

Der Justizminister, erschöpft von seinem Feldzug gegen das organisierte Verbrechen, muß bei Marilyn eine besondere Intimität gefunden haben. Sie war einfühlsam und stellte keine Forderungen.

Bobby stammte aus einer Familie von Rednern, und so war es für ihn sicherlich erfrischend, eine Geliebte zu haben, die zuhören konnte und ständig an seinen Lippen hing. Aber Marilyn spielte in dieser Beziehung keineswegs eine unterwürfige Rolle. Auf ihre Weise war sie ebenso brillant wie Bobby. Ihr früherer Ehemann Arthur Miller sprach einmal von ihrem »blitzschnellen Verstand« und Truman Capote sagte von ihr, sie habe zwar »keine Schulbildung«, sei aber »absolut brillant«.

»Trotz aller Warnungen ließ sich Bobby von Marilyn den Kopf verdrehen«, sagte Deborah Gould Lawford. »Nicht lange, und er saß in der Falle.«

Bobby, der Tugendwächter der Familie, steckte in einem besonderen Dilemma. Seit ein Schlaganfall seinen Vater außer Gefecht gesetzt hatte und sein Bruder das Land regierte, fungierte er als Oberhaupt des umtriebigen Clans.

Es war keine Frage, wofür er sich entscheiden würde, falls seine Gefühle jemals mit der politischen Zukunft der Kennedys in Konflikt kommen sollten. Marilyn war klug genug zu wissen, wo ihr Platz war. »Sie war von ihm fasziniert und hatte gleichzeitig schreckliche Angst vor ihm«, erinnerte sich Lawfords Nachbar Peter Dye, der beobachtete, wie sich die Beziehung im Frühsommer 1962 entwickelte.

»Sie erzählte mir, sie sei verrückt nach ihm«, sagte Dye. »Sie liebe seinen ›Geist‹.« Und von Bobby Kennedy sagte er: »Der war nach ihr genauso verrückt wie sie nach ihm.«

Die schiere Macht, die mit Robert Kennedys politischer Stellung verbunden war, wirkte auf Marilyn, die vom Äußeren des Justizministers wenig angetan war, wie ein Aphrodisiakum. Tatsächlich fühlte sie sich anfangs sogar von ihm abgestoßen. Auf der Party nach der Gala hatte sie noch zu Slatzer gesagt: »Er ist absolut nicht mein Typ.« Sie vermisse an Bobby das gute Aussehen und den Charme seines Bruders, des Präsidenten.

Bobby und Marilyn verbrachten die wenigen romantischen Tage im Sommer 1962 mit langen Gesprächen. Sie weihte ihn in die Geheimnisse Hollywoods ein, und er ließ sich über die glorreichen Errungenschaften an der politischen Front aus.

Marilyn und der Justizminister sprachen über Fidel Castro und die Schweinebucht, über Bürgerrechte und das Peace Corps. Und sie sprachen über organisierte Kriminalität. Sie machte sich offensichtlich Notizen über den Inhalt ihrer politischen Unterhaltungen und lieh sich von Ralph Greenson und Pat Newcomb zeitgeschichtliche Bücher aus.

Das soll nun aber nicht heißen, Sex wäre kein Thema gewesen. Die beiden schliefen mindestens zweimal, wahrscheinlich aber sogar viermal miteinander: zum erstenmal Anfang Juni in der Kennedy-Suite im Beverly Hilton, dann Ende Juni in Marilyns Haus und schließlich in Lawfords Strandvilla. Sie sprach über diese »Versuche« mit Robert Slatzer, Jeanne Carmen, Terry Moore und Hazel Washington.

Später, als Eunice Murray in der ABC-Nachrichtensendung *20/20* gefragt wurde, ob es in dem Haus in Brentwood zwischen Robert Kennedy und Marilyn Monroe zu sexuellen Intimitäten gekommen sei, antwortete sie: »Davon weiß ich nichts. Möglich wäre es schon, aber ich weiß nichts davon.«

Als BBC-Rechercheure 1985 die Umstände von Marilyns Tod nochmals genauer unter die Lupe nahmen, entdeckten sie in Marilyns Hinterlassenschaften ein seltsames Dokument. Der handgeschriebene Brief, offensichtlich von Jean Kennedy Smith, ist ein stichhaltiger Beweis, daß es die Affäre tatsächlich gab.

Als Anschrift des Absenders ist das luxuriöse Anwesen der Kennedy-Familie in Palm Beach, North Ocean Boulevard, angegeben. In dem Brief steht:

> Liebe Marilyn,
>
> Mutter hat mir aufgetragen, Dir zu schreiben und für Deinen netten Brief an Daddy [Joseph P. Kennedy] zu danken – er hat sich sehr gefreut, und es war wirklich sehr nett von Dir.
> Sei Dir im klaren darüber, daß Du und Bobby Gesprächsthema Nummer eins seid!
> Wir alle sind der Ansicht, daß Du ihn begleiten solltest, wenn er zurück an die Ostküste kommt.
>
> *In Liebe,*
> *Jean Smith*

Sprecher der Familie weigern sich, Stellung zu diesem merkwürdigen Brief zu beziehen. Aber Hazel Washington, der Marilyn den Brief zeigte, war der Ansicht, daß Marilyn ihn als offizielle Anerkennung ihrer gefährlichen Liebschaft aufgefaßt habe.

Vielleicht hatte die Offenheit und der jugendliche Enthusiasmus des Justizministers sie von der Ernsthaftigkeit seiner Absichten überzeugt. Jedenfalls teilte sie Ende Juli dem Journalisten William J. Weatherby mit: »Vielleicht heirate ich wieder. Das einzige Problem ist, daß er noch verheiratet ist. Und er ist berühmt, deswegen treffen wir uns heimlich.«

Es ist leicht, ihre Träume von Mutterglück als Phantastereien abzutun. »Andererseits hatte sie die Gabe, ihre Träume zu verwirklichen«, sagte Robert Litman von der Universität von Los Angeles, der sich nach Marilyns Tod lange mit Ralph Greenson unterhalten hatte. »Marilyn hatte es immer geschafft, die Aufmerksamkeit einflußreicher Männer auf sich zu lenken. Sie wollte sie – und sie bekam sie.«

Zu Greenson hatte sie einmal gesagt, daß es ihr Ziel sei, Albert Schweitzer zu begegnen und »ihn dann zu verführen«. Litman meinte dazu: »Für sie ein durchaus realistisches Ziel.«

Vielleicht war Marilyns Rolle als erotisches Glamourgirl den Kennedy-Brüdern auf Dauer einfach nicht genug. Sie beschwerte sich bei Weatherby: »Mein Körper hat sie alle gereizt. Sex ist nicht schlecht, wenn Liebe mit im Spiel ist. Aber für zu viele Leute ist er nur eine Turnübung. Mit einer Maschine aus dem Drugstore wären die genauso zufrieden wie mit einem anderen Menschen.«

Zur selben Zeit – Marilyn hatte damals neben Robert Kennedy keine anderen Liebhaber – stimmte sie gegenüber Peter Levathes eine ähnliche Klage an. »Als Frau bin ich eine Versagerin. Meine Männer erwarten so viel von mir. Und schuld daran ist das Bild, das sie sich von mir gemacht haben – und das ich selbst geschaffen habe –, das Bild eines Sexsymbols. Sie erwarten sehr viel, und ich kann ihre Erwartungen nicht erfüllen. Sie erwarten, daß Glocken zu läuten anfangen und daß sie die Englein singen hören. Aber mein Körper ist genauso gebaut wie der jeder anderen Frau. Ich schaffe es einfach nicht.«

Ralph Greenson, Marilyns Psychiater, bezeichnete vor seinem Tod im Jahr 1979 Marilyns verwickelte Beziehungen zu den Kennedys im Gespräch mit Journalisten als eine »destruktive Beziehung zu zwei mächtigen und wichtigen Männern in der Regierung«.

Zu Litman sagte er: »Ich fürchte, Marilyn wurde in beiden Beziehungen übel ausgenutzt.«

Seiner Ansicht nach wurde die Beziehung zu Robert Kennedy einer der wichtigsten Faktoren im Leben seiner Patientin.

In seinem offiziellen Bericht über Marilyns Tod schrieb Litman später: »Greenson war in großer Sorge, daß sie in diesen Beziehungen ausgenutzt werden könnte. Doch sie schien aus der Verbindung zu diesen mächtigen und wichtigen Männern eine so große Befriedigung zu ziehen, daß er sich außerstande sah, dagegen zu opponieren. Er sagte ihr, sie solle darauf achten, daß sie es tue, weil es ihr wichtig sei, und nicht nur, weil sie denke, sie müßte es tun.«

Drei Monate nach Marilyns Tod fragte der Journalist William Woodfield Greenson: »Was geschah an dem Abend, als Marilyn starb?«

Greenson schnauzte den Journalisten an: »Warum fragen Sie nicht den Justizminister der Vereinigten Staaten?«

Doch im Juli 1962 genoß Marilyn in ihrer Schwärmerei für Bobby Kennedy einen kurzen, romantischen Sommer – die letzten sonnigen Tage, bevor die große Kälte heraufzog.

Teil 4

Juli und August

28

Der Verrat

An einem Spätsommermorgen des Jahres 1962 mußte Marilyn Monroe feststellen, daß ihr Liebhaber nichts mehr von ihr wissen wollte. Marilyn, die verzweifelt auf Bobby Kennedys Ratschlag wartete, was ihre Rückkehr zu den Dreharbeiten zu *Something's Got to Give* anging, wählte eine private Nummer, die sie direkt mit dem Büro des Justizministers verband.

Ein Tonband antwortete: »Dieser Anschluß im Justizministerium der Vereinigten Staaten ist außer Betrieb. Bitte prüfen Sie Ihre Nummer, und wählen Sie erneut.«

Irritiert und verärgert ignorierte sie Bobbys Anweisung und rief bei der Telefonzentrale des Ministeriums an.

Sie verstieß gegen eine weitere Vorsichtsmaßnahme, indem sie sich mit ihrem richtigen Namen meldete: »Hier ist Marilyn Monroe. Ich habe Schwierigkeiten, den Justizminister über seine private Nummer zu erreichen.«

Die Telefonistin entschuldigte sich respektvoll: »Die Leitung wurde auf Anordnung des Justizministers stillgelegt. Tut mir leid, aber mehr kann ich Ihnen nicht sagen.«

Marilyn ließ sich mit der Sekretärin im Vorzimmer des Justizministers verbinden und erfuhr: »Mr. Kennedy ist den ganzen Nachmittag in einer Besprechung.«

Ganz beiläufig hatte Bobby den Schlußpunkt unter Marilyns bittersüße Romanze mit den Kennedys gesetzt. Und die Art, wie er es tat, war grausam. Er verhielt sich wie ein Collegejunge aus reichem Hause, der eine Freundin aus ärmlichen Verhältnissen fallenläßt. Er hatte seinen Spaß mit ihr gehabt. Doch sie fühlte sich ausgenutzt.

Beschützt durch ihren Reichtum, unerreichbar hinter den Mauern ihrer Anwesen in Hyannis Port und Palm Beach und abgeschirmt von Hunderten von Beamten hatte die Familie Kennedy Marilyn heimlich, still und leise aus ihrem Kreis ausgeschlossen.

»Sie war verletzt und wütend, ja, sie war außer sich vor Wut, weil er sie von einem Tag auf den anderen fallengelassen hatte«, erinnerte sich Slatzer. »Jetzt begriff sie, daß sie nur ausgenutzt worden war.«

Es sollte die letzte – und schlimmste – Zurückweisung in einem Leben sein, das vor allem aus Zurückweisungen bestanden hatte. Marilyn hatte sich geöffnet und angenommen, daß Bobby ernsthaft an einer Beziehung zu ihr interessiert sei. »Sie hoffte allen Ernstes, daß Bobby sie eines Tages zur First Lady machen würde«, sagte Marilyns Vertraute, die Schauspielerin Terry Moore.

»Ich versuchte ihr klarzumachen, daß dies unmöglich sei und daß Robert Kennedy damit seine Zukunft ruinieren würde«, meinte Slatzer. »Ich sagte: ›Marilyn, die Kennedys sind katholisch. Bobby kann sich nicht von seiner Frau scheiden lassen.‹ Aber sie wollte es einfach nicht wahrhaben.«

Einige Tage später rief Marilyn Slatzer erneut an. Jetzt war sie ernsthaft böse. Ihr war zu Ohren gekommen, daß Bobby Kennedy sie bei einer Party in Lawfords Strandvilla »eine doofe Blondine« genannt hatte.

»Als ich dir vor ein paar Tagen erzählt habe, daß er meine Anrufe nicht entgegennimmt, hatte ich keine Ahnung, warum«, sagte sie Slatzer am Telefon. »Vielleicht hält er mich wirklich für eine doofe Blondine. Ich habe mir gesagt: ›Vielleicht geht er mir deshalb aus dem Weg, oder vielleicht braucht er mich einfach nicht mehr. Schließlich hat er ja bekommen, was er haben wollte.‹«

Nie zuvor hatte sich Marilyn so als Sexualobjekt mißbraucht gefühlt. Sie hatte es weit gebracht. Mit ihrem Ruhm und ihrer Schönheit hatte sie sich überall Zutritt verschafft. Sie hatte sogar die Tür zum Schlafzimmer der First Family von Amerika aufgestoßen. Aber als sie dort angekommen war, mußte sie feststellen, daß weder der Präsident noch sein Bruder wirklich anders waren als die Schürzenjäger, mit denen sie zu Beginn ihrer Karriere ins Bett gegangen war. Obwohl, einen Unterschied gab es: Von ihren damaligen Verehrern hatte sie wenigstens noch einen Abschiedskuß erhalten.

»Die Geschichte mit Bobby war von allen ihren Beziehungen die gefährlichste«, meinte Slatzer. »Es war eine geistige und eine körperliche Beziehung. Deshalb war sie zutiefst verletzt, als er sich plötzlich aus dem Staub machte.«

Als die Affäre mit Bobby Kennedy ernst zu werden begann, äußerte Greenson gegenüber Kollegen die Befürchtung, daß Marilyn am Ende als die große Verliererin dastehen könnte. Er sagte, sie soll sich mit diesen Männern nur einlassen, wenn sie es wirklich wolle, und nicht, weil sie das Gefühl habe, sie müsse es tun.

Peter Lawford äußerte später gegenüber dem *Long Beach Press Telegram,* daß Marilyn »sehr mies behandelt worden« sei.

Und seine Frau Patricia Seaton Lawford sagte bei einer Pressekonferenz zu Reportern, daß Bobby Marilyns Affäre mit John F. Kennedy auf besonders brutale Weise beendet habe. »Als John F. mit Marilyn Schluß machte, meinte Bobby, sie sei eh nur eine von ›Jacks Mösen‹ gewesen«, sagte sie. »Kein Gedanke daran, ihr den Abschied leichter zu machen.«

Marilyn, die sich ständig mit Fragen nach ihrer Beziehung zu der Präsidentenfamilie bestürmt sah, begann schließlich zu reden, anfangs nur mit Freunden und Vertrauten und später zum Entsetzen einiger Leute auch mit Reportern.

In Washington, wo die Gerüchteküche bereits brodelte, verriet sie den Kolumnisten Sidney Skolsky, Earl Wilson und James Bacon Einzelheiten über ihre Affäre. Dorothy Kilgallen erfuhr von Dritten von ihrer Beziehung. Unter den Journalisten in Washington war die Affäre ein beliebtes Gesprächsthema.

Mitte Juli erkannte Bobby Kennedy mit einem Mal die Gefahren, die eine Beziehung zu Marilyn Monroe mit sich brachte. Er selbst, der Präsident und seine Mutter Rose standen mitten in Teddy Kennedys Wahlkampf um ein Senatorenamt, als die Familie an der Ostküste plötzlich negative Schlagzeilen machte. Teddy, der über keinerlei Regierungserfahrung verfügte, hatte sich bei den Vorwahlen der Demokratischen Partei mit dem populären Justizminister von Massachusetts, Ed McCormack, auseinanderzusetzen. Weil Teddy in diesem Wahlkampf mit dem klangvollen Namen seiner Familie zu punkten hoffte, setzte die Opposition alle Hebel in Bewegung, um einen Fleck auf der weißen Weste der Kennedys zu finden. Zugegeben, Teddy führte einen sehr arroganten Wahlkampf. Auf einer seiner Wahlbroschüren prangte ein Bild von ihm, und darüber stand: »Aus einer großen amerikanischen Familie«.

Ein anderer Wahlkampfslogan lautete: »Die Kennedys: Seit drei Generationen im Dienste der Öffentlichkeit«. Bei einer entscheidenden Wahlkampfdebatte trieb der junge McCormack Teddy mit folgender Bemerkung in die Enge: »Wenn Sie Edward Moore heißen würden, würde man sich über Ihre Kandidatur totlachen.«

Teddys Antwort: »Aber ich heiße nicht Moore, sondern Kennedy. Und niemand lacht.«

Marilyn und die sexuellen Affären, die verschiedene Mitglieder der Familie in Hollywood hatten, schienen zuerst weit entfernt von Massachusetts. Aber dann passierten zwei Dinge:

Reporter kamen dahinter, daß Teddy wegen Betrugs von der Universität in Harvard geflogen war. Dies war für die politischen Kommentatoren das Signal zum Angriff. Die *Washington Post* bespielsweise bezeichnete Teddy als »einen bescheidenen jungen Mann, der allen Grund hat, auch in Zukunft bescheiden zu bleiben«.

Dann wurde J. Edgar Hoover, FBI-Direktor und erklärter Gegner Robert Kennedys, plötzlich gesprächiger und machte Bemerkungen über eine Akte, die er über die Beziehung zwischen Marilyn Monroe und dem Justizminister zusammentrug. Der Inhalt der Akte, so Hoover gegenüber Freunden, sei »äußerst brisant«.

Das Familienoberhaupt, der frühere Botschafter Joseph Kennedy, äußerte in Briefen an Bobby – seit einem Schlaganfall im Dezember 1961 konnte er kaum noch sprechen – sein Entsetzen über die Skandale, in die Mitglieder seiner Familie verwickelt waren. In unmißverständlichen Worten forderte er sexuelle Mäßigung.

Vor dem Hintergrund der Vorwahlen, die am 11. September in ihre entscheidende Phase gehen sollten, stellte Marilyn fraglos eine Bedrohung für die politischen Ambitionen der Kennedys dar. Deshalb gab man Bobby den dringenden Rat, sie so schnell und unauffällig wie möglich fallenzulassen. Umgehend ließ er seine Telefonnummern ändern, schränkte seine Reisen an die Westküste ein und ignorierte Marilyns Versuche, Kontakt zu ihm aufzunehmen.

Die Rücksichtslosigkeit, mit der er Marilyn ins Abseits stellte, gehörte zu jener Art Macho-Verhalten, das im Kennedy-Clan durchaus anerkannt war. Patricia Seaton Lawford sagte 1989 vor laufenden Fernsehkameras: »Man hat den Eindruck, daß Joe Kennedys Kinder, und die Männer und Frauen, die sie geheiratet haben, in einer Geschichte von emotionalen und sexuellen Mißbrauch gefangen sind. Die Männer neigen dazu, ihre Frauen sexuell auszubeuten und dann fallenzulassen. Doch damit kaschieren sie nur ihre Unfähigkeit, Gefühle zu empfinden.«

Aber Marilyn konnte sich nicht damit abfinden, daß ihre Affäre mit Bobby zu Ende sein sollte. Sie verschlang alle Meldungen und Berichte über seine öffentlichen Auftritte, verfolgte ihn mit dem Telefon und hörte nicht auf, sich im Justizministerium nach ihm zu erkundigen.

»Als Bobby sie zurückstieß, kam die Geschichte mit ihrem Vater wieder in ihr hoch«, behauptete die Schriftstellerin Lucy Freeman, die Ralph Greenson mehrmals für die *New York Times* interviewte und ein Buch über seine Behandlung Marilyns schrieb. »Weil Marilyn von ihrem Vater so früh verlassen worden war, schuf sie eine Sexgöttin, die kein Mann verlassen konnte, eine Frau, von der alle Männer träumen sollten. Aber diese Männer standen immer nur für den einen, den sie nie bekam – den verlorenen Vater.«

Aber Bobby sollte für die Rücksichtslosigkeit, mit der er Marilyn behandelt hatte, noch teuer bezahlen.

29

Alles erlaubt

Marilyn hatte auf dem Boden in ihrem Wohnzimmer in geordneten Reihen mehr als tausend Fotografien ausgebreitet. Offensichtlich war sie dabei nach einer bestimmten Methode vorgegangen: Nacktbilder in der Nähe der Fenster, Schwarzweißfotos vor der Couch, Modeaufnahmen in Stapeln nach Farbe geordnet.

Peter Levathes, Produktionschef der Twentieth Century-Fox, nahm die Bilderparade ab. Obwohl es ein heißer Sommertag war, trug er die Uniform der Fox-Manager – einen tadellosen grauen Anzug aus Wolle, die rote Regimentskrawatte und auf Hochglanz polierte Schuhe mit Flügelklappen. Dieser Besuch Ende Juli war Levathes zweite Visite bei Marilyn.

Etwas abseits saß Philip Feldman, den Levathes als »Anstandsdame« mitgebracht hatte. Zum Dank für ihre neue Beziehung zum Studiochef hatte Marilyn ihnen erlaubt, einen Blick auf die natürliche Marilyn Monroe zu werfen: Ihr platinblondes Haar war nur leicht gebürstet, ihr Mund trug nur einen Hauch von Lippenstift, und ihr sommersprossiger Elfenbeinteint war nicht geschminkt. Sie sah mädchenhaft aus und wirkte zehn Jahre jünger. Ein Krug Margaritas und mexikanische Appetithäppchen standen griffbereit. Doch Feldman und Levathes tranken nur Cola.

Marilyn hatte Levathes eingeladen, um ernsthaft mit ihm zu arbeiten. In einer anstrengenden, zweistündigen Prozedur wählten sie aus den tausend Fotografien eine Handvoll Bilder aus, die in den nächsten Ausgaben von *Vogue*, *Redbook* und *Paris Match* erscheinen sollten. Obwohl Anfang der sechziger Jahre eine unvermindert große Nachfrage nach Starporträts von Marilyn Monroe herrschte, hatte sie in dieser Beziehung in den letzten Jahren eher auf die Bremse getreten. Jetzt aber hatte sie sich mit drei namhaften Fotografen innerhalb von zwanzig Tagen zu sechs anstrengenden Fototerminen getroffen.

Zuerst hatte sie für den New Yorker Fotografen Bert Stern in Glitzerkostümen posiert. An zwei weiteren Abenden fotografierte Stern sie im Pelz, dann in einem transparenten Schal und schließlich splitternackt.

»Marilyn hatte Macht, sie war der Wind, der Kometenschweif, den Blake um ein heiliges Foto [*sic!*] legt«, schrieb Stern später. »Sie war der Raum und der Traum, das Mysterium und die Gefahr.«

Für die Fotositzung mit George Barris in Lawfords Strandhaus trug Marilyn ein weites mexikanisches Sweatshirt und Freizeithosen. Das bekannteste Bild aus dieser Serie zeigt sie auf einem Balkon, die Haare im Wind, in der Hand ein Glas Champagner.

Douglas Kirkland hatte für die Aufnahmen mit Marilyn in seinem Studio in Hollywood ein weißes Schlafzimmer aufgebaut und mit Satindecken ausstaffiert. Auf einem dieser Porträts, dem vielleicht berühmtesten, liegt sie zusammengerollt auf dem Bett und umklammert eine der Decken.

»Marilyn wollte beweisen, daß ihr Körper in den letzten sechzehn Jahren ... nichts von seiner Anziehungskraft verloren hatte«, schrieb Summers in seinem Buch *Marilyn Monroe.*

Mit dem Besuch in Brentwood folgte Levathes einer eher mysteriösen Einladung Marilyns vom Nachmittag des 20. Juli. »Ich brauche Ihre Hilfe bei ein paar Fotos«, hatte sie ihn gebeten. »Es ist sehr wichtig, und ich weiß, daß ich mich auf Ihr Urteil verlassen kann.«

»Die Bilder waren so auf dem Boden ausgebreitet, daß zwischen ihnen kleine Gassen ausgespart waren, auf denen wir die Reihen abschreiten konnten«, sagte Levathes. »Das ganze Haus schien voller Bilder zu sein, und zwei Stunden lang redeten wir über nichts anderes.«

Marilyn ergriff seine Hand und bettelte: »Suchen Sie die Fotos aus, die ich an die Magazine schicken soll. Ich selber kann's nicht.«

»Ich wählte ein paar Fotos aus«, erinnerte sich Levathes, »und sie schickte sie ab. Es waren genau die Bilder, die später, nach ihrem Tod, veröffentlicht wurden.«

Bei insgesamt vier Treffen – von denen zwei bei der Fox stattfanden – hatten sich der Produktionschef des Studios und sein Star darauf verständigt, die Dreharbeiten zu *Something's Got to Give* Ende August wiederaufzunehmen. Ein paar Nahaufnahmen mit Marilyn sollten den Anfang machen. Anfang September sollte dann Dean Martin dazustoßen, und Ende Oktober sollte der Film komplett im Kasten sein.

Bei dem letzten Treffen wandte sie sich mit einer Bitte an Levathes: »Ich möchte, daß Sie alle meine Kostüme genehmigen und alle meine Besetzungswünsche – außerdem will ich, daß Sie mir bei der Überarbeitung des Drehbuchs helfen. Ich will Sie – und nicht irgendeinen Handlanger.« Diese letzte Bemerkung war ein Seitenhieb auf den danebensitzenden Phil Feldman, den Marilyn nicht ausstehen konnte.

Levathes lachte. »Marilyn«, antwortete er, »wenn wir vertraglich festlegen, daß ich persönlich Ihre gesamte Garderobe und alles andere genehmigen muß, dann sagen die in New York: ›Der Levathes schläft mit der Monroe.‹«

»Stimmt, das würden die glatt glauben.« Marilyn lachte anzüglich.

Noch dreißig Jahre später mußte Levathes darüber nachdenken, wie natürlich sie an diesem Abend gewirkt hatte. Er war überzeugt, daß er an jenem Tag zum erstenmal die Frau sah, die sich hinter dem strahlenden Image der Marilyn Monroe verbarg.

Es war das letzte Mal, daß er sie sehen sollte.

Während ihrer langen Unterhaltung wurde mit keinem Wort das Thema angesprochen, das beide die ganze Zeit über beschäftigt haben dürfte: die unmittelbar bevorstehende Kraftprobe zwischen Darryl F. Zanuck und dem Verwaltungsrat der Twentieth Century-Fox in New York, die für die Gesellschaft zur Zerreißprobe werden konnte.

Zanuck, der wütend darüber war, wie die Fox mit Marilyn umgesprang, und mit wachsender Sorge das Mißmanagement bei den Dreharbeiten zu *Cleopatra* beobachtete, war unterwegs nach New York. Er war entschlossen, das Unternehmen wieder unter seine Kontrolle zu bringen, wenn nötig durch den Aufkauf größerer Aktienpakete. Milton Gould, John Loeb (ein weiterer Finanzexperte im Verwaltungsrat) und der Rest der »Wall-Street-Gang« hatten sich geschworen, ihre Sitze im Verwaltungsrat bis aufs Messer zu verteidigen.

»Das war das einzige Mal in meinem Leben, daß ich Dad ängstlich sah«, erinnerte sich Zanucks Tochter Darrilyn. »Als er mit mir über das Mißmanagement bei dem Monroe-Film und bei *Cleopatra* sprach, merkte ich ihm an, daß er sich große Sorgen um die Zukunft der Gesellschaft machte. Normalerweise kannte mein Vater keine Angst.«

Spyros Skouras fiel seinem früheren Günstling Levathes in den Rücken und verbündete sich heimlich mit Zanuck, um den Verwaltungsrat zu stürzen. Zanuck besaß 280 000, Skouras 100 000 Aktien der Fox. Das verschaffte ihnen eine günstige Ausgangsposition bei dieser Auseinandersetzung, die zu einem häßlichen Kampf um Stimmrechtsvollmachten auszuarten drohte. Wieder einmal sollte am Verhandlungstisch über Marilyns Schicksal entschieden werden. Und wieder einmal wurde sie vor allem als potentielle Einnahmequelle gehandelt, nicht als Frau oder als Schauspielerin. Auf Zanucks Anweisung hatte Nunnally Johnson Marilyn versichert, daß man *Something's Got to Give* zu »ihrer Zufriedenheit« fertigstellen und daß ihr nächster Film *What a Way to Go* unter dem neuen Boß Priorität genießen werde.

Auf diesem Vertrag über zwei Filme ruhten zu der Zeit alle Hoffnungen der am Rande des Abgrunds stehenden Filmgesellschaft. Und diese Hoffnungen waren keineswegs aus der Luft gegriffen. Marketing-Experten hatten den Gewinn, den *Something's Got to Give* und

What a Way to Go einspielen konnten – vorausgesetzt, das Management stimmte – auf rund 20 Millionen Dollar geschätzt.

Zanuck ging am 6. Juni zum Angriff über, nur zwei Tage nachdem er erfahren hatte, daß Gould und Levathes Marilyn gefeuert hatten. Er schickte ein geharnischtes Telegramm an den Verwaltungsrat, in dem er sehr bildhaft beschrieb, welcher Vergehen sie sich seiner Ansicht nach schuldig gemacht hatten.

»Er sah in der Entlassung Marilyns ein alarmierendes Zeichen dafür, daß in der Chefetage der Fox niemand wußte, wo es langgehen sollte«, schrieb Zanucks Biograph Leonard Mosley. Zanuck führte Marilyns Rauswurf vor allem darauf zurück, daß Levathes den unberechenbaren Star unbedingt loswerden wollte. Die Maßnahme hatte ihn davon überzeugt, daß Levathes sich kein vernünftiges Urteil bilden konnte.«

Ob die Tatsache, daß der Verwaltungsrat der Fox schon nach fünf Tagen entschied, Marilyn Monroe einen neuen Vertrag anzubieten, bei alldem eine Rolle spielte, blieb unklar.

Marilyn verfolgte den Gang der Dinge voller Angst. »Zanuck kommt diese Woche vielleicht zurück«, teilte sie Evelyn Moriarity mit. »Ich weiß nicht so recht, was ich davon halten soll. Es macht mich nervös.«

Schon früher hatte sie Levathes gegenüber geäußert, daß sie eigentlich keine Lust habe, wieder mit der alten Clique – den Gefolgsleuten von Zanuck und Skouras – zusammenzuarbeiten. »Sie mochte keinen einzigen von denen«, sagte Levathes. Jetzt allerdings verliefen die Fronten anders. Marilyn hatte begriffen: Wollte sie *Something's Got to Give* jemals zu Ende drehen, so führte kein Weg an Skouras oder Zanuck vorbei. Levathes hatte keine Ahnung, daß Marilyn inzwischen wieder um die Gunst ihrer früheren Bosse buhlte.

Zanuck bereiteten nicht nur die skandalösen Vorgänge bei dem Taylor-Film in Rom und der Abbruch der Dreharbeiten zu *Something's Got to Give* schlaflose Nächte. Inzwischen sorgte er sich auch um die Zukunft seines eigenen Meisterwerks *Der längste Tag.*

Gould und die anderen Wall-Street-Leute hatten ungeschnittene Schnellkopien des Films gesehen. Sie waren begeistert von dem Material. Der Film war eine potentielle Goldgrube. »Plötzlich ging mir auf, wie wir die Millionen zurückgewinnen konnten, die Zanuck mit einer ganzen Reihe von Flops in den Sand gesetzt hatte«, erinnerte sich Gould. »Wir beschlossen, die Einnahmen aus *Der längste Tag* als Sicherheit zu nehmen, sprich, die Verluste von Zanucks anderen Filmen dagegen aufzurechnen.«

Als Zanuck in Paris von diesen Absichten erfuhr, kommentierte er knapp: »Dazu wird es niemals kommen.«

»So fing der Machtkampf zwischen Zanuck und mir an«, sagte Gould. »Es war klar, daß einer von uns dabei auf der Strecke bleiben mußte. Der Sieger, das stand fest, würde die Gesellschaft übernehmen, der andere in der Versenkung verschwinden.«

Als der künstlerisch ausgebrannte Zanuck 1959 die Fox verließ, hatte er sich den Abschied mit fürstlichen Konditionen versüßt. Woche für Woche mußte ihm die Filmgesellschaft 2885 Dollar für »Beraterdienste« überweisen, ohne daß er dazu verpflichtet war, auch nur einen einzigen Bericht zu schreiben oder auf Anfragen des Studios zu antworten. Nur seinem alten Freund Spyros Skouras war er Rechenschaft schuldig. Anfang der sechziger Jahre, als das Studio in erhebliche finanzielle Schwierigkeiten geriet, machte er keinen Finger krumm. Im riesigen Fox-Archiv findet sich kein Stückchen Papier und keine Telefonnotiz, die darauf hindeuten würden, daß Zanuck auch nur das geringste Interesse an den unaufhaltsam auf eine Katastrophe zusteuernden Projekten *Something's Got to Give* und *Cleopatra* zeigte. Statt dessen beschränkte er sich darauf, mit seinem Sohn Richard und Freunden wie Nunnally Johnson im kleinen Kreis die Vorgänge anzuprangern.

»Er sahnte ab, wo es nur ging«, meinte Gould. »Und er fuhr nicht schlecht damit. Wir verloren Geld, und er verdiente Geld.«

Zanuck, Skouras und der New Yorker Anwalt Anthony Grant »brachten Wochen damit zu, Tausende von Fox-Aktien aufzukaufen. Sie wollten so viele Stimmen horten, daß sie uns absägen konnten«, sagte Gould.

»Ich hatte keine Ahnung, daß Zanuck, Skouras und Grant sich schon lange vor dem entscheidenden Treffen hinter unserem Rücken zusammengesetzt hatten«, sagte Gould, der für den Fall, daß »Zanuck als Präsident zurückkehrt«, mit Rücktritt gedroht hatte.

Am 25. Juli, drei Tage nachdem sich Marilyn und Levathes zu ihrem »Fotoabend« getroffen hatten, tagte der Verwaltungsrat der Twentieth Century-Fox in der New Yorker Zentrale des Unternehmens. Es wurde eine stürmische Sitzung.

Die Wall-Street-Gang setzte Zanucks Privatleben ganz oben auf die Tagesordnung. Er war bleich und zitterte, als er nach seinem Auftritt vor dem Verwaltungsrat den Saal wieder verließ. »Diese Schweinehunde!« fluchte er. »Noch nie hat es jemand gewagt, mich so zu demütigen. Sie haben mich wie einen Erstkläßler abgefertigt.«

»Sie haben Gift und Galle gespuckt«, erzählte er seiner Tochter Darrilyn, »und in meinem Privatleben gewühlt. Was zum Teufel hat das mit meinen Fähigkeiten als Präsident der Fox zu tun?«

Gould hatte Zanuck bei der Sitzung heftig angegriffen und sich dabei vor allem auf dessen schamlose Versuche konzentriert, seinen

Geliebten zu Starruhm zu verhelfen. Insbesondere hatte er Zanuck vorgeworfen, er habe ein Vermögen darauf verwendet, die Spielschulden seiner Mätresse Bella Darvi zu begleichen.

Aber das Aufwühlen alter Geschichten half nichts, Zanuck konnte sich gegen alle Widerstände durchsetzen. Der Verwaltungsrat wählte ihn mit neun zu zwei Stimmen zum Präsidenten. Gould, außer sich vor Wut, trat noch am selben Nachmittag von seinem Posten zurück.

Der größte Verlierer jedoch war Marilyns Verbündeter, Peter Levathes.

Bevor der Monroe- und der Taylor-Film im Unternehmen für chaotische Zustände gesorgt hatten, war Peter G. Levathes der große Hoffnungsträger der Twentieth Century-Fox gewesen. In der Woche vor Weihnachten 1961, als Marilyn noch verzweifelt darüber nachdachte, wie sie um den Film *Something's Got to Give* herumkommen könnte, hatte er erfahren, daß er Skouras als Präsident der Fox ablösen sollte. Er wurde damals überraschend nach New York gerufen. Als er das Büro des Präsidenten aufsuchte, traf er dort nicht nur Skouras an, sondern auch Otto Koegel, den Topjuristen der Fox, und das neue Verwaltungsratsmitglied Milton Gould.

Skouras wies mit steifer Geste auf Koegel und sagte: »Otto, sagen Sie es ihm.«

Koegel erhob sich und legte Levathes die Hand auf die Schulter: »Ich erinnere mich daran, es ist schon einige Jahre her, wie Sie als junger Jurastudent hier anfingen. Heute ist es meine ehrenvolle Pflicht Ihnen mitzuteilen, daß der Verwaltungsrat sich mit der Absicht trägt, Sie im nächsten Juli zum Präsidenten der Fox zu wählen.«

Levathes war sprachlos. Seit vier Monaten Produktionschef, und nun das. Ganz oben! Trotzdem hatte er ein unbestimmtes Gefühl, daß irgend etwas faul war. Skouras hatte es tunlichst vermieden, ihm in die Augen zu sehen.

Levathes, immer ganz Gentleman, trug es seinem einstigen Förderer Skouras nicht nach, daß er sich bei der entscheidenden Verwaltungsratssitzung im Juli 1962 gegen ihn wandte. »Ich bin überzeugt, daß Skouras zu diesem Zeitpunkt wirklich Angst hatte«, sagte er später. »Nicht nur Angst um seinen Job, sondern um seinen Platz in dieser Welt überhaupt.«

Peter Levathes' Frau Christina, die die großspurigen Versprechungen aus der Vorweihnachtswoche von 1961 nicht vergessen konnte, hatte weit weniger Verständnis für Zanucks Wahl zum Präsidenten. »Peter verhielt sich wunderbar«, sagte sie. »Ich sprach kein Wort mehr mit Skouras, aber Peter traf sich weiterhin mit ihm zum Lunch. Was er über Peter gesagt hatte, konnte ich ihm einfach nicht verzeihen.«

30

Krieg der Freunde

Die Mauern, die Marilyns Haus in Brentwood umschlossen, waren über einen halben Meter dick und zwei Meter zehn hoch – ein Bollwerk gegen die Welt da draußen. Hoch aufragende Eukalyptusbäume, als Setzlinge aus Australien importiert, bildeten einen rauschenden Vorhang.

Hinter dem Tor erstreckte sich unter den Bäumen ein versteckter Garten mit viertausend Quadratmetern gepflegten Rasens. Ganze Büsche von Schleierkraut und üppig wucherndes Frauenhaarmoos säumten einen mit Fliesen ausgelegten Weg. Leuchtende Bougainvilleen setzten tiefrote Tupfer auf die weißgewaschenen Wände.

Das Haus selbst war in einem abgewandelten »Missions-Stil« erbaut worden, mit groben Holzbalken und massiven Mauern. Wenn die großen Fenster geschlossen und die dicken Vorhänge vorgezogen waren, erfüllte eine seltsame Stille das Haus. Eunice Murray, die altgediente Psychiatrie-Krankenschwester, verstärkte diese Wirkung, wenn sie auf ihren kreppbesohlten Schuhen lautlos durch das Haus ging und mit ihrer leisen Stimme sprach, deren Echo nichtsdestotrotz im ganzen Haus widerhallte.

Die Zeit schien hier stillzustehen, von den handgeschnitzten Türen bis hin zu den Bäumen, die noch aus einer Zeit stammten, als Kalifornien zur spanischen Krone gehört hatte. Marilyn hatte sie durch blühende Büsche, exotische Gewächse aus dem Orient und Olivenbäume ergänzt und so begonnen, dem Haus langsam eine persönliche Note zu geben.

Nachts, wenn von der See eine Brise herüber blies, wehte von dem alten bronzenen Windglockenspiel, das ihr der Dichter Carl Sandberg geschenkt hatte und das jetzt hoch in den Bäumen hing, ein beruhigendes Klingeln und Läuten herüber.

Doch all diese Ruhe und Beschaulichkeit vermochte nicht, ihren eigentlichen Zweck zu erfüllen. Weder der beständig auffrischende und wieder abflauende Wind noch der grünwuchernde Garten vermochten Marilyn in den Schlaf zu wiegen.

Trotz aller Gerüchte über Marilyns angeknackste Psyche und ihre hysterischen Anfälle während ihrer Affären mit den Kennedy-Brüdern, trotz aller Artikel, die über ihre angebliche Schizophrenie und ihr »Zurückweisungs-Syndrom« verfaßt worden waren, litt sie im Sommer 1962 vor allem an einer Krankheit: Schlaflosigkeit.

Doch damit nicht genug: Sie litt auch unter deutlichen Anzeichen von Magersucht – Anzeichen, die nach ihrer strengen Diät, die sie vor *Something's Got to Give* gemacht hatte, erstmals in Erscheinung getreten waren. Wie im tragischen Fall der Millionenerbin Barbara Hutton, so nahm auch Marilyn Ende Juli, Anfang August kaum mehr als 600 Kalorien pro Tag zu sich. An manchen Tagen bekam sie keinen einzigen Bissen hinunter und ernährte sich ausschließlich von Champagner und Tabletten. Insgesamt verlor sie siebenundzwanzig Pfund.

Der Studioarzt Lee Siegel hatte sie am ersten Tag der Dreharbeiten gewarnt, sie weise »deutliche Symptome von Hypoglykämie« (niedrigem Blutzucker) auf und sei bald am Ende ihrer Kraft. Ihre Hauptmahlzeit war das Frühstück, bestehend aus pochierten Eiern und Grapefruitsaft, alles in allem zweihundert Kalorien.

Als dann die Dreharbeiten für *Something's Got to Give* eingestellt wurden, ließ sie selbst das Frühstück ausfallen. Nach Eunice Murray aß sie nichts außer einem halben Dutzend Austern, die sie mit zwei, drei Gläsern Champagner hinunterspülte. Sie empfand ein berauschendes Gefühl, wenn sie auf leeren Magen Tranquilizer nahm. Am 1. August standen, nach Angaben von Eunice Murray, folgende Zutaten auf Marilyns Speiseplan: ein viertelpfündiges Steak, eine Librium-Tablette, eine Chloralhydrat- und eine Nembutal-Kapsel sowie zwei Gläser Dom Pérignon.*

Auf Fotografien, die ein paar Tage zuvor in Malibu von ihr aufgenommen worden waren, kann man eine spindeldürre Frau erkennen, die sich erschöpft an einen Balkon lehnt, das Meer im Hintergrund. Auf diesem Bild sieht sie aus wie eine typische Magersüchtige mittleren Alters.

Was ihr als Geisteskrankheit ausgelegt wurde, waren in Wirklichkeit Symptome der auszehrenden Schlaflosigkeit in Verbindung mit den Folgen ihrer radikalen Hungerkur. Heute würde man einen Star in diesem Zustand für zehn Wochen in die Betty-Ford-Klinik einliefern, auf Antidepressiva setzen und wieder aufpäppeln. Doch 1962, als die Schlafforschung noch in den Kinderschuhen steckte und bei der Be-

* Marilyn war in einem Teufelskreis der Drogen gefangen. Um die aufputschende Wirkung der Methamphetamin-Spritzen, die sie im Studio bekam, zu mildern, mußte sie Nembutal schlucken, wobei der Champagner die Wirkung beider Medikamente noch verstärkte. Darüber hinaus litt sie unter Angstzuständen, die man heute bei jeder Routineuntersuchung als Hypoglykämie-Symptom diagnostizieren würde. Einmal war sie so anämisch, daß ihr ein Arzt mehrere Vitaminspritzen geben mußte.

handlung von Magersucht noch keine großen Durchbrüche gelungen waren, hatten Greenson und seine Kollegen kaum Alternativen. Statt ihr zu befehlen, sich ordentlich zu ernähren, verpaßten sie ihr Vitaminspritzen.

Marilyns Visagist Whitey Snyder war der einzige, der ihre Probleme auf den Punkt brachte: »Das Mädchen konnte nicht einschlafen.«

Jede Nacht, egal ob mit oder ohne Pillen, ob mit Ralph Roberts' Massagen oder ohne sie, lag Marilyn eingewickelt in ihrer weißen Satindecke und zitterte vor Angst. Sie litt zweifellos unter einem Symptom, das heute als »Schlafangst« bezeichnet wird. Ihre Angst, nicht einschlafen zu können, wurde so übermächtig, daß verglichen mit ihr alle anderen psychischen Probleme zu einem Nichts zusammenschmolzen.

Kurz vor ihrem Tod beschrieb sie Ralph Greenson ihr Problem: »Letzte Nacht konnte ich wieder nicht schlafen. Ich frage mich manchmal, wozu es die Nacht überhaupt gibt. Für mich existiert sie sowieso kaum. Mir erscheint alles wie ein langer, schrecklicher Tag.«

Greenson schüttelte traurig den Kopf, während er mitschrieb.

»Schlaf wurde zum Fixpunkt ihres Lebens und stand im Mittelpunkt der Behandlung meines Vaters«, erzählte Joan Greenson der Fox Entertainment News. »Sie hat fast alles versucht, um Schlaf zu finden. Aber je mehr sie sich bemühte, desto weniger wollte es ihr gelingen einzuschlafen.« Marilyn hatte Angst vor der Dunkelheit und vor dem Zubettgehen, seit sie in ihrer Jugend für kurze Zeit in ein Waisenhaus eingeliefert worden war. »Ich fühlte mich nicht sicher«, gestand sie 1959 Maurice Zolotow. »Leute kamen und gingen die ganze Nacht über. Wenn die Sonne wieder aufging, waren manche Kinder verschwunden. Danach habe ich mich im Dunkeln nie mehr sicher gefühlt. Als hätte ich davor Angst, daß jemand kommt und mich wegholt.«

Bei Beginn der Dreharbeiten zu *Blondinen bevorzugt* hatten sich ihre Schlafstörungen so verschlimmert, daß die Studioärzte ihr Seconal, das stärkste auf dem Markt erhältliche Schlafmittel, verschrieben. Als die Arbeit an *Something's Got to Give* begann, nahm Marilyn bereits seit zwölf Jahren regelmäßig Barbiturate.

Auch nach Ralph Greensons Ansicht war Schlaflosigkeit ihr Hauptproblem.

Der Einbruch der Nacht, die Dunkelheit versetzten sie in Schrecken, vor allem, wenn sie alleine war. Mit allen Mitteln sträubte sie sich dagegen, in ihr Schlafzimmer zurückzukehren, weil sie wußte, was sie dort erwartete. Es ist bezeichnend, daß sie mehr als achtzig Prozent aller Telefongespräche nach 23.00 Uhr führte und einen immer noch beträchtlichen Prozentsatz nach 3.00 Uhr morgens.

Einer ihrer verläßlichsten Freunde, und einer der Menschen, den sie am häufigsten anrief, war der Presseagent und Publizist Rupert Allan. Ganz gleich, wo er war, sie fand seine Telefonnummer heraus, selbst wenn er sich gerade in Europa aufhielt. Da er auch für Grace Kelly arbeitete, reiste er oft nach Monaco. Dort machte Marilyn ihn mehrere Tage nach ihrem Rauswurf durch die Fox ausfindig.

»Ich war in Fürstin Gracias Palast, Marilyn in Los Angeles«, berichtete Allan. »Und trotzdem glaubte sie irgendwie, ich könnte ihr helfen einzuschlafen. Also plauderten wir miteinander. Wir plauderten und plauderten, bis sie endlich müde wurde und auflegte.«

Whitey Snyder gehörte ebenfalls zu denen, die Marilyn gern um Mitternacht anrief. »Ich half, so gut ich konnte«, erinnerte er sich. »Ich wollte sie dazu bringen, daß sie ihre Gewohnheiten ändert. Abends nach den Dreharbeiten eilte sie immer nach Hause und legte sich gegen 18.30 oder 19.00 Uhr für ein paar Stunden hin. Gegen Mitternacht wachte sie dann meist wieder auf und konnte für den Rest der Nacht nicht mehr einschlafen. Ich konnte sie nie davon überzeugen, bis 22.00 oder 23.00 wach zu bleiben und wie normale Leute erst dann ins Bett zu gehen, wenn sie müde war.«

Ende Juli drehte sich in dem Haus am Helena Drive alles nur noch um ein Thema: Schlaf. Ihr ganz in Weiß gehaltenes Schlafzimmer war Morpheus, dem Gott der Träume, geweiht. Kurz nachdem sie in Brentwood eingezogen war, hatten Innenausstatter lichtundurchlässige Vorhänge aufgezogen, die, wie sich Robert Slatzer ausdrückte, seit »der U-Boot-Hysterie im Zweiten Weltkrieg« nicht mehr in Benutzung waren. Sie paßten genau über die Fenster und wurden an der Wand festgeheftet. So konnte das Zimmer selbst um die Mittagszeit in tiefstes Dunkel getaucht werden.

In den Monaten, bevor die Arbeit an *Something's Got to Give* begann, hatte Greenson Marilyn dazu gebracht, daß sie pro Tag nur noch zwei Chloralhydrat-Kapseln und einen kleinen Schluck Champagner zu sich nahm. Die Methamphetamin-Spritzen, die sie dann während der Dreharbeiten von den Studioärzten bekam, machten diesen Erfolg zunichte. Marilyn verfiel wieder in ihren alten Lebensstil der fünfziger Jahre, nahm Aufputsch- und Beruhigungsmittel.

Die meisten ihrer sogenannten Selbstmordversuche waren eigentlich nicht mehr als schwache bis moderate Überdosen. Weil sie nicht mehr klar sprechen konnte und einen verwirrten Eindruck machte, taten ihre Freunde oft des Guten zuviel und alarmierten einen Arzt. »In Wahrheit«, sagte Slatzer, »wußte Marilyn genau, wie viele Pillen sie brauchte, um einschlafen zu können.«

Rupert Allan stimmte dem zu und meinte: »Ihre pharmakologischen Kenntnisse waren unglaublich. Ich bin sicher, daß alle oder zumindest die meisten ihrer Selbstmordversuche nur das Mitgefühl ihrer Mitmenschen hervorrufen sollten. Marilyn liebte es, gerettet zu werden. Sie nahm zum Beispiel eine starke Dosis Nembutal und rief dann jemanden an. Aber selbst wenn niemand zu ihrer Rettung herbeieilte, wirklich in Gefahr war sie nicht.«

Allan wies außerdem darauf hin, daß Marilyn ihr Pillenarsenal sehr gerne zur Schau stellte. Die Röhrchen und Döschen standen offen auf Tischen herum, manchmal sogar im Wohnzimmer.

Und als seien ihre gesundheitlichen Probleme nicht schon ernst genug, gerieten sich auch noch ihre Helfer in die Haare.

Der Konflikt begann damit, daß Greenson versuchte, Marilyn von ihrem Klüngel aus PR-Beratern, Masseuren und Betreuern zu trennen. Besonders aufs Korn nahm er Ralph Roberts, Paula Strasberg, Whitey Snyder und Pat Newcomb.

»Das muß sie total mitgenommen haben«, sagte Robert Litman, Psychiater an der Universität von Los Angeles und Leiter des Teams, das Marilyns Tod untersuchte. »Die Leute gehörten zu ihrer erweiterten Familie. Ein Bürgerkrieg, der zwischen den Angehörigen dieser Familie tobte, hatte mit Sicherheit fatale Auswirkungen auf ihren psychischen Zustand gehabt.«

»Ich mußte mich bei ihr einschleichen, um sie weiter behandeln zu können«, sagte Roberts. »Wir hatten unsere Termine immer nach 21.00 Uhr. Ich durfte nicht klingeln, sonst hätte Mrs. Murray mich bemerkt und Greenson Bericht erstattet.«

Einmal kam es soweit, daß Greenson Marilyn vor die Wahl stellte: »Entweder Roberts und Strasberg, oder eine Analyse.« Danach verzichtete sie eine Zeitlang auf die beiden.

»Man kann unmöglich sagen, ob die Amateurpsychologen, die sie um sich herum hatte, also Leute wie die Strasberg, ihr Schaden zufügten«, schloß Litman. »Schließlich wollten sie ihr nur helfen.«

Roberts dachte anders darüber. »Ich glaube, Greenson war einfach eifersüchtig, zwanghaft eifersüchtig«, sagte er. »Er konnte sehen, daß wir sehr gute Freunde waren, daß Marilyn mir absolut vertraute. Er war verrückt nach ihr.«

Bei einer Sitzung im Juni 1962 sagte Greenson zu Marilyn, Roberts sei ein »emotionales Leck«. »Ich versuche,« sagte er, »dich über Wasser zu halten. Und [...Roberts] ist ein Leck.«

Doch Anfang August war Marilyn drauf und dran, Greenson den Laufpaß zu geben. »In ihrem letzten Monat war sie überzeugt davon, daß sie von Greenson keine Hilfe mehr erwarten konnte«, sagte Roberts.

Die Schriftstellerin Lucy Freeman glaubt, daß »Greenson deshalb Schwierigkeiten mit ihr bekam, weil er ihren Rauswurf durch die Fox nicht verhindert hatte. Wenn Marilyn von einem der Männer in ihrem Leben in einer wichtigen Sache enttäuscht wurde, dann war er in ihren Augen verdächtig.«

»Greenson hätte sie nicht gehen lassen«, sagte Whitey Snyder. »Ihm ging es nur ums Geld … Geld, Geld, Geld.«

Für Greenson stand tatsächlich einiges auf dem Spiel. Im Sommer 1962 gab er Marilyn *mindestens* 52 Therapiestunden monatlich und kassierte dafür 1400 Dollar, obwohl er ihr nur die Hälfte der Gebühr berechnete, die andere Patienten bezahlen mußten.

Die letzten beiden Wochen in Marilyns Leben sind fast immer als eine Art Countdown der bevorstehenden Tragödie dargestellt worden – als ob der schwarze Schatten des Todes sich über ihre letzten Tage gelegt hätte.

Jedes ihrer Worte und alle ihrer Handlungen wurden unter dem Aspekt des späteren Schicksalsschlages bewertet. Ihre Freunde wie auch ihre Feinde wurden als überlebensgroße Helden und Schurken gezeichnet, die im Abglanz ihres Ruhmes ihre Rollen spielten.

In Wahrheit riß der Tod Marilyn mitten aus dem Leben, mitten aus der Karriere. Ihre letzten Tage waren eine Zeit voller Heiterkeit und Unternehmungen, voller Tränen und voller Lachen.

Millionenschwere Aufträge warteten auf ihre Unterschrift, darunter ein Vertrag über elf Millionen Dollar mit einem italienischen Filmemacher, der in seiner Heimat vier Filme mit ihr drehen wollte. Sie hatte noch einen Film zu Ende zu drehen. Sie hatte einen Garten, der bepflanzt, und ein Haus, das renoviert werden wollte.

Sie hatte sich zu Lunchs und Diners verabredet und plante einen dreitägigen Ausflug in die New Yorker Theaterszene. Und wie bei vielen anderen Hollywood-Stars achtete sie darauf, daß ihr Leben eine gewisse geheimnisvolle Aura behielt, während sie versuchte, die immer zudringlichere Presse auf Distanz zu halten.

31

Gefahrenzeichen

Wieder einmal sollte der gutmütige Peter Lawford den Preis für eine von den Kennedy-Brüdern zerstörte Freundschaft bezahlen. Er hatte bereits für den Verrat Präsident Kennedys an Frank Sinatra teuer bezahlt. Nachdem John F. Kennedy Anfang 1962 völlig unerwartet und ohne ein Wort der Entschuldigung seinen Aufenthalt im Hause Sinatras in Palm Springs abgesagt hatte, war für Lawford mit einem Schlage jeder berufliche und private Kontakt zu dem millionenschweren Sänger beendet gewesen. Er wurde sogar von den Besetzungslisten der Rat-Pack-Filme gestrichen, mit denen er sich über Jahre hinweg über Wasser gehalten hatte.

Auch gesellschaftlich geriet Lawford ins Abseits. Keine Gastgeberin in Hollywood, die auf ihre gesellschaftlichen Verbindungen Wert legte, konnte es wagen, Sinatra und Lawford zusammen zu einer Party einzuladen. Lawford war zweimal bei gesellschaftlichen Veranstaltungen auf den Sänger zugegangen und hatte ihm die Hand geboten, aber Sinatra hatte sich einfach umgedreht.

Lawford nahm diese Demütigung mit Fassung hin und hoffte, Kennedy würde sich wieder mit Sinatra aussöhnen.

Jetzt mußte Lawford mit einer doppelt betrogenen Marilyn fertig werden, die sich von den Kennedys ausgenutzt fühlte. Aufrichtig, wie sie war, konnte sie einfach nicht verstehen, warum der Präsident und später der Justizminister nicht den Mut oder den Anstand hatten, selbst mit ihr zu sprechen.

Während Marilyn weiterhin in Washington anrief, bekam Lawford, der sich als John F. Kennedys offizieller Botschafter in Hollywood betrachtete, die Order, ihr jeden Kontakt zur First Family zu untersagen. Der Präsident hatte Bobby Kennedy bereits telegraphisch angewiesen, den Kontakt zu Marilyn abzubrechen, erfuhr jedoch bald, daß der Justizminister sich ernsthaft in die Schauspielerin verliebt hatte.

Jetzt sollte also Lawford nach Brentwood gehen und seiner langjährigen Freundin klarmachen, daß sie nicht mehr erwünscht sei. Und Marilyn war todunglücklich über ihre Behandlung durch die Kennedys.

Als erstes ging irgendwann zwischen dem 22. und 27. Juli in Hickory Hill, dem Privathaus des Justizministers in Arlington, Virginia, ein Anruf von Marilyn Monroe ein. Angeblich hatte ihr der Produzent Jerry Wald, der Bobbys Buch *Gangster drängen zur Macht* verfilmen sollte, die Nummer gegeben.

»Bobby war wütend auf Marilyn, weil sie sich diese Frechheit herausgenommen hatte«, erinnerte sich James Spada, Lawfords Biograph. »Bobby hatte Anweisung, so schnell wie möglich auf Distanz zu Marilyn zu gehen.«

Zweitens rief Ende Juli ein anonymer Anrufer in Ted Kennedys Wahlkampfzentrale in Massachusetts an und drohte damit, »die Beziehungen der Kennedy-Brüder zu bestimmten Hollywood-Stars« aufzudecken. Der Anrufer betonte, daß »immer noch ein Foto von Marilyn Monroe und beiden Kennedy-Brüdern existiere«, trotz der Durchsuchung der Manhattaner Fotoarchive durch den Secret Service.

Aus derselben Quelle erhielt die Hollywooder Klatschkolumnistin Hedda Hopper am 28. Juli ähnliche Informationen. »Ich habe deswegen schon die Büros der Kennedys angerufen«, schrieb der Informant, der nie identifiziert werden konnte. »Warum bringen Sie die Geschichte von Marilyn und dem Präsidenten nicht?« Der Brief war in Boston abgestempelt worden, und Hedda Hopper vermutete, daß jemand aus dem Umfeld von Teddys Mitbewerbern um das Senatorenamt dahintersteckte.

Drittens meldete sich im Juli 1962 ein »verärgerter Mitarbeiter« des Hollywooder Privatdetektivs Fred Otash beim Justizministerium und bot ihm detailliertes Material aus einer »umfassenden Abhöraktion« in Marilyn Monroes Haus an. »Sie werden fasziniert sein von den Stimmen auf diesen Bändern«, versprach der Privatdetektiv.

Und viertens telefonierte Marilyn am 1. August mit Pat Kennedy Lawford und beklagte sich über Bobbys falsche Versprechungen. Die Schauspielerin war so schockiert über das, was ihr die Schwester des Präsidenten sagte, daß sie es noch am selben Abend Robert Slatzer erzählte. »Pat gab ihr den Rat, Bobby zu vergessen«, erinnerte sich Slatzer. »Sie sagte zu Marilyn ungefähr folgendes: ›Bobby ist immer noch ein kleiner Junge, der wie ein kleiner Junge spielen will.‹ Außerdem erklärte sie Marilyn, daß eine Heirat völlig ausgeschlossen sei.«

Vor allem aber erzählte Bobbys Schwester Marilyn, daß Rose Kennedy ihren Söhnen befohlen habe, »sofort« ihre sexuellen Abenteuer zu beenden. Mittlerweile hatte man nämlich Rose Kennedy in Teddys erlahmenden Wahlkampf um das Senatorenamt eingespannt, weil man sich von ihrem tadellosen Image etwas Auftrieb erhoffte. »Es war ein kluger Schachzug, Rose in den Wahlkampf einzubeziehen«, erklärte Bobby Kennedys Vertrauter und späterer Biograph, Arthur Schlesinger jr.

In Massachusetts amüsierten sich die Karikaturisten prächtig über die Kennedys. Auf einer Karikatur zeigte ein tölpelhafter Teddy auf das Weiße Haus. Der Justizminister stand auf dem Rasen und stellte seinen Bruder mit folgenden Worten vor: »Es ist mir eine große Ehre, Ihnen einen Mann vorzustellen, der ... hm ... einen Bruder hat, der ...«

Auf einer anderen Karikatur tanzten alle drei Brüder auf dem Rasen vor dem Weißen Haus. Die Überschrift lautete: »Drillinge! Sind sie nicht süß?«

Inzwischen hatte sich Bobby bereits tief in den Wahlkampf seines jüngeren Bruders hineingekniet. Bei der ersten von mehreren Debatten mit dem Justizminister von Massachusetts, Ed McCormack, litt Teddy sichtlich unter den Angriffen McCormacks. Dieser erklärte beispielsweise: »Mr. Kennedy, Sie haben noch nie für Ihren Lebensunterhalt gearbeitet, Sie haben noch nie ein öffentliches Amt bekleidet, und Sie reden nicht über Ihre Qualifikationen, denn Sie haben ja keine vorzuweisen.« Teddy stand fast eine Minute fassungslos da und wußte nicht, was er darauf entgegnen sollte. Schließlich wechselte er das Thema und überging McCormacks Angriffe.

Wie auch bei John F. Kennedys Präsidentschaftswahlkampf stieg Bobby auch bei Teddys Bewerbung um das Senatorenamt erst in letzter Minute ein, sozusagen als Retter in letzter Not. Er brachte Teddy bei, wie man Debatten mit dem politischen Gegner führt, persönliche Angriffe abwehrt und sich bei brisanten Themen herausredet.

In dieser Situation konnte selbst der kleinste Skandal die dünne Machtbasis der Kennedys erschüttern. Schließlich war John F. Kennedy mit der knappsten Mehrheit aller Zeiten zum Präsidenten der Vereinigten Staaten gewählt worden. Und der nur knapp unterlegene Richard M. Nixon war weiterhin politisch aktiv. Die Nixon-Anhänger und die Strategen der Republikanischen Partei beobachteten argwöhnisch Teddys Wahlkampf und warteten nur darauf, daß sich die Kennedys eine Blöße gaben.

Der Präsident selbst meinte einmal, daß dieser Wahlkampf um das Senatorenamt von Massachusetts »mehr Probleme machte als der Schweinebucht-Skandal«.

Eines dieser Probleme war Marilyn Monroe. Wegen ihrer Behandlung durch John F. und Bobby Kennedy immer feindseliger gestimmt, legte sie jede Zurückhaltung ab und erzählte Skolsky, daß sie beabsichtige, die Affären der Kennedy-Brüder an die Öffentlichkeit zu bringen. Zwar erschien kein eindeutiger Bericht über die Affären der beiden, doch Marilyn »plauderte ständig über die Liebesaffären«, wie Anthony Summers bemerkte.

Und dann verschwand Marilyn vorübergehend von der Bildfläche.

Trotz ihrer Berühmtheit konnte sie immer noch für Tage einfach untertauchen. Tatsächlich war sie von allen großen Hollywood-Stars am schwersten zu identifizieren. Wenn sie nicht geschminkt war, ein Kopftuch und einen weiten Pullover trug, erkannte sie niemand, selbst wenn sie über den Rodeo Drive in Beverly Hills oder auf der Fifth Avenue in New York spazierenging.

Außerdem hatte sie verläßliche Freunde, die ihr halfen, ihre Intimsphäre zu schützen. Susan Strasberg erinnerte sich, daß sie mit Marilyn im Central Park spazierengehen konnte, ohne daß jemand von ihnen Notiz nahm. Mit Hilfe von Pat Newcomb oder ihrer Freundin Jeanne Carmen tauchte sie unter falschem Namen mal in einer Privatklinik, mal in einem Kurhotel oder einem Krankenhaus unter.

Am 19. Juli stieg sie in eine Limousine und entwischte zwei Privatdetektiven, die Fred Otash auf sie angesetzt hatte.

Als sie am Abend des 21. Juli – am Tag, bevor sie mit Levathes die Fotos auswählen wollte – zurückkehrte, wirkte sie blaß und erschöpft.

Viele ihrer Freunde und Vertrauten deuteten an, sie habe sich unter falschem Namen im Krankenhaus Cedars of Lebanon angemeldet und dort ein Kind von Präsident Kennedy abtreiben lassen. Andere behaupteten, sie sei von Bobby schwanger gewesen.

»Das ist durchaus möglich«, sagte der Presseagent und enge Vertraute Marilyns, Rupert Allan. »Ich hörte, daß sie von Bobby schwanger sei.«

Michael Selsman, ein Kollege in Arthur Jacobs Werbeagentur, erzählte ihm, Marilyn habe bereits vier Wochen zuvor zugegeben, daß sie schwanger sei.

Auch der Privatdetektiv Fred Otash wußte davon. Aus den Informationen, die er den Tonbändern aus Marilyns Haus entnommen hatte, schloß er, daß »ein amerikanischer Arzt mit ihr über die Grenze nach Mexiko fuhr und dort die Abtreibung vornahm, damit Marilyn zumindest medizinisch kein Risiko einging«. Mitarbeiter der Fox vermuteten, daß einer der Studioärzte in die Sache verwickelt gewesen sei.

Zunächst war Agnes Flanaghan, Marilyns Friseuse bei der Fox, die einzige, der Marilyn Einzelheiten über den heimlichen Eingriff anvertraute. »Sie erzählte Agnes von der Abtreibung und daß sie sich unter falschem Namen in dem Krankenhaus angemeldet habe«, sagte Allan. »Mir hätte Marilyn so etwas nie anvertraut.«

In anderen Berichten ist von einem Glas Morphium-Tabletten mit einem Aufkleber des Krankenhauses Cedars of Lebanon und von einem

Telefonanruf die Rede, den die völlig aufgelöste Marilyn mit ihrem früheren Gynäkologen, Leon Khron, geführt haben soll. Angeblich sagte die Schauspielerin zu Khrons Arzthelferin, sie brauche unbedingt »einen Termin. Es handelt sich um einen Notfall.«

»Vielleicht fürchtete sie, daß sie sich durch diese übereilte Abtreibung ein für allemal die Chance verbaut hatte, Kinder zu bekommen«, sagte Robert Slatzer. »Sie dürfen nicht vergessen, wie unglücklich Marilyn darüber war, daß sie keine Kinder bekam. Und sie war entschlossen, es weiter zu versuchen.«

Als die verängstigte Marilyn Bobby in Hickory Hill anrief, muß sie ihm erzählt haben, daß sie soeben eine Abtreibung hatte vornehmen lassen. Doch diese Neuigkeit änderte offenbar nichts an seinem Entschluß, sie aus dem Kreis um die Kennedys auszuschließen. Von nun an wurden keine Anrufe von ihr mehr entgegengenommen, nicht einmal mehr von der Sekretärin. Bobby vermied jeden Kontakt mit ihr.

Marilyn durchlebte schmerzvolle Tage und erzählte ihrer Friseuse Agnes Flanaghan, dem Immobilienmakler von Laguna Beach Arthur James und Rupert Allan von ihrer Schwangerschaft – obwohl Allan und James sie so verstanden, als habe sie erneut eine Fehlgeburt gehabt. Agnes Flanaghan sagte zu Hazel Washington: »Marilyn sieht deshalb so schlecht aus, weil sie eine Abtreibung hinter sich hat.«

»Die wenigen, die von ihrem Geheimnis wußten, waren schokkiert«, schrieb ihr Biograph Fred Lawrence Guiles.

Ohne Zweifel schrieb sie sich den privaten Schmerz über diese erneute Abtreibung – ihre dreizehnte – auf einem der vielen Spiralblöcke von der Seele, auf denen sie sich Notizen für eine geplante Autobiographie machte.

Marilyns Abtreibung und ihre zunehmende Wut über die schändliche Behandlung durch den Präsidenten und seinen Bruder lösten in den Büros der renommierten Werbeagentur von Arthur Jacobs große Bestürzung aus. Der Werbeagent Michael Selsman wurde Zeuge einer hitzigen Debatte zwischen Pat Newcomb und Jacobs über die negativen Auswirkungen der Affäre auf Marilyns Karriere und, was noch wichtiger war, auf die politische Zukunft der Kennedys.*

* Rupert Allan, die englische Journalistin Sandra Shevey und Hazel Washington glauben, daß Marilyn ein Baby vom Präsidenten erwartete und daß sie bei einem der Rendezvous schwanger wurde, die zu Beginn der Aufnahmen zu *Something's Got to Give* stattfanden. Der Coroner von Los Angeles, Dr. Thomas Noguchi, erklärte, er habe bei der Autopsie Marilyns Hinweise auf »mehrere Abtreibungen« gefunden, doch es sei unmöglich, eine erst kürzlich durchgeführte Abtreibung von einem Eingriff zu unterscheiden, der mehrere Jahre zurückliege.

»1962, das ist lange her«, sagte Rupert Allan viele Jahre später. »Hätte die Presse Wind davon bekommen, daß Marilyn ein Kind von einem der Kennedys abgetrieben hatte, dann wäre jeder, der irgendwie damit zu tun hatte, ruiniert gewesen. Sie müssen bedenken, daß es damals noch keinen Enthüllungsjournalismus gab.«

In Hollywood war das »Problem Marilyn« inzwischen zu einem Pulverfaß für die Kennedys geworden.

In dieser Situation beschloß der Justizminister offensichtlich, Peter Lawford mit der Lösung der Krise zu betrauen. Kennedy wollte unbedingt einen Skandal vermeiden. Marilyn hatte die Telefonistinnen im Justizministerium angeschrien, nachdem Bobby Anweisung gegeben hatte, Marilyns Anrufe nicht mehr durchzustellen.

Da Patricia Kennedy Lawford mit Marilyn befreundet war, wandte sich Bobby auch an sie und bat sie, dafür zu sorgen, daß Marilyn während seines Aufenthalts in Los Angeles vom 27. bis 29. Juli nicht in der Stadt weilte. Anlaß seiner Reise waren ein öffentlicher Auftritt und mehrere Besprechungen über die Verfilmung seines Buches *Gangster drängen zur Macht*.

Marilyn erzählte Slatzer später, daß die Kennedys sie aus der Stadt gelockt hätten. Außerdem äußerte sie sich ziemlich verärgert über Pat Lawford. »[Bobby] tut alles, um einer Konfrontation mit mir aus dem Weg zu gehen«, erklärte sie Slatzer am Telefon.

Die Lawfords überredeten Marilyn zu einem Ausflug an den Tahoe-See, angeblich um Jack Jones' ersten Auftritt in Frank Sinatras luxuriöser Cal-Neva Lodge zu sehen.

Noch geschwächt von der Abtreibung und wütend über Bobbys falsches Spiel, überließ die Schauspielerin alle Entscheidungen den Lawfords und verschwand bis zum späten Sonntag abend, bis der Justizminister wieder im sicheren Washington war.

Bei ihrer Rückkehr kursierten in Hollywood die wildesten Gerüchte über ihre Abtreibung und eine gefährliche Überdosis, die sie angeblich in der Nacht zum Sonntag eingenommen hatte. Andere wußten von einem mitternächtlichen Streit zwischen Sinatra und Joe DiMaggio.

Die vergangenen Jahrzehnte haben wenig dazu beigetragen, den Mythos von der »Generalprobe für den Tod« zu verdrängen, aber zumindest gibt es einige, wenn auch nur sehr vage, Hinweise, die die Sache ins rechte Licht rücken.

Im Jahr 1985 machte ein Angestellter der Cal-Neva Lodge, der Verbindungen zum organisierten Verbrechen hatte und offensichtlich die Interessen von Mafiaboß Sam Giancana in der Cal-Neva vertrat, folgende geheimnisvolle Andeutung: »Hinter dem, was da oben passierte, steckte viel mehr, als irgend jemand ahnte. Bobby Kennedy wäre tief gestürzt.«

Dieser Äußerung ist zumindest zu entnehmen, daß der Justizminister durch Peter Lawford, seinen Mann vor Ort, die seltsamen Ereignisse in Nordkalifornien steuerte. »Bobby erklärte Peter, er müsse Marilyn in aller Deutlichkeit klarmachen, daß es zwischen ihnen aus sei«, sagte Deborah Gould, Lawfords geschiedene Frau, zu Journalisten von ABC News.

Lawford sollte Marilyn beibringen, daß ihre Beziehung zu den Kennedy-Brüdern beendet sei und daß es künftig keine Telefonanrufe, keine Besuche, keine Postkarten und keine Briefe mehr geben solle. Obwohl Lawford und Sinatra nicht mehr auf bestem Fuß standen, wurde Lawford gelegentlich noch zu besonderen Anlässen eingeladen – so auch zu dem Galawochenende für Jack Jones.

Vielleicht hatte auch Joe DiMaggio von dem Ultimatum gehört und eilte ebenfalls am späten Freitag abend zum Tahoe-See, um Marilyn zu trösten. Da das Cal-Neva ausgebucht war, quartierte ihn der Nachtportier im nahegelegenen Silver Crest Motor Hotel ein. Der ehemalige Baseballstar fragte den Chefportier Roy Langford nach Marilyn und bekam zur Antwort: »Ganz ehrlich, Mr. DiMaggio, ich weiß nicht, wo sie ist.«

Marilyn Monroes Name tauchte im Gästebuch des Cal-Neva nirgendwo auf. Sie wurde heimlich in Bungalow 52 untergebracht, der ständig für »besondere Gäste« Frank Sinatras reserviert war. Auch die Hotelpagen, die die Gäste des Bungalows mehrfach bedienten, bekamen Marilyn nicht zu Gesicht. Peter Lawford öffnete jedesmal die Tür.

Marilyn führte in der Cal-Neva Lodge eine schemenhafte Existenz. Vor Erschöpfung und Wut konnte sie am Galaauftritt von Jack Jones nicht teilnehmen. Es wurde viel über den Star gemunkelt, aber gesehen wurde sie nur ein einziges Mal. Am Sonntag morgen, kurz vor Tagesanbruch, vertrat sich ein Türsteher des Cal-Neva im Freien die Beine. Nebelschwaden zogen über den See. Da entdeckte er zu seiner Überraschung Marilyn Monroe. Sie hatte noch ihr weißes Kleid an, saß barfuß am Swimmingpool und ließ einen Fuß im eiskalten Wasser baumeln. Ihr Blick war starr auf die Gebirgsausläufer vor der Lodge gerichtet.

Der Mann folgte Marilyns Blick. Auf einem Granitgrat stand DiMaggio und sah herunter, auch er eine schemenhafte Erscheinung im Nebel.

Da Marilyn immer noch eine Schwäche für ihren Gastgeber Sinatra hatte, konnte das Wochenende eigentlich von vornherein nicht problemlos verlaufen. Nach ihrer Scheidung von Arthur Miller im Jahr 1960 hatte sich Marilyn Sinatra in die Arme geworfen und sich mit ihm eine Saison lang in den Nachtlokalen von Las Vegas, San Francisco und Manhattan amüsiert. Außerdem wohnte sie mehrere Wochen in der Junggesellenwohnung des Sängers in Coldwater Cañon, bis sie ein eigenes Apartment gefunden hatte. Offensichtlich waren sie schon nach wenigen Tagen so ineinander verliebt, daß sie sich für 10 000 Dollar neu einkleidete. Die neuen Kleider waren eleganter als sonst und ganz nach Sinatras Geschmack.

Ihrem New Yorker Mädchen Lena Pepitone erzählte sie, daß sie möglicherweise wieder heiraten werde, und zeigte ihr ein Paar Smaragdohrringe, die Sinatra ihr geschenkt hatte. Viele Freunde führten Marilyns anfängliche Schwierigkeiten bei den Dreharbeiten zu *Something's Got to Give* darauf zurück, daß Sinatra kurz zuvor ganz überraschend seine Verlobung mit Juliet Prowse bekanntgegeben hatte.

Lawford, der immer wieder mit neuen Geschichten über die letzten Tage Marilyn Monroes aufwartete, sagte Jahre später vor der Bezirksstaatsanwaltschaft von Los Angeles aus, daß sie bereits in Cal-Neva eine Überdosis genommen habe. Er beschrieb den Vorfall als klaren Selbstmordversuch, den sie »aus Kummer« über ihren Rauswurf durch die Fox begangen habe.

Diese höchst unglaubhafte Darstellung sollte wohl seine Theorie von Marilyns Selbstmord untermauern. »Sie versuchte sich bereits in der Nacht vom 28. Juli das Leben zu nehmen«, sagte er dem Bezirksstaatsanwalt. »Und am 4. August hat sie es schließlich geschafft.«

Wahrscheinlicher ist, daß Marilyn von Bobbys Aufenthalt in Los Angeles erfuhr, da alle drei Fernsehstationen seine Ansprache vor dem Nationalen Versicherungsverband übertrugen, und daraufhin in Wut geriet. Vielleicht hat sogar Lawford selbst ihr die Tabletten gegeben. Harry Hall, ein Vertrauter DiMaggios, berichtete: »Sie ging dort hinauf, und sie gaben ihr Tabletten.« Ralph Greenson bestritt, daß Marilyn an diesem Wochenende einen Selbstmordversuch verübt habe.

Die Drogen, verbunden mit den Nachwirkungen der Abtreibung, hatten eine verheerende Wirkung auf ihre körperliche Verfassung. Von diesem Wochenende existiert heute nur noch ein einziges Foto. Man sieht darauf Lawford und Marilyn traurig aneinandergelehnt dasitzen. Die anderen Aufnahmen waren noch schlimmer. Der Biograph Anthony Summers trieb in Beverly Hills den Mann auf, der die Fotos, die an diesem Wochenende aufgenommen worden waren, für Frank Sinatra entwickelte. »Ich gab ihm den Rat, sie zu vernichten, und er tat es – vor meinen Augen«, erzählte der Mann.

Am Sonntag verließen Pat und Peter Lawford zusammen mit Marilyn in Sinatras Privatflugzeug den Tahoe-See. Pat Lawford flog von San Francisco aus weiter nach Hyannis Port, Peter und Marilyn kehrten nach Hollywood zurück. Auf dem Weg vom internationalen Flughafen von Los Angeles zu seiner Strandvilla ließ Lawford den Chauffeur der Limousine nur wenige Minuten von seinem Haus entfernt an einer Telefonzelle anhalten. Er sprang aus dem Wagen und telefonierte länger als eine halbe Stunde. Das Telefon in seinem Haus benutzte er nicht mehr. Er hatte Angst, abgehört zu werden.

»Er erzählte Bobby von Marilyns Drohungen«, sagte Lawfords Biograph James Spada in einem Interview.

Nach Robert Slatzer erfuhr der Justizminister der Vereinigten Staaten, der Chef der höchsten Strafverfolgungsbehörde des Landes, bei dieser Gelegenheit, daß Marilyn Monroe eine Pressekonferenz plane, bei der sie über ihre »vielfältigen Beziehungen zur Familie Kennedy« sprechen wolle.

Zurück in Brentwood, rief die Schauspielerin ihren Masseur Ralph Roberts an und bat ihn zu kommen. Während er ihre verspannten Muskeln massierte, hob sie den Kopf und schaute ihm in die Augen.

»Hast du Tratsch über mich und Bobby gehört?«

»Ganz Hollywood redet darüber«, antwortete Roberts.

Die wiederholten Eskapaden der Kennedys in Hollywood hatten eine kritische Situation heraufbeschworen, die zwangsläufig zum Eklat führen mußte.

32

Eine verschmähte Frau

»Nein! Bobby soll es mir selber sagen. Höchstpersönlich!« sagte Marilyn dem zunehmend beunruhigten Robert Slatzer. »Ich will von ihm selbst hören, daß es vorbei ist. Er ist mir eine Erklärung schuldig. Nach all den Versprechungen will ich wissen, was passiert ist.«

Diesmal wollte sich Marilyn nicht einfach beiseite schieben lassen, nur weil sie unbequem geworden war.

Der ehrgeizige französische Schauspieler Yves Montand hatte ihr zwei Jahre zuvor bei den Aufnahmen zu *Machen wir's in Liebe* so lange den Hof gemacht, bis sie sich auf eine Affäre mit ihm einließ. Montand spielte damals seine erste große Rolle in einem amerikanischen Film. Die beiden vereinbarten, die Sache geheimzuhalten, um ihre Karriere nicht zu gefährden. Aber Montand, der in Hollywood um jeden Preis in die Schlagzeilen kommen wollte, brach sein Versprechen und informierte Hedda Hopper, Louella Parsons und Sheilah Graham. Die Folge war ein wahrer Publicityrummel. In Interviews gab sich Montand sehr zurückhaltend und beschrieb Marilyn Monroe als eine verzweifelte Femme fatale, die es darauf abgesehen habe, seine Ehe mit Simone Signoret zu zerstören. »Er nutzte sie schamlos aus«, erinnert sich der Presseagent Rupert Allan, der sich Marilyn zuliebe um Montand kümmerte. »Er profitierte von dieser Affäre und bekam anschließend Rollen in mehreren amerikanischen Filmen.«

Zwei Tage nach der Fertigstellung von *Machen wir's in Liebe* machte sich Montand aus dem Staub und überließ es Marilyn, der Öffentlichkeit über ihr Abenteuer Rechenschaft abzulegen und die Schuld auf sich zu nehmen. »Marilyn hätte eine Menge erzählen und unternehmen können«, meinte Allan. »Und ich gab ihr den Rat, mit ihrer Version der Geschichte nicht hinterm Berg zu halten. Aber sie konnte nicht. Sie war für so etwas einfach zu anständig.«

Auch als knapp sieben Monate später ihre Ehe mit Arthur Miller in die Brüche ging, ließ sie es zu, daß in der Öffentlichkeit der Eindruck entstand, ihre Affären seien der Grund für das Scheitern der Ehe. Während des 1961 abgeschlossenen Scheidungsverfahrens weigerte sich Marilyn beharrlich, Millers eigene Flirts an die große Glocke zu hängen. Am Tag, als die Scheidung rechtskräftig wurde, lehnte sie es ab, zu den von Miller in Umlauf gebrachten Geschichten über ihr Verhalten bei den Dreharbeiten zu *Nicht gesellschaftsfähig* Stellung zu beziehen. »In Wirklichkeit ging nämlich Miller als erster fremd«, sagte Jean Louis, der die Kostüme für den Film entwarf. »Und die Monroe mußte mit seiner Untreue fertig werden.« Achtzehn Monate später heiratete Miller eine Standfotografin, die an dem Film mitgearbeitet hatte.

Zu Beginn der Dreharbeiten zu *Something's Got to Give* erlebte Marilyn eine ähnliche Situation, als Sinatra sich mit der Tänzerin Juliet Prowse verlobte und seine Beziehung zu ihr abbrach. Wieder litt sie, ohne ein Wort zu sagen.

Und was Präsident Kennedy anlangte, so zog er sich in die Sicherheit des Weißen Hauses zurück, ohne sich auch nur von ihr zu verabschieden. Statt dessen hatte er seinen jüngeren Bruder vorgeschickt, um seine Affäre mit dem Filmstar zu beenden.

Aber Bobby Kennedy sollte nicht so leicht davonkommen.

»Was willst du denn machen, wenn er deine Anrufe nicht entgegennimmt?« fragte Slatzer.

»Ich könnte zum Beispiel eine Pressekonferenz einberufen«, sagte sie fröhlich. »Ich hätte eine Menge zu erzählen.«

Am Montag, dem 30. Juli, hing kurz vor Tagesanbruch dichter Nebel über Brentwood und den Geschäften und Boutiquen am San Vicente Boulevard, der Hauptverkehrsstraße der Stadt.

Marilyn Monroe telefonierte, in einen mexikanischen Pullover gehüllt, von einer Telefonzelle aus mit Slatzer, der sich gerade in Columbus, Ohio, aufhielt. Sie mußte ständig Münzen nachwerfen. »Sie traute ihrem Telefon nicht mehr«, erinnerte er sich. »Deshalb ging sie mehrmals am Tag zu einer Telefonzelle in der Nähe ihres Hauses und telefonierte von dort aus.*

Einer von Frank Sinatras Sekretären ließ ihr Haus nach Wanzen durchsuchen. Obwohl man nichts fand, war Marilyn nicht überzeugt. Sie telefonierte zwar auch weiterhin oft von ihrem Haus aus, doch wenn sie mit oder über die Kennedys sprechen wollte, benutzte sie Telefonzellen in Brentwood.

Slatzer sah sich außerstande, Marilyn von der, wie er glaubte, gefährlichen Konfrontation mit dem Kennedy-Clan abzubringen. Allerdings rang er ihr das Versprechen ab, ihn zu benachrichtigen, bevor sie eine endgültige Entscheidung traf.

* Im letzten Monat vor ihrem Tod erzählte Marilyn Freunden, daß es jedesmal in der Leitung knackte, wenn sie von zu Hause aus telefoniere – ein sicheres Zeichen, daß entweder das FBI oder der Secret Service ihr Telefon angezapft hatten.

Eine Stunde später rief Marilyn erneut in Bobby Kennedys Büro im Justizministerium an. Der Justizminister nahm schließlich ihren Anruf entgegen. Das Gespräch dauerte acht Minuten. Was die beiden miteinander sprachen, ist nicht bekannt. Jedenfalls nannte sie Bobby danach nur noch »Dreckskerl«, wenn sie von ihm sprach.

Gegen 8.00 Uhr morgens sah Eunice Murray Marilyn an der Mauer hinter dem Haus auf und ab gehen. Marilyn überlegte, wie viele Bougainvilleen sie pflanzen sollte. Sie hatte ein dickes Buch über mexikanische Gärten in der Hand, das ihr die Häushälterin geschenkt hatte. Marilyn schlenderte durch ihren Garten. »Wenn sie da draußen war, lag ein friedlicher Ausdruck auf ihrem Gesicht«, erinnerte sich Eunice Murray später. Noch in derselben Woche suchte sie Dutzende von neuen Pflanzen für ihren »Farbengarten« aus, wie sie ihn nannte.

Zwischen Montag, dem 30. Juli, und Samstag, dem 4. August, hatte Marilyn drei geschäftliche Besprechungen, verbrachte elfeinhalb Stunden bei ihrem Psychoanalytiker, bestellte bei Jean Louis Abendkleider im Wert von 10 000 Dollar, zierte das Titelblatt des Magazins *Life*, bestellte zweimal Waren beim Feinkosthändler und kaufte für 100 Dollar Chanel Nr. 5.

Zwei Themen beherrschten diese sechs Tage: Sie sagte zu Freunden, daß sie fest entschlossen sei, den Justizminister zu einem persönlichen Wort des Abschieds zu zwingen. Und sie war ganz aufgeregt über die Aussicht, mit einem Millionenvertrag in der Tasche zur Twentieth Century-Fox zurückzukehren.

Der phantastische neue Vertrag mit der Fox und die persönliche Protektion von Peter Levathes konnten sie jedoch nicht davon abbringen, die Konfrontation mit den Kennedys zu suchen. Nach Bobbys Weigerung, sich mit ihr zu treffen, schlug ihr Kummer in Wut um.

Aber die Familie merkte immer noch nicht, in welcher Gefahr sie schwebte.

»Es war eine schroffe und, rückblickend betrachtet, auch eine tragische Zurückweisung«, sagte Rupert Allan. »Marilyn war in Wirklichkeit gar nicht so unvernünftig. Hätte sich Kennedy ein letztes Mal mit ihr getroffen, wäre vielleicht alles ganz anders gekommen.«

Marilyn bat Mickey Song, den in Los Angeles ansässigen Friseur der Kennedys, für Mittwoch abend zu sich und unterzog ihn dann einer Art privatem Verhör.

»Ich dachte, ich sollte ihr wegen irgendeiner dringenden Sache schnell die Haare machen«, meinte Song, der Marilyn für die Präsidentengala frisiert und seitdem nicht wieder gesehen hatte. »Deshalb brachte ich natürlich meinen ganzen Friseurkram mit.«

Doch Marilyn empfing ihn in einem Kleid von Pucci und servierte ihm Champagner und Kaviar. Eunice Murray war nicht zu Hause, und so saßen sie zu zweit auf dem langen weißen Sofa.

Der 22jährige Song, der sich ständig im erlauchten Kreis der Kennedys bewegte, war an den Umgang mit Prominenten gewöhnt. Wie hatte Bobby damals zu ihm gesagt, als sie zur offiziellen Amtseinführung seines Bruders fuhren: »Junge, das ist eine einmalige Chance, die Welt von der hohen Warte aus zu betrachten.«

Und doch war Song nicht auf die überwältigende Ausstrahlung eines Stars wie Marilyn in Großaufnahme vorbereitet: nicht auf die Stimme aus *Manche mögen's heiß*, nicht auf das Elfenbein- und Alabastergesicht aus *Wie angelt man sich einen Millionär?*, nicht auf die angeborene Sinnlichkeit, die er bei *Niagara* empfunden hatte.

»Mickey«, sagte Marilyn. »Ich habe mich noch gar nicht für die Gala bei Ihnen bedankt.« Sie schenkte ihm noch einmal ein Glas Dom Pérignon ein. »Also ehrlich, die Frisur war große Klasse!« sagte sie kichernd. »Frauen in aller Welt tragen jetzt die kleine Tolle auf der Seite. Da haben Sie sich wirklich etwas ganz Besonderes einfallen lassen.«

Song versuchte, so locker wie möglich zu bleiben, und wartete darauf, daß sie zur Sache kam. Schließlich, zwischen zwei Kaviarhäppchen, stellte sie ihm die erste von vielen Fragen über die Kennedy-Familie.

»Wie gut verstehen sich der Präsident und Jackie wirklich?« fragte sie. »Führen sie eine glückliche Ehe?«

Song zuckte mit den Achseln. »Ich kenne sie nicht gut genug, um das beurteilen zu können. Ich sehe Jackie selten und habe die beiden eigentlich noch nie richtig zusammen erlebt.«

Marilyn wurde gehässig. »Und wie steht's mit Bobby und Ethel? Ich kann nicht glauben, daß sie eine glückliche Ehe führen. Was findet er nur an ihr?«

Wieder drückte sich Song um eine Antwort. »Ich sehe Ethel kaum.«

Über eine Stunde lang quetschte Marilyn den jungen Friseur über die First Family aus und schnappte dabei möglicherweise die eine oder andere Klatschgeschichte auf.

»Mich beschlich das unangenehme Gefühl, daß sie Informationen sammelte, die sie irgendwie gegen die Kennedys verwenden konnte«, erinnerte sich Song 30 Jahre später. »Sie ging sehr überlegt vor, war hellwach und bedrängte mich. Sie wollte Klatsch hören, und wer eignet sich dafür besser als der Friseur der Familie? Aber ich hatte nicht vor, sie zu verraten, nicht einmal für Marilyn Monroe.«

Daraufhin versuchte sie es mit einer anderen Masche. Sie legte Song eine Hand auf den Arm und fragte: »Haben Sie nicht manchmal das Gefühl, daß Sie von ihnen ausgenutzt werden?«

Song schüttelte den Kopf und antwortete: »Sie sind furchtbar nett zu mir.«

Sie gab immer noch nicht auf. »Nicht mal ein bißchen? Sind Sie von ihnen noch nie schlecht behandelt worden?«

»Sie versuchte so zu tun, als seien wir beide Verbündete gegen diese große, arrogante Familie. Sie wollte mich zu ihrem Mitverschwörer machen.«

Aber wieder schüttelte der Friseur den Kopf. Marilyns Gesicht wurde hart und kalt, und sie sagte: »Ich schon.«

Song stand schließlich auf und ging – oder wie er es ausdrückte: »Ich machte mich so schnell wie möglich aus dem Staub.«

Während er in der Einfahrt seinen Wagen wendete, holte Marilyn ein kleines beigefarbenes Tonbandgerät unter dem Sofa hervor. Sie schaltete das Gerät ab und nahm die Spule heraus, die sie mit dem Aufkleber »M. S., 2. August« versah. Dann versteckte sie die Spule zusammen mit ihren Verträgen im Schlafzimmer.

Trotz ihrer schlechten Verfassung wegen ihrer privaten Misere hatte Marilyn in ihrem langjährigen Kampf gegen die Twentieth Century-Fox inzwischen einen überraschenden Sieg errungen. Nach einer Reihe von »Gipfeltreffen« mit dem Fox-Vizepräsidenten Philip Feldman – und dem langen Telefongespräch mit ihm am Anfang der Woche – hatte das Filmstudio *Something's Got to Give* wieder offziell ins Produktionsprogramm genommen.

Der neue Vertrag garantierte ihr eine Million Dollar für zwei Filme, einen neuen Regisseur, eine auf ihre Person zugeschnittene Neufassung des Skripts (von Nunnally Johnson) und einen Produzenten ihrer Wahl. »Nur wenige wußten von diesem zweiten Film«, erinnerte sich Lee Hanna von der Fox. »Er war umstritten, darum hielt ihn das Studio geheim.«

An einem ihrer letzten Nachmittage fuhr Marilyn ins Studio und sprach eine Stunde mit Feldman, der zu der Zeit den Studiobereich leitete, während Levathes versuchte, das Unternehmen unter seiner Kontrolle zu halten. Nach dem Gespräch sah man Marilyn Arm in Arm mit dem Vizepräsidenten. Sie lachten und scherzten miteinander.

Zuvor hatte sie sich im Vorführraum der Fox eine Reihe von Filmen des englischen Produzenten und Regisseurs J. Lee Thompson angeschaut, den das Studio als Regisseur für den zweiten vertraglich vereinbarten Film vorgeschlagen hatte. Nachdem sie *Tiger Bay* und *Flame over India* gesehen hatte, gab sie Feldman grünes Licht.

Als Titel für den neuen Film wurde *What a Way to Go* ins Auge gefaßt. In der aufwendigen Musikkomödie sollte Marilyn eine Frau spielen, die im Verlauf des Films viele Wandlungen durchmacht, da alle ihre sieben Ehemänner bereits wenige Tage nach der Hochzeit sterben. Aus dem armen Mädchen zu Beginn des Films wird eine reiche Lady. Überdies nimmt die Heldin eine ganze Reihe von Identitäten an – vom singenden und tanzenden Superstar bis hin zur bohemehaften Künstlerin in Paris. Als weiterer Darsteller sollten unter anderem Gene Kelly, Dean Martin, Paul Newman, Dick Van Dyke und Frank Sinatra verpflichtet werden.

Kurz nachdem Marilyn am Montag morgen mit Slatzer telefoniert hatte, erhielt sie einen Anruf von Feldman. Er hatte schlechte Nachrichten für sie. Die Führung der Fox machte die Wiederaufnahme der Dreharbeiten zu *Something's Got to Give* von einer letzten Bedingung abhängig: Marilyn sollte ihre Schauspiellehrerin Paula Strasberg nach Hause schicken und Ralph Greenson von allen weiteren Verhandlungen mit dem Studio ausschließen.

»Wir waren der Meinung, daß wir prima miteinander klarkommen würden, wenn es uns gelang, sie von ihren Beratern loszueisen«, erklärte Levathes. »Wir wollten nur noch direkt mit Marilyn zusammenarbeiten.«

Marilyn erbat sich einen Tag Bedenkzeit. Greenson ließ sich lieber heute als morgen von seiner Pflicht entbinden, aber ihre Schauspiellehrerin bereitete ihr Kopfzerbrechen. Rudin hatte die Fox-Manager bereits vorgewarnt, daß es »hart, wenn nicht gar unmöglich für Marilyn sein wird, auf die Strasberg zu verzichten«. Marilyn fühlte sich Paulas Ehemann Lee immer noch verpflichtet, obwohl ihre Zuneigung für Paula mittlerweile abgekühlt war.

Seit sechs Jahren, seit *Bus Stop*, hatte die mürrische Schauspiellehrerin Marilyn zu allen Dreharbeiten begleitet. Woche für Woche, Szene für Szene, hatten Marilyns Freunde beobachtet, wie Paula Strasberg dem Filmstar das letzte Quentchen Selbstvertrauen raubte.

»Sie ließ es nicht zu, daß Marilyn auf eigenen Füßen stand«, sagte Whitey Snyder. »Marilyn hatte das Gefühl, sie könne ohne Paula nicht spielen. Aber in Wirklichkeit war Marilyn schon spitze, bevor es Paula überhaupt gab.«

Paula Strasberg warf ihren schwarzen Umhang zurück, sah Marilyn tief in die Augen und unterzog sie so vor jeder Aufnahme einer fürchterlichen Seelenmassage. John Huston, der bei der Arbeit an *Nicht gesellschaftsfähig* schwer unter der Strasberg zu leiden hatte, beschrieb ihre Taktik folgendermaßen: »Sie hustete oder stellte sonst etwas an, damit eine Szene, die ihr nicht gefiel, abgebrochen wurde. Der Regisseur lief Amok, der Star verschwand in seiner Garderobe, und so blieb nur noch die Hexe übrig und nahm die Sache in die Hand.«

Die meisten Schauspieler und Techniker, die für dieses Buch interviewt wurden – insgesamt 32 –, sahen in Paula Strasberg die Hauptursache für den Abbruch der Dreharbeiten zu *Something's Got to Give.* »›Böse Hexe‹ ist wirklich eine schlimme Bezeichnung für einen Menschen«, erklärte Thomas Tryon, der die Probleme bedauerte, die Paula Strasbergs Einmischung heraufbeschwor. »Aber mit dem Ausdruck ›böse Hexe‹ ist sie treffend beschrieben.«

Wenn bei den Dreharbeiten alles glattlief, tauchte plötzlich Paula Strasberg auf und lockte Marilyn zurück in ihre Garderobe. »Dann war so lange Schluß mit dem Drehen, wie Paula es wünschte«, erklärte Cutter David Bretherton. »Cukor hätte sie am liebsten erwürgt.«

Mit schauspielerischen Anweisungen wie »Stell dir vor, du seist ein Kohlkopf« oder »Erinnere dich an dein erstes Glas Champagner« behinderte Paula Strasberg die Arbeit an jedem Film, an dem sie beteiligt war.

Für Marilyn war sie bedauerlicherweise der Ersatz für ihren Ehemann Lee, den Gründer des Actor's Studio. »Paula war ihre Brücke zu Lee«, schrieb Arthur Miller. »Sie hatte ein geradezu religiöses Vertrauen in ihn – vielleicht um so mehr, als er nicht da war.«

Eines Morgens bei den Dreharbeiten zu *Nicht gesellschaftsfähig* geriet Marilyn mit Paula in Streit. Später sagte sie zu Miller »Sie bedeutet mir gar nichts.«

»Im Grunde war Paula wieder die verrückte Mutter«, so Millers Theorie. »Sie war eine Phantasiemutter, die alles bestätigte, was Marilyn hören wollte.«

Aus Sicht des Studios war Paula Strasberg das größte Hindernis bei dem Versuch, *Something's Got to Give* wiederzubeleben.

Levathes und Feldman konnten nicht wissen, daß Marilyn bereits beschlossen hatte, sich von Paula Strasberg zu trennen. Als Marilyn hörte, daß das Studio bei den Verhandlungen mit ihrem Anwalt Milton Rudin schwere Angriffe gegen ihre Schauspiellehrerin erhoben hatte, war sie schockiert. »Marilyn war sich ganz ehrlich nicht darüber im klaren, welche Forderungen die Fox gestellt hatte«, sagte Ralph Roberts. Sie willigte sofort ein, ihre Schauspiellehrerin zu entlassen, und fügte hinzu, daß sie zukünftig keine Betreuung mehr brauche. Was die Fox nicht wußte: Sie hatte sogar beschlossen, die Strasbergs aus ihrem Testament streichen zu lassen.*

Marilyn hatte ihrer Schauspiellehrerin sogar schon ein Rückflug-

* Doch dazu kam es nicht mehr, und Lee Strasberg blieb einer von Marilyns Haupterben. Nach Paulas Tod heiratete Lee die Schauspielerin Anna Strasberg, die heute weitgehend Marilyns Hinterlassenschaft verwaltet und über alle Rechte und Lizenzen für die Nutzung von Marilyn Monroes Namen wacht.

ticket nach New York besorgt. »Ich mache klar Schiff«, erklärte sie Slatzer am 3. August. »Und bei Paula fange ich an. Sie ist fort.«

Das Studio hatte den ersten Schritt zu einer Aussöhnung getan, und nun tat sie das Ihre und kam ihm auf halbem Weg entgegen. Die schweren Vorwürfe gegen ihre Schauspiellehrerin öffneten ihr schließlich die Augen über ihre übrigen Berater. Marilyn entband Ralph Greenson von seinen Verpflichtungen gegenüber der Fox und willigte ein, ihre Presseagentin Pat Newcomb durch Rupert Allan zu ersetzen. Außerdem wollte sie Eunice Murray entlassen.

Marilyn hatte sich auch schon früher von Mitarbeitern getrennt, aber noch nie mit solcher Entschiedenheit. Obwohl sie gerade in einer emotionalen Krise steckte, legte sie wieder ihre alte Professionalität an den Tag.

Peter Levathes zog nach. Am Mittwoch engagierte er Jean Negulesco, einen alten Lieblingsregisseur Marilyns, für die Neuauflage von *Something's Got to Give*. Der charmante Europäer Negulesco arbeitete mit solchem Fingerspitzengefühl, daß die Dreharbeiten zu *Wie angelt man sich einen Millionär?* für Marilyn Monroe, Lauren Bacall und Betty Grable wie ein Picknick im Freien gewesen waren.

Negulesco stellte sich von Anfang an auf Marilyns Seite. »Wir müssen an Johnsons Skript – und zwar in seiner Urform – festhalten«, erklärte er Levathes.

»Warum sollten wir das tun?« fragte Feldman. »Marilyn hat nicht das Recht, sich ein Skript auszusuchen.«

Auch Levathes protestierte. »Wir haben viel Geld und Zeit in dieses neue Skript investiert.«

»Das mag sein, aber Marilyn ist nicht der Meinung, daß es sein Geld wert war«, antwortete Negulesco. Der Regisseur wollte schnell vorankommen. »Ich werde mit ihr sprechen.«

»Das geht nicht«, antwortete der Produktionschef. »Überlassen Sie das den Anwälten.«

Negulesco versicherte Levathes, daß er Marilyn einen ganz privaten Besuch abstatten werde. »Mr. Levathes, ich kenne Marilyn. Ich werde mir schon einen passenden Grund für meinen Besuch einfallen lassen. Ich werde ihr für ihr neues Haus ein Bild schenken, das ich bei den Dreharbeiten zu *Wie angelt man sich einen Millionär?* von ihr gemalt habe. Wir werden etwas trinken. Vielleicht ein bißchen miteinander lachen. Ich werde ihr versprechen, daß wir auf das Drehbuch zurückgreifen werden, das ihr gefallen hat, und Sie werden den Monroe-Film bekommen, den die Fox so dringend braucht.«

Negulesco visierte den 4. August als Termin für sein erstes Gespräch mit Marilyn an.

»Vielleicht hätte ich nicht auf Levathes hören sollen«, sagte er später. »Vielleicht habe ich dadurch die Chance vertan, ihr das Fünkchen Hoffnung zu geben, das sie so dringend gebraucht hat.«

Negulesco erwirkte für Marilyn die letzten und wichtigsten Zugeständnisse der Fox. Das gesamte Cukor-Team, angefangen von den kriecherischen Regieassistenten bis hin zu den giftigen Sekretärinnen, sollte nicht wieder engagiert werden.

Am Donnerstag nachmittag, dem 2. August, rief eine gutgelaunte Marilyn Whitey Snyder an und lud ihn und Marjorie Plecher auf ein paar Drinks zu sich nach Hause ein. »Wir werden richtig feiern«, sagte sie.

Der Sommerhimmel schimmerte violettrot, als Snyder und Plecher in die Einfahrt von Marilyns Haus einbogen. Marilyn trug eine dunkle Hose und eine Bluse aus Rohseide. Sie begrüßte ihre Gäste bereits auf der Türschwelle mit einem Glas Dom Pérignon. Sie war in bester Laune und erzählte überschwenglich von ihrer Aussöhnung mit den Verantwortlichen der Fox und davon, daß man nun wieder auf das alte Drehbuch zurückgreifen wolle.

Zwei Tage zuvor, so erzählte sie, habe sie einen Anruf von ihrem alten Widersacher Darryl F. Zanuck erhalten, der nach seinem erfolgreichen Coup soeben zum Präsidenten der Fox ernannt worden war. Zanuck habe ihr versichert, daß man *Something's Got to Give* vorrangig behandeln werde.

Während sie ihren Gästen mexikanische Häppchen servierte, meinte sie: »Wir gehen zurück, Margie. *Something's Got to Give* wird doch noch abgedreht.«

»Sie war an diesem Abend aufgekratzt und glücklich. Es war das letzte Mal, daß ich sie gesehen habe«, erinnerte sich Plecher. »Die Dreharbeiten sollten schon ein paar Wochen später beginnen.«

Marilyn sollte am 4. September mit ersten Nahaufnahmen beginnen, und der eigentliche Startschuß sollte dann am 16. September fallen, wenn Dean Martin den Film *Puppen unterm Dach* abgedreht hatte.

Die Schauspielerin telefonierte in der Woche vor ihrem Tod noch einmal mit Levathes. »Sie werden mich nicht wiedererkennen«, kicherte sie. »Stellen Sie sich vor: eine Marilyn Monroe, die pünktlich am Drehort erscheint.« Sie brach in Gelächter aus.

»Gott schütze Sie«, meinte Levathes. »Wir sind bereit für Sie.«

33

Die Jagd

Freitag, der 3. August 1962, dürfte auf dem Kennedy-Anwesen in Hyannis Port ein schlimmer Tag gewesen sein. Das Wetter war herrlich mild, denn vom Meer her wehte eine frische Brise über die sandigen Dünen am Massachusetts-Kap. Aber die Morgenzeitungen brachten schlechte Nachrichten.

Die New Yorker Klatschkolumnistin Dorothy Kilgallen hatte wochenlang recherchiert und berichtete nun doch noch über Marilyn Monroes Affäre mit Bobby Kennedy.

Kilgallen nannte zwar keine Namen, doch auch so stellte ihr Artikel eine ernste Bedrohung für die Kennedys dar. Er begann mit den Worten: »Marilyn Monroe übt in letzter Zeit große Anziehungskraft auf einen gutaussehenden Gentleman aus, der noch prominenter ist als Joe DiMaggio in seinen besten Tagen. Also schreiben Sie Marilyn bloß nicht als erledigt ab.«

Wochenlang hatte die Journalistin nach einer Möglichkeit gesucht, wie sie über Marilyns romantische oder sonstige Beziehungen zu den Kennedy-Brüdern berichten konnte. Sie hatte Dutzende von Leuten aus dem Umfeld der Kennedys interviewt, angefangen von Chauffeuren bis hin zu den Gesellschaftsreportern. Am Mittwoch vor Marilyns Tod hatte sie erstmals im Justizministerium angerufen und mit Leuten aus Robert Kennedys Wahlkampfteam gesprochen, unter anderem auch Kenneth O'Donnell. Nach Robert Slatzer bekam Dorothy Kilgallen den entscheidenden Tip von Frank Neill, einem jener Männer, die im Frühsommer bei der Kampagne für Marilyn so wertvolle Dienste geleistet hatten. Bei den Interviews für die 1985 von der BBC ausgestrahlte Sondersendung *Say Goodbye to the President – Marilyn Monroe and the Kennedys* stellte sich heraus, daß Angehörige der Familie Kennedy Wind davon bekommen hatten, daß Kilgallen in Kürze einen aufsehenerregenden Artikel veröffentlichen werde.

Noch bevor die Familie den Schock über Kilgallens Kolumne verdaut hatte, tauchte bereits ein neues Problem auf. Marilyn rief Pat Kennedy Lawford in Hyannis Port an und bat sie um die Telefonnummer, unter der Bobby am Wochenende zu erreichen war. Ob die Schwester des Justizministers ihr die erbetene Auskunft gab, ist nicht bekannt. Aber Pat Lawford war zu jener Zeit mit der Schauspielerin eng befreundet. Eunice Murray sagte sogar, sie sei »Marilyns beste Freundin« gewesen. Peter Lawford gab später zu, daß er Marilyn an seine Frau in Hyannis Port verwiesen habe. Er habe jedoch keine Ahnung, was bei diesem Gespräch herausgekommen sei.

Wie auch immer, eines steht jedenfalls fest: Marilyn wußte am späteren Morgen, daß Bobby, Ethel und die Kinder mit dem Flugzeug nach San Francisco unterwegs waren. Der Justizminister verband das Geschäftliche mit dem Angenehmen. Er sollte vor der amerikanischen Anwaltskammer eine Rede halten, und die Familie sollte auf der Ranch eines Freundes außerhalb der Stadt wohnen. Für die Zeit, die sich Bobby Kennedy in der Stadt aufhielt, hatte ihm die Anwaltskammer eine Luxussuite im obersten Stock des St. Francis Hotel gemietet.*

Den wartenden Journalisten fiel auf, daß von der schon sprichwörtlich gewordenen Unbekümmertheit Bobbys nichts zu spüren war. Der *San Francisco Chronicle* berichtete: »Er zeigte nicht sein gewohntes breites Lächeln und schüttelte den Mitgliedern des Begrüßungskomitees hölzern die Hand. Vielleicht lasten die Sorgen seines Amtes schwer auf seinen Schultern.«

Wirkte sein Lächeln bei der Ankunft im belebten St. Francis Hotel schon etwas matt, so dürfte es ihm in seiner Suite dann vollends vergangen sein. Am Telefon leuchtete bereits das rote Licht auf – eine Nachricht war für ihn hinterlegt worden. Aufgeregte Telefonistinnen erklärten einem seiner Mitarbeiter, daß Marilyn Monroe dreimal angerufen habe. Später erzählten dieselben Telefonistinnen der besten Kriminalreporterin William Randolph Hearsts, Florabel Muir, daß Marilyn es immer wieder versucht habe und daß Bobbys Mitarbeiter die Nachrichten entgegengenommen hätten. Kennedy habe sie jedoch nicht zurückgerufen – zumindest nicht vom Hotel aus.

Bobby Kennedy konnte Marilyn nicht entgehen – in den Gängen auf dem Flughafen, bei der Fahrt durch San Francisco, überall blickte ihm ihr Bild entgegen. Szenen aus *Something's Got to Give* schmückten die Titelblätter von *Life* und *Paris Match.* Obendrein führte das Magazin *Life* gerade eine besondere Werbekampagne durch und stellte an Zeitungsständen und in den Geschenkartikelläden der Flughäfen riesige Plakate mit Fotos von Marilyns Nacktbadeszene aus.

* Kennedy und seine Familie verbrachten den größten Teil des dreitägigen Wochenendes auf der Bates Ranch in Gilroy, Kalifornien. Die Suite im St. Francis Hotel, die ihm die Anwaltskammer zur Verfügung stellte, diente ihm als Büro und Rückzugsmöglichkeit während des Kongresses.

Am frühen Nachmittag war Marilyn der entscheidenden Konfrontation mit Kennedy keinen Schritt näher als am Anfang der Woche. Als sie zu einem Termin bei ihrem Internisten Hyman Engleberg und zu ihrer Therapiesitzung bei Ralph Greenson fuhr, hielt sie unterwegs dreimal an und telefonierte.

Nachdem ihr Engleberg eine unbekannte Substanz gespritzt hatte, rief sie Slatzer in Columbus, Ohio, an und unterhielt sich eine Weile sowohl mit ihm als auch mit seinem Freund Lee Henry, einem Restaurantbesitzer.

Nach ein paar belanglosen Worten stieß sie erneut Drohungen gegen die Kennedy-Brüder aus. »Wenn ich bis zum Wochenende nichts von Bobby höre, gebe ich eine Pressekonferenz und decke die ganze Sache auf!« sagte sie.

»Was willst du aufdecken?« fragte Slatzer.

»Meine Beziehungen zu den Kennedy-Brüdern. Sie rufen sowieso dauernd bei mir an und versuchen, die Story zu bekommen. Winchell, Kilgallen und wie sie alle heißen. Jetzt weiß ich, woran ich bin. Die Kennedys haben mich benutzt. Kaum hatten sie, was sie wollten, ließen sie mich fallen.«

Slatzer war über diese Drohungen sehr besorgt. »Du sagst, du willst eine Pressekonferenz geben, Marilyn«, fragte er. »Was bringt das? Warum willst du dich in Schwierigkeiten bringen?«

»Ich habe dir gesagt, daß ich es von ihm selbst hören will«, antwortete sie. »Ich will, daß Bobby selbst Schluß macht.«

Auch ihrer Freundin Jeanne Carmen und Elizabeth Courtney erzählte Marilyn, daß sie eine Pressekonferenz plane – obwohl davon auszugehen ist, daß sie die Bombe eher bei einigen sorgfältig vorbereiteten Interviews mit verschiedenen Kolumnisten hätte platzen lassen. Ihre Presseagenten Rupert Allan und Pat Newcomb bevorzugten für gewöhnlich Einzelgespräche mit Leuten von der Presse.

Noch am selben Tag versuchte die Schauspielerin, Rupert Allan zu erreichen, der soeben aus Monaco zurückgekehrt war. Auf seinem Anrufbeantworter in Beverly Hills hinterließ sie die Nachricht, sie müsse ihn »in einer äußerst wichtigen Angelegenheit sprechen«.

Sie bat sogar Ralph Roberts, Allan für sie aufzutreiben. »Sag ihm, es sei sehr wichtig«, schärfte sie Roberts ein.

»Ralph kam zu mir durch«, erinnerte sich Allan. »Aber ich hatte einen Jet-lag nach dem Rückflug aus Frankreich und litt unter einer schlimmen Bronchitis, die ich mir in Monaco geholt hatte. Ich wußte: Wenn ich nur ein Wort mit Marilyn sprach, würde sie darauf bestehen, mir Hühnerbrühe und Aspirin vorbeizubringen, und dafür war ich wirklich zu krank.«

Allan fand bald heraus, was sich hinter »der äußerst wichtigen Angelegenheit«, über die sie mit ihm sprechen wollte, verbarg: eine Pressekonferenz über die Kennedys. »Ich weiß nicht, wie ich es abgebogen hätte«, erklärte er in einem Interview. »Selbstverständlich war ich wütend und traurig über die Art, wie die Kennedys sie behandelt hatten, aber ich glaube, ich hätte ihr ausreden können, die Affäre öffentlich breitzutreten. Ich glaube, es hätte ihrer Karriere sehr geschadet.«

Außerdem rief sie die Schauspielerin Elizabeth Courtney an und bat sie, ihr bei der Wahl eines »eleganten Kostüms« für eine besondere Gelegenheit zu helfen. Sie hatte bereits ein Abendkleid bestellt und für Montag morgen einen Termin für die Anprobe vereinbart.

Courtney versprach, ihr behilflich zu sein, und fügte noch hinzu: »Wenn wir nichts Passendes finden, könnte Jean dir in relativ kurzer Zeit etwas fertigmachen.«

Selbst Slatzer vermag heute nicht zu sagen, ob sie die Pressekonferenz wirklich abgehalten hätte. »Sie kam sich wie eine verschmähte Frau vor, die bewußt ausgenutzt worden war«, sagte er.

Hätte sich Marilyn tatsächlich für eine Enthüllung entschieden, so hätte sie diesen Knüller bestimmt ihrem alten Freund und Gönner, dem Kolumnisten Sidney Skolsky, zugeschanzt. Skolsky war über ihre vertraulichen Mitteilungen über die Kennedys bereits so alarmiert, daß er seine Tochter Steffi am Zweitapparat mithören ließ, wenn Marilyn »sich wieder über Bobby und Jack ausließ«.

Und wieder mußte Lawford den Kopf hinhalten, als Marilyn später bei ihm anrief und ihm erklärte, sie sei im Besitz »höchst belastender Tonbänder« von ihr und Bobby, die sie zu veröffentlichen gedenke, wenn sie dazu gezwungen werde.

Um diese Bombe zu entschärfen, lud Lawford Marilyn zum Essen ins Restaurant La Scala ein. Nachdem sie sich eine angemessene Zeit geziert und geschmollt hatte, ließ sie sich dann doch noch überreden.

Als sie das gemütliche italienische Restaurant betrat, hat sie dort möglicherweise einen unerwarteten Tischnachbarn vorgefunden – Robert Kennedy.

Jedenfalls erfuhr Rupert Allan zwei Tage nach Marilyns Tod von einem Kellner, daß Marilyn und Bobby Kennedy sich an einem der hinteren Tische im La Scala gestritten haben. Allan, der sehr bestürzt über den Tod seiner Freundin war, suchte nach einem Schuldigen und scheute daher keine Mühe, diesem Gerücht nachzugehen. »Mein Freund im La Scala hat mir glaubhaft versichert, daß Marilyn sich am Freitag abend dort mit ihm traf.«

Es ist denkbar, daß der Justizminister, nachdem er im St. Francis Hotel und in Hyannis Port immer beunruhigendere Nachrichten von

Marilyn erhalten hatte, nach Hollywood flog, um mit Marilyn einen Nichtangriffspakt zu schließen. Da er am nächsten Morgen sehr früh in San Francisco war, müßte er sofort nach dem Essen wieder zurück nach Nordkalifornien geflogen sein. Mit einem Düsenflugzeug braucht man von Los Angeles nach San Francisco nur eine Dreiviertelstunde.

Peter Lawford entgegnete auf die Frage, was er von dieser Möglichkeit halte: »Einfach lächerlich!«

»Und ich sage Ihnen, er war dort«, bekräftigte Rupert Allan. »Ich weiß nicht, wie sie es gedeichselt haben, aber er war dort.«

Wenn das stimmt, dann hat Bobby vielleicht bei Wein und Kerzenlicht versucht, Marilyn zu besänftigen. Und wenn das keinen Erfolg zeitigte, dann hätte er keinerlei Skrupel gehabt, ihr härtere Bandagen anzulegen.

Der Bobby Kennedy, den Marilyn kannte, war nämlich nicht der sanfte »Anwalt der kleinen Leute«, zu dem er sich nach der Ermordung seines Bruders entwickelte. Sie kannte nicht den engagierten Verfechter der Bürgerrechte im Präsidentschaftswahlkampf von 1968. In diese Rollen schlüpfte er erst etliche Jahre später. Im Jahr 1962 war er der skrupellose Krisenmanager einer Familie, die viel Staub aufwirbelte. Der alte Joseph Kennedy sagte einmal: »Bobby ist mein Junge. Wenn Bobby jemanden haßt, dann für immer.«

»Bobby sprach nur in der Befehlsform und wandte jedes Mittel an, um das zu bekommen, was er wollte«, erklärte Thomas C. Reeves, der erst kürzlich eine Biographie über John F. Kennedy vorlegte.

Nachdem Bobby eine unbedeutende Affäre des Politikers Ed McCormack, der mit seinem Bruder Teddy um das Senatorenamt konkurrierte, aufgedeckt hatte, fragte McCormack ihn, warum er einen so schmutzigen Wahlkampf führe. »Diese Wahl gewinnt Ihr doch, ohne einen Finger zu rühren. Warum also diese Schlammschlacht?«

Darauf Bobby: »Das tun wir, weil wir es uns leisten können.«

Die erste Prüfung, die der Krisenmanager der Familie nicht bestand, war die Mission »Marilyn Monroe«. Bobby war nach Kalifornien geschickt worden, um die Beziehung der Familie zu ihr abzubrechen, und statt dessen hatte er sich in die Leinwandgöttin verliebt. Sein Fehler war aber nicht, daß er sich in sie verliebt hatte. Sein eigentlicher Fehler war, daß er sie nicht zum Schweigen gebracht hatte.

Kennedy-Anhänger witzelten oft, daß Bobby sich sogar den Arm abhacken würde, wenn die Familie es von ihm verlangte. Wie weit würde er gehen, um Marilyn zum Schweigen zu bringen?

34

Die Schweiger

Am Samstag, dem 4. August, blinzelte ein Wachmann der Fox durch den Morgennebel und sah einen riesigen Hubschrauber der Regierung am Himmel über dem Studiogelände hängen. Eine fluoreszierende orangefarbene Signallampe schwenkend, dirigierte der Wachmann die Piloten zu dem mit hastig aufgestellten Markierungen versehenen Landeplatz. Das Geräusch der Rotoren hallte von den dicken Studiowänden des leeren Filmgeländes wider.

Nachdem der Hubschrauber sicher in der Nähe von Shirley Temples altem Haus aus dem Film *Der kleinste Rebell* gelandet war, stieg der Wachmann schnell in seinen Wagen und fuhr zurück zum Haupttor. Der Hubschrauber hatte kurz nach 11.00 Uhr Landeerlaubnis erhalten, wie im Dienstbuch des Sicherheitsdienstes gewissenhaft vermerkt ist. Eine dunkelgraue Limousine wartete neben der Landebahn, der Chauffeur stand in Hab-acht-Stellung daneben.

Der Presseagent Frank Neill, dessen Büro ganz in der Nähe des Landeplatzes lag, war keineswegs überrascht, als er sah, wie die vertraute Gestalt Bobby Kennedys aus dem Hubschrauber sprang und zu der wartenden Limousine eilte. Neill arbeitete mit dem Justizminister an der Publicity für die Filmversion des Buches *Gangster drängen zur Macht*.

Neill sagte später aus, Kennedy habe irgendwie abwesend gewirkt und sich nervös umgesehen, bevor er auf dem Rücksitz der Limousine Platz genommen habe. Durch die offene Hintertür habe er kurz das gebräunte Gesicht Peter Lawfords gesehen.

Der Presseagent des Filmstudios und zwei verdutzte Wachleute waren die einzigen, die Kennedys Ankunft in Los Angeles an diesem historischen Morgen offiziell bezeugten.

Die Limousine holperte über die Schwellen am Haupttor und raste den Pico Boulevard hinunter in Richtung Santa Monica.

»Bobby zögerte zuerst, stimmte dann aber widerwillig zu, Marilyn zu treffen«, sagte C. David Heymann, Jacqueline Kennedys Biograph. »Er flog nach Los Angeles und nahm von dort aus den Hubschrauber zum Fox-Gelände.«

Marilyn hatte in Brentwood zu seiner Begrüßung schon einen mexikanischen Imbiß vorbereiten lassen – Guacamole, gefüllte Pilze, pikante Fleischbällchen, dazu der schon rituelle Dom Pérignon.

Robert Kennedy hatte sich in den sechs Wochen seit der Geburtstagsparty seines Bruders verändert. Damals war er von Marilyn hingerissen gewesen. In einer Wochenschau der Twentieth Century-Fox ein paar Tage zuvor hatte es geheißen: »Robert Kennedy hat nun Präsidentenformat wie sein Bruder.«

Unter Amerikas Jugend entwickelte er sich zu einer Legende. Viele Teenager, die auch James Dean verehrten, wurden seine Anhänger. Wenn er mit seinem schnittigen blauen Sportwagen durch die Tore des Weißen Hauses fuhr, bettelten junge Mädchen um Autogramme. Die Fanpost seiner Verehrerinnen füllte Körbe. Fremde umringten ihn und schüttelten ihm die Hand.

Vorbei waren auch die Zeiten, als ihn Reporter mit dem Etikett »der Bruder des Präsidenten« versehen hatten. Das Magazin *Esquire* schrieb: »Bobbys Image strahlte inzwischen so hell, daß die Leute Jack zuweilen mit Bobby verwechselten und ihm zu seinem Kampf gegen das organisierte Verbrechen gratulierten.«

Im Juni wurde Bobby zum »Vater des Jahres« gekürt, und damit rückte sein Familienleben ins Scheinwerferlicht der Öffentlichkeit. Die Nachrichtenagenturen brachten Fotos von Ethel, Bobby und den Kindern, wie sie in Hickory Hill im Garten herumtollten. Einem Reporter des *Esquire* wurde gesagt: »Wenn Sie etwas über Bobby schreiben wollen, müssen Sie mit Ethel sprechen. Sie hat an seinem Erfolg mindestens genau so viel Anteil wie er selbst.«

Plötzlich hatte Bobby weit mehr zu verlieren als nur den guten Ruf der Familiendynastie. Seine politische Karriere stand auf dem Spiel.

Auch andere Zeugen bestätigten, daß Bobby sich an jenem 4. August in Los Angeles aufhielt. Der damalige Polizeichef von Los Angeles, William Parker, berichtete dem Bürgermeister Sam Yorty, daß Kennedy am Morgen mit dem Hubschrauber eingetroffen sei.

Der Besuch des Justizministers sollte geheim bleiben, deshalb konnte er nicht wie gewöhnlich auf dem weißen Sand vor der Villa der Lawfords landen. An diesem drückendheißen Samstag tummelten sich am Strand zu beiden Seiten des »Weißen Hauses der Westküste« 50 000 Sonnenanbeter.

Daher erscheint es nur logisch, daß Bobby Kennedy zunächst auf dem Pico Boulevard in Richtung Westen zum Pazifik und dann über den Pacific Coast Highway zum Anwesen der Lawfords chauffiert wurde. Mehrere Nachbarn sahen ihn am frühen Nachmittag. Der Anblick eines Kennedys hatte im Sommer 1962 für die Nachbarn jedoch nichts Aufregendes mehr. Im Gegenteil, die Bewohner der Goldküste von Santa Monica hatten sich an den Kennedys längst satt gesehen.

»Es war eindeutig Bobby«, sagte Ward Wood, der gleich nebenan wohnte. »Er trug eine Khakihose und ein weißes Hemd, das oben offen war.« Nach Woods Angaben kam Kennedy am frühen Nachmittag an.

Auch andere Zeugen bestätigten, daß sich der Justizminister an diesem Nachmittag und zumindest noch einen Teil des Abends in Los Angeles aufhielt. In Interviews, die für dieses Buch geführt wurden, erklärten sowohl der frühere Bürgermeister von Los Angeles Yorty als auch der ehemalige Polizeichef Tom Reddin, der Parkers Nachfolge antrat, sie hätten vertrauliche Polizeiberichte über Bobbys Aufenthalt eingesehen. »Aufgrund dieser Geheimberichte bin ich überzeugt, daß er hier war und daß er sich wahrscheinlich auch mit Marilyn Monroe getroffen hat«, erklärte Reddin. »Eine rätselhafte Geschichte, nicht wahr?«

Louella Parsons, Hearsts Starkolumnistin, war nach Marilyns Tod wochenlang auf Achse und versuchte die Wahrheit herauszufinden. »Bobby war dort«, bestätigte auch ihre Assistentin Dorothy Manners, die später Louella Parsons Kolumne übernahm.

Reddin, dem ungelöste Mordfälle keine Ruhe ließen, verschlang während seiner Tätigkeit als Polizeichef Unmengen von Geheimdokumenten über den Fall Monroe und führte viele Gespräche mit William Parker, dem Polizeichef von Los Angeles zur Zeit von Marilyns Tod. »Geht man von dem Indizienmaterial aus, das ich eingesehen habe«, sagte Reddin, »so hatten Jack und Bobby eine Beziehung zur Monroe, und darüber hinaus war Bobby an ihrem letzten Tag mit einem bestimmten Auftrag hier.«

War es denkbar, daß der Justizminister trotz aller Indizien gar nicht in der Stadt war? Reddin schüttelte den Kopf und sagte: »Polizeichef Parker stand den Kennedys nahe und war mein Freund. Er hätte mich nie belogen.«

Kennedy muß sich vor seiner außergewöhnlichen und gefährlichen Reise nach Los Angeles der Gefahr bewußt geworden sein, die mit einer schroffen Abweisung Marilyns verbunden war. Daher unternahm er mehrere Versuche, sie am Telefon zu beschwichtigen.

Aber mit einem Telefongespräch ließ sich nichts machen. Wie Kennedy hatte sich auch Marilyn seit der Gala sehr verändert. Die Fox hatte inzwischen eingesehen, daß Marilyn nicht zu ersetzen war, und verhandelte mit ihr über die Bedingungen ihrer Rückkehr. Das verlieh ihr ein neues Gefühl von Macht.

Tags zuvor, am Freitag morgen, hatte der Broadway-Komponist Jule Styne von New York aus angerufen und ihr eine Hauptrolle in einer Musical-Version von *A Tree Grows in Brooklyn* angeboten. Allein wegen ihres Namens hatten Geldgeber schon eine Million Dollar bereitgestellt. Außerdem lag aus Italien ein sehr schmeichelhaftes Filmangebot über 11 Millionen Dollar vor: Die führenden Köpfe der italienischen Filmindustrie gestanden ihr das Recht zu, Drehbücher, Regisseure und Darsteller selbst auszusuchen.

Selbst ihre Anfälle von Schlaflosigkeit hatten nachgelassen. Doch auch diese vielversprechende Entwicklung änderte nichts am normalen Gang der Dinge in Marilyns Haus in Brentwood, in dem es »mucksmäuschenstill« sein mußte und alle Aktivitäten dem unregelmäßigen Schlafrhythmus der Besitzerin angepaßt wurden.

Marilyn war wieder einmal seit Stunden wach, als Eunice Murray und Pat Newcomb, die im Hause übernachtet hatten, gegen 9.00 Uhr aufstanden. Marilyn lehnte im Frotteemantel an der Wand in der Küche und fing mit Pat Newcomb einen Streit an, noch ehe die Presseagentin ein Wort zu ihr gesagt hatte.

»Ich hatte die ganze Nacht geschlafen, und Marilyn nicht. Während ich hinter der geschlossenen Tür lag und schlief, wanderte Marilyn durchs Haus«, sagte Pat Newcomb. »Als ich dann ausgeruht aus dem Schlafzimmer kam, wurde sie böse.«

Die beiden Kontrahentinnen, von denen Eunice Murray sagte, sie hingen aneinander wie zwei Teenager, hatten sich gerade wieder vertragen, als Marilyn zwei Telefonanrufe erhielt. Gegen 11.00 Uhr stritten sie sich erneut – anscheinend wegen dieser Anrufe.

»Marilyn hatte an diesem Morgen telefoniert«, sagte Newcomb. »Als ich sie später sah, war sie sehr wütend.«

Die Anrufe kamen zweifelsohne von Lawford und Bobby Kennedy, und zwar in dieser Reihenfolge. Kennedy sträubte sich immer noch heftig gegen eine Reise nach Los Angeles.

Ralph Greenson sagte nach Marilyns Tod vor dem Selbstmordverhütungsteam aus: »Sie hatte in letzter Zeit sexuelle Beziehungen mit äußerst wichtigen Männern in der Regierung, Männern an der Spitze. Sie war unglücklich, weil sie wieder einmal einen Samstag abend alleine verbringen mußte.«

»Marilyn wollte sich an diesem Abend mit einem dieser Männer treffen«, sagte Norman Tabachnick, einer der Männer, die den Selbstmord untersuchten. »Aber dann wurde das Treffen abgesagt.«

Marilyn war an diesem Samstag morgen wütend, unausgeschlafen und rachsüchtig. Sie war keine Frau, mit der man sein Spiel treiben konnte.

Sie sprach kurz mit dem Fotografen Larry Schiller über eine Fotoserie im *Playboy,* machte für Montag morgen mit Jean Louis einen Anprobetermin aus und verabredete sich für Montag nachmittag mit

Gene Kelly, um über den geplanten Film *What a Way to Go* zu sprechen. Außerdem machte sie Pläne für eine zehntägige Reise nach New York. Da sie die ganze Nacht nicht geschlafen hatte, war sie den ganzen Tag über wie in Trance.

Eine Reihe von Telefonanrufen am Freitag abend und frühen Samstag morgen hatten sie nicht schlafen lassen. Der erste Anruf kam am Freitag gegen 23.00 Uhr. Marilyn nahm verschlafen den Hörer ab.

Eine weibliche Stimme kreischte ins Telefon: »Laß Bobby in Ruhe, du Flittchen. Laß die Finger von Bobby.« Dann legte die Frau auf.

Ein zweiter Anruf kam gegen 0.45 Uhr. Wieder war dieselbe Frau am Apparat. »Wenn du Bobby noch einmal triffst, wird es dir leid tun!« drohte die Stimme. Die Anfrufe gingen mit Unterbrechungen bis 5.30 Uhr weiter.

»Ich glaube nicht, daß es Ethel Kennedy war«, erklärte Marilyn ihrer Freundin Jeanne Carmen. »Aber ich glaube, sie steckt dahinter.«

Marilyn war nach diesen Telefonanrufen außer sich vor Wut.

»Sie konnte sich in eine furchtbare Wut hineinsteigern, wenn sie sich in die Ecke getrieben fühlte«, sagte Slatzer. »Marilyn war nicht oft wütend, aber wenn sie es einmal war, dann mußte man auf alles gefaßt sein.«

Aber hinter den Ereignissen an diesem schwülen Nachmittag im Haus Helena Drive Nummer 5 steckte mehr als nur Wut oder Zorn.

Der letzte Nachmittag im Leben Marilyn Monroes läßt sich nur anhand von flüchtigen Beobachtungen, Gesprächsfragmenten und unzuverlässigen Zeugenaussagen sowie anhand der Ergebnisse einer stümperhaften polizeilichen Untersuchung rekonstruieren.

Nach allem, was wir wissen, scheint jedenfalls gesichert, daß Bobby Kennedy entweder allein oder in Begleitung seines Schwagers, Peter Lawford, zu Marilyn fuhr, um den drohenden Skandal abzuwenden, der Hyannis Port aufgeschreckt hatte.*

»Bobby und Lawford merkten sofort, daß Marilyn schon etliche Gläser Champagner intus hatte, als sie ankamen«, berichtete der Biograph Jacqueline Kennedys, C. David Heymann. »Lawford goß sich auch ein Glas ein und ging zum Swimmingpool hinüber, damit Bobby [und Marilyn] miteinander reden konnten. Schon nach wenigen Mi-

* Offensichtlich um sich zu schützen, legte Bobby dem FBI einen umfassenden Bericht über sein Wochenende vor. Und er traf sich bereitwillig mit FBI-Agenten und schilderte ihnen bis in alle Einzelheiten sein Wochenende auf der Ranch von Rechtsanwalt John Bates. Das FBI verhörte auch Bates und Bobbys Mitarbeiter, Ed Guthman. Was diesen Bericht besonders verdächtig macht, ist die Tatsache, daß er überhaupt nicht zensiert ist. Er ist praktisch das einzige unzensierte Dokument in der umfangreichen Akte des FBI über Bobby Kennedy.

nuten hörte er die beiden schreien. Bobby sagte, er werde mit Peter zurückfahren, und Marilyn schrie, er habe ihr versprochen, den Nachmittag mit ihr zu verbringen.«

Wahrscheinlich liegen Tonbänder von diesem Besuch noch irgendwo in den Tresoren von CIA oder FBI. Es heißt, J. Edgar Hoover habe sich für seine privaten Geheimakten Kopien gezogen und diese regelmäßig angehört.

Was würden uns diese Bänder sagen, wenn wir sie anhören dürften?

Der in Hollywood tätige Privatdetektiv Fred Otash und der Schriftsteller Ray Strait behaupten, sie hätten diese Bänder gehört. Nach ihren Angaben ist auf den Bändern ein langer Streit zwischen Marilyn und Bobby Kennedy zu hören, bei dem sich die beiden von einem Zimmer zum anderen bewegten und immer neue Themen anschnitten. »Ich komme mir ausgenutzt vor«, soll Marilyn an einem Punkt geschrien haben.

Ein Informant aus Regierungskreisen erzählte den Reportern der Fernsehanstalt ABC, die für die Sendung *20/20* recherchierten, Marilyn habe Kennedy vorgehalten, er »habe ihr versprochen, sie zu heiraten«.

Fred Otash, der angeblich von der Mafia beauftragt war, Marilyns Haus abzuhören, um Beweismaterial zu sammeln, das dann gegen die Kennedys verwendet werden konnte, erklärte lakonisch: »Die Unterhaltung war ziemlich hitzig. Marilyn und Bobby hatten einen heftigen Streit, und sie sagte zu ihm: ›Ich habe das Gefühl, ich wurde ausgenutzt und dann weitergereicht.‹«

»Schließlich warf Marilyn den Justizminister hinaus«, erklärte Otash.

Später zeichneten die Bänder vermutlich noch ein Telefongespräch zwischen Marilyn und dem Justizminister auf, der zu diesem Zeitpunkt wieder im Haus der Lawfords weilte. Laut Otash schrie Marilyn: »Scher dich zum Teufel! Laß mich in Ruhe!«

Bei den Aufnahmen zu einem Bericht über Marilyns Tod für die Sendung *20/20*, den ABC jedoch niemals ausstrahlte, kam es zu folgendem Dialog.

20/20: Bestätigten diese Tonbandaufnahmen, daß Bobby Kennedy mit Marilyn Monroe eine Affäre hatte?

Otash: Selbstverständlich.

20/20: Liefen die Bänder auch, als sie starb?

Otash: Selbstverständlich.

Offensichtlich war Otash entschlossen, Informationen über jenen Teil der Bandaufzeichnungen, der den Tod der Schauspielerin betraf, zurückzuhalten.

Ein Informant aus dem Bereich des organisierten Verbrechens sagte aus, daß entweder Kennedy selbst oder Agenten des Secret Service die Wanzen in Marilyns Haus bereits entdeckt und entfernt hätten.

Lawfords Biograph, James Spada, sagte, Kennedy habe während seines Streits mit Marilyn im Haus fieberhaft nach Abhörgeräten gesucht.

Nach Bobbys Besuch war Marilyn so niedergeschlagen, daß sie Ralph Greenson zu einer 90minütigen Sitzung zu sich bestellte, bei der er ihr möglicherweise eine Injektion verabreichte, ähnlich der, die sie am Freitag nachmittag von Engleberg bekam. Greenson verließ das Haus gegen 17.30 Uhr und ließ Marilyn in der Obhut von Eunice Murray. Marilyn telefonierte mit Joe DiMaggio jr., Sidney Guilaroff und Jeanne Carmen. Alle drei fanden sie weder deprimiert, noch hatten sie den Eindruck, daß sie unter Drogen stand.

Aber die schönste Frau der Welt war an einem Samstag abend allein zu Hause.*

Bei einem Tonbandinterview mit Robert Slatzer sagte Marilyns Nachbarin Elizabeth Pollard, der Justizminister und ein anderer gut gekleideter Mann hätten irgendwann am späten Nachmittag das Haus betreten. Frauen, die gerade Karten spielten, beobachteten die Männer aus einem Fenster im oberen Stock, und eine zeigte auf Bobby und meinte: »Schaut, Mädchen, da ist er wieder.«

Oder doch nicht?

* Viele Leute sind der Meinung, Bobby Kennedy sei kurz vor Einbruch der Dunkelheit, und diesmal in Begleitung eines Arztes, zurückgekommen, um Marilyn zu beruhigen.

35

Schmutziges Geschäft

Arthur Jacobs lehnte sich in seinem Sessel zurück und schaute hinauf zu der Mondsichel, die am Himmel über der Hollywood Bowl hing. Er trank mit seiner Verlobten, der Schauspielerin Natalie Trundy, eine Flasche Champagner und lauschte der Musik.

Henry Mancini hielt den Taktstock in der Hand und dirigierte das Orchester, das ein Medley seiner bekanntesten Filmmelodien spielte. Chinesische Lampions hangelten sich die Hügel hinauf wie riesige Leuchtkäfer. Es war ein herrlicher Abend.

Dann sah Jacobs einen livrierten Pagen die Stufen zu ihnen heraufkommen. Der Junge beugte sich zu dem tadellos gekleideten Public-Relations-Mann herunter.

»Mr. Jacobs«, erklärte er, »ein dringender Anruf für Sie. Gleich hinter der Bühne. Es sei sehr dringend.«

Jacobs sprang auf, küßte seine Verlobte und folgte dem Pagen, der ihm mit einer Taschenlampe leuchtete. Der Junge führte ihn zu den Garderoben hinter dem Orchestergraben. Jacobs bekam weiche Knie, als er die Nachricht des unbekannten Anrufers – höchstwahrscheinlich ein Werbemanager der Fox – entgegennahm.

Dann hastete er die Treppen hinauf zu seiner Verlobten und flüsterte ihr zu: »Etwas Schreckliches ist passiert. Marilyn ist tot! Kann sein, daß ich länger weg sein werde. Ich rufe dich so bald wie möglich an.« Es war kurz nach 22.30 Uhr, Samstag, der 4. August.

Am anderen Ende der Stadt, neun Kilometer entfernt, stand die Terrassentür der Lawford-Villa weit offen, und Licht ergoß sich hinaus auf den Strand. Es war eine heiße, ruhige Nacht, und die Bewohner in der Millionärskolonie an der Goldküste von Santa Monica hatten ihre Fenster geöffnet.

Die meisten Bewohner hörten den sirrenden Motor des blauen Hubschraubers und sahen die Sandwolke, die er aufwirbelte. Ein athletischer junger Mann mit zerzaustem Haar und hochgekrempelten Ärmeln sprang in den Hubschrauber, der daraufhin in Richtung des knapp acht Kilometer entfernten internationalen Flughafens von Los Angeles davonflog.

Im Westen von Los Angeles saß der Presseagent von Twentieth Century-Fox, Frank Neill, gerade vor dem Fernseher, als das Telefon läutete. Er nahm den Hörer und hörte ein paar Minuten schweigend zu. Dann zog er einen schwarzen Anzug an und fuhr nach Brentwood.

Im Geschäftsviertel von Santa Monica drangen zwei FBI-Agenten und zwei Detektive der Polizei von Los Angeles in die Hauptstelle von General Telephone ein und verlangten den Angestellten zu sprechen, der die Aufsicht führte. Nach wenigen Minuten verschwanden die »Männer in den dunklen Anzügen«, wie sie der Angestellte später der Gerichtsreporterin Florabel Muir beschrieb, in einem Wagen mit einem Nummernschild der Bundesregierung. Sie nahmen einen versiegelten Umschlag mit, der Listen aller Ferngespräche enthielt, die an den beiden Apparaten in Marilyns Haus geführt worden waren. Mit den Listen verschwanden die einzigen Unterlagen über Marilyns Telefongespräche in den letzten sechs Wochen.

Irgendwann während dieser außergewöhnlichen Ereignisse erhielt Peter Levathes einen panischen Anruf von seinem Presseagenten Frank Neill. Neill bat ihn, ein paar Wachmänner des Studios zum Haus am Helena Drive 5 zu schicken.

Daß auch Arthur Jacobs informiert wurde, war vielleicht das düsterste Anzeichen dafür, daß Marilyn zu diesem Zeitpunkt in einem ernsten Zustand oder sogar schon tot war. Jacobs' mächtige Agentur war von Marilyn und der Fox beauftragt worden, die Wiederaufnahme der Dreharbeiten zu *Something's Got to Give* publik zu machen.

Knapp eine halbe Stunde später wurde der Polizeichef von Los Angeles, William Parker, durch einen Anruf aus der Telefonzentrale der Polizei in der Innenstadt aus dem Bett geschreckt. Parker verständigte daraufhin die Mitarbeiter seiner neuen Abteilung Aufklärung und bestellte sie zu einer Besprechung um 7.00 Uhr am nächsten Morgen.

All das geschah am Samstag abend vor 23.30 Uhr. Danach passierte fünf Stunden lang nichts mehr.

Kurz vor Mitternacht lag eine unerträgliche Hitze über Los Angeles. Über dem Pazifik regte sich kein Lüftchen, und die heißen Wüstenwinde drückten ungehindert in das Becken von Los Angeles. In Brentwood ging normalerweise immer eine leichte Brise, die geräuschvoll durch die Baumwipfel strich. Doch an diesem Abend war alles so ruhig, daß Hundegebell durch die geöffneten Fenster in die Wohnungen der Menschen drang. Kaum ein Auto war unterwegs. »Es war so ruhig und still, daß man eine Gänsehaut bekam«, erinnerte sich Eunice Murray später.

Um Mitternacht herrschte auf dem kleinen Helena Drive ein allgemeines Kommen und Gehen. Autos mit ausgeschalteten Scheinwerfern fuhren langsam vor Marilyns Haus vor. Die Leute, die durch das weiße Gartentor verschwanden und dann wieder herauskamen, gingen sehr leise und unterhielten sich nur flüsternd.

So vergingen drei Stunden. In dieser Zeit brachen unbekannte Agenten und Werbeleute Marilyns Aktenschränke auf und trugen sämtliche Schriftstücke, die irgend etwas mit der Fox zu tun hatten, davon. Drei Schubladen eines Aktenschrankes, die am Samstag noch voll gewesen waren, waren am Sonntag morgen leer. Hazel Washington sah später, wie einige dieser Briefe verbrannt wurden.

Keiner der vielen Nachbarn hörte auch nur einen Laut.

Fünf Stunden, nachdem Arthur Jacobs aus der Hollywood Bowl gerufen worden war, wurde aus dem Haus am Helena Drive 5 zum ersten Mal wieder telefoniert.

Sergeant Jack Clemmons verrichtete in dieser Nacht in West Los Angeles seinen Dienst. Sein Polizeirevier war kaum fünf Kilometer von Marilyns Haus entfernt. Es war eine ruhige Nacht, und Clemmons hatte die Füße auf den Schreibtisch gelegt. Um 4.25 Uhr klingelte das Telefon. »West Los Angeles, Sergeant Clemmons«, meldete er sich.

Der Mann am anderen Ende der Leitung war zuerst so aufgeregt, daß Clemmons kein Wort verstand. Er sprach sehr schnell und mit leichtem europäischem Akzent.

»Beruhigen Sie sich doch«, sagte der Sergeant.

»Marilyn Monroe ist tot«, wiederholte der Anrufer. »Sie hat soeben Selbstmord begangen.«

Mit einem Schlag war Clemmons hellwach. »Wer spricht da?«

»Ich bin Dr. Ralph Greenson, Miss Monroes Psychiater.«

»Geben Sie mir die Adresse«, sagte Clemmons. »Ich bin sofort bei Ihnen.«

Clemmons überlegte fieberhaft. Wenn dieser Anruf keine Finte war, dann erwartete ihn eine Menge Arbeit. Wenn nicht, dann bekam jemand ziemlichen Ärger.

Surfer mit holzverkleideten Kombis und aufgemotzten Coupés flitzten bereits durch die Nacht in Richtung Meer. Sie fegten an Clemmons Streifenwagen vorbei, und aus ihren Radios dröhnten Lieder der Beach Boys. Es versprach ein herrlicher Tag zu werden, und die sandige Küste bei Malibu würde schon bald von Menschen nur so wimmeln.

Sergeant Clemmons fuhr den San Vicente Boulevard hinunter, folgte dann dem Carmelita Drive und bog schließlich in die kleine Sackgasse ein, den Helena Drive.

Clemmons sah mit Erstaunen, daß in der kleinen Privatstraße kein einziges Autos geparkt war. In Marilyns Haus brannte kein Licht. Die Veranda und die Garage waren dunkel, und selbst die Beleuchtung des Swimmingpools war ausgeschaltet.

Clemmons stellte den Streifenwagen in der Auffahrt ab.

Er klopfte leise an die Tür und musterte das bescheidene Haus, das ihm irgendwie unpassend vorkam für einen Star wie Marilyn Monroe. Er klopfte erneut. Er hörte ein Rascheln von drinnen, dann Getuschel. Eine gute Minute später öffnete Eunice Murray die Tür. Sie war sichtlich mitgenommen. Während er ihr durchs Wohnzimmer und den Gang folgte, wurde ihm klar, daß die Haushälterin nicht einfach nur nervös war. Sie hatte Angst.

»Ich hatte von Anfang an den Eindruck, daß sie nicht ehrlich war«, erinnerte sich Clemmons noch Jahre später. »Ich konnte nicht genau sagen, was es war – zumindest nicht am Anfang.«

Sie führte Clemmons ins Schlafzimmer und zeigte auf Marilyns Bett.

»Sie lag mit dem Gesicht nach unten in der Soldatenposition, wie ich es immer nenne. Ihr Gesicht war ins Kissen gedrückt; ihre Hände lagen neben dem Körper, und ihre Beine waren völlig ausgestreckt.«

Clemmons dachte bei sich: »Jemand muß sie so hingelegt haben. So stirbt man nicht.«

Er wandte sich an die beiden Ärzte, die draußen auf dem Gang standen, und fragte: »Wurde die Leiche bewegt?«

Beide schüttelten den Kopf.

Der Polizist betrachtete sich die beiden Männer – der größere, distinguierte war Hyman Engleberg, und der kleine, dynamische Ralph Greenson. »Lügner, alle beide«, dachte er. Marilyn war nie und nimmer in dieser Position gestorben.

Sie hatten ihr das Laken über den Kopf gezogen, so daß nur noch ein strohweißes Büschel Haare zu sehen war.

»Sie hat Selbstmord begangen«, meinte Greenson und zeigte auf den Nachttisch, der von Medizinfläschchen und Tablettenröhrchen überquoll – eine regelrechte Apotheke.

»Haben Sie versucht, sie wiederzubeleben?« fragte Clemmons.

»Nein, dazu war es zu spät. Wir kamen zu spät«, sagte Greenson.

»Die Szene wirkte äußerst plump gestellt«, sagte Clemmons. »Die Pillenfläschchen standen schön in Reih und Glied, und die Leiche war absichtlich so hingelegt worden. Es war einfach zu ordentlich.«

Der Sergeant stand in Marilyns Schlafzimmer und sah Ralph Greenson lange und eindringlich an. »Haben Sie eine Ahnung, wann sie die Tabletten genommen hat?«

»Nein«, entgegnete Greenson.

»Greensons Benehmen gefiel mir ganz und gar nicht«, erinnerte sich Clemmons. »Er war großspurig und forderte es geradezu heraus, daß ich ihn verdächtigte.«

Als Sergeant Clemmons Eunice Murray befragen wollte, bemerkte er, daß sie verschwunden war. Er suchte sie überall und fand sie schließlich in einem Raum hinter der Küche. Die Waschmaschine und der Trockner liefen. Sie hatte bereits eine Waschmaschine voll gewaschen und war bei der zweiten. Und ein Stapel Bettwäsche lag zusammengelegt auf einem Schränkchen. Er konnte sich also ausrechnen, daß sie bereits seit Stunden mit Waschen beschäftigt war.

Er vernahm sie, während sie neben der Waschmaschine stand und Handtücher zusammenlegte. »Wann haben Sie sie entdeckt?« fragte er.

»Kurz nach Mitternacht«, antwortete sie zögernd und fügte von sich aus hinzu, daß Greenson seit 0.30 Uhr im Hause sei.

Clemmons ging zurück ins Schlafzimmer zu Greenson. »Ich fragte Dr. Greenson, warum er uns erst nach drei Stunden benachrichtigt hatte.«

Greenson entgegnete trotzig: »Wir mußten zuerst die Publicity-Abteilung um Erlaubnis fragen, bevor wir jemanden benachrichtigen konnten.«

»Welche Publicity-Abteilung?« fragte Clemmons.

»Die von der Twentieth Century-Fox. Miss Monroe dreht mit denen im Moment einen Film«, antwortete der Psychoanalytiker. Er hätte es auch anders ausdrücken können. Er hatte nämlich nicht nur die Publicity-Abteilung des Studios benachrichtigt, sondern auch so lange gewartet, bis sie mit ihrer Arbeit fertig war, und dann erst die Polizei gerufen.

Die mächtige Hand von Twentieth Century-Fox war überall. Ein Stapel von Studiopapieren war von Marilyns Kaffeetisch verschwunden. Die Notizen, die Pat Newcomb von Marilyns Treffen mit Levathes gemacht hatte, fehlten, ebenso alle Unterlagen aus dem persönlichen Aktenschrank der Schauspielerin. Eunice Murray bemerkte später, daß Briefe, Zettel und sogar Telefonnotizen wie vom Erdboden verschluckt waren.

Aber die Mitarbeiter des Studios waren nur ein kleiner Teil der schemenhaften Figuren, die an diesem Abend durch das Haus huschten.

Noch heute, 30 Jahre später, gerät Clemmons in Zorn, wenn er an die Ereignisse von damals denkt. Und noch heute steht er zu der Erklärung, die er an jenem Sonntag morgen vor der Presse abgab. »Marilyn Monroe hat nicht Selbstmord begangen. Sie wurde ermordet.«

Der Kolumnist James Bacon, der erste Reporter, der am Tatort war, beklagte sich später, daß »keiner von uns weiß, was in der Zeit zwischen ihrer Entdeckung und der Benachrichtigung des Krankenwagens passierte. Und weil wir das nicht wissen, glaube ich nicht, daß wir jemals erfahren werden, wie Marilyn Monroe wirklich starb.«

36

Der Morgen danach

Es war ein herrlicher Sonnenaufgang über dem weißen Sandstrand von Santa Monica an diesem 5. August. Seit 6.00 Uhr morgens sendete eine Top-40-Radiostation live vom Strand, und aus einem Kiosk rund 500 Meter vom Haus der Lawfords entfernt dröhnte lauter Rock 'n' Roll. Die frühen Strandbesucher gingen mit Bobby Darin, Elvis Presley und Del Shannon in den neuen Tag.

Teenager aus Bel Air, Westwood und Beverly Hills hatten sich bereits an den üblichen Treffpunkten niedergelassen, und knallbunte Sonnenschirme und unzählige Liegestühle verteilten sich über die Dünen.

Plötzlich unterbrach der mit Tennisshorts und Hawaiihemd bekleidete Diskjockey die Musik und spielte das sanfte, altmodische Lied, das Ray Antony 1953 zu Ehren von Marilyn Monroe gesungen hatte.

Nach ein paar Sekunden Stille verkündete der Diskjockey: »Marilyn Monroe hat sich im Alter von 36 Jahren das Leben genommen. Wir klammern uns an jeden Strohhalm, als könnte das Wissen darum, wie sie starb, sie wieder zurückbringen. Seit Jean Harlow hat nie wieder eine Frau die weibliche Schönheit in solchem Maße verkörpert wie sie. Marilyn Monroe ist mit 36 Jahren gestorben.«

Das Volleyballspiel wurde für eine Weile unterbrochen. Einige Surferinnen bekamen feuchte Augen. Viele hatten sich die Haare so gebleicht wie die Filmschauspielerin und auch ihr Make-up kopiert.

Zum erstenmal seit der Feuersbrunst in Bel Air 1961 brachten der *Los Angeles Herald* und die *Los Angeles Times* Sonderausgaben heraus und belieferten damit eilends die Zeitungskioske. Die Strandvagabunden legten ihr Kleingeld zusammen und leisteten sich ein Extrablatt.

Die Schlagzeile auf der Titelseite der *Los Angeles Times* war schwarz umrahmt und lautete schlicht: »MARILYN TOT«. Nur diese beiden Worte in riesigen Lettern.

Die Reichen in den Luxusvillen waren schockiert. Während der Kennedy-Jahre war Marilyn Monroe an der Goldküste zu einer Art festen Einrichtung geworden, so daß die Leute völlig fassungslos waren. Alle Augen richteten sich auf die Villa der Lawfords. Doch die Vorhänge waren noch zugezogen. Und, für diese Jahreszeit ungewöhnlich, selbst die Jalousien vor den riesigen Panoramafenstern waren heruntergelassen.

Im Innern der Villa hatte Peter Lawford bereits einige Bloody Marys intus und war halb betrunken, als er sich seinen Freunden, seiner Familie und seinem schlechten Gewissen stellte.

Die erste, die telefonisch zu ihm durchkam, war seine Mutter Lady May Lawford, die berüchtigte »Lady L«, eine der führenden Persönlichkeiten innerhalb der britischen Kolonie in Los Angeles. Sie hatte gerade ein längeres Gespräch mit einem Nachbarn ihres Sohnes geführt. »Ich wußte bereits, daß ein dunkler Hubschrauber, wie ihn die Kennedy-Brüder damals benutzten, am Strand gelandet war«, sagte sie in einem Interview. »Und ich wußte, daß die Nachbarn gesehen hatten, wie Bobby am Samstag dort ein und aus ging.«

»Warum zum Teufel bist du denn nicht zu Marilyn hinübergefahren, als sie bei dir angerufen hat?« fragte sie ihren Sohn – sie hatte in den Nachrichten gehört, daß ihr Sohn als letzter mit Marilyn gesprochen hatte.

»Ich habe ihren Anwalt benachrichtigt«, entschuldigte sich Lawford.

»Wie konntest du nur so gefühllos sein, wo doch das Leben des Mädchens auf dem Spiel stand?« fuhr Lady Lawford fort. Während er noch nach einer Rechtfertigung für sein Verhalten suchte, legte sie einfach auf.

»Ich fand, daß Peter schrecklich gemein zu Marilyn war«, erinnerte sich Lady Lawford vor ihrem Tod Ende der achtziger Jahre. »Schließlich hatte sie ihn an dem Abend, an dem sie starb, noch angerufen und sich von allen im Strandhaus verabschiedet. Als ich ihn Samstag nacht anrief, hörte ich den schrecklichen Bostoner Akzent Bobby Kennedys. Aber das war nichts Außergewöhnliches, denn Bobby ging ja den ganzen Sommer über dort ein und aus.«

Wenig später rief ein verzweifelter Rupert Allan an. Auch er verlangte eine Erklärung. »Lawford war völlig außer sich, wie von Sinnen«, erinnerte sich Allan. »Zuerst redete er nur wirres Zeug, schluchzte dauernd und konnte kaum sprechen.«

Schließlich brüllte Allan ihn wütend an: »Verdammt noch mal, was ist letzte Nacht passiert? Warst du wirklich der letzte, der mit ihr gesprochen hat?«

»Ich glaube«, meinte Lawford und schluchzte auf.

»Was war denn los? Kannst du mir das erklären?« forderte Allan.

Der ansonsten sehr eloquente englische Schauspieler erzählte Allan dieselbe Geschichte, die er im Lauf der Jahre immer wieder zum besten geben sollte. Seine Version blieb im wesentlichen unverändert, auch noch 1982, als er vier Wochen vor seinem Tod der *Los Angeles Times* eine tränenreiche Schilderung gab.

Sie lautet ungefähr folgendermaßen:

Am frühen Samstag nachmittag lud Lawford Marilyn zu einer Grillparty im kleinen Kreis ein. Man wollte sich gegen 8.00 Uhr auf der überdachten Veranda der Strandvilla treffen. Der Star zeigte Interesse und war einverstanden, daß Joseph Naar und seine Frau sie zu Hause abholen sollten.

Später, so Lawford, habe er noch einmal bei Marilyn angerufen, aber sie sei schlecht gelaunt gewesen und habe erklärt, daß sie zu Hause bleiben werde. »Ich hörte ihr an, daß sie depressiv war. Außerdem sprach sie undeutlich.«

Dann, gegen 8.00 Uhr, als die meisten Gäste bereits eingetroffen waren, meldete sich Marilyn noch einmal. »Sie erklärte ihm, sie sei am Ende«, erinnerte sich der stellvertretende Bezirksstaatsanwalt von Los Angeles Mike Carrol, der Lawford beim Wiederaufnahmeverfahren 1982 vernahm.

Außerdem gab Lawford zu Protokoll, daß Marilyn zu ihm gesagt habe: »Sag Pat Lebewohl, sag dem Präsidenten Lebewohl, und sag dir Lebewohl, du bist nämlich ein netter Kerl.«

Lawford rief seinen Agenten, Milt Ebbins, an. Doch Ebbins riet ihm davon ab, zu Marilyn hinüberzufahren. »Du kannst nicht zu ihr gehen, du bist der Schwager des Präsidenten.«

Ebbins rief daraufhin Milton Rudin an, der sich wiederum mit Eunice Murray in Verbindung setzte. Angeblich versicherte ihm die Haushälterin, daß alles in Ordnung sei.

Und damit, so Lawford, sei die Sache für ihn erledigt gewesen.

Allan wußte, daß Lawford log. »Marilyn hätte in einer Notsituation nie und nimmer Peter Lawford angerufen«, erklärte er. »Sie haßte ihn. Sie war nur mit Pat Kennedy Lawford befreundet, und die war in Hyannis Port, wie Marilyn wußte.«

Fast 30 Jahre später schüttelte Allan traurig den Kopf. »Marilyn hätte Peter Lawford nur angerufen, wenn sie nach Bobby Kennedy gesucht hätte.«

Für den Werbeagenten Allan klang Lawfords Geschichte so, als habe sie ein Public-Relations-Fachmann für ihn geschrieben. Sie klang eher nach einem Alibi als nach einem Tatsachenbericht.

Während Rundfunk und Fernsehen ständig neue Meldungen über Marilyns Tod brachten und die Neuigkeit bereits von Mund zu Mund ging, gab es für den engeren Freundeskreis um Marilyn an diesem herrlichen Sommertag ein böses Erwachen.

Die ersten Strahlen der Morgensonne drangen soeben in Whitey Snyders Apartment in Malibu, als sein Telefon klingelte.

»Bist du wach, Dad?« fragte Snyders Sohn.

»Jetzt schon«, entgegnete er bissig.

»Hast du es schon gehört?« fragte sein Sohn.

Snyder richtete sich im Bett auf. Er wußte instinktiv, was sein Sohn sagen würde. »Marilyn ist tot, nicht wahr?« fragte er.

Sein Sohn antwortete: »Es tut mir leid, Daddy. Es tut mir wirklich leid.«

Snyder sprang aus dem Bett und zog sich an. Er wollte nicht glauben, daß seine Freundin tot war. Er rannte zu seinem Auto und fuhr den Pacific Coast Highway entlang, an der Villa der Lawfords vorüber und die Anhöhe hinauf.

»Ich konnte es einfach nicht glauben«, erinnerte er sich. »Ich wollte es mit eigenen Augen sehen. Ich mußte es ganz genau wissen.«

Snyder bog in den Helena Drive 5 ein. Ein Chaos empfing ihn: überall Fernsehübertragungswagen, Streifenwagen der Polizei und Trauben von Paparazzi, die sich ohne jede Rücksicht um das Haus drängten. Einige sprachen sogar französisch und italienisch.

Gerade erst hatte Pat Newcomb die Beherrschung verloren und die Sensationsfotografen angeschrien: »Knipst ruhig weiter, ihr Blutsauger! Ihr Aasgeier! Könnt ihr sie nicht mal in Ruhe sterben lassen?«

Marilyns geliebter Maskenbildner konnte ihr nur zustimmen. »Dreckskerle!« dachte er und bahnte sich mit seinem Volkswagen einen Weg durch das Getümmel. Er versuchte, das Tor zu passieren, durch das er so oft gefahren war. »Tut mir leid, mein Freund«, sagte ein Polizist mit strengem Blick.

»Aber ich bin Marilyns Maskenbildner«, protestierte Snyder. »Ich muß hinein.«

Der Polizist winkte ihn durch.

»Ich weiß nicht, was ich dachte«, erinnerte sich Snyder. »Marilyn war nicht einmal mehr im Haus. Ich schätze, ich wollte mit eigenen Augen sehen, daß es wirklich stimmte.«

Snyder hörte im Autoradio eine UPI-Meldung, wonach Marilyn Selbstmord begangen habe. »Monroe starb an einer selbstverabreichten Überdosis an Barbituraten«, hieß es in der Meldung.

»Niemals«, dachte Snyder. »Das kann einfach nicht stimmen.«

Er mußte an die Außenaufnahmen von *Fluß ohne Wiederkehr* denken, die bereits zehn Jahre zurücklagen. »[Marilyn und ich] saßen damals in einer Lokomotive mit schmaler Spurweite, irgendwo draußen in der kanadischen Pampa«, erinnerte sich Snyder. »Sie war völlig durcheinander wegen DiMaggio. Joe wollte sie aus dem erniedrigenden und entwürdigenden Leben in Hollywood herausholen. Er wollte ihr zu einem Familienleben verhelfen: Werte, Sicherheit, ein eigenes Haus.

Aber Marilyn hatte Angst davor, ihre Karriere aufzugeben – obwohl sie so viel Ärger mit sich brachte.«

»Ich würde gern aus diesem Zug aussteigen und einfach verschwinden«, sagte sie, »für immer und ewig.«

Snyder zeigte auf die schneebedeckten Berge in der Ferne und sagte: »Marilyn, warum gehst du nicht mit Joe hinauf in die Berge, schaffst dir ein gemütliches Zuhause, setzt ein paar Kinder in die Welt und bleibst dort für den Rest eures Lebens? Honey, du weißt doch, daß Joe das Filmgeschäft genausowenig leiden kann.«

Die Schauspielerin hängte sich bei Snyder ein und sagte mit Tränen in den Augen: »Ich weiß. Ich weiß, was du meinst, Whitey, und ich weiß auch, daß du recht hast. Aber ich kann einfach nicht. Ich kann nicht vor dem Ruhm davonlaufen.«

Snyder wischte die alten Erinnerungen beiseite und fuhr nach Hause, um sich für das zu wappnen, was ihn erwartete. Er hatte eine große Schuld zurückzuzahlen – eine bittersüße Schuld, die seine ganze Kraft in Anspruch nehmen würde. Zu Beginn von Marilyns Karriere, kurz nachdem sie ein Superstar geworden war, hatte sie dem Studio gegenüber darauf bestanden, daß Snyder befördert und ihr als persönlicher Maskenbildner zugeteilt wurde. Außerdem sorgte sie dafür, daß er bevorzugt behandelt wurde. Und sie machte ihn bei allen Produktionen für andere Filmgesellschaften zu ihrem Berater. Einmal hatte er sie gefragt, wie er ihr für all das danken könne.

»Whitey«, hatte sie damals gesagt und ihm in die Augen gesehen. »Wenn ich einmal tot bin, dann möchte ich, daß niemand anderes mein Gesicht berührt. Ich möchte, daß du mich schminkst, und kein anderer.«

Also fuhr Snyder nach Hause und packte seinen Schminkkoffer.

Wenige Minuten, nachdem er nach Malibu zurückgekehrt war, setzten Ralph Greenson und Milton Rudin die Presseagentin Pat Newcomb in ein Auto und fuhren mit ihr durch das Tor hinaus auf die von Reportern wimmelnde Straße. Die Reporter drückten ihre Objektive gegen die Autoscheiben und hielten Pat Newcomb ihre Mikrophone vors Gesicht.

Zitternd und mit tränenüberströmtem Gesicht flehte die Presseagentin die Reporter an: »Laßt uns durch!«

Ein Reporter von NBC fragte sie: »Wie fühlen Sie sich, Miss Newcomb?«

Sie sah ihm in die Augen und flüsterte fast: »Wenn Ihr bester Freund sich umbringt, wie fühlen Sie sich dann? Was tun Sie dann?«

Die Reporter standen einen Augenblick wie versteinert da. Dann machten sie Platz und ließen den Wagen passieren. Pat Newcomb schaute noch mal nach hinten und schluchzte erneut auf.

Von allen Beteiligten an diesem Melodrama fiel Pat Newcomb die sonderbarste Rolle zu. Da sie die einzige war, die öffentlich gegen den Medienrummel protestierte, wurde sie bald von allen Seiten angegriffen. Die wildesten Gerüchte wurden über sie in Umlauf gesetzt. So behauptete der Journalist Frank Capell, sie sei »ein Kennedy-Spitzel« und habe an dem Vertuschungsmanöver mitgewirkt – ein Verdacht, der 1985 in einem Dokumentarfilm der BBC wiederholt wurde. In Dutzenden von Artikeln in der Sensationspresse wurde sogar angedeutet, sie sei möglicherweise dabeigewesen, als Marilyn starb.

In Wirklichkeit war sie wie Hazel Washington, Marilyns Mädchen, kaum mehr als eine unschuldige Augenzeugin, die zu spät am Ort des Geschehens auftauchte, um die Tragödie noch abwenden zu können.

Milton Rudin hatte sie gegen 3.35 Uhr in ihrem Apartment in Beverly Hills angerufen – eine Stunde bevor Ralph Greenson die Polizei rief. Sie fuhr schnell nach Brentwood. Ihr Chef, Arthur Jacobs, empfing sie dort. Beide waren zwar noch da, als Sergeant Jack Clemmons eine Stunde später das Haus betrat, doch sie ließen sich nicht blicken. »Aber ich hatte das Gefühl, daß sich Pat Newcomb und andere vor mir versteckten«, meinte Clemmons später. »Das sagte mir mein sechster Sinn.«

Eunice Murray beschrieb Pat Newcombs Verhalten als »hysterisch«. Später erinnerte sie sich, daß »Pat ziemlich lange im Haus auf und ab ging. Die Polizei war schon längst fertig und wollte das Haus versiegeln, aber sie wollte nicht gehen. Sie mußten sie regelrecht aussperren.«

Die Haushälterin sagte aus, daß »zu der Zeit, als Pat eintraf, schon so viele Leute da waren, daß keiner sie bemerkte«. Pat Newcomb war fast die ganze Zeit über am Telefon und beantwortete die Fragen von Reportern aus aller Welt. »Ich sprach am Sonntag mit mehr als 600 Journalisten«, erinnerte sie sich später. »Das war ich Marilyn schuldig. Das mußte ich für sie tun.«

Die Presseagentin erinnerte sich, daß »mindestens fünf Leute da waren, als ich ankam«.

Als sie gegen 11 Uhr morgens ging, war das Haus voller Menschen, darunter drei Männer vom Sicherheitsdienst des Studios, Arthur Jacobs, ein Techniker von General Telephone, der aus unerfindlichen Gründen bereits jetzt damit beschäftigt war, die Telefonleitungen zu kappen, und die Reporter James Bacon und James A. Hudson von UPI.

In diesem bunt zusammengewürfelten Haufen fielen vier Herren in dunklen Hosen, weißen Hemden und blank gewichsten Schnürstiefeln besonders auf. Es handelte sich ganz offenkundig um Agenten des Secret Service oder FBI-Leute.

Kurz vor Mittag tauchten Hazel Washington und ihr Mann Rocky, ein Polizist aus Los Angeles, im Hause auf und wollten einen Kartentisch und Stühle abholen, die sie Marilyn im Februar ausgeliehen hatten. Sie hatten erfahren, daß das Haus am folgenden Tag versiegelt werden sollte. Als Hazel Washington die Möbelstücke durch den Gang nach draußen trug, sah sie, wie einer der gut gekleideten Herren einen Stapel Papiere in dem riesigen mexikanischen Kamin verbrannte. Die Schlösser an Marilyns Aktenschrank waren bereits mit einer Brechstange aufgebrochen und die Schubladen geleert worden. Marilyns Testamentsvollstrecker ließen zehn Tage später neue Schlösser anbringen, aber die wichtigen Dokumente, darunter alle Studiounterlagen, waren bereits verschwunden.

Marilyns Hausmädchen blieb kurz stehen und beobachtete das Geschehen am Kamin. Sie sah, daß Marilyns Notizblöcke bereits lichterloh brannten und daß ihr neuer Millionenvertrag mit der Fox als nächstes an die Reihe kommen sollte. Außerdem lagen Tonbänder, Teile eines Terminkalenders und einige zerknüllte lose Blätter mit Marilyns Handschrift auf dem Haufen, der für das Feuer bestimmt war.

Das wichtigste waren die Stenoblöcke. Peter Lawford hatte der Schauspielerin eingeschärft, diese Blöcke immer bei sich zu tragen, wenn sie den Präsidenten in der Air Force One begleitete. Die Blöcke gehörten zu ihrer Maskerade als Sekretärin. Was als List begann, wurde Marilyn zur Gewohnheit. Sie machte sich Notizen, wenn sie zufällig politische Gespräche im Umfeld des Präsidenten oder Bobby Kennedys aufschnappte. Auch wenn sie nicht immer verstand, worum es ging, so hatte sie doch ausgiebig Gelegenheit, Bemerkungen über die Schweinebucht-Affäre, den Plan zur Ermordung Castros und Bobbys Vorgehen gegen die Mafia zu notieren.

»Sie schrieb alles mögliche auf diese kleinen Blöcke«, sagte Evelyn Moriarity. »Sie waren ihr Ersatz für ein Tagebuch.«

Als Hazel Washington ging, bemerkte sie, daß die von Fox-Chef Peter Levathes geschickten Leute vom Sicherheitsdienst des Studios inzwischen das Geschehen im Haus fest im Griff hatten. Frank Neill und die drei anderen Presseagenten hatten somit Gelegenheit, aus Marilyns Aktenschränken alle Unterlagen zu entfernen, die irgendwie mit dem Studio zu tun hatten. Unter anderem fehlten später die Originale und alle Kopien der Protokolle, die Pat Newcomb von Marilyns »Wiedereinstellungsgespräch« mit Peter Levathes angefertigt hatte. Pat Newcomb hatte in ihrem Versteck in Marilyns Schlafzimmer alle Versprechungen, die Levathes der Schauspielerin gemacht hatte, mitgeschrieben, dann die handschriftlichen Notizen abgetippt und kopiert. Nach der Verbrennungsaktion blieb nur noch ein leerer Aktenordner mit der Aufschrift »*Something's Got to Give*, Juli 1962« übrig.

Vier Stunden nachdem Hazel Washington mit ihren Möbelstücken gegangen war, tauchten FBI-Agenten, die zuvor das Auto ihres Mannes Rocky durchsucht hatten, in ihrem Haus in Baldwin Hills auf und verlangten sie zu sprechen. Doch Rocky wimmelte sie ab: »Sie weiß überhaupt nichts.« Die FBI-Agenten gingen und kamen auch später nie wieder, um mit Hazel zu sprechen.

Ungefähr 650 Kilometer weiter im Norden hatte Bobby Kennedy an diesem Morgen an einer katholischen Messe in einer alten Kirche in der Nähe der kalifornischen Stadt Gilroy teilgenommen. Es war gegen 9 Uhr morgens, als er in den strahlenden Sonnenschein vor der Kirche hinaustrat und sich mit seinem Presseagenten Ed Guthman unterhielt.

»Schrecklich, das mit Marilyn, nicht wahr?« sagte Guthman.

Guthman erinnerte sich, daß Bobby sagte: »Ja, wirklich schlimm.« Sie wechselten noch ein paar Sätze, damit war das Thema beendet.

Auf dem Anwesen der Kennedys an der Ostküste tummelten sich die Familienmitglieder gerade am Swimmingpool, und das Oberhaupt des Clans, Joseph Kennedy, machte gymnastische Übungen, als die Nachricht vom Tod Marilyn Monroes im Radio kam. Eine Weile herrschte vollkommene Stille, dann zogen sich die meisten ins Haus zurück.

Nach Auskunft ihres Mannes brach Pat Kennedy Lawford aus Kummer über den Verlust ihrer Freundin zusammen. Kurze Zeit später rannte sie hinauf in ihren Bungalow und packte ihre Sachen, um zur Beerdigung nach Kalifornien zu fliegen.

Sechseinhalb Kilometer von Marilyns Haus entfernt, in einer pinkfarbenen Villa, reagierte die Filmschauspielerin Jayne Mansfield mit hysterischen Weinkrämpfen auf die Nachricht von Marilyns Tod. Sie wanderte um den herzförmigen Swimmingpool und dachte über ihre eigene, nicht ganz spannungsfreie Beziehung zu Präsident Kennedy nach.

Sie packte ihren Assistenten Ray Strait am Arm und sagte: »Ich könnte die nächste sein.«

»Sie hatte Angst vor den Kennedys«, erinnerte sich Ray Strait. »Sie war immer der Meinung, daß sie etwas mit Marilyns Tod zu tun hatten.«

Keiner der vielen Reporter, die aus der ganzen Welt anriefen, kam auf die Idee, die Kennedys zu befragen. Die Verbindung zwischen der Leinwandgöttin und der First Family sollte eine Privatsache bleiben.

Statt dessen drehte sich der Medienrummel nur um ein Thema: »Hollywood hat Marilyn Monroe umgebracht!«

Die meisten Kommentatoren stimmten der Moskauer Regierungszeitung *Iswestia* zu, die schrieb: »Hollywood hat sie erschaffen und umgebracht.«

Das vom Vatikan herausgegebene Blatt *L'Osservatore Romano* erklärte sie zum »Opfer einer Mentalität und eines Lebensstils, dessen Symbol sie gezwungenermaßen wurde. Ihr Tod ist mehr als nur eine persönliche Tragödie, er nimmt eine gesellschaftliche Dimension an.«

Die Stockholmer Zeitung *Dagens Nyheter* kam mit ihrem Kommentar der Wahrheit wohl am nächsten: »Marilyn war das Opfer der grellen Scheinwerfer, der hohen Anforderungen, der knallenden Peitschen, der Hochrufe und der Anfeuerungen im großen Zirkuszelt des Filmgeschäfts.«

Es stimmt zwar, daß die Filmindustrie Marilyn auf eine Art und Weise ausnutzte, wie es für einen Star ihres Formats heute undenkbar wäre, doch die Studios allein sind nicht für ihren Tod verantwortlich zu machen. Andere, mächtigere Kräfte waren am Werk.

37

Die offizielle Version

Arthur Jacobs war ein begnadeter Public-Relations-Mann, mit Liebe zum Detail und unermüdlich in seinen Bemühungen, auch den letzten Reporter, der über Hollywood berichtete, ausfindig zu machen und zu beeindrucken.

Jacobs war Absolvent der vornehmen Privatuniversität von Südkalifornien und hatte sich vom kleinen Versandmitarbeiter bei Metro-Goldwyn-Mayer zum Chef einer mächtigen Public-Relations-Firma mit Agenturen in New York, Hollywood und London hochgearbeitet.

Wenn er redete, hörten die Leute zu.

Und er drückte sich nie gewandter und eindrucksvoller aus, als in den 48 Stunden nach Marilyns Tod. Mehr als alle anderen war er der Urheber der »offiziellen Version« dessen, was in dem bescheidenen Haus in Brentwood an jenem 4. August 1962 geschah.

Als seine Frau Natalie 1984 der BBC erklärte, Arthur habe »die Geschichte um Marilyn Monroe ein wenig zurechtgerückt«, untertrieb sie allerdings gewaltig. Immerhin hatte Jacobs ein Lügengebäude errichtet, das zwei Jahrzehnte lang die Sicht auf das versperrte, was sich tatsächlich in den letzten Stunden Marilyn Monroes zugetragen hat.

»Alles war sorgfältig geplant und perfekt ausgeführt«, erinnerte sich Rupert Allan, der am Sonntag nacht in den Büroräumen der PR-Agentur am Sunset Strip eine »Strategiesitzung« einberief. Jacobs, Allan, der Angestellte Michael Selsman und ein Abgesandter des Kennedy-Clans, »ein Cousin oder so was Ähnliches«, wie Allan sich erinnerte, heckten zusammen einen Plan aus, mit dem verhindert werden sollte, daß der Name der Kennedys durch Marilyns Tod beschmutzt wurde. Der Photograph Lawrence Schiller, der an diesem Abend zufällig ins Büro kam, um Unterlagen abzuholen, erinnerte sich daran, daß sich die Anwesenden lautstark darüber stritten, wie man »die Kennedys aus allem raushalten könne«. Allan glaubte auch, daß sich Peter Lawford bereits am frühen Nachmittag mit Jacobs getroffen und ihm den Standpunkt der Kennedys dargelegt habe.

»Wir beschlossen, Marilyns Tod als ›Unfall‹ darzustellen«, meinte Allan. »Aber geglaubt hat das keiner von uns.«

Natürlich hatte man das Vertuschungsmanöver bereits wenige Minuten nach der Todesnachricht in Gang gesetzt. In den fünf – oder noch mehr – Stunden zwischen dem Auffinden der Leiche und der Benachrichtigung der Polizei beseitigten und räumten die Fox-Werbeagenten Frank Neill, John Campbell und Arthur Jacobs alle Unterlagen aus dem Haus, die mit dem Studio zu tun hatten. Gerüchten zufolge sollen sich Jacobs und Harry Brand, der telefonisch mit seinen Männern in Brentwood konferierte, bei William Parker, dem Polizeichef von Los Angeles, Rat geholt haben – bei jenem Mann also, der sämtliche Polizeiakten über den Tod Marilyn Monroes vernichtete, sieht man einmal von den stark zensierten 70 Seiten ab, die in den siebziger Jahren zur Veröffentlichung freigegeben wurden.

»Und ich behaupte, daß die Agenten die Schriftstücke im Kamin verbrannt haben«, erinnerte sich Hazel Washington.

»Ja, das stimmt«, bestätigte Evelyn Moriarity. »Niemand weiß genau, was für Dokumente das waren.«

Um die Mittagszeit, als das Studio endlich bereit war, den Reportern Rede und Antwort zu stehen, wartete die Fox mit einer offensichtlich einstudierten Geschichte über Marilyns Tod auf.

Sie lautete ungefähr folgendermaßen: Eunice Murray bemerkte gegen 3.30 Uhr, daß in Marilyns Zimmer noch Licht brannte; Murray klopfte an die Tür, aber Marilyn meldete sich nicht; sie rannte nach draußen und blickte durchs Fenster in Marilyns Zimmer; Marilyn lag auf dem Bett und sah irgendwie »komisch« aus; in panischer Angst rief sie Greenson an; gegen 3.40 Uhr traf Greenson im Haus ein und brach die Tür zum Schlafzimmer auf; seine Patientin war bereits tot; daraufhin rief er seinen Kollegen Dr. Engleberg an, der sie dann um 4 Uhr für tot erklärte. Soweit diese Version. Außerdem erklärte ein Polizeisprecher, daß von Marilyns Anschluß, GR-61890, keine Ferngespräche geführt worden seien.

In allen frühen Berichten über Marilyns Tod heißt es, sie habe Selbstmord begangen. Als die Polizei im Haus eintraf, sagte Ralph Greenson als erstes: »Sie ist von uns gegangen. Sie hat sich umgebracht.« Polizeichef Parker sagte in seiner ersten Presseverlautbarung: »Marilyn Monroe hat versehentlich zu viele Nembutal-Kapseln genommen.«

Greenson, Parker und die Agentur von Arthur Jacobs erklärten, Marilyn habe eine normale Dosis Schlaftabletten eingenommen und sei eingenickt. Eine halbe Stunde später sei sie wieder aufgewacht und habe eine weitere Dosis geschluckt. Nach einer weiteren halben Stunde habe sich dieses Spiel wiederholt, und so weiter und so weiter, bis sich die tödliche Menge in ihrem Körper angesammelt hatte.

Den rund 1000 Reportern, die in den drei Tagen nach Marilyns Tod bei der Fox und in Jacobs' Agentur anriefen, wurde diese Geschichte jeweils nur mündlich übermittelt. Zu keinem Zeitpunkt wurden schriftliche Stellungnahmen an die Presse herausgegeben.

Die Geschichte hat sich jahrzehntelang mit erstaunlicher Hartnäckigkeit gehalten. In den meisten Büchern und Artikeln wurde sie nicht in Zweifel gezogen. Die Vertuschungsaktion war so geschickt inszeniert, daß es fast zehn Jahre dauerte, bis die Kennedy-Brüder erstmals öffentlich mit dem Skandal in Verbindung gebracht wurden. Weitere zehn Jahre vergingen, bis erstmals Licht in das Dunkel um Marilyns Tod gebracht wurde.

Der Fernsehproduzent Ted Landreth, der 1985 die aufsehenerregende Sendung *Say Goodbye to the President – Marilyn Monroe and the Kennedys* produzierte, formulierte es wie folgt: »Hollywood hatte die Story des Jahrhunderts – und ließ sie sich durch die Lappen gehen.«

Aber am Morgen danach waren einige Reporter der Sache auf der Spur und machten einige spektakuläre Entdeckungen.

Florabel Muir, Kriminalreporterin der Hearst Corporation, war an diesem Sonntag, dem 5. August, kurz nach Morgengrauen als eine der ersten auf den Beinen. Nachdem sie im Radio die Nachricht von Marilyns Tod gehört hatte, rief sie ihre Informanten bei der Telefongesellschaft General Telephone an, darunter einen hohen Angestellten. »Beschaffen Sie mir bitte eine Liste mit allen Telefonanrufen, die von Marilyns Anschluß in den letzten drei Tagen getätigt wurden«, sagte sie.

»Geht nicht«, entgegnete der Mann. »Die Unterlagen sind weg.«

»Wer hat sie?« fragte sie.

»FBI-Agenten, glaube ich«, lautete die Antwort.

Der altgediente Hollywood-Reporter Joe Hyams war ihr dicht auf den Fersen. Er arbeitete an einem Artikel für die Zeitung *New York Herald Tribune* und war deshalb ebenfalls hinter den Lochstreifen her, auf denen Telefonate damals festgehalten wurden und die folglich über Marilyns letzte Ferngespräche Auskunft geben konnten. Von einem Informanten bei der Telefongesellschaft erfuhr er, daß »Männer in dunklen Anzügen und blank geputzten Schuhen sie irgendwann vor Morgengrauen beschlagnahmt« hätten.

Da Hyams und Muir nicht nachweisen konnten, daß Marilyn die weitentfernten Kennedys angerufen hatte, waren ihnen momentan die Hände gebunden.

Am Montag, dem 6. August, an dem sich die Schauspielerin mit Rupert Allan hatte treffen wollen, um mit ihm über ihr Vorhaben zu sprechen, ihre Affäre mit den Kennedys publik zu machen, verbreitete

Jacobs' Agentur die Nachricht, bei Marilyns Tod habe es sich um einen »unbeabsichtigten Selbstmord« gehandelt. Die Presse griff diese Version bereitwillig auf, und noch heute wird sie von den meisten Menschen geglaubt.

Fünf Tage später gab der Coroner des County Los Angeles die Todesursache bekannt: »Vergiftung durch Barbiturate, insbesondere durch Nembutal und Chlorhydrat«. Nach weiteren fünf Tagen erklärte er, daß es sich bei Marilyn Monroes Tod »wahrscheinlich um Selbstmord« gehandelt habe. Aber einige seiner Mitarbeiter bezweifelten diese Schlußfolgerung.

Polizeichef William Parker, ein enger Freund von Robert und Ethel Kennedy, hatte den Selbstmordbefund angestrebt, offensichtlich um den Justizminister zu schützen. Am 10. August hatte er den Fall seiner neu geschaffenen Abteilung Aufklärung übertragen. Die Folge war, daß alle Einzelheiten über Marilyns Tod »aus Sicherheitsgründen« geheimgehalten wurden.

Während amtliche Leichenbeschauer, Detektive und Werbeagenten Marilyns Tod zu erklären versuchten, bereitete Joe DiMaggio das Begräbnis seiner Exfrau vor. Eines stellte er von Anfang an klar: Hollywood sollte außen vor bleiben.

Von den 24 geladenen Trauergästen war wahrscheinlich nur DiMaggios Name der breiten Öffentlichkeit bekannt. Dem für die Ausrichtung des Begräbnisses verantwortlichen Herrn schärfte der legendäre Baseballstar noch in letzter Minute ein: »Sorgen Sie dafür, daß keiner dieser verdammten Kennedys zur Beisetzung kommt.«

Ebenfalls nicht erwünscht war Frank Sinatra, Marilyns treuester Verbündeter in den letzten beiden Jahren.

»Ich konnte seine Entscheidung verstehen«, sagte Rupert Allan. »DiMaggios Ehe mit Marilyn war an den Anforderungen ihres Berufs gescheitert. Und er wußte fast alles über ihre Beziehungen zu den Kennedys. Er wußte, was sie ihr angetan hatten.«

Aber Pat Kennedy Lawford war bereits von Hyannis Port unterwegs, um die Kennedys auf dem Begräbnis zu vertreten. Sie brach in Tränen aus, als sie erfuhr, daß ihr der Zutritt zu dem kleinen Westwood Memorial Park ausdrücklich verwehrt sei.

Hier wurde zum erstenmal mit dem Finger auf die First Family gezeigt. Doch es sollte noch mehr als zwei Jahrzehnte dauern, bis die Welt DiMaggios schroffe Behandlung der Kennedys schließlich verstand.

Stück für Stück, Fakt um Fakt begannen die Reporter, das Lügengebäude abzutragen, das in jeder Hinsicht demjenigen glich, das ein Jahr später die Ermordung Präsident Kennedys in Dallas umgab.

Jahrzehntelang wurden Bücher unterdrückt, Zeitschriftenartikel am Erscheinen gehindert, Zeugen zur Verschwiegenheit verpflichtet und Polizeiberichte versteckt oder vernichtet. Die Macht einer reichen, stolzen Familie, der geschützte Status eines mächtigen Filmstudios und die Geheimhaltung der Polizei von Los Angeles sorgten dafür, daß das Rätsel um den Tod Marilyn Monroes nicht gelöst werden konnte.

38

Der Maulkorb

Am Sonntag, dem 5. August, rannte kurz nach Sonnenaufgang eine Frau aus Marilyns Haus und schrie: »Mörder! Mörder! Ihr habt sie umgebracht, seid ihr jetzt zufrieden?«

Die meisten Reporter vor Ort hörten über Dritte von diesem beunruhigenden Zwischenfall. Drei Nachbarn hörten die Frau. Ihr Geschrei war für die Nachbarn sogar der einzige Hinweis auf die schrecklichen Ereignisse, die sich hinter den weißen Mauern, die das Haus des Stars umgaben, abgespielt hatten.

Der Hearst-Reporterin Florabel Muir ließ dieser Vorfall keine Ruhe mehr. Zuerst vermutete sie, die »mysteriöse Frau« sei Eunice Murray gewesen, die über den Vorgängen im Haus hysterisch geworden sei. Aber nach vier Interviews mit Eunice Murray war Florabel Muir überzeugt, daß »diese Dame an der Vertuschung beteiligt ist«.

Muir mutmaßte schließlich, daß es sich bei der schreienden Frau um Pat Newcomb gehandelt habe, die um 4.45 Uhr im Haus eintraf und sich am Tatort eines Mordes wähnte. »Es muß einen Grund geben, warum Newcomb als letzte benachrichtigt wurde«, meinte Florabel Muir.

Aber sie konnte das Rätsel nie klären. Nach wie vor ist ungeklärt, wer die schreiende Frau war.

Aber sie war die erste, die im Zusammenhang mit Marilyn Monroes Tod das Wort »Mord« benutzte. Dieses Wort sollte in bezug auf diesen Fall auf Jahre hinaus nicht mehr öffentlich benutzt werden.

Die Hollywood-Presse behandelte den Tod des Stars durch eine Überdosis Tabletten von Anfang an als Rührgeschichte – als den traurigen Selbstmord einer Frau, die mit ihrem Leben nicht mehr fertig wurde. In der Zwischenzeit wurden Tag für Tag Indizien vernichtet, die auf einen Mord hindeuteten, und ein wichtiger Zeuge nach dem anderen verschwand aus Los Angeles.

Eine Woche nach der Beerdigung schrieb Florabel Muir in ihrer Kolumne: »Die Polizei von Los Angeles ist einem merkwürdigen Druck ausgesetzt. Aus der unmittelbaren Umgebung der mit dem Fall betrauten Detektive ist zu hören, daß dieser mysteriöse Tod offenbar von Personen herrührt, die in den vergangenen Wochen in engem Kontakt zu Marilyn gestanden hatten.«

In New York erklärte Dorothy Kilgallen ihren Verlegern, daß »der letzte Mensch, der mit Marilyn Monroe sprach, der Justizminister der Vereinigten Staaten war, aber ich habe dafür keinen definitiven Beweis«. Sie sagte, daß die Information von einem Fotografen stamme, der »der Schauspielerin sehr, sehr nahe gestanden habe«.

Drei Tage nach Marilyns Tod schrieb Kilgallen eine Kolumne, in der sie sich sehr weit vorwagte.

»In Marilyns letzter Nacht wurde ihr Hilferuf von einem sehr einflußreichen Mann beantwortet. Aber der Mann ließ zu, daß Marilyn ihm entglitt, was in nicht allzu ferner Zukunft vermutlich ohnehin geschehen wäre.«

Wenige Monate später war Kilgallen insgeheim davon überzeugt, daß Marilyn ermordet worden war.

Die Hollywood-Reporter, allen voran Hedda Hopper und Louella Parsons, hörten seltsame Geschichten über Mord und die Kennedy-Brüder. »Es gab Gerüchte«, sagte Harriet Parsons, Louellas Tochter. »Und es gab Verdachtsmomente. Aber es gab einfach keine Beweise. Meine Mutter versuchte monatelang, die Story auszugraben, aber das einzige Mal in ihrem Leben schaffte sie es nicht. Es war sehr frustrierend – die größte Story in der Geschichte Hollywoods, und meine Mutter kam nicht an sie heran.«

Kaum war der größte Rummel vorüber, machte sich Louella Parsons auf die Suche nach den beiden Menschen, die ihr die Wahrheit sagen konnten – Peter Lawford und Pat Newcomb. Sie kannte beide persönlich, aber sie waren verschwunden. Das legendäre Strandhaus der Lawfords war vorübergehend unbewohnt, und bei Pat Newcomb ging niemand ans Telefon. Parsons und ihre Assistentin, Dorothy Manners, fanden schließlich heraus, daß sich die beiden im Hause der Kennedys in Hyannis Port aufhielten.

»Niemand nahm die Telefonanrufe meiner Mutter entgegen«, erinnerte sich Harriet. »Sie bekam einfach niemanden zu fassen, den sie über die Angelegenheit befragen konnte.«

Am Montag nach Marilyns Tod war der Schwager des Präsidenten nicht einmal für die Polizei zu sprechen. In Lawfords Büro in Los Angeles hieß es lapidar: »Mister Lawford hält sich längere Zeit nicht in der Stadt auf. Hinterlassen Sie Ihre Nummer, und Mister Lawfords Sekretärin wird versuchen, in einigen Monaten einen Termin für Sie zu vereinbaren.«

Sergeant Robert Byron von der Mordkommission hatte den Fall Monroe von Clemmons übernommen und versuchte wiederholt, Lawford zu vernehmen, biß jedoch auf Granit. »Mister Lawford ist im Moment nicht zu erreichen, weil er mit dem Flugzeug unterwegs ist«, erklärte die Sekretärin des Schauspielers Sergeant Byron. »Sein genaues Reiseziel ist zur Zeit nicht bekannt. Aber ich werde ihn bitten, Sie so bald als möglich anzurufen.«

Pat Newcomb litt sehr unter dem Tod ihrer Freundin. Zuerst schottete sie sich in Hyannis Port von der Außenwelt ab, dann unternahm sie eine ausgedehnte Europareise.

Der rechtsorientierte Journalist Frank Capell berichtete, die Kennedys »hätten ihr diese Europareise spendiert und sich damit ihr Schweigen erkauft«.

»Es stimmt, daß ich mich auf das Anwesen der Kennedys zurückgezogen habe«, sagt Pat Newcomb heute. »Pat und Peter Lawford luden mich ein. Es war eine schlimme Zeit, aber die Kennedys hatten mit meiner Europareise nicht das geringste zu tun. Es war eine Geschäftsreise, die lange vor Marilyns Tod geplant war.«

Hedda Hopper, die noch beharrlicher sein konnte als Louella Parsons, hatte sogar noch weniger Glück. Kurz nachdem die Polizei von Los Angeles die Akte Marilyn Monroe geschlossen hatte – fünf Tage nach ihrem Tod ein höchst zweifelhafter Schritt –, erhielt die Reporterin eine ganze Reihe von Briefen, in denen sie gedrängt wurde, die Geschichte über Marilyn Monroe und die Kennedys publik zu machen.

In einem Brief aus Cape Cod, Massachusetts, hieß es: »Ihr Filmkolumnisten erweist euch einen Bärendienst, wenn ihr die Kennedys bei der Monroe-Sache in Schutz nehmt. Ihr müßtet doch eigentlich wissen, daß Lawford nur der Sündenbock für Robert und John F. Kennedy ist. Es war Bobby, der in dieser Nacht mit ihr telefoniert hat.«

Hedda Hopper klagte über ihren Mißerfolg. »Es muß das bestgehütete Geheimnis in der Geschichte dieser Stadt sein, und das will etwas heißen«, sagte sie zu Rupert Allan.

Zweitklassige Hollywood-Reporter stellten schon bald frustriert ihre Jagd ein und gaben sich mit der Version, Marilyn habe aus Versehen eine Überdosis genommen, zufrieden. Um sicherzustellen, daß sie begriffen hatten, tauchte Lawford später wieder aus der Versenkung auf und trat an die Öffentlichkeit. In einer Reihe von Exklusivinterviews mit handverlesenen Journalisten in New York, Boston und San Francisco sagte er: »Ich weiß, daß es ein Unfall war. Ich weiß, daß sich das arme Ding nicht das Leben nehmen wollte.« Um seine Version glaubhafter zu machen, erzählte er die verwickelte Geschichte von ihrer angeblichen Überdosis am Tahoe-See, am Wochenende vor ihrem Tod.

Die Nachrichtenagenturen verbreiteten die »Lawford-Version« und trugen so dazu bei, eventuell noch vorhandene Zweifel zu zerstreuen.

Als die Bezirksstaatsanwaltschaft von Los Angeles 1982 die Untersuchung von Marilyn Monroes Tod wieder aufrollte, stellten die Beamten fest, daß Lawford »und die Leute vom Filmstudio« am Schauplatz einiges verändert hätten.

Fred Otash gab zu, daß Lawford ihn gegen 3 Uhr morgens angerufen habe, also 90 Minuten bevor Ralph Greenson die Polizei verständigte. Lawford bat den Privatdetektiv, »alles aus dem Haus zu schaffen, was den Präsidenten belasten könnte«.

Otash, der im Dienste der Mafia stand und sowohl Lawfords als auch Marilyns Haus abgehört hatte, lehnte ab. »[Lawford] war verzweifelt, weil er wußte, daß er nur noch wenig Zeit hatte, um die Sache über die Bühne zu bringen«, sagte Otash später.

Während wertvolle Minuten verstrichen, Minuten, in denen die Ärzte Marilyn vielleicht noch hätten retten können, fuhr der völlig betrunkene Lawford auf einem Schleichweg nach Brentwood. Als der Schauspieler das Haus am Helena Drive 5 verließ, verschwanden mit ihm ein Stapel Bänder, Notizblöcke und Briefe. »Lawford nahm so viel mit, wie er tragen konnte«, sagte der Bürgermeister von Los Angeles Sam Yorty, damals einer der mächtigsten Männer in der Stadt. Yorty war einer der wenigen, die die vollständigen Polizeiberichte über den Tod Marilyn Monroes zu Gesicht bekamen.

»Peter ließ sich vom Charisma der Kennedys so beeindrucken, daß er alles getan hätte, was Bobby oder Jack von ihm verlangten, ganz gleich ob es legal oder illegal war. So war es auch bei Marilyns Tod – er hat bei der Vertuschungsaktion kräftig mitgemischt«, sagte seine Mutter, Lady May Lawford. Einige der aus Marilyns Schlafzimmer gestohlenen Bänder befanden sich angeblich knapp eine Woche später in Bobby Kennedys Händen. Der Friseur der Kennedys, Mickey Song, erklärte, Kennedy habe ihm ausführlich vom Inhalt der Bänder erzählt.

Lawfords Mission muß bald beendet gewesen sein, denn schon am frühen Morgen rief er den Präsidenten im Weißen Haus an und wurde sofort ins Oval Office durchgestellt. Nach dem Gespräch fuhr er zum Flughafen und flog zum Anwesen der Kennedys in Hyannis Port. Obwohl dieser Anruf »aus Gründen der nationalen Sicherheit« in der offiziellen Liste der vom Präsidenten geführten Telefongespräche nicht verzeichnet war, entdeckte der Journalist Anthony Summers bei seinen Recherchen im September 1991 eine Notiz über das entscheidende Telefonat. Der Anruf war im Rahmen eines Telefonsicherheitssystems automatisch registriert worden.

Unterdessen war im Büro des Coroners des County Los Angeles eine ähnliche Vertuschungsaktion im Gange. Dort wurden Gewebeproben den Abfluß hinuntergespült, mit deren Hilfe hätte nachgewiesen werden können, wie die Drogen in den Körper Marilyn Monroes gelangt waren.

Der stellvertretende Coroner Thomas Noguchi, der später als Leichenbeschauer der Hollywood-Stars weltberühmt werden sollte, hatte bereits erklärt, Marilyn sei an einer »Barbiturat-Vergiftung« gestorben. Unklar war noch, wie die Drogen in ihren Körper gelangt waren. Hatte sie wirklich in weniger als zehn Minuten 70 Pillen geschluckt? Oder war ihr eine Überdosis injiziert worden?

Obwohl Noguchi keine Einstichstellen an ihrem Körper feststellen konnte, wußte er, daß sie wohl kaum so viele Pillen hatte schlucken können. Daher hatte er in weiser Voraussicht Gewebeproben von Leber und Nieren entnommen und sie ins Labor des Cheftoxikologen Raymond Abernathy geschickt.

Als Polizeibeamte zwei Tage später erste Andeutungen machten, daß es sich bei Marilyns Tod um Mord handeln könnte, bat Noguchi um die Ergebnisse der Gewebeuntersuchungen. Von Vorgesetzten erhielt er den knappen Bescheid, die Proben seien vernichtet worden. In einer offiziellen Mitteilung hieß es, »weitere Tests sind überflüssig, da es sich ja offensichtlich um *einen Selbstmord* handelt«. Noguchis sorgfältig aufbewahrte Gewebeproben waren auf Anordnung des Cheftoxikologen Raymond Abernathy vernichtet worden.

»Das hätte nie passieren dürfen«, sagte der stellvertretende Bezirksstaatsanwalt John Miner. »Es hätten mikroskopische Tests durchgeführt werden müssen. Ich weiß nicht, wie das geschehen konnte.«

Zum Glück für die Verschwörer stellte die Presse damals kaum Fragen.

Ein Reporter, der versuchte die Wahrheit zu sagen, wurde von seinen Verlegern zurückgepfiffen. Ezra Goodman vom Nachrichtenmagazin *Time* arbeitete zum Zeitpunkt von Marilyns Tod gerade an einer Titelgeschichte über die Schauspielerin.

Goodman versuchte, Licht in das Dunkel zu bringen, und kam einer bemerkenswerten Geschichte über den Star und die Kennedy-Administration auf die Spur. Aber kaum hatte er seinen Artikel eingereicht, untersagten seine Vorgesetzten die Veröffentlichung und vernichteten sämtliche Kopien. Nach Auskunft von Informanten bei der *Time* fürchteten die Herausgeber, Goodmans Artikel könnte dem Präsidenten das Genick brechen.

Ein zurecht wütender Goodman, Autor des Buches *The Fifty-Year Decline and Fall of Hollywood*, arbeitete seinen Artikel in einen Entwurf für ein Buch über Marilyn Monroe um. Der Titel: *Norma Jean Baker, a Venture into Mythology*. Der Verlag MacMillan zahlte ihm einen Vorschuß in Höhe von 5 000 Dollar, weigerte sich dann jedoch, das 356

Seiten starke Manuskript zu drucken, obwohl es nur zaghafte Hinweise auf die Kennedys enthielt. Insgesamt lehnten 14 Verleger das Buch ab. Ein Sprecher von Simon und Schuster sagte damals dem Magazin *Time:* »Dieses Manuskript ist gefährlich.«

»Ich habe eine ganze Menge Leute getroffen, denen ich lieber nicht begegnet wäre«, sagte Goodman damals. »Viele von ihnen waren kleine Ganoven. Marilyn Monroe kannte viele solche Leute ... gemeine, böse, verkommene kleine Leute. Und gemeine, böse, verkommene große Leute.«

Die Verlage wollten von der Wahrheit über Marilyn Monroe nichts wissen. Und trotz der Hinweise, die 1963 in *Photoplay* erschienen, sollte es weitere vier Jahre dauern, bis sich wieder ein Schriftsteller an die Geschichte heranwagte.

Von 1962 bis 1982 wachte das FBI argwöhnisch über jedes Wort, das über Marilyns Tod veröffentlicht wurde. Die Geheimakte mit Filmausschnitten, Büchern, Kommentaren und Fotos umfaßte Tausende von Eintragungen.

In einigen Fällen wurden sogar Spezialagenten damit beauftragt, Artikel und Bücher zu prüfen, die erst auf Fahne vorlagen. Die heimlichen Leser verfaßten ausführliche Kritiken der Artikel und Bücher, insbesondere dann, wenn sie einen Hinweis auf Jacks oder Bobbys Verhältnis mit Marilyn fanden. Unter Berufung auf das Gesetz zur Informationsfreiheit und mit Hilfe der privaten Archive Robert Slatzers, der mittlerweile über eine Million Dokumente zusammengetragen hat, konnten wir über 500 Seiten jener Sammlung einsehen, die FBI-Direktor J. Edgar Hoover in einem speziellen Aktenschrank in einem »Sicherheitsraum«, der hinter einem Bücherregal versteckt war, aufbewahrte.

Offensichtlich machte diese unappetitliche Aufgabe Hoover großen Spaß. Die Telefonnotizen im Weißen Haus und im Justizministerium beweisen, daß er häufig dort anrief, um mit den Brüdern über die neuesten Klatschgeschichten zu sprechen.

Jedesmal, wenn ein Reporter zu neugierig wurde, ließ Hoover im Privatleben des Autors schnüffeln. In den späten sechziger Jahren arbeitete Robert Slatzer an einer Untersuchung über die letzten sechs Monate im Leben Marilyn Monroes und ihre seltsamen Enthüllungen über die First Family. Daraufhin sammelte Hoover Informationen über Slatzers Privatleben und Äußerungen, die dieser im Lauf der Jahre über Marilyns Tod gemacht hatte, und nahm sie zu den Akten. Er befragte Slatzer nicht einmal.

Irgendwie bekam Hoover ein Exemplar von Slatzers Buch *The Strange Life and Curious Death of Marilyn Monroe* in die Hände, noch bevor es an die Rezensenten im Lande verschickt werden konnte.

Selbst nach dem Tod von Marilyn Monroe, John F. und Robert Kennedy hielt Hoover die Akten weiterhin unter Verschluß und rückte sie jeweils nur einzeln heraus, und auch nur dann, wenn sich Journalisten ausdrücklich auf das Gesetz zur Informationsfreiheit berufen hatten.

Die Analyse der Bücher und Zeitschriftenartikel durch Hoovers Agenten schloß immer auch eine Überprüfung der Informanten des Autors mit ein.

Dorothy Kilgallen war schließlich der Meinung, daß sie genug Informationen über die Liaison zwischen Bobby Kennedy und Marilyn zusammengetragen hatte, um damit an die Öffentlichkeit gehen zu können. Doch aus unerfindlichen Gründen tat sie es nie. Das gleiche gilt auch für Walter Winchell oder Earl Wilson. Im Lauf der Jahre wurden von den Zeitschriften *Time, Esquire, Life* und *Modern Screen* wichtige Artikel über Marilyn und die Kennedys kassiert.

Im Spätherbst des Jahres 1962 beschloß Hoover, den Justizminister zu warnen: Er hatte gehört, daß die Zeitschrift *Photoplay* einen längeren Artikel vorbereitete, in dem nach Auskunft seiner Agenten »Bobby Kennedy praktisch als Geliebter Marilyn Monroes« bezeichnet wurde.

Und damit nicht genug: Der FBI-Agent John de Loach berichtete, daß »der Autor in seinem Artikel zwar Bobbys Namen nicht nennt, aber unmißverständlich andeutet, daß Bobby der letzte gewesen sei, der in der Nacht, als Marilyn starb, mit ihr gesprochen habe«. In der Tat zeichnete der *Photoplay*-Artikel ein ziemlich genaues Bild der Affäre zwischen Marilyn und dem Justizminister, ohne dessen Namen explizit zu nennen. »Der Mann, der mit Marilyn ein Verhältnis hatte, hatte eine steile Karriere hinter sich, die er sich nie erträumt hätte. Und es sollte noch besser kommen. Das begehrenswerteste Sexsymbol der Welt verliebte sich in ihn. Was hätte seinen Erfolg besser krönen können?«

Photoplay beschrieb den Unbekannten als einen Mann, dessen Werdegang »frei war von Skandalen«. Weiter heißt es in dem Artikel: »Außerdem war er seiner Frau bis dahin immer absolut treu gewesen.«

Die FBI-Agenten waren insbesondere über einen Abschnitt des Artikels bestürzt, in dem es hieß: »Marilyn rief diesen Mann in der Nacht ihres Todes an. Der Mann sagte, er könne seine Frau nicht verlassen und dürfe sie daher nicht wiedersehen.«

Trotz dieser Warnungen gab Bobby Kennedy Hoover die Anweisung, nichts zu unternehmen. Wollte man den Artikel zu diesem Zeitpunkt unterdrücken, so Kennedy, würde man nur noch mehr Aufmerksamkeit auf ihn lenken. Der Kolumnist Sidney Skolsky erfuhr durch einen Informanten beim FBI von der Geschichte und erzählte sie Louella Parsons weiter.

Von diesem Moment an erhöhten die mit dem Fall Monroe befaßten FBI-Agenten ihre Alarmbereitschaft. Sie verfolgten argwöhnisch Radiomeldungen, Sondersendungen im Fernsehen und die Welle von Neuveröffentlichungen, die 1966 mit Fred Lawrence Guiles bahnbrechender Biographie *Norma Jean: The Life of Marilyn Monroe* über Amerika hereinbrach. Einige FBI-Berichte über die Biographien des Filmstars gingen so ins Detail, daß sie einem gekürzten Roman von Reader's Digest glichen.

Hoovers Besorgnis um Robert Kennedys Ruf war wahrscheinlich berechtigt. Zwei Wochen nach Marilyns Tod hörte das FBI ein Gespräch von Angehörigen der Unterwelt ab, in dessen Verlauf die drei Gangster damit drohten, Beweismaterial über die Affäre zwischen Marilyn und dem Justizminister zu veröffentlichen. Die drei suchten nach einer Möglichkeit, das FBI von weiteren Ermittlungen gegen sie abzuhalten. Tonbänder zeichneten den geplanten Erpressungsversuch auf.

»Wie würde es ihm gefallen, eine Schlagzeile über Marilyn Monroe in der Zeitung zu lesen?« fragte einer der drei. »Er war sehr oft in Marilyns Haus, also war es offensichtlich keine kleine Affäre.«

Der Erpressungsversuch hätte Bobby Kennedys politische Zukunft zerstört, wenn es wirklich soweit gekommen wäre. Aber kurze Zeit nachdem das FBI dieses Gespräch abgehört hatte, wurden die drei Gangster unter dem Verdacht der organisierten Erpressung verhaftet – freilich nicht in der Kennedy-Sache – und ins Gefängnis gesteckt.

Diese Drohungen und die Flut von »Artikeln ohne Namensnennung« waren wenig mehr als Dornen im Fleisch von Bobby Kennedy.

Ein weit brisanteres Dokument war bereits in Arbeit.

Ein Jahr nach John F. Kennedys Ermordung, als der Justizminister sich um die Nominierung für das Amt des Vizepräsidenten bewarb, erschien landesweit ein kleines Buch mit einem blutroten Umschlag, das schon bald zum heimlichen Bestseller unter führenden Republikanern avancierte. Autor des Buches war der Journalist und politische Rechtsaußen Frank Capell, der es unter dem Titel *The Strange Death of Marilyn Monroe* veröffentlicht hatte. Capell war ein überzeugter Gegner Robert Kennedys und bezichtigte ihn der heimlichen Mitgliedschaft in der Kommunistischen Partei. Zuerst wurde in einer Reihe konservativer Blätter für das Buch geworben, das per Nachnahme bestellt werden konnte. Erst danach machte Capell es großzügig politischen Gruppen jeglicher Couleur zugänglich. In den Radiospots, mit denen im ultrakonservativen Orange County, Kalifornien, in Phoenix und Indianapolis für das Buch geworben wurde, erging folgende Warnung an die Zuhörer: »Bevor Sie für Bobby Kennedy stimmen, lernen Sie zuerst die Wahrheit über ihn kennen.«

Hoover beschaffte sich 25 Exemplare des Buches und ließ sie von seinen Agenten prüfen. Noch bevor die Berichte vorlagen, warnte er den Justizminister: »Das Buch enthält Andeutungen über Ihre angebliche Freundschaft mit Miss Monroe. Außerdem wird behauptet, daß Sie der letzte waren, der mit ihr gesprochen hat.«

Das Buch war und ist immer noch bemerkenswert, was die Fülle der von Capell gesammelten Insiderinformationen anbelangt. Geheime Berichte des Selbstmorduntersuchungsteams über Monroes Tod werden Seite um Seite ausgebreitet. Hotelrechnungen belegen, daß Bobby Kennedy an dem Wochenende in der Stadt war, an dem Marilyn eilends zum Tahoe-See geschafft wurde. Das Buch enthält Rechnungen von Dr. Ralph Greenson und Dr. Hyman Engleberg, aus denen hervorgeht, wie oft sie von Marilyn aufgesucht wurden, und ein Verzeichnis der Drogen, die Marilyn in der letzten Woche vor ihrem Tod nahm.

Dieses kleine Büchlein zirkulierte unter den Journalisten in Hollywood und Washington. Earl Wilson und Hedda Hopper hatten ebenso ein Exemplar wie die einflußreichen Herausgeber des *Los Angeles Herald Examiner* und der *Los Angeles Times*. Obwohl Capell die wesentlichen Fakten des Skandals um Marilyn Monroe aufdeckte – dieselben Fakten und Figuren, die Anthony Summers Buch *Marilyn Monroe* später zu einem Bestseller machen sollten –, erwähnte damals kein angesehener Reporter Capells Buch.

»So etwas schrieb man einfach nicht über einen amerikanischen Präsidenten«, sagte Harriet Parsons. »Mutter hat es einfach in den Bücherschrank gestellt.«

Als Ted Landreth 1985 Washingtoner Presseleute für die geplante BBC-Dokumentation interviewte, stellte er fest, daß die politischen Journalisten sich selbst einen Maulkorb angelegt hatten. »Jeder wußte über die Affären Bescheid, aber niemand war bereit, darüber zu schreiben«, sagte Landreth.

Es gab noch eine andere Erklärung: Noch nie in der Geschichte Hollywoods war ein drohender Skandal so geschickt vertuscht worden wie im Fall Monroe.

39

Finale

Am frühen Morgen des 5. August 1962 bezogen zwei Sicherheitsbeamte der Twentieth Century-Fox vor und hinter Marilyn Monroes Haus Posten. Knapp eine Stunde später stand ein weiterer Wachmann des Studios an dem großen Tor vor dem Grundstück.

Nichts in ihrem Gesichtsausdruck verriet, aus welchem Grund sie das Haus bewachten. Aber ihre Hände, die schwer auf den Pistolen an ihren Hüften ruhten, deuteten darauf hin, daß hinter den dicken Ziegelmauern etwas Wichtiges im Gange war.

Die Presse wurde auf Distanz gehalten, während Frank Neill, Arthur Jacobs, Eunice Murray und Peter Lawford das Chaos in Marilyns Zimmer durchforsteten.

PR-Leute, Sicherheitsleute des Studios und Vertraute von Marilyn, insbesondere Eunice Murray und ihre Managerin Inez Melson, spülten Unmengen verschreibungspflichtiger Medikamente im Klo hinunter, packten Marilyns Papiere und Verträge ein und schafften haufenweise persönliche Gegenstände beiseite.

Verdächtige Hinweise auf die wahren Geschehnisse der letzten Nacht verschwanden. Höchstwahrscheinlich wurden sie in den Aktenkoffern der Anwälte und Angestellten des Studios aus dem Haus geschmuggelt. Nachdem die Aufräumaktion abgeschlossen war, deutete alles auf einen Selbstmord hin. Selbst Marilyns Kleider und die Bettbezüge waren frisch gewaschen und getrocknet worden und lagen jetzt ordentlich gefaltet in den Schränken.

Das Vorgehen der Fox hatte Tradition. Man mag es heute kaum glauben, aber die verbreitete Unsitte der Filmstudios, Morde zu vertuschen, wurde von den Verantwortlichen im Rathaus von Los Angeles seit der Stummfilmzeit tatkräftig unterstützt. Als etwa 1922 der Regisseur William Desmond Taylor in einem noblen Bungalow in Hollywood erschossen wurde, eilten die Leute von den Paramount Studios herbei und ließen verräterische Liebesbriefe, Drogen und selbst die rosa Schlüpfer seiner Geliebten Mary Miles Minters, die bei der Paramount unter Vertrag stand, verschwinden. Zuerst versuchte Paramount, den Vorfall als Selbstmord hinzustellen – obwohl der gutaussehende Regisseur von hinten erschossen worden war. Als herauskam, daß die Mörderin vermutlich Mary Minters Mutter war, ließen die Bosse von Paramount ihre Beziehungen spielen und sorgten dafür, daß der Fall als unaufgeklärter Mord zu den Akten gelegt wurde.

Im Falle Thelma Todds, die »Eis-Blondine«, die 1935 von dem Gangsterboß Lucky Luciano umgebracht wurde, verwischten Mitarbeiter der Paramount zusammen mit Beamten des Morddezernats von Santa Monica alle Spuren. Todds Tod wurde kurz darauf als »unbeabsichtigter Selbstmord« eingestuft – und das, obwohl ihr Körper Spuren körperlicher Mißhandlung aufwies.

Kaum jemand glaubte damals an die Selbstmordtheorie. Nach der offiziellen Version war Thelma Todd in ihrer Garage an einer Kohlenmonoxid-Vergiftung gestorben. Der Polizei hätte aber doch zumindest auffallen müssen, daß eine Garagentür weit offenstand und die Zündung des Wagens ausgestellt war. Einige Autoren, vor allem Andrea Edmond mit ihrem Buch *Hot Toddy*, haben in jüngerer Zeit bewiesen, daß Lucky Luciano Thelma Todd zu Tode geprügelt und dann in die Garage gesperrt hat. Trotzdem wird der Vorfall bis zum heutigen Tage in den Archiven der Polizei als »unbeabsichtigter Selbstmord« geführt.

Als Paul Bern, Jean Harlows Ehemann, von einer seiner Exfrauen ermordet wurde, ließ Metro-Goldwyn-Mayer – wohl auch um Jean Harlow zu schützen – neugierige Journalisten wissen, er habe Selbstmord begangen. Außerdem konstruierte das Filmstudio ein Alibi für die Schauspielerin, von der niemand so genau wußte, ob sie zu der Zeit, als der Mord geschah, im Haus war.

Den Mord an Marilyn Monroe bekam der beste Mann für solche Fälle in die Hand: der Polizeichef von Los Angeles und mächtigste Mann der Stadt, William Parker.

Von Anfang an beharrte Parker darauf, daß es sich bei Marilyns Tod um Selbstmord gehandelt habe. Seine Leute und den Coroner wies er an, den Fall als Selbstmord zu behandeln und entsprechend vorzugehen.

Und um erst gar keine Mißverständnisse aufkommen zu lassen, übertrug er die Untersuchung dem neugebildeten »Selbstmordverhütungsteam«. Ein brillanter Schachzug. Diese Einheit konnte von ihrer Aufgabenstellung her nur der Frage nachgehen, *warum* sie sich umgebracht hatte, nicht aber der Frage, *wie* sie zu Tode gekommen war.

Durch die mit viel Publicity-Rummel begleitete Einsetzung des Teams verhinderte Parker die eigentlich fällige Anhörung durch die Grand Jury, die darüber hätte entscheiden müssen, ob Anklage wegen Mordes erhoben werden sollte oder nicht. Bei einer solchen Anhörung hätten sowohl Peter Lawford als auch Patricia Newcomb, Eunice Murray und sogar Justizminister Robert Kennedy unter Eid aussagen müssen.

Parker war nicht nur mit Bobby Kennedy befreundet, die beiden kooperierten auch im Kampf gegen das organisierte Verbrechen. Außerdem war Parker als potentieller Nachfolger von J. Edgar Hoover, dem Chef des FBI, im Gespräch.

Auf der Weihnachtsparty im Justizministerium 1961 warf Ethel Kennedy, Bobbys Frau, einen Zettel in den Kasten für Verbesserungsvorschläge in ihrer Abteilung. Auf dem Papier stand: »Macht Polizeipräsident Parker aus Los Angeles zum FBI-Direktor, gezeichnet Mrs. Robert F. Kennedy«. Nur zu verständlich, daß sie eine Ablösung Hoovers wünschte, denn der FBI-Chef hatte Bobby Kennedy aufs Korn genommen und versuchte ohne Unterlaß, der Familie unsaubere Machenschaften nachzuweisen. Ja, er hatte sich nicht einmal gescheut, kurz vor Marilyns Tod Agenten auf den Justizminister anzusetzen.

Als Marilyn Monroe umgebracht wurde, bemühte sich Parker gerade aktiv um Hoovers Posten. Vielleicht wollte er den Justizminister günstig stimmen, als er die Ermittlungen im Fall Monroe nach nur fünf Tagen mit dem offiziellen Befund »Selbstmord« abschloß.

Der Polizeichef konnte von Glück reden, daß die Fox auf seiner Seite stand. Ohne die raffinierte Verschwörung, die das Studio gegen Marilyn Monroe inszeniert hatte – und die dazugehörende Publicity-Kampagne –, hätte Parker kaum so leichtes Spiel gehabt.

Die Fox hatte Marilyn in unzähligen Presseberichten, die von den Zeitungen begierig aufgegriffen wurden, als »psychisch krank« und »selbstmordgefährdet« gebrandmarkt. Die meisten Journalisten wiederholten getreulich Harry Brands frei erfundene Geschichte über Marilyns Rausschmiß aus der Fox. Auch Cukors gehässige Bemerkungen über Marilyns angebliche »Geisteskrankheit«, eine Geschichte, die er auch nach Marilyns Tod immer wieder zum besten gab, wurde in der Presse wieder und wieder abgedruckt.

Als Peter Lawford sich nach ihrem Tod zu einer Beschwichtigungskampagne in den Medien aufmachte – bei der er mit allen Mitteln zu beweisen versuchte, daß Marilyn »aus Versehen« zu viele Pillen geschluckt hatte –, berichtete er immer wieder über ihr Verhalten bei den Dreharbeiten zu *Something's Got to Give.*

Im nachhinein wird deutlich, daß Marilyn in den letzten 14 Wochen ihres Lebens gleich zwei Verschwörungen zum Opfer fiel. Zum einen diente sie einer großen Filmgesellschaft als Sündenbock für millionenschwere Fehlschläge. Dazu war es notwendig gewesen, sie als ein psychisches Wrack darzustellen, das eigentlich in eine Nervenheilanstalt gehörte.

Und auf dieser ersten Verschwörung baute die zweite auf, bei der es darum ging, die genauen Begleitumstände von Marilyns Tod zu verschleiern.

Nachdem es der PR-Abteilung der Fox mit großem Geschick gelungen war, Hinweise auf Marilyns sogenannten »Selbstmordversuch« in der ersten Drehwoche von *Something's Got to Give* an die Presse durchsickern zu lassen, fiel es dem Studio jetzt um so leichter, ihren Tod als »Selbstmord« zu verkaufen.

Bis heute bestreiten viele ehemalige Fox-Mitarbeiter, daß eine solche Verschwörung stattgefunden habe. Und manche glauben sogar, was sie sagen.

Die Klageschrift, die Dean Martin gegen die Fox einreichte, nachdem ihn das Studio auf 2,8 Millionen Dollar Schadenersatz verklagt hatte, gibt eine ungefähre Vorstellung davon, um welche Art von Verschwörung es sich gehandelt hatte. Sie enthält folgende Passage: »Gewisse Personen, die gegenwärtig die Geschäfte der Fox führen, haben beschlossen, an die nationale Presse und an die Presse in der Unterhaltungsbranche falsche, betrügerische und irreführende Behauptungen bezüglich der Stellung des Beklagten Martin, wie auch Marilyn Monroes, weiterzugeben und zu veröffentlichen.«

Außerdem erhob Martin in seiner Gegenklage den Vorwurf, daß die Fox deshalb solche Erklärungen verbreite, weil sie einer »Kritik von seiten privater Aktionäre an bestimmten Filminvestitionen vorbeugen« wolle.

Weiter betonte er, die Entscheidung, Marilyn Monroe aus der Besetzungsliste von *Something's Got to Give* zu streichen, sei politischer Natur gewesen, die Schauspielerin sei durchaus in der Lage gewesen, den Film zu beenden. Eine Einschätzung, die von einem Sonderuntersuchungsausschuß der Filmschauspieler-Gewerkschaft Mitte Juni 1962 bestätigt wurde. Nach Dean Martins Aussage vor dem Ausschuß veröffentlichte die Gewerkschaft eine Erklärung: »Nach Ansicht des Gewerkschaftsausschusses wird Mr. Martin zu Unrecht für eine Situation kritisiert, die er nicht herbeigeführt hat.«

Mit Marilyn Monroes Wiederanstellung durch die Fox Ende Juli wurden beide Klagen hinfällig und nicht mehr weiter verfolgt.

Was über Martins Gegenklage an die Öffentlichkeit drang, konnte freilich das von der Fox aufgebaute Bild von Marilyn als einer »Selbstmordkandidatin« nicht erschüttern.

Tatsächlich aber konnte sich der Selbstmordbefund des Coroners unmöglich auf vorhandene Indizien stützen, eine Tatsache, die im Büro des Coroners bekannt gewesen sein mußte. Marilyn Monroes Blut enthielt nach Angaben des Toxikologen Raymond Abernathy 4,5 Milligramm-Prozent Nembutal, eine für sich allein genommen schon tödliche Dosis. Außerdem stellte Abernathy eine gleichermaßen tödliche Dosis Chloralhydrat in ihrem Blut fest – zusammengenommen »genug Drogen, um drei Menschen umzubringen«, wie Deputy Coroner Thomas Noguchi sagte.

Die These, Marilyn habe diese großen Dosen oral aufgenommen, läßt sich aus mehreren Gründen nicht halten.

Die Polizei hatte Probleme, die Herkunft der Medikamente in Marilyns Körper zu erklären, und schreckte nicht davor zurück, in ihrem Bericht an den Coroner ein Rezept Dr. Hyman Englebergs zu fälschen. Am 3. August, dem Tag vor ihrem Tod, hatte Dr. Hyman Engleberg Marilyn Monroe 25 Kapseln Nembutal à 100 Milligramm verschrieben. Die Polizei von Los Angeles hingegen behauptete, Engleberg habe der Schauspielerin die doppelte Menge, also 50 Kapseln Nembutal, verschrieben.

Nach Auskunft von Eunice Murray nahm Marilyn in der besagten Nacht drei Nembutal-Kapseln. Also waren von den ursprünglich 25 Tabletten nur noch 22 übrig. Zwar hatte ihr eine Woche zuvor auch der Studioarzt Lee Siegel Nembutal verschrieben, doch Marilyn hatte es bei dem verhängnisvollen Ausflug zum Tahoe-See größtenteils aufgebraucht.

Polizeichef Parker äußerte die Vermutung, daß Marilyn insgeheim Pillen gehortet habe. Doch Eunice hatte das Haus erst eine Woche zuvor durchsucht und war dabei auf keinerlei geheime Barbiturat-Vorräte gestoßen. Kurz vor ihrem Tod hatte sich Marilyn von ihrer Freundin Jeanne Carmen, zwei Kapseln Nembutal geben lassen.

Die irreführenden Gerüchte über einen »geheimen Vorrat an Narkotika« basieren auf einem anderen Gerücht, wonach Marilyn von einer Mexikoreise angeblich einen »ganzen Koffer voller Pillen« mitgebracht hatte. Wie dem auch sei, Marilyns gesamter Tablettenvorrat, dazu die Pillenfläschchen, die sie aus New York mit an die Westküste gebracht hatte, waren von einem Psychiater der Universität von Los Angeles bis auf die letzte Tablette beschlagnahmt worden. Der Psychiater hatte Marilyn Monroe behandelt, weil Ralph Greenson in Europa weilte.

Im Zuge unserer Recherchen führten wir auch ein Interview mit einer Sprecherin der Abbott Laboraties, die Nembutal herstellen. Als wir sie auf die hohe Dosierung des Wirkstoffes in Marilyns Blut ansprachen, entgegnete sie ganz entschieden, daß eine solche Konzentration »einfach unmöglich« sei.

»Und wenn sie möglich wäre«, fragten wir weiter, »wie viele Kapseln hätte sie schlucken müssen?«

Die Sprecherin antwortete: »75 bis 90 Kapseln.« Robert Slatzer, der seinerseits Erkundigungen einzog, erhielt von zwei Chemikern von Abott die Auskunft: »Sie hätte wahrscheinlich weit über 90 nehmen müssen.«

Die Ermittler der Bezirksstaatsanwaltschaft, die Marilyn Monroes Tod 1982 erneut unter die Lupe nahmen, kamen zu folgendem Ergebnis: »Bei dem Versuch, die Herkunft der Tabletten zu bestimmen, konnten die Angaben der verschiedenen, sich einander widersprechenden Berichte nicht auf einen Nenner gebracht werden.«

Inez Melson, Marilyns Managerin, die um 5.00 Uhr morgens in Brentwood eingetroffen war, hatte noch »Dutzende von Pillen«, darunter auch Nembutal, auf dem Nachttisch herumliegen sehen. »Es waren Schlaf- und Beruhigungsmittel aller Art«, sagte sie. »Wer auch immer vor uns da gewesen war, er hatte die Pillen nicht mitgenommen. Also nahmen wir das Zeug und kippten es in die Toilette.«

Dieser entscheidende Hinweis, den die Polizei ignorierte und der Deputy Coroner Thomas Noguchi nie zu Ohren gekommen war, ist nichts weniger als der Beweis dafür, daß die tödliche Dosis injiziert oder, wie der Deputy Coroner vermutet, in Form eines Einlaufs oder Zäpfchens verabreicht wurde.

Unglücklicherweise zerstörte die ahnungslose Inez Melson den besten Beweis dafür, daß Marilyn ermordet wurde. Marilyn hätte jede einzelne der von Melson gefundenen und weggeworfenen Tabletten zu sich nehmen müssen, um die in ihrem Blut festgestellte Barbiturat-Konzentration zu erklären.

Als die »Pillen-Frage« 1962 zum erstenmal aufgeworfen wurde, wollten Polizeidetektive die im Haus von Marilyn sichergestellten Tablettenfläschchen in Augenschein nehmen, mußten aber feststellen, daß sie vernichtet worden waren. »Genaugenommen war das ungesetzlich«, stellte der frühere Polizeichef Thomas Reddin fest. Immerhin, die Detektive fanden zehn Chloralhydrat-Kapseln, Verschreibungsdatum 31. Juli, in einer Flasche, die ursprünglich fünfzig Stück enthalten hatte. Falls Marilyn wirklich die Absicht gehabt hatte, sich das Leben zu nehmen, hätte sie dann nicht alle Kapseln geschluckt? Bedenkt man weiterhin, daß sie zu gewissen Zeiten jede Nacht vier bis sechs Kapseln Chloralhydrat gegen ihre Schlaflosigkeit schluckte, dann kann man sich leicht ausrechnen, daß sie am Abend ihres Todes möglicherweise nur noch zwölf Kapseln übrig hatte, viel zu wenig also, um die hohen Chloralhydrat-Werte zu erklären, die in ihrem Körper gefunden wurden.

Der Chemiker des Coroners von Los Angeles schätzte die Anzahl der Chloralhydrat-Kapseln, die nötig gewesen wären, um die festgestellten Werte zu erreichen, auf fünfzig bis siebzig Stück.

Es ist müßig, sich mit dem Abzählen von Tabletten aufzuhalten. Marilyn starb an den Folgen einer oder sogar zweier Injektionen.

»Bei einer oberflächlichen Untersuchung ihrer Nieren konnten keine Überreste von Medikamenten festgestellt werden«, berichtete der stellvertretende Bezirksstaatsanwalt John Miner, der ihren Tod untersuchte. »Das deutete darauf hin, daß keine Medikamente den Magen passiert hatten. Und die einzige andere Möglichkeit wäre eine Injektion.«

Dr. Noguchi, dem die Tragweite dieser Schlußfolgerung klar war, wollte diese Frage klären und ordnete eine mikroskopische Analyse des Nierengewebes an. Aber wie die Tablettenfläschchen waren auch die Gewebeproben in der Zwischenzeit verschwunden.

Hinzu kam, daß sich nach der Einnahme einer so großen Tablettenmenge Spuren davon im Magen hätten feststellen lassen müssen. Als 1964 einer der renommiertesten Gerichtsmediziner, Dr. Keith Simpson von der Universität London, die Autopsie für den Monroe-Biographen Anthony Summers noch einmal überprüfte, kam er zu dem Schluß, daß angesichts der Barbiturat-Konzentration in ihrem Blut gewisse Rückstände in ihrem Magen hätten vorhanden sein müssen. Dr. Noguchis Untersuchungsergebnisse wurden jahrzehntelang mißverstanden und falsch interpretiert. So hat er niemals gesagt – oder geschrieben –, daß Marilyn Monroe »nach der Einnahme einer tödlichen Dosis Schlafmittel« starb. Er war von Anfang an skeptisch. »Marilyn hätte eine enorme Menge an Pillen schlucken müssen, um sich umzubringen«, zitierte ihn die *Los Angeles Times*.

Auf einem vorläufigen Untersuchungsbericht hatte Noguchi in Fettschrift gefordert: »Die Leber, die Nieren und der Magen mit Inhalt müssen für weitere toxikologische Studien aufbewahrt werden.«

Fünf Tage später beschwerte er sich gegenüber dem *Los Angeles Herald Examiner*: »Die Labortechniker haben die Organe, die ich ihnen geschickt habe, nicht getestet. Das ist seltsam, zumal die Routinetests kein eindeutiges Ergebnis brachten.«

Da Noguchi keine klare Aussage erhalten konnte, rief er den Toxikologen Raymond Abernathy an und erkundigte sich nach dem Verbleib der Gewebeproben.

»Es tut mir leid, Tom«, antwortete Abernathy, »aber da der Fall abgeschlossen ist, habe ich die Proben vernichtet.«

»Wir hätten diese Tests auf jeden Fall machen müssen«, schloß Noguchi seinen Bericht.

Geht man davon aus, daß Marilyn eine tödliche Überdosis geschluckt hat, dann hätte sie in weniger als zehn Minuten über 70 Kapseln einnehmen müssen, und das erscheint unwahrscheinlich. Außerdem wissen wir, daß es ihr nicht leichtfiel, Pillen zu schlucken. Oft brach sie die

Kapseln auf und schüttete den Inhalt in ein Glas Champagner. In ihrem verschlossenen Schlafzimmer fand sich jedoch kein Trinkgefäß.

Das stärkste Argument gegen die These von einem absichtlichen oder versehentlichen Selbstmord kam von dem Selbstmordverhütungsteam, das den Tod untersuchte. »Marilyn hätte die Pillen innerhalb von wenigen Minuten hinunterwürgen müssen«, sagte Robert Litman, Psychiater und Leiter des Teams. »Wenn sie die Pillen nach und nach geschluckt hätte, wäre sie bewußtlos geworden, lange bevor sie die Menge, die eine so hohe Konzentration hervorruft, hätte zu sich nehmen können.«

Eine Überdosis durch Injektion war von Anfang an die wahrscheinlichste Todesursache. Auch die Polizei bezog diese Möglichkeit in ihre Überlegungen mit ein. Als jedoch Dr. Noguchi nach einer gründlichen Untersuchung von Marilyns Körper bekanntgab, er habe keine Einstiche gefunden, wurde diese These wieder verworfen.

Dem widerspricht die Tatsache, daß Marilyn am späten Donnerstag abend bei sich zu Hause und am Freitag in Dr. Englebergs Praxis insgesamt zwei Spritzen bekommen hatte, deren Einstiche eine »gründliche Untersuchung« hätte zutage fördern müssen.

Als der Bezirksstaatsanwalt Mike Carrol von diesen Injektionen erfuhr, war er sehr überrascht. »Davon hatte ich keine Ahnung«, sagte er. »Ja, die Einstiche hätten auf jeden Fall gefunden werden müssen.«

Sergeant Jack Clemmons glaubt, daß »man Marilyn Chloralhydrat, eine farb- und geruchslose Flüssigkeit, in den Champagner getan hat, um sie zu betäuben. Dann, als sie bewußtlos war, gab man ihr eine tödliche Nembutal-Injektion.«

Es gibt sogar Hinweise darauf, daß Marilyn am frühen Samstag nachmittag eine dritte Spritze bekommen hat – als Bobby Kennedy sie zum erstenmal besuchte. Nach Informanten aus Polizeikreisen, die einen Blick in den 723 Seiten starken Originalbericht der Mordkommission über Marilyn Monroes Tod werfen konnten, war in dem Bericht die Rede davon, daß Kennedy sich zusammen mit einem nicht identifizierten Arzt an diesem Nachmittag in dem Haus in Brentwood aufgehalten haben soll. Dabei soll Marilyn eine »Beruhigungsspritze« bekommen haben. Nachdem unter Berufung auf das Gesetz zur Informationsfreiheit mehrfach versucht wurde, Einblick in den detaillierten Bericht zu erhalten, gab die Polizei von Los Angeles 1991 schließlich bekannt, daß er vernichtet worden sei.

Die Angaben aus dem Bericht werden von Robert Slatzer bestätigt. Er hatte einen Informanten ausfindig gemacht, der ihm von einer geheimen Erklärung berichtete, die Parker vom Justizminister erhalten hatte. Es ging darin um Kennedys Verwicklung in den Fall Monroe.

»Bobby gab zu, daß er zu Marilyns Haus fuhr, als sie so verwirrt war, daß sie nicht mehr klar denken konnte«, berichtete Slatzers Quelle. »Nach seinen eigenen Angaben hatte er einen Arzt mitgebracht, der Marilyn später ein schwaches Beruhigungsmittel verabreichte.«

Ralph G. Martin, der über John und Bobby Kennedy ein Buch mit dem Titel *A Hero for our Times* geschrieben hat, zitiert darin einen glaubhaften Informanten, der Bobbys Besuch ebenfalls bestätigte. Und Tony Sciacca, ein New Yorker Journalist, berichtete, daß auch ihm entscheidende Auszüge aus der geheimen Erklärung Robert Kennedys zugänglich gemacht worden seien.

Sciacca schreibt in seinem Buch *Who Killed Marilyn Monroe?*: »Bobby sagte den Leuten, die mit der Untersuchung betraut waren, Marilyn gehe Jack Kennedy auf die Nerven. Sie stelle ihm nach und verlange ihn pausenlos am Telefon. Außerdem sei er besorgt, weil Jackie Kennedy Ärger mache und immer wieder von Scheidung spreche.« Weiter heißt es in dem Buch, daß Bobby zusammen mit einem Arzt zu Marilyn fuhr, der sie »mit einer Spritze« beruhigen sollte.

Lediglich 30 wenig aufschlußreiche Seiten des umfangreichen Berichts »Untersuchungen über den Tod Marilyn Monroes« existieren noch. »Als ich den Bericht sah, war er so zerstückelt, daß ich sagte: ›Das kann doch nicht die komplette Polizeiakte sein‹«, erinnerte sich der ehemalige Polizeichef Tom Reddin. »Aber sie gaben mir zur Antwort: ›Das ist alles, was wir haben.‹ Da war mir klar, daß wir nie herausfinden würden, was Marilyn Monroe wirklich zugestoßen ist.«

Die Abteilung Aufklärung der Polizei von Los Angeles hatte stets abgestritten, daß ein solcher Bericht jemals existiert hat. Als jedoch vor fünf Jahren ein Kommissar des Morddezernats namens Thad Brown starb, fanden sich in seinem schriftlichen Nachlaß Teile eben dieses Berichts – und die Fotokopien von Marilyns Telefonaufzeichnungen, die Polizeichef Parker angeblich niemals erhalten hatte.

Alle, die an der Vertuschungsaktion beteiligt waren, dürften anfangs vor Spannung den Atem angehalten haben: Würden ihnen Hollywood und die amerikanische Öffentlichkeit die Behauptung abkaufen, daß Marilyn Monroe an den Folgen einer versehentlichen Überdosis gestorben sei?

Marilyns Psychiater, Ralph Greenson, verwarf die Selbstmordthese von Anfang an. Aufgebracht informierte er das Untersuchungsteam: »Selbstmord ist ausgeschlossen.«

Auch in seinen Gesprächen mit dem stellvertretenden Bezirksstaatsanwalt John Miner vertrat Greenson vehement diese Auffassung: »Meine Patientin hat keinen Selbstmord verübt.«

»Ich unterhielt mich mehr als sechs Stunden mit Greenson«, erinnerte sich Miner. »Der verantwortliche Leichenbeschauer hatte darauf bestanden. Greenson überzeugte mich davon, daß die Schauspielerin auf keinen Fall Selbstmord begangen haben konnte. Und genau das schrieb ich auch in meinem Bericht.«

Daraus ein Zitat: »Die Informationen, die ich als stellvertretender Bezirksstaatsanwalt erhalten habe, lassen nur den Schluß zu, daß Marilyn Monroe keinen Selbstmord verübt hat.«

Doch auch der »Miner-Report« verschwand – wahrscheinlich das Werk von Detektiven der Abteilung Aufklärung bei der Polizei von Los Angeles.

Keiner von Marilyns Freunden glaubte an Selbstmord. Peter Levathes, Produktionschef der Fox, war einer der letzten, der mit Marilyn gesprochen hatte. Er wies darauf hin, daß »Marilyn nie besser geklungen hatte. Sie wußte, daß wir *Something's Got to Give* fertigdrehen wollten und innerhalb der nächsten paar Wochen anfangen würden. Die meisten Leute dachten ja, Marilyn sei über die schlechte Behandlung und ihre Entlassung durch das Studio verzweifelt gewesen. Alles Blödsinn! Wir hatten sie doch für eine halbe Million Dollar wieder vor die Kamera geholt! Marilyn war geradezu euphorisch.«

Ihr Psychiater Greenson war ebenfalls der Ansicht, daß es kurz vor ihrem Tod mit ihr bergauf gegangen war: »In der Therapie hatte sie den Durchbruch geschafft. Zum erstenmal in ihrem Leben war sie drauf und dran, ein gewisses Maß an Selbstsicherheit zu bekommen. Es ging ihr immer besser. Ich spürte es, und sie spürte es auch.«

Um seine Aussagen zu belegen, spielte Greenson John Miner Bänder vor, auf denen »Marilyn über gewisse Dinge sprach. Was ich zu hören bekam, überzeugte mich vollends.« Miner erwähnte das auch in seinem Bericht, der dann so auffällig schnell verschwand.

Am meisten aber fiel auf, daß die wichtigsten Indizien, die über den Tathergang hätten Auskunft geben können – der Zustand von Marilyns Schlafzimmer und der ihres Körpers –, nirgends erfaßt worden waren. Als Eunice Murray und Ralph Greenson der Polizei gegenüber aussagten, daß »alles so wie immer« gewesen sei, logen sie – und zwar wissentlich.

Nichts war so wie immer. Marilyn ging niemals nackt zu Bett, schon gar nicht mit brennenden Lichtern und zurückgezogenen Vorhängen. Sie hatte das Zubettgehen zu einem wahren Ritual entwickelt – zu einer unabänderlichen Routine, von der sie auch dann nicht abwich, wenn sie später noch telefonieren wollte.

Jeden Abend, noch bevor ihr Eunice Murray ein Glas Milch brachte, wurden die dicken, lichtundurchlässigen Vorhänge geschlossen. Dann zog sie sich einen Büstenhalter an – in ihrem Arbeitszimmer bewahrte sie einen ganzen Vorrat an BHs auf –, um ihren Busen in Form zu halten. Danach schluckte sie, zusammen mit der Milch, ein paar Kapseln Chloralhydrat. Schießlich setzte sie eine Schlafmaske auf und steckte sich Ohrenstöpsel in die Ohren.

Nichts davon hat sie in ihrer letzten Nacht getan. Sie war im hellerleuchteten Zimmer nackt eingeschlafen – ein Umstand, der Eunice Murray eigentlich hätte alarmieren müssen, es sei denn, natürlich, die Haushälterin wußte, was gespielt wurde.

Die Indizien führen also wieder zurück zu Bobby Kennedy, der an jenem 4. August wußte, daß ein Bekanntwerden seiner verbotenen Beziehung zu der Schauspielerin seine Familie um die Macht bringen konnte.

»Auf Marilyns Leben, und mehr noch auf ihren Tod, waren sehr hohe politische Einsätze getätigt worden«, sagte Norman Mailer in einem Interview zur Veröffentlichung seiner Monroe-Biographie 1973.

Der Journalist Anthony Scaduto war der erste, der den Verdacht äußerte, daß Marilyn möglicherweise umgebracht worden war, um Justizminister Robert Kennedy zu schützen. Das Szenario, das Scaduto entwarf, unterschied sich nur unwesentlich von den Verdächtigungen, die Mailer in seiner Biographie aussprach. »Welche Abteilung des FBI beschlagnahmte die Telefonunterlagen?« fragte Mailer. »Und wollten sie Bobby Kennedy schützen, oder versuchten sie, Material zu sammeln, das ihn belastete?«

Der vielleicht interessanteste – und kurioseste – Beitrag zu der Diskussion um Marilyns Tod kam von der Nachrichtenagentur TASS aus Moskau. Aus Anlaß des 25. Todestags von Marilyn Monroe veröffentlichte die staatliche Nachrichtenagentur der damaligen Sowjetunion eine Reihe von bemerkenswert aufschlußreichen Artikeln, in denen »einflußreiche Personen in Hollywood« beschuldigt wurden, die wahren Begleitumstände des Todes der Schauspielerin vertuscht zu haben.

Die Journalisten, die für die fünfteilige Serie recherchierten, hatten Zugang zu Akten des sowjetischen Geheimdienstes KGB. »Marilyn«, behauptete TASS, »wurde von der CIA ermordet, weil sie plante, eine US-amerikanische Verschwörung zur Ermordung des kubanischen Diktators Fidel Castro aufzudecken.«

In einem Artikel über Marilyns Beziehung zu den Kennedy-Brüdern behaupteten die Verfasser weiter, sie hätten hieb- und stichfeste Beweise für diese Affären. »Wir können nicht ausschließen, daß Agenten, die die Kennedys schützten, Marilyn umgebracht haben«, hieß es in dem Bericht.

Die These hat einiges für sich.

Als sich Marilyn im July 1962 mit Robert Slatzer in Malibu traf, berichtete sie ihm von der Absicht der CIA, Castro mit Hilfe der Mafia aus dem Weg zu räumen. Slatzer, aufs höchste alarmiert, warnte sie: »Solche Informationen können dich den Kopf kosten.«

Außerdem machte sie sich Notizen über die CIA, die Mafia und die Haltung der Regierung Kennedy zu Castro und über das Mordkomplott von CIA und Mafia gegen den kubanischen Diktator.

Augenzeugen wollen Bobby Kennedy an Marilyns Todestag mindestens einmal – wahrscheinlich sogar zweimal – vor ihrem Haus gesehen haben. Der BBC-Produzent Ted Landreth nahm Eunice Murray so lange in die Mangel, bis sie schließlich zugab, daß Bobby da gewesen sei. Außerdem bestätigte sie, daß Stunden vergingen, bevor die Polizei verständigt wurde, so daß Peter Lawford und der Secret Service genügend Zeit hatten, den Justizminister unauffällig aus der Stadt zu schaffen.

Der Schriftsteller Ray Strait sprach von einem lauten Streit zwischen Marilyn und Robert Kennedy, der damit geendet habe, daß Kennedy wutentbrannt aus dem Haus gerannt und zur Strandvilla der Lawfords gefahren sei.

Kennedy muß über das Ausmaß von Marilyns Zorn bestürzt gewesen sein. Möglicherweise wiederholte sie auch ihre Drohung, eine Pressekonferenz abzuhalten.

Bobby Kennedy war nicht der Typ, der solche Sorgen für sich behielt.

Es erscheint also absolut plausibel, daß Agenten des Secret Service oder sogar vom FBI die Sache in die Hand nahmen und Marilyn eine weitere Spritze bekam – diesmal mit tödlichen Folgen.

Ein hoher Mitarbeiter der Twentieth Century-Fox, der anonym bleiben will, fragte später den Justizminister einer republikanischen Administration, ob Agenten der Regierung einen solchen Mord inszeniert haben könnten.

»Sie sind ganz schön naiv«, antwortete der Justizminister. »Der Präsident – oder der Justizminister – braucht nichts weiter zu tun, als darauf hinzuweisen, daß ihm eine bestimmte Person sehr lästig ist. Irgend jemand hört das und kümmert sich darum. Die Welt der Politik basiert auf solchen Dingen. Das ist reale Macht, und die zählt.« Der Fox-Manager machte ein schockiertes Gesicht. Der Minister lächelte: »Na ja, Sie wollten es ja unbedingt wissen.«

»Seitdem habe ich mich nie mehr so richtig sicher gefühlt«, gestand der Manager.

»Jemand, der zum Präsidenten und zum Justizminister der Vereinigten Staaten intime Beziehungen unterhält«, sagte der ehemalige Polizeichef Reddin, »und dabei wichtige, manchmal auch streng geheime Unterhaltungen mithört und Dinge erfährt, von denen man besser nichts weiß – also jemand wie Marilyn Monroe –, wird auf jeden Fall als Bedrohung empfunden.«

Auf die Notizen angesprochen, die sich Marilyn über ihre Unterhaltungen mit John und Bobby Kennedy machte, antwortete Reddin: »Das könnte Marilyn ohne Zweifel in höchste Gefahr gebracht haben.«

Hazel Washington sah am Sonntag mittag, wie »Beweismaterial« im Kamin des Hauses in Brentwood verbrannt wurde. Daraus geht klar hervor, daß Marilyns gesamte Aufzeichnungen über ihre Beziehungen zu den Kennedy-Brüdern den Flammen zum Opfer fielen.

Dabei war es Bobbys eigene Schuld, daß Marilyn stets kleine Stenoblöcke bei sich trug. Nach Peter Lawford hatte er sich bei Marilyn darüber beklagt, daß sie alles vergesse, was er zu ihr sage: »Wie sollen wir uns über Politik unterhalten, wenn du immer wieder die Einzelheiten vergißt?«

Also begann sie, die kleinen Blöckchen, die stets griffbereit neben ihrem Bett lagen, mit Notizen über ihre Gespräche zu füllen. Evelyn Moriarity beobachtete oft, wie Marilyn in Drehpausen etwas in ihren Stenoblock schrieb.

Was das anging, leisteten der Secret Service, die Polizei von Los Angeles und die PR-Abteilung der Fox ganze Arbeit. Nicht einen Fetzen Papier ließen sie in Marilyns Haus zurück. Sogar die fünf Schubladen mit ihren Fox-Verträgen verschwanden.

Einige Unterlagen müssen kurz darauf in den Besitz von Bobby Kennedy gelangt sein. Das belegt ein Vorfall, der sich ungefähr eine Woche nach Marilyns Tod in Washington ereignete. Der Justizminister ließ sich im Weißen Haus gerade die Haare schneiden, als er zu Mickey Song sagte: »Mickey, danke, daß Sie immer an die Familie denken, daß Sie sie schützen, wenn Gefahr droht.«

Song war verwirrt: »Wovon sprechen Sie?«

»Erinnern Sie sich an die Nacht, als Marilyn Sie nach Brentwood einlud und über uns ausgefragt hat?«

»Ja«, antwortete Song, dem es überhaupt nicht gefiel, daß Kennedy von dem Treffen wußte.

»Ich bin mir sicher, daß Sie keine Ahnung hatten, aber Marilyn hat das Gespräch auf Tonband aufgenommen und sich später Notizen über das gemacht, was Sie ihr erzählt haben.«

Song atmete tief durch und stöhnte: »Mein Gott!«

»Machen Sie sich keine Sorgen mehr«, beruhigte ihn Kennedy, »Ich will Ihnen nur sagen, daß die Familie Ihnen für alles dankt.«

Andere Tonbänder wurden in Marilyns Kamin von den zwei elegant gekleideten Männern verbrannt, die den Wandschrank im Gästehaus aufgebrochen hatten.

Die Kennedys waren auch Pat Newcomb sehr dankbar, die nicht nur über Marilyns Geheimnisse Stillschweigen bewahrte, sondern auch über die der Präsidentenfamilie. Später sollte sie, auf Empfehlung von Peter und Pat Kennedy Lawford, einen Job bei der United States Information Agency erhalten.

Vieles weist darauf hin, daß bei den »Aufräumarbeiten« Peter Lawford und die Twentieth Century-Fox zusammenarbeiteten.

»Lawford arbeitete nach Marilyns Tod mit dem Studio Hand in Hand«, sagte der stellvertretende Bezirksstaatsanwalt Mike Carrol. »Das war ganz normal für Hollywood, das wurde seit Jahrzehnten so gehandhabt.«

Die Aufgabe des Präsidentenschwagers bestand vor allem darin, ein Tarnmanöver zu inszenieren, damit Robert Kennedy nach San Francisco zurückkehren konnte, bevor die Polizei von Marilyns Tod erfuhr.

Ein Dokumentarfilm der BBC von 1985, *Say Goodbye to the President*, kam zu dem Schluß, daß es bei dem Tarnmanöver vor allem darum gegangen war, den Vorfall geheimzuhalten und »die Polizei erst nach mehreren Stunden über Marilyns Tod zu informieren«.

Die dritte von Lawfords vier Exfrauen fügte hinzu: »Jede Minute zählte, als es darum ging, den Justizminister sicher hier herauszuschaffen.«

Zehn Jahre lang haben die Polizei und Anhänger Kennedys, darunter Ed Guthman und der Anwalt John Bates, jeden verhöhnt, der behauptete, daß Marilyn ermordet worden sei. Schriftsteller wurden vom Bezirksstaatsanwalt von Los Angeles beschuldigt, haltlose Phantastereien in die Welt zu setzen. Je näher ein Journalist der Wahrheit kam, desto größer war die Wahrscheinlichkeit, daß er von den Kennedys und ihren Anwälten als Aasgeier beschimpft wurde, der im Schmutz anderer Leute wühle.

Die Anwälte der Familie sagten den Journalisten, es sei ausgemachter Blödsinn zu glauben, Marilyns Telefonaufzeichnungen seien von der Polizei oder anderen offiziellen Stellen beschlagnahmt worden. Das sei nie geschehen, behaupteten Robert Kennedys Freunde. Bis eine Fotokopie genau dieser Aufzeichnungen in den Unterlagen eines verstorbenen Detektivs des Morddezernats auftauchte.

Kenneth O'Donnell, ein Berater des Präsidenten, hatte es als geschmacklos bezeichnet anzunehmen, daß zwischen John F. Kennedy und Marilyn Monroe etwas gewesen sei. Bis Judith Campbell Exner vor dem Kongreß aussagte, daß sie mit dem Präsidenten geschlafen und er zur selben Zeit eine Affäre mit Marilyn Monroe gehabt habe.

Lawford, O'Donnell und andere Berater hatten vor der Presse immer wieder behauptet, daß Robert Kennedy niemals angeordnet habe, alle Hinweise aus Marilyns Haus in Brentwood zu entfernen. Aber inzwischen hat Mickey Song sein Schweigegelübde gebrochen und den wertvollen Hinweis geliefert, daß der jüngere Kennedy Tonbänder besaß, die mit Marilyns Gerät aufgenommen worden waren.

Als wir der verworrenen Geschichte von Marilyns letztem Film nachgingen, wurde uns schnell klar, daß ihr Tod eng mit der Geschichte von *Something's Got to Give* zusammenhing.

Wir hatten gehofft, wir könnten die näheren Umstände eines Unfalltodes klären, doch statt dessen fanden wir Hinweise, die auf einen Mord hindeuteten. Was nun folgt, ist die wahre Geschichte, so wie wir sie sehen:

Die Mißgeschicke und unheilvollen Ereignisse, die zu Marilyns Ermordung führten, nahmen am Morgen des 3. August ihren Anfang. Nachdem Mitarbeiter des Justizministeriums die alarmierende Nachricht, die Marilyn im St. Francis Hotel zurückgelassen hatte, an Bobby Kennedy weitergeleitet hatten, mußte er begriffen haben, daß sie drauf und dran war, ihre Beziehungen zu seiner Familie vor der Öffentlichkeit auszubreiten. Da er seit einiger Zeit keine Telefonanrufe von ihr mehr entgegennahm, war er von Marilyns Rachegelüsten überrascht. In Gesprächen mit Pat Lawford, Earl Wilson und einigen anderen hatte Marilyn eine wütende Entschlossenheit an den Tag gelegt.

Bobby war auch überrascht, wie leicht es ihr gefallen war, ihn in San Francisco ausfindig zu machen. Er versprach ihr am Telefon, sie am Samstag morgen zu besuchen. Wir haben Grund zu der Annahme, daß Marilyn damit drohte, eine Pressekonferenz zu geben und die Journalisten über ihre Affären mit den Kennedy-Brüdern zu informieren. Und vielleicht spielte sie auch mit dem Gedanken, Auszüge aus ihren Notizblöcken zu veröffentlichen, die sie mit detaillierten Berichten über ihre Romanzen gefüllt hatte und die eine Art Protokoll der Gespräche darstellten, die sie im Lauf des vergangenen Jahres mit ihren hochgestellten Liebhabern geführt hatte. Wie hatte sie zu Robert Slatzer gesagt: »Ich werde den Topf zum Überkochen bringen.«

Begleitet von vertrauenswürdigen Männern des Secret Service eilte der Justizminister zu einer Lagebesprechung in Lawfords Villa. Nach unseren Informationen rief er von dort aus Marilyn Monroe an, die zu diesem Zeitpunkt vollkommen hysterisch war und ihn anschrie, er solle sich zum Teufel scheren.

Offensichtlich traten daraufhin die Agenten des Secret Service in Aktion. Vielleicht waren auch Mitarbeiter der CIA beteiligt. Wegen

Marilyns unvorsichtiger Äußerungen über das Komplott gegen Fidel Castro hatte auch die CIA ein starkes Interesse daran, sie zum Schweigen zu bringen.

Um die Situation doch noch zu entschärfen, machte sich Bobby Kennedy zusammen mit einem Arzt aus Beverly Hills auf den Weg nach Brentwood. Sie trafen dort gegen 18.30 Uhr ein, und der Arzt gab Marilyn ein starkes Beruhigungsmittel.

Aber als Kennedy gegen 19 Uhr zu Lawson zurückkehrte, war Marilyn schon am Telefon und schimpfte über ihre schlechte Behandlung durch die Kennedys. Marilyn war halb hysterisch, lachte und heulte. Sie muß in einer ähnlichen Verfassung gewesen sein wie ein Jahr zuvor, als sie Arthur Miller zur Zielscheibe ihrer Wutanfälle gemacht hatte.

Bobby Kennedy war ratlos, die Situation spitzte sich immer mehr zu. Er rief seinen Bruder im Weißen Haus und seine Mutter in Hyannis Port an.

Dann, irgendwann zwischen 18.30 und 19 Uhr, drang jemand in Marilyn Monroes Haus ein und injizierte ihr eine starke Dosis Nembutal, entweder in die Achselhöhle oder in das Rektum. Eine Injektion an einer dieser beiden Stellen würde bei einer Autopsie, bei der selbst die Einstiche der Spritzen, die sie in den letzten beiden Tagen erhalten hatte, übersehen wurden, nicht entdeckt werden.

Im übrigen gab auch der damalige Deputy Coroner Thomas Noguchi später zu, daß man bei der Autopsie Anzeichen von Gewalteinwirkung an Marilyns Körper festgestellt hatte. »Im unteren Rückenbereich und an den Unterarmen hatte sie blaue Flecken, die nicht sehr alt sein konnten.«

In einem Interview mit KABC, einem Fernsehsender in Los Angeles, sagte Noguchi 1982, daß »Mord mit im Spiel war«. Er sprach sich dafür aus, »den Fall mit wissenschaftlichen Mitteln neu aufzurollen.« Eine Herausforderung, die ohne Antwort blieb.

Eunice Murray, die nie besonders mitteilsam gewesen war und es vorgezogen hatte, über Gedächtnislücken zu klagen, gab ihr Schweigen erst auf, als der BBC-Produzent Ted Landreth sie 1985 so lange löcherte, bis sie zugab, daß »die Polizei erst Stunden nach dem Tod verständigt wurde, weil sie Zeit brauchten, Bobby Kennedy aus der Stadt zu bringen«.

Marilyn starb ungefähr gegen 22 Uhr. Kurz darauf lief eine der umfangreichsten Vertuschungsaktionen in der Geschichte Hollywoods an. Marilyns PR-Berater Arthur Jacobs wurde gegen 22.30 Uhr aus einem Konzert in der Hollywood Bowl gerufen und machte sich sofort auf den Weg nach Brentwood, um am Tatort verdächtige Dokumente zu beseitigen. Dabei fiel ihm wahrscheinlich auch ein angefangener Brief in die Hände, in dem sich Marilyn über ihre Beziehung zu der First Family ausließ. Zur selben Zeit stieg Bobby Kennedy, der nach Aussagen eines Augenzeugen Freizeithosen und ein Sweatshirt trug, am Strand vor Lawfords Haus in einen Hubschrauber, der kurz zuvor gelandet war.

Greenson wurde kurz nach 23 Uhr in das Haus nach Brentwood gerufen. Dann folgte die Abordnung der Twentieth Century-Fox: Frank Neill und John Campbell.

Nach Auskunft von Fred Otash und Milo Speriglio hielt sich auch Peter Lawford mehrere Stunden lang am Tatort auf – eine Aussage, die 1982 bestätigt wurde, als die Bezirksstaatsanwaltschaft den Fall neu aufrollte. Wahrscheinlich dirigierte Lawford die Aufräumaktion. Uns ist jedenfalls bekannt, daß Lawford seinem Schwager John F. Kennedy am frühen Sonntag morgen einen Lagebericht durchgab.

Im Frühjahr 1982 wurde in bis dahin nicht zugänglichen Unterlagen der Telefonzentrale des Weißen Hauses eine Notiz über Lawfords mündlichen Bericht an den Präsidenten gefunden. Aus der ersten Eintragung vom 5. August 1962 geht hervor, daß Lawford um 9.05 Uhr Washingtoner Zeit (also 6.05 Uhr pazifischer Zeit) im Weißen Haus anrief und 20 Minuten lang mit dem Präsidenten sprach.

Nach den Unterlagen der Telefonzentrale kam der Anruf aus einem Haus »am Pacific Coast Highway« in Santa Monica, Kalifornien, und der Anrufer war Peter Lawford. Um genau zu sein: Der Anschluß des Anrufers hatte die Nummer GL-1-1800. Und wie der Privatdetektiv Fred Otash herausfand, war das die Nummer von einem der Apparate in Lawfords Strandvilla. Nach Otashs Angaben wurde dieser Anschluß zur betreffenden Zeit abgehört.

Nach Ansicht einiger Journalisten stellt die Eintragung über dieses Gespräch die erste heiße Spur dar, die auf eine etwaige Verbindung zwischen Marilyns Tod und dem damals amtierenden Präsidenten hinweist – und Lawford als Drahtzieher der Vertuschungsaktion entlarven könnte.

»Dieser Anruf ist sehr verräterisch«, bemerkte Anthony Summers, der neun Jahre lang darum kämpfte, die Unterlagen der Telefonzentrale einsehen zu dürfen. »In dem Telefonat zwischen Lawford und dem Präsidenten kann es, kaum zwei Stunden nachdem Marilyns Tod angezeigt wurde, nur um die Ereignisse der vergangenen Nacht gegangen sein.«

Hazel Washington erinnert sich, daß Lawford bereits in der Nacht schon einmal telefoniert hatte, und zwar von dem Apparat in Marilyns Schlafzimmer aus. Zwar existieren für diesen Zeitraum keine Aufzeichnungen im Weißen Haus, doch hätte man Dauer und Ziel des Anrufs Marilyns Telefonrechnung entnehmen können – wenn sie nicht aus den Akten der Telefongesellschaft verschwunden wäre.

Ein weiteres Indiz dafür, daß in dieser Nacht eine geplante Aktion über die Bühne ging, war die Tatsache, daß gegen 4.34 Uhr, als Sergeant Jack Clemmons in die kleine Sackgasse einbog, die Straße völlig leer war.

Noch gegen 1 Uhr morgens herrschte hier reges Treiben. Als Arthur Landau, Finanzier in Los Angeles und direkter Nachbar von Marilyn Monroe, um diese Zeit in den Fifth Helena Drive einbog, parkten dort ein Mercedes, ein offener Lieferwagen, ein Cabriolet ausländischer Herkunft und zwei unauffällige Wagen, die Landau an Zivilfahrzeuge der Polizei erinnerten.

Nachdem er seinen Wagen in der Garageneinfahrt abgestellt hatte, versuchte er von einem der Männer, die vor Marilyns Haus standen, zu erfahren, was los sei. »Alles in Ordnung«, wurde ihm beschieden. »Aber als ich am anderen Morgen das Radio anstellte, war mir alles klar«, sagte Landau später.

»Die Typen, die Marilyn auf dem Gewissen haben«, meinte Jack Clemmons, »haben auch die Telefonrechnung. Wer sonst hätte sich für ihre Telefonrechnung interessieren sollen?«

Einiges deutet darauf hin, daß Ralph Greenson in die Aktion des FBI eingeweiht war. »Gott ist mein Zeuge, es war nicht Bobby Kennedy, der die Sache angeordnet hat«, gab der Psychiater zu Protokoll. Sollte Greenson wirklich von dem Mordkomplott erfahren haben, dann jedenfalls zu spät, um noch etwas dagegen zu unternehmen.

Als Clemmons von ihm wissen wollte, was sich in Marilyns Haus abgespielt hatte, bevor die Polizei verständigt wurde, antwortete Greenson: »Ich kann dazu nichts sagen, ohne über Dinge zu sprechen, über die ich nicht sprechen darf. Man kann nicht einfach einen Strich in den Sand ziehen und sagen: ›Ich erzähl dir davon, aber nicht hiervon.‹ Es ist schrecklich: ›Ich kann nichts sagen, weil ich sonst die ganze Geschichte erzählen müßte.‹«

»Aber einen guten Rat kann ich Ihnen geben«, sagte Greenson verschwörerisch. »Sprechen Sie mit Bobby Kennedy.«

Teil 5

Nach-spiel

40

Die Beteiligten

Marilyn Monroe wurde im Westwood Memorial Park beerdigt, einem ungepflegten Friedhof, dessen vernächlässigte Gräber und heruntergekommene rosafarbene Leichenhalle von einer Mauer aus grauen Schlacksteinen umschlossen werden. Das Friedhofsgelände lag im Schatten lieblos hingeklotzter Hochhäuser, und der Lärm, den der Wind von dem geschäftigen Industriegebiet auf der West Side von Los Angeles herübertrug, ließ nie nach.

Westwood hatte nichts von dem märchenhaften Luxus des ehrwürdigen Forest Lawn, wo die meisten großen Hollywood-Stars ihre letzte Ruhe fanden. Und nichts erinnerte hier an die Bronze- und Onyxpatina der prachtvollen Grabstätten von Hollywood Gardens, wo Berühmtheiten wie Rudolfo Valentino und Wallace Reid auf ewig ruhen.

Die Prominenten Hollywoods, die von dem Begräbnis ausgeschlossen wurden, bekundeten ihre stumme Anteilnahme durch Hunderte von extravaganten Kränzen, geschmückt mit rosa Nelken und Nachthyazinthen.

Joe DiMaggio, unerschütterlich in seiner Würde und seiner altmodischen Verbindlichkeit, hatte darauf bestanden, daß die Vertreter der Filmindustrie, die Marilyn in den letzten Monaten ihres Lebens so grausam behandelt hatten, ausgesperrt wurden. Nachdem es ihm zu Marilyns Lebzeiten nicht gelungen war, sie vor den Unbilden Hollywoods zu beschützen, wollte er ihr wenigstens jetzt, da sie tot war, diesen Gefallen tun.

DiMaggio, der die ganze Nacht kniend neben der aufgebahrten Marilyn Totenwache gehalten hatte, ging gemessenen Schrittes vor dem einfachen Bronzesarg her. Er rechtfertigte die spartanische Ausstattung mit den Worten: »Es soll ein Begräbnis im kleinen Kreis werden, damit Marilyn in der Ruhe, die sie immer gesucht hat, zu ihrer letzten Ruhestätte geleitet wird.«

Als sich der kleine Trauerzug in Richtung Grabkammer in Bewegung setzte, stieg heiße Luft in kleinen Spiralen von der Asphaltauffahrt auf und wirbelte um die Beine der Sargträger.

Angeführt von einem einzelnen, geschundenen Gaul, war die Prozession ein symbolischer Marsch von Fremden – die meisten waren bezahlte Helfer Marilyns, die kaum mehr als die notwendigsten Höflichkeiten austauschten.

Die beiden Anwälte Milton Rudin und Martin Gang, dann Lee and Paula Strasberg, Pat Newcomb und Arthur Jacobs, die Greensons und Eunice Murray, sie alle folgten dem Sarg durch die sengende Hitze zu der kleinen Kapelle, die einem überwachsenen Wohnmobil zum Verwechseln ähnlich sah.

Ein Pastor der lutherischen Kirche, der weder Marilyn Monroe gekannt hatte, noch einen der Trauergäste kannte, sprach ein paar kurze Worte, begleitet von den herzzerreißenden Schluchzern Joan Greensons und Pat Newcombs.

Die von einem alten, rauschenden Tonband abgespielte Musik ging im Lärm der Auslöser und automatischen Kameras der über dreihundert Reporter unter, die außerhalb des Zauns standen.

Lee Strasberg, der Marilyn in den schlimmsten Monaten ihrer Karriere beigestanden hatte, erhob seine dünne Stimme zu einer Lobrede.

»Durch ihr Leben hat uns Marilyn gezeigt, was ein armes Mädchen aus bedrückenden Verhältnissen alles erreichen kann«, sagte er. »Für die Welt wurde sie zum Symbol des ewig Weiblichen. Mir aber fehlen die Worte, diesen Mythos, diese Legende zu beschreiben. Denn ich kannte Marilyn Monroe immer nur als Mensch.«

Als der Sarg zu der Grabkammer getragen wurde, erschien Frank Sinatra in einem schwarzen Achthundertdollaranzug, um Marilyn die letzte Ehre zu erweisen. Aber die Wachmänner, die die ausdrückliche Anweisung hatten, ihn nicht einzulassen, hielten ihn am Haupttor auf. Auch Dean Martin, Rupert Allan, Patricia Kennedy Lawford und Robert Slatzer hatten keine Einladung erhalten.

Ironischerweise hatten viele, die vor dem Tor bleiben mußten, Marilyn in den letzten Monaten ihres Lebens mehr geholfen als diejenigen, deren Namen auf die willkürlich zusammengestellte Gästeliste gerieten. »Als Joe die Beerdigung in die Hand nahm, strich er die vorläufige Liste rigoros zusammen«, sagte der Presseagent John Springer. »Er überflog die Liste und meinte nur: ›Der und der haben hier nichts verloren, die und die auch nicht...‹ Viele fühlten sich dadurch sehr verletzt.«

Vor dem Tor stand neben Slatzer auch der New Yorker Kolumnist Walter Winchell. Er versuchte, aus der seltsamen Prozession, die langsam über den Friedhof schritt, schlau zu werden.

»Wer sind diese Leute?« wollte Winchell wissen.

»Fremde«, antwortete Slatzer. »Fremde, die für Marilyn gearbeitet haben.«

Die schwarzgekleideten Männer und Frauen, deren Namen und Gesichter in Zeitungsartikeln und Fernsehbeiträgen verewigt wurden, kamen nach der Beerdigung kein einziges Mal mehr zusammen – außer auf den Seiten der unzähligen Bücher, die über Marilyn Monroe geschrieben wurden. Viele von ihnen versuchten, ihre kurze Begegnung mit dem Ruhm in harte Dollars umzumünzen.

Einer davon war Lee Strasberg, der gleich in einer ganzen Reihe von Dokumentationen auftauchte, die nach Marilyns Tod produziert wurden. Der zunehmende Kult, der um Marilyn Monroe – und andere Stars des Actor's Studios – gemacht wurde, verwandelte seine Schauspielschule in ein boomendes Unternehmen mit Zweigstellen an beiden Küsten.

Marilyns Hinterlassenschaft an die Strasbergs – zum Zeitpunkt ihres Todes kaum der Rede wert – wuchs zu einem millionenschweren Unternehmen heran, als ihr Name und Stil im großen Stil vermarktet wurden, von kitschigen Kopien ihrer Kleider, billigen Kosmetika wie »Marilyn Monroe Eau de Toilette« bis hin zu »Marilynwein«, einem fragwürdigen Getränk mit einem starken Essiggeschmack. Nach vorsichtigen Schätzungen bringen allein die Lizenzverträge in den Vereinigten Staaten pro Jahr über eine Million Dollar ein.

Das Leben der beiden Frauen, die Marilyn in den letzten vierzehn Wochen ihres Lebens wohl am nächsten standen – ihre Haushälterin Eunice Murray und ihre persönliche PR-Beraterin Patricia Newcomb –, blieb dauerhaft mit dem Schicksal ihrer verstorbenen Arbeitgeberin verknüpft.

Kurz vor ihrem Tod hatte Marilyn in Erfahrung gebracht, daß Eunice in Wahrheit eine Psychiatrie-Krankenschwester war, die ihr von Ralph Greenson offiziell als Haushälterin vermittelt und inoffiziell als Spionin untergeschoben worden war. »Marilyn fühlte sich hintergangen«, erinnerte sich Ralph Roberts, »und war drauf und dran, Eunice rauszuwerfen.«

In den Stunden nach Marilyns Tod half die Haushälterin eifrig mit, das Haus »aufzuräumen«, wie sie es nannte. Sie wusch nicht nur alle Laken und Bettbezüge, sondern beseitigte auch alle Essensreste und den gesamten Alkoholvorrat. Wie schrieb die Polizei in ihrem Bericht? »Sie warf einen ganzen Berg von Abfall weg, lange bevor Polizeibeamte im Haus eintrafen.«

Einige Leute glauben, daß Eunice von den Kennedys für bestimmte »Dienste« bezahlt wurde. Obwohl die Haushälterin kaum etwas besaß, als Marilyn starb, unternahm sie in den sechziger Jahren drei

Reisen nach Europa. »Ich bin sicher, daß Murray belohnt wurde«, sagte der Sergeant Jack Clemmons. »Uns lagen entsprechende Informationen vor.«

Aus welchem Grund auch immer: Eunice Murray brach ihr Schweigen über die Geschehnisse in jener Nacht. In ihrem Buch *Marilyn: The Last Months* erwähnte sie weder die Kennedys, noch gab sie irgendwelche Hinweise auf eine mögliche Verschwörung gegen ihre ehemalige Arbeitgeberin.

Seit ihrem einzigen schwachen Moment, als sie vor den laufenden Kameras der BBC zugab, daß Bobby Kennedy an dem fraglichen Samstag in Brentwood gewesen sei, hält sie sich wieder eisern an ihr »Schweigegelübde«. Einem Reporter gegenüber erklärte sie: »Es tut mir sehr leid, daß ich etwas gesagt habe.«

Pat Newcomb, die heute eine der erfolgreichsten selbständigen PR-Beraterinnen in Hollywood ist, lehnte nach eigenem Bekunden in den letzten drei Jahrzehnten »zahlreiche sechsstellige Buchangebote« ab.

Die Zeit, in der sie Marilyns Image mitgeprägt hatte, sollte, nachdem sie in Tränen aufgelöst das Haus in Brentwood verließ, auch ihr weiteres Leben maßgeblich bestimmen.

Eine Woche nach dem Begräbnis flog Newcomb nach Hyannis Port zu den Kennedys, die sie für eine Reihe von Projekten engagierten. Einmal, als sie eine wichtige Position in der Regierung bekleidete, hatte sie ihr Büro auf demselben Flur wie der Justizminister. Später beteiligte sie sich an dem erfolgreichen Wahlkampf Bobby Kennedys für den Senat und arbeitete für die United States Information Agency.

Newcomb, die in den letzten zehn Jahren Schauspielergrößen wie Jane Fonda, Robert Redford und Barbra Streisand betreute, hat nicht die Absicht, ihre Version der Geschichte um Marilyn Monroe niederzuschreiben.

Ihr Chef, Arthur Jacobs, wurde von der Twentieth Century-Fox für seine Rolle in der Vertuschungsaktion reichlich belohnt. Nur wenige Wochen nach Marilyns Tod verpflichtete das Studio ihn als Produzenten. Jacobs spezialisierte sich auf ausgefallene Filme, wie *What a Way to Go (Immer mit einem anderen)*, jener Film, der ursprünglich mit Marilyn Monroe hätte gedreht werden sollen, oder *Goodbye, Mr. Chips*. Berühmt wurde er allerdings durch den Kassenschlager *Planet der Affen*.

Genau wie Newcomb behielt Jacobs sein Wissen über das, was sich am 4. und 5. August 1962 in Brentwood zugetragen hatte, für sich.

Die wohl tragischste Figur in Marilyns letzten Monaten war ihr Psychiater Dr. Ralph Greenson, der durch seine umstrittene Behandlung des Stars zum Gespött seiner Kollegen wurde.

»Nach ihrem Tod war er einfach nicht mehr derselbe«, stellte Lucy Freeman fest, eine Journalistin der *New York Times*, die Greenson in den folgenden Jahren mehrmals interviewte. »Ihr Tod hat ihn tief getroffen. Er machte sich Vorwürfe, obwohl ihn kaum eine Schuld traf.«

Greensons Lehrbuch *Technik und Praxis der Psychoanalyse* steht heute in über zweihundert Universitäten in aller Welt.

41

Cleopatra

Im heißen römischen Sommer des Jahres 1962 parkte ein strahlend weißer Notarztwagen am Rande der Kulissen von *Cleopatra* – eine Art Versicherung für den Fall, daß Elizabeth Taylor einen weiteren Selbstmordversuch unternehmen würde.

Anfangs versteckte man die Ambulanz noch hinter der monströsen Pappmaché-Sphinx. Die zunehmend verwirrte Hauptdarstellerin sollte durch ihren Anblick nicht noch mehr aus der Fassung geraten. Nachdem der ganze Juni ruhig verlaufen war, gab die Besatzung des Krankenwagens ihre Zurückhaltung auf und parkte gut sichtbar neben den Kulissen. Der gutaussehende junge Arzt und die Krankenschwester mit ihrer gestärkten weißen Haube mischten sich ohne Scheu unter die exotisch gekleideten Komparsen.

Das »Selbstmord-Mobil«, wie es bald genannt wurde, wurde zur Zielscheibe vieler Studiowitze. Geschichten über das wichtigste medizinische Instrument in der Ambulanz, die chromblinkende Magensonde, verkürzten die Kaffeepausen am Nachmittag.

Dem Produzenten Walter Wanger war freilich nicht nach Witzen über Taylors Zustand zumute. »Wir waren mit den Dreharbeiten im Juni kaum fertig, als es zwischen Richard Burton und Elizabeth Taylor zum Bruch kam«, schrieb Wanger an Darryl Zanuck. »Sie hatte eine Mordsangst, Burton würde zu seiner Frau Sybil zurückkehren.«

Die Fox hatte nochmals 200 000 Dollar bereitgestellt, so daß bis zum 21. Juni weitergedreht werden konnte. Dann, so hatte man eigentlich erwartet, würde die Taylor ihre 156 Koffer packen und aus Rom flüchten, Burton und »den Skandal« hinter sich lassend.

Aber sie traute sich nicht, die Stadt zu verlassen. Burton hatte schon einmal versucht, zu Sybil zurückzukehren. Dreimal hatte ihn Taylor zurückgehalten – durch Schauspielerei, durch wahrhaft fürstliche Geschenke und durch die schiere Kraft ihrer Persönlichkeit. Aber nach wie vor achtete Burton auf ein gewisses Maß an Distanz. Tom Mankiewicz meinte: »Er wich ihr stets ein wenig aus. Es sah jedenfalls nicht nach Heirat aus.«

Die Filmkritikerin Hollis Alpert, die bei den Dreharbeiten vorbeischaute, war schockiert, als sie den Krankenwagen sah: »Alle schienen nur auf den endgültigen Bruch zwischen den beiden zu warten. Und alle hatten Angst, daß Elizabeth es nicht verkraften würde.«

Dann – endlich – kam die erzwungene Trennung. Die restlichen Szenen für *Cleopatra* wurden in Ägypten gedreht, und Elizabeth Taylor, die einige Jahre zuvor demonstrativ zum Judentum übergetreten war, erhielt von der ägyptischen Regierung keine Einreiseerlaubnis und mußte in Rom zurückbleiben.

Mankiewicz und Burton stachen Richtung Nildelta in See, wo am Abend des 28. Juli, unter Mitwirkung von 300 Komparsen aus Rom, die Aufnahmen für *Cleopatra* abgeschlossen wurden. Auf einen Spazierstock gestützt, die vom Nägelkauen blutigen Hände in weißen Handschuhen verborgen, gratulierte Mankiewicz Richard Burton.

»Ich habe gerade die drei schlimmsten Filme meines Lebens hinter mich gebracht«, sagte der Regisseur.

Burton zog unter seiner Tunika eine Flasche französischen Cognac hervor und nahm einen kräftigen Schluck. Er zwinkerte seinem Gegenüber zu und sagte: »Toi, toi, toi, ich habe das Gefühl, daß noch nicht alles vorbei ist.«

Die Dreharbeiten zu *Cleopatra* hatten 252 Tage gedauert. Man hatte unzählige Kilometer Film belichtet, aufwendige Kampfszenen und Sandstürme gefilmt, dem regnerischsten Winter in Rom seit Menschengedenken getrotzt und einen Skandal um einen Ehebruch überstanden, der wie kein anderer in der jüngeren Vergangenheit in der Presse breitgetreten worden war. Nach dem ersten Rohschnitt war der Film acht Stunden lang. In hektischer Tag- und Nachtarbeit ließ Mankiewicz das Epos in drei Schneideräumen zuerst auf sechs, dann auf fünf Stunden zusammenschneiden. Dann erst, am 13. Oktober, wagte er, dem Präsidenten der Fox, Darryl Zanuck, den Film vorzuführen.

Zanuck, immerhin Mankiewicz' größter Fürsprecher in den dreizehn Jahren, die der Regisseur nun schon für die Fox arbeitete, war entsetzt. Was er zu sehen bekam, war »um Stunden zu lang« – fünf Stunden Chaos, gekünstelte Dialoge und halbneurotische Schauspieler.

»Ich darf gar nicht daran denken«, klagte er gegenüber seinem Kollegen aus dem Verwaltungsrat Arnold Grant, »22 Millionen Dollar zum Fenster rausgeworfen und noch immer kein vorzeigbarer Film. Wenn wir *Cleopatra* nicht bald in die Kinos bringen, sind wir am Ende.« Zanuck selbst nahm jetzt das Heft in die Hand und überwachte den Schnitt.

Am 12. Juni 1963 war es endlich soweit: *Cleopatra*, der Film, von dem Spyros Skouras gesagt hatte, es werde »der größte Erfolg in der

Geschichte der Fox«, lief in den Kinos an – und erntete nur schlechte Kritiken. »Eine monumentale Maus«, schrieb die *New York Herald Tribune* und gab damit den Ton für den weltweiten Verriß vor.

Die vernichtendsten Kritiken überhaupt aber blieben der Königin von Ägypten vorbehalten. Elizabeth Taylor, die vor Freunden mit – mindestens – einer zu erwartenden Oscar-Nominierung geprahlt hatte, war zutiefst getroffen von dem Spott, mit dem die Kritiker sie überhäuften. »Was fällt denen ein?« heulte sie Peter Lawford die Ohren voll. »Ich war noch nie besser.«

Die Kritiker reagierten, als hätte der Film ihren Kunstverstand beleidigt. »Miss Taylor hat zu viel Gewicht, zu viel Busen, zu viel Honorar und zu wenig Talent«, schrieb zum Beispiel David Susskind. »Sie hat dem Ansehen des Schauspielerberufs schwer geschadet.«

The New Republic zeigte noch weniger Mitleid: »Miss Taylor ist die personifizierte Monotonie in einem geschlitzten Rock. Ihre Augen blicken leer und gefühllos. Ihre Stimme, die allzuoft an die einer keifenden Marktschreierin erinnert, plätschert spannungslos dahin.«

Und das Magazin *Time* setzte noch eins drauf: »Wenn die Taylor Kleopatra als politische Figur darstellt, kreischt sie wie die Frau eines Lokalpolitikers bei einem Straßenfest.«

Da Burton gerade an dem Film *Becket* arbeitete und deshalb unabkömmlich war, verbarrikadierte sich die zutiefst verletzte Elizabeth Taylor im Penthouse des Dorchester Hotel in London.

»Als Liz die ersten Kritiken zu Gesicht bekam, verfiel sie in Schwermut und war nicht mehr in der Lage, ihr Bett zu verlassen«, erinnerte sich der Produzent von *Becket*, Hal Wallis.

Richard Burton hatte Mitleid mit seiner Geliebten. Seit dem Beginn ihrer turbulenten Beziehung hatte er sie nie in einem solchen Zustand erlebt – besiegt, am Boden zerstört. Nicht einmal der zwölfkarätige Diamantarmreif, den er ihr schenkte, vermochte sie aufzuheitern. Erst als er, in einem Anfall von Galanterie und mit Tränen in den Augen, an ihrem Krankenlager niederkniete und um ihre Hand anhielt, erholte sie sich wieder. Endlich war Elizabeth Taylor am Ziel ihrer schamlosen Jagd über vier Kontinente angelangt.

»Seine Ritterlichkeit gab den Ausschlag«, meinte Melvin Bragg, britischer Fernsehproduzent und Verfasser einer wichtigen Biographie über Richard Burton. »Erst nachdem die Kritiker Liz zerrissen hatten, versprach er, sie zu heiraten – ohne Wenn und Aber.«

Zuerst aber mußte der Scheidungsanwalt bemüht werden. Burton trennte sich von seiner Frau Sybil, Liz gab Eddie Fisher den Laufpaß. »Mann, ich muß doch eine anständige Frau aus ihr machen«, sagte Burton zu Peter O'Toole.

Die Heirat nach dem Motto »besser spät als nie« kam allerdings zu spät für die militanten Kirchgänger, die die Regierung in Washington mit Briefen und Unterschriftenlisten überhäuften, in denen sie forderten, »der Hure aus Hollywood und ihrem walisischen Gigolo« die Einreise in die Vereinigten Staaten zu verweigern. Sogar der National Council der Kirchen startete eine Schmähkampagne gegen das von allen Seiten angegriffene Paar und löste damit eine Flut von Beschwerdebriefen an die Klatschkolumnisten Hollywoods aus. Allein Hedda Hopper erhielt täglich rund vierzig »Anti-Taylor«-Briefe.

Aufgebrachte Aktionäre bedrängten Darryl F. Zanuck, Liz Taylor und Richard Burton zur Rechenschaft zu ziehen. Zwei Wochen nachdem *Cleopatra* in den Kinos angelaufen war, war es dann soweit. Zanuck gab dem Druck nach, verklagte das Liebespaar auf 50 Millionen Dollar Schadensersatz und begründete diesen Schritt mit dem »verabscheuungswürdigen und unmoralischen Verhalten Richard Burtons und Elizabeth Taylors«. Alles sah danach aus, als würden sich die moralischen Klauseln in den Verträgen doch noch auszahlen.

Aber so leicht gab sich Burton nicht geschlagen. Er kaufte sich einen Nadelstreifenanzug, nahm sich einen kampferprobten Rechtsanwalt und flog nach Manhattan, wo er sich mit Zanuck von Angesicht zu Angesicht auseinandersetzte.

Bei einer Tasse Kaffee, außer Hörweite der Anwälte, rief Burton dem Fox-Präsidenten die Fakten in Erinnerung, die er bei der Arbeit an *Cleopatra* über das katastrophale Mißmanagement des Studios gesammelt hatte. »Ich sorge dafür, daß dies alles an die Öffentlichkeit kommt«, drohte er Zanuck mit leiser Stimme. »Und dann werden meine Anwälte Ihre Geschäfte unter die Lupe nehmen, und die von Skouras, und überhaupt alles, was in dieser Firma zum Himmel stinkt!«

Das saß. Zanuck war geschockt. Mit seinem Wissen konnte Burton die Fox ohne Probleme in einen ausgewachsenen Skandal stürzen. Die beiden einigten sich schnell auf einen außergerichtlichen Vergleich. Die Filmgesellschaft mußte sich öffentlich entschuldigen, Burton und Taylor 2 Millionen Dollar bezahlen und sich zudem verpflichten, Liz Taylor für eine Gage von 1 Million Dollar eine Rolle ihrer Wahl anbieten. Liz entschied sich für *Das einzige Spiel in der Stadt* an der Seite von Warren Beatty.

Während *Cleopatra* in Amerika vor halbleeren Häusern lief, kehrte Richard Burton nach London in die Arme Elizabeth Taylors zurück. So nahm ihre zehnjährige, vom Alkohol gezeichnete Ehe ihren Anfang. Es dauerte allerdings noch mehr als ein Jahr, bis die Ehe im verregneten Frühling des Jahres 1962 in Toronto, wo Burton gerade den *Ham-*

let spielte, offiziell geschlossen wurde und eine errötende Elizabeth Taylor in einem gelben Chiffonkleid einem Richard Burton, der vor der Zeremonie offensichtlich kräftig dem Whiskey zugesprochen hatte, das Jawort gab. Die Affäre zwischen den beiden, von vielen als die heftigste Romanze der Filmgeschichte bezeichnet, war das am längsten überdauernde Erbe des Sonnen- und Sandalenepos, das seine Kosten übrigens erst einspielte, als es an Fernsehanstalten in Nordamerika und Europa verkauft wurde.

Burton und Taylor kassierten allein für ihre Rollen in Spielfilmen über 50 Millionen Dollar. Als sie für ... *die alles begehren* 1,8 Millionen Dollar erhielten, scherzte Burton: »Der Film ist eine Schande, Schätzchen. Aber für Geld tanzen wir sogar.«

Sie bereisten die Welt im Stil eines Königspaares. Der Umfang ihres Gepäcks war bald ebenso legendär wie die Größe des Gefolges. Neben ihren vier Kindern wurden sie von drei Sekretären, den beiden Gouvernanten der Kinder, zwei Friseusen, vier Hunden und einem Paar Siamkatzen mit diamantbesetzten Halsbändern begleitet.

Aber unter der Oberfläche gärten die Verletzungen und Ängste, die noch aus den Zeiten von *Cleopatra* herrührten. Alkohol und Drogen gehörten zum täglichen Leben, und die nächtlichen Auseinandersetzungen wurden nicht nur mit Worten ausgetragen. Und die ganze Zeit über blieb Liz die Jägerin und Burton das Wild, das ihrer Liebe immer wieder entschlüpfte.

Nach knapp zehn Jahren, am 13. Juni 1973, bäumte sich der ausgelaugte Schauspieler auf. Resigniert teilte er Journalisten mit: »Wenn Liz dich liebt, dann gibt sie keine Ruhe, bis ihr deine Seele gehört. Ich muß sie verlassen, um mich zu retten.«

Es war noch kein Monat seit der Trennung vergangen, als die beiden eine halbherzige Versöhnung feierten. Aber Richard Burton floh erneut und rechtfertigte sich mit den Worten: »Wenn zwei Leute sich auf die Nerven fallen, dann sollten sie so schnell wie möglich den Scheidungsrichter aufsuchen.« Markus Antonius verließ – mit ausgebranntem Herzen – seine Kleopatra. Doch die dachte nicht daran, von ihm abzulassen. Im Jahr 1975 hatte sie ihn wieder soweit. Diesmal ließen sich Burton und die Taylor in einer romantischen Zeremonie am Ufer eines afrikanischen Flusses trauen. Das Glück war von kurzer Dauer, und schon nach 21 Tagen war der Spuk wieder vorbei. Aber noch bis zu Burtons Tod 1984 suchte Liz Taylor immer wieder den Kontakt zu ihm.

Als ihr untersagt wurde, an seinem Begräbnis teilzunehmen, schlich sie sich nach Einbruch der Dunkelheit auf den Friedhof, küßte die weiße Rose, die sie mitgebracht hatte, und legte sie auf das Grab. Dann stieg sie in den Rolls-Royce, den sie in ihren glücklichen Jahren zusammen mit Burton benutzt hatte, und verließ ihn zum letzten Mal – 21 Jahre nachdem sich auf den Stufen des Forum Romanum zum ersten Mal ihre Lippen berührt hatten.

42

Fox, die Zweite

Vier Tage nach Marilyns Tod besuchten niederländische Fans das Marmorgrab, in dem der Star ruhte. Es war heiß, und zwei der Mädchen, die ein großes, herzförmiges Blumengesteck trugen, stöhnten unter der Last. Auf dem goldenen Trauerflor, das an dem Kranz befestigt war, stand in großen Lettern ein Versprechen. »Marilyn«, hieß es da, »diese Geschichte ist noch nicht vorbei. Unsere Liebe beschützt Dich.«

Die beiden Mädchen knieten nieder und berührten nacheinander die Marmorplatte, die die Grabkammer abdeckte.

Die Mädchen sollten recht behalten. Wenn man es recht bedenkt, begann die Geschichte jetzt erst so richtig.

In dem Kampf auf Leben und Tod, den sie gegen die Kennedys geführt hatte, und in ihren endlosen Auseinandersetzungen mit der Twentieth Century-Fox war Marilyn von ihren Fans nie im Stich gelassen worden. Hollywood war nie auf ihrer Seite gewesen, aber der Rest der Welt sehr wohl.

Nur eine Woche nach ihrem Tod setzte eine unersättliche Nachfrage nach ihren Filmen ein. Kinos rund um den ganzen Globus nahmen in solchem Umfang Marilyn-Monroe-Specials in ihr Programm auf, daß die Fox Ende 1963 praktisch alle Kopien aller Monroe-Filme ausgeliehen hatte.

Darryl F. Zanuck beauftragte ein Team ausgesuchter Produzenten, die besten Filmszenen mit Marilyn Monroe zu einem Dokumentarfilm zusammenzustellen. Und mit *Marilyn: Die Welt der Marilyn Monroe* schaffte zum erstenmal in der Filmgeschichte ein Dokumentarfilm den Sprung unter die zwanzig kommerziell erfolgreichsten Filme.

Allein innerhalb der nächsten vier Jahre wurden fünf Fernsehdokumentationen über Marilyn produziert – doch keine brachte etwas Neues über ihren Tod oder gab den leisesten Hinweis darauf, daß damals nicht alles mit rechten Dingen zugegangen war.

Bei der Twentieth Century-Fox wurden die Scherben zusammengekehrt, *Something's Got to Give* im Filmfriedhof begraben, und die Leute, die an dem Film gearbeitet hatten, zerstreuten sich in alle Winde.

George Cukor, der nach dem Debakel bei der Fox für die Warner Brothers bei *My Fair Lady* Regie führte, erhielt für diesen Film endlich den so heiß ersehnten Oscar für die beste Regie.

Wie viele andere, die in die Geschichte verwickelt waren, bekam auch Cukor mit den Jahren Gewissensbisse, wie er dem Schriftsteller Peter Harry Brown gestand: »Damals«, so Cukor, »hatte ich keine Ahnung von Marilyns psychischen Problemen oder davon, daß die Kennedys sie zugrunde richteten. Ich hätte ihr helfen können.« Angesprochen auf die Kennedys, geriet Cukor in Rage: »Was sie umgebracht hat, waren Macht und Geld. Marilyn gegen zuviel Macht und zuviel Geld. Sie war viel zu arglos, und damit war ihr Untergang besiegelt.«

Zwei Tage nach Marilyns Tod wurde die Twentieth Century-Fox von Grund auf neu organisiert – eine Folge des jahrelangen Mißmanagements auf höchster Ebene, das die Firma langsam zerstört hatte. Das große, erfolgsverwöhnte Hollywood-Studio sollte – zumindest in seiner bisherigen Form – Marilyn nur um 48 Stunden überleben.

Am Montag, dem 6. August, hielten um 9 Uhr morgens über 800 Angestellte des Studios ein Kündigungsschreiben in der Hand, in dem ihnen mitgeteilt wurde, daß das Studiogelände innerhalb von zehn Tagen komplett zu räumen sei.

Erschütterte Arbeiter standen in kleinen Grüppchen herum und diskutierten. »Für mich war das, als hätte ich meine Familie verloren«, erinnerte sich David Bretherton, der noch mit Schneidearbeiten an *Something's Got to Give* beschäftigt war, als er den blauen Brief erhielt. »Ich war hier aufgewachsen, das Studio war mein Zuhause.«

In New York schickte sich Darryl F. Zanuck in das Unvermeidliche. »Levathes hatte das Studio in Hollywood vor die Hunde gehen lassen«, stellte Zanucks Sohn Richard fest. »Alles war am Arsch. Ein Wunder, daß wir überhaupt etwas retten konnten.«

Darryl Zanucks erste Entscheidung war, das Studio komplett stillzulegen und alle Arbeiten an Film- und Fernsehproduktionen, darunter auch *Cleopatra,* einstellen zu lassen. Bevor er entscheiden könne, was mit dem Epos geschehe, so Zanuck, müsse er erst einmal das vorhandene Filmmaterial durchschauen.

Aber Zanuck, der den Finanzexperten Milton Gould und John Loeb die Führung entrissen hatte, hatte keine Ahnung, wie er ein so großes Unternehmen leiten sollte.

»Zanuck rief mich an und fragte: ›Was sollen wir als nächstes machen?‹« erinnerte sich Louis Nizer, der bei der Übernahme der Gesellschaft Zanucks Interessen vertreten hatte.

Nizer lud Zanuck in seine Villa in Südfrankreich ein. Dort machte er mit ihm einen Intensivkurs in Unternehmensführung. »In Wirtschaftslehre war er besonders schwach«, sagte Nizer. Mit dem neugewonnenen Wissen gelang es Zanuck und seinem Sohn tatsächlich, das marode Filmstudio wieder auf die Beine zu bringen, wenn auch in kleinerem Maßstab. Das Büro in New York wurde geschlossen und das Personal halbiert. Schon 1965 schrieb das Studio wieder schwarze Zahlen. In diesem Jahr spielte *Meine Lieder, meine Träume*, ein Film, der auf eine Idee von Peter Levathes zurückging und für 8 Millionen Dollar produziert wurde, 110 Millionen Dollar ein. Im selben Jahr landete die Fox noch weitere Kassenschlager, darunter *Tollkühne Männer in ihren fliegenden Kisten, Colonel von Ryans Express, Alexis Sorbas* und *Inferno und Ekstase.* Allein auf dem amerikanischen Markt schwemmten diese Filme, *Meine Lieder, meine Träume* nicht mitgerechnet, 115 Millionen Dollar in die Kassen der Fox.

Nicht lange, und jener Größenwahn, der auch für *Cleopatra* verantwortlich gewesen war, erwachte zu neuem Leben. Ermutigt durch den sagenhaften Erfolg von *Meine Lieder, meine Träume* ließen sich die Zanucks auf eine ganze Serie von Filmen mit aufgeblähtem Budget und viel zu hochgesteckten Erwartungen ein. *Dr. Doolittle* wurde für 17 Millionen Dollar produziert und spielte nur knapp über 6 Millionen Dollar ein. *Star,* ein Film, mit dem Julie Andrews groß herausgebracht werden sollte, verschlang 14,5 Millionen Dollar und spielte lediglich 4 Millionen Dollar ein. Und *Das einzige Spiel in der Stadt* mit Elizabeth Taylor und Warren Beatty schlug mit 10 Millionen Dollar Produktionskosten und einem Einspielergebnis von nur 1,5 Millionen Dollar zu Buche.

Fünf Jahre nach dem Erfolg von *Meine Lieder, meine Träume* steckte das Studio wieder in großen Schwierigkeiten. Das Jahr 1970 wurde mit einem Verlust in Höhe von 77 Millionen Dollar abgeschlossen. Die Aktionäre probten wieder einmal den Aufstand und beförderten Darryl Zanuck zum – machtlosen – Ehrenvorsitzenden des Verwaltungsrats. In den nächsten 20 Jahren wechselte die Fox fünfmal den Besitzer. Seit Ende der achtziger Jahre gehört das Filmstudio zu dem weltweiten Medienimperium des Rupert Murdoch.

43

Die Medien

Am 8. Juli 1964 betrat ein junger Agent des FBI in einer hochwichtigen Angelegenheit das Justizministerium in Washington. In der Hand hielt er einen dunkelblauen Umschlag mit dem goldenen Siegel des Büros. J. Egdar Hoover persönlich hatte ihm den Umschlag überreicht.

»Unter keinen Umständen dürfen Sie diesen Umschlag einer Sekretärin oder einem Assistenten aushändigen«, hatte ihm Hoover eingeschärft. »Wenn Sie ihn Robert Kennedy nicht persönlich aushändigen können, bringen Sie ihn wieder zurück.«

Der Justizminister war sicherlich alles andere als erfreut, als ihm der Agent schon wieder ein »geheimes Kommuniqué« des umtriebigen und undurchsichtigen FBI-Direktors auf den Schreibtisch legte. Seit Marilyns Tod hatte Hoover keine Gelegenheit ausgelassen, Bobby Kennedy geheime Nachrichten über die Schauspielerin zukommen zu lassen.

Das geschah allerdings nicht aus Gefälligkeit, sondern mußte als besonders subtile Form der Erpressung verstanden werden. Hoover ließ den Justizminister deutlich spüren, daß er sehr wohl über die Vorgänge, die sich hinter den Mauern des Hauses in Brentwood abgespielt hatten, Bescheid wußte.

Der schmutzige Krieg, der zwischen Hoover und seinem Vorgesetzten im Gange war, war am 20. August 1962 durch einen zehnseitigen, detaillierten Bericht über »Gerüchte bezüglich einer Affäre zwischen Mr. Kennedy und der Schauspielerin Marilyn Monroe« ausgelöst worden.

Als Kennedy auf Hoovers Bericht antwortete, war er sich nicht darüber im klaren, daß er damit die Büchse der Pandora öffnete: »Ich bin über die verschiedentlich erhobenen Anschuldigungen, was meine Beziehungen zu Marilyn Monroe angeht, im Bilde. Natürlich habe ich sie getroffen, sie war eine gute Freundin meiner Schwester Pat Lawford. Solche Gerüchte werden so lange aufgebauscht, bis sie mit der Wahrheit nichts mehr gemein haben.«

»Hoover war sehr daran gelegen, daß der Inhalt dieser Gerüchte nicht an die Öffentlichkeit gelangte«, sagte William C. Sullivan, der als Leiter der Inneren Abteilung des FBI einer der engsten Vertrauten Hoovers war. »Innerhalb des FBI verbreiteten sich die Gerüchte wie ein Lauffeuer. Und Hoover gab dem Feuer ständig neue Nahrung.«

Einmal mehr wurde Bobby Kennedys Haut durch die Lethargie der amerikanischen Medien gerettet.

»Bobby hatte Glück, daß ihm die kompromittierenden Enthüllungen erspart blieben«, sagte der Schriftsteller Anthony Summers in einem Interview. »Seit der Nacht, in der Marilyn starb, hatte er allen Grund, dem FBI-Direktor dankbar zu sein. Denn der hatte dafür gesorgt, daß Marilyns Telefonrechnung beschlagnahmt wurde und damit ihre Veröffentlichung verhindert. Der Justizminister war Hoover zu Dank verpflichtet, und das war ihm äußerst unangenehm, um es gelinde auszudrücken. Und Hoover, der Kennedy nicht ausstehen konnte, erinnerte ihn stets daran, wem er zu danken hatte.«

Als die Gerüchte mit jedem Jahr immer lauter wurden und Leute in Hollywood, die bisher geschwiegen hatten, langsam ihre Sprache wiederfanden, bemühten sich einige Journalisten, mehr über die Konspiration von 1962 herauszufinden. Aber alle Versuche, von den Kennedys etwas zu erfahren, stießen auf eisiges Schweigen. Joe Hyams, der Bobby Kennedys Büro anrief, um vom Justizminister eine Stellungnahme zu der Behauptung zu erhalten, daß er der letzte Mensch gewesen sei, der mit Marilyn gesprochen habe, wurde kurze Zeit später von einem Assistenten Kennedys zurückgerufen: »Der Justizminister wäre Ihnen sehr dankbar, wenn Sie die Geschichte auf sich beruhen lassen würden.«

»Eigentlich unglaublich«, wunderte sich Ted Landreth, der 1985 für die BBC die Enthüllungsstory *Say Goodbye to the President* produzierte. »Hier war sie, die heißeste Story in der Geschichte Hollywoods, und nichts wurde darüber geschrieben.«

Der erste erwähnenswerte Artikel, der sich mit der Affäre beschäftigte, erschien 1975 in dem Magazin *Oui*. Der Autor Anthony Scaduto wurde schon im Untertitel sehr deutlich: »Marilyn hat keinen Selbstmord verübt. Sie wurde ermordet. Hinweise auf den Tod wurden unterdrückt, um Robert und John F. Kennedy zu schützen.«

Scaduto spekulierte über die Identität der Mörder: »Vielleicht wurde sie von den Leuten umgebracht, die auch den Auftrag hatten, Bobby, John F. und die ganze Präsidentenfamilie vor einem Skandal zu schützen.«

In *Oui* wurde auch erstmals die Behauptung aufgestellt, daß Marilyns Haus in Brentwood mit Wanzen gespickt gewesen sei und daß von dem Streit zwischen Bobby und Marilyn am letzten Tag in ihrem Leben sensationelle Tonbandaufnahmen gemacht worden seien.

Ebenfalls in den frühen siebziger Jahren zündete Norman Mailer mit einigen Bemerkungen in seinem Buch *Marilyn* eine literarische Bombe. Er schrieb, daß die CIA den Filmstar beseitigt habe, möglicherweise in Zusammenarbeit mit ranghohen Agenten des Secret Service.

Aber in den wichtigen Medien wurden diese Hinweise nicht aufgegriffen. Der Mantel des Schweigens, der über der Verschwörung lag, wurde nicht gelüftet.

Ein weiteres Jahrzehnt zog ereignislos vorüber, ein Jahrzehnt, in dem John F. Kennedy und sein Bruder zu Säulenheiligen der Nation gekürt wurden und die Regierungszeit Kennedys im nachhinein zu einem Idyll der Liebhaber und Heroen hochstilisiert wurde.

Als die kalten achtziger Jahre anbrachen, machten sich in Hollywood zwei Männer daran, das ungelöste Mysterium zu entschlüsseln. Ted Landreth, ein ehemaliger Produzent der CBS, und Anthony Summers, ein Journalist der Londoner *Times*, der an einer Biographie über Marilyn Monroe schrieb, taten sich zusammen, um ein neunzigminütiges Special für die BBC zu produzieren.

Landreth und sein Team von Kameraleuten, Rechercheuren und Assistenten hatten am Anfang ihrer Arbeit 1984 nur einige Wochen für Interviews an der Ost- und Westküste eingeplant und wollten danach sofort mit dem Schnitt beginnen.

Ihr Zeitplan geriet gründlich durcheinander. Das Projekt entwickelte sich zu einer zweijährigen Entdeckungsreise, in deren Verlauf über 500 Menschen interviewt und in zehn Städten in Europa und Amerika intensive Nachforschungen angestellt wurden. Sie kamen einem Korruptionsskandal bei der Polizei von Los Angeles auf die Spur und fanden heraus, daß Polizeibeamte absichtlich Beweismaterial vernichtet hatten. Sie trieben Eunice Murray so weit in die Enge, bis die ehemalige Haushälterin zugab, von Marilyns Beziehung mit den Kennedys gewußt zu haben. Und sie entdeckten eindeutige Hinweise darauf, daß Lawfords Haus am Strand von Santa Monica Ziel umfangreicher Abhöraktionen gewesen war.

Sie trieben so viele glaubwürdige Zeugen auf, die bestätigten, daß Marilyn zu beiden Kennedy-Brüdern sexuelle Beziehungen unterhalten hatte, daß die Richtigkeit dieser Behauptung nicht mehr in Frage gestellt werden kann.

»Das Pressekorps des Weißen Hauses wußte die ganze Zeit Bescheid über die Affäre«, sagte Landreth. »Aber die Story war einfach zu heiß, um sie an die Presse weitergeben zu können.«

Wie Landreth und Summers in Erfahrung brachten, »waren viele hochrangige Beamte der Polizei von Los Angeles schon immer der Überzeugung gewesen, daß Marilyn ermordet worden sei«.

Als *Say Goodbye to the President* 1985 in England auf Sendung ging, horchte ganz Europa auf.

Die Reaktionen in den Vereinigten Staaten fielen jedoch ganz anders aus. Keine der großen Fernsehgesellschaften rührte auch nur einen Finger, um sich mit dem brisanten Inhalt des exzellent recherchierten Dokumentarfilms auseinanderzusetzen. »Die Kennedys hatten immer noch so viel Macht, daß sie eine Verbreitung der Story unterdrücken konnten«, sagte einer der Journalisten, die an dem Special mitgearbeitet hatten. »Welcher Gesellschaft wir den Film auch anboten, alle lehnten ab.«

Ein Verantwortlicher von NBC stufte den Film sogar als »extrem gefährlich« ein.

Landreth äußerte den Verdacht, daß »erheblicher politischer Druck auf die drei großen Filmgesellschaften« ausgeübt worden sei.

Als der Film dann über ein Konsortium mehrerer kleiner Fernsehgesellschaften einer kleineren Zuschauergruppe zugänglich gemacht werden konnte, erschienen auch die ersten Schlagzeilen in den Zeitungen.

Wie groß der Einfluß der Kennedy-Familie auf die Medien war, zeigte sich in besonders dramatischer Weise, als das angesehene Fernsehmagazin *20/20* 1986 einen Beitrag über Marilyn Monroe und die Kennedy-Brüder senden wollte.

Ein hochkarätiges Journalistenteam hatte den Beitrag recherchiert, in dem zweifelsfrei nachgewiesen wurde, daß der Präsident und die Leinwandgöttin ein Verhältnis miteinander gehabt hatten.

Dann aber, kurz bevor das Magazin auf Sendung ging, blies Roone Arledge, Chef der ABC-Nachrichtenredaktion und langjähriger Freund Ethel Kennedys, mit dem Hinweis, der Beitrag gebe weitgehend nur Gerüchte wieder, zum Rückzug. Daraufhin stieg Geraldo Rivera bei *20/20* aus.

»Meine langjährige Freundschaft mit Ethel Kennedy hatte mit der Entscheidung rein gar nichts zu tun«, teilte Arledge der Nachrichtenagentur Associated Press mit. »Ich zog die Geschichte zurück, weil die Sache nicht ausgereift war. Einfach nur der Frage nachzugehen, ob Bobby und John F. Kennedy eine Affäre mit Marilyn Monroe hatten, war vom Ansatz her zu eng gefaßt.«

Ein hoher Mitarbeiter der ABC stellte die Theorie auf, daß der geplante Beitrag für *20/20* deshalb gekippt worden sei, weil nie zuvor etwas Ähnliches über die amerikanischen Fernsehschirme geflimmert sei: ein Bericht, der die Kennedys mit Ehebruch – und sogar Mord – in Verbindung bringe.

Einige unentwegte Anhänger der Kennedys sind offensichtlich immer noch entschlossen, die Familie aus dem Skandal herauszuhalten.

Vielleicht liegt es daran, daß Bobby Kennedy, als er noch am Leben war und sich für das Amt des Präsidenten bewarb, um ein Haar über seine Beziehung zu Marilyn Monroe gestolpert wäre. Als seine Präsidentschaftskampagne immer mehr Menschen in ihren Bann zog, bot eine Gruppe von Konservativen für die Beschaffung der Tonbänder mit der Unterhaltung zwischen Kennedy und Marilyn Monroe 75 000 Dollar.

Ein Detektiv des Los Angeles Police Department reagierte auf die Anzeige und traf sich mit einem Vertreter der Gruppe. Der Vertreter hörte sich die Bänder an und war »beeindruckt«. Ein Austausch wurde vereinbart.

Der Tag, an dem die Bänder den Besitzer wechseln sollten, war der Tag nach den Vorwahlen in Kalifornien. Bevor es dazu kam, wurde Bobby Kennedy während einer Wahlveranstaltung erschossen.

Seitdem fehlt von den Bändern jede Spur.

44

Peter Lawford

Die bemitleidenswerteste Figur in dem ganzen Drama war wohl Peter Lawford. Nach den tödlichen Anschlägen auf die Kennedy-Brüder blieb ihm nur noch die traurige Pflicht, die Geheimnisse seiner Schwäger zu hüten und ihren guten Ruf zu schützen.

Lawford wich von seiner einmal gewählten Version der Ereignisse, wonach eine depressive Marilyn Monroe Selbstmord begangen habe, nie auch nur einen Millimeter ab. Für die Kennedys war er mithin der ideale Wortführer.

Kurz vor seinem Tod lud Lawford ein paar Reporter der *Los Angeles Times* für ein letztes Interview an sein Sterbebett. Sein Gesicht war kalkweiß, seine Hände zitterten, und seine Stimme klang sehr brüchig. Aber immer noch blieb er standhaft und bestritt, Bobby Kennedy habe in irgendeiner Beziehung zu Marilyn Monroe gestanden oder sei in der Nähe gewesen, als sie starb.

Die Reporter hatten den Eindruck, daß es ihm sehr ernst damit war.

Er schloß mit einem merkwürdigen Nachsatz: »Selbst wenn die Gerüchte wahr sein sollten, würde ich das niemals, unter keinen Umständen, zugeben.« Bei diesen Worten hatte sich Lawford aufgerichtet und zu zittern aufgehört. »Ich würde und könnte Ihnen nichts, nicht ein einziges Wort, darüber erzählen.«

Lawford zerbrach an der Aufgabe, die Präsidentenfamilie zu schützen. Nach Marilyns Tod kam ihm seine britische Lebenslust, für die er so berühmt gewesen war, völlig abhanden. Er schnupfte Kokain, trank Whiskey und schluckte Unmengen von verschreibungspflichtigen Medikamenten wie Valium und Percodan.

Eines Nachts in Las Vegas kaufte er sich für 1 000 Dollar die Dienste eines Callgirls, eines ehemaligen Revuegirls, das auch mit Rupert Allan bekannt war. »Lawford nahm sie mit in sein Penthouse-Apartment«, erzählte Allan. »Das Mädchen berichtete mir, daß er sie nur in den Armen halten wollte. Er weinte stundenlang über das, was mit Marilyn Monroe geschehen war.«

Als das Callgirl Lawford anbot, über die Sache zu reden, antwortete er: »Darüber kann man nicht reden, es ist zu schrecklich. Und glaub mir, es ist besser, wenn du nichts davon weißt.«

Dann umarmte er sie wieder und brach erneut in Tränen aus. »Sie erzählte mir, daß er die ganze Nacht hindurch weinte«, sagte Allan. »Er kippte ein Glas Scotch nach dem anderen hinunter, bis er am Ende wie Ödipus nach der Blendung durch das Zimmer torkelte.«

Allan erlebte als Augenzeuge einen der Vorfälle, die Lawford das Leben zur Hölle machten. Es ereignete sich bei einem Auftritt der Rat-Pack-Leute Frank Sinatras in Las Vegas. »Alle waren auf der Bühne«, erinnerte sich Allan, »nur Peter nicht. Er war aus Loyalität gekommen und hatte sich in die erste Reihe gesetzt. Da entdeckte Frank Peter und ging schnurstracks auf ihn zu, tat dabei aber so, als sei er Luft für ihn. Peter mußte zur Seite springen, um nicht über den Haufen gerannt zu werden«, berichtete Allan weiter. »Frank wollte sich an Lawford rächen. Frank glaubte, daß er für Marilyns Tod verantwortlich war.«

Schließlich landete Lawford im Betty Ford Center, wo er sich einer Entziehungskur unterzog. Während seines Aufenthalts dort verfaßte er einen Brief an Präsident John F. Kennedy. Adresse: Im Himmel. »Ich weiß, daß Du da oben viel Spaß hast. Das hattest Du doch immer. Bist Du schon Präsident von irgendwas geworden? Wie geht es Bobby und Marilyn? Sag ihnen, daß ich sie liebe. Bis bald, Dein Freund Peter Lawford.«

45

Auf der Suche nach Marilyn Monroe

Milton Rudin, einer der mächtigsten Anwälte in der Unterhaltungsbranche, saß auf der Terrasse seines Hauses in Bel Air und sprach über den Verfolgungswahn, an dem Marilyn Monroe in den letzten Wochen ihres Lebens gelitten habe.

Sein Blick verlor sich in der Ferne, und über sein Gesicht legte sich plötzlich ein trauriger Ausdruck, als er von der Testamentsänderung sprach, die er im Auftrag der Schauspielerin damals vornehmen sollte. Er hatte damals abgelehnt. »Es ging nicht«, sagte er und wandte sich ab. »Ich konnte nicht rechtskräftig feststellen, daß sie im Vollbesitz ihrer geistigen Kräfte war.«

Am anderen Ende von Los Angeles, in einem durchgestylten New-Wave-Café in Beverly Hills, ließ sich der frühere Produktionschef der Fox, Peter G. Levathes über die clevere, vor Geist sprühende Marilyn aus, die mit ihm elf Tage vor ihrem Tod noch Witze gerissen und Champagner getrunken hatte.

In einem wenig bekannten, versteckt hinter den MGM-Studios gelegenen Restaurant sprach die Produktionsassistentin Lee Hanna mit leiser Stimme über die bemitleidenswerte, gebrochene Marilyn, die langsam aber sicher in einen Abgrund zu stürzen schien. Manchmal habe sie in ihrer Garderobe verzweifelt um Hilfe geschrien, und dann wieder stundenlang nur schweigend dagesessen und in den Spiegel gestarrt.

Für Ralph Greenson war Marilyn Monroe ein Stück menschliches Strandgut, dazu verdammt, für den Rest ihres Lebens durch einen Tunnel der Einsamkeit zu irren. Rupert Allan hielt sie für einen Star, der auf dem besten Wege war, aus einer Wolke des Trübsinns aufzutauchen und den Broadway im Sturm zu erobern. Für Evelyn Moriarity war sie ein süßes Mädchen, daß mit seinen Gefühlen nicht hinter dem Berg halten konnte. Robert Slatzer sah in ihr einen verbitterten Superstar, der fest entschlossen war, den Ruf der Präsidentenfamilie zu ruinieren. Für Sheilah Graham war sie eine verlorene Seele mit ungewaschenen Haaren und dreckiger Unterwäsche, von Anfang an dazu bestimmt, früh zu sterben. Und der Schriftsteller Fred Lawrence Guiles verstand sie als eine verletzte, selbstmordgefährdete Frau, die am Ende genau das bekam, was sie wollte.

Marilyn Monroe war das alles – sie war der strahlende Star, dem es vor und hinter der Kamera gefiel, dramatische Rollen zu spielen. Sie liebte das Geheimnisvolle, sie liebte Intrigen. Und es entbehrt nicht einer gewissen Ironie, daß sie durch die Kontroverse um ihren Tod zu einer Legende wurde – was sie immer werden wollte.

Die letzten Monate ihres Lebens, wie sie in diesem Buch vorgestellt wurden, spiegeln wie eine Art Mikrokosmos ihr gesamtes Leben wider – ein Rätsel, das vielleicht auf ewig ungelöst bleiben wird.

Erst wenn diejenigen, die sie am besten kannten, doch noch erzählen, was sie wissen, erst wenn die unter Verschluß gehaltenen Akten der Polizei und des FBI freigegeben werden, erst dann werden wir vielleicht verstehen, wer das eigentlich war – dieser vielschichtige Mensch namens Marilyn Monroe.

Doch bis dahin wird sie wohl das größte Geheimnis bleiben, das in der Geschichte Hollywoods verborgen liegt.

Nachwort

Unsere Reise durch Monroes geplagtes Leben und ihren unsäglich schrecklichen Tod war zu Ende gegangen. Oder etwa doch nicht? Wie wir feststellen sollten, beherrschte Monroe unser Leben nachhaltig – ganz ähnlich, wie ihre Legende in Tinseltown fortbesteht.

Wie nachhaltig, das merkten wir erst, als jeder von uns wieder zu Hause war. Im Wohnzimmer stapelte sich die Post – und jeder Brief hatte auf die eine oder andere Weise mit dem geheimnisvollen Nimbus der lange verstorbenen Sexgöttin zu tun. Einige Verfasser sandten Locken von platinblondem Haar, einer schickte ein winziges Stückchen Stoff eines Kostüms aus *Wie angelt man sich einen Millionär?* Die meisten sprachen ihren Dank dafür aus, »daß wir dazu beigetragen hatten, Marilyn in lebendiger Erinnerung zu halten« und »der Welt zu zeigen, daß sie unschuldig und gut war«.

Aber tief unten im Stapel, in dem von förmlichen Geschäftsbriefen bis hin zum unsignierten Briefumschlag des Weißen Hauses nichts fehlte, befanden sich ernst zu nehmende, verblüffende Briefe. In Dutzenden wurde zugesagt, bei der Aufspürung von Monroes Mördern behilflich sein zu wollen, andere, überraschenderweise von Mitgliedern der Regierung auf dem Kapitolhügel, boten Anhaltspunkte – meist die Familie Kennedy betreffend.

Eines Nachmittags, wir saßen gerade auf den Stufen vor der Bibliothek der University of California in Los Angeles, beschlossen wir, die Taschenbuchausgabe von *Marilyn. Das Ende, wie es wirklich war,* soweit uns dies möglich war, auf den neuesten Stand zu bringen. Unser Ziel war es zumindest, das Geheimnis um ein Verbrechen, das vor so langer Zeit begangen wurde, zu lüften. Wir hoffen, daß diese aktuelle Version den Kern der Wahrheit hinter einem Mysterium trifft, das außer Kontrolle geraten zu sein scheint.

Dieses Schlußplädoyer basiert auf fünfzig neuen Interviews (über die fünfhundert hinaus, die schon für die gebundene Ausgabe geführt wurden) und auf einer achtmonatigen Recherche und wird Ihnen Zugang verschaffen zu den einst geheimen Unterlagen des CIA, zu Materialien über die Autopsie, die seit 1962 versteckt gehalten wurden, und zu dem emotionalen Mahlstrom, der die Monroe im Zentrum des Hurrikans verharren ließ.

Viele haben sich zum ersten Mal zu Wort gemeldet – zum Beispiel Mrs. Hilde Greenson, die Witwe von Monroes weltberühmtem Analytiker; der ehemalige Bezirksstaatsanwalt John Miner (der Monroes »letztes Geheimnis« kennt und es hier zum ersten Mal preisgibt) wie auch der Filmstar-Anwalt Milton Rudin – weltweit möglicherweise der einflußreichste Anwalt in der Unterhaltungsbranche.

Dieses Kapitel enthält Zeugenaussagen der Polizei in Los Angeles (sogar von Offizieren der OCID*-Elitetruppe – der verschwiegensten Abteilung in der Stadt), und selbst so zurückhaltende Menschen wie der Polizeichef Daryl Gates brechen ihr Schweigen für einige markante Sätze. Diese aktualisierte Ausgabe bietet Materialien aus legalen und illegalen Tonbandaufzeichnungen, Nachweise der heftig zensierten Präsidentialunterlagen, alles, was von Monroes Telefonrechnungen erhalten ist, und einen Schatzfund von Dokumenten aus Monroes Filmstudio, dem Twentieth Century-Fox.

I. Geheimnisse

Eine Sondersendung im Fernsehen, »Die Marilyn-Akte«, begann 1992 mit einer Aufzeichnung vom Nachmittag des 29. Juli in einem jener tropischen Gärten, für die Los Angeles so berühmt ist. Graue Wolkenbänke vor der Küste des Pazifischen Ozeans boten eine dramatische Beleuchtung, als die Videokameras aufzeichneten, was zu einem der aufsehenerregendsten Ereignisse am dreißigsten Todestag von Marilyn Monroe werden sollte.

Die Gäste der Show wurden sorgfältig hergerichtet, mit den weißen Kappen der Anwälte versehen und unter einem Banyanbaum aufgereiht. Der Produzent Mel Bergman war vehement hinter den schauerlichsten Zitaten her – sensationelle Wortfetzen, die er in alle Welt verkaufen könnte.

Als erste war Natalie Jacobs dran, die Witwe des Monroe-Werbeagenten Arthur Jacobs. Die ehemalige Schauspielerin mit blonder Mähne schien eher ein bißchen unsicher, als die Aufzeichnung begann. »Natalie, erzählen Sie uns doch, was Ihnen in jener Nacht passierte, als Marilyn Monroe starb«, forderte Bergman sie auf.

Jacobs atmete tief durch. »Arthur und ich saßen in einer Loge in der Hollywood Bowl. Henry Mancini gab ein Konzert. Es war viel-

* Organized Crime Intelligence Division – geheimes Nachrichtenbüro zur Bekämpfung des organisierten Verbrechens (Anm. d. Übers.)

leicht acht Uhr am Abend, vielleicht auch Viertel nach acht. Ein Page kam vorbei und machte flüsternd die Mitteilung, daß Arthur hinter der Bühne dringend am Telefon verlangt würde. Er stürzte hinunter, um das Telefonat entgegenzunehmen.«

Bergman ließ die Kamera unterbrechen und flüsterte Natalie etwas ins Ohr. Als die Kamera wieder lief, erklärte sie, daß Arthur zu dem Zeitpunkt, als die Monroe starb, ihr Werbeagent war.

»Und weiter«, forderte Bergman sie auf.

»Nun, fünf Minuten später kehrte Arthur zurück und wisperte mir zu: ›Marilyn ist tot. Ich muß hinfahren, und ich weiß nicht, wann ich zurück sein werde.‹« Dann, so erläuterte Natalie, stürmte er in die Nacht davon. »Ich sah ihn drei Tage lang nicht.«

Wir warteten außerhalb des Aufnahmebereichs der Kamera auf unsere eigene Aufzeichnung und waren über die sachliche Schlichtheit von Jacobs Worten erschrocken. Natalie Jacobs hatte eben ihren Mann mit den Worten zitiert, daß Marilyn Monroe bereits um acht Uhr abends gestorben sei – fast acht Stunden, bevor der Todesfall bei der Polizei gemeldet wurde. Und noch bedeutsamer: Wer auch immer in Monroes Haus in Brentwood Aufsicht führte, wußte längst Bescheid, daß der Filmstar tot war, bevor überhaupt mit den Telefonaten begonnen wurde.

Es bedeutete auch, daß die Monroe gegen acht Uhr dreißig, als Ralph Roberts sie anrief und ein Mann ihm am Telefon erklärte, »Marilyn ist nicht zu Hause«, bereits tot war. Hatte Roberts mit dem Mörder gesprochen? Es bedeutete zudem, daß die Schauspielerin schon tot war, als ihr Anwalt Mickey Rudin anrief – und mit Mrs. Murray sprach. Konnte es sein, daß die Mörder, von der Murray unbemerkt, eingedrungen waren, solange sie im hinteren Zimmer war?

Schon immer bestanden Zweifel am genauen Zeitpunkt von Marilyns Tod. Aber nun gab es einen wichtigen Hinweis. In früheren Interviews hatte die Jacobs immer gesagt: »Arthur wurde irgendwann nach zehn Uhr fünfzehn am Abend angerufen.«

Bergman verzog das Gesicht, als Natalie die Zeit vorzog – ganz offensichtlich paßte dies nicht in den Zeitablauf seines Berichts hinein. Die Aufzeichnung wurde abgebrochen, und die Jacobs verschwand für eine Besprechung mit Bergman und anderen im Haus.

Als sie zurückkehrte, liefen die Kameras wieder. Diesmal sagte die Jacobs: »Man fragte um zehn Uhr fünfzehn oder um zehn Uhr dreißig nach Arthur.« Bergman strahlte. Die Mannschaft schien erfreut, und die Aufzeichnung wurde fortgesetzt.

Wir merkten sofort, daß Bergman seinen Bericht wohl auf die bislang gültige Todesstunde ausgerichtet hatte. Aber von diesem Moment an schenkten wir dem Rummel mehr Beachtung, der mit dem Todestag einherging. Seit Juli, als *Hard Copy* einen wütenden Bobby Kennedy abgebildet hatte, der die Monroe in ihrem Schlafzimmer schlägt, schienen die Charaktere, die wirklich eine Rolle in dem Monroe-Drama spielten, ärgerlich geworden zu sein und ihre Zurückhaltung aufzugeben.

Die ungeschminkte Wahrheit, die zuvor vertuscht worden war, wodurch es zu einer Verschleierung der wahren Todesumstände des Stars gekommen war, trat nun Stück für Stück ins Licht. Natalie Jacobs' eher spontaner Widerruf war nur das erste Beispiel.

Fast zwei Wochen später setzte die Live-Übertragung der »Marilyn-Akte« aus der alten *I Love Lucy*-Kulisse in den Hollywood-Center-Studios eine erstaunliche Kettenreaktion in Gang.

Vor fünfundzwanzig Millionen Zuschauern erzählte ein ehemaliger Ambulanzfahrer namens James Hall, daß er einen »mysteriösen Arzt« dabei beobachten konnte, wie er der noch atmenden Monroe eine tödliche Injektion verabreichte.

Es war kurz nach drei Uhr am Morgen, als einer von zwei Männern einer Rettungsmannschaft des Schaeffer Ambulance Service in Santa Monica in das Haus der Monroe gekommen war. »Wir verabreichten der nahezu komatösen Patientin ein Herzlungenmedikament«, berichtete Hall. »Sie begann wieder zu atmen – wir hatten sie gerettet!«

Hall schien mit sehr unangenehmen Erinnerungen zu kämpfen, als er sich die Fahrt in Richtung Fifth Helena, Hausnummer 12305 ins Gedächtnis rief. Eine Frau in einem Nachthemd stand vor der Eingangstür. Sie rief immer wieder: »Sie ist tot. Sie ist tot.« Drinnen, so berichtete Hall, fanden sie die Monroe nackt und mit dem Gesicht nach oben im Bett vor. Sie legten sie auf den Boden, dann auf den Teppich und schoben ihr einen Plastikschlauch in den Hals.

In Halls Version begann Monroe bald darauf wieder zu atmen. Dann tauchte neben dem Ambulanzfahrer ein Arzt mit einer Subkutanspritze auf. »Es war bereits eine Nadel für das Herz daran befestigt«, erzählte Hall weiter. Der Arzt stieß die Nadel dann in Monroes Brustkorb, direkt ins Herz. Hall sagte, daß er beobachten konnte, wie die Patientin aufhörte zu atmen. »Ich werde jetzt ihren Tod melden«, zitierte Hall den Arzt.

Das Publikum im Studio war von dem Ambulanzfahrer gefesselt, der von seinen jahrelangen Versuchen berichtete, den »mysteriösen Arzt« zu identifizieren. Es belastete ihn so sehr, daß er sich schließlich einer Hypnose unterzog. Nach der Durchführung einiger Sitzungen war Hall in der Lage, den Arzt zu identifizieren.

»Es war Dr. Ralph Greenson, und ich bin absolut der Überzeugung, daß er Marilyn Monroe umgebracht hat«, sagte Hall. Die Familie Greenson sah in Santa Monica drüben schweigend zu. Sie hatten diese Geschichte, natürlich, früher schon gehört, aber die Unmittelbarkeit der »Marilyn-Akte«-Übertragung bedeutete für sie einen Schlag ins Gesicht. Die Familie führte einen Prozeß, um die Reputation des Arztes wiederherzustellen.

In der Zwischenzeit war man auf der Hollywoodbühne zu einer anderen Zielscheibe weitergegangen – dem ehemaligen stellvertretenden Bezirksstaatsanwalt John Miner. Miner, inzwischen ein liebenswürdiger weißhaariger Herr, war die einzige Persönlichkeit des öffentlichen Lebens gewesen, die dem Tatbestand des »anzunehmenden Selbstmordes« widersprochen hatte, wie es vom damaligen Coroner in Los Angeles 1962 formuliert worden war.

»Miß Monroe hat sich nicht selbst umgebracht. Das kann ich Ihnen garantieren«, erklärte Miner dem Coroner von Los Angeles, Theodore Curphey. »Zu viele Dinge, die in den letzten Tagen ihres Lebens auftraten, überzeugen mich *vollständig* davon, daß Marilyn keinen Selbstmord begangen hatte.« Miners Aussage hatte beträchtliche Bedeutung. Als außerordentlicher Professor für Psychiatrie an der University of Southern California verband er den Bereich der Gesetze mit dem der psychischen Gesetze so gut wie jeder andere auf der Welt auch. Obwohl er einen angesehenen Stuhl am Institute of Psychiatry innehatte, wurde Miners Aussage zu Monroes Tod aber übergangen. Zunächst mochte die Geheimhaltungspflicht eine Rolle gespielt haben. Miner weigerte sich standhaft, seine wahren Beweggründe zu enthüllen. Aber gelegentlich vertraute er sich Freunden an. »Dr. Greenson gab mir ein Tonband von Miß Monroe, und dieses Band überzeugte mich, daß sie sich nicht selbst getötet hat. Ich habe Greenson versprochen, daß ich nichts veröffentlichen würde, was auf dem Band zu hören war, und ich beabsichtige, dabei zu bleiben.«

Nachdem Miner diese Haltung während der Direktübertragung wiederholt hatte, fiel plötzlich eine Gruppe von Staatsanwälten aus dem ganzen Land – von Bergman versammelt – über ihn her, um »ihr eigenes Urteil dazu zu verkünden«. Einer der Staatsanwälte nannte ihn einen »Feigling, weil Sie nicht preisgeben, was Ihnen zu Ohren gekommen ist«. Ein anderer meinte, man sollte ihn wegen Verdunkelung anklagen. Miners Gesicht lief rot an, aber er gab nicht nach.

Die Brutalität dieser Gegenüberstellung überzeugte Miner, daß möglicherweise die Zeit gekommen war, etwas von seinem Wissen und seinen Vermutungen preiszugeben. Wie sich herausstellte, schloß die zögerliche Offenheit der Familie Greenson und des John Miner zwei Geheimnisse ein, die miteinander verknüpft waren – Geheimnisse, die dreißig Jahre lang gut gehütet worden waren.

Unsere aktualisierte Ausgabe wird diese – und andere – Geheimnisse enthüllen. Das neue Material wird chronologisch aufgerollt, beginnt mit den Reaktionen auf die »Marilyn-Akte« und geht weiter bis zu dem gegenwärtigen Streit um die sogenannten Abhörbänder aus dem Haus der Monroe in Brentwood. Sie beginnt dort, wo auch die offiziellen Untersuchungen zu Monroes Tod begannen – bei John Miner.

Zum Zeitpunkt unseres Interviews hatte sich John Miner von der Tracht Prügel erholt, die er von den an Bergmans Diskussion teilnehmenden Staatsanwälten erhalten hatte. »Ich ging aus einem einzigen Grund zu dieser Show – um mich für die Familie Greenson auszusprechen. Ich hatte das Gefühl, das sei wichtig.

Ich war bei der Autopsie der Monroe, die von Dr. Thomas Noguchi durchgeführt wurde, anwesend. Also konnte ich mit Sicherheit sagen, daß James Halls Geschichte nicht der Wahrheit entsprach. Es gab keine Gewalteinwirkung am Hals, es wurde kein Schlauch in die Luftröhre eingeführt. Es gab keine Nadeleinstiche auf der Brust, keine gebrochenen Rippen.« Miner tat Halls Behauptungen als »medizinisch unmöglich« ab. (Hall lehnte ein Interview ab.)

Er dachte zurück an jenen Moment, als er begonnen hatte, sich mit dem Tod der Monroe zu beschäftigen. »Wer konnte damals ahnen, daß dies alles dreißig Jahre später noch immer von Bedeutung sein würde?«

Am 6. August 1962 – ungefähr sechs Stunden nachdem die Monroe gestorben war – übertrug Curphey, der Coroner von Los Angeles, Miner, der damals die Verbindung zwischen Staatsanwaltschaft und dem Büro des Coroners herstellte, die Aufgabe, Dr. Ralph Greenson zu verhören. »Sprechen Sie über ihre psychische Verfassung zum Zeitpunkt, als sie starb«, wies Curphey ihn an.

Am nächsten Vormittag brachten Miner und Greenson sechs Stunden damit zu, Monroes Probleme und den Verlauf ihrer psychiatrischen Behandlung zu diskutieren. Am Ende der Sitzung übergab der Analytiker Miner zwei Tonbänder, die die Monroe selbst mit ihrem Tonbandgerät aufgenommen hatte.

Drei Jahrzehnte lang hatte sich Miner geweigert, auch nur auf das Wesen der Bänder einzugehen. Uns gegenüber eröffnete er 1992, daß die Bänder »persönliche und intime Details über das Sexleben von Miß Monroe« enthielten. »Die Bänder haben nichts mit kriminellen

Absichten oder mit den Umständen ihres Todes zu tun«, fuhr Miner fort. »Aber diese Bänder sind derart unheimlich, daß die Boulevardpresse einen großen Tag hätte, würde ich auf alle Einzelheiten eingehen. Sie haben mich überzeugt, daß sie sich nicht selbst umgebracht hat.«

Immer noch verunsichert darüber, was er meinte, fragten wir Miner, ob die Monroe denn »schließlich in der Lage war, ein gewisses Maß an Glück zu empfinden«.

»Das ist es genau«, antwortete Miner. »Sie hatte gelernt, glücklich zu sein.«

Gestützt auf diese Bänder und auf das sechsstündige Gespräch mit Greenson, erstellte Miner einen Kurzbericht von einer Seite Umfang für Coroner Curphey. Er schrieb darin, er sei der Auffassung, daß Marilyn Monroe sich nicht selbst getötet habe und daß ansehnliche Beweismittel vorlägen, die dies untermauerten.

Der sogenannte »Miner-Report« wurde nie in die offiziellen Dokumente zu Monroes Tod aufgenommen. Viele Jahre später erzählten uns Mitglieder des Selbstmordverhütungsteams, verantwortlich dafür, die Todesursache zu bestimmen, daß sie dieses Dokument niemals gesehen hätten. Auch hatten sie nie von den Beweismaterialien gehört, die Miner angeführt hatte. »Ich weiß nicht, inwiefern dies unsere Entscheidung beeinflußt hätte«, erklärte Dr. Robert Litman, ein Medizinprofessor an der University of California in Los Angeles, der der Kommission vorstand.

»Natürlich kam das Selbstmordverhütungsteam zu einem anderen Schluß als ich, nämlich daß Miß Monroes Tod ›anzunehmender Selbstmord‹ war«, sagte Miner. »Aber ich glaube nicht, daß ihnen dieselben Fakten zur Verfügung standen.«

Nach dem Interview mit Miner waren wir einige Wochen lang von seinen Bemerkungen verwirrt, wie zuvor auch schon der stellvertretende Bezirksstaatsanwalt Mike Carroll, der Monroes Tod 1982 im Auftrag seines Vorgesetzten, des Staatsanwalts von Los Angeles, John Van de Kamps, noch einmal untersuchte.

»Carroll drängte mich, ihm möglichst alle Einzelheiten aus dem Gespräch mit Greenson und die Besonderheiten des von Miß Monroe hergestellten Tonbands wiederzugeben. Er drohte mir sogar mit der Anklagejury. Aber ich hatte mein Wort gegeben«, fügte Miner hinzu.

Erst als die Familie Greenson mit Interviews, Erinnerungen, Notizen und Briefen aufwartete, setzte sich langsam ein Bild zusammen. Ein Familienmitglied wies vorsichtig darauf hin, daß Marilyn Monroe, wie Millionen anderer Frauen, nicht in der Lage war, zum Orgasmus zu kommen – trotz einer ganzen Garde von Liebhabern und Ehemännern wie Joe DiMaggio, dem französischen Star Yves Montand, dem Dramatiker Arthur Miller und dem Regisseur Elia Kazan. »Sie war nicht in der Lage, sexuell befriedigt zu werden«, so eine andere Quelle. Durch die intensive Therapie mit Greenson während der ersten acht Monate 1962 hatte Monroe schließlich zu ihrer eigenen Sexualität gefunden. Und dies um ihres damaligen Liebhabers – vermutlich Robert Kennedys – willen.

Monroe selbst hatte folgendes öffentlich zugegeben. »Ich empfinde beim Sex einfach nicht soviel, wie mir das von manchen Frauen zu Ohren kommt«, gestand sie dem Reporter des Magazins *Life*, Richard Meryman, im selben Sommer. »Möglicherweise bin ich eine asexuelle Sexgöttin. Wir werden alle, Gott sei Dank, als sexuelle Wesen geboren, aber es ist ein Jammer, daß so viele Menschen diese natürliche Gabe verschmähen und unterdrücken.«

»Es ist für mich sehr schwer, einen Orgasmus zu haben«, erklärte Monroe ihrer Freundin Jeanne Carmen 1961. Heute glaubt Carmen, daß Marilyn nie zum Höhepunkt kam, »weil sie viel zu beschäftigt war damit, die Männer zu beeindrucken, wie gut sie im Bett war, daß sie sich nicht auf ihre eigene Befriedigung konzentrieren konnte. Wie so viele Frauen spielte sie eine Rolle. ›Großer Gott‹, dachte Marilyn, ›ich bin ein Sexsymbol, also muß ich gut sein. Ich kann mich nicht um mein eigenes Vergnügen kümmern.‹«

Tatsächlich aber war Monroes herzzerreißendes Unvermögen, zum Höhepunkt zu kommen, noch das mildeste Symptom einer privaten Tragödie, der sie verhaftet war seit dem Nachmittag, an dem sie von einem Mitbewohner in einem ihrer Pflegeheime vergewaltigt worden war. Das schlimmste Symptom war, so teilte sie Dr. Greenson mit, daß sie sich Männern gegenüber nicht so verhalten konnte wie diese ihr gegenüber. Sie spürte keine Erregung.

Als Vierzehnjährige, die Jungs mit Händen und Füßen vertrieb, war Marilyn Monroe frigide – entsetzt bei dem Gedanken an Sex – und dachte die ganze Zeit nur, daß ihr einziger Wert in ihrer Schönheit lag. Als sie auf der High-School zu voller Blüte gelangte, war sie noch ungücklicher.

Später bekannte sie Greenson gegenüber, daß sie sich selbst für eine Schwindlerin hielt – wollüstig nach außen hin und kalt wie Eis im Innern. Sie litt daran stumm bis ans Ende ihres Lebens. Als sie 1961 schließlich mit Abstand zur berühmtesten Sexgöttin in der Geschichte des Films geworden war, konnte sie die Heuchelei und Schande nicht länger ertragen. Als die große Göttin der Liebe fühlte sie sich gefangen. Sie hatte mit dem französischen Schwerenöter Yves Montand geschlafen, mit einem heißen, gutaussehenden Regisseur namens José Bolanos und wahrscheinlich auch mit dem sexuell sehr aktiven Frank Sinatra – ohne jegliches Gefühl oder irgendwelchen Spaß.

Jedesmal wenn ein Liebhaber ein besonderer Macho war und sich vor der großen Monroe wichtig tun wollte, verließ sie sich auf die Schauspielmethode, die ihr von Lee Strasberg beigebracht worden war. Eine ihrer besten Vorstellungen gab sie im Strandhaus der Lawfords. Lawford selbst erzählte seinen Freunden von den Geräuschen der Liebe, die durch die riesige Villa schallten. »Sogar ich lauschte, stellvertretend für andere«, gab er später zu.

Es scheint unvereinbar, daß das größte Sexsymbol aller Zeiten frigide war – dennoch ist es ein Zustand, an dem mindestens vierzig Prozent aller Frauen zu irgendeinem Zeitpunkt einmal leiden. Laut John Miner, der von ihrem Dilemma erfuhr, als er nach ihrem Tod Nachforschungen anstellte, hatte die Monroe alle Hoffnung aufgegeben, diese Bürde loszuwerden, die sie seit ihrer Kindheit mit sich trug.

Darüber hinaus litt sie, laut Greenson, an »primärer Frigidität«, was bedeutet, daß sie zu keiner Zeit und auf keinerlei Stimulation hin zum Höhepunkt kam. Die Fähigkeit, sich sexuell zu befreien, war in ihr erstarrt – wahrscheinlich ihrer problematischen Kindheit und des Mißbrauchserlebnisses wegen. Ihr großes Problem, das sie ihren Freunden Terry Moore und Paula Strindberg anvertraute, war, daß kein Mann sie antörnen konnte.

Dann begann sie ihre Arbeit mit Greenson. »Er heilte sie. Darüber sprach sie ausführlich auf einem Band, das mir Ralph Greenson gab«, sagte Miner. »Es war eine erstaunliche Leistung, die ihre Beziehung zu Männern veränderte.« Fünf Tage vor ihrem Tod besprach sie ein Band, auf dem an einer Stelle ein Schluchzen darüber zu hören ist, daß sie nicht wüßte, was geschehen wäre, wenn sich Greenson nicht eingeschaltet hätte.

»Der größte Teil ihrer Angst war verschwunden«, sagte Miner. Verhängnisvollerweise traf RFK Marilyn gerade in dem Augenblick, als sie in eine Zeit der sexuellen Emanzipation eintrat.

Über zwanzig Jahre hat die literarische und öffentliche Debatte darüber gewütet, ob Bobby und Marilyn eine Affäre hatten. Die meisten Journalisten weisen diese Möglichkeit zurück, und eine ganze Reihe von Biographen waren sich in dieser Frage völlig uneinig. Der frühere Berater des Senators Ted Kennedy, Richard Burke, berichtete uns, daß diese Frage sogar die Familie und ihre Armee von Gefolgsleuten spalte. »Jedermann glaubt, daß es eine Affäre mit JFK gab, aber nur einige wenige erwägen die Möglichkeit, daß Robert der Monroe wegen schwach wurde.«

Nach drei Jahren der Nachforschungen sind wir nun sicher, daß eine kurze, aber intensive Affäre auf verschwiegenem Terrain, von Robert unter Beschlag genommen (an erster Stelle das Strandhaus der Lawfords), und in Monroes Suiten in den diversen Hotels entbrannt war.

Eine ganze Reihe von Informanten – alle gaben ihr Wissen zum ersten Mal preis – beantwortete uns die Fragen, die wir zu dieser Romanze hatten. Dazu gehören Mitglieder der Familie Greenson; ein Anwalt, der als Sprecher von Hilde Greenson fungierte und der die Romanze ebenfalls verifizierte; die Nachrichtenoffiziere des LAPD* Daniel Stewart und Mike Rothmiller; der ehemalige Polizeichef von Los Angeles, Tom Reddin, und Monroes Hausangestellte, Hazel Washington.

Außerdem sprach Monroe auf einigen Tonbändern, die sie für ihren Psychiater Ralph Greenson aufgenommen hatte, über Bobby und ihr gemeinsames Sexleben. (Diese Bänder wurden nur ein einziges Mal abgespielt – als der Bezirksstaatsanwalt von Los Angeles und der zuständige Coroner zu beweisen suchten, daß Marilyn Selbstmord begangen hatte.)

Aber die durchgreifendste und endgültige Bestätigung kam, nicht für die Öffentlichkeit bestimmt, von einem hochrangigen Mitglied der Machtelite Hollywoods – von einem Mann, der beide, Monroe und Frank Sinatra, gut kannte und der mit einem Angehörigen ihrer Gefolgschaft verwandt war.

Er versicherte uns, daß es eine Affäre gab und daß Dr. Greenson die Scherben auflesen mußte, als sie zerbrach. Weil er selbst mit der Familie Kennedy zu tun hatte, bezeichnete dieser Informant das Monroe-Debakel als typisch für die »unsensible Behandlung vieler anderer, die mit dieser bestechlichen Familie in Kontakt kamen«. »Sie waren die größten Nutznießer der ersten Jahrhunderthälfte«, fuhr er fort. Über die Affäre zwischen Bobby und Marilyn sagte er: »Sie existierte in einem größeren Zusammenhang – die Anziehungskraft zwischen einem Mann im besten Alter und dem wunderbarsten Sexsymbol der Welt.« Zu den Behauptungen befragt, daß Bobby und Marilyn nie miteinander allein waren, äußerte er: »Es kommt darauf an, wie Sie ›allein‹ definieren. Ganz bestimmt waren im Haus der Lawfords – in dem Strandhaus, wo alles begann – immer eine Menge Leute um sie. Und Dutzende von Menschen umgaben die Monroe. Und dennoch gedieh die Romanze.«

Jeanne Carmen, die Marilyn seit Mitte der fünfziger Jahre und aus

* LAPD – Los Angeles Police Department (Anm. d. Übers.)

den Zeiten des Actor's Studios kannte, stimmt darin überein, daß Robert Kennedy der Mann war, der ihre Gefühle wachrief. »Ganz bestimmt war es nicht Jack. Er konnte die Zeitung lesen, während er mit ihr schlief. Für ihn war sie ›einen Augenblick lang interessant, dann war's vorbei‹. Sie vertraute mir an, daß Bobby im Bett phantastisch war – so süß und liebenswert wie kein Mann zuvor«, erzählte Carmen. »Sie sagte oft: ›Er ist mein kleiner Liebling.‹ Er war so ein charmanter, süßer kleiner Typ«, sagte die Schauspielerin, die den Justizminister verschiedene Male traf, als er bei Marilyn vorbeischaute. »Er wußte, wie man eine Frau behandelte.«

»Die Welt ist sich nicht im klaren darüber, wie sehr mein Vater Marilyn während dieser letzten Monate beigestanden hat«, erklärte die Tochter des Analytikers, Joan Greenson Aibe. »Sie versuchen, ihn zum Bösewicht abzustempeln, aber er war, auf vielerlei Weise, Marilyns Retter.«

Lucy Freeman, Autorin von *Why Norma Jean Killed Marilyn Monroe*, betrachtete die Enthüllungen von Greenson und Miner als »den ersten wirklichen Durchbruch, den psychischen Zustand der Monroe ganz zum Schluß zu verstehen«. »Eine Menge Dinge ergeben jetzt erst Sinn«, erklärte Mrs. Freeman, die während ihrer Zeit, als sie für die *New York Times* im Bereich Psychologie schrieb, mit Ralph Greenson bekannt war. »Jetzt kann ich Marilyns Wut über die Kennedy-Brüder verstehen. Durch sie (und mit Greensons Hilfe) erlebte sie ihre sexuelle Befreiung. Als JFK und Bobby sie dann später fallenließen, hatte dies für sie verheerende Folgen. Es war das Grausamste, was in einem Leben voller schrecklicher Grausamkeiten passieren konnte.«

Lucy Freeman brachte fünf Jahre damit zu, Monroes Erlebnisse innerhalb der Psychoanalyse zu erforschen, um dann herauszufinden, daß Ralph Greensons wesentliche Aufgabe während der zweijährigen Zusammenarbeit darin bestanden hatte, Marilyn von ihrer Abhängigkeit von Barbituraten und Alkohol zu befreien. Alles andere war zweitrangig. Die Angehörigen der Familie Greenson stimmten zu. Sie konstatierten, daß Greenson sie so drastisch von den lähmenden Dosen an Schlafmedikamenten weggebracht hatte, daß er selbst schon fürchtete, die Monroe könnte »aus Versehen eine zu große Dosis einnehmen«, weil sie sich auf ihre alten Richtlinien verließ. In seinen Unterlagen verzeichnete der Psychiater, daß er alle anderen Ärzte der Monroe aufforderte, einzuwilligen, sich mit ihm abzusprechen, bevor sie ihr eine Dosis an Barbituraten – wie schwach auch immer – verschrieben. »Ironischerweise gab ihr einer dieser Ärzte, Dr. Hyman Engleberg, am Freitag bevor sie starb, ein Rezept für

Nembutal. Aber er setzte meinen Vater nicht davon in Kenntnis, weil er sich an diesem Tag von seiner Frau trennte.« Dr. Engleberg antwortete auch auf wiederholtes Anfragen für ein Interview nicht.

Lucy Freeman vertrat die Theorie, daß Greensons Erfolg, was die Drogen anging, ihm Zeit gewährte, an Monroes verstrickten romantischen Beziehungen zu arbeiten und möglicherweise ihre Rolle als Frau zu verändern, die ihr Leben lang stets vom jeweils letzten Mann abhängig war. »Das hat vielleicht zu einer zuversichtlicheren Einstellung geführt – einer Zuversicht, die ihre Freunde während ihrer letzten Monate bemerkten«, fuhr Freeman fort.

Durch Gespräche mit Joan und Hilde Greenson, John Miner, Rechtsanwalt Milton Rudin (Monroes Anwalt und gleichzeitig Greensons Schwager), Stephen Papich, Ralph Roberts und dem Produzenten von *Something's Got to Give*, Henry Weinstein, ist es möglich, einige der letzten Analysesitzungen von Greenson und der Monroe zu rekonstruieren. In den Gesprächen, die manchmal bis zu vier Stunden dauerten, sah sich der Analytiker, nachdem er die Drogenabhängigkeit nahezu abgestellt hatte, zwei anderen Problemen gegenüber, die es zu bewältigen galt: der Schlaflosigkeit und ihrer unheilvollen Wahl, was Männer anging.

Whitey Snyder bemerkte, daß Monroes Schlafstörungen aus einer Angst davor, wach zu bleiben, hervorgingen. Um dies zu kompensieren, würde sie, sagte Snyder, schon um vier Uhr nachmittags ins Bett gehen. »Bleib wie jeder von uns einfach bis elf oder zwölf auf«, riet ihr Snyder bei den Dreharbeiten von *Something's Got to Give*, »und du wirst automatisch müde.«

Greenson realisierte die Tiefgründigkeit des Problems, wußte aber nicht, wie es bewältigt werden konnte. Polizeiunterlagen, die bis vor kurzem nicht freigegeben waren (und die uns vom ehemaligen Lieutenant des geheimen Nachrichtendienstes des LAPD, Neil Spotts, zur Verfügung gestellt wurden), zeigen, daß Greenson Ermittlungsbeamten gegenüber von Anfang an erklärt hatte, um halb fünf nachmittags in das Haus in Brentwood gekommen zu sein, weil »Marilyn nicht einschlafen konnte«.

Die Lösung lautete, zumindest an diesem letzten Abend: Nembutal. Nur einige wenige Pillen brachten ihr den Schlaf. Greenson mußte sich damit zufriedengeben, daß er sie von acht auf drei Pillen pro Nacht heruntergebracht hatte.

Entgegen Miners optimistischer Einschätzung hatten sich Monroes Probleme mit ihren Romanzen verschlimmert. Zehn Tage vor ihrem Tod erzählte sie Papich, daß Greenson sie gewarnt habe, sie sei »für die Brüder Kennedy nur ein Sexobjekt«. Die Monroe zitierte

Greenson mit den Worten: »Sie wollen den Sexappeal und den Ruhm, aber nicht die Frau.« Er sagte ihr, daß ihre Beziehungen nur »vorübergehend« bestünden. Einige Sitzungen richteten sich auf das »Geben und Nehmen«. Der Analytiker machte ihr klar, daß sie zuviel von sich gab und nur wenig zurückbekam.

Rudin wies darauf hin, daß die Monroe die Selbstmorddrohungen als Mittel einsetzte, um ihren Willen durchzusetzen und um die Aufmerksamkeit zu erhalten, die sie sonst nicht erhalten hätte. »Wenn ihre Hilferufe in dieser Nacht nicht gehört wurden, so deshalb, weil sie zu oft den Wolf angekündigt hatte«, sagte Rudin, der fest daran glaubt, daß die Monroe vorsätzlich zu viele Tabletten schluckte und dann um Hilfe rief. »Greenson hatte sie schon zuvor gerettet, und dies wurde zu einem gängigen Muster«, fuhr Rudin fort. Fatalerweise war es vielleicht eben dieser Optimismus, der die Monroe glauben ließ, Robert F. Kennedy, der soeben vom United States Junion Chamber of Commerce zum »Vater des Jahres« gewählt worden war, würde seine Frau Ethel verlassen und sie heiraten.

»Das war so kindisch, und Bobby war so unklug, eine Andeutung in dieser Richtung zu machen«, fuhr Mrs. Freeman fort. »Irgendwo tief drinnen muß sie es gewußt haben – und er wußte es mit Sicherheit –, daß es nie geschehen würde.«

Aber unsere Nachforschungen haben ergeben, daß Marilyn Bobbys Heiratsantrag bis zum Schluß sehr ernst nahm. Ihre Freundin, die Schauspielerin Terry Moore, sagte, daß die Monroe der Witwe Clark Gables, Kay Spreckels Gable, gestand, daß Kennedy ihr die Ehe versprochen habe. »Sie sagte zu Kay, daß Bobby ihr versprochen habe, sie zur First Lady zu machen, wenn er Präsident würde«, berichtete Moore. »Und das war nur wenige Wochen vor ihrem Tod.«

Es ist bemerkenswert, daß sich Monroe mit diesen Hoffnungen Kay Gable anvertraute – eine Frau, vor der sie großen Respekt hatte. Sie begegnete Mrs. Gable zum ersten Mal 1959 bei den Dreharbeiten zu dem Film *Nicht gesellschaftsfähig*, und die Freundschaft wurde enger, nachdem Gable gestorben war. Terry Moore erklärte: »Zunächst ging sie auf Kay zu, um sich für ihr temperamentvolles Verhalten bei den Dreharbeiten zu entschuldigen. Und sie wollte in Erfahrung bringen, ob Kay sie für Gables Tod infolge eines Herzinfarkts wenige Tage nachdem die Dreharbeiten zu *Nicht gesellschaftsfähig* abgeschlossen waren, verantwortlich machte.«

Mrs. Moore fuhr fort: »Kay verneinte, und Marilyn vertraute sich ihr in den letzten Monaten ihres Lebens an.« Es war eine Zeit, in der die Monroe nur noch wenige Vertraute hatte. »Ich versuchte, an sie heranzukommen, und Kay versuchte, an sie heranzukommen«, erzählte Terry Moore. »Aber es war unmöglich, sie zu erreichen. Sie glaubte, in der Sache mit Bobby recht zu behalten. Sie fand erst heraus, daß sie falsch lag, als sie nicht mehr aufwachte.«

Laut Lucy Freeman führten Kennedys Versprechen sowie Marilyns sexuelle Befreiung möglicherweise zu dem selbstdestruktiven Verhalten der Schauspielerin. »Fügen Sie noch Greensons Forderungen hinzu, sich von den Kennedys zu lösen, und Sie können ihre Wutanfälle während ihrer letzten Lebenstage verstehen ... Das ist der Grund, warum sie drohte, eine Pressekonferenz anzusetzen«, sagte Freeman, »eine Konferenz, der Greenson niemals zugestimmt hätte. Wenn sie, wie die Greenson-Informationen zeigen, mit John und Robert Kennedy zum ersten Mal Spaß am Sex hatte, so muß sie doppelt rasend gewesen sein, als sie sie zurückwiesen.«

Ende 1962 bekannte Dr. Greenson vor einigen Journalisten: »Wir haben am Schluß einige Fehler gemacht. Aber wenn Sie wirklich wissen wollen, was mit Marilyn geschah, warum fragen Sie dann nicht Robert Kennedy?«

Ein Informant der Familie erläuterte das Zitat. »Ich denke, er meinte damit, daß er sich über ihre Zuneigung dem Justizminister gegenüber ernstliche Sorgen machte und daß diese Gefühle der Grund für ihr Unglück am Ende ihres Lebens gewesen sein könnte.«

Greenson riet ihr dringend, sich von Bobby zu trennen, und sie war hin und her gerissen. »Also drohte sie damit, Bobby bloßzustellen, obwohl sie wußte, daß Greenson einem derart selbstdestruktiven Akt nicht zugestimmt hätte«, berichtete Freeman weiter. Die Autorin verglich Monroes Dilemma damit, »in einem Spinnennetz gefangen zu sein«.

Freeman stimmte mit Miners Schlußfolgerungen aus den Sexbändern nicht überein. Sie glaubt, daß Selbstmord die Folge war. »Als Bobby sie zurückwies, nahm sie Nembutal ein und dachte sich ›Was soll's‹. Bobby hatte ihr erzählt, er würde sie heiraten, aber Marilyn spürte etwas ganz anderes. Das war Grund genug aufzugeben.«

Miner dagegen ist der Auffassung, daß die Fortschritte in der Gerichtsmedizin beweisen könnten, daß die Monroe umgebracht worden sei. Der ehemalige stellvertretende Bezirksstaatsanwalt glaubt, daß sie durch eine beträchtliche Menge an Barbituraten, die ihr mit einer Klistierspritze verabreicht worden waren, getötet wurde. Miner gibt zu, sich darin auf spätere medizinische Erkenntnisse zu stützen. »Bei unseren heutigen Möglichkeiten ließe sich sicher eine wissenschaftliche Methode finden, die beweisen könnte, daß die Monroe ermordet wurde.«

Als das Team des Coroner den sagenumwobensten Körper Hollywoods, seit Valentino in den Zwanzigern gestorben war, aufschnitt, wiesen einige der ersten Anhaltspunkte auf Mord hin.

Zunächst war Noguchi sichtlich erschüttert, als er Monroes Magen aufschnitt und nur zwei Kubikzentimeter Flüssigkeit im ganzen System vorfand – weniger als fünf Teelöffel. Nogouchi rief einen Berater hinzu. »Wie hat sie diese Medikamente eingenommen?«

»Oral«, kam die Antwort.

Bei sich dachte Noguchi: »Unmöglich. Die Medikamente, durch die die Monroe starb, gelangten auf andere Weise in ihren Körper.«

Als nächstes schnitten sie den Dickdarm auf, nur um zu sehen, daß der ganze Darm derart angegriffen war, daß er krebsrot geworden war. Dies war keineswegs gewöhnlich, weswegen Miner und Nogouchi schnell zu erstrangigen Gerichtsmedizinern eilten, um sich Rat zu holen.

»Ich war bei mehr als zweitausend Autopsien anwesend – von denen Hunderte eine Barbituratvergiftung aufwiesen«, sagte Miner, »aber dieses Phänomen habe ich nie gesehen, weder vorher noch nachher.«

Im Verlauf des Jahres nach Monroes Tod konnte Miner seine Zweifel ob des geschädigten Darms nicht abschütteln. Also begann er, in aller Stille, aber hartnäckig, mit seinen eigenen Nachforschungen. Er zeigte seine detaillierten Unterlagen Dr. Milton Halpern, dem früheren medizinischen Obergutachter von New York und Dekan der gerichtsmedizinischen Fakultät. Ende 1967 antwortete er Miner, daß auch er glaube, die Monroe sei möglicherweise ermordet worden.

Miner trug seine Theorie dann an noch höherer Stelle vor, dem medizinischen Obergutachter von Wien, Dr. Leopold Breitnecker. Dieser stimmte mit Halpern darin überein, daß der Dickdarm wahrscheinlich durch eine toxische Korrosion gereizt worden sei. Verantwortlich dafür war die organische Säure, die durch die Wirkung von Nembutal entstand. »Ich hörte nicht auf, bei allen Opfern einer Überdosis Barbiturat nach diesem verfärbten Dickdarm zu suchen, und niemals mehr habe ich so etwas gesehen«, berichtete Miner.

Der Staatsanwalt entdeckte zudem, daß bestimmte Bedingungen des Lebensstils der Marilyn Monroe seine Theorie stützten. Erstens waren Einläufe für sie ein gängiges Mittel, das ihr half, ihr Gewicht zu kontrollieren. Zweitens wurden sie in der Regel von ihrer Haushälterin, Mrs. Murray, durchgeführt. Und drittens hatte ihre normale Dosis Schlaftabletten sie möglicherweise schon so hilflos gemacht, daß ihr die tödliche Klistierspritze leicht verabreicht werden konnte. »Dann erfuhr ich, daß Eunice Murray die Wäsche wusch, als die Polizei kam. Das mußte auch sein. Sie verwischte die Spuren«, sagte Miner. Mrs. Murray befindet sich gegenwärtig in einem Pflegeheim, ihrer Senilität wegen ist es unmöglich, sie zu befragen. Eunice Murray stand nie für ein Gespräch zur Verfügung, hat aber wiederholt betont, daß sie mit der Monroe zwischen sieben Uhr dreißig am Abend und Mitternacht – als sie entdeckte, daß der Star bewußtlos war – nichts zu tun gehabt habe.

Miner ist der Auffassung, daß die Infusion per Klistierspritze dieses Verbrechen zu »einem nahezu perfekten« mache, zu einem, »das leicht verdeckt werden« könne.

»Gleich als erstes fanden wir eine sehr hohe Konzentration an Barbituraten in ihrer Leber«, berichtete Miner. »Dies bedeutete, daß die enorme Dosis, die ihr durch den Darm verabreicht wurde, nach und nach absorbiert wurde.« Dadurch wurde auch der exakte Zeitpunkt des Todes verschleiert. »Wenn Sie versuchen wollen, die Dame umzubringen, und dabei keine Fehler machen dürfen, dann ist dies genau die richtige Methode. Idiotensicher«, fuhr Miner fort. Ihm läge daran, den Leichnam zu exhumieren und ihn einer ganzen Reihe neuer wissenschaftlicher Untersuchungen zu unterziehen. »Wir könnten von einer ganz kleinen Menge Gewebe auf die ganze Geschichte schließen«, folgerte er.

Während sich nach der »Marilyn-Akte« weiterhin Auswirkungen bemerkbar machten und die brutale *Hard-Copy*-Serie fortgesetzt wurde, erörterten wir noch andere Geheimnisse – nicht so entscheidend wie die von Miner und der Familie Greenson, aber genauso interessant.

II. Schlüssel des Schweigens

Kurz vor Marilyns dreißigstem Todestag stürmten zwei stellvertretende Chefs in die Kommandobehörde des geheimen Nachrichtendienstes der Polizei von Los Angeles und schickten alle hinaus – einschließlich der Sekretärinnen. Dann versiegelten sie drei Räume und tauschten die Schlösser aus. Ein Merkblatt des Ministeriums wurde ausgegeben. »Diese Abteilung ist aus Ermittlungsgründen geschlossen«, war da zu lesen. »Gegen jeden, der diesen Raum betritt oder sich an den Unterlagen darin zu schaffen macht, wird unverzüglich ein Disziplinarverfahren eingeleitet.«

Die Gerüchte verbreiteten sich in Windeseile, und Reporter eilten gerade rechtzeitig zur Kommandobehörde, um mitzuerleben, wie die Schlösser ausgewechselt wurden. Sie konnten zudem sehen, daß große Unordnung herrschte. Unterlagen waren über Tische verstreut, und die Papierkörbe quollen über von zerfetzten Dokumenten. Andere Schubladen mit Unterlagen waren zum Bersten voll mit Aktenordnern, die die Namen Jane Fonda, Mayor Tom Bradley, Governor Jerry Brown und Angie Dickinson trugen. Der Inhalt dieser Unterlagen bleibt für immer ein Rätsel.

Stunden zuvor hatte sich ein CBS-Kameramann – dem die Razzia ganz offensichtlich gesteckt worden war – seinen Weg in das innerste Heiligtum der »Geheimpolizei« von L.A. gebahnt, um eine absichtlich verstreute Ansammlung von Unterlagen solcher Stars wie Frank Sinatra, Barbra Streisand und James Caan zu filmen.

Über einen ganzen Schreibtisch geschleudert lag ein Dossier mit der Aufschrift: »Norma Jean Baker: Marilyn Monroe – 1962.« Ein ernüchterndes Schwarzweißfoto der toten Schauspielerin, die auf einer Satindecke lag, befand sich oben auf dem Stapel. Ein Arm hing auf den Boden, ihre Faust umklammerte Quasten des weißen Teppichs. Das platinblonde Haar saß nahezu perfekt.

Hier gab es nun zumindest den Beweis, daß durch die Hierarchie des Geheimdienstes der Polizei von Los Angeles erhebliche Anteile der immer wieder abgebrochenen, dann wieder fortgesetzten Ermittlungen über den Tod der Marilyn Monroe in den letzten fünfundzwanzig Jahren verheimlicht worden waren. Diese vergilbten, zerrissenen Unterlagen – die wie hundert andere aussahen – paßten genau auf die Beschreibung in dem längst verlorengegangenen Bericht, den der Chef William Parker vier Stunden nachdem Monroes Körper entdeckt worden war, in die Wege geleitet hatte. Stapel von vergilbten eidlichen Aussagen, verblichene Fotografien und Telefonrechnungen tauchten auf und gaben so Geheimnisse aus dem Bericht preis.

Aber die Unterlagen verschwanden schnell aus dem Blickfeld. Willie Williams, der neue Polizeichef von Los Angeles, gab bekannt, daß das gesamte Archiv von fünfzigtausend Dossiers bis zu einer Untersuchung des dreißig Jahre alten Spionageaktes durch das Amt für Innere Angelegenheiten beschlagnahmt würde. »Diese Unterlagen könnten die Menschenrechte Hunderter von Personen ernsthaft gefährden«, teilte er einer Schar aufsässiger Journalisten mit. »Ich sage Ihnen eins«, fuhr er fort, »ich bin über das, was ich hier gefunden habe, entsetzt.«

Die Schlagzeilen der Zeitungen vom nächsten Morgen prangerten die Geschichte landesweit an. Einen Tag später war sie auch über den Atlantik geschwappt. »Polizeichef von L. A. bekennt, ›Sex-Spionageeinheit‹ im Einsatz zu haben«, trompetete die ansonsten gemäßigte *Times* in London, die den Bericht mit einem Schnappschuß der Monroe in einem Goldlamé-Kleid und von Robert F. Kennedy mit seinen Kindern aufpeppte.

Polizeichef Williams berichtete Susan Ellicot von der *Times*, daß er »die gesamte Geheimdiensteinheit suspendiert« habe und eine »große Untersuchung in Gang setzen« wolle. In ihrem Artikel wies Ellicot darauf hin, daß von dieser Einheit kein einziger Krimineller gefaßt worden wäre – einer Einheit, die zudem hemmungslos und illegalerweise abgehört und über Jahre hinweg vertrauliche Kreditunterlagen ihrer Opfer gestohlen hätte.

Im Mittelpunkt des Skandals stand ein legendärer Nachrichtenoffizier von Los Angeles namens Mike Rothmiller – seit fünf Jahren Veteran des Spionagekommandos und einer der letzten Detektive, die die komplette Akte zu dem möglichen Gewaltverbrechen im Zusammenhang mit Monroes Tod noch gesehen hatten. Seiner Erinnerung nach war sie knapp zwanzig Zentimeter dick und in einzeiligem Abstand beschrieben – eine »gewaltige Anklage«, von der die Öffentlichkeit nie erfuhr.

Rothmillers nationaler Ruhm im Spätsommer 1992 hing mit seinem umstrittenen neuen Buch zusammen: *L. A. Secret Police: Inside the LAPD Elite Spy Network* – ein Titel, der bereits zum Todestag der Monroe auf die Bestsellerlisten für Taschenbücher geklettert war. Tausende von Lesern, der Polizei gegenüber aufgrund des Rodney-King-Falls und der anschließenden Unruhen ohnehin schon skeptisch eingestellt, waren von dem Täuschungsmanöver, von dem der Autor berichtete, betroffen.

Rothmiller stellte ein geheimes und fast übermächtiges System dar, gut getarnt in der weitverzweigten Abteilung –, »das funktionierte wie der KGB, ausgestattet mit Verbindungen zur CIA und von Männern geführt, die von Macht besessen waren«. Es war diese Einheit, die die geheimen Ermittlungen über Monroes Tod durchgeführt hatte.

Die Einheit wurde 1959 von dem diktatorisch veranlagten Chef Parker organisiert und bestand aus siebenundfünfzig Mann, die ganz offensichtlich über die Grenzen der Gesetzlichkeit hinaus wüteten, um, so Rothmiller, »die treibenden Kräfte des Establishments aus Politik und Unterhaltung in L. A. in den Schmutz zu ziehen«.

»Die Geheimdienstbosse waren gnadenlos und korrupt«, erinnerte sich Rothmiller. »Und sie besaßen die Macht, das Leben und die Reputation vieler zu ruinieren – oder zu schützen. Das genau ist es, was sie im Fall der Monroe-Untersuchungen taten ... sie schützten den Namen der Kennedy-Dynastie.«

Rothmiller beschrieb sogar eine noch geheimere Verschwörung, die innerhalb der übergeordneten OCID verschleiert wurde. Es war dieser Kreis erlesener Detektive, der Monroes Tod dreimal untersuchte (1962, 1975 und 1982). Jeder Fetzen Papier über den Todesfall landete in den Händen dieser ermittelnden Machtbroker.

In der Hoffnung, Rothmiller könnte unmittelbare Kenntnisse von diesem »Informationsbericht« über Monroes Tod besitzen, übersandten wir ihm eine Ausgabe von *Marilyn. Das Ende, wie es wirklich war* und baten um einen Kommentar und eine Reaktion. Vierundzwanzig Stunden später war auf unserem Anrufbeantworter im Büro eine Nachricht: »Hier spricht Mike Rothmiller. Ich bin sehr überrascht ... Ihr Jungs seid näher dran, als ihr glaubt. Ihr habt in diesem Fall die Schutzdecke durchbohrt.« Nach einer Pause fügte er einen verlockenden Nachtrag an: »Wenn ich an eurer Stelle wäre, so würde ich nach den Kopien von Peter Lawfords Telefonrechnungen für August 1962 suchen. Wenn ihr sie gefunden habt, so habt ihr den unauslöschlichen Beweis für eine unglaublich lange Serie von Ferngesprächen – Gesprächen, die von Männern geführt wurden, die die Vertuschung vorantrieben. Alle Hinweise zu den hektischen Stunden nach Monroes Tod befinden sich genau dort. Und wegen des Umfangs wurden einige Gespräche noch von den Häusern der Nachbarn aus geführt.«

Wir beraumten rasch ein Treffen mit Rothmiller an – der Mitte der achtziger Jahre das Interesse des Geheimdienstes weckte, indem er Fernsehproduzent und Draufgänger in einer Reihe von Abenteuerserien im Fernsehen wurde.

Er beschrieb sich selbst als gut ausgebildeten Liebhaber der geheimen Unterlagen des LAPD. »Am Anfang, als ich der Einheit zugeteilt wurde, ließen sie mich auf die ganze Sammlung von Berichten los, von denen einige bis zu fünfzig Jahre zurückreichten. Sie trugen mir auf, ein brauchbares Retrievalsystem zu erarbeiten. Aber ich habe Blut geleckt. Das Zeug war unglaublich.« Als unersättlicher Leser vergrub sich Rothmiller in die Legenden und Geschichten um die Morde der Hollywoodstars – von der Ermordung des Gangsters Bugsy Siegel mit der Maschinenpistole bis hin zum Blutbad der Familie Manson. Aber bald schon merkte er, daß die Kronjuwelen des gesetzwidrigen Archivs die berstenden Akten über den Präsidenten John F. Kennedy, über den Justizminister Robert Kennedy und über Marilyn Monroe waren – die alle durch den Tod der Monroe zusammenhingen.

Als Rothmiller im Katalog der OCID das erste Mal nach den Unterlagen für den Todesfall Monroe suchte, entdeckte er, daß in diesen Dokumenten ein Querverweis auf die Dossiers über die Brüder Kennedy vorlag – der somit einen Zusammenhang andeutete, der bislang von mehreren aufeinanderfolgenden Polizeichefs dementiert wurde.

Weil der »Informationsbericht« über die Monroe von seiten der Stadt den Offiziellen, den Anwälten und Journalisten über Jahrzehnte hinweg vorenthalten worden war, erkannte der Detektiv schließlich, daß dieses Dokument nur von einer Handvoll Eingeweihter des Geheimdienstes gelesen worden war. Und noch bedeutsamer, er entdeckte, daß die OCID einen Weg gefunden hatte, wie sie es verhindern konnte, daß das heikle Material in die falschen Hände geriet – vor allem in die von Reportern. Nachdem Journalisten begonnen hatten, unter Hinweis auf Informationsfreiheit nach den Dossiers zu fragen, bemerkte Rothmiller, daß die Akte vom LAPD aufgeteilt worden war: Ein Teil davon war durch bewährte Detektive nach Hause geschickt worden, andere Seiten wurden in Schließfächern aufbewahrt und unter den Namen einiger handverlesener Beamter registriert, und der Großteil lagerte in der Garage des Detektivs Thad Brown. (In dieser Brown-Sammlung fand der Autor Anthony Summers später einige der fehlenden Telefonrechnungen Marilyns vom Tag ihres Todes.) »Das war eine gängige Praktik«, erläuterte Rothmiller. »Sie mieteten einfach diese anonymen Lagerschränke und füllten sie mit Berichten, die das Hauptquartier der Polizei nie hätten verlassen dürfen. Dadurch konnten sie behaupten, nie derlei Dokumente in Händen gehabt zu haben.«

Obwohl das meiste des ursprünglichen Materials über Monroes Tod versteckt worden war, merkte Rothmiller, daß der Katalog der Abteilung Anhaltspunkte für etwas zur Verfügung stellte, das einst ein reichhaltiges Vorratslager an Beweisen war – Beweisen, die nie zuvor veröffentlicht worden waren. Es gab detaillierte Überwachungsberichte zu Robert Kennedys Reisen nach L. A. im Sommer 1962; partielle Auflistungen von Peter Lawfords Telefonrechnungen im selben Sommer; seitenweise Zeugenaussagen all derer, die bei Monroes Zusammenbruch in der Cal-Neva Lodge sechs Tage vor ihrem Tod dabei waren, sowie eine Auflistung der Beweise über Wanzen, die in Monroes Haus in Brentwood angebracht worden waren. Ähnliche Daten existierten auch schon von Anzapfungen an Lawfords Telefon.

Das Herausragendste an diesen Untersuchungssouvenirs waren zweifellos die Protokolle der Telefonrechnungen Lawfords und der aktuellen Erklärung des Justizministers Robert Kennedy, die vom Justizministerium der Vereinigten Staaten freigegeben wurde.

Interviews mit Rothmiller, dem ehemaligen Detektiv Fred Otash und zwei weiteren Geheimdienstoffizieren ergaben, daß Lawfords

Telefonrechnungen den Beweis liefern für eine Reihe hektischer Telefonanrufe Lawfords – und möglicherweise auch Robert Kennedys selbst – in der Vorstadtvilla des FBI-Chefs J. Edgar Hoover, in Hyannis Port, wo der Kennedy-Klan versammelt war, auf der Präsidentenjacht vor der Insel Martha's Vineyard im Atlantischen Ozean und bei einigen Nebenanschlüssen in Hotels in Las Vegas. Aber unsere Suche nach den Telefonrechnungen selbst blieb erfolglos.

Wir erfuhren, daß ein dicker Stapel von Telefonrechnungen dieses fatalen Sommers für fast ein Jahr in Lawfords Händen blieb. »Sie – der Secret Service – konfiszierten sie als Teil der Aufräumarbeiten, bevor JFK seine Bewerbung um die Wiederwahl verlautbaren ließ«, erinnerte sich Patricia Seaton Lawford, Peters vierte Frau. Derselbe ehemalige Geheimdienstoffizier, der uns die vollständige Liste mit Monroes Ferngesprächen zur Verfügung gestellt hatte – jene, die das FBI nicht konfisziert hatte –, konnte keine Spur von den Lawford-Dokumenten finden. »Wir sahen nur kurz nach ihnen, als wir 1975 erneut ermittelten«, erzählte der ehemalige Geheimdienstoffizier Neil Spotts. »Aber sie waren längst verschwunden. Wir wollten Beweismittel finden für alle Telefonate zwischen Lawford und der Monroe in der Nacht, in der sie starb.« Einige Geheimdienstoffiziere erinnern sich, von einer außergewöhnlichen Anzahl von Telefonaten – »Dutzenden« – zwischen einem der Nebenanschlüsse der Lawfords und dem Justizministerium gehört zu haben.

RFKs »freiwillige Erklärung« war ebenfalls verschwunden. Der Autor Summers und der Monroe-Biograph Robert Slatzer machten unter Berufung auf das Gesetz zur Informationsfreiheit eine ausführliche Erklärung ausfindig, die an J. Edgar Hoover übergeben worden war und die über jede Minute des Aufenthalts Robert Kennedys in Kalifornien Rechenschaft ablegt. Er weist vehement zurück, an diesem Tag in Los Angeles gewesen zu sein.

Aber Rothmiller bleibt bei seiner Aussage, daß dies nicht die Erklärung beim Verhör war, auf die er in den Geheimdokumenten gestoßen war. Jene Erklärung, sagte Rothmiller, zeuge von einem halbherzigen Bobby, der zugab, daß er gelegentlich »Familienangelegenheiten« mit der Monroe besprochen habe. Zweifelsohne bezog er sich auf seinen Auftrag, den Präsidenten und den gesamten Klan von der gefährlichen Verbindung mit der Filmgöttin zu befreien. »Er sagte, er sei mit der Monroe in Verbindung gebracht worden – zu Unrecht, sofern es über ein freundschaftliches Verhältnis hinausginge. Er sagte auch, er habe sich im Sommer mehrere Male mit ihr getroffen.«

Rothmiller glaubt nun, daß die entscheidenden Monroe-Unterlagen aus den Archiven des Departments entfernt wurden, als der Polizeichef Daryl Gates im Juni 1992 sein Amt niederlegte. »Wir hörten, daß Gates damit begann, die Zentralkartei oder das, was davon übrig war, sechs Wochen vor seinem Abschied auszusortieren. Fast alles von dem unangenehmen Zeug wurde herausgenommen.«

Gates erzählt, wütend über die Anschuldigung, eine andere Geschichte. »Nach zehn Jahren wird alles vernichtet. Pffft, weg ist es!«

Der Chef weiß es mit Sicherheit besser. Das LAPD hatte routinemäßig derartig aufreizende Mediendokumente wie jene vom Tod der »Black Dahlia« 1946 aufbewahrt oder vom Johnny-Stompanado-Mord, in den Lana Turner und deren Tochter Cheryl Crane verwickelt waren, und selbst den letzten Fetzen Papier des noch immer ungeklärten Mords an dem Komödienstar Thelma Todd, der »Eis-Blondine«.

»Routinemäßig wurden diese Unterlagen wegen des nicht abreißenden Interesses an ihnen aufbewahrt«, sagte der frühere Polizeichef Reddin. »Wie sonst erklären Sie sich die dicke Akte zum ›Black-Dahlia‹-Mord?« Die Erinnerungen von Rothmiller und anderen bieten faszinierende Hinweise auf die umfangreichen widersprüchlichen Beweise, die einst in den Geheimunterlagen des LAPD existierten. »Es wäre beispiellos, wenn diese Protokolle tatsächlich vernichtet worden wären«, meinte Tom Reddin. »Und dennoch war es mir, solange ich Chef war, nicht möglich, auch nur einen Fetzen dieses Dokuments zu bekommen.«

»Weil man es vor ihm versteckt hat«, erklärte Rothmiller überzeugt.

Andere, noch überraschendere Hinweise auf die sensationelle Natur dieser »geheimen Untersuchungen« gab uns der ehemalige Detektiv des LAPD, Daniel Stewart – er war einer der ersten Männer des Geheimdienstes, die bei Monroes Tod vor Ort erschienen waren. Stewart erinnert sich, an Monroes Schlafzimmertür gestanden und gedacht zu haben: »Ein ganz klarer Fall. Ein weiterer Filmstar vollgepumpt und ruiniert von Alkohol und Drogen.«

Sein Kollege Neil Spotts wandte sich zu Stewart und fragte, auf Monroes Körper zeigend: »Was glaubst du?«

»Ein Unfall oder Selbstmord«, antwortete Stewart, ohne zu zögern. »Du kannst losen. Die Frau war völlig überspannt.«

Erst sechs Jahre später erfuhr Stewart im Zusammenhang mit der Ermordung Senator Robert Kennedys von den Verschwörungen und Gegenverschwörungen und Spionageakten der Polizei in einem Fall, den er für einen einfach zu klärenden Selbstmord hielt. Als Stewart 1968 darauf wartete, daß sich der Raum leerte und der Körper von Senator Kennedy aus dem Ballsaal des Ambassador-Hotels geschafft wurde, kam ein langjähriger Geheimdienstoffizier auf ihn zu. »Es entbehrt nicht einer gewissen Ironie, oder?« fragte der andere. »Ich gehörte zu der Mannschaft, die Bobby an dem Tag, als Marilyn Monroe starb, durch Los Angeles begleitete. Und nun bin ich am Ort *seiner* Ermordung. Der Kreis schließt sich.«

»Dieser Typ und sein Partner waren Bobby an Marilyns Todestag fast vierzehn Stunden lang hinterhergelaufen«, berichtete Stewart. »Und damals, 1968, berichteten sie mir haarklein den Verlauf jener Nacht, die sechs Jahre zurücklag.« Die Geheimdienstbeamten erzählten Stewart eine Geschichte, die an einigen Stellen von der allgemein anerkannten Wahrheit im Zusammenhang mit Monroes Tod und der Rolle, die RFK dabei spielte, abwich. »Sie berichteten, daß sich die gesamte Mannschaft vor Ort, auf Anordnung von Polizeichef William Parker, in der Stadt verteilte – vom Strandhaus der Lawfords bis nach Brentwood. Gleich, wohin Bobby ging, so war immer ein OCID-Team in weniger als einigen hundert Metern Entfernung. Zeiten, Orte, abgehörte Gespräche waren alles Teile eines ausgeklügelten Ermittlungsberichts«, bestätigte Stewart.

Nachdem wir ihn über die historische Bedeutung von Stewarts Enthüllungen informiert hatten, befragten wir den ehemaligen Polizeichef Daryl Gates, der im August 1962 verantwortlicher Kommandant der OCID war, zu dem Bericht. »Die Wahrheit ist, daß wir wußten, daß Robert Kennedy am 4. August 1962 in der Stadt war«, sagte Gates, der bis dahin regelmäßig Berichte über den heimlichen Besuch Kennedys zurückgewiesen hatte. »Wir wußten immer, wann er hier war. Er war der Justizminister, also waren wir an all seinen Bewegungen interessiert. Wir hatten Leute an den Flughäfen – Flughafenangestellte zum Beispiel –, die berühmte Persönlichkeiten aller Sparten erkannten und uns sofort alarmiert hätten.«

Während der vergangenen Jahrzehnte – als die Kontroverse über RFKs Beziehung zur Monroe wütete – hatte der ehemalige Bürgermeister Sam Yorty immer gesagt: »Fragen Sie Daryl Gates. Er war derjenige, der es wußte.«

Nun behauptet Yorty: »Das wissen wir mit Sicherheit, nicht wahr?«

Wichtiger ist, daß wir nun die Bewegungen des Justizministers durch die Aussagen der Leute, die ihn begleitet hatten, zurückverfolgen können.

Um etwa neun Uhr morgens am Samstag, dem 4. August, riefen Geheimdienstoffiziere der Polizei in San Francisco den Polizeichef von Los Angeles, Parker, zu Hause an, um ihn zu informieren, daß RFK nun Nordkalifornien verlassen habe und offensichtlich auf Los Angeles zusteuere. »Parker hatte mit dem Polizeichef von San Francisco eine Vereinbarung getroffen«, erzählte Stewart. »Immer wenn eine wichtige Persönlichkeit das Bay Area verließ und auf Südkalifornien zusteuerte, wurde Parker unverzüglich informiert. Er tat das gleiche für die Leute in San Francisco.«

Sobald Kennedys Piloten im Kontrolltower des schläfrigen Flughafens von Santa Monica um Landeanweisungen baten, informierte ein Fluglotse die OCID. Er gab zum besten, daß Bobby einen Helikopter gechartert habe, der ihn die fünf Meilen über die Stadt zu den Twentieth-Century-Fox-Filmstudios fliegen würde. Dort erwartete ihn schon ein Zwei-Mann-Team der OCID. »Die OCID-Leute waren ziemlich überrascht, einige Secret-Service-Agenten bei ihm zu finden«, berichtete Stewart. »Wir wußten, daß dies ein streng geheimer Besuch war. Er hatte niemandem gesagt, daß er Nordkalifornien verlassen würde oder daß er hier wäre, um sich mit Marilyn Monroe zu treffen.

Aber eine Person wußte es trotzdem – Polizeichef Parker. Seit Parker Monroes Haus in Brentwood mit Wanzen hatte versehen lassen, war er in Gespräche zwischen Monroe und Peter Lawford eingeweiht und wußte, daß Monroe den Justizminister erwartete.«

Zu jener Zeit hatte der Geheimdienst Erfahrung darin, die Kennedys zu verfolgen, die seit JFKs Wahl Los Angeles zwanzigmal besucht hatten. Ein gut instruiertes Netzwerk von Agenten war eingestellt: Ein Team deckte das Strandhaus der Lawfords, ein anderes war in Brentwood stationiert, und ein drittes überwachte das Beverly-Hilton-Hotel, wo Bobby in der Regel abstieg. (Es ergab sich im Lauf der Zeit, daß der Rezeptionist bereits dann die Polizei benachrichtigte, wenn Bobby seine Reservierung vornahm.) »Die Teams arbeiteten wie der legendäre ›Pony Express‹«, sagte Stewart. »Eines übernahm vom anderen, während Bobby vom Fox ins Hilton fuhr, vom Hotel zur Villa der Lawfords ...«

Ein Team positionierte sich in der Nähe der kleinen Sackgasse, in der die Monroe wohnte, nahm einen Stadtplan zur Hand und spielte in der Regel die Rolle der »herumirrenden Touristen«. Einer der Männer sagte später zu Stewart, daß sie Marilyn mit Bobby kämpfen hören konnten. »Es war ein wildes Geschrei, und einmal nannte sie ihn ›miesen Bastard‹.«

Abe Landau, einer von Monroes Nachbarn, sah den Mannschaftswagen der OCID und erinnerte sich, daß er auch noch sehr spät am Abend dort stand.

»Ich hörte, daß von Marilyn und Bobby Fotos gemacht wurden – vielleicht draußen beim Schwimmbecken«, erzählte Stewart. »So gut waren unsere Jungs.«

Aber die Arbeit für die OCID war solange nicht beendet, bis der gemietete Helikopter Kennedy vom Sandstrand in Santa Monica in Richtung Gilroy, Kalifornien, flog, wo Bobbys Familie auf ihn wartete.

Unser Gespräch mit dem Fotojournalisten William Woodfield bestätigte diese Beschreibung. Woodfield sah den Leihvertrag für den Fluchthubschrauber. »Polizeichef Parker war besessen von den Kennedys und ihren Ausflügen zu seiner Pferderennbahn«, erinnerte sich Stewart. »Er war buchstäblich eine einheimische Version von J. Edgar Hoover. Und er sagte einmal, daß er ›*mehr* als Hoover wissen wolle‹.« Präsidentialunterlagen zeigen, daß Präsident Kennedy mit dem Gedanken spielte, den FBI-Chef zu feuern und ihn möglicherweise durch Parker zu ersetzen.

Trotz seiner verdächtigen Aktionen sind Stewart und Rothmiller weiterhin davon überzeugt, daß der Justizminister nichts mit dem Tod Marilyn Monroes zu tun gehabt habe. Aber sie erinnern sich an Abhöraktionen, die gelegentlich Robert Kennedys Kommentare verschiedenen Mitgliedern seines Beraterstabs gegenüber auffingen. »Dieses Mädchen könnte den Tod für die Präsidentschaft meines Bruders bedeuten«, sagte ein nüchterner RFK in einem Gespräch, das wahrscheinlich während eines der ersten Besuche stattgefunden hatte, bei dem er die Monroe davon überzeugen wollte, daß sie aufhören mußte, JFK im Oval Office anzurufen. Nicht eine Seite dieses detaillierten Überwachungsberichts fand ihren Weg in die »offizielle Akte« zu Monroes Tod. »Ich garantiere Ihnen, daß der Bericht bereits am Sonntagmorgen um acht auf Parkers Schreibtisch lag«, sagte Stewart. »Aber dieser Bericht war ausschließlich für Parkers Augen bestimmt. Ich glaube nicht, daß irgend etwas über die Existenz dieser Materialien jemandem von uns, die wir den Monroe-Fall bearbeiteten, mitgeteilt wurde.«

Trotz des Aufsehens, das um den möglichen Mord an Marilyn Monroe entstanden war, spricht Stewart – wie die meisten seiner alten Freunde – von »Selbstmord – routinemäßig«. »Vor Ort dachte ich: ›Sie hat Selbstmord begangen. Mehr brauch ich nicht zu wissen.‹« Dieses fatalistische Denken war den Untersuchungen offensichtlich von Anfang an verhaftet.

Und der frühere Geheimdienstkommandant Neil Spotts, der 1975 seine Nachforschungen zum Todesfall ebenfalls wieder aufgriff, dient als typisches Beispiel für diese »Selbstmord-Fixierung«: »Es war so offensichtlich«, sagte Spotts. »Weil sie sich mit großer Sicherheit selbst getötet hat. Es war von Anfang an ein Fall des Coroners. Sie fanden Mrs. Murray vor, erfuhren von den Enthüllungen, fanden die leeren Medikamentenfläschchen und sahen ihre Hand, die nach dem Telefon gegriffen hatte. Es gab absolut nichts Verdächtiges in dieser Szenerie. Marilyn hat selbst Hand angelegt.«

Spotts bemerkte, daß Polizeichef Parker noch nicht einmal eine ganze Mordkommission mit den Untersuchungen betraute. »Es wurde vor Ort erledigt – als eine Routineangelegenheit.« Tatsächlich schnappte Sergeant Jack Clemmons, der erste Mann am Tatort, ein Gespräch auf, das typisch für die lasche Handhabung der Monroe-Untersuchungen ist. »Keinen kümmerte es wirklich«, sagte Clemmons.

»Sollten wir nicht lieber Jungs vom Labor verständigen?« fragte ein junger Polizist den rangältesten Lieutenant neben sich.

»Warum?« schoß der uniformierte Beamte zurück. »Es ist nur ein weiteres Weibsbild aus Hollywood, das sich umgebracht hat.«

Aber diese Worte waren durchaus ernst gemeint. Das LAPD wollte unter keinen Umständen den Eindruck eines Verbrechens entstehen lassen und forderte deshalb die Kriminologen – Beweismittelexperten, Standfotografen, Chemiker und Fingerabdruckspezialisten – gar nicht erst an. Es wurden keine Fingerabdrücke genommen, der augenscheinliche Bestand an Arzneimitteln auf dem Nachttischchen wurde nicht sorgfältig registriert und das Schlafzimmer nicht auf mögliche Spuren eines Kampfes hin untersucht.

Schlimmer noch: Ohne den mit einem Verbrechen einhergehenden Bestimmungen zu unterliegen, konnten Zeugen wie Mrs. Murray, Dr. Greenson und Dr. Hyman Engleberg kommen und gehen, wann, und mit sich nehmen, was immer sie wollten.

Nach fünf Uhr dreißig am Morgen verschlimmerte sich die Situation. Eine eindringende Horde von Journalisten, Freunden, Agenten und Angestellten trampelte durchs Haus, wie es ihr gefiel. Möbelstücke, Kleider, Schuhe und Denkwürdigkeiten verschwanden schnell.

Monroes Managerin Ines Melson schüttete, um deren Image zu retten, heimlich so viele Pillen wie möglich in ihre Handtasche und ließ damit eine irreführende Ansammlung leerer Arzneifläschchen zurück. »Ich mußte es tun. Das war ich ihr schuldig«, sagte sie später zu Robert Slatzer. Vielleicht war sie es, die die siebenundvierzig Nembutal-Kapseln mitnahm und die dann das leere Fläschchen zurückließ – eine Handlung, die die Ermittler jahrzehntelang täuschte. Weil das Fläschchen leer war, wurde geschlossen, daß die Monroe die tödliche Dosis an Barbituraten oral eingenommen habe.

Laut dem Geheimdienstoffizier des LAPD, Daniel Stewart, »regierte Chaos den Tatort. Menschen strömten herein und hinaus – und niemand schien verantwortlich zu sein.« Mindestens zehn Reporter waren um sieben Uhr morgens im Wohnzimmer versammelt, einschließlich der hochkarätigen Hollywood-Schreiber wie James Bacon, Joe Hyams und Florabel Muir. Alle liefen herum, wie es ihnen beliebte, blätterten in Unterlagen, wühlten in Monroes Kleidern und diktierten ihre Artikel von beiden Telefonapparaten aus.

Währenddessen stürmte Mrs. Murray durchs Haus und füllte eine Waschmaschine nach der anderen mit Wäsche, brachte Dutzende von Säcken mit Müll weg – nicht zu den Abfalltonnen, sondern zu einem Kleinlastwagen. Mrs. Murrays Schwiegersohn, Norman Jeffries, fuhr die übervollen Säcke angeblich zur Müllhalde. Wie Florabel Muir zu James Bacon sagte: »Sie haben den Tatort ausgeraubt und die Beweismittel geplündert.«

Die Polizei machte halbherzige Versuche, zwei wesentliche Beweisstücke zurückzuhalten: einen dicken Stapel mit Monroes Telefonrechnungen und einen großen Spiralblock, gefüllt mit Zufallseintragungen in Monroes eigener, ungleichmäßiger Handschrift. Beides hatte in der Küche gelegen, vor den Augen zweier uniformierter Beamter, und war trotzdem auf irgendeine Weise vor neun Uhr morgens verschwunden – als die neue Schicht von Kriminalbeamten erschien.

Das Notizbuch war Monroes unbekümmerte Chronik über ihre Beziehung mit Robert Kennedy – und hätte möglicherweise Geheimnisse offenbart, die zu ihrem Tod geführt hatten. Zweifelsohne war es dieses Notizbuch, das sie ihrem Friseur Mickey Song und ihrer Freundin Jeanne Carmen kurz vor ihrem Tod zeigte.

Tatsächlich war Carmen im Haus zugegen, als der Justizminister das Tagebuch fand. In ihrem ersten Gespräch zu diesem Thema sagte sie uns: »Ich saß auf dem Sofa, während Bobby hin und her lief. Ich hatte den Stenoblock nicht weiter beachtet – Marilyn hatte ihn immer irgendwo herumliegen. Dann entdeckte Bobby ihn.«

»Was, zum Teufel, ist das?« schrie er Marilyn an, die gerade aus der Dusche kam. Bevor sie antworten konnte, knurrte er Carmen an: »Ist sie verrückt – ein Tagebuch zu führen?«

Carmen erklärte, daß RFK, obwohl er in der Regel Monroe gegenüber sehr höflich war, »sehr ärgerlich werden konnte. Während er die Seiten durchblätterte, wurde sein Gesicht immer röter.«

Carmen selbst hatte das Buch überflogen und nichts von Interesse darin entdeckt. »Sie notierte, was sie ihn zu aktuellen Ereignissen fragen wollte.«

Bobby schrie die Monroe wieder an. »Warum?« wiederholte er.

»Weil ich zumindest etwas gebildet sein will, wenn ich mit dir rede.«

»Schmeiß es weg. Ich möchte nicht einmal, daß Jeanne es zu Gesicht bekommt.«

Aber die Monroe behielt es – ein Andenken an die Liebe, die rasch verging. Die meisten, die an diesem schicksalsträchtigen Tag im Haus waren, glauben, daß Monroes Werbeagent Arthur Jacobs es vernichtete.

»Beweismittel wurden einfach nicht eingesammelt«, sagte Dan Stewart. »Wozu auch in einem Selbstmordfall?«

Mit einem Federstrich begann Polizeichef Parker die Vertuschung, indem er sich weigerte, im Fall Monroe eine vollbeschäftigte Kommission einzusetzen. Selbst wenn die Beamten über etwas Wichtiges stolperten, wie zum Beispiel der damalige Sergeant Robert Byron, der seinen Vorgesetzten meldete: »Die Murray lügt ganz offensichtlich; sie weicht aus, und ihre Antworten sind allem Anschein nach eingeprobt«, wurde ihnen vermittelt, dies fallenzulassen. Und Parker war stets wachsam, augenscheinlich besorgt über jedes Detail, das die Vertuschung ins Wanken geraten lassen könnte. Als die Kolumnistin May Mann eine Serie von Artikeln über die Unzulänglichkeit der Ermittlung begann, erhielt sie am selben Abend einen Anruf von Parker. »Er sagte mir, daß es meiner Gesundheit nicht bekäme, wenn ich dabeibliebe, Artikel wie diesen zu schreiben.«

Ein dreißig Jahre währender Code des Schweigens war wieder aktiviert worden.

Bis zur Wiederaufnahme der Ermittlungen 1974 gab es keine entscheidenden Hinweise. Fast fünfzehn Jahre waren verstrichen, und noch immer waren einige Informationen folgewidrig, einige waren bloßes Gerede. Aber es tauchten auch viele faszinierenden Puzzleteilchen auf.

Eines davon stellte eine verblaßte, handgeschriebene Notiz dar, die Joe DiMaggio jr., Monroes adoptierter Stiefsohn, an Spotts geschickt hatte. DiMaggio teilte der Polizei etwas verwirrt mit, daß er am Nachmittag ihres Todestages den Star nicht hatte erreichen können. »Zweimal, um zwei Uhr und um vier Uhr nachmittags, rief ich bei Marilyn zu Hause an [die Geheimnummer in ihrem Schlafzimmer] und erhielt die Auskunft, daß sie nicht da sei«, erzählte DiMaggio. »War sie dennoch zu Hause, so wollte mich jemand nicht mit ihr sprechen lassen.«

Allen Berichten über Marilyns letzte Stunden zufolge war sie von neun Uhr morgens an bis zu ihrem Tod zu Hause. Warum dann wurden DiMaggios Anrufe zurückgewiesen? Mrs. Murray behauptete in verschiedenen Interviews, daß sie diese Anrufe nicht entgegengenommen habe, und Pat Newcomb ging nie an das private Telefon.

Das ist ein Rätsel. Wer hat DiMaggio die Auskunft erteilt, Marilyn sei nicht zu Hause? War es derselbe Mann mit der rauhen Stimme, der Ralph Roberts Anruf eine Stunde später so ungehobelt zurückwies? »Sie ist nicht zu Hause«, schnauzte der Mann Roberts an, der eine feste Verabredung mit Monroe zum Abendessen hatte. Roberts wußte, daß es nicht Greenson, Lawford oder Dr. Engleberg war. Und er fragte sich, wie alle Welt seither, ob es der Mörder war, der DiMaggio jr. und Roberts so schnell abgefertigt hatte.

Als wir Neil Spotts' umfangreiche Akte zu dem Todesfall durchgingen und sie mit einem Packen Papier der Geheimunterlagen des LAPDs verglichen, entdeckten wir eine Reihe subtiler Hinweise, die, zusammengenommen, das allgemeine Empfinden zu Monroes Mörder verändern könnten. Wir fanden heraus:

- Monroes Haushälterin, Eunice Murray, besaß einen Dietrich zu Monroes Schlafzimmer. Er war an ihrem eigenen Schlüsselbund befestigt. Greenson hatte darauf bestanden, weil Murray der Suizidgefahr wegen häufig Wache hielt. Es hätte also keinen Grund gegeben, durch das Schlafzimmerfenster des Filmstars einzudringen.
- Monroes Plüschteppich war so dick, daß durch den Türschlitz kein Licht fallen konnte. Murray muß auf andere Weise von Monroes Schwierigkeiten erfahren haben.
- Offizielle Leichenbeschauer des Leichenschauhauses im Vorort Westwood wollten bereits eine routinemäßige Autopsie durchführen – sie hatten sogar schon die Gläser beschriftet, MONROES LEBER, MONROES GEHIRN etc. In letzter Minute jedoch ordneten Polizeichef Parker und der Coroner von Los Angeles, Theodore Curphey, an, daß der Leichnam ins County gebracht werden sollte, wo sie, um den Leichenbestatter von Westwood, Guy Hockett, zu zitieren, »mehr Kontrolle darüber hatten«.
- Eine interne Meldung wies die bevollmächtigten Coroner an, das Leichenschauhaus auf den Kopf zu stellen, um Gewebeproben der Monroe zu finden. Sie tauchten nie auf. Das einzige Mal, daß sich dies in der Geschichte des Leichenschauhauses wiederholte, war nach der Ermordung von Bobby Kennedy 1968.
- Unsere Analyse der meisten von Monroes Telefonaten in den letzten drei Monaten ihres Lebens (zusammengetragen aus Archiven des FBI, des LAPD und aus privaten Quellen) zeigt, daß sie im Schnitt fünfzehn bis zwanzig Gespräche täglich geführt hat – und nie weniger als drei (selbst an den Tagen, an denen sie lange mit Dreharbeiten zugange war). Aber die FBI-Kopien der Aufzeich-

nungen von Ende Juli, Anfang August zeigen, daß Monroe in den letzten vier Tagen ihres Lebens nur eine Handvoll Telefonate geführt hat. Offensichtlich wurden die Nachweise über Gesprächsverbindungen und Gebühren zensiert: die Gespräche, die die Kennedys betrafen – nach Hyannis Port, nach Washington, D. C., und ins Justizministerium –, und andere wurden gestrichen. »Sie wurden ›ent-kennedysiert‹«, teilte uns unser FBI-Informant mit.

Monroes Telefonrechnungen waren der einzige Punkt, von dem sich der Autor Anthony Summers die unwiderlegbaren Beweise für eine Liebesgeschichte versprach, die den Filmstar und den Justizminister von Küste zu Küste verband.

So jubilierte Summers, als er 1983 Reste von Monroes Rechnungsbelegen in Händen von Lieutenant Neil Spotts fand, der selbst gerade die Ermittlungen der Tragödie von 1962 wiederaufgenommen hatte. Spotts hatte sie von Thad Brown erhalten. Was er gefunden hatte, war Narrengold. Spotts' Telefonprotokolle basierten nämlich auf den Ferngesprächsgebühren, die das FBI von den Originalrechnungen bei General Telephone kopiert hatte. Zudem war die Auflistung unvollständig, denn sie schloß Gebühren des komplizierten Gebührensystems bei General Telephone nicht ein.

In Wirklichkeit hatte die Monroe während ihrer letzten Lebenstage immer wieder mit Robert Kennedy gesprochen. Eine Telefongesellschaft ist nun mal, was sie ist, und sie führt zum Zweck der Rechnungsstellung eine Auflistung. Deshalb wurden im Oktober – als Monroes Schulden durch ihren Anwalt Milton J. Rudin beglichen wurden – die Gebühren für die Ferngespräche in dieser Telefonromanze vom Vermögen des Filmstars bezahlt.

Ein anderer Hinweis bestand in Form eines Fetzens Papier, der von 1975 datiert und auf dem vermerkt ist, daß ein Informant Spotts hat wissen lassen, die Monroe sei in den letzten Wochen ihres Lebens einer »wahrscheinlich unerwiderten« Zuneigung wegen, die sie für Patricia Kennedy Lawford empfand, verzweifelt gewesen. Nachdem er von den Ermittlungen gelesen habe, ließ der Informant einen Rechtsanwalt als Vermittler die Polizei in L. A. kontaktieren und vorschlagen, Spotts solle eine detaillierte Studie über Monroes angebliche Bisexualität anfertigen.

Spotts gab zu, von dieser Mitteilung fasziniert gewesen zu sein. Und er wurde wieder daran erinnert, als er Monroes Wochenende am Tahoe-See eine Woche vor ihrem Tod untersuchte – ein Wochenende, das in einer häufig publizierten Überdosis kulminierte.

»Es gab einiges Gerede darüber, daß sie über die Beziehung zu

Mrs. Lawford unglücklich war«, räumte Spotts ein. »Und Marilyn wurde von Mrs. Lawford entdeckt, die Peter Lawford und Frank Sinatra rufen mußte, um sie darüber zu informieren, daß sie dem Tod nahe war.«

Patricia Seaton Lawford erzählte von Peter, daß er Patricia Kennedy Lawford als »›Marilyns beste Freundin zu jenem Zeitpunkt‹ bezeichnet habe – aber bestimmt nicht als deren Geliebte. Möglicherweise aber ist sie aufgefordert worden, sich zum Wohl der Familie von Marilyn zurückzuziehen.« Und Seaton Lawford fuhr fort: »Sie war so sehr die Schwester von JFK und Bobby – die Familie stand an erster Stelle.«

Beeindruckt von Spotts' Enthüllungen über Marilyns Besuch in der Cal-Neva Lodge entschieden wir, uns diese achtundvierzig Stunden näher zu betrachten, die der Journalist Woodfield als »Generalprobe des Todes« beschrieb.

Durch Gespräche mit einem Journalisten, der dabei war, und anderen erfuhren wir, daß in Cal-Neva am selben Wochenende ein mysteriöser Gast anwesend war – der Gangster Sam Giancana, der zugleich einer der Besitzer des Spielkasinos war. Giancanas Aktionen verstärkten Monroes Depressionen möglicherweise.

Wie Monroes Freunde Jeanne Carmen und Otash in einem Interview mit der BBC berichteten, wurde Monroe das Gefühl vermittelt, sie sei an den Tahoe-See gebracht worden, um »Sam eine gute Zeit zu bereiten«. Carmen bemerkte, daß Marilyn schon zuvor zu zwei Verabredungen mit Giancana gedrängt worden war – wohin Carmen sie als Anstandsdame begleitete.

»Sie *hat* mit Giancana geschlafen«, sagte die Journalistin, die die offizielle Fotografin für die Cal-Neva Lodge und für Frank Sinatra war.

Zwei Jahre später erbrachte eine Reihe von Abhörbändern den Beweis für die Rendezvous zwischen Monroe und Giancana. »Auf einem unserer Bänder prahlte Giancana vor dem Gangster Frank Costello damit, daß er zur gleichen Zeit wie die Kennedy-Brüder mit Monroe geschlafen habe – kurz vor ihrem Tod«, erzählte Bill Romer, ein pensionierter FBI-Agent, der in seinem Berufsleben viel Zeit damit verbracht hatte, Giancana strafrechtlich zu verfolgen. »Wir hörten Giancana und seine Gefolgschaft regelmäßig ab. Sam war voller Schadenfreude, den Kennedys um eine Nasenlänge voraus zu sein – der letzte gewesen zu sein, der mit ihr schlief.«

Auf demselben Band spaßte Costello mit Giancana: »Bist du sicher, daß du gerne mit denselben Frauen ins Bett gehst wie die Kennedys, ja?« und bezog sich damit auf die Affäre Giancanas mit Judith Campell Exner, die ebenfalls eine Liebhaberin des Präsidenten war. Giancana kicherte nur.

Sollte die Monroe mit dem Gangsterboß aus Chicago geschlafen haben, dann muß es am Spätnachmittag gewesen sein. Patricia Kennedy Lawford war stets bei ihr bis auf die Zeit »zwischen drei und fünf Uhr nachmittags, als Marilyn einen Mittagsschlaf hielt«.

Auf einem Foto, das von der Monroe und Peter Lawford – bei Sonnenuntergang – gemacht worden ist, scheint sie kurz vor dem Zusammenbruch zu sein, lehnt sich an Lawford an, Tränen rinnen über ihr Gesicht. »Etwas Schreckliches muß passiert sein«, erinnerte sich Seaton Lawford. »Aber Peter sprach nie darüber, abgesehen von der Bemerkung ›wir retteten sie gerade noch‹.«

In äußerster Verzweiflung begann Monroe ganz offensichtlich sofort nach dem Abendessen Schlaftabletten zu schlucken. Sie wurde – wahrscheinlich von Sinatra – höflich aufgefordert, in ihrem Zimmer zu bleiben.

Irgendwann nach ein Uhr früh verließ Monroe, nachdem sie eine Notiz für das Zimmerpersonal zurückgelassen hatte, das Badehäuschen am Schwimmbecken, um durch das dicht mit Bäumen bewachsene Gelände zum Kasino zu wandern. Wie benommen setzte sie sich in der Nähe des Strandes hin und döste allem Anschein nach ein.

Die Mitarbeiter der Cal-Neva Lodge sowie Patricia Kennedy Lawford gerieten in Panik, als sie sie nirgends auffinden konnten. Obwohl sie das Sommerhaus für das Jones-Debüt voller Leute hatten, schwärmten einige Angestellte in den Wald, um nach der Monroe zu schauen. Diese Suche wurde Teil der Tahoe-See-Legende. Es dauerte neunzig Minuten, bis sie das vermißte Sexsymbol wiederfanden. »Alle waren außer sich, sie gefunden zu haben«, sagte Gary Weatherly, der die Geschichte von einem der Mitarbeiter des Kasinos gehört hatte. »Sinatra fürchtete, daß Monroe dort sterben und damit einen verhängnisvollen Skandal hervorrufen könnte.« Weatherly hörte, daß sie auf einer felsigen Halbinsel gefunden wurde, die in den See ragte.

Zurück in ihrem Zimmer, schluckte Monroe offensichtlich weitere Tabletten und wurde von Mrs. Lawford im Koma vorgefunden. »Es herrschte ein Durcheinander«, berichtete ein Journalist, der dabei war. »Sie war in einer schlechten Verfassung. Man konnte es auf der Serie von Fotos sehen, die in jener Nacht aufgenommen wurden. Ich habe sie selbst gesehen.«

Krankenschwestern, die zu dem angeschlagenen Filmstar geeilt waren, berichteten Frank Sinatra später, daß sie noch fünfzehn oder zwanzig Minuten zu leben gehabt habe, wenn er und Lawford nicht rechtzeitig gehandelt hätten.

Als die Wahrscheinlichkeit bestand, daß Monroe nicht überleben würde, ließ Sinatra, wie verlautete, sein Wasserflugzeug rasch zum Dock kommen, und sie flogen die Schauspielerin ins Krankenhaus nach San Francisco. Sie benutzten einen falschen Namen, um Schwierigkeiten mit der Nevada State Gaming Commission auszuschließen.

Ein Journalist, ebenfalls zu Gast bei Sinatra, erzählte uns, daß Monroe in sehr, sehr schlechter Verfassung gewesen sei, »so schlecht, wie es einem Menschen nur gehen kann – wenn Hilfe fünfundzwanzig Minuten entfernt ist. Ich sah die Fotos von ihr – in ihrer Suite aufgenommen«, sagte er später. »Sie schien im Koma zu sein ... ihr Gesicht war grau.«

»Der Vorfall am Tahoe-See unterschied sich nicht wesentlich von all den Gelegenheiten, bei denen Peter Marilyn retten mußte«, sagte Seaton Lawford. »Es gab andere – sogar im Strandhaus – die schlimmer waren.« Rothmiller stimmte zu: »Tahoe kam nicht an das heran, was manchmal früher mit ihr geschehen war.«

Als wir mit einem Geheimdienstbeamten nach dem anderen über die Todesnacht sprachen, hörten wir wiederholt von dem Gerücht, daß Bobby Kennedy sich noch immer in Los Angeles aufgehalten habe, lange nachdem Monroe tot war. Sie sprachen von einem Polizisten aus Beverly Hills, der »unwiderlegbare Beweise« dafür haben sollte, daß der Justizminister noch um Mitternacht in der Stadt gewesen sei.

»Sprechen Sie mit Lynn Franklin«, sagte einer von ihnen. »Er hätte Kennedy fast einen Strafzettel verpaßt.«

Wir trafen Franklin in Temecula, einer verschlafenen Stadt in den südkalifornischen Bergen, längst von seinem Dienst bei der Polizei von Beverly Hills in den Ruhestand versetzt. Er schien über die Bitte um ein Interview überrascht. »Verstehen Sie, ich habe diese Geschichte in den letzten dreißig Jahren immer wieder erzählt, und Sie sind die ersten, die der Sache wirklich nachgehen.«

Eigentlich führte Franklin eher Peter Lawford an als dessen Schwager Bobby Kennedy, und dieses Ereignis ist eine der bizarrsten und erstaunlichsten Ingredienzen im immer wieder auftauchenden Todesszenario der Monroe.

Am Sonntag, dem 5. August, um fünf Minuten nach Mitternacht fuhr Sergeant Franklin den Roxbury Drive in Beverly Hills entlang – hauptsächlich um die schicken Boutiquen und Läden in dem luxuriösen Geschäftsviertel unter Kontrolle zu haben.

Als er von der Roxbury auf den Olympic Boulevard abbog, brauste ein beigefarbener Lincoln an ihm vorbei, der in Richtung Los Angeles fuhr. Franklin registrierte eine Geschwindigkeit von fünfundsiebzig Meilen in der Stunde und bemerkte, daß die Scheinwerfer ausgeschaltet waren.

Er verfolgte ihn mit Blaulicht. Daraufhin schien der Wagen vor ihm zu beschleunigen und sich unberechenbar über alle vier Spuren des breiten Boulevards zu schlängeln. »Es machte auf mich den Eindruck, als versuchte der Fahrer dieses Wagens, jemanden abzuhängen ... ein Mann, der von einem Tatort flieht.«

Nachdem Franklin seine Sirene in Gang gesetzt hatte, hielt der Lincoln zögerlich nicht weit vom Gelände des Pico Country Club an.

Bevor er seinen Wagen zum Stehen brachte, informierte Sergeant Franklin die Zentrale in Beverly Hills darüber, daß er einen Stop vor sich hätte und möglicherweise Rückendeckung brauchte. »Ich habe da drei Typen in einem Auto, die vor irgend jemandem zu fliehen scheinen«, sagte er.

Mit der Hand an der Waffe näherte sich Franklin langsam dem Wagen.

Als er auf gleicher Höhe mit dem vorderen Fenster war, das heruntergedreht wurde, sah er in das bekannte Gesicht von Peter Lawford – der »betrunken, erschrocken und völlig aufgelöst schien«.

»Mr. Lawford, was zum Teufel tun Sie?« fragte Franklin. »Sie haben kein Licht, und Sie sind mit fünfundsiebzig Meilen in der Stunde gefahren.«

»Es tut mir leid«, stammelte Lawford. »Ich muß jemanden zum Flughafen bringen.«

»Da fahren Sie aber in die falsche Richtung«, erwiderte Franklin. »Sie sollten in Richtung Westen, nicht Osten fahren.«

»Aber ich muß zuerst meinen Freund im Beverly-Hilton-Hotel abholen«, antwortete Lawford.

»Auch dann fahren Sie falsch«, sagte Franklin. »Das Hilton liegt zwei Meilen in der anderen Richtung.«

Franklin schlug einen scherzhaften Ton mit Lawford an – eine übliche Taktik in Beverly Hills, wo die Polizei berühmte Persönlichkeiten mit Samthandschuhen anfaßte. Er drängte nicht darauf, Lawford einen Strafzettel zu verpassen, aber er wollte diese Verkehrswidrigkeit doch pro forma auf einem Informationsblatt protokollieren. Franklin richtete seine Taschenlampe auf die anderen Männer im Wagen. »Ich dachte, daß vielleicht einer der anderen das Steuer übernehmen sollte«, erinnerte sich Franklin. »Peter war so daneben – er zitterte und nuschelte seine Sätze.«

Der Insasse auf dem Beifahrersitz war ein Mann mittleren Alters, der in etwas wie ein Tweedjackett und ein weißes Frackhemd gekleidet war. »Er ist Arzt«, erklärte Lawford unaufgefordert. »Er fährt einfach so mit uns zum Flughafen.« Franklin sollte den Mann später als Dr. Greenson wiedererkennen. »Als ich die Berichterstattung von der Beerdigung sah, wußte ich ganz sicher, daß Greenson der Mann war, der vorne eben Lawford saß«, sagte er. »Aber der Mann sagte kein Wort.«

Franklin ließ dann das Licht über Lawfords Schulter gleiten, um den Mann auf dem Rücksitz zu betrachten. Der Polizist war verblüfft. Vom Licht erfaßt und die Zähne zusammengebissen, saß da der Justizminister der Vereinigten Staaten, Robert Kennedy. »Er trug Shorts und ein zerknittertes Frackhemd«, erinnerte sich Franklin.

»Guten Abend, Sir«, sagte Franklin.

Robert Kennedy nickte nur.

Lawford begann wieder zu stammeln. »Wir mußten den Justizminister aus dem Hilton abholen, und sein Flugzeug fliegt in wenigen Minuten.«

»Nun, wenn Sie in diese Richtung weitergefahren wären, wären Sie nie dort angekommen«, erwiderte Franklin. »Das Hilton und der Flughafen liegen beide einige Meilen in der anderen Richtung.«

»Ich hab's dir doch gesagt, Idiot«, schnauzte Kennedy. »Können wir jetzt weiterfahren?« fragte der Justizminister.

»Natürlich«, antwortete Franklin, »Sie sollten dies nur nicht mit fünfundsiebzig Meilen in der Stunde tun.«

»Ich wurde das Gefühl nicht los, daß sie sich vor etwas Unheilvollem aus dem Staub machten«, erinnerte sich Franklin. »Natürlich wußten wir damals nichts über irgendwelche Verbindungen zwischen Marilyn Monroe und der Familie Kennedy, und von Monroes Tod wurde erst Stunden später berichtet.«

Dennoch war Franklin neugierig. Er erzählte mehreren hochrangigen Polizeibeamten aus Beverly Hills von diesem Zwischenfall und bemerkte, daß Kennedys Name auf keiner Liste des Geheimdienstes auftauchte, die verriet, welche hohen Tiere in der Stadt erwartet wurden. »Ich mag diese heimlichen Besuche nicht, die Präsident Kennedy und sein Bruder Beverly Hills abstatten«, schnauzte einer der Polizisten. »Wenn irgendwas passiert, kriegen wir die Schuld.«

Eifrig darum bemüht, die Geschichte des Justizministers zu überprüfen, spürte Franklin Informationen darüber auf, daß RFK während seines Aufenthalts im Beverly Hilton abgestiegen war. Er hatte sich offensichtlich am Freitag telefonisch aus Nordkalifornien eingecheckt, war aber erst Samstag spätabends eingetroffen.

Am Montag, dem Tag nach Monroes Tod, kam Franklin zurück, um sich eine Kopie des Einschreibungsvermerks zu beschaffen. »Diesmal teilte mir der stellvertretende Manager mit, daß Bobby Kennedy nicht registriert war und daß es keinen Vermerk darüber gab«, erinnerte sich Franklin. Etwa einen Monat später fand Franklin heraus, daß sein »Dienstbericht der Nacht« über den Zwischenfall aus dem offiziellen Dienstbericht der Polizei in Beverly Hills verschwunden war. Ein Vorgesetzter forderte ihn auf, »sich darüber keine Gedanken zu machen«.

Franklin verdächtigt das FBI, »das Protokoll vernichtet zu haben«. Wir überprüften den Bericht Franklins anhand der Aussagen dreier seiner Kollegen – alle bestätigten, daß Franklin ihnen damals, 1962, von diesem Verkehrszwischenfall erzählt habe.

III. Die Abhörer

Um 3 Uhr 55 morgens am 4. Oktober 1992 steckte der Privatdetektiv Fred Otash einen dicken Unterlagenstapel in einen ledernen Aktenkoffer und fuhr mit dem Aufzug hinunter in die Eingangshalle des luxuriösen Jonathan Clubs im Zentrum von Los Angeles. Er nickte knapp zum Empfang hinüber und schlüpfte dann auf den Rücksitz eines wartenden Taxis. Otash schien erschöpft und nervös. Infolge seines langjährigen Leidens an einem Emphysem ging sein Atem schwer.

Als der Fahrer gerade abfahren wollte, forderte Otash ihn auf, kurz zu warten, da er etwas vergessen habe. Otash ließ seine Aktenmappe im Taxi und fuhr mit dem Aufzug wieder hoch zu seiner Suite.

Er kehrte nie zurück.

Ungefähr vierzig Minuten später fand ihn der Manager des Jonathan Club mit dem Gesicht auf den Fliesen des Flurs zu seinem Apartment. In seinem Zimmer fand man neben dem Schreibtisch durchwühlte Unterlagen – Otashs Bericht zum Tod von Marilyn Monroe.

Die Rohfassung von Otashs Buch, die auf den legendären Abhöraktionen bei der Monroe zu Hause und im Strandhaus von Lawford in Santa Monica basierte, war weniger als vierundzwanzig Stunden zuvor fertiggestellt worden. Otash hatte seinem Lektor versprochen, den Tod des Filmstars und das Bettgeflüster während ihrer aufeinanderfolgenden Affären mit John und Robert Kennedy ausführlich darzustellen.

Möglicherweise unbedacht hatte der Detektiv schon ein Interview gegeben, in dem er ankündigte, obszöne Ausschnitte aus seinem

Monroe-Tonbandarchiv vorzuspielen. Die Welt sollte bald die Worte des Justizministers Robert Kennedy hören, die er der Schauspielerin am letzten verhängnisvollen Nachmittag ihres Lebens sagte, sowie das zärtliche Geflüster zwischen ihr und ihrem Liebhaber, Präsident John F. Kennedy, vor dem Rendezvous im Strandhaus.

Der Tod Otashs kam verdächtig genau zum richtigen Zeitpunkt. Als letztes noch lebendes Mitglied des Elitebeobachtungsteams, das die Monroe und die Kennedy-Brüder 1962 belauschte, war er der einzige Mann, der in dem verwirrenden Mysterium, von dem die noch nicht erfaßten Tonbänder umgeben schienen, Fakten von Fiktionen unterscheiden konnte.

»Sie werden mich nie davon überzeugen können, daß es sich hier um einen natürlichen Tod handelte«, sagte der Schriftsteller Ray Strait, ein Vertrauter Otashs über drei Jahrzehnte (und einer der frühen Mitarbeiter zum Zeitpunkt von Otashs Berichterstattung über die Abhöraktionen). »Er war gerade dabei, diese Bänder freizugeben, um dann eine Woche bevor er Ausschnitte der Bänder für die Öffentlichkeit zugänglich machen wollte, auf mysteriöse Weise zu sterben. Er gestand mir einmal, daß er sich davor fürchtete, an die Öffentlichkeit zu treten. Und dieser Mann war ein zäher, harter Detektiv. Vor irgend etwas hatte er ziemliche Angst.«

Auch Otashs enge Mitarbeiterin Cathy Griffen glaubt, daß er sich zum Zeitpunkt seines Todes vor irgend etwas oder irgend jemandem fürchtete. »Er sagte, daß er vom Fenster in der Nähe seines Schreibtisches aus ein dunkles Auto beobachten konnte, das den Eingang observierte. Er glaubte, daß dies in Verbindung mit dem Manuskript stand, das in seiner Schreibtischschublade eingeschlossen war.«

Für einen Mann, der das Versprechen, den Inhalt seiner Bänder zu verschweigen, dreißig Jahre lang gehalten hatte, war es nicht gerade typisch, die Geheimnisse, die er in seinem bevorstehenden Buch *Marylin, The Kennedys and Me* enthüllen wollte, doch noch auszuplaudern. Er ging laut Strait »ziemlich leichtsinnig« damit um.

Otash, möglicherweise der bekannteste Privatdetektiv in Hollywoods Blütezeit, wurde zwei Tage später im prächtigen Forest Lawn Memorial Park beigesetzt. In seiner Nähe verstreut lagen die Gräber von Gangstern und Stars, die er über vierzig Jahre beobachtet hatte. Eine ansehnliche Menge – beherrscht von alternden Platinblonden und Gangstertypen in dunklen Anzügen – versammelte sich am Grab. Eine beeindruckend lange Schlange schwarzer Limousinen erstreckte sich den Berg hinunter.

»Der letzte seiner Art – der letzte aufrechte, hartgesottene Detektiv«, murmelte einer der Trauergäste.

Nicht lange vor seinem Tod hatte Otash einen Vorschlag für seine eigene Grabaufschrift gemacht: »Der einzige Detektiv, der für und gegen die Mafia arbeitete, für und gegen den CIA, für und gegen den FBI, für und gegen Marilyn Monroe«. (Gerüchte besagen auch, daß er Marilyn für Joe DiMaggio ausspionierte und ihr im Auftrag von Frank Sinatra im ganzen Land hinterherlief.)

Während einer Lobrede am Grab tauschten sich die Trauergäste flüsternd über die Bänder aus. »Nun werden wir sie nie zu hören kriegen«, wisperte Jeanne Carmen, eine Freundin sowohl von Otash als auch von Marilyn Monroe. »Dieses Kapitel ist abgeschlossen.«

Für die Anhänger der »Monroe-Verschwörung«, für ihre zahllosen Verehrer auf der ganzen Welt und für all die vielen Biographen des Stars war die Suche nach den Bändern zu einem elementaren Anliegen geworden. Wenn nur diese Bänder gefunden werden könnten, so wüßte die Welt endlich, was mit der Monroe in jener warmen Nacht im August 1962 geschehen war. Die Welt wüßte zudem Bescheid über die Intensität der Beziehungen zu den Kennedy-Brüdern. Autoren haben nach diesen beweiskräftigen Spulen erschöpfend gesucht. Der Privatdetektiv Milo Speriglio, der in den siebziger Jahren *The Marilyn Conspiracy* veröffentlichte und Autor des bevorstehenden Buches *Crypt 33* ist, verbrachte dreißig Jahre mit der Spurensuche. Und der Bestsellerautor Fred Lawrence Guiles (*Norma Jean* und *Legend*) schnüffelte über zwei Jahrzehnte herum.

Während die Medien die Hysterie nährten, die den dreißigsten Todestag der Monroe umgab, boten die sensationslüsternen Fernsehshows wie *Hard Copy, Inside Edition* und *A Current Affair* ein Vermögen für einen kleinen Gesprächsfetzen aus den Bändern. »Ich könnte 150 000 Dollar bekommen für einen Ausschnitt von zwanzig Sekunden, in dem Monroe und JFK irgend etwas sagen«, erklärte Speriglio.

Otash weigerte sich sogar, ein Angebot auch nur in Betracht zu ziehen.

»Das sind wahrscheinlich die interessantesten Bänder, die je aufgezeichnet wurden – mit Ausnahme derer von Watergate«, kommentierte Strait, der Otashs Bänder sieben Jahre lang in der Garage aufbewahrte.

»Mir ist zu Ohren gekommen, daß die Familienangehörigen sogar die Todesanzeigen zu spät verschickten, weil sie damit beschäftigt waren, nach den Bändern zu suchen«, fuhr er fort. (Otashs Anwalt wollte die telefonischen Anfragen der Autoren nicht beantworten.) Otashs Häuser in Cannes, Florida und Los Angeles wurden nach den Bändern durchsucht – oder, weil sie selbst nicht auftauchten, nach möglichen Abschriften. »Sie fanden nichts«, sagte Strait.

Bei der Talkshowexplosion, die mit dem Jahrestag im letzten Sommer einherging, schien es so, als spräche jeder über die dreißig Jahre alten Bänder, obwohl noch niemand auch nur eine Silbe davon gehört hatte.

Sam Giancana, Patenkind des gleichnamigen Gangsterbosses, erinnerte Millionen von Fernsehzuschauern an die Bänder, als er auf einer Werbekampagne für seinen Knüller *Giancana. Der Pate der Macht* die erste große Biographie des Paten aus Chicago, der »Amerika kontrollierte«, durchs Land zog.

Zum ersten Mal gab der junge Giancana zu, daß Otash und Bernie Spindel von seinem Paten engagiert worden waren, um die Vernetzung eines jeden Quadratzentimeters, den die Kennedys frequentierten, zu koordinieren. Der Autor beharrte Geraldo Rivera gegenüber darauf, daß Spindel eine Mannschaft von Mafia- und CIA-Profis benutzt habe, um »die Kennedys durch eine umfassende elektronische Überwachung in die Falle zu locken. Flüsterte JFK Marilyn Monroe im Strandhaus auch nur ein Wort zu, so hatte Sam Giancana innerhalb weniger Tage davon ein Tonband in Händen. Stritt Bobby Kennedy mit Marilyn in ihrem eigenen Haus, wußte Sam Giancana nach wenigen Stunden Bescheid.«

Die bloße Existenz der Spindel-Mannschaft – bis zum vergangenen Sommer in Schweigen gehüllt – brachte ein engverknüpftes Team von CIA- und Mafia-Agenten in Verbindung mit Monroes Ermordung. Tatsächlich beharrt Chuck Giancana, Bruder des Mafiamoguls, nun darauf, daß »die Mörder ganz in der Nähe lauschten – die Auseinandersetzungen zwischen Bobby und Monroe mithörten und auf die richtige Gelegenheit warteten, um hineinzuschlüpfen und sie zu töten«.

Laut den Giancanas hörte das Mafia-CIA-Team auch noch »Stunden nach dem Mord« weiter ab. Chuck Giancana behauptet des weiteren, daß Sam Giancanas Bänder bewiesen, wie »ein Team von FBI-Agenten mobilisiert wurde, um das bevorstehende Desaster abzuwenden«.

»Bobby geriet in Panik. Er war sich sicher, daß ihm der Mord an Monroe zugeschoben werden würde – und daß es auf der Welt kein Alibi gab, das ihn entlasten könnte«, sagte Chuck. »Er hätte sich vielleicht diesem tödlichen Strudel entziehen können, indem er verschwand. Aber er konnte nicht. Und die Vertuschungsmanöver, die er in den Stunden nach Monroes Ermordung veranstaltete, zogen langfristig mehr Aufmerksamkeit auf sich als das Verbrechen selbst.«

Unser Kontakt zu Giancana offenbarte ein beachtliches Spionagenetzwerk, das viele der von den herumtollenden Kennedy-Brüdern und ihrer Filmkönigin Marilyn Monroe frequentierten Schlupfwinkel in Los Angeles überzogen hatte.

Angeregt durch diese neuen Enthüllungen verfolgten wir das Gitterwerk aus Kabeln und Mini-Abhörausstattungen so weit wie möglich – und es war tatsächlich ein ganzes Stück weit.

Rufen wir uns allein Monroes Haus in Erinnerung. Während dieses bittersüßen Sommers vor ihrem Tod wurde ihr kleines Haus in Brentwood viermal mit Wanzen ausgestattet – wobei sich mehrere der Systeme überlappten. Für eines bezahlte Sam Giancana (woran Jimmy Hoffa sich beteiligte); der Polizeichef von Los Angeles, William Parker, schaltete sich ein; wie auch Howard Hughes; und für eine kurze Zeit auch J. Edgar Hoover. »Es war ein Spiel«, sagte Otash im Winter 1990 zu uns. »Ich baute nur ein einziges System ein und schickte im entscheidenden Augenblick Kopien der Bänder an drei verschiedene Quellen, für die ich, natürlich, dreimal bezahlt wurde.«

J. Edgar Hoover, der während der feindseligen Kennedy-Regierung um seinen Job und sein Leben bangte, schien einen sechsten Sinn dafür zu haben, wann ein Skandal drohte. Seine Wanzen wurden als erste eingesetzt, und zwar zunächst im Strandhaus der Lawfords. »Bringt in jedem Raum Wanzen an, wenn es sein muß ... aber vor allem in den Räumen, in denen sich der Präsident in der Regel aufhält.« (Monroes Name wurde nicht erwähnt, aber man verstand sich. Hoover hatte bereits einen »Informationsbericht« über ihre Affäre angefordert.)

Der Polizeichef von Los Angeles, William Parker, installierte seine Abhöranlage im Haus in Brentwood einige Wochen später, direkt neben Otashs Kabeln. Mike Rothmiller und Daniel Stewart, ehemalige Geheimdienstoffiziere des LAPD, entdeckten im OCID-Bericht über den Tod Marilyn Monroes Notizen zu Parkers Anlage.

»Sie müssen bedenken, um welche Zeit es sich handelte«, sagte Stewart. »In den frühen sechziger Jahren waren alle ganz verrückt nach Wanzen. Der Stand der listigen Elektronikzauberei war ein heißes Thema. Der Chef (Parker) wollte die FBI-Agenten ausstechen – vor allem J. Edgar Hoover selbst. Er wußte alles über die Anlage von Hoover im Strandhaus, also installierte er seine eigene in Marilyns Haus.«

Der ehemalige LAPD-Chef Tom Reddin erinnerte sich an Parkers Vorliebe für elektronische Überwachung. Aber zu Reddins Überraschung fand er nie umfassendes Material zu dem Thema, das Marilyn Monroe betraf. »Es tauchte nie in dem offiziellen Bericht auf«, erklärte Reddin.

Stewart glaubt, daß Parker all seine Bänder an Robert Kennedy weitergab – der, zufälligerweise, ein persönlicher Freund war. »Die OCID brachte in Erfahrung, daß FBI-Agenten nach Monroes Tod ins Haus kamen und alles einsammelten – die Ausrüstung, die Kabel und sämtliche Kopien von Bändern, die sie finden konnten.«

Aber unsere Beweismittel zeigen, daß die Agenten doch etwas zurückließen.

Als die Schauspielerin Veronica Hamel (*Hill Street Blues*) in den siebziger Jahren Monroes Haus kaufte, schnitt sie den größten Teil der Bougainvilleen zurück, die Marilyn entlang ihrer Schlafzimmerwand gepflanzt hatte. Es kam ein beachtliches Knäuel von Kabeln unter den Dachziegeln zum Vorschein. Die Hamel rief General Telephone an und bat darum, die alten Kabel zu entfernen.

Ein Mechaniker der Firma warf einen Blick auf die Drähte und stellte fest: »Das sind keine Telefon-, sondern Abhörkabel.« Veronica Hamel rief einen privaten Unternehmer an, der die letzten Spuren der Abhöraktionen von 1962 schließlich entfernte und damit ebenfalls die einzigen Überreste der Beweismittel zerstörte, daß die Villa abgehört wurde.

Die mögliche Existenz von Reproduktionen der Tonbänderkopien nährt die Gerüchte, die den Tod Monroes umgeben. Geheimdienstoffiziere aus Los Angeles berichteten uns, daß »Parker mit Sicherheit Kopien in Händen hatte – von seinen eigenen wie von Otashs Bändern. Und die wurden direkt an den Justizminister geschickt.«

Hoover bewahrte Duplikate seiner Bänder in einem persönlichen Bürosafe auf und nutzte sie offensichtlich als Druckmittel, um während der Amtszeit Kennedys seinen Job zu sichern. Kraft des Gesetzes der Informationsfreiheit hatte der Hoover-Biograph Anthony Summers Zugang zu Notizen von Hoover an RFK, die sich auf die Kopien der Abhörbänder im Fall Monroe beziehen. Der Gegenstand dieser Mitteilungen jedoch bleibt »aus Gründen der nationalen Sicherheit« im dunkeln.

Zwei Monate nach Monroes Tod waren nur noch zwei Kopien in privater Hand. Otash hatte eine Ausgabe, obwohl er ihre Existenz dementierte. Und Bernie Spindel hatte eine für seine Klienten Sam Giancana und Jimmy Hoffa.

Spindels Assistent Earl Jaycox berichtete, daß er die Bänder im Eßzimmer von Spindels Haus gesehen habe. »Er hielt zwei Bänder hoch und sagte: ›Ich muß Ihnen davon Duplikate geben, damit Sie eine Ausgabe behalten können.‹ Bernie sagte, daß auf den Bändern Gespräche zwischen Marilyn Monroe und Bobby Kennedy gewesen seien. Es waren zwei Spulen mit zwanzig Zentimetern Durchmesser, etwa fünfhundert Meter Band.... Er sagte, daß es sich um Gespräche mit beiden Kennedys gehandelt habe.«

Spindels Bänder wurden 1966 vom Staatsanwalt eines Bezirks im Norden des Staates New York als Teil einer Regierungsermittlung über illegale Abhörbänder beschlagnahmt. Obwohl Spindels Bänder in der Anklage nicht aufgeführt wurden, erschienen sie doch in der offiziellen Aufstellung der Beweismittel, die von Frank S. Hogan, dem Bezirksstaatsanwalt von New York County, zusammengetragen wurde.

Der Elektronikexperte ging vor Gericht, um die Bänder zurückzuerhalten – einschließlich, wie er sagte, »einer vertraulichen Akte, die Bänder und Beweismittel enthielt, die die Umstände der Todesursache der Marilyn Monroe betreffen«. Ein Zusatz zu der eidesstattlichen Erklärung enthielt diese spezielle Behauptung: »Das konfiszierte Tonband legt überzeugend nahe, daß die offiziellen Darstellungen der Umstände, die zum Tod Marilyn Monroes führten, falsch sind.«

Spindel starb 1968, bevor er seine Bänder zurückerhalten hatte. Als seine Witwe ein Jahr später erneut auf Rückgabe der Bänder klagte, teilte Hogans Dienststelle dem Gericht mit, daß die Bänder nach Abschluß der Ermittlungen zerstört worden seien.

So bleiben nur noch die Otash-Bänder, Bänder, deren Existenz der Detektiv nie zugegeben hatte, bevor das Manuskript von *Marilyn, the Kennedys and Me* 1990 zum Verkauf stand. Damals hatte er den Koautor Strait, einen alten Freund, durch Ted Schwarz ersetzt, einen angesehenen Journalisten aus Cleveland und Autor des Buches *The Peter Lawford Story.*

Sollten Otashs Erben bei der internationalen Suche nach den noch immer fehlenden Bändern leer ausgehen, so bleiben uns nur noch die Erinnerungen der beiden Autoren.

Es ist wie ein Hollywood-Mysterienspiel, das von zwei gänzlich verschiedenen Schriftstellern erzählt wird. Schwarz hat ein ganzes Interview-Jahr mit Otash hinter sich, in dem er, wie er sagte, »mit Fred alle seine Erfahrungen mit der Monroe durchsprach«. Und Strait besitzt seine Stenoaufzeichnungen von jenem Nachmittag 1987, als Otash ihm die Bänder vorspielte.

Schwarz sagte, daß Otash bis zu dem Tag, an dem er starb, von den Bändern überwältigt gewesen sei. Laut Schwarz blieb der Detektiv dabei, daß Monroe vorsätzlich eine tödliche Dosis an Barbituraten in der Hoffnung eingenommen hätte, Bobby würde sie retten. »Otash glaubte, daß Bobby und Lawford wußten, was passierte, und sie sterben ließen«, erzählte Schwarz. Otash betrachtete ihren Tod als »fahrlässige Tötung« und gestand, daß »die Kennedy-Brüder sie auf emotionaler Ebene bereits getötet hatten«.

»Er hatte mit derart gefühllosen Menschen sonst nie zu tun gehabt«, sagte Schwarz. »Es überwältigte ihn.«

Kurz bevor Otash starb, waren er und Schwarz dabei, den genauen Ablauf des letzten Tages vor Monroes Tod zu skizzieren. Ihre Sicht – gestützt auf Otashs Bänder und die Aktenunterlagen – stellt das folgende Szenario dar:

Irgendwann am späten Vormittag oder frühen Nachmittag des 4. August tauchte Robert Kennedy im Haus in Brentwood auf. »Er machte ihr alle möglichen Versprechen, was ihre gemeinsame Zukunft betraf, und ging dann wieder«, berichtete Otash Schwarz. Einige Stunden später kehrte Bobby zurück – diesmal mit Peter Lawford im Schlepptau. »Zu diesem Zeitpunkt stand Marilyn schon unter der Wirkung von Champagner und Tabletten und fing an, über die Versprechungen zu schwadronieren«, fuhr Schwarz fort. »Sie schrie, daß sie es leid sei, wie ein Stück Fleisch behandelt zu werden.« (Interessanterweise taucht dieser Satz in den meisten Berichten über Monroes Tod auf. Hoffa, Giancana, Danoff und Slatzer griffen alle diesen Satz auf, wenn sie über die letzten Stunden der Marilyn Monroe berichteten.)

Als Bobby versuchte, sie zu beruhigen, wurde sie noch hysterischer. Dann sind auf den Bändern vermutlich die Geräusche eines Kampfes aufgezeichnet. Otash war überzeugt, daß Bobby sie aufs Bett gezwungen und ihr ein Kissen ins Gesicht gedrückt habe. »›Ihre Stimme klang gedämpft‹, sagte er.«

Ihm kam es so vor, als ob Monroe das Gerangel beendet und sich ruhig aufs Bett gesetzt habe. Nach einigen Augenblicken des Schweigens begann Marilyn mit Lawford über seine bevorstehende Party zu sprechen. Bobby ignorierte sie und begann – laut Otashs Notizen – von ihrem Privatapparat aus, einige dienstliche Gespräche zu führen. Otash berichtete Schwarz, daß »es sich um irgendwelches politisches Zeug handelte und die Tonqualität sehr schlecht war«.

Bevor er das Haus verließ, überredete Bobby sie, die Einladung zur Dinnerparty im Strandhaus anzunehmen. Als er ging, schlug er wieder den Tonfall eines Liebhabers an. »Ich komme zurück und verbringe die Nacht mit dir«, versprach er.

Otashs Vermerke (in einem Tagebuch von 1962) legen nahe, daß Marilyn am späten Nachmittag wieder sehr aufgebracht war und sich irgend jemandem gegenüber (am Telefon) beklagte, »diese Art der Behandlung satt zu haben«. »Irgendwann um fünf Uhr dreißig am Spätnachmittag rief sie Bobby im Strandhaus der Lawfords an«, bemerkte Schwarz. Bobby wurde ungehalten. »Er schrie sie an, noch einige Tabletten zu nehmen und sich fertigzumachen, um zur Party zu kommen.«

Schwarz sagte auch, daß Otash überzeugt davon gewesen sei, daß Bobby und Peter Marilyn noch weitere Medikamente gegeben hätten – wahrscheinlich die Pillen, die sie töteten. »Er sah darin eine schwere Straftat – begangen von ihm selbst, aber auch von Kennedy und Lawford.« Der Detektiv, der wiederholt in Konflikt mit dem Gesetz gekommen war (und dem einmal die Lizenz entzogen worden war), war auch überzeugt, daß er dafür verhaftet werden könnte, das Tonband abgehört und Robert Kennedy trotzdem nicht angezeigt zu haben.

»Otash sagte total erledigt, daß Bobby genug Zeit gehabt hätte, sie zu retten. Er stellte das fest, als er alle Bänder einige Tage nach Monroes Tod noch einmal abhörte«, fuhr Schwarz fort. »Fred war sich sicher, daß Bobby absolut verstanden hätte, daß Marilyn die Tabletten als Teil einer Rettungsphantasie eingenommen hätte, und daß er vorsätzlich nichts unternahm, bis es zu spät war.«

Schwarz hat nun den Eindruck, daß die Geschichte um die Bänder ebenso wichtig ist wie die Geschichte der letzten Stunden der Monroe. »Die Bänder und ihre Verbindung zu Monroes Tod sind die Geschichte einer Menge machthungriger Menschen«, sagte der Autor.

»Aber sie waren nicht nur gierig – sie waren auch schwach«, fuhr er fort. »An erster Stelle Bobby Kennedy, der verzweifelt bemüht war, die Machtgrundlage der Familie zu erhalten, bis er selbst zum Präsidenten gewählt werden konnte. Dann eine verzweifelte Marilyn Monroe, die nach einem höheren Ruhm hungerte – zu dem sie gelangen konnte, wenn sie First Lady war. Im Hintergrund stand Howard Hughes, bereits am Rande des Wahnsinns, der dennoch versuchte, einen politischen Machtspekulanten darzustellen; und schließlich Giancana und Hoffa, die im Umfeld lauerten und danach trachteten, von schwankenden Imperien zu profitieren. Alle diese Mitspieler waren absolut willens, sich gegenseitig zu zerstören.«

Die Bänder zeigen, was am Schluß geschah: »Man stirbt ganz leicht«, sagte Schwarz, »Marilyn Monroe ging zu weit.«

Ray Straits Version der Bänder und ihrer Geheimnisse ist unheimlicher als die von Schwarz.

Tatsächlich behauptet der Autor, das Material auf den Bändern sei »so heiß, daß es eine Rente für das ganze Leben sein könnte. Ich bin neben Fred die einzige Person, die wesentliche Teile davon je gehört hat. Und ich bin der einzige, dem die schriftliche Aufzeichnung zur Verfügung steht.«

Strait bleibt dabei – wie es auch Otash getan hatte –, daß der Mord anschaulich erfaßt sei, einschließlich der Geräusche eines Kampfes, des Falls eines Körpers und eines Durcheinanders von Geflüster, das man aber nicht habe verstehen können.

»Fred scheute die Bänder«, sagte Strait. »Er scheute sie so sehr, daß er plante, in seiner bevorstehenden Autobiographie nur einen weit weniger dramatischen Auszug freizugeben.«

Als er von Strait angetrieben wurde, die schriftliche Aufzeichnung zu verwenden, reagierte Otash verärgert: »Weißt du nicht, daß es bei Mord keine Verjährung gibt?« Als Otash drei Jahre vorher eingeladen worden war, bei *Geraldo* aufzutreten, rief er Strait panikbesessen an. »Das kann ich nicht tun, egal, was es für das Buch bedeuten könnte.«

»Aber«, entgegnete Strait, »die meisten Menschen von damals sind doch schon tot.«

Otash schnauzte: »Verstehst du nicht? Sie werden mir Fragen stellen, die ich nicht beantworten kann – Fragen, die ich nie werde beantworten können.«

Strait bekam einen Nervenzusammenbruch des Detektivs mit, als Otashs Mitarbeiter John Danoff, eine Leuchte auf dem Gebiet der Elektronik, in einer Dokumentation der BBC, *Say Goodbye to the President – Marilyn Monroe and the Kennedys,* erschien. »Er erwartete Repressalien«, sagte Strait.

Der Autor hatte die Bänder fast sieben Jahre lang verwahrt – Jahre, in denen sie in versiegelten Kartons blieben. Überraschenderweise hatte sich Strait kein einziges dieser Bänder je angehört. »Sie müssen sich vorstellen, daß Otash große Bedenken hatte«, sagte Strait. »Er legte mir nahe, sie nicht abzuspielen. Also spielte ich sie nicht ab.« Strait bekam letztendlich die Möglichkeit, sie zu hören, als sich zwei Männer entschieden, ein Buch mit dem Titel *Fred Otash: The Kennedys, Marilyn and Me* zu schreiben. Aber selbst dann wollte Otash nicht, daß Strait mitschrieb oder während der vierstündigen Sitzung den Raum verließ.

Strait eilte nach Hause, um sich über die Lawine von Materialien klarzuwerden. »Aus dem Gespräch, das ich gehört hatte, ging eindeutig hervor, daß Marilyn ermordet wurde. Es war zudem offensichtlich, daß ihre Stimme gedämpft wurde – wahrscheinlich mit einem Kissen –, während sie die Medikamente verabreicht bekam.« Ferner sagte Strait, daß ihr die Barbiturate wohl mit einem Einlauf verpaßt wurden. »Die Kampfgeräusche erhärten diese These.«

Laut Strait hörte sich Otash selbst die Bänder in einem speziell ausgerüsteten Polizeiwagen, der etwa in einer Meile Entfernung geparkt war, an. »Er war entsetzt«, erzählte Strait. »Seine Bänder hatten schon Anfang Juni einen Angriff auf ihr Leben wiedergegeben –

genau dann, als der Präsident gedrängt worden war, seine Beziehung zur Monroe zu beenden.«

Otash hatte Strait erzählt, daß »Marilyn mit etwas zu tun hatte, das weit über Hoffa hinausging – sogar über ihre Affäre mit Robert Kennedy«. Strait stellte, mit seiner Kenntnis der Tonbänder, nun eine Theorie auf: »Das Vermächtnis und das Erbe der Familie Kennedy waren daran beteiligt. Das *durfte nicht* zerstört werden – so war der Gedanke. Ein dummer kleiner blonder Filmstar bedeutete vor diesem nationalen Hintergrund gar nichts. Zudem war das Ansehen des Präsidenten in Gefahr – zum Verdruß von CIA und Secret Service.« Er hält daran fest, daß die Unterlagen Otashs die Menschen identifizieren werden, »die das Geld aufbrachten, um sie umbringen zu lassen«.

Strait war, nachdem er die Bänder gehört hatte, sicher, daß Marilyn tatsächlich mit JFKs »Kind der Liebe« schwanger war. »Die Wanzen in ihrem Haus in Brentwood gaben die Pläne für eine Operation wieder – die Anfang Juni durchgeführt wurde.« (Genau dies hatte Monroes Friseuse, Agnes Flanaghan, einem Reporter des *New York Herald Tribune* bei den Dreharbeiten zu *Something's Got to Give* berichtet.)

Der Ertrag von Otashs Mikrofonen muß Hoovers abenteuerlichste Hoffnungen noch übertroffen haben. Weil das FBI-Equipment dem neuesten Stand der Technik entsprach – und einiges davon auf elektronischen Geheimnissen basierte, die CIA-Agenten von den Russen gestohlen hatten –, konnte bei seiner Abhöraktion wesentlich empfindlicher aufgezeichnet werden, als dies die einheimische Ausrüstung von Otash und Spindel erlaubte.

Mit Hilfe winziger, unter der Wandfarbe in JFKs Suite versteckter Mikrofone – die Suite lag gleich neben der von Peter und Patricia Lawford in ihrem großräumigen Strandhaus – konnte der FBI-Chef einige der belastendsten Tonmitschnitte in der Geschichte der Institution bewerkstelligen. Die liebestollen Marathonverabredungen zwischen JFK und Monroe wurden auf Band als eine Serie von Stöhnen, Seufzern und der dauernden liebevollen Wiederholung ihrer Anrede »the Prez.«, womit die Monroe JFK meinte, verewigt.

Obwohl die Hoover-Unterlagen über die Abhöraktion definitiv nach seinem Tod zerstört wurden, erinnerte sich John Danoff, einer von Otashs Mitarbeitern, daran, was er zu hören bekam. »Ich saß auf dem Hügel hinter dem westlichen Flügel des Weißen Hauses und hörte auf eine Reihe langweiliger entfernter Geräusche, als ich, zu meinem Erstaunen, die Stimmen plötzlich wiedererkannte – den ausgeprägten Bostoner Dialekt des Präsidenten und Marilyn Monroes nicht zu verkennendes Gurren. Dann hörte ich ihr Gespräch, das danach klang, als würden sie sich ausziehen und einen Liebesakt beginnen. Das Bett quietschte, und das Bettgeflüster wurde das ganze Rendezvous über fortgesetzt.« Laut Danoffs Erinnerung »war ihr Enthusiasmus während des Aktes unüberhörbar«.

Einige Wochen später griffen die FBI-Mikrofone einen Wortwechsel auf, der die Beziehung des Geheimdienstes zu den Kennedy-Brüdern für immer verändern sollte.

Die Monroe und Justizminister Robert Kennedy hatten sich bei einer Party der Lawfords von der Masse zurückgezogen und saßen auf einem kleinen Sofa in der Bibliothek.

»Wann endlich wirst du J. Edgar Hoover feuern?« fragte sie verärgert.

»Wir würden ja, weiß Gott, gerne«, antwortete Bobby. »Aber der Präsident fühlt sich nicht genügend gestärkt – noch nicht!«

Monroes Haß Hoover gegenüber war legendär und rührte von den späten fünfziger Jahren her, als Hoovers Männer ihren Ehemann Arthur Miller in der Hoffnung beschatteten, Beweismittel dafür zu finden, daß er ein Kommunist sei. Monroe wußte auch, daß FBI-Agenten ihr erst vor kurzem nach Mexiko gefolgt waren und Hoover einen »Informationsbericht« angefordert hatte, der alle Exilanten aufwies, mit denen sie sich in Mexico City getroffen hatte.

»Marilyn erzählte mir, daß sie ein sehr ausführliches politisches Gespräch über Hoover geführt hätte«, sagte Frederick Vanderbilt Fields, einer der im Ausland lebenden Freunde, die sie in Mexiko besuchte. »Und sie war sehr enttäuscht, daß sie sich nicht in der Lage sahen, ihn hinauszuwerfen.«

Am Montag morgen hatte Hoover Tonbänder über diesen Wortwechsel auf seinem Schreibtisch liegen. »Für Edgar, der das Transkript in Washington las, mußten Kennedys Worte etwas Tröstliches gehabt haben«, schrieb Anthony Summers. »Er wußte nun aus dem Munde eines der Brüder, daß die Kennedys fürchteten, ihn zum damaligen Zeitpunkt zu entlassen. Das gab ihm um so mehr den Grund, weiterhin zu observieren, weiterhin kompromittierende Informationen zu sammeln.«

Der FBI-Direktor heimste schadenfroh einen weiteren sehr einträglichen Geheimdiensterfolg ein, als seine Mikros den Beginn der heißen Affäre zwischen der Monroe und dem Justizminister, Hoovers größtem Feind, aufschnappten.

Ein Tête-à-tête der beiden Liebenden zum Mittagessen am 27. Juni 1962 war für Hoover Anlaß, jeglichen Zugriff zu den Abhörmaterialien »aus Gründen der nationalen Sicherheit« zu sperren. Gegen Ende des Essens verwickelte Monroe Bobby in eine Auseinandersetzung über »den moralischen Aspekt von Atomversuchen. Zu diesem kritischen Zeitpunkt des kalten Krieges war alles, was Robert Kennedy über derlei Dinge sagte, von größter Bedeutung für den kommunistischen Geheimdienst«, schrieb Summers in *Official and Confidential,* seiner Hoover-Biographie von 1993. »Für Edgar, der wußte, daß Monroe zahlreiche Freunde hatte, die zum linken Flügel gehörten, bedeutete diese Entwicklung, daß sein unerlaubtes Schnüffeln nicht als rechtskräftiger Sicherheitsbelang gerechtfertigt werden konnte.«

In seiner Leidenschaft für Monroe wurde Bobby leichtsinnig indiskret. Es wurde viel darüber geredet, daß er einmal in einem todschicken Cadillac-Kabriolett vor Monroes Haus vorgefahren war, gekleidet wie ein Student einer Nobeluniversität. Einige Tage später fand Hoover heraus, daß Kennedy sich den Cadillac von William Simon, dem verantwortlichen Agenten von Los Angeles, geliehen hatte. Cartha DeLoach, ein Berater Hoovers in Schlüsselposition, erinnerte sich an den Bericht. Hoover war völlig begeistert. »Folgt ihm in L. A. auf Schritt und Tritt. Ich will über jede Sekunde einen Nachweis haben.«

IV. Die Kennedy-Akte

Am 19. September 1992 erhielten wir einen Brief, der in Washington D. C. abgestempelt war. Er trug keinen Absender und steckte in einem teuren Kalbspergamentumschlag, mit Goldfolie gefüttert.

Die Botschaft, auf eine Karte notiert, lautete: »Sie sollten mit Richard Burke sprechen. Fragen Sie ihn nach den ›Oval-Office-Bändern‹.« Es gab keine Unterschrift.

Dieser Brief war einige Umwege gegangen, bis er uns erreicht hatte. Er war an Larry King von Cable News Network (wo der Autor Brown am 4. August 1992 in der Sendung *Larry King Live* aufgetreten war) geschickt worden. Dann wurde er an unseren Verleger Dutton Books in New York City weitergesandt, und schließlich erreichte er uns in Los Angeles.

Anders als die meiste sonstige Post zu *Marilyn. Das Ende, wie es wirklich war* kam dieser Brief mit separater Post und nicht in dem üblichen dicken Umschlag, der mit Fanpost und Drohbriefen gefüllt war.

Als diese rätselhafte Botschaft abgeschickt wurde, war Richard E. Burke eine relativ unbekannte Randfigur in den Kreisen der Demokratischen Partei. Zum Zeitpunkt, als wir die Notiz erhielten, war er eine Person von nationaler Berühmtheit. Sein Buch *The Senator: My Ten Years with Ted Kennedy* war zu einem Bestseller geworden, und der Autor war in vielen Talkshows aufgetreten.

Man mußte *The Senator* gründlich lesen, um herauszufinden, was der Brief mit »Oval-Office-Bändern« meinen konnte. Burke war über die Tonbandaufzeichnungen gestolpert, als er von 1971 bis 1981 Berater von Senator Kennedy war.

Er hatte weder Präsident Kennedy noch dessen Bruder Bobby je kennengelernt, aber Burke hatte sich in die »Camelot«-Sitten vertieft und wurde gelegentlich mit Aufgaben betraut, die die Präsidentschaft JFKs betrafen. Auf diese Weise stieß er auf die Bänder – buchstäblich Dutzende. Und einige davon, die geheimsten, enthielten gefühlvolle, erotische Gespräche zwischen dem Präsidenten und Marilyn Monroe.

In seinem Buch beschreibt Burke seine schleichende Enttäuschung über die Kennedys. Der ehemalige Amtsberater legte offen, daß die Monroe-JFK-Bänder so anschaulich waren, daß sie schließlich vernichtet wurden.

Burke erfuhr von dieser »Säuberung« 1973, in einem Jahr also, in dem Amerika wegen des Watergate-Skandals ganz verrückt nach Präsidententonbändern war. »Wir vernichten die Bänder«, sagte Steve Smith, Schwager der Kennedys, der das riesige Familienimperium verwaltete. Smith schwelgte Burke gegenüber oft in den »Camelot«-Tagen. Aber dieses Gespräch machte Burke hellhörig. »Ich gehe gerade die Bänder durch, die im Oval Office aufgezeichnet wurden. Es gibt zahlreiche Gespräche von Leuten, die wir nicht auf den Bändern haben wollen.«

Der junge Berater war noch Student an der Georgetown University und völlig irritiert von diesen Löschaktionen – die zeitlich mit jenen einhergingen, die von der Nixon-Regierung durchgeführt wurden. Burke erschien dies so, als würde Kennedy »gelöscht«.

Einige Tage später äußerte sich ein Freund und Mitarbeiter deutlicher. »Wir haben gerade mehrere Stunden an Aufzeichnungen abgeknallt, weil Marilyn am Telefon mit dem Präsidenten zu hören war.«

»Es könnte aber von Interesse sein«, wandte Burke ein.

»Wir mußten es tun. Sie sprachen über Sex.«

Durch die Lektüre von *The Senator* wurde uns klar, daß Burke nach wie vor verwundert darüber war, daß derartig historische Gespräche einfach gelöscht wurden. Wir waren noch erstaunter darüber, daß sie überhaupt aufgezeichnet worden waren und daß die Kennedy-Maschinerie diese Geheimnisse einem jungen Studenten wie Burke anvertraut hatte.

Während der Gespräche mit mehr als hundert von Monroes Kollegen bei Twentieth Century-Fox im Jahre 1992 hatten wir von diesen unglaublich unflätigen Sexgesprächen zwischen JFK und der Schauspielerin gehört. Der Kostümbildner William Travilla beschrieb sie als »Marathon«. Aber einige dieser Geschichten schienen uns nur wenig mehr als Tratsch hinter den Kulissen zu sein – bis wir diese anonyme Mitteilung erhielten. Wir vereinbarten rasch ein Gespräch mit Burke – für einige Wochen später, als er geschäftlich für seine Firma National Entertainment nach Los Angeles flog.

Burke war in einem Feinschmeckerlokal im Herzen Hollywoods leicht aufzufinden. Er war der einzige dort, der in Harvard gewesen sein konnte. Er hatte dieses kennedymäßige Aussehen – ein Büschel glänzender Haare und ein breites Lächeln.

Er wirkte sehr aufgeschlossen und direkt. »Keines der Monroe-Bänder blieb erhalten – und kein einziger Auszug aus den schriftlichen Aufzeichnungen fand seinen Weg in die John F. Kennedy Library. Sie hielten sich an die altbewährte Phrase ›aus Gründen der nationalen Sicherheit‹. Sie benutzten sie als Vorwand, ob [Monroe und Kennedy] über Sex sprachen oder nicht.«

Burke wies zudem darauf hin, daß Jacqueline Kennedy Onassis ganz besonders an den Tonbändern interessiert war. »Einmal ließ sie Kopien der schriftlichen Aufzeichnungen anfertigen. Die Originale wurden an Steve Smith in New York geschickt.«

Zu Beginn war Burke überrascht, als das Kennedy-Establishment wie paranoid auf die JFK-Bänder reagierte – ebenso paranoid wie Richard Nixon darauf, daß seine Aussagen gedruckt wiedergegeben wurden. »Der Druck der Öffentlichkeit, der im Zusammenhang mit den Nixon-Aufzeichnungen herrschte, bedeutete für sie, daß die Existenz von Bändern, die *vor* Watergate [im Oval Office] aufgezeichnet wurden, bekanntwerden könnte, und sie fürchteten, daß sie sich gezwungen sehen könnten, auch den Inhalt bekanntzugeben.« Ein gründlicher Säuberungsprozeß setzte ein.

Später, 1975, fand Burke einen knapp zehn Zentimeter dicken Stapel von Niederschriften der Bänder, der Seite für Seite die originalen und die zensierten Dokumente enthielt. »Ich überflog einige Abschnitte, und einige der Gespräche schienen tatsächlich erotisch und wollüstig.« Der frühere Berater hielt sich zurück, Einzelheiten zu zitieren.

»Ich war desillusioniert«, gab er zu. »Ich gewann einen Eindruck vom früheren Präsidenten, der nicht dem Bild entsprach, das die Familie gezeichnet hatte.«

Einige Tage bevor er auf die Aufzeichnungen stieß, hatte Burke der feierlichen Eröffnung der John F. Kennedy Library in Boston durch Teddy Kennedy beigewohnt. Teddy hatte gesagt: »Diese Bibliothek wird mehr sein als nur eine Sammlung von Dokumenten unter Glas.

Sie wird auch eine persönliche Erinnerungsstätte sein.« Und dann folgte diese Vernichtungsaktion.

Burke war ob des Zorns der Kennedys, der sich nach der Ankündigung seines Buches über ihm entladen hatte, noch immer mißtrauisch. »Ich verstehe nun, wie die Monroe-Geschichte so gut begraben werden konnte. Nachdem Putnam seine Pläne verkündet hatte, *The Senator* herauszubringen, gab es eine Flut von Anrufen. Der Verlag ließ das Projekt fallen.« (Es wurde schließlich bei St. Martin's Press veröffentlicht.)

Dann wurde die Werbekampagne des Buches gestoppt, offensichtlich auf Betreiben der Kennedys. »Als ich zu Joan Rivers eingeladen worden war, rief Ethel Kennedy Rivers' Werbeagenten an und sagte: ›Laß ihn nicht in dieser Show auftreten.‹« Burkes Beziehung zu Teddy und den anderen wurde auf eine harte Probe gestellt, als der Berater kaltgestellt und damit gezwungen wurde, sich zu fügen. Einige behaupteten, er habe die Attacke vorgetäuscht.

Als Burke sich dann Ted Kennedy verpflichtete, gab es noch immer ein Rumoren im Zusammenhang mit dem Monroe-Skandal. »Im Kennedy-Lager herrschte die Meinung vor, der Secret Service habe sie umgebracht«, sagte Burke. »Bobby hatte verkündet, sie ginge ihm auf die Nerven, und er wünschte, jemand würde sich ihrer annehmen. Und genau das geschah.

Es ist ganz offensichtlich, daß die Monroe die Möglichkeit einer zweiten Amtsperiode John Kennedys hätte ruinieren können. Und die Familie war sehr darauf fixiert, Bobby als Nachfolger von Jack zu sehen.«

Burkes Enthüllungen führten uns zu unserer Informationsquelle bei Fox, durch die wir herausfanden, daß die Monroe-JFK-Treffen schon legendär waren. Der erste Hinweis bestand in der Rechnung des Garderobentelefons im Studio, die im Schnitt bei mehr als zweihundert Dollar lag – eine enorme Summe für die Zeit damals. Selbst tagsüber kosteten die meisten Ferngespräche weniger als einen Dollar. Monroes Rechnung war so hoch, daß ihr Nachlaßverwalter eine detaillierte Auflistung verlangte, bevor er sie begleichen wollte.

»Sie redete und redete und redete«, erinnerte sich Steve Papich, der als Choreograph und Tänzer in sechs Filmen mit dem Star gearbeitet hatte. »Und die meiste Zeit, zumindest im letzten Jahr, sprach sie mit dem Präsidenten.«

Papich bemerkte zudem, daß Monroe ihren Liebhabern gegenüber in diesem letzten Sommer kritischer war, gerade so, als ob sie deren Vorstellungen taxieren wollte – auf eine Weise, wie Männer die ihren taxierten.

Zufälligerweise erzählte Monroe, als Papich das letzte Mal mit ihr sprach, von ihrer sexuellen Beziehung zu Präsident Kennedy. Während Papich und vier weitere Tänzer zuhörten, deutete die Schauspielerin an, daß sie von JFKs Fähigkeiten im Bett enttäuscht sei.

»Sie war darüber direkt verärgert«, äußerte Papich uns gegenüber, der eine Menge dieses lockeren Geredes – von dem einiges auch erfunden worden sei – dem Geplänkel unter Tänzern zuschreibt. Aber er sagte: »Zum ersten Mal drehte sie sich um und sah mich an. Mir wurde richtig schwindelig von diesem gehässigen Angriff – der sich ja schließlich nicht gegen einige Jungs richtete, die im Studio arbeiteten oder vielleicht auf dem Markt am Ende der Straße. Sie sprach über den Präsidenten der Vereinigten Staaten und über den Justizminister. Sie sah mich so hart an, daß ich mich zu fragen begann, ob sie es nicht probieren würde ... probieren, ein Buch zu schreiben. Als ich von den Gerüchten hörte, daß sie eine Pressekonferenz einberufen wollte, glaubte ich daran«, erzählte Papich. »Sie war wahnsinnig wütend.«

Dieser Zorn kam auch während eines anderen Interviews, eine Woche nachdem wir Burke getroffen hatten, zur Sprache. »Es war diese Wut, die sie umgebracht hat«, sagte Carol Hughes, die ihrem Habitus nach der High-Society hätte angehören können – aber sie tat es nicht. Carol Hughes war früher Analytikerin beim CIA und eine der letzten, die Einblick in die CIA-Akte nehmen konnte, die sie mit »Mord an Monroe« bezeichnet.

Hughes gab sich zurückhaltend auf der Terrasse der Autorin Patte Barham, nippte an ihrem Eistee und las gelegentlich aus einem Stapel Papier voller Eselsohren auf ihrem Schoß vor. Dieses Treffen lag in beiderseitigem Interesse. Hughes arbeitete gerade an einem ausufernden Skript über die CIA-Verbindungen zur Mafia und war an unseren Materialien über die Anwesenheit der Behörde in Monroes Haus am 4. August 1962 interessiert. Und wir wollten wissen, was in der CIA-Akte über den Tod stand – oder gestanden hatte.

Von Hughes hatten wir durch einen Informanten bei der Creative Artist's Agency gehört, der anrief, um uns eine Nachricht von ihr zu übermitteln. »Wie konnten Sie mit Sicherheit wissen«, fragte sie, »daß Marilyn Monroe um zehn Uhr fünfzehn tot war?« »Sie ist an Ihren Ermittlungen interessiert«, ließ der Vermittler uns wissen.

Hughes stimmte einem Treffen zu. Die frühere überzeugte republikanische Frontkämpferin in George Bushs CIA (Bush war von 1976 bis 1977 CIA-Direktor) hatte als Analytikerin mit Dokumenten und Computern zu tun.

Damals war sie wegen einer speziellen Recherche in die Lagerbibliothek der Behörde geschickt worden und dabei auf die gesamte CIA-Akte, so wie sie war, über den Tod Marilyn Monroes gestoßen. Hughes hatte Einblick in den Hintergrund eines Agenten, der ein Mafiaspitzel zu sein schien. Die Monroe-Akte war hinten an die allgemeine Akte des Mannes angeheftet. Hughes folgerte daraus, daß er möglicherweise mit dem Tod der Sexgöttin in Verbindung gebracht wurde.

Das erste Bulletin des CIA über den Tod des Filmstars hätte aus einem *film noir* der vierziger Jahre stammen können. Mitte Juli 1962 berichteten CIA-Agenten in Los Angeles, daß ein flüchtiger Einbrecher in einer Bar in Santa Monica aufgetaucht sei und seinen betrunkenen Kumpanen erzählt habe, er sei angeheuert worden, in Monroes Haus einzubrechen, alles zu verwüsten und »ihr einen Spezialschuß vor den Latz zu knallen«. Es war eine unzusammenhängende Geschichte, aber der CIA zeigte genügend Interesse, um einen Bericht dazu abzufassen und einen Agenten in die Seitenstraßen von Santa Monica zu schicken, um den großmauligen Wanderbruder aufzuspüren.

Unverzüglich wurde in der Akte vermerkt, daß Giancana einen Mann namens »Doc« nach Los Angeles geschickt hatte, der »die Möglichkeit, Marilyn Monroe zu töten«, prüfen sollte. Dieser Vermerk war am 27. Juli mit einem Bleistift eingetragen worden, dem ein weiterer am 1. August folgte, der beinhaltete, daß »Monroe mit Bobby Kennedy fotografiert« worden sei.

Diese Eintragungen hätten leicht unbedeutende Gerüchte bleiben können. Aber sie wurden wenige Tage vor Monroes Tod gemacht. Und es gibt keine weiteren derartigen Eintragungen bis zum 6. August, dem Tag nach ihrem Tod. Für diesen und die folgenden zehn Tage gab es eine Fülle von Dokumenten, Agentenberichten und anonymen Aussagen über den Tod und die Verschleierung und sogar einige zögernde Schlußfolgerungen.

Hughes beendete die Hetzjagd. »Wenn Sie alle Fakten und Zahlen zusammenfassen, so scheint es, daß ein CIA-Agent – mit Verbindungen zur Verbrecherszene und vielleicht einem solchen Hintergrund – und ein niedriger Mafia-Killer Marilyn Monroe getötet haben. Für wen oder warum, darüber kann ich noch nicht einmal spekulieren. Aber JFK und Bobby wußten nichts davon. Das muß die Republikaner enttäuscht haben.«

In sechs weiteren Gesprächen während der darauffolgenden Wochen tauschten wir Informationen aus, bis Hughes zustimmte, uns eine unvollständige Analyse des Inhalts der Akte zu geben – Puzzleteile aus forensischen Daten und anderen Hinweisen.

Die Voraussetzung für die Akte war ziemlich schwerwiegend. »Sie war um ein Dokument entstanden, von dem die Behörde als Tagebuch sprach«, sagte Hughes. »Es handelte sich aber eigentlich um ein Notizbuch. Die Republikaner planten, es zu benutzen, um die Kennedys zu erpressen. Sie wußten, daß Bobby an jenem Tag im Haus war und daß er sich von diesem Notizbuch gefährdet sah.« (Auf dieses Notizbuch wurde in der Akte Bezug genommen, es war aber entfernt worden.) Als die Akte zusammengestellt wurde, geriet der extrem konservative CIA unter Beschuß der Kennedy-Administration, die deren Befugnisse erheblich einschränken wollte.

Andere Bemerkungen in der Akte schienen zusammengewürfelt, eher vage. Es folgen einige ausgewählte Eintragungen, wie sie von Carol Hughes analysiert wurden.

- Monroe war für ein Entgeld von 15 000 Dollar getötet worden, das an ein Paar von Killern bezahlt wurde, die während der Abhöraktion im Haus auf den geeigneten Moment warteten. 1968 fiel dieser Killer unter das Witness Relocation Program.
- Monroe erhielt nach halb acht Uhr abends keine Anrufe mehr. Das bedeutete, daß sie nicht mit ihren Freunden Jeanne Carmen oder José Bolanos gesprochen haben konnte, wie so oft behauptet wurde. Rechtsanwalt Mickey Rudin sprach um acht Uhr abends mit Mrs. Eunice Murray.
- Monroe hatte in den Wochen direkt vor ihremTod die Vermittler in der Telefonzentrale des Justizministeriums angeschrien. »Die Anrufe waren sehr unvorsichtig und wurden zum Gespräch von FBI, CIA und dem Washington Press Corps«, führte Hughes weiter aus.
- Die Schreie einer Frau – »Du hast sie umgebracht, du Schwein!« – wurden von der Regierung mitgehört. (Darüber wurde in all den Jahren auf verschiedene Weise berichtet.)
- Agenten des Secret Service drangen in das Beverly-Hilton-Hotel ein und konfiszierten die Nachweise über den Aufenthalt des Justizministers am 4. August. »Die Akte gibt wieder, daß ›die Rechnung nicht mehr existiert‹.« (Der Polizist von Beverly Hills, Lynn Franklin, notierte in einem Bericht an seinen Chef, daß sich Bobby im Hilton eingetragen habe, daß darüber aber kein Nachweis mehr existiere.)
- Um acht Uhr am Abend gab es einen Telefonanruf. Unvorsichtigerweise ging der Killer ans Telefon – wahrscheinlich der Mafiaangehörige des Kommandos – und sagte: »Marilyn ist nicht zu Hause.« (Monroes Freund Ralph Roberts erzählte uns, daß er etwa um diese Zeit bei Monroe anrief. »Der Anruf wurde von einem

Mann entgegengenommen, der sagte: ›Marilyn ist nicht zu Hause‹«, berichtete Roberts. Er bemerkte, daß es nicht die Stimme von Dr. Ralph Greenson war.)

- Die Gerüchte darüber, daß Sam Giancana die Killer angeheuert hätte, waren Teil der Vertuschung – ein Fakt, den Giancanas Tochter Antoinette bestätigte. »Das war ein Gerücht, und mein Vater betrachtete es auch als solches.«
- Eine Zeitlang hielten sich die Killer in Monroes noch nicht fertiggestelltem Badezimmer versteckt, bis sie »irgendwann vor Mitternacht« hinausschleichen konnten.

Diese Daten tauchten auf, als Hughes »einem sehr dreisten Untergrundagenten hinterher war, dessen Verbindungen zum Monroe-Fall niemals verfolgt wurden«.

Welche Erkenntnisse können aus diesem CIA-Diagramm gewonnen werden? »Sie müssen es als einen ›Feldbericht‹ betrachten. Unaufbereitetes Polizeimaterial, das einer Beweisführung nie standgehalten hatte«, sagte der frühere Nachrichtenoffizier des LAPD, Mike Rothmiller. »Weil niemand diesen Mord jemals wirklich untersucht hat – er wurde nur vertuscht –, verliefen alle Spuren im Sand.«

Wir konnten zudem Hughes' Status innerhalb des CIA belegen. (Sie war übrigens eine von drei Carol Hughes in der Behörde während der siebziger Jahre.) Wir stellten darüber hinaus eine Menge ihrer Informationen dem Abhörmaterial, den FBI-Berichten und den Aussagen von Augenzeugen gegenüber. Letztendlich liegt der Wert des Berichts darin, beiseite geschafft worden zu sein – unverändert seit mehr als dreißig Jahren.

Manchmal erscheinen die Aussagen über Marilyn und die Kennedy-Brüder unendlich schauerlich. Jedes Interview bringt eine weitere obszöne Darstellung hervor.

Zum Beispiel begannen wir, eine Woche nachdem wir mit Carol Hughes Verbindung aufgenommen hatten, eine Reihe von Gesprächen mit Patricia Seaton Lawford, der letzten Frau Peter Lawfords. »Zuerst glaubte ich nicht, daß an der Geschichte viel dran war«, sagte sie. »Aber da war ich sehr naiv. Weil Peter immer wieder davon sprach, bemerkte ich die Schuld, die er im Zusammenhang mit Monroes Tod empfand, und das Unbehagen darüber, daß er Jacks Kuppler in der Stadt spielen mußte. Er mochte JFK sehr gerne, aber da gab es eben immer diese Kehrseite.«

Lawford hatte Patricia erzählt, daß es einst eine Fundgrube von Erinnerungen an die kurze Affäre zwischen dem Präsidenten und dem Filmstar gegeben habe. »Peter erzählte mir, daß der Secret Service kurz vor der Wiederwahlskampagne kam und jede einzelne Fotografie vernichtete.« Peter beklagte Patricia gegenüber, daß er gezwungen worden sei, Fotos vom Präsidenten und der Monroe zu machen. Aus Eigensinn behielt er eine besonders lebendige Fotografie, die bis zu Peters Tod existierte.

Patricia Seaton Lawford ist nun mit Daniel Stewart verheiratet, einem der Nachrichtenoffiziere, die den Tod untersuchten. Über die Rolle Bobbys in diesem Skandal sagte sie: »Peter hat immer vehement dementiert, daß es zwischen der Monroe und Bobby Kennedy etwas gab. Er sagte immer, daß Bobby mit einem Auftrag hierhergeschickt worden wäre. Und der lautete, Marilyn von der Familie fernzuhalten.«

Lawfords letzte Ehefrau bedauert noch immer die schmutzigen Begleitumstände dieser Geschichte. »Aber Marilyn bedeutete ihnen nichts«, sagte sie. »Nichts.«

Im Zuge der Veröffentlichung von *Marilyn. Das Ende, wie es wirklich war* stießen wir auf eine Reihe weiterer Fakten, die vielleicht nur wenig mit dem großen Bild zu tun haben. Sie sind es dennoch wert, aufgeführt zu werden:

- Im November 1992 entdeckten wir eine handgeschriebene Notiz der Geheimdienstakte des LAPD über Monroes Tod. Sie besagte, daß Mordkommissar Thad Brown an dem Morgen, an dem Marilyn aufgefunden wurde, von ihrem Haus anrief. Er erzählte den diensthabenden Sergeants, daß auf einem zerknüllten Stück Papier, das zwischen Monroes Bettwäsche gefunden wurde, eine gültige private Nummer des Weißen Hauses zu lesen war. »Den Fetzen Papier gibt es nicht mehr. Er ist einfach verschwunden«, teilte uns ein LAPD-Informant mit.
- Ein privater Brief eines ehemaligen Stabsmitglieds des Kongreßabgeordneten Joseph Kennedy jr. an uns besagte einfach: »Bobby war an jenem letzten Tag in einer irgendwie gearteten Mission in Los Angeles. Er versuchte, Ordnung in das Chaos zu kriegen.«
- Richard Burke sandte uns auf die Frage, welche Meinung Mitglieder des Kennedy-Stabs zu den Affären der Brüder hatten, einen Nachsatz zu seinem früheren Interview: »Allgemein herrschte die Meinung, daß Präsident Kennedy eine sehr intensive Beziehung mit Marilyn hatte. Schwerer fällt es zu glauben, daß Bobby eine hatte. Es gibt weniger Beweise und über seine Affären mit Frauen weniger Kenntnisse aus erster Hand als bei Ted oder John.«
- Bei Werbetouren für seinen neuen Bestseller *Official and Confidential: A Biography of J. Edgar Hoover* führte Anthony Summers an, daß

Hoover einem Nachbarn, Anthony Calomaris, erzählt habe, daß »Monroe umgebracht wurde, daß es kein Selbstmord war und daß die Kennedys involviert waren«.

Summers war es, der mit seinem Bestseller *Marilyn Monroe: Die Wahrheit über ihr Leben und Sterben* 1985 das breite Publikum aufmerksam gemacht hatte. Unterstützt von einer Sondersendung der BBC, veränderte Summers' Buch zudem die Haltung, mit der die Welt die Kennedy-Brüder betrachtete.

Aber noch vor Summers verbrachte Detektiv Milo Speriglio aus Los Angeles achtzehn Jahre damit, Monroes Beziehungen zu JFK und Bobby Kennedy zu untersuchen. Wieder und wieder analysierte er ihren Tod. Er war einer der ersten, die auch nur andeuteten, daß der Star umgebracht worden sei. »Als ich mit den Ermittlungen zu Monroes Tod begann, zeigte eine Umfrage, daß weniger als fünf Prozent der Bevölkerung die These, daß sie umgebracht wurde, auch nur in Erwägung zogen. Als ich das letzte Mal bei *Geraldo* auftrat, wo auch eine Umfrage durchgeführt wurde, stimmten fünfundsiebzig Prozent der Zuschauer mit mir überein: Marilyn Monroe wurde ermordet.«

Als Ermittler, Kriminologe und Chef des Detektivbüros Nick Harris hat Speriglio gerade die Arbeit an seinem dritten Buch über den Tod der Monroe beendet. In *Crypt 33*, so benannt, weil es jene Krypta des Coroners war, die ursprünglich Monroes Körper enthielt, wird laut Speriglio bewiesen, daß »Marilyn von sechs handverlesenen Attentätern ermordet wurde, Sam Giancana eingeschlossen«.

»Robert Kennedy hatte nichts mit ihrem Tod zu tun«, verkündet Speriglio. »Diese Aktion ging über seinen Kopf hinweg. Bobby war in einen Skandal verwickelt, weil er sich an jenem Tag, an dem sie starb, in ihrem Haus aufhielt.«

Wird Speriglio eine endgültige Erklärung für Monroes Tod liefern? Oder wird er, wie wir selbst, herausfinden, daß der alte Monroe-Biograph Fred Lawrence Guiles recht hatte, als er uns einst warnte: »Es wird nie vorbei sein. Monroes Leben ist das größte aller modernen Rätsel. Es wird Sie verfolgen.«

Anhang

Quellennachweise

Die Idee zu diesem Buch entstand zu einer Zeit, als Peter Harry Brown im Auftrag der Fox 22 Sondierungsinterviews für den Dokumentarfilm *Something's Got to Give* führte. Diese auf Videoband aufgezeichneten Interviews bildeten die Grundlage dieses Buches und wurden durch 310 weitere Interviews und 500 interne Dokumente des Studios ergänzt, die uns aus vertraulicher Quelle zugänglich gemacht wurden. Der Dokumentarfilm der Fox, bei dem der Journalist Henry Schipper, von dem auch das Drehbuch stammt, Regie führte, war eine hervorragende Quelle, da er eine Fülle von Details aus dem Rechtsarchiv des Studios enthielt. Gleichzeitig lieferte er, da von Anwälten der Twentieth Century-Fox auf Herz und Nieren geprüft, eine offizielle Version der Vorgänge, die zu den Debakeln von *Something's Got to Give* und *Cleopatra* geführt hatten. Alle Personen, die für den Dokumentarfilm interviewt worden waren, wurden ein zweites Mal und diesmal sehr viel ausführlicher befragt, außerdem noch mehr als 200 weitere Personen.

Wertvolle Erkenntnisse lieferte auch die ungeschnittene Version von *Something's Got to Give*. Die Autoren dieses Buches sahen sich die sechsstündigen Videobänder viermal an und verglichen ihren Inhalt mit Aussagen in Hunderten von Dokumenten. Anhand dieser Dokumente der Twentieth Century-Fox, darunter Memoranden, Briefe, Produktionsprotokolle, Drehbuchneufassungen und Telefonnotizen, konnte die Verschwörung des Studios gegen Marilyn Monroe nachgezeichnet werden. Die Herkunft der wichtigsten Informationen ist in den folgenden Quellennachweisen aufgeschlüsselt.

Detaillierte Informationen über Marilyns Krankheit entnahmen wir den Berichten, die die beiden Ärzte Dr. Lee Siegel und Dr. Philip Rudin an die New Yorker Büros von Spyros Skouras, Otto Koegel und Milton Gould geschickt hatten. Die einzigen Kopien dieser Berichte fanden sich in einer speziellen Sammlung der Stanford University unter den Papieren Darryl F. Zanucks. Darüber hinaus wurden einige von Siegels und Rubins Befunden kurz in Tages- und Wochenprotokollen erwähnt, die Buck Hall, Cukors Regieassistent bei *Something's Got to Give*, geführt hatte.

Prolog

Der »verschwundene Film«, den Henry Schipper im Lager der Fox wiederentdeckte, wurde mit Hilfe von Frachtnummern in den Fox-Archiven und einigen Telefonaten mit den Verantwortlichen in der umfangreichen Filmbibliothek der Fox aufgespürt. Die Entstehungsgeschichte des Dokumentarfilms der Fox Entertainment News wurde in Interviews mit Henry Schipper, William K. Knoedelseder und Shawn Griggs, dem Coproduzenten des Films, recherchiert.
Weitere Informationen über die Filmquellen finden sich in den nachfolgenden Quellennachweisen.
Unser Bericht über die Vorführung der Bänder vor einem Publikum ausgewählter Fans folgt den Auskünften, die wir von Marilyns Ziehschwester Bebe Goddard, dem Kolumnisten May Mann, dem Friseur Mickey Song und der Archivarin Sabin Gray, in deren Büro die Vorführung stattfand, erhielten. Zusätzliche Informationen gab uns Marilyns ehemaliger Freund Robert Slatzer.

Kapitel 1

Die Informationen über Marilyns unfreiwillige Rückkehr zur Fox und ihr Privatleben im Frühjahr 1962 stammen aus zahlreichen Interviews mit Rupert Allan, Henry Weinstein, Whitey Snyder, Robert Slatzer und George Cukor (mit dem die Autoren dieses Buches 1979 und 1980 mehrere Gespräche für einen Artikel in der *Los Angeles Times* führten).
Eunice Murrays Buch *Marilyn: The Last Months* und Patte Barhams Telefoninterview mit ihr nach dem Erscheinen von Summers Buch *Marilyn Monroe: Die Wahrheit über ihr Leben und Sterben* vermittelten uns tiefe Einblicke in Marilyns Leben in ihrem neuen Zuhause in Brentwood. Das Buch *Marilyn Monroe* des früheren Journalisten der *Times*, Anthony Summers, ist auch heute noch die wichtigste Darstellung der letzten Lebensjahre der Schauspielerin. Es war uns bei der Vorarbeit zu diesem Buch eine wertvolle Hilfe, ebenso wie ein kurzes Interview, das Brown während der Produktion des Dokumentarfilms der Fox Entertainment News mit Summers führte.
Informationen über Marilyns Zeit bei der Fox fanden wir in Dutzenden von Dokumenten in den Fox-Archiven, in der Hedda-Hopper-Sammlung, der Louella-Parsons-Sammlung, der Spyros-Skouras-Sammlung und der Darryl-F.-Zanuck-Sammlung sowie in Filmausschnitten der Film- und Fernsehbibliothek der Universität von Southern California. Für diesen Teil des Buches wurde auch auf Interviews mit Whitey Sny-

der, William Travilla, Lee Hanna und Susan Strasberg zurückgegriffen. Die Geschichte vom Niedergang und Fall der Twentieth Century-Fox basiert auf Zahlen, die wir den Jahresabschlußberichten des Unternehmens für die Jahre 1958 bis 1961 entnahmen. Als besonders hilfreich erwies sich ein vertraulicher Bericht von Studiochef Peter Levathes an den Verwaltungsrat der Fox vom Mai 1962, als die Gesellschaft vor dem Zusammenbruch stand. Levathes »Sonderbericht« zeichnet ein Bild der katastrophalen Ausgabensituation und enthält neben einem Plan zur Sanierung des vormals so mächtigen Studios auch Angaben zu den Gehältern, eine detaillierte Kostenaufstellung sowie eine Gewinn- und Verlustrechnung. Die Passage über Marilyns Affäre mit dem Fox-Präsidenten Spyros P. Skouras beruht auf Informationen von Nino Minardos, Rupert Allan und Hazel Washington. Marilyns Angst vor den alten Filmmagnaten Skouras und Zanuck schilderte uns im Januar 1990 Peter Levathes.

Kapitel 2

Die Informationen über Marilyns Schmink- und Ankleiderituale entnahmen wir Interviews mit Whitey Snyder und seiner Frau Marjorie Plecher sowie einer Schilderung von Marilyns Kollegin Sheree North. Cukors irritierende Weigerung, Marilyns Kostümtests zu beaufsichtigen, ist in den offiziellen Produktionsunterlagen nirgends schriftlich festgehalten. Lediglich in den Notizen für einen Bericht Cukors an den Produzenten Henry Weinstein vom 8. Juni findet sich ein entsprechender Hinweis. Außerdem steht auf der Filmrolle mit den Testaufnahmen der Vermerk »10. April: Weinstein/Franz Planer«, was darauf hindeutet, daß Weinstein Regie führte und Planer hinter der Kamera stand. Auf diesen Hinweis stieß Henry Schipper bei der Arbeit an dem Dokumentarfilm über Marilyn Monroe. Außerdem besprach Cukor seine Entscheidung ausführlich mit dem Schauspieler Thomas Tryon, und auch Henry Weinstein erwähnte das Fernbleiben des Regisseurs in mehreren Interviews. Die Beschreibung von Marilyns neuem »Look« stammt von dem Modedesigner Jean Louis, von Whitey Snyder, Marjorie Plecher, Evelyn Moriarity, William Travilla und Sheree North.

Die unerfreulichen Vorgänge bei den Dreharbeiten zu *Machen wir's in Liebe*, die der Grund für Cukors Abneigung gegen Marilyn waren, waren in den Produktionsprotokollen des Films, in Aktennotizen und Wochenberichten dokumentiert. Weitere Informationen darüber fanden sich in der Hedda-Hopper-Sammlung. Zusätzliche Details lieferten Evelyn Moriarity, der Cutter David Bretherton, Thomas Tryon und

Rupert Allan. Cukors Gefühle für Yves Montand beschrieb William Travilla.
Über die Probeaufnahmen berichteten Bretherton, Weinstein und Snyder. Außerdem hatten wir Gelegenheit, uns einen knapp halbstündigen Film aus einem Privatarchiv anzusehen. Marilyns Anwalt Milton Rudin sprach über Marilyns Verpflichtung, an die Arbeit zurückzukehren.

Kapitel 3

Aufzeichnungen über Marilyns Überdosis am Morgen nach den Probeaufnahmen wurden auf einer Rolle Mikrofilm in den Versicherungsunterlagen der Fox entdeckt. Dabei fanden sich auch inoffizielle Notizen über ein Treffen zwischen »Ferguson, Brand, Feldman, Weinstein, McLean betreffs Monroe und *Something's Got to Give*«. Außerdem sprach Weinstein in zwei Interviews im Juni und Oktober 1990 ausführlich über diesen Vorfall. Auch Schipper bekam, als er das Drehbuch für die Dokumentation der Fox Entertainment News schrieb, Material über die Geschichte in die Hände. Hintergrundinformationen zu dem Vorfall lieferten Dr. Ralph Greensons Frau Hildi und ihre Tochter Joan Greenson Aibe. Auf Aussagen von David Brown, Richard Zanuck, David Bretherton und Walter Bernstein beruht der Bericht von Browns Rausschmiß und der anschließenden Verpflichtung Henry Weinsteins als Produzent von *Something's Got to Give.* Marilyns Anwalt Milton Rudin erklärte in seinem allerersten Interview, das er zum Thema »Marilyn Monroe« gab, wie es dazu kam, daß Weinstein den Job erhielt, und was Greensons Motive für den ungewöhnlichen Handel mit der Fox waren. Greenson war Rudins Schwager und bester Freund. Über den unglaublichen Einfluß, den der Psychiater auf Marilyn ausübte, berichteten Ralph Roberts, Whitey Snyder, Fred Lawrence Guiles und Eunice Murray in ihrem Buch *Marilyn: The Last Months*. Marilyns emotionalen Zustand beschrieb Rudin in einem Interview im Februar 1992.

Kapitel 4

Die Schilderung der Persönlichkeit George Cukors und seiner Probleme geht auf ein frühes Interview des Regisseurs mit dem Monroe-Biographen Carl Rollyson zurück *(Marilyn Monroe: A Life of an Actress).* Rollyson empfahl uns, Cukor genauer unter die Lupe zu nehmen und nachzuprüfen, ob bei *Something's Got to Give* nicht auch Sabotage mit im Spiel gewesen sein könnte. Die Beschreibung der merkwürdigen

Dekoration und von Cukors Haus basiert auf über 100 Fotografien, die sich in den Fox-Archiven fanden. Als hilfreich erwiesen sich auch die Besichtigung des Hauses und Fotografien, die in der *Los Angeles Times* und im *Architectural Digest* erschienen waren. Die Unterlagen, aus denen hervorgeht, daß Cukor unter Androhung gerichtlicher Schritte dazu gezwungen wurde, bei *Something's Got to Give* Regie zu führen, stammen aus der Spyros-Skouras-Sammlung. Den Inhalt der Telegramme, die Cukor während der Aufnahmen zu *Machen wir's in Liebe* an Zanuck schickte, erfuhren wir von Cukors damaliger Sekretärin Lee Hanna, der er die Telegramme diktiert hatte.
Die Schilderung von Cukors trostloser Zeit bei MGM verdanken wir Howard Strickling, PR-Chef des Studios von den zwanziger Jahren bis in die sechziger Jahre. Patrick McGilligans Cukor-Biographie, die im Dezember 1991 erschien, lieferte wertvolle Hinweise zu Cukors Homosexualität. Thomas Tryon, Gene Allen, David Brown, Dorris Johnson (Nunnally Johnsons Witwe), ihre Tochter Nora und Milton Rudin zeichneten ein anschauliches Bild des Regisseurs.
Unsere Einblicke in die Beziehung zwischen Marilyn und Johnson verdanken wir Interviews mit Dorris Johnson und Theodore Strauss, den gesammelten Briefen Nunnally Johnsons und Tom Stempels Beschreibung des Drehbuchautors. In Interviews mit Bernstein und Gene Allen kam Cukors Enttäuschung über Johnsons Drehbuch zur Sprache, und Bernstein schilderte in seinen Erinnerungen in der Zeitschrift *Esquire* die Schwierigkeiten des Autors mit Marilyn. Eine Untersuchung der zehn verschiedenen Versionen des Drehbuchs zu *Something's Got to Give*, insbesondere das stark veränderte Skript Johnsons, machte das Ausmaß der zahlreichen Überarbeitungen in letzter Minute deutlich, die Marilyn so zu schaffen machten.
Bei Interviews mit Cindy Adams, Ralph Roberts und Gene Allen erfuhren wir Näheres über die komplexe Beziehung zwischen Marilyn und Lee Strasberg, dem Gründer und Leiter des Actor's Studio. Adams Buch *Lee Strasberg: The Imperfect Genius of the Actors Studio* und Carl Rollysons Bericht über Marilyns Karriere waren in diesem Zusammenhang ebenfalls nützliche Quellen.

Kapitel 5

Was wir über Marilyns verhängnisvolle Affären mit Präsident John F. Kennedy und Justizminister Robert Kennedy wissen, erfuhren wir bei Interviews mit Ralph Roberts, dem früheren Bürgermeister von Los Angeles Sam Yorty, Peter Lawfords Biographen James Spada, An-

thony Summers, dem stellvertretenden Staatsanwalt von Los Angeles Mike Carrol, Hazel Washington, Gene Allen, Natalie Jacobs, Rupert Allan, Pat Newcomb, Dorris Johnson, Dorothy Manners, Ed Guthman (der die ersten Begegnungen Bobbys mit Marilyn bezeugte), Robert Slatzer, Terry Moore und dem Journalisten James Bacon.
Außerdem erhielten wir aus vertraulicher Quelle den niemals ausgestrahlten Beitrag für die ABC-Sendung *20/20* aus dem Jahr 1986. Der Beitrag enthielt Interviews mit über 25 Persönlichkeiten aus Politik und Showgeschäft und, für unsere Zwecke besonders wichtig, mit Fred Otash, Eunice Murray – die bei dieser Gelegenheit erstmals zugab, daß es »zwischen Monroe und Bobby Kennedy eine Affäre« gegeben hatte – und Marilyns Vertrauter Jeanne Carmen.
Ein ausführliches Interview mit dem früheren CBS-Nachrichtenproduzenten Ted Landreth – der unter anderem 1985 für die BBC die Dokumentation *Say Goodbye to the President: Marilyn Monroe and the President* produziert hatte – förderte weitere Fakten zutage, die bestätigten, daß Marilyn Monroe zu den beiden mächtigsten Männern der Vereinigten Staaten sexuelle Beziehungen unterhielt.
Überraschenderweise erwies sich auch die Sammlung der Hollywooder Klatschkolumnistin Hedda Hopper als ergiebig. Darin fanden sich Leserbriefe, die Hinweise auf Marilyns heimliche Beziehungen zur Präsidentenfamilie enthielten. Obwohl die Briefe durchaus brisanten Inhalts waren, schrieb Hedda Hopper niemals eine Zeile über sie.
Reißerische TV-Shows wie *Geraldo*, *Sally Jesse Raphael*, *Donahue* und *Hard Copy* brachten Beiträge über die Affäre und lieferten weitere Beweise für die inzwischen unbestrittene Tatsache, daß Marilyn mit beiden Brüdern eine stürmische Affäre hatte. Am 15. Februar 1992 stellte Hugh Downs von ABC in der auf dem Kultur- und Unterhaltungskanal ausgestrahlten Sendung *Class of the Twentieth Century* fest, daß »die Geschichte den Beweis für die Beziehung erbracht hat«.
John F. Kennedys Stelldichein mit Marilyn im späten April (kurz bevor sie krank wurde) wurde erstmals in James Spadas 1991 unter dem Titel *The Man Who Kept the Secrets* erschienener Biographie über Peter Lawford erwähnt. Interviews mit Ralph Roberts, Robert Slatzer, Hazel Washington (die Marilyn auf der Reise nach New York begleitete) und Rupert Allan (der Marilyn vom königlichen Palast in Monaco aus anrief, als sie in New York den Präsidenten traf) belegen diese Aussage. Milt Ebbins, Lawfords Manager, unterhielt sich mit Spada sehr ausführlich über dieses Wochenende. Die Anrufe im Weißen Haus, die Marilyn von ihrer Garderobe bei der Fox aus tätigte, wurden von dem Choreographen Stephen Papich und zwei Telefonistinnen, die anonym bleiben wollen, bestätigt. Das Rendezvous des

Präsidenten mit Marilyn in Palm Springs, kurz vor Beginn der Dreharbeiten zu *Something's Got to Give*, wurde von Landreth und der BBC, von *20/20*, *Hard Copy* und Robert Slatzer dokumentiert. Weitere Einzelheiten lieferte C. David Heymann in seinem Buch *Eine Frau namens Jackie. Die intime Biographie der Jacqueline Bouvier Kennedy Onassis.* Bei zwei Interviews erwähnte Ralph Roberts, er habe die verkleidete Marilyn an Bord der Air Force One erspäht. Der Kostümbildner Travilla berichtete über die Gerüchte, die bei den Dreharbeiten zu *Something's Got to Give* im Studio kursierten.
Weitere hilfreiche Quellen waren Patricia Seaton Lawfords Buch *The Peter Lawford Story*; die demnächst erscheinende psychologische Studie *Why Norma Jean Killed Marilyn Monroe* der Schriftstellerin Lucy Freeman; der im Nachrichtenmagazin *Time* erschienene Artikel »JFK's Women« vom 25. Dezember 1975; der Bericht des Bezirksstaatsanwalts von Los Angeles über die »Nachuntersuchung zum Tod von Marilyn Monroe« von 1982; eine 1986 in der *New York Post* erschienene Enthüllungsstory mit dem Titel »The Bobby Kennedy Connection«; ein Memorandum des Justizministeriums vom 20. August 1962 mit Zitaten Bobby Kennedys über seine Beziehung zu Marilyn Monroe; der Bericht »The Bobby-Marilyn Affair«, der am 19. August 1988 im *National Review* erschien; ein Interview mit Arthur Schlesinger im *Boston Globe* vom 18. Oktober 1978; Marilyns Brief an Ralph Greenson vom Frühjahr 1962, in dem sie von einem neuen »geheimnisvollen Mann« in ihrem Leben berichtet; die Artikelserie »The Kennedys in California«, die vom 23. bis 28. März 1962 in der *Los Angeles Times* erschien; Sidney Skolskys Buch *Don't Get Me Wrong – I Love Hollywood*; das FBI-Dokument 77-51387-310 vom 20. August 1962, in dem Bobby Kennedy zu Gerüchten über sein Verhältnis mit Marilyn Monroe Stellung bezieht; das 22. Kapitel aus Heymanns Buch *Eine Frau namens Jackie* und das 27. Kapitel in Spadas Lawford-Biographie.

Kapitel 6

Die Einzelheiten über Marilyns Krankheit sind den Unterlagen und Protokollen entnommen, die ursprünglich von den Fox-Ärzten Philip Rubin und Lee Siegel zusammengetragen wurden. Hinweise auf die medizinischen Daten fanden sich allein in der Klageschrift, die die Fox später gegen Marilyn Monroe einreichte. Henry Schipper fand jedoch auf einem Mikrofilm im Rechtsarchiv der Fox Belege für Siegels Beteuerungen, Marilyn sei »sehr krank« gewesen. Glücklicherweise fanden sich Siegels Berichte an Skouras in den Papieren des Filmmagna-

ten. Darüber hinaus konnte sich Siegels Witwe Noreen an viele Einzelheiten im Zusammenhang mit Marilyns Nebenhöhlenentzündung und Viruserkrankung erinnern, die den Filmstar drei Wochen ans Bett fesselten. Henry Weinstein, Gene Allen, Whitey Snyder, Jean Louis und Ralph Roberts sprachen in einer ganzen Reihe von Interviews über Marilyns Krankheit. Die näheren Einzelheiten über Marilyns Fieberkurve und die Mitteilungen, die sie an Cukor und Buck Hall schickte, entnahmen wir den Produktionsprotokollen und den Berichten an Skouras. Halls Prognose, Marilyn werde vier Wochen fehlen, wurde von Walter Bernstein bestätigt.
Daß sowohl Monroe als auch Cukor bei den Dreharbeiten zu *Something's Got to Give* Amphetamin-Spritzen erhielten, bestätigen die Augenzeugen David Bretherton, Evelyn Moriarity, William Travilla, Walter Bernstein und Robert Slatzer sowie Marilyns Kollegin Sheree North, die auch ausführlich auf den Umgang mit Drogen in der Filmbranche einging. Thomas Tryon erinnerte sich an Gespräche mit Cukor über dessen Amphetamin-Konsum. Daß Cukor auch Appetitzügler nahm, erwähnt Patrick McGilligan in seiner Biographie über den Regisseur. Lee Siegel sprach in seinem letzten Interview, das er Anthony Summers und Journalisten der BBC gab, ebenfalls über den Drogenkonsum. Das Gespräch über verschreibungspflichtige Medikamente zwischen Marilyn Monroe und John F. Kennedy ist Spadas Buch *The Man Who Kept the Secrets* entnommen, und Peter Levathes war es, der sich an die Rezeptur von Marilyns »Schlaftrunk« erinnerte.

Kapitel 7

Für die Darstellung der Vorgänge rund um *Cleopatra* war uns Brad Geagleys unveröffentlichte Studie *Cleopatra, The Last Movie* von großem Nutzen. Das Buch, in dem Hunderte von Interviews, die Geagley im Laufe von fünf Jahren geführt hat, verarbeitet sind, bietet eine umfassende Schilderung des 42 Millionen Dollar teuren Desasters. Hilfreich waren auch die Bücher *My Life with Cleopatra* von Walter Wanger, *The Cleopatra Papers* von Jack Brodsky und Nathan Weiss sowie das offizielle Programm zur Premiere des Films 1963. Ohne Kenneth Geists *Pictures Will Talk*, 1978 bei Charles Scribner's Sons erschienen, wäre es kaum möglich gewesen, die persönlichen Probleme und den beruflichen Abstieg von Joseph Mankiewicz nachzuvollziehen. Zusätzliche Einblicke hierzu verschaffte Aubrey Solomons *A Corporate History of Fox*. Peter Levathes, der das chaotische Projekt vom scheidenden Produktionschef Robert Goldstein erbte, zeigte sich bei Interviews, die

sich über drei Tage erstreckten, ebenso mitteilsam wie Mankiewicz' Söhne Chris und Tom, die beide in verschiedenen Funktionen an dem Film mitgearbeitet hatten. Christina Levathes' Erinnerungen an das Leben mit ihrem Ehemann in diesen bewegten Zeiten lieferten ebenfalls wertvolle Einblicke. Milton Gould versorgte uns sowohl mit Fakten als auch mit Kommentaren zu der fatalen Beziehung, die Elizabeth Taylor und Richard Burton miteinander führten. Marilyns Verärgerung über die riesigen Summen, die in das antike Epos flossen, wurde von Ralph Roberts, Whitey Snyder, Rupert Allan, Robert Slatzer und Stephen Papich bestätigt. Ihren Wunsch, die ägyptische Königin selbst zu spielen, beschrieben Skouras und seine Assistenten in ihrer Chronik des Films. Außerdem sprach Marilyn darüber bei den Dreharbeiten zu *Something's Got to Give* ausführlich mit Evelyn Moriarity und Wally Cox. Nino Minardos beschrieb eingehend ihre Affäre mit Skouras. Einzelheiten über Liz Taylors Millionenvertrag fanden sich in den Archiven der Fox. Debbie Reynolds beschrieb in einer ganzen Reihe von Interviews sehr anschaulich, wie Liz Taylor ihr Eddie Fisher wegschnappte; dazu kam ein Interview mit Fisher im April 1991 in San Francisco. Taylors Temperament und ihre kostspieligen Spleens bei den Dreharbeiten zu *Cleopatra* werden in Kitty Kellys *Der letzte Star*, Joan Josephs *For the Love of Liz* (Manor Books, 1976), in *Who's Afraid of Elizabeth Taylor* von Brenda Maddox und in Braggs Biographie über Richard Burton beschrieben. Bittere Worte zum körperlichen Verfall Mankiewiczs kamen von seinen beiden Söhnen und von Levathes.
Die gewaltigen Kosten des Films sind in einer Reihe von Unterlagen der Twentieth Century-Fox festgehalten, darunter ein Bericht vom Juni 1962 über Liz Taylors Fehlzeiten; ein Telegramm von Skouras an den Fox-Manager Buddy Adler, in dem Liz' Forderungen aufgelistet sind; das vollständige Protokoll eines Interviews, das David Slitt von dem Nachrichtenmagazin *Newsweek* mit Spyros Skouras führte; ein juristisches Gutachten, das Anwälte des Studios erstellten, als die Fox Richard Burton und Elizabeth Taylor auf Schadenersatz verklagte; und schließlich der mit Bleistift geschriebene Kostenvoranschlag für das Jahr 1961. Nähere Angaben zu diesen Dokumenten finden sich in dem Kapitel »Quellen«.

Kapitel 8

Die Darstellung von Marilyns Krankheit und vorzeitiger Rückkehr in das Filmstudio basiert auf Interviews mit Ralph Roberts, Eunice Murray, Hazel Washington und Noreen Siegel. Ihre Erkrankung bei den Dreharbeiten ist in den Produktionsprotokollen der Fox vom 22. April bis 16. Mai vollständig dokumentiert. Einzelheiten über Marilyns Arbeit mit den Kinderschauspielern Christopher Morley und Alexandra Heilweil stammen aus Interviews mit den beiden Kindern sowie mit Eva Wolas Heilweil, Whitey Snyder, Marjorie Plecher, Henry Weinstein, Evelyn Moriarity, Robert Slatzer, Theodore Strauss, dem Cutter des Films David Bretherton, Henry Schipper und Buck Hall. Susan Strasberg, Eva Wolas Heilweil, Stephen Papich, Ralph Roberts und Evelyn Moriarity beschrieben, wie George Cukor Marilyn Monroe während der Szene mit dem Hund schikanierte. Die meisten Wortwechsel zwischen Cukor und Marilyn stammen aus dem Rohschnitt des Films, da die Kameras nach Beendigung der Szenen oft noch sekundenlang weiterliefen. Eunice Murray und Pat Newcomb schilderten, wie Cukor jeden Abend die für den nächsten Tag geplanten Szenen im Drehbuch umschrieb. Dies belegen auch die vielen Versionen des Drehbuchs in der Sammlung der University of Southern California. Die Überarbeitungen des Drehbuchs werden ferner dokumentiert in Eunice Murrays *Marilyn: The Last Months* und in Tom Stempels *Screenwriter: The Life and Times of Nunnally Johnson.* Die Behauptung, daß Marilyns Fehlen offiziell mit dem Vermerk »wegen Krankheit entschuldigt« hätte registriert werden müssen, stützt sich auf die Produktionsprotokolle und deckt sich sowohl mit den Aussagen von Lee Siegels Witwe Noreen als auch mit der Satzung der Filmschauspieler-Gewerkschaft.

Kapitel 9

Die Geschichte von Marilyns überraschender Rückkehr zu den Dreharbeiten wurde aus den Unterlagen der Studiopolizei und einem Interview mit Thomas Tryon rekonstruiert. Der Bericht über Cukors falsche Darstellung der Vorgänge gegenüber Phil Feldman stützt sich auf Feldmans eigene Notizen über das Telefongespräch; sie fanden sich in den Papieren Skouras'. Moriarity, Gene Allen, Bretherton, Snyder und Susan Strasberg lieferten wichtige Details. Walter Bernstein und Snyder erinnerten sich an Marilyns paranoide Reaktion auf Cyd Charisse und das blonde Starlet. Weinstein rekonstruierte seine Telefongespräche mit der Monroe. Diese Ereignisse werden auch in Summers *Marilyn Monroe. Die Wahrheit über ihr Leben und Sterben* und in Fred Lawrence Guiles' Buch *Legend* erwähnt, ebenso in einem Artikel Bernsteins, der im Juli 1973 im *Esquire* erschien. Hilfreich war auch Henry Weinsteins Aktennotiz über »blonde Statistinnen«, die er an Owen McLean schickte, einen Manager des Besetzungsbüros. Die bizarre Begegnung zwischen Timothy Leary und Marilyn schilderte Leary in seinem Buch *Flashbacks* sowie in einem Interview im Mai 1991; auch Summers erwähnt sie in seinem Buch.

Kapitel 10

Über die Affäre zwischen Elizabeth Taylor und Richard Burton berichteten Tom und Chris Mankiewicz, Peter Levathes, Cesare Danova, Eddie Fisher, Dorothy Manners und Milton Gould. Die Folgen der Affäre für die Twentieth Century-Fox wurden in einer Reihe von Dokumenten der Filmgesellschaft festgehalten, darunter ein Geschäftsbrief von Spyros Skouras an Joseph Mankiewicz vom 6. April 1962, ein vertraulicher Brief von Skouras an den *Cleopatra*-Produzenten Walter Wanger vom 14. April, Wangers Antwort an Skouras vom 26. April und ein Mitte 1967 verfaßter Brief von Skouras an Darryl F. Zanuck, in dem Skouras noch einmal auf die Selbstmordversuche der Taylor und auf ihre brutale Mißhandlung durch Burton kurz vor Ostern 1962 einging. Genauere Angaben zu diesen Dokumenten sind im Kapitel »Quellen« zu finden.

Näheres über den Hintergrund der Affäre und den anschließenden Skandal lieferten Kelleys *The Last Star,* Braggs *Burton,* Wangers *My Life with Cleopatra* und *The Cleopatra Papers* von Brodsky und Weiss. Stephen Papich und William Travilla beschrieben Marilyns Reaktionen auf die Probleme in Rom.

Fergusons Abmahnung an Marilyn Monroe fand sich in den Papieren Zanucks. Der Brief datiert vom 16. Mai; drei Tage später fand Kennedys Geburtstagsgala statt.

Kapitel 11

Die Klatschkolumnistin Dorothy Manners (die für Parsons schrieb und recherchierte) schilderte die Abreise Marilyn Monroes nach New York. Manners hielt sich an diesem Nachmittag im Studio der Fox auf. Lee Hanna, Produktionsassistentin bei der Fox, beobachtete die Landung des Hubschraubers. Über das Ereignis berichteten ferner Walter Bernstein, Gene Allen und Pat Newcomb. Bobby Kennedys Fürsprache beim Vorstandsvorsitzenden Milton S. Gould wurde von Gould selbst sowie von Rupert Allan bestätigt; Allan hatte die Information vom Fox-Marketing-Direktor E. Charles Einfeld. Anthony Summers entdeckte einen Hinweis auf den Telefonanruf, als er in den frühen achtziger Jahren Nachforschungen für sein Buch *Marilyn Monroe* anstellte. Weinstein schilderte die Entschlossenheit Marilyns, an der Gala teilzunehmen.

Kapitel 12

Einzelheiten über das unglaubliche 12 000-Dollar-Kleid, das Marilyn bei der Kennedy-Gala trug, stammen aus Interviews mit Jean Louis, Marjorie Plecher, Richard Adler, Mickey Song, Dorothy Manners und Hazel Washington. Die Proben und Vorbereitungen des Stars wurden von Joan Greenson Aibe und Evelyn Moriarity beschrieben. Adler, Tony-Preisträger und Komponist von *Damn Yankees* und *Picknick im Pyjama*, beschrieb die Organisation der Gala und die Proben in New York. Adlers Buch *You Gotta Have Heart* bietet ebenfalls Einblicke in Marilyns psychische Verfassung zu der Zeit.

Kapitel 13

Richard Adler beschrieb seine voreilige Entscheidung, Marilyn zu feuern und durch Shirley MacLaine zu ersetzen, sowie seine Konfrontation mit dem Star bei der Generalprobe am Samstag morgen, dem 19. Mai. Jean Louis erinnerte sich daran, daß Präsident Kennedy Marilyn anrief, als er letzte Änderungen am Kleid vornahm. Er spach darüber mit Patte Barham bei einem Interview Ende 1972.

Mickey Song, der Friseur der Familie Kennedy, beschrieb Marilyns Vorbereitungen auf die Gala in der Garderobe des Madison Square Garden. Hazel Washington, die Monroes Kleid nach New York brachte, sprach über Marilyns Reaktionen auf die Geburtstagsfeier und damalige Beziehung zu Präsident Kennedy.

Die Beschreibung von Marilyns Geburtstagständchen stützt sich auf einen Filmausschnitt, der in David L. Wolpers Dokumentation *The Legend of Marilyn Monroe* enthalten ist; Wolper produzierte die Dokumentation 1967 für ABC. Eine Transkription der Wolper-Dokumentation konnte in den Filmarchiven der Fox eingesehen werden. Ralph Roberts, Pat Newcomb und Song wohnten dem Ereignis bei und schilderten ihre Eindrücke. Die Kommentare des Präsidenten und Robert

Kennedys stammen aus Ted Landreths BBC-Dokumentation, die 1985 erstmals ausgestrahlt wurde. In Kitty Kelleys *The Last Star* und Anthony Summers' *Marilyn Monroe* finden sich weitere Einzelheiten.
Das letzte Rendezvous zwischen Marilyn und John F. Kennedy im Carlyle Hotel wurde von Song, Washington und Dorothy Manners in einer Reihe von Interviews im Frühjahr 1991 beschrieben. Hinweise dazu fanden sich auch in C. David Heymanns *Eine Frau namens Jackie,* James Spadas *Peter Lawford. The Man Who Kept the Secrets* und Earl Wilsons *Show Business Laid Bare.*
Die detaillierteste Darstellung der Gala lieferte die *New York Times* vom 19. und 20. Mai 1962; hilfreich waren jedoch auch Artikel aus der *Washington Post,* dem *Boston Globe* und der *Los Angeles Times.*
Richard Adler schilderte in einem Interview die verdächtige Aktion des Secret Service zum Schutz Robert Kennedys. Papich, Slatzer und Washington bestätigten Marilyns Enttäuschung über John F. Kennedys Qualitäten als Liebhaber.
Ralph Roberts erinnerte sich an Marilyns Kommentare nach der Gala, ebenso James Haspiel, einer der engsten Vertrauten Marilyns in New York.

Kapitel 15

Marilyns Neid auf Elizabeth Taylors berufliche und finanzielle Erfolge schilderten Ralph Roberts, Hazel Washington und Eunice Murray (in den siebziger Jahren bei einem telefonischen Interview mit Barham).
Dean Martins Viruserkrankung, Marilyns Reaktionen darauf und George Cukors Wut über diese ganze Situation wurden in den Produktionsprotokollen, Wochenberichten und Aktennotizen zu *Something's Got to Give* festgehalten. Die Unterstützung des Studioarztes Siegel für Marilyns Entscheidung ist den Aktennotizen zu entnehmen, die sich in der Skouras-Sammlung fanden. Die Vermerke trugen kein Datum, wurden aber vermutlich im Juni 1962 geschrieben.
Marilyns Nachricht an Cukor und Weinstein, vermutlich von Arthur Jacobs oder einer Sekretärin geschrieben, wird in einem Brief von Skouras an Darryl Zanuck erwähnt und wurde uns von privater Seite zugänglich gemacht. Cukors offenkundige »Verschleppung« des Arbeitstempos wird deutlich, wenn man die Produktionsprotokolle mit dem vorliegenden Filmmaterial vergleicht.
Die Nacktbadeszene wurde durch Interviews mit folgenden Personen rekonstruiert: Fotograf Lawrence Schiller, Whitey Snyder, Marjorie Plecher, David Bretherton, Henry Weinstein, Pat Newcomb, Walter Bern-

stein, Gene Allen, Thomas Tryon, Journalist James Bacon, Ralph Greenson, Peter Levathes, Evelyn Moriarity, Stephen Papich, Rupert Allan und Robert Slatzer.
Als hilfreich erwiesen sich dabei auch verschiedene Presseberichte, so etwa im *New York Herald Tribune* vom 25. bis 27. Mai 1962, im *Los Angeles Herald Examiner* vom 26. Mai 1962, im Nachrichtenmagazin *Time* vom Juni 1962 und im Fotomagazin *Life* vom 22. Juni 1962.

Kapitel 16

Die Erregung im Fox-Management bei der Begutachtung der Muster von *Something's Got to Give* fand in der Chronik des Films ihren Ausdruck, die von der Rechtsabteilung des Studios erstellt wurde. (Nähere Angaben zu diesem Dokument siehe »Quellen«.)
Marilyns psychische Probleme bei den Dreharbeiten wurden von Thomas Tryon in zwei Interviews im Dezember 1990 beschrieben. Lee Hanna, Hazel Washington und Stephen Papich schilderten Marilyns Suche nach Frank Sinatra. Henry Weinstein lieferte eine anschauliche Darstellung von Marilyns Gemütsverfassung an dem »verlorenen Wochenende«.
Kitty Kelleys Buch *His Way* und Spadas *Peter Lawford. The Man Who Kept the Secrets* schildern, wie Sinatra bei den Kennedys in Ungnade fiel. Auch Dorothy Manners steuerte hierzu Informationen bei. Die Position des Sängers wurde von Peter Collier und David Horowitz in *Die Kennedys* sowie von C. David Heymann in *Eine Frau namens Jackie* beschrieben. In einem BBC-Interview und bei einem Gespräch mit einem ABC-Team von *20/20* erinnerte sich Eunice Murray an einen Anruf von »jemandem aus der Kennedy-Familie«.
Anthony Summers, Ted Landreth, Robert Slatzer und der frühere Bürgermeister von Los Angeles, Sam Yorty, wiesen in Interviews darauf hin, daß Marilyn für die First Family eine Gefahr darstellte. Eine der früheren Ehefrauen Lawfords, Deborah Gould, schilderte diese Situation in der Fernsehdokumentation *Say Goodbye to the President: Marilyn Monroe and the Kennedys.* Eine weitere Exfrau des Schauspielers, Patricia Seaton Lawford, erzählt in ihrem Buch *The Peter Lawford Story* ihre Version der Geschichte. Terry Moore enthüllte bei ihrem Interview, daß die Affäre mit Marilyn »für Jack zu heiß wurde. Deshalb reichte er sie an Bobby weiter.«
Dr. Ralph Greensons Warnungen, Marilyn solle sich von den Kennedys fernhalten, fanden sich in dem psychologischen Gutachten, das nach dem Tod des Stars erstellt wurde.

Kapitel 17

Marilyns Verzweiflung über die Folgen des Alterns wurde von Eunice Murray in ihrem Buch *Marilyn: The Last Months* und in Interviews der Fox Entertainment News mit Whitey Snyder, Sidney Guilaroff, Jean Louis und Joan Greenson geschildert.

Die Produktionsprotokolle belegen, daß Marilyn zwischen dem 21. Mai und dem 1. Juni fast jeden Tag zur Arbeit erschien.

Die Party zu Marilyns 36. Geburtstag beschrieben Evelyn Moriarity, Lawrence Schiller, Ralph Greenson, Snyder, Gene Allen und Hazel Washington.

Die Angaben über die Geburtstagsfeiern Elizabeth Taylors basieren auf Quittungen, Telegrammen und Rechnungen, die sich in den Fox-Archiven fanden. Die Rechnungen tauchen auch in einem Bericht über die Kosten für *Cleopatra* auf, den Zanuck 1964 erstellen ließ.

Kapitel 18

Siehe die Anmerkungen zu Kapitel 10 über die Affäre zwischen Taylor und Burton.

Die Entscheidung, Elizabeth Taylor zum 9. Juni zu entlassen, erläuterten Peter Levathes sowie Tom und Chris Mankiewicz. Die Entlassung wurde auch in einem Brief von Spyros Skouras an Joseph Mankiewicz vom 31. Mai 1962 angekündigt. Dieser Brief wurde durch einen Kurier aus New York überbracht. Jack Brodsky und Nathan Weiss beschrieben die Entlassung in ihrem Buch *The Cleopatra Papers*, ebenso Walter Wanger in *My Life with Cleopatra.*

Die Mißhandlung Liz Taylors durch Burton wurde in einem Brief aus dem Jahr 1967 enthüllt, den Skouras an Zanuck schrieb, und durch Eddie Fisher bestätigt. Skouras erwähnte in seinem Brief auch Taylors Selbstmordversuche; Lee Hanna, die nach dem Abbruch von *Something's Got to Give* an *Cleopatra* mitarbeitete, bestätigte diese Information. Auch Tom und Chris Mankiewicz sprachen darüber in Interviews.

Der Bericht über die Verhandlungen zwischen Levathes und dem *Cleopatra*-Team beruht auf drei Interviews mit Levathes im Jahre 1991. Mankiewicz' Drogenmißbrauch wurde in Kenneth Geists Buch *Pictures Will Talk* erwähnt, wobei Mankiewicz selbst zitiert wird; die beiden Söhne des Regisseurs bestätigen den Bericht. Eddie Fisher sprach 1991 in einem Interview über die Drogenprobleme Liz Taylors; auch Kitty Kelley weist in *The Last Star* darauf hin, ebenso Fisher in *My Life, My Loves.*

Philip Feldmans Berichte an Levathes waren Teil eines neunseitigen, eng beschriebenen Dokuments, das sich als eine minutiöse Beschreibung von Marilyns Entlassung entpuppte. Dieses Dokument enthielt eine Analyse der Verhandlungen Feldmans mit Milton Rudin, Ralph Greenson, Dean Martin, dessen Agenten Herman Citron und George Cukor. Es stellte auch eine wichtige Quelle dar für die folgenden Kapitel über Marilyns Entlassung und die unheilvolle Kampagne, die von der PR-Abteilung der Fox gegen den Filmstar geführt wurde. All diese Entwicklungen wurden von Levathes, Rudin, Milton Gould, Hildi Greenson, Joan Greenson, Henry Weinstein und Rupert Allan bestätigt. Weitere wichtige Interviews führten wir mit Noreen Siegel, Gene Allen, Ralph Roberts, Lucy Freeman (die psychologische Bücher schreibt und Ralph Greenson kannte) und Robert Slatzer. Allen, Weinstein, Newcomb, Noreen Siegel, Roberts, Joan Greenson und Hildi Greenson bestätigten, daß Marilyn am 1. Juni an einer schweren Nebenhöhlenentzündung erkrankt war.

Kapitel 19

Eunice Murray beschrieb in *Marilyn: The Last Months* die Ereignisse zwischen dem 1. und 9. Juni. Weitere Schilderungen stammten von Joan Greenson, Gene Allen, Milton Gould und Milton Rudin. Auch hier erwies sich das Feldman-Dokument als wichtige Quelle. Sowohl Allen als auch Walter Bernstein bestätigten, daß Cukor dem Studioarzt Lee Siegel nicht glaubte, daß Marilyns Nebenhöhlenentzündung wieder aufgetreten sei. »Keiner von uns glaubte ihm«, sagte Allen in einem Interview im Dezember 1990.

Die demütigenden Bedingungen, die Marilyn unterschreiben sollte, fanden sich im Archiv der Fox-Rechtsabteilung und wurden uns von vertraulicher Seite zugänglich gemacht.

Kapitel 20

Cukors Meinung über den Film *Something's Got to Give* und seine Überzeugung, daß Marilyn am Ende ihrer Karriere stehe, kamen in einer Reihe von Notizen zum Ausdruck, die Hedda Hopper aufbewahrt hatte. Sie befinden sich heute in der Sammlung der Academy of Motion Picture Arts and Sciences. Gene Allen bestätigte in Interviews, daß Cukor diese Ansichten vertreten hatte. Allen erwähnte auch, daß sich der Regisseur ständig über Marilyns Satz »Es zählt nur, was auf der

Leinwand zu sehen ist« lustig machte. Cukors Gespräch mit den Fox-Managern wurde in den Telefonnotizen Feldmans festgehalten. Thomas Tryon sprach in einem Telefoninterview im Februar 1991 über Cukors Haltung.
Der Komödienautor Hal Kanter berichtete im Juni 1990 in einem Interview, daß er im Auftrag der Fox ein Drehbuch schreiben sollte, das es dem Studio ermöglichte, *Something's Got to Give* unter Verwendung des mit Marilyn gedrehten Filmmaterials in den Vertrieb zu bringen. Kanter erklärte auch, er habe eine praktikable Lösung gefunden.
Milton Rudin und Joan Greenson erwähnten in einer Reihe von Interviews Ralph Greensons Enttäuschung über die Fox.
Die Bedingungen, die das Studio an eine Wiedereinstellung Marilyns knüpfte, sind in den Telefonnotizen Feldmans festgehalten. In drei Interviews im Oktober 1990 sprach Henry Weinstein über die politischen Motive, die hinter der Entlassung standen.
Die Reaktionen Marilyn Monroes wurden bei Interviews im Jahr 1990 von folgenden Personen beschrieben: Ralph Roberts, Weinstein, Robert Slatzer, Joan Greenson, Whitey Snyder, Pat Newcomb, Rupert Allan, Sidney Guilaroff, Dorris Johnson und Susan Strasberg.

Kapitel 22

Joan Greenson, Ralph Roberts und Milton Rudin beschrieben die PR-Kampagne, mit der das Studio Marilyn Monroes berufliche Glaubwürdigkeit zerstören wollte. In einem Interview vom 9. Februar 1992 brachte Rudin seine Verärgerung über die »schmutzigen Tricks« zum Ausdruck, die der PR-Chef der Fox, Harry Brand, sein Stellvertreter Perry Lieber und Marketingdirektor E. Charles Einfeld anwandten. Der Nachweis, daß Cukor mit Brand und dessen Team kooperierte, fand sich in Dokumenten der Hedda-Hopper-Sammlung in der Academy of Motion Picture Arts and Sciences.
Pressemitteilungen von Perry Lieber, Frank Neill und John Campbell fanden sich in der Bibliothek des *Los Angeles Herald Examiner.* Earl Wilsons Kolumnen vom 7. und 8. Juni – aus denen er auch in seinem Buch *Show Business Laid Bare* zitiert – zeigten, daß der Journalist bei der Berichterstattung über Marilyns Entlassung die Nase vorn hatte. Henry Weinstein und Peter Levathes bestätigten, daß keine Pressekonferenz stattfand – obwohl Brand zahlreiche Zitate von Levathes, Cukor und Weinstein veröffentlichte. Lee Remick sagte am 4. Dezember 1990 in einem Interview, sie habe seinerzeit der Presse gegenüber keinen Kommentar abgegeben, nachdem sie gefragt worden sei, ob sie Mari-

lyn Monroes Rolle in *Something's Got to Give* übernehmen wolle. Obwohl sie sich also mit keinem Reporter oder Publizisten unterhalten hatte, veröffentlichte Brand unter ihrem Namen eine Reihe von Statements mit heftigen Angriffen gegen Marilyn. Die Pressemitteilung, der ein Foto beilag, auf dem Lee Remick und Cukor bei der Lektüre des Drehbuchs zu sehen waren, fand sich im Archiv der Bibliothek des *Los Angeles Herald Examiner.*

Anhand zahlreicher Zeitungsausschnitte aus der Margaret Herrick Library der Academy of Motion Picture Arts and Sciences konnten die Karrieren von Brand, Einfeld, Lieber, Neill und Campbell rekonstruiert werden. Sybil Brand sagte, daß ihr Mann einen »Widerwillen« gegen die Kampagne gegen Marilyn Monroe gehegt habe. Und sie wies auf Brands Marketingkonzept hin, das dazu beitrug, daß aus Marilyn Monroe ein Superstar wurde.

Dorothy Treloar, die Sekretärin Louella Parsons, schilderte 1983 in Peter Harry Browns Spalte »Gossip« in der *Los Angeles Times* Liebers Rolle bei der hinterhältigen Veröffentlichung der Kalendernacktfotos Marilyn Monroes.

Die »Indiskretionen«, die Hedda Hopper zugespielt wurden, finden sich in den Unterlagen der Kolumnistin.

Am 10. Juni 1962 schrieb Murray Schumach von der *New York Times* unter Berufung auf einen namentlich nicht genannten Presseagenten über das Gerücht, daß Marilyn Monroe wahnsinnig werde und daß ihre Labilität in dem ungeschnittenen Film *Something's Got to Give* deutlich zu sehen sei. Sheilah Grahams Verwicklung in den sich immer weiter ausbreitenden Skandal beschrieb Schumach 1982 in einem Interview des New Yorker Fernsehsenders WOR.

Die Erklärungen, in denen die Fox Marilyn Monroes Entlassung bekanntgab, wurden von Associated Press und United Press International verbreitet und am Freitag, dem 8. Juni, um 14 Uhr von Hunderten von Rundfunksendern ausgestrahlt, also zwei Stunden, bevor die Fox Milton Rudin davon unterrichtete, daß seine Klientin an *Something's Got to Give* nicht mehr weiterarbeiten dürfe.

Joan Crawfords gehässigen Kommentar über Monroes psychischen Zustand erwähnten Joan Greenson, Ralph Roberts, Whitey Snyder, Evelyn Moriarity und die Schriftstellerin Lucy Freeman in Interviews. Fred Lawrence Guiles, Autor der beiden Bücher *Norma Jean* und *Legend,* bestätigte die Aussagen Freemans. Die Beschreibung der psychischen Probleme Marilyn Monroes und der Krankheitsgeschichte ihrer Familie stützt sich auf Guiles' *Legend* und auf das Buch Freemans.

Maurice Zolotow beschrieb im August 1990 in einem Interview Marilyn Monroes Schwierigkeiten beim Lesen von Rollentexten bei den

Dreharbeiten zu *Manche mögen's heiß*, *Nicht gesellschaftsfähig*, *Wie angelt man sich einen Millionär?* und *Machen wir's in Liebe*. Zolotows Buch *Marilyn Monroe* lieferte weitere fundierte Informationen zu den Problemen des Stars, Worte richtig zu erfassen und aufzunehmen. Zolotow wies als erster darauf hin, daß Marilyn möglicherweise unter einer Lernbehinderung leide. Robert Slatzer war ebenfalls dieser Meinung.

Marilyns wichtiger Anruf bei Darryl F. Zanuck in Paris nach ihrer Entlassung wurde von Whitey Snyder geschildert, der sich während des Telefongesprächs in Marilyns Wohnzimmer aufhielt.

Kapitel 23

Die Stimmung im Filmteam nach Marilyns Entlassung wurde in Interviews mit Whitey Snyder, Evelyn Moriarity, Henry Weinstein, Lee Remick, Gene Allen und Peter Levathes deutlich.

Die Presseerklärung, in der Dean Martins Weigerung berichtet wurde, ohne Marilyn Monroe weiterzuarbeiten, wurde von United Press International am Freitag, dem 8. Juni, um 18.12 Uhr verbreitet. Dieses Bulletin fand sich im Archiv des *Los Angeles Herald Examiner*. Da Snyder sich gerade bei Martin aufhielt, als bekannt wurde, daß Lee Remick Marilyns Rolle übernehmen solle, kommt seiner Darstellung entscheidende Bedeutung zu.

Die Vereinbarung zwischen Philip Feldman und Lee Remick wurde von der Schauspielerin im Dezember 1990 in einem Interview bestätigt.

Die Artikel der *New York Daily News* und der *New York Times* erschienen am Samstag, dem 9. Juni.

Remicks Verärgerung über die in ihrem Namen erfolgten Pressemitteilungen wurde bei dem Interview im Dezember 1990 deutlich.

Daß Feldman verzweifelt versuchte, Martin zur Zusammenarbeit mit Remick zu zwingen, geht aus Telefonnotizen hervor, die sich in den Rechtsunterlagen im Fox-Archiv fanden (Information aus vertraulicher Quelle).

Einzelheiten über die gegen Marilyn Monroe und Martin eingereichten Klagen stammen aus den Klageschriften selbst. Die Klageschrift gegen die Schauspielerin wurde am 8. Juni (also am Tag ihrer Entlassung) beim Santa Monica Superior Court eingereicht, die viel umfassendere Schrift gegen Martin am 19. Juni. Marilyns Anwalt Milton Rudin bestätigte im Februar 1992 in einem Interview, daß Martin sehr viel Verständnis für Marilyn Monroes Probleme gezeigt habe.

Lee Hanna beschrieb im Oktober 1990 in einem Interview, welchen Unannehmlichkeiten Martin ausgesetzt war.
Hedda Hoppers Kolumne, in der sie auf mögliche Vergeltungsmaßnahmen gegen Martin einging, erschien am 12. Juni 1962 in der *Los Angeles Times*.

Kapitel 24

Pat Newcomb, Whitey Snyder, Ralph Roberts, Rupert Allan und Joan Greenson beschrieben Marilyn Monroes Kampf um eine Wiedereinstellung.
Die Telegramme an die Mitglieder des Filmteams und an die anderen Schauspieler waren in den Rechnungen aufgeführt, die im September 1962 gegenüber den Monroe-Erben geltend gemacht wurden. Robert Slatzer gewährte den Autoren Einblick in diese Rechnungen. Marilyns Mitteilung an Robert und Ethel Kennedy wurde in der John F. Kennedy Presidential Library gefunden. Marilyns Anrufe bei Spyros Skouras wurden in drei Interviews bestätigt, die der Filmmagnat den Kolumnisten Hedda Hopper, Sheilah Graham und Murray Schumach gab. Notizen von diesen Interviews fanden sich in den Skouras-Papieren.
Es gibt einige Hinweise darauf, daß Robert Kennedy der Schauspielerin half, den Film *Something's Got to Give* zu retten, noch bevor sie sich an ihn gewandt hatte. Aus den Akten des US-Justizministeriums läßt sich ersehen, daß ihn Marilyn Monroe erst am 12. Juni unter seiner Dienstnummer anrief. Doch der Justizminister telefonierte bereits am 11. Juni mit dem Vorsitzenden des Verwaltungsrats der Fox, Samuel Rosenman – als die Washingtoner Presse bereits auf die Rufmordkampagne reagiert hatte. Rosenman beauftragte Skouras, Marilyn Monroe irgendwie zu helfen. Dies geht aus den umfangreichen Erinnerungen Skouras' in der Spyros-Skouras-Sammlung der Stanford University hervor. Peter Levathes bestätigte, daß die »Verantwortlichen in New York« ihm rund zehn Tage nach Marilyns Entlassung die Anweisung gegeben hätten, Verhandlungen mit ihr aufzunehmen.
Nunnally Johnson erzählte später Rupert Allan, daß die »Kennedys versuchten, die Wiedereinstellung Marilyns zu erreichen«. An diese Bemerkung erinnerte sich Allan bei einem Telefoninterview am 15. Januar 1991.
Nunnally Johnson erwähnte die Gespräche, die er mit Zanuck über das »Monroe-Dilemma« führte, in Briefen an seine Tochter Nora und in Interviews mit seinem Biographen Tom Stempel. Zanucks Verärge-

rung über Marilyns Entlassung wurde Ende 1990 von seinem Sohn Richard und seiner Tochter Darrilyn in Interviews bestätigt. Johnsons Witwe Dorris erinnerte sich, daß ihr Mann Cukors Rolle bei dem Komplott gegen Marilyn Monroe verurteilte. Rudins Verärgerung über Perry Liebers »schmutzige Tricks« wurde in dem neunseitigen Feldman-Bericht »The Dismissal of Marilyn Monroe« und von Rudin selbst bei einem Interview im Februar 1992 erwähnt.

Kapitel 25

Grundlegendes Material zu Marilyn Monroes Verhältnis zu den Kennedy-Brüdern siehe die Anmerkungen zu Kapitel 5.
Robert Kennedys Besuch in Marilyns Haus in Brentwood erwähnte Eunice Murray sowohl in ihrem Buch *Marilyn: The Last Months* als auch 1986 in einem längeren Interview mit Sylvia Chase für die ABC-Sendung *20/20*. Murray erzählte Slatzer von dem Rat, den der Justizminister Marilyn gab, und Slatzer erwähnte ihn später in einem Interview. Marilyn erzählte auch Peter Lawford von der Unterredung mit Robert Kennedy, und Lawford wiederholte ihre Worte am 14. August 1962 in einem Interview mit dem *San Francisco Chronicle*.
Marilyns verzweifelte Anrufe beim Präsidenten über die Telefonzentrale des Weißen Hauses enthüllte der Schriftsteller James Spada in seinem Buch *Peter Lawford. The Man Who Kept the Secrets*. Anthony Summers fand bei den Recherchen für sein Buch *Marilyn Monroe* ebenfalls Hinweise auf diese gefährlichen Anrufe.
James Bacon, Robert Slatzer und Terry Moore, ebenfalls ein Star der Twentieth Century-Fox, schilderten in Interviews den Beginn von Marilyns Affäre mit dem Justizminister. Bestätigt wurden ihre Aussagen unter anderem durch Deborah Gould Lawfords Fernsehinterview mit der BBC im Jahre 1985, Patricia Seaton Lawfords Auftritt im Programm *Sally Jesse Raphaels* und Ralph Greensons Interview mit der Zeitung *Chicago Tribune* aus dem Jahr 1973.
Auch in Interviews mit Dr. Robert Litman wurden diese Informationen bestätigt. Litman berief sich auf eine Aussage Ralph Greensons, der vor dem Selbstmordverhütungsteam, das Marilyn Monroes Tod untersuchte, von einer »freundschaftlichen Beziehung« zwischen Robert Kennedy und der Schauspielerin gesprochen hatte.
Marilyns häufige Anrufe im Justizministerium wurden von Ed Guthman, dem Pressereferenten des Justizministers, in einem Interview vom März 1991 ebenso bestätigt wie von Hazel Washington.
Die Party der Lawfords, bei der Marilyn und Robert Kennedy erst-

mals näheren Kontakt hatten, wurde in Interviews mit Whitey Snyder, Guthman, Murray, Washington und Slatzer geschildert.
Aus Summers' Buch *Marilyn Monroe* stammen die Hintergrundinformationen zu dieser Affäre; dort wird auch berichtet, daß die Nachbarn der Lawfords, Lynn Sherman und Peter Dye, den Beginn der Affäre im Frühsommer 1962 beobachteten.
Snyder, der Marilyn zu der Party gefahren hatte, schilderte die Aufregung, die bei ihrer Ankunft entstand.
Hazel Washington, die Marilyn in den letzten Wochen vor ihrem Tod sehr nahe stand, beschrieb Robert Kennedy als »die letzte große Liebe im Leben der Monroe«. Bei demselben Interview im Februar 1991 erklärte sie auch, daß John F. Kennedy für Marilyn nur ein Mann von vielen gewesen sei.
Die Romanze zwischen Robert Kennedy und Marilyn, die unter Kennedy-Anhängern noch immer Kontroversen auslöst, war nach Meinung des ABC-Journalisten Hugh Downs »eine historische Tatsache«. Diese Feststellung traf Downs in der Dokumentation *Class of the Twentieth Century*, die am 15. Februar 1992 auf dem Kultur- und Unterhaltungskanal ausgestrahlt wurde. Da Downs auch für die ABC-Sendung *20/20* tätig war, hatte er Zugang zu den 25 Stunden umfassenden Interviews, die für den Bericht über Marilyn Monroe und die Kennedy-Brüder geführt worden waren. Die Sendung wurde knapp 30 Stunden vor ihrer geplanten Ausstrahlung aus dem Programm genommen.
Frank A. Capell dokumentierte die Liebesaffäre 1964 in seinem Buch *The Strange Death of Marilyn Monroe* zum erstenmal. Ausführlicher besprochen wird sie in Robert Slatzers Buch *The Curious Death of Marilyn Monroe* von 1974. In jüngerer Zeit veröffentlichten sowohl James Spada als auch Anthony Summers überzeugende Beweise für die heimliche Beziehung, und Milton Rudin erklärte knapp, daß »die Kennedys sie furchtbar mißbraucht« hätten.
Bobby Kennedys Rolle als Bote zwischen dem Präsidenten und Marilyn wurde von Terry Moore, Gould, Patricia Seaton Lawford und Slatzer in einer Reihe von Interviews beschrieben, die Summers, Spada, BBC-Journalisten und Reporter von *20/20* führten.
Summers schilderte in *Marilyn Monroe* und in der BBC-Dokumentation, wie Marilyn für die First Family zunehmend zu einer Bedrohung wurde. Eunice Murray erklärte 1985 der ABC, daß John F. Kennedy vor einer Fortsetzung seiner Beziehung zu Marilyn Monroe gewarnt worden sei.

Kapitel 26

Dr. Michel Gurdin beschrieb Marilyns Verletzungen bei einem Interview Anfang 1992, und Robert Slatzer war es, der bei einem Gespräch im Oktober 1991 die Vermutung äußerte, daß sie »jemand verprügelt« habe.
Die Pressemitteilungen über die Klage der Fox gegen ihren früheren Star stammen aus der Monroe-Sammlung des *Los Angeles Herald Examiner.*
Marilyns Flirt mit dem Produktionschef der Fox, Peter Levathes, wurden von Levathes selbst bestätigt, aber auch von Eunice Murray und Pat Newcomb, die sich bei dem Treffen in Marilyns Schlafzimmer versteckte und Notizen machte. Cukors Entlassung wurde von Jean Negulesco bestätigt, den Levathes als Regisseur für den zweiten Anlauf mit Marilyn verpflichtet hatte.
Die demütigende öffentliche Entschuldigung, zu der E. Charles Einfeld die Schauspielerin zwingen wollte, wurde erstmals von dem Werbeagenten Jack Brodsky erwähnt, der Teile der Erklärung verfaßt hatte. In einem Brief an Darryl F. Zanuck referierte Spyros Skouras 1967 den Inhalt mehrerer Absätze der Erklärung.

Kapitel 27

Quellenangaben zu Robert Kennedys Affäre mit Marilyn Monroe finden sich in den Quellennachweisen zu Kapitel 5 und 25.
Seine Rolle als Sittenwächter der Familie beschrieben Kitty Kelley in *Jackie Oh!*, James Spada in *The Man Who Kept the Secrets*, David C. Heymann in *Eine Frau namens Jackie* sowie Peter Collier und David Horowitz in *Die Kennedys: Ein amerikanisches Drama.*
Marilyns Angewohnheit, den Inhalt der Gespräche mit ihren Liebhabern auf Notizblöcken festzuhalten, beschrieben Evelyn Moriarity und Hazel Washington. Ed Guthman erzählte bei einem Interview 1991 von Robert Kennedys Telefonbeziehungen mit Marilyn Monroe und Judy Garland.
Bobbys Anwesenheit auf dem Studiogelände der Fox während der Verfilmung seines Buches *Gangster drängen zur Macht* geht aus einer Reihe von Aktennotizen hervor, die sich in den Papieren Zanucks und Skouras' fanden, und wurde darüber hinaus von dem Drehbuchautor Budd Schulberg in seiner Autobiographie *Moving Pictures* bestätigt.
Einzelheiten über Lawfords Strandvilla und über das dortige Treiben entnahmen wir folgenden Artikeln: »Presidential Brother-in-Law«, von Stephen Birmingham, *Cosmopolitan*, Oktober 1961; »The Lawfords«, von Helene Markel in *Good Housekeeping*, Februar 1962; der Nachruf Lady

May Lawfords in der *Los Angeles Times* vom 24. Januar 1972 und »The Lawford House«, *Los Angeles Times*, 15. April 1978.
Die Unterhaltung zwischen Hazel Washington und Elizabeth Courtney beschrieb Washington in einem Interview, das sie im Januar 1991 gab. Marilyns Aussagen über die Liebhaberqualitäten der Kennedy-Brüder basieren auf Interviews mit James Bacon, Ralph Roberts, Robert Slatzer, Stephen Papich, Hazel Washington und Jeanne Carmen. Carmen wurde von Journalisten der BBC interviewt. Näheres zu diesem Thema fand sich in Ralph G. Martins Buch *A Hero for Our Time*, Toni Sciaccas *Kennedy and His Women* und *Von Kleopatra bis Elvis Presley. Ehen, Verhältnisse, Amouren und Affären berühmter Männer und Frauen* von Irving Wallace, Amy Wallace und anderen.
Der stellvertretende Bezirksstaatsanwalt von Los Angeles sprach davon, daß es eine »Menge Hinweise« auf Marilyns Beziehung zu den Kennedys gebe. Dr. Robert Litman erfuhr bei seinen Untersuchungen ähnliche Geschichten, zum Teil direkt von Dr. Ralph Greenson.
Bei mehreren Interviews erklärte Ted Landreth von der BBC, daß sich die politischen Journalisten in Washington weitgehend darin einig seien, daß Marilyn Monroe mit beiden Kennedy-Brüdern eine Affäre gehabt habe.
Stephen Papich, Choreograph der Fox, war in Marilyns Bungalow auf dem Studiogelände, als sie den Präsidenten vor aller Ohren im Oval Office anrief. Über Chuck Picks Begegnung mit einem Agenten des Secret Service berichtete Spada in *The Man Who Kept the Secrets*. Lynn Shermans Darstellung Pat Lawfords stammt aus Summers' *Marilyn Monroe*.
Den von Jean Kennedy Smith unterschriebenen Brief, auf dem die Adresse des Kennedy-Anwesens in Palm Beach angegeben ist, entdeckte Anthony Summers in Marilyns Nachlaß.
Die Hinweise auf Marilyns »destruktive Beziehung« fanden sich in der »psychologischen Autopsie«, die nach ihrem Tod vorgenommen wurde.

Kapitel 28

Die Berichte über Marilyns vergebliche Versuche, Bobby Kennedy zu erreichen, und über ihre erzwungene Trennung sowohl von Bobby als auch von John F. Kennedy wurden in Spadas und Summers Schilderung der letzten Wochen der Schauspielerin ausführlich behandelt. Marilyn führte darüber lange Gespräche mit Arthur James (der in Interviews mit Ted Landreth und BBC-Reportern darauf einging), Robert Slatzer und Hazel Washington. Letztere erwähnten es in Interviews, die sie im März 1991 gaben.

Einzelheiten über die Bedrohung, die Marilyn für die Präsidentschaft Kennedys darstellte, stammen aus folgenden Quellen: *JFK – The Presidency of John F. Kennedy* von Herbert Parmet, 1967; *Die tausend Tage Kennedys* von Arthur Schlesinger, 1967; *Bay of Pigs* von Peter Wyden, 1979; *Porträt eines Präsidenten* von William Manchester und *Kennedy Justice* von Victor Navasky, 1981.
Einzelheiten über Ted Kennedys Wahlkampf für den Senat stammen aus verschiedenen Artikeln, die in der Zeit vom Juli bis zum 7. November 1962 im *Boston Globe* erschienen.

Kapitel 29

Marilyns Treffen mit Peter Levathes wurde von Levathes selbst bei mehreren Interviews im Januar 1991 beschrieben und von Pat Newcomb im Februar 1991 am Telefon bestätigt.
Die Angaben zu Marilyns Fototerminen basieren auf Berichten in Eunice Murrays Buch *Marilyn: The Last Months* und Anthony Summers' *Marilyn Monroe. Die Wahrheit über ihr Leben und Sterben.*
Hinweise auf Darryl F. Zanucks Bemühungen, die Twentieth Century-Fox zu retten, fanden sich in Roy Mosleys Buch *Zanuck* und in *Don't Say Yes Until I Finish Talking* von Mel Gussow sowie in über fünfzig Artikeln, die in *Daily Variety, Hollywood Reporter* und *Wall Street Journal* zwischen dem 14. Mai und dem 4. August 1962 erschienen. Als hilfreich erwiesen sich auch Protokolle von den Sitzungen des Fox-Vorstands am 18. Mai, 9. Juni sowie am 26. und 28. Juli 1962, die uns aus vertraulicher Quelle zugänglich gemacht wurden. Weitere Einblicke vermittelten Interviews mit Milton Gould, Levathes und Richard Zanuck (im Juni 1990). Darrylin Zanuck berichtete von der Befürchtung ihres Vaters, daß *Cleopatra* die Gesellschaft in den Ruin treiben könnte. Zanucks Anwalt Louis Nizer sprach mit uns in mehreren Telefoninterviews im Dezember 1990 über die Versuche seines Klienten, die Präsidentschaft der Fox zurückzugewinnen.

Kapitel 30

Die Beschreibung von Marilyns Haus beruht auf den Eindrücken einer Besichtigung und auf dem Studium einer Reihe von Fotografien in den Archiven des *Los Angeles Herald Examiner.*
Auf Marilyns Hang zur Magersucht wiesen Eunice Murray und Robert Slatzer in Interviews hin, Murray außerdem in ihrem Buch *The Last*

Months. Dr. Lee Siegels Warnungen fanden sich in Berichten, die er an Spyros Skouras schickte.
Von Marilyns Kampf gegen die Schlaflosigkeit berichteten folgende Personen in Interviews: Whitey Snyder, Rupert Allan, Joan Greenson, Lucy Freeman, Ralph Roberts, Pat Newcomb und Hazel Washington. Hilfreich waren in dieser Beziehung auch die Bücher *Marilyn. Die Wahrheit über ihr Leben und Sterben, Legend, The Last Months* und der Bericht des Bezirksstaatsanwaltes von Los Angeles, Mike Carrol, von 1982.
Informationen über Marilyns Arztrechnungen fanden sich in Marilyns Nachlaß, in Slatzers Buch *The Curious Death of Marilyn Monroe* sowie in *Legend.*

Kapitel 31

James Spada hat sich in den Talk-Shows *Donahue* und *Sally Jesse Raphael* eingehend mit der Rolle Peter Lawfords bei der Eindämmung des »Monroe-Desasters« ausgelassen (siehe hierzu »Quellen«).
Die Gefahren für Ted Kennedys Wahlkampf um das Senatorenamt wurden in einer Artikelserie im *Boston Globe* vom August 1962 und in einem Bericht der Nachrichtenagentur TASS vom August 1987 beschrieben, der von Juri Gogol, einem Studenten an der Universität von Kalifornien in Los Angeles, aus dem Russischen übersetzt wurde.
Der Privatdetektiv Fred Otash gab 1985 gegenüber der BBC zu, daß ein verärgerter Mitarbeiter seines Hauses Bobby Kennedy vor Abhörgeräten in Marilyn Monroes Haus gewarnt habe.
Robert Slatzer berichtete im August 1990 in einem Interview mit den Autoren über seine Gespräche mit Marilyn Monroe.
Die im Sommer 1962 erschienenen politischen Karikaturen sind in dem Buch *The Education of Edward Kennedy* abgedruckt.
Susan Strasberg äußerte sich in einem Interview vom Januar 1991 über Marilyn Monroes psychische Verfassung.
Gerüchte, wonach Marilyn ein Kind von Robert Kennedy abgetrieben habe, äußerte erstmals Fred Otash in einem BBC-Interview mit Ted Landreth im Jahr 1985. Sie wurden bei Interviews der Autoren mit Hazel Washington, Robert Slatzer und Michael Selsman im Februar 1991 bestätigt. Anthony Summers erwähnt die Telefonate mit Dr. Krohn in seinem Buch *Marilyn Monroe.* Auch Natalie Jacobs sprach im März 1991 in einem Interview mit den Autoren über diese Telefonate.
Der traumatische Ausflug zur Cal-Neva Lodge ist ausführlich be-

schrieben in: Summers, *Marilyn Monroe;* Guiles, *Legend: The Life and Death of Marilyn Monroe;* Spadas, *Peter Lawford. The Man Who Kept the Secrets* sowie in John Austins *Hollywood's Unsolved Mysteries*, 1987. Weitere Nachweise erbrachten Interviews der Autoren mit Ralph Roberts, Ted Landreth, Hazel Washington, Evelyn Moriarity und Eunice Murray. Über Paul D'Amatos seltsames Eingeständnis berichtete Anthony Summers. Deborah Gould Lawford und Patricia Seaton Lawford schilderten den Ausflug in verschiedenen Talk-Shows in den Jahren 1987 und 1988.
Lucy Freeman, eine Bekannte Greensons, geht in ihrem in Kürze erscheinenden Buch *Why Norma Jean Murdered Marilyn Monroe* ebenfalls auf dieses Wochenende und die Abtreibung ein (wobei sie die Abtreibung als erwiesen ansieht). Lucy Freeman hatte Einblick in die Papiere Ralph Greensons und führte ausführliche Interviews mit Hildi und Joan Greenson. Wir haben damit zwar immer noch keinen endgültigen Beweis in der Hand, aber ganz werden sich die Vorgänge wohl nie rekonstruieren lassen.
Arthur Schlesinger beschreibt in seinem Buch über Robert F. Kennedy die »alten Ressentiments gegenüber der Familie Kennedy«.
Ralph Roberts erinnerte sich bei zwei Interviews Anfang 1991 an Marilyns Frage: »Hast du Tratsch über mich und Bobby gehört?«

Kapitel 32

Die Einzelheiten über Yves Montands rücksichtsloses Verhalten gegenüber Marilyn stammen von Rupert Allan, der Marilyn zu der Zeit vertrat. Die Autoren interviewten Allan im November und Dezember 1990 sowie im Februar 1991 insgesamt viermal.
Die Angaben über Arthur Millers Verhalten bei den Dreharbeiten zu *Nicht gesellschaftsfähig* und während der Scheidung stammen von Rupert Allan, Jean Louis und Hazel Washington.
Marilyns Telefonate mit Bobby Kennedy sind in den Ferngesprächslisten des Justizministeriums verzeichnet. Außerdem sind diese Gespräche auch in ihrer Telefonrechnung für den Juli aufgeführt, die Anthony Summers und Ted Landreth 1986 entdeckten. Eunice Murrays Darstellung der von Marilyn durchlittenen Qualen entstammt ihrem Buch *Marilyn: The Last Months*.
Mickey Song berichtete von seiner letzten Begegnung mit Marilyn und von den »heimlich aufgenommenen Tonbändern« bei Interviews im Dezember 1990 sowie im März und Juni 1991.
Über den sensationellen Millionenvertrag zwischen Marilyn Monroe

und der Fox wurde im Januar 1991 von Peter Levathes und im Oktober 1990 von Lee Hanna berichtet.

Daß sich Marilyn die Filme des Regisseurs J. Lee Thompson ansah, geht aus den Belegungsplänen des Vorführraums der Twentieth Century-Fox hervor. Die Unterlagen fanden sich unter den Papieren von Spyros Skouras.

Levathes berichtete von der geplanten Verbannung der Monroe-Helfer Pat Newcomb, Paula Strasberg und Dr. Ralph Greenson vom Studiogelände.

Paula Strasbergs Einfluß auf Marilyn und deren Verhalten bei Dreharbeiten beschrieben Thomas Tryon, Whitey Snyder, David Bretherton, Walter Bernstein, Robert Slatzer und Evelyn Moriarity. Ebenfalls nützlich waren in diesem Zusammenhang John Hustons *An Open Book*, Maurice Zolotows *Marilyn Monroe* und Laurence Oliviers *Bekenntnisse eines Schauspielers*.

Robert Slatzer kolportierte Marilyns Entscheidung, Paula Strasberg zu entlassen.

Jean Negulesco berichtete in seinem Buch *Things I Did, and Things I Think I Did* über Cukors Hinauswurf.

Whitey Snyder und Marjorie Plecher erinnerten sich in Interviews vom Dezember 1990 an die kleine Feier mit Marilyn. Hazel Washington, die sich zu der Zeit in Marilyns Haus in Brentwood aufhielt, rekonstruierte deren letztes Gespräch mit Fox-Produktionschef Peter Levathes. Auch Levathes selbst erwähnte Marilyns Anruf in Interviews vom Januar 1990.

Kapitel 33

Dorothy Kilgallens versteckte Warnung an die Kennedys wurde in Lee Israels *Kilgallen* und in Anthony Summers' *Marilyn Monroe* dokumentiert.

Robert Slatzer, Anthony Summers, James Spada und Jack Clemmons beschrieben Marilyns verzweifelte Suche nach Bobby Kennedy am Tag vor ihrem Tod. Terry Moore sprach darüber in einer Reihe von Interviews mit ABC-Reportern und in der Personality-Show *Hard Copy*.

Jack Clemmons, Sergeant bei der Polizei von Los Angeles, berichtete über die Versuche seiner Freundin Florabel Muirs, den Justizminister in San Francisco ausfindig zu machen. Ähnliche Angaben erhielt Anthony Summers von Elizabeth Fauncher, Florabel Muirs Sekretärin.

Marilyns Anruf vom Freitag wurde von Rupert Allan und von der Freundin des Stars, Jeanne Carmen, bestätigt.

Jean Louis erzählte in einem Telefoninterview vom Februar 1991, daß Marilyn ein »Cocktailkleid« und ein »elegantes Abendkleid« bei ihm bestellt habe. Die Gespräche, die Marilyn mit Peter Lawford über ihre Tonbänder führte, erwähnte Mickey Song. Song erfuhr von diesen Gesprächen im Winter 1962, als er dem Justizminister die Haare schnitt.
Die Beschreibung Bobby Kennedys, wie er 1962 war, stammt aus Thomas C. Reeves' 1991 erschienenem Buch *A Question of Character.* Die »schmutzigen Tricks« während Ted Kennedys Wahlkampf für den Senat sind ausführlich in *The Education of Edward Kennedy* beschrieben.

Kapitel 34

Robert Slatzer und Lee Hanna berichteten über die Landung des Hubschraubers auf dem Studiogelände der Fox. Beide beriefen sich dabei auf Aussagen des Presseagenten Frank Neill.
Robert Kennedys Popularität unter den amerikanischen Teenagern beschrieb Arthur Schlesinger in seiner Biographie über den Justizminister.
Anthony Summers, Sam Yorty, der ehemalige Bürgermeister von Los Angeles, und Dorothy Manner bestätigten in Interviews mit den Autoren ebenso wie Eunice Murray in einem Interview mit Landreth, daß Robert F. Kennedy Marilyn besuchte, um sie zu beschwichtigen, möglicherweise auch, um einen öffentlichen Skandal zu vermeiden. Außerdem berichtete der ehemalige Polizeichef von Los Angeles, Tom Reddin, von einer längeren Unterhaltung zwischen ihm und seinem Vorgänger William Parker. »Er war hier«, erklärte Reddin. »Parker hätte mich nie angelogen.«
Der Bericht über Marilyns Gespräch mit Jule Styne entstammt Summers' *Marilyn Monroe.* Die Aktivitäten der Schauspielerin an ihrem letzten Lebenstag (Samstag, den 4. August) wurden nach Aussagen rekonstruiert, die Eunice Murray, Robert Slatzer, Lawrence Schiller, Ralph Roberts und Hazel Washington in Interviews machten. Jeanne Carmen erwähnte in der Fernsehsendung *20/20* die mitternächtliche Anruferin, die Marilyn aufforderte, »die Finger von Bobby Kennedy« zu lassen.
Von Ray Strait, der zusammen mit Fred Otash ein Buch geschrieben hat, das in Kürze erscheinen wird, stammt das gesamte »Abhörszenario«, wie es in diesem Kapitel beschrieben wird.
Darüber hinaus erzählte Dr. Norman Tabachnick vom Selbstmordverhütungsteam in Los Angeles Anthony Summers, er habe von Dr. Ralph Greenson gehört, daß Marilyn sehr enttäuscht gewesen sei, weil eine

»sehr wichtige Persönlichkeit« sie den gesamten Juli über nicht besucht habe. Milton Greene erklärte gegenüber Summers, daß »Bobby an jenem Samstag nachmittag in der Stadt war«. Reporter von *Hard Copy* waren so davon überzeugt, daß Kennedy sich in Marilyns Haus in Brentwood aufgehalten und mit ihr gestritten hatte, daß sie die Szene in einer Sondersendung mit dem Titel *Marilyn – The Last Word* vom Februar 1992 mit Schauspielern nachstellten. Die anderen Details stammen aus der FBI-Akte 77-51387.

Die Einzelheiten über die Abhöraktion der Mafia in Marilyns Haus stammen aus der FBI-Akte 67-B (1962).

Kapitel 35

Die Ausführungen über Marilyn Monroes Tod und den Beginn der Vertuschungsaktion beruhen auf Interviews mit Eunice Murray, James Spada, Ralph Roberts, Sergeant Jack Clemmons, dem stellvertretenden Bezirksstaatsanwalt Mike Carrol, Natalie Jacobs, Rupert Allan, Ted Landreth, Robert Slatzer, Tom Reddin, Sam Yorty und dem stellvertretenden Bezirksstaatsanwalt John Miner.

Über die fehlenden Ferngesprächslisten berichteten Clemmons und Slatzer sowie Anthony Summers in seinem Buch *Marilyn Monroe.*

Hilfreich waren außerdem: Mike Carrols Bericht über die Wiederaufnahme der Untersuchung von Marilyn Monroes Tod im Jahr 1982; die FBI-Akte 66-1700-39; die BBC-Sondersendung *Say Goodbye to the President* aus dem Jahr 1985; Dr. Ralph Greensons Interview mit dem Fotografen William Woodfield, in dem Greenson sagte: »Fragen Sie doch Bobby Kennedy, was passiert ist«; die mit Randbemerkungen versehenen Ferngesprächslisten in Summers' *Marilyn Monroe*; die Berichterstattung über Marilyn Monroes Tod vom 6. August im *New York Herald Examiner*, in der *Los Angeles Times*, im *Santa Monica Evening Outlook* und in der *Chicago Tribune;* außerdem Florabel Muirs Interview zu den »fehlenden Telefonrechnungen« im *Long Beach Press Telegraph,* das zwar undatiert ist, wahrscheinlich aber aus dem Jahr 1968 stammt.

Der Polizei-Sergeant Jack Clemmons beschrieb seine Ankunft im Haus in Brentwood bei drei Interviews im Januar und Februar 1961. Die Anwesenheit von Fox-Presseagenten haben James Bacon, Robert Slatzer, Jack Clemmons, Hazel Washington, Natalie Jacobs, Fred Otash (in einem Interview mit *20/20*) und Peter Levathes bestätigt. Letzterer erinnerte sich daran, daß er Männer vom Werkschutz der Fox nach Brentwood schickte.

Kapitel 36

Die Reaktionen der Bevölkerung von Südkalifornien auf die Nachricht vom Tod Marilyns stammen vom Autor Peter Brown, der damals in Santa Monica lebte, und von Barham, der im *Los Angeles Herald Examiner* über dieses Ereignis berichtete.

Lady Lawford äußerte ihre Behauptungen 1970 in einem Interview mit Barham.

Die »offizielle Version« stammt aus Anthony Summers' *Marilyn Monroe*, Fred Lawrence Guiles' *Legend: The Life and Death of Marilyn Monroe*, Spadas *Peter Lawford. The Man Who Kept the Secrets*, Patricia Seaton Lawfords *The Peter Lawford Story* und C. David Heymanns *Eine Frau namens Jackie.* Whitey Snyder berichtete in Interviews mit den Autoren vom November und Dezember 1990 über seine Aktivitäten an diesem 5. August 1962.

Außerdem wurden zu diesem Themenkomplex interviewt: Robert Slatzer, Jack Clemmons, Hazel Washington, James Bacon, Evelyn Moriarity, Dorothy Manners, Theodore Strauss, David Bretherton, James Spada, Anthony Summers (in einem kurzen Telefoninterview), Natalie Jacobs, Rupert Allan und Michael Selsman.

Kapitel 37

Die »offizielle Version« wurde anhand von Interviews mit James Spada, Hazel Washington, James Bacon, Dorothy Manners, Robert Slatzer, Jack Clemmons und Natalie Jacobs rekonstruiert.

Über den Tod Marilyns und dessen Folgen gaben dieselben Quellen Auskunft, die bereits in den Anmerkungen zu den Kapiteln 34 bis 36 genannt wurden.

Der Beschreibung des Begräbnisses liegen Artikel der *Los Angeles Times* und des *Los Angeles Herald Examiner* vom Mittwoch, dem 8. August, zugrunde.

Kapitel 38

Jack Clemmons, Ted Landreth, James Spada, Tom Reddin, Sam Yorty, John Miner, Dorothy Manners, Robert Slatzer, Anthony Summers und Eunice Murray berichteten in Interviews aus dem Jahr 1990 überzeugend von der Vertuschungsaktion.

Hinweise auf Mord fanden sich in der Hedda-Hopper-Sammlung, da-

zu Briefe von Lesern, die der Klatschkolumnistin von Marilyns Affäre mit den Kennedy-Brüdern berichteten.
Der stellvertretende Bezirksstaatsanwalt Mike Carrol sagte, seine Ermittler hätten »Beweise« dafür gefunden, daß sich »Lawford und Vertreter der Fox« am frühen Morgen in dem Haus in Brentwood aufgehalten hätten.
Ezra Goodmans unterdrückter Artikel hätte in der *Newsweek*-Ausgabe vom 9. Januar 1963 erscheinen sollen.
Aus verschiedenen FBI-Dokumenten und aus Summers Biographie *Marilyn Monroe* geht hervor, daß J. Edgar Hoover Robert Kennedy schützte und Gerüchte über sein Verhältnis mit Marilyn Monroe unterdrückte.

Kapitel 39

Für unsere Schlußfolgerungen haben wir auf zahlreiche Quellen zurückgegriffen. Hier nur die wichtigsten:

- Eine Rechnung Dr. Hyman Englebergs vom 10. August, aus der hervorgeht, daß er Marilyn Monroe am Freitag vor ihrem Tod zwei Injektionen verabreichte, deren Einstichstellen Dr. Thomas Noguchi bei seiner Autopsie übersah.
- Ein Interview mit der Klatschkolumnistin und Parsons Assistentin Dorothy Manners, die Parsons wie folgt zitierte: »Wir wußten, daß Bobby am Samstag, den 4. August dort hinauffuhr.«
- Ein Dokument der Polizei von Los Angeles mit der Aktennummer 62-509-403. Inhalt: Protokolle von Interviews mit Eunice Murray und Milton Rudin.
- Ein FBI-Bericht von »DeLoach« an M. A. Jones vom 9. Juli 1963, in dem von Verdächtigungen gegen den Justizminister die Rede ist, die in einem kurz vor der Veröffentlichung stehenden Artikel des Magazins *Photoplay* angesprochen wurden. Der Bericht wurde später in den privaten Unterlagen des FBI-Direktors J. Edgar Hoover gefunden.
- Ein Artikel in dem Magazin *Confidential,* in dem die Vermutung geäußert wurde, Frank Sinatra sei der letzte gewesen, mit dem Marilyn Monroe gesprochen habe. Außerdem habe Sinatra von Marilyns Absicht, die Kennedys bloßzustellen, gewußt.
- John Carmodys Artikel vom 5. Oktober 1985 im *Boston Globe*, in dem der Autor einige Enthüllungen aus dem für *20/20* geplanten Beitrag aufgreift und die umstrittene Entscheidung der ABC diskutiert, den Beitrag einen Tag vor der vorgesehenen Ausstrahlung abzusetzen.

- Fred Otashs Aussagen vom Februar 1962 in *Hard Copy* über die umfangreichen Abhöraktionen, deren Ziel Lawfords und Monroes Häuser gewesen waren.
- Der Bericht des »Selbstmordverhütungsteams« nach den Aussagen Stan Leppards in der *Los Angeles Times* vom 19. August 1962.
- Die Passagen über Marilyns Telefonrechnungen in *Marilyn Monroe: Die Wahrheit über ihr Leben und Sterben* und in *The Man Who Kept the Secrets.*
- Die Indizien, die der Journalist Frank Capell in dem Buch *The Strange Death of Marilyn Monroe* über Marilyns Tablettenkonsum in ihrer Todesnacht zusammengetragen hat.
- Patricia Seaton Lawfords Interview in *Geraldo* am 7. Dezember 1988, in dem sie Peter Lawfords Reaktion auf Marilyns Tod schilderte.
- Peter Lawfords Aussage bei der Polizei von Los Angeles – seine erste wirkliche Stellungnahme zu Marilyn Monroes Tod – von 1982. Lawford sprach dabei über die angebliche Überdosis, die Marilyn in der Cal-Neva Lodge am Wochenende vor ihrem Tod genommen haben soll. Allen Behauptungen zum Trotz, Marilyn habe sich umbringen wollen, beharrte Lawford gegenüber den Detektiven darauf, daß sie unbeabsichtigt eine Überdosis genommen habe und »ohne ärztliche Hilfe« wiederbelebt worden sei.
- Lady May Lawfords Bemerkungen über die Rolle ihres Sohnes bei der Vertuschungsaktion in ihrer Autobiographie *Bitch!*
- Die Aussagen Jack Clemmons, in der *Geraldo*-Ausgabe vom 10. November 1988 über »Greensons schuldbewußte Reaktion«, als der Arzt ihn zum Tatort führte.
- Der FBI-Bericht von F. Miller an T. J. Smith über das kurz vor der Veröffentlichung stehende Buch von Norman Mailer. Miller warnt darin Smith und J. Edgar Hoover vor Mailers Behauptung, Bobby Kennedy sei »in Marilyns Tod verwickelt gewesen«. Der Bericht wurde am 23. Juli 1973 zu den Akten genommen.
- Der Associated-Press-Artikel von Bob Thomas vom 5. August 1962, in dem es heißt, daß »leere Pillenfläschchen« auf Marilyns Frisierkommode gefunden worden seien.
- Die TASS-Berichte (insgesamt fünf), in denen »sehr einflußreiche Leute in Hollywood und Washington« beschuldigt wurden, die wahren Begleitumstände von Marilyn Monroes Tod vertuscht zu haben. Die namentlich nicht genannten Reporter hatten Zugang zu der KGB-Akte »Die Kennedys und der Tod Marilyn Monroes« erhalten. In den Artikeln, die der Sprachenstudent Juri Gogol von der Universität von Los Angeles übersetzte und die 1988 in stark gekürzter Form im *Boston Globe* erschienen, wurde angedeutet, daß antikommunistische Kräfte

in den USA für Marilyns Tod verantwortlich seien. Die Ausführung habe der CIA übernommen.
Interviews für dieses Kapitel wurden mit folgenden Personen geführt: Robert Slatzer, John Miner, Thomas Noguchi, Ted Landreth, Jack Clemmons, Eunice Murray, Whitey Snyder, Jean Louis, Ed Guthman, Mike Carrol, Dorothy Manners, Joan Greenson, Pat Newcomb, Anthony Summers, Fred Lawrence Giles, James Spada, Hazel Washington, Evelyn Moriarity, Rupert Allan und Peter Levathes.

Kapitel 40

»Das Nachspiel« basiert auf Interviews mit Eunice Murray, Robert Slatzer, Ed Guthman, Susan Strasberg, Joan Greenson, Hildi Greenson, Lucy Freeman, Milton Rudin, Pat Newcomb, Evelyn Moriarity, Chris und Tom Mankiewicz, Peter Levathes, Richard Zanuck, Natalie Jacobs, Rupert Allan, Tom Reddin, Sam Yorty, Cesare Danova, Milton Gould und Larry Schiller.
Zusätzlich griffen wir noch auf folgende Quellen zurück: Braggs *Burton*, Kitty Kelleys *Der letzte Star*, James Spadas *The Man Who Kept the Secrets*, Patricia Seaton Lawfords *The Peter Lawford Story*, den »Bericht über die Nachuntersuchung zum Tod von Marilyn Monroe 1982« und Lucy Freemans *Why Norma Jean Killed Marilyn Monroe*.

Quellen

Filme

Sämtliche acht Stunden des noch vorhandenen Filmmaterials von *Something's Got to Give*, darunter verschwommene Kopien der Szene im Schuhgeschäft, die komplette Nacktbadeszene und einige Ausschnitte der Traumsequenz mit Marilyn Monroe, Thomas Tryon und Dean Martin. Das Material stammt aus einer Vielzahl von Quellen – darunter drei private Film- und Videosammlungen und die sechs Stunden Film, die Produzent und Regisseur Henry Schipper für Fox Entertainment News zusammengefügt hat.

Videos

ABC-News-Sonderbeitrag für *20/20* mit dem Titel »Marilyn Monroe and the Kennedys« mit Sylvia Chase – 37minütige Reportage, die am Tag vor der geplanten Ausstrahlung zurückgezogen wurde. Darin Interviews mit Terry Moore, Jeanne Carmen, Anthony Summers, Ralph Roberts, Senator George Smathers, Robert Slatzer und dem Privatdetektiv Fred Otash. 1986.

»Marilyn Monroe – What Really Happened?«, Ausgabe der Talk-Show *Geraldo* mit Jack Clemmons, Robert Slatzer und anderen. Vorgestellt werden die Ergebnisse der gründlichen Recherchen von Geraldo Rivera und einem Team von Enthüllungsjournalisten. Gesendet am 10. November 1988.

»Peter Lawford, the Kennedys and Marilyn Monroe«, Ausgabe der Talk-Show *Sally Jesse Raphael* mit Patricia Seaton Lawford und anderen. Gesendet am 23. November 1988.

»The Dark Side of Camelot – the Peter Lawford Story«, eine Ausgabe der Talk-Show *Geraldo* mit Patricia Seaton Lawford und anderen, über die Beziehung zwischen Marilyn Monroe und Präsident John F. Kennedy. Gesendet am 7. Dezember 1988.

Something's Got to Give, 45minütige Fernsehdokumentation über Mari-

lyns letzten Film. Drehbuch, Produktion und Regie Henry Schipper, Fox Entertainment News. Eine Analyse aller Dokumente und Entscheidungen des Filmstudios, die zur Entlassung Marilyn Monroes und zum Abbruch der Dreharbeiten führten. Produktionsleitung William K. Knoedelseder, Direktor der Fox Entertainment News. 1990.
Zweiundzwanzig Interviews, die Peter Harry Brown für die Fox Entertainment News mit den wichtigsten Beteiligten an *Something's Got to Give* führte. 1990.
Say Goodbye to the President – Marilyn Monroe and the Kennedys, eine 92minütige Fernsehdokumentation. Produziert von Ted Landreth und der British Broadcasting Company, BBC-Archive London. (Der Biograph Anthony Summers wirkte an dieser Dokumentation mit. Sie beweist, daß Präsident John F. Kennedy und Justizminister Robert Kennedy intime Beziehungen zu Marilyn Monroe unterhielten, und deutet die Möglichkeit an, daß die Schauspielerin ermordet wurde.) 1985.
»Marilyn Monroe and Her Secrets – What She Knew«, eine Ausgabe der Talk-Show *Donahue* mit ausführlichen Interviews mit den Monroe-Biographen Anthony Summers und Gloria Steinem. Gesendet im Juli 1990.
»Marilyn Monroe and the Kennedys«, Ausgabe der Talk-Show *Geraldo*, darin Interviews mit Milo Speriglio, Maurice Zolotow und anderen. Gesendet am 20. Juli 1990.

Studiodokumente

Diese Unterlagen, Briefe, Telegramme, Protokolle und Telefonnotizen stammen aus einer Vielzahl von Quellen, darunter die Archive der Twentieth Century-Fox; die Spyros-Skouras-Sammlung an der Stanford University; die Darryl-F.-Zanuck-Sammlung am amerikanischen Filminstitut der Academy of Motion Pictures and Sciences; die Hedda-Hopper-Sammlung; die Louella-Parsons-Sammlung; die Archive des *Los Angeles Herald Examiner* und der *Los Angeles Times;* das Film- und Fernseharchiv der Universität von Südkalifornien, Sondersammlungen; die Universität von Kalifornien in Los Angeles; die Drehbuchsammlungen der Academy of Motion Picture Arts and Sciences; die Drehbuchsammlung der Universität von Südkalifornien und das Archiv der Universität von Texas. Weitere Dokumente stammen von der Stanford Universität und aus der New Yorker Stadtbibliothek.
Die Rechtsabteilung der Twentieth Century-Fox ließ fünf Bitten um Einsichtnahme in die Unterlagen zu den beiden Filmen *Cleopatra* und *Something's Got to Give* unbeantwortet. Dennoch wurden über 500 Dokumente von einer privaten Quelle zur Verfügung gestellt und konn-

ten somit eingesehen werden. Presseveröffentlichungen über Marilyn Monroes Hinauswurf fanden sich im Archiv des *Los Angeles Herald Examiner,* in der Hedda-Hopper-Sammlung und in der Sammlung Patte Barhams, der im Auftrag des *Los Angeles Herald Examiner* über die Dreharbeiten zu *Something's Got to Give* berichtet hatte.

Something's Got to Give

Drehbücher

Das Originaldrehbuch von *My Favourite Wife (Meine Lieblingsfrau);* der 1939 gedrehte Film bildete die Vorlage für *Something's Got to Give.* Die RKO-Sammlung; zusätzliche Seiten aus den Howard-Hughes-Archiven.

Irving Shulmans Originaldrehbuch zu *Something's Got to Give,* geschrieben für Joan Collins und Jayne Mansfield. Drehbuchsammlung, Universität von Südkalifornien, März 1959.

Drei Entwürfe des Drehbuchs von Nunnally Johnson, darunter die endgültige, von Marilyn Monroe gebilligte Version. Universität von Südkalifornien und Sammlung von Mrs. Dorris Johnson. Dezember 1961, Januar 1962 und Februar 1962.

Zwei Plot-Entwürfe von Coproduzent und Art-director Gene Allen, die als Grundlage für eine Überarbeitung des Johnson-Skripts dienen sollten. 1962.

Die 110 Seiten mit den Änderungen und Zusätzen des Autors Walter Bernstein, die in das Johnson-Skript eingefügt wurden und auf gelbem, blauem und cremefarbenem Papier geschrieben waren. George-Cukor-Sammlung, Universität von Südkalifornien. März bis Juni 1962.

Andere Dokumente

Marilyn Monroes ursprünglicher Vertrag mit der Fox aus dem Jahr 1946; ein Entwurf aus den Fox-Archiven, Oktober 1946; Marilyns 46 Seiten starker Vertragsentwurf, 1955; und die endgültige Version ihres 60 Seiten starken Vertrags, 1956. Fox-Archive.

Brief von Frank Ferguson an George Cukor, in dem er Cukor mit gerichtlichen Schritten droht, falls dieser sich nicht bis Dezember 1961 – nach Abschluß der Post-Production von *Der Chapman-Report* – bereit erklärt, bei *Something's Got to Give* die Regie zu übernehmen. Private Quelle. September 1961.

Kurze Aktennotiz von Spyros Skouras an Peter G. Levathes, in der er diesem mitteilt: »Wir haben Cukor soweit – er wird zu jeder Zeit und

an jedem Ort, den wir ihm nennen, für *Something's Got to Give* zur Verfügung stehen.« Skouras-Papiere. September 1961.
Brief von Frank Ferguson an Monroe, in dem er ihr mit Entlassung und gerichtlichen Schritten droht, falls sie sich nicht bis Februar 1962 für die Dreharbeiten zu *Something's Got to Give* bereit hält. Fox-Rechtsarchiv. Oktober 1961.
Mitteilung von Henry Weinstein an Aufnahmeleiter Owen McLean, in der er ihn warnt, für *Something's Got to Give* »blonde Statistinnen« zu engagieren. Private Quelle. 19. Februar 1962.
Mitteilung von George Cukor, mit der er seine Teilnahme an Marilyn Monroes Kostümtests absagt. Spyros-Skouras-Sammlung. 10. April 1962.
Tägliche Schnittliste, in der Franz Planer als Regisseur bei den Kostümproben aufgeführt ist. Private Sammlung. 10. April 1962.
Produktionsprotokoll des Films *Something's Got to Give* vom Tag der Kostümproben bis zum Abbruch der Aufnahmen nach dem Rauswurf Marilyns. Zusammengestellt von Regieassistent Buck Hall, mit Zusätzen von George Cukor und Lee Hanna. Über 32 Seiten. Ein sehr ausführliches Dokument, in dem die Anzahl der Einstellungen pro Tag, die Anzahl der abgedrehten Skriptseiten, Marilyns Ankunfts- und Abfahrtszeiten, ihr Gesundheitszustand und die Anzahl der verbrauchten Filmmeter verzeichnet sind. Private Quelle. 10. April bis 11. Juni 1962.
Wochenberichte zu *Something's Got to Give,* Nummern 1 bis 6. Eine exakte Auflistung von Marilyn Monroes Fehl- und Arbeitszeiten. 11 Seiten. Private Quelle. 10. April bis 11. Juni 1962.
Dr. Lee Siegel und Dr. Philip Rubins ärztliche Berichte über die Darsteller von *Something's Got to Give,* in denen die Symptome der Virus- und Nebenhöhlenerkrankung Marilyns aufgeführt sind. Sie bildeten die Grundlage für Buck Halls Eintragungen ins tägliche Produktionsprotokoll. Private Quelle. 20. April bis 8. Juni 1962. Handgeschrieben auf Notizblöcken.
Das von John Campbell aus der Publicity-Abteilung der Fox erstellte Wochenbuch zu *Something's Got to Give.* Darin Notizen, Produktionsberichte und eine Liste der PR-Veröffentlichungen. Private Quelle. Mai 1962. Mikrofilm.
Veröffentlichungen der Publicity-Abteilung und Presseverlautbarungen aus verschiedenen Sammlungen. Darunter:

- Peter Levathes' Erklärung zur Entlassung Marilyn Monroes; als Gewährsmann aufgeführt Perry Lieber. 8. Juni 1962.
- Erklärung, in der angekündigt wird, daß Lee Remick die Rolle Ma-

rilyns übernehmen soll; Lee Remick las sie im Dezember 1990 Peter Harry Brown vor. 8. Juni 1962.

- Hedda Hoppers Notizen über Verlautbarungen der Fox und über ein persönliches Interview mit Cukor, in dem der Regisseur sagte, daß Marilyn nicht in der Lage war, *Something's Got to Give* zu Ende zu drehen. Außerdem läßt sich Cukor darin über das Ende von Marilyns Karriere und ihre psychische Verfassung aus. Archiv der *The Los Angeles Times*. 8. Juni 1962.
- Diktat an Louella Parsons' Sekretärin, Dorothy Treloar, von Perry Lieber an Louella Parsons über Marilyns psychische Probleme. Louella Parsons Akten beim *Los Angeles Herald Examiner*. 9. Juni 1962. Getippt.

»Die Entlassung von Marilyn Monroe«. Dokument, in dem Schritt für Schritt der Plan der Geschäftsleitung der Twentieth Century-Fox dokumentiert wird, Marilyn zu entlassen und ihre persönlichen und beruflichen Probleme publik zu machen. Geschrieben und kommentiert vom Vizepräsidenten der Fox, Phil Feldman. Enthält nachgestellte Unterhaltungen zwischen Feldman und Levathes, zwischen Martin und Feldman, zwischen Cukor und Levathes und zwischen Feldman und Milton Rudin. Fox-Rechtsarchive. 12. Juni 1962. 9seitiges, mit einzeiligem Abstand getipptes Dokument.

Chronik von *Something's Got to Give*, zusammengestellt von Fox-Syndikus Frank Ferguson für die Millionenklage gegen Marilyn Monroe. Private Quelle. Juli 1962. Nur Notizen.

Gehaltslisten aller vertraglich und nicht vertraglich gebundenen Mitarbeiter von *Something's Got to Give*, die Daten über sämtliche an der Produktion beteiligten Personen liefern. Fox-Archive. 1962.

Undatiertes Dokument »Entschuldigung und Sonderkonditionen«, das für Marilyn vorbereitet worden war für den Fall, daß sie zur Fertigstellung von *Something's Got to Give* wiederverpflichtet werden sollte. Das von Phil Feldman ausgearbeitete Dokument annullierte alle künstlerischen Privilegien, die das Studio Marilyn in dem Vertrag von 1956 zugestanden hatte. Ebenso wurden Marilyns Schauspiellehrerin Paula Strasberg und ihre Presseagentin Pat Newcomb vom Studiogelände verbannt. [10. Juli 1962.]

»Abmahnung« des Fox-Syndikus Frank Ferguson an Marilyn, die Music Corporation of America und Milton Rudin. In dem Schreiben wurde Marilyn vor einem Auftritt bei Präsident Kennedys Geburtstagsgala im Madison Square Garden gewarnt. 16. Juli 1962. Fox-Archive.

Teile einer »Öffentlichen Entschuldigung«, vermutlich aus der Feder des Fox-Presseagenten Jack Brodsky, die bei einer Wiedereinstellung Marilyns veröffentlicht werden sollte. Fox-Archive. 22. Juli 1962. Mikrofilm.

Originalbesetzungsliste, von Spyros Skouras für den Eigenbedarf auf die Rückseite eines »Prudential Grace Lines«-Briefpapiers gekritzelt. Auf dieser Liste stehen in folgender Reihenfolge: Elizabeth Taylor, Gina Lollobrigida, Joanne Woodward, Susan Hayward und Juliet Prowse. Private Quelle. Sommer 1959.
Western-Union-Telegramm von Studioboß Buddy Adler an Skouras über die »wachsende Einmischung von seiten Elizabeth Taylors«. Skouras-Papiere. 10. Juni 1960.
Western-Union-Telegramm von Skouras an Adler über Elizabeth Taylors Forderungen nach höherem Gehalt und einer Umbesetzung. Fox-Archive. 24. Juni 1960.
Budgetschätzungen zu *Cleopatra* mit Mutmaßungen über die Kosten von Dreharbeiten in Spanien und Ägypten. Angeblich geschrieben vom Fox-Bevollmächtigten Otto Koegel. Fox-Archive 1961. Einzelblatt.
RCA-Funkspruch von Skouras aus New York, mit dem er den ersten Regisseur von *Cleopatra,* Rouben Mamoulian, der sich in London aufhielt, feuerte. Fox-Archive. 24. Januar 1961.
Protokoll einer Vorstandssitzung, in der geklärt werden sollte, ob *Cleopatra* außer Kontrolle geriet. Private Quelle. 19. November 1961.
Telegramm von Peter G. Levathes an Spyros Skouras über die Schwierigkeiten des Studios mit Joseph L. Mankiewicz, dem Regisseur von *Cleopatra*. Fox-Archive. [30. Januar 1962.] »Kopie des Entwurfs«.
Brief von Peter G. Levathes, in dem er das Debakel skizziert. Skouras-Papiere. 30. Januar 1962.
Geschäftsbrief von Skouras an Mankiewicz, in dem er sich über das öffentliche Aufsehen beschwert, das die Affäre zwischen Taylor und Burton erregt. 6. April 1962. Zwei Seiten, auf Fox-Briefpapier. Fox-Archive.
»Vertraulicher Brief« von Skouras an Produzent Walter Wanger über die Affäre zwischen Taylor und Burton, 14. April 1962. Und Wangers Antwort aus Rom vom 26. April 1962. Fox-Archive.
Eine Liste, der zu entnehmen ist, daß Elizabeth Taylor vom 19. April bis zum 7. Mai 1962 aufgrund persönlicher Probleme nicht arbeiten konnte. Fox-Archive 1962. Handgeschrieben auf der Rückseite eines Spiralblocks.
»Persönliche und vertrauliche« Mitteilung von Skouras an Wanger, in der er sich sehr besorgt über die Affäre zwischen Taylor und Burton äußert. Fox-Archive, 22. April 1962. Wangers Antwort, private Quelle, 30. April 1962.

Brief von Skouras an Mankiewicz auf Geheiß von Milton Gould und dem Vorstand der Fox, in dem der Regisseur davon in Kenntnis gesetzt wird, daß »Elizabeth Taylor nicht länger als bis zum 9. Juni unter Vertrag steht«. Private Quelle. Soll sich ebenfalls in der Skouras-Sammlung, Stanford Universität, befinden. 31. Mai 1962.
Bericht über »Elizabeth Taylor in Italien«. Enthält eine Übersicht über Elizabeth Taylors Fehlzeiten und Krankentage. Spyros-Skouras-Papiere. Juni 1962. Getippt.
Geschäftsbrief von Darryl F. Zanuck an Direktor George Sidney über den Charakter von Joseph L. Mankiewicz und die Verschwendung bei *Cleopatra*. Fox-Archive. 7. November 1962. 10seitiges Dokument auf Fox-Briefpapier.
Chronik des Films *Cleopatra*; 19seitige, detaillierte Beschreibung der Dreharbeiten in Hollywood, London, Rom und Ägypten. Von einem Team von Studioanwälten erarbeitetes Dokument gegen die von Walter Wanger 1963 gegen die Twentieth Century-Fox eingereichte Klage. Darin werden auch die übertriebenen Befürchtungen wegen des Monroe-Films dargestellt. Private Quelle. November 1962.
Vollständiges Transkript eines Interviews, das David Slavitt von der *Newsweek* mit Spyros Skouras führte. Das Interview fand in New York statt und behandelte die meisten mit dem *Cleopatra*-Debakel zusammenhängenden Fragen. 19 Seiten. Skouras-Papiere. 11. März 1963.
Brief von Spyros Skouras an Darryl F. Zanuck, in dem er nochmals Elizabeth Taylors Exzesse in Rom zusammenfaßt, darunter auch »zwei Selbstmordversuche« und die Prügel, die sie von Burton bezog. Private Quelle. Mitte 1967.

Die Darsteller

Kreis um Marilyn Monroe

Rupert Allan: Von Arthur Jacobs zum Presseagenten Marilyns ernannt. Allan verbrachte den Großteil des Jahres 1962 mit Prinzessin Gracia Patricia von Monaco.

Dr. Ralph Greenson: Marilyns Psychoanalytiker in den Jahren 1961 und 1962. Greenson war Freudianer und hatte in Europa studiert.

Arthur Jacobs: Gründer der nach ihm benannten Werbeagentur und der verantwortliche Mann für Marilyns Publicity in aller Welt.

Eunice Murray: Marilyns Haushälterin und früher Psychiatrie-Krankenschwester in Greensons Diensten.

Patricia Newcomb: Von Arthur Jacobs zur persönlichen Presseagentin Marilyns bestellt. Newcomb wurde Marilyns enge Vertraute.

Stephen Papich: Choreograph der Fox, der bei den Dreharbeiten zu *Something's Got to Give* und *Machen wir's in Liebe* ein kumpelhaftes Verhältnis zu Marilyn entwickelte.

Ralph Roberts: In Hollywood und New York arbeitender Charakterdarsteller, der Marilyns persönlicher Masseur und Freund wurde.

Milton Rudin: Harvard-Absolvent und Jurist, der 1962 Marilyns Karriere lenkte. Er vertrat unter anderem auch Stars wie Frank Sinatra und Elizabeth Taylor.

Robert Slatzer: Ein enger Freund Marilyns von 1947 bis zu ihrem Lebensende.

Whitey Snyder: Sechzehn Jahre lang Marilyns Maskenbildner und Vertrauter.

Lee Strasberg: Gründer und Direktor des New Yorker Actors' Studio, wo er nach einer bestimmten Methode Schauspieler unterrichtete. Marilyn nahm von 1955 an Stunden in seinem Studio.

Paula Strasberg: Lee Strasbergs Frau, die seit *Bus Stop* Marilyn bei allen Filmen als Schauspiellehrerin betreute.

William Travilla: Kostümbildner für die Fox bei *Blondinen bevorzugt* und anderen Filmen. Travilla wurde während der Dreharbeiten zu *Something's Got to Give* Marilyns Vertrauter.

Hazel Washington: Von der Fox dem Star als Studiozofe zur Verfügung gestellt. Sie arbeitete jedoch auch in Marilyns Haus in Brentwood.

Something's Got to Give: die Hauptdarsteller

Gene Allen: Ehemals Polizist in Los Angeles; fungierte als Art-director und Coproduzent des Films.

Walter Bernstein: New Yorker Schriftsteller, der gegen Marilyns Proteste Nunnally Johnsons Drehbuch umschreiben sollte.

David Bretherton: Langjähriger Cutter bei der Fox, der viele Szenen von *Something's Got to Give* schnitt.

George Cukor: Der Regisseur des Films, der mit Marilyn 1960 bereits *Machen wir's in Liebe* gedreht hatte.

Agnes Flanaghan: Friseuse bei fast allen Monroe-Filmen der Fox.

Sidney Guilaroff: Entwarf die Trendfrisuren für die Schauspieler und Schauspielerinnen des Films.

Buck Hall: Regieassistent Cukors und langjähriger Gegenspieler Marilyns.

Nunnally Johnson: Hauptautor des Filmdrehbuchs. Johnson war ein langjähriger Freund Marilyns.

Jean Louis: Ehemaliger Pariser Couturier, der die Kostüme für den Film entwarf.

Evelyn Moriarity: Marilyns Double bei *Machen wir's in Liebe, Nicht gesellschaftsfähig* und *Something's Got to Give.* Sie wurde auch in das private Drama der Schauspielerin verwickelt.

Marjorie Plecher: Marilyns Garderobiere und spätere Ehefrau Whitey Snyders.

Lawrence Schiller: Fotograf für *Paris Match, Life* und andere Zeitschriften. Er fotografierte die Nacktbadeszene für *Something's Got to Give.*

Dr. Lee Siegel: Studioarzt, der Marilyns Erkrankungen während der Dreharbeiten bestätigte.

Thomas Tryon: Gutaussehender junger Schauspieler, der hart darum gekämpft hatte, neben Marilyn eine Hauptrolle in dem Film zu spielen.

Cleopatra: die Hauptakteure

Richard Burton: Walisischer Schauspieler und Shakespeare-Darsteller, der sowohl auf der Leinwand als auch privat Elizabeth Taylors Liebhaber wird.

Cesare Danova: Romantischer Darsteller der fünfziger und sechziger Jahre, der in dem ägyptischen Epos eine Hauptrolle spielte.

Chris und Tom Mankiewicz: Joseph Mankiewiczs Söhne, die vielfältige Aufgaben bei den Dreharbeiten des Films wahrnahmen.

Joseph L. Mankiewicz: Autor und Regisseur von *Cleopatra.* Als Regisseur der Glanzzeit Hollywoods hatte sich Mankiewicz vor allem mit Filmen wie *Alles über Eva* und *Brief an drei Frauen* einen Namen gemacht.

Elizabeth Taylor: Star des Films. Sie bekam für die Rolle der Kleopatra die Rekordgage von 2,1 Millionen Dollar. Sie war Marilyns Rivalin.

Twentieth Century-Fox

In New York:

Milton S. Gould: Wall-Street-Anwalt, der die Fox 1961 und 1962 für zehn Monate leitete.

Spyros Skouras: Präsident der Studios und Großindustrieller. Während der Dreharbeiten zu *Something's Got to Give* war Skouras lediglich eine Galionsfigur.

In Century City:

Phil Feldman: Assistent von Peter Levathes, der das im Niedergang begriffene Filmstudio leitete.

Frank Ferguson: Topanwalt des Filmstudios an der Westküste und genaugenommen der Mann, der Marilyn feuerte.

Peter G. Levathes: Produktionschef der Fox. Levathes war ursprünglich Rechtsanwalt und war als Skouras' Assistent ins Filmgeschäft eingestiegen.

Darryl F. Zanuck: Ehemaliger Produktionschef der Fox. Er arbeitete von seinem Pariser Büro aus an einer Reihe von Filmen für die Fox.

Die Werbeagenten der Fox

Harry Brand: Seit 1935 Chef der Publicity-Abteilung in Hollywood. Brand hatte Marilyn zu Starruhm verholfen.

Jack Brodsky und Nathan Weiss: Presseagenten bei *Cleopatra* und Autoren des Bestsellers *The Cleopatra Papers.*

John Campbell: Ehemaliger Journalist und Presseagent bei *Something's Got to Give.*

E. Charles Einfeld: Direktor der Marketing- und Publicity-Abteilung in New York. Chef von Brand.

Perry Lieber: Brands Assistent. Er machte sich zum Feind Marilyns, als er die Presse über ihre Kalendernacktfotos von 1952 informierte.

Frank Neill: Ehemaliger Kriminalreporter. Er war an der »Aufräumaktion« in Marilyns Haus nach dem Tod des Stars beteiligt.

Der Kennedy-Zirkel

Ed Guthman: Robert Kennedys Presseagent und sein Begleiter bei dem Ausflug zu Marilyns Haus in Brentwood.

John F. Kennedy: Von 1961 bis 1963 Präsident der Vereinigten Staaten. War Marilyns Liebhaber während der ersten Drehwochen von *Something's Got to Give.*

Robert F. Kennedy: Bruder John F. Kennedys und Justizminister der Vereinigten Staaten. Wurde 1962 mit Marilyn intim.

Pat Kennedy Lawford: Schwester von Robert und John F. Kennedy und Frau Peter Lawfords. Außerdem eine enge Freundin Marilyns.

Peter Lawford: Marilyns Freund seit Anfang der fünfziger Jahre. Zuerst half er, ihre Affären mit den Kennedy-Brüdern einzufädeln, später zu vertuschen.

Danksagung

Ein Enthüllungsbuch zu schreiben ist eine schwierige Aufgabe. Wir hatten das Glück, daß uns eine Reihe Experten und Ratgeber hilfreich zur Seite standen.

Unsere Lektorin, Michaela Hamilton, wies uns Schritt für Schritt den Weg zur Gestaltung des dramatischen Rahmens dieser Geschichte über Habgier, die Tyrannei eines Filmstudios und die Zerstörung eines großen Filmstars. Sie stand von Anfang an hinter uns und belebte unsere Geschichte durch ihre Anregungen. Außerdem machte die Zusammenarbeit mit ihr Spaß.

Ein herzlicher Dank gilt auch ihrer Assistentin, Rena Korb, die sich um die komplizierten Details des Verlagsgeschäfts gekümmert hat.

Unser Agent, Mitch Douglas von der Firma International Creative Management, arbeitete während der Vorbereitungsphase uneigennützig mit uns zusammen. Seine Begeisterung war ansteckend und bildete eine Grundlage für die Entstehung dieses Buches.

Duttons Mitherausgeber, Arnold Dolin, war von Anfang an von diesem Buch überzeugt. Sein Einfluß verlieh der Geschichte eine besondere Note.

Pamela Twedell Brown arbeitete in jeder Phase der Erstellung dieses Buches eng mit uns zusammen, entdeckte bislang unveröffentlichtes Bildmaterial, koordinierte die Recherchen und half uns bei besonders schwierigen Teilen des Exposés.

Ferner schulden wir den Journalisten von der Fox Entertainment News und der Rechercheabteilung der Fox Broadcasting News großen Dank. Ihre bemerkenswerte Fernsehdokumentation *Something's Got to Give* führte uns die Politik der Twentieth Century-Fox und das Aufeinanderprallen grundverschiedener Charaktere plastisch vor Augen, die Marilyn Monroes letzten Film zum Scheitern verurteilten. Die Fox Entertainment News war es auch, die den Autor Peter Harry Brown im Mai 1990 als künstlerischen Berater und Rechercheur für *Something's Got to Give* engagierten. Henry Schipper, vormals Journalist für den Unterhaltungsteil der Zeitung *Daily Variety* und mittlerweile Produzent und Regisseur bei der Fox Entertainment News, ermutigte Brown, sich tiefer in dieses Thema einzuarbeiten. Schipper, der bei *Something's Got to Give* Regisseur, Produzent und Erzähler in einem war, nahm sich die Zeit für Interviews (anfangs für *TV Guide*) und berichtete über seine lange, aber schließlich erfolgreiche Suche nach Marilyn Monroes »verlorenem Film«.

Dank auch dem geschäftsführenden Direktor der Fox Entertainment News William K. Knoedelseder, der Brown engagierte und sich für ein Interview zur Verfügung stellte, in dem er mit einer Fülle von Details aufwartete. Shawn Griggs, Coproduzent der Fernsehdokumentation *Something's Got to Give*, leistete hervorragende Recherchearbeit und spürte viele Augenzeugen auf, die seit Jahrzehnten aus dem Rampenlicht Hollywoods verschwunden waren.

Ben Begun, Syndikus der Twentieth Century-Fox, gab in mehreren Telefoninterviews Auskunft über den Verbleib des verlorengegangenen Filmmaterials von *Something's Got to Give*. Darüber hinaus machte Mindy Herman von der Rechtsabteilung Schauspieler und andere Mitarbeiter von *Something's Got to Give* ausfindig, die über ganz Amerika verstreut leben.

Während unserer Nachforschungen zu *Cleopatra* führte der Filmwissenschaftler und Autor Brad Geagley binnen weniger Monate Recherchen durch, die gut und gerne hätten zwei Jahre in Anspruch nehmen können. Außerdem förderte er viele neue Fakten und Hintergrundinformationen über das 42-Millionen-Desaster zutage.

Auch Cathy Griffen, die auf privater Basis Nachforschungen anstellt und sich besonders mit der Hollywood-Szene beschäftigt, erwies sich als besonders geschickt bei der Beschaffung schwer zugänglicher Fakten und Interviewpartner.

Von den 340 im Lauf von neun Monaten durchgeführten Interviews sind einige besonders zu erwähnen:

Peter G. Levathes, heute ein renommierter Anwalt in Manhattan und Washington und in Marilyns letzten Lebenswochen Produktionschef der Fox, stand uns über elf Stunden als Interviewpartner zur Verfügung.

Die Geschäftsführerin der Fox, Lee Hanna, die sowohl bei *Something's Got to Give* als auch bei der Post-Production des Epos *Cleopatra* in Ägypten Produktionsassistentin war, gab uns wertvolle Einblicke in die inneren Abläufe des Filmstudios zur damaligen Zeit.

Einer unserer Informanten – mit Kontakten zu höchsten Stellen bei der Twentieth Century-Fox – muß ungenannt bleiben. Wir verdanken ihm jedoch Faksimiles von »Hunderten« von Dokumenten.

Entscheidend zum Gelingen dieses Buches hat auch Fernsehproduzent Ted Landreth beigetragen, der früher bei CBS Evening News tätig war und für die BBC die bahnbrechende Dokumentation *Say Goodbye to the President – Marilyn Monroe and the Kennedys* produzierte. Er lieferte uns wertvolles Hintergrundwissen für unsere Geschichte.

Und schließlich danken wir noch Robert Slatzer, der 16 Jahre lang Marilyn Monroes Freund, Vertrauter und Liebhaber war. Er gab uns mehr als 30 Interviews und half uns, die letzen 14 Monate im Leben Marilyn Monroes zu rekonstruieren. Außerdem stellte er uns Kopien von Hunderten von Dokumenten zur Verfügung, die er während seiner 30jährigen Suche nach dem Mörder der Schauspielerin zusammengetragen hat.

Wir möchten außerdem den nachfolgend aufgeführten Personen danken, die alle in dem 30 Jahre alten Mysterium eine Rolle spielten und sich, zum Großteil mehrmals, zu Interviews bereit erklärten.

Hal Kanter, Theodore Strauss, Rupert Allan, Michael Selsman, Patricia Newcomb, Natalie Jacobs, Walter Bernstein, Jean Louis, Teresa Brocheta, William Travilla, Sheree North, Ray Strait, John Miner, Louis Nizer, Milton Rudin, Milton Gould, Henry Weinstein, Buck Hall, Lee Remick, Dorothy Manners, Dorothy Treloar, Hazel Washington, Charles Lang, David Bretherton, John Springer, Whitey Snyder, Marjorie Plecher, Hildi Greenson, Joan Greenson Aibe, Dr. Daniel Greenson, Dr. Robert Litman, Dr. Michael Gurdin, Richard Meryman, James Bacon, Dick DeSick, Pat H. Broeske, Irv Letofsky, Dr. Thomas Noguchi, Edwin Guthman, der Exbürgermeister von Los Angeles, Sam Yorty, der ehemalige Polizeichef von Los Angeles, Tom Reddin, Gene Allen, Laurence Schiller, der stellvertretende Bezirksstaatsanwalt von Los Angeles, Mike Carrol, Richard Zanuck, Darrilyn Zanuck, Nico Minardos, Christopher Morley, Alexandra Heilweil, Eva Wolas Heilweil, Jim Pinkston, Nora Johnson, Dorris Johnson, George Zeno, Sabin Grey, David Brown, Richard Adler, Tom Mankiewicz, Chris Mankiewicz, Cesare Danova, Sybil Brand, Patrick Miller, Lucy Freeman, Fred Lawrence Guiles, Stephen Papich, Maurice Zolotow, Thomas Tryon, Bebe Goddard, Steve Allen, Cyd Charisse, Jet Fore, Terry Moore, Harriet Parsons, Ralph Roberts, Greg Schreiner, Susan Strasberg, Chuck Panama, Patti Morris, Evelyn Moriarity, Philip Dunne, Henry Ephron, Betty Hulihan, Eleanor Griffin, Margaret Burk, Terry Trahan, Jack Clemmons, Maggie Banks, George Light, May Munn, Julian Myers, Frank Green, William K. Knoedelseder und Mickey Song.

Ein besonderer Dank geht an Barbrah Messing, die Ideen für die Kapitelüberschriften beisteuerte, beim Aufbau des Buches half, Tag für Tag die Manuskripte las und sich um einen flüssigen und klaren Stil bemühte. Dank auch dem zweiköpfigen Team, Jennifer Boller und David Valliere, das den Text auf Computer erfaßt, Grammatikfehler korrigiert und die 10 000 Seiten Interviewtranskripte zueinander in Beziehung gesetzt hat. Und schließlich sei Douglas Domeier gedankt, der uns in Stilfragen und beim Umgang mit der Masse an Transkripten mit wertvollen Ratschlägen zur Seite stand.

Bibliographie

Adams, Cindy. *My Friend the Dictator.* New York, 1967.

— *Lee Strasberg: The Imperfect Genius of the Actor's Studio.* New York, 1980.

Adler, Bill. *Sinatra, the Man and the Myth.* New York, 1987.

Agan, Patrick. *The Decline and Fall of the Love Goddesses.* Los Angeles, 1979.

Allan, Rupert. »Marilyn Monroe: A Serious Blonde Who Can Act.« *Look.* 23. Okt. 1951.

Allen, Maury. *Where Have You Gone, Joe DiMaggio: The Story of America's Last Hero.* New York, 1975.

Alvarez, A. *Der grausame Gott: Eine Studie über den Selbstmord.* Hamburg, 1974.

Anderson, Janice. *Marilyn Monroe.* New York, 1983.

Barcon, Hallis Alpert. *Burton.* New York, 1986.

Bernstein, Walter. »Monroe's Last Picture Show.« *Esquire.* July 1973.

Blair, Clay, Jr. und Joan Blair. *The Search for J. F. K.* New York, 1976.

Brashler, William. *The Don: The Life and Death of Sam Giancana.* New York, 1977.

Broeske, Pat H. »The Misfits.« *Magill's Survey of Cinema, English Language Films.* Bd. 3, 1980.

— »Some Like it Hot.« *Magill's Survey of Cinema, English Language Films.* Bd. 4, 1980.

Brown, Gene. *The Kennedys: A New York Times Profile.* New York, 1980.

Bryant, Traphes und Frances Spatz Leighton. *Dog Days at the White House.* New York, 1975.

Buck, Pearl S. *The Kennedy Women.* New York, 1970.

Butler, Paul F., Jr. *Presidential Wives.* Oxford, 1988.

Capell, Frank A. *The Strange Death of Marilyn Monroe.* Indianapolis, 1964.

Capote, Truman. *Wenn die Hunde bellen.* Berlin, 1974.

— *Musik für Chamäleons.* München, 1981.

Carey, Gary. *Cukor & Co.: The Films of George Cukor and His Collaborators.* New York, 1971.

Carpozi, George. *Marilyn Monroe – Her Own Story.* London, 1961.

— *The Agony of Marilyn Monroe.* London, 1962.

Carroll, Ronald H. (stellvertretender Bezirksstaatsanwalt) und Alan B. Tomich (Ermittlungsbeamter). »The Death of Marilyn Monroe.« *Report to the District Attorney.* Dez. 1982.

Churcher, Sharon. *New York Confidential.* New York, 1986.

Clarens, Carlos. *George Cukor.* London, 1976.

Cleopatra Program. Für die Erstaufführung des Films in Hollywood. National Publishers, 1963.

Clinch, Nancy Gager. *The Kennedy Neurosis.* New York, 1973.

Collier, Peter und David Horowitz. *Die Kennedys. Ein amerikanisches Drama.* New York, 1984.

Conover, David. *Finding Marilyn.* New York, 1981.

Conway, Michael und Mark Ricci. *The Films of Marilyn Monroe*. New Jersey, 1964.
David, Lester und Irene David. *Bobby Kennedy, the Making of a Folk Hero*. New York, 1986.
Davis, John H. *The Kennedys: Dynasty and Disaster*. New York, 1984.
Davis, William und Christina Tree. *The Kennedy Library*. Philadelphia, 1980.
DeToledano, Ralph. *R. F. K.: The Man Who Would Be President*. New York, 1967.
Dunleavy, Stephen und Peter Brennan. *Those Wild, Wild Kennedy Boys!* New York, 1976.
Easty, Dwight. *On Method Acting*. Tampa, 1980.
Exner, Judith. *My Story*. New York, 1977.
Fisher, Eddie. *Eddie: My Life, My Loves*. New York, 1981.
»The Fortunes of Cleopatra.« *Newsweek*. 25. März 1963.
Gallagher, Mary Barelli. *Die unvergeßlichen Jahre mit Jackie im Weißen Haus*. München, 1970.
Giancana, Antoinette und Thomas C. Renner. *Mafia Princess: Growing Up in Sam Giancana's Family*. New York, 1984.
Graham, Sheilah. *Confessions of a Hollywood Columnist*. New York, 1969.
— *My Hollywood*. London, 1984.
Greenson, Ralph. *Psychoanalytische Erkundungen*. Stuttgart, 1982.
»The Growing Cult of Marilyn.« *Life*. 25. Jan. 1963.
Guiles, Fred Lawrence. »Marilyn Monroe.« *This Week*. 1. März 1969.
— *Norma Jean: The Life of Marilyn Monroe*. New York, 1970.
— *Legend: The Life and Death of Marilyn Monroe*. New York, 1984.
Gussow, Mel. *Darryl F. Zanuck: Don't Say Yes Until I've Finished Talking*. New York, 1971.
Hecht, Ben. *Marilyn Monroe: My Story*. New York, 1974.
Heymann, David. *Eine Frau namens Jackie. Die intime Biographie der Jacqueline Bouvier Kennedy Onassis*. München, 1990.
Hopper, Hedda. »Marilyn Tells the Truth to Hedda Hopper.« *Photoplay*. Jan. 1953.
Hoyt, Edwin P. *Marilyn: The Tragic Venus*. London, 1967.
Hudson, James A. *The Mysterious Death of Marilyn Monroe*. New York, 1968.
Hunt, Irma. *The Presidents' Mistresses*. New York, 1978.
Huston, John. *An Open Book*. New York, 1982.
Israel, Lee. *Kilgallen*. New York, 1979.
Johnson, Dorris und Ellen Levanthal. *The Letters of Nunnally Johnson*. New York, 1981.
Kaminsky, Stuart. *John Huston: seine Filme – sein Leben*. München, 1981.
Kanin, Garson. *Hollywood*. New York, 1974.
Kennedy, Robert F. *Gangster drängen zur Macht*. München, 1964.
— *Suche nach einer neuen Welt*. Reinbek, 1969.
— *Dreizehn Tage. Wie die Welt beinahe unterging*. Darmstadt, 1987.
— *In His Own Words: The Unpublished Recollections of the Kennedy Years*. New York, 1988.
Kobal, John und David Robinson. *Marilyn Monroe. A Life on Film*. New York, 1974.
Kramer, Frieda. *Jackie: A Truly Intimate Biography*. New York, 1979.
Lambert, Gavin. *On Cukor*. New York, 1972.
Lamparski, Richard. *Hidden Hollywood, Where the Stars Lived*. New York, 1985.
Lawford, Lady Mary (May) Sommerville. *»Bitch!«: The Autobiography of Lady Lawford*. Brookline, 1986.
Leary, Timothy. *Flashbacks: An Autobiography*. Los Angeles, 1984.
Lowe, Jacques. *Kennedy, a Time Remembered*. London, 1983.

Luce, Clare Boothe. »The ›Love Goddess‹ Who Never Found Any Love.« *Life*. 7. Aug. 1964, S. 70–76.
Lytess, Natasha. *My Years with Marilyn*. Maurice-Zolotow-Sammlung, Humanities Research, University of Texas in Austin. 28seitiges Manuskript.
MacPherson, Myra. *The Power Lovers: An Intimate Look at Politics and Marriage*. New York, 1975.
Mailer, Norman. *Marylin Monroe*. München, 1976.
Manchester, William. *Portrait of a President: John F. Kennedy in Profile*. Boston, 1962.
— *One Brief Shining Moment: Remembering Kennedy*. Boston, 1963.
— *Der Tod des Präsidenten*. Frankfurt/M., 1967.
— *Controversy and Other Essays in Journalism, 1950*–1975. Boston, 1976.
Martin, Pete. Will Acting Spoil Marilyn Monroe? Garden City, 1956.
Martin, Ralph G. *A Hero for Our Time*. New York, 1983.
McGilligan, Patrick. *George Cukor: a Double Life*. New York, 1991.
McGuinness, Richard. »On the River of No Return.« *Film Comment*. Sept. 1972.
McIntyre, Alice T. »Waiting for Monroe or Notes from Olympus.« *Esquire*. März 1961.
Mellen, Joan. *Marilyn Monroe*. München, 1983.
Meryman, Richard. »Fame May Go By: An Interview.« *Life*. 3. Aug. 1962.
— »Behind the Myth of Norma Jean.« *Life*. 4. Nov. 1966.
Messick, Hank. *The Mob in Show Business*. New York, 1973.
»Monroe Magic.« *After Dark*. Aug./Sept. 1981.
Monroe, Marilyn: *Rare Recordings, 1948–1962*. Sandy Hook Records, 1979.
Moseley, Roy. *Rex Harrison, a Biography*. New York, 1987.
Muir, Florabel. *Headline Happy*. New York, 1950.
— »Reporting.« *The Hollywood Mirror*. 10. Feb. 1953.
Murray, Eunice. *Marilyn: The Last Months*. New York, 1975.
Negulesco, Jean. *Things I Did and Things I Think I Did: A Hollywood Memoir*. New York, 1984.
Opppenheimer, Joel. *Marilyn Lives!* New York, 1981.
Otash, Fred. *Investigation Hollywood*. Chicago, 1976.
Parish, James Robert. *The Fox Girls*. New York, 1971.
Parks, Lillian Rogers mit Frances Spatz Leighton. *My Thirty Years Backstairs at the White House*. New York, 1961.
Parmet, Herbert S. *Jack, the Struggles of John F. Kennedy*. New York, 1980.
— *JFK, the Presidency of John F. Kennedy*. New York, 1983.
Parsons, Louella. *Tell It to Louella*. New York, 1961.
Patrick, Bob, Hrsg. *Marilyn*. New York, 1980.
Pepitone, Lena und William Stadiem. *Marilyn Monroe Confidential*. New York, 1980.
Phillips, Gene D. *George Cukor*. Boston, 1982.
Rachlin, Harvey. *The Kennedys. A Chronological History, 1823–Present*. New York, 1986.
»Reminiscences of Monroe.« *The Best of Playboy*. Nr. 4 (1970).
Rollyson, Carl. *Marilyn Monroe: A Life of the Actress*. London, 1986.
Roman, Robert C. »Marilyn Monroe: Her Tragedy Was Allowing Herself To Be Misled Intellectually.« *Films in Review*. Okt. 1962, S. 449–468.
Rosten, Norman. *Selected Poems*. New York, 1979.
Rosten, Norman und Sam Shaw. *Marylin ganz privat*. München, 1988.
Rosten, Patricia. »Patricia Rosten on Marilyn Monroe.« *Closeups*. New York, 1978.
Roud, Richard. *Cinema: A Critical Dictionary*. Bd. 1 und 2. Norwich, 1980.
Scheim, David E. *Präsidentenmord. Mafia-Opfer John F. Kennedy*. München, 1991.
Schjeldahl, Peter. »Marilyn: Still Being Exploited?« *New York Times*. 17. Dez. 1967.

Schlesinger, Arthur M., Jr. *Die tausend Tage Kennedys*. Bern, 1965.
— *Robert Kennedy and His Times*. Boston, 1978.
Sciacca, Tony. *Kennedy and His Women*. New York, 1976.
— *Sinatra*. New York, 1976.
— *Who Killed Marilyn?* New York, 1976.
Segreve, Kerry. *Sex and Politicians: Affairs of States*. Boston, 1990.
Signoret, Simone. *Ungeteilte Erinnerungen*. Köln, 1977.
Skolsky, Sidney. *Marilyn. Photographs. Documents. Filmography*. New York, 1954.
— *Don't Get Me Wrong – I Love Hollywood*. New York, 1975.
Slatzer, Robert. *The Curious Death of Marilyn Monroe*. New York, 1974.
Smith, Malcolm E. *John F. Kennedy's 13 Great Mistakes in the White House*. New York, 1980.
Smith, Milburn. *Marilyn*. New York, 1971.
Smith, Ronnie und Bob Webster. »Dead Man's Papers Shed Light on Marilyn Mystery.« *Riverside Press Enterprise*. 22. Feb. 1981.
Spada, James und George Zeno. *Monroe: Her Life in Pictures*. New York, 1982.
Spada, James. *Peter Lawford. The Man Who Kept the Secrets*. New York, 1991.
Speriglio, Milo. *Marilyn Monroe: Murder Coverup*. Van Nuys, 1982.
Steinem, Gloria. »Growing Up with Marilyn.« *MS*. Aug. 1972.
— *New American Library*. New York, 1986.
Stempel, Tom. *Screenwriter: The Life and Times of Nunnally Johnson*. San Diego, 1980.
Stern, Bert. »Untitled Photographic Layout.« *Eros*. Herbst 1962.
— *Marilyn's Last Sitting*. München, 1985.
Strasberg, Susan. *Bittersweet*. New York, 1980.
Strean, Dr. Herbert S. und Lucy Freeman. *The Severed Soul*. New York, 1990.
Summers, Anthony. *Marilyn Monroe. Die Wahrheit über ihr Leben und Sterben*. Frankfurt/M., 1990.
Taylor, Robert. *Marilyn Monroe in Her Own Words*. New York, 1983.
Thimmesch, Nick und William Johnson. *Robert Kennedy at 40*. New York, 1965.
Thomas, Bob. *Winchell*. New York, 1971.
Thompson, Nelson. *The Dark Side of Camelot*. Chicago, 1976.
Todd, Mabel Elsworth. *The Thinking Body: A Study of the Balancing Force of Dynamic Man*. New York, 1937.
Trent, Paul und Richard Lawton. *The Image Makers: Sixty Years of Hollywood Glamour*. New York, 1972.
Twentieth Century-Fox Memorabilia Catalogue. Los Angeles, 1971.
Wagenknecht, Edward, u. a. *Marilyn Monroe: A Composite View*. Philadelphia, 1969.
Wallace, Irving et al. *Von Kleopatra bis Elvis Presley. Ehen, Verhältnisse, Amouren und Affären berühmter Männer und Frauen*. Hamburg, 1985.
Wanger, Walter. *You Must Remember This*. New York, 1968.
Warren, Doug. *Betty Grable: The Reluctant Movie Queen*. New York, 1974.
Waters, Harry. »Taking a New Look at MM.« *Newsweek*. 16. Okt. 1972.
Weatherby, W. J. *Conversations with Marilyn*. New York, 1976.
Whitcomb, John. »Marilyn Monroe – The Sex Symbol Versus the Good Wife.« *Cosmopolitan*. Dez. 1960.
Wills, Gary. *The Kennedy Imprisonment*. Boston, 1982.
Wilson, Earl. »The Things She Said to Me!« *Photoplay*. Mai 1956.
— *The Show Business Nobody Knows*. New York, 1971.
— *Show Business Laid Bare*. New York, 1975.
— *Sinatra: An Unauthorized Biography*. New York, 1976.
— *Hot Times: True Tales of Hollywood and Broadway*. New York, 1984.

Zolotow, Maurice. *Marilyn Monroe.* New York, 1961.
— »Marilyn Monroe's Psychiatrist: Trying to Untarnish Her Memory.« *Chicago Tribune.* 16. Sept. 1973.
— »Joe & Marilyn: The Ultimate L. A. Love Story.« *Los Angeles.* Feb. 1979, S. 138, 140, 238–247.

Personenregister